Der Theologenpapst

Der Theologenpapst

Eine kritische Würdigung Benedikts XVI.

Herausgegeben
von Jan-Heiner Tück

FREIBURG · BASEL · WIEN

MIX
Papier aus verantwortungsvollen Quellen
FSC® C106847

www.herder.de
Umschlaggestaltung: Verlag Herder
Satz: SatzWeise, Föhren
Herstellung: fgb · freiburger graphische betriebe
www.fgb.de
Printed in Germany
ISBN 978-3-451-32694-3

Inhalt

III. Stimmen – ein Panorama

Anhang

Benedikt XVI. – der Theologenpapst

Kleines Präludium zu Größe und Grenze seines Pontifikats

Jan-Heiner Tück, Wien

Johannes Paul II. (1978–2005), der erste Pole auf der *cathedra Petri*, hat von Anfang an die Massenmedien in Bann gezogen und viel beachtete symbolische Gesten gesetzt, die sich in das kollektive Gedächtnis der Kirche eingegraben haben. Auf seinen zahlreichen Reisen küsste er jeweils zunächst den Boden des Gastlandes. Bei den ersten Besuchen in sein Heimatland hat er den kommunistischen Machthabern unerschrocken die Stirn geboten und dadurch mit zur Implosion des real existierenden Sozialismus beigetragen. Er hat die Weltjugendtage kreiert, um der Freude am Glauben in der nachwachsenden Generation eine Plattform zu geben. 1981 hat er Ali Ağca, seinen Attentäter, im Gefängnis besucht und ihm Vergebung zugesprochen. Als erster Papst der Geschichte hat er eine Synagoge besucht und zu diesem Anlass von den Juden „als älteren Brüdern im Glauben" gesprochen. Im Jubiläumsjahr 2000 hat er um der „Reinigung des Gedächtnisses" willen öffentlich Vergebungsbitten für die Verfehlungen der Söhne und Töchter der Kirche ausgesprochen. Bereits 1986, als die Welt noch in zwei ideologische Blöcke geteilt war, hat er Vertreter anderer Religionen nach Assisi eingeladen, um vor den Augen der Weltöffentlichkeit ein Zeichen für Frieden und Gerechtigkeit zu setzen. Nach den Terroranschlägen des 11. September 2001 hat er unter verändertem geopolitischem Vorzeichen das Weltgebetstreffen in Assisi wiederholt. Selbst Krankheit und Gebrechen hat Johannes Paul II. nicht versteckt, sondern mit Blick auf den Gekreuzigten angenommen und ertragen. Durch sein öffentliches Leiden und Sterben hat er einer Gesellschaft, die vor allem jung, fit und schön sein will, einen Spiegel vorgehalten. Die Stärke seiner Schwäche wurde am Ostersonntag 2005 zum letzten Mal deutlich, als er stumm den Segen *Urbi et Orbi* spendete. Die Ahnung, dass das Leiden in der Spur des Gekreuzigten einen Sinn haben könnte, dass es nicht verdrängt und kleingehalten werden muss, sondern angenommen werden kann, hat am Ende selbst eingefleischte Agnostiker nachdenklich gemacht.

Lehrer der Kirche und Religionsintellektueller

Benedikt XVI. (2005–2013), der Theologe und feinsinnige Gelehrte, der als Präfekt der Glaubenskongregation seit 1981 geradezu das theologische Gewissen im Pontifikat von Johannes Paul II. gewesen ist, hat bei aller inhaltlichen Nähe seinen unnachahmlichen Vorgänger nicht zu imitieren versucht. Er hat von Anfang an auf die leise Macht des Wortes gesetzt und damit eine Schwerpunktverlagerung vorgenommen. Er wollte Lehrer der Kirche sein. Als solcher ist er ein Freund der Klarheit und ein Feind des Unverbindlichen gewesen. Statt das Christentum den spätmodernen Befindlichkeiten anzupassen, hat er das inhaltliche Profil des Glaubens geschärft und das Christliche notfalls auch im Widerspruch zur Geltung gebracht. Ob er dabei die Fremdprophetie, die in den Suchbewegungen der späten Moderne enthalten ist, immer aufmerksam registriert hat, mag bezweifelt werden. Unbestritten aber hat Benedikt für den Glauben als tragfähige und intellektuell verantwortbare Option geworben.

Glauben heißt umzukehren und in der Gegenwart Gottes zu leben. Das ist nur möglich, wenn Gott nicht tot ist, wie Nietzsche meinte, sondern lebt und als lebensbestimmende Macht auch heute erfahren werden kann. Im Licht des Glaubens ist Gott keine vage Chiffre, kein unerkennbares und namenloses Mysterium, wie manche Vertreter einer negativen Theologie meinen, welche die Unbegreiflichkeit Gottes feiern, als bestünde die Provokation von Offenbarung nicht gerade im Nahekommen des Unbegreiflichen. Benedikt XVI. jedenfalls hat wiederholt betont, dass sich der unbegreifliche Gott in der Geschichte Israels zu erkennen gegeben und im Menschen Jesus von Nazareth sein Antlitz gezeigt hat. Die Gestalt und Botschaft Jesu, die in der Schrift bezeugt und im lebendigen Gedächtnis der Kirche überliefert werden, neu bewusst zu machen, war Benedikts Strategie, gegen die wachsende Glaubenskrise anzugehen. *Kein Zugang zu Gott ohne Jesus Christus, kein Zugang zu Jesus Christus ohne das lebendige Gedächtnis der Kirche*, so könnte man sein theologisches Programm zusammenfassen. Dabei galt sein besonderes Augenmerk dem Gottesdienst als dem Fest des Glaubens. Den Sinn für das Heilige zu wecken, die *ars celebrandi* der Priester und die Liturgiefähigkeit der Gläubigen zu fördern, war ein wichtiges Anliegen von Benedikt XVI., dem schon sein viel beachtetes Buch über den „Geist der Liturgie" (2000) gewidmet war.

Aber auch in die Gesellschaft hinein hat er Impulse gesetzt und vor Pathologien der Religion und der Vernunft gewarnt. Gewalt im Namen der Religion, die sich als Aufstand der Machtlosen gegen den Zynismus der Mächtigen legitimiert, hat er als Missbrauch des Gottesnamens entlarvt. Religion müsse sich immer wieder im Licht der Vernunft reinigen. Zugleich hat Benedikt vor einer Hybris der Vernunft gewarnt, die ethische Grenzen beiseiteschiebt, um das wissenschaftlich-technisch Machbare durchzusetzen. Biopolitische Experimente zur Schaffung eines neuen Menschen – „Auferstehungstechnologie“[1] – hat er klar abgelehnt und die Hörbereitschaft der säkularen Vernunft für die großen religiösen Traditionen eingefordert. In der Sorge um eine möglicherweise entgleisende Moderne trifft er sich mit Denkern wie Jürgen Habermas, die für die humanisierende Kraft der Religion neu hellhörig geworden sind. Wo aus vermeintlich wissenschaftlichen Gründen die Frage nach dem Menschen ausgeklammert wird, da steht für den Papst am Ende auch die Humanität selbst auf dem Spiel. Daher hat er in seiner Berliner Rede eine „Ökologie des Menschen“[2] angemahnt.

Advokaten der Autonomie der Freiheit in Theologie und Kirche sehen bei solchen Warnungen die diskursive Anschlussfähigkeit der Theologie gefährdet. Sie setzen stattdessen lieber auf die Selbstheilungskräfte der Vernunft, ohne die Gebrochenheit und Ideologieanfälligkeit der modernen Vernunft- und Freiheitsgeschichte immer hinreichend zu gewichten. In jedem Fall gibt es gesellschaftliche Tendenzen, im Namen von Selbstbestimmung und Freiheit Praktiken zu rechtfertigen, die zu Lasten anderer Freiheiten gehen. Abtreibung, pränatale Selektion, die unverhohlen auf die Tötung behinderten Lebens zielt, sowie vernichtende Embryonenforschung hat Benedikt XVI. ebenso verurteilt wie die Forderung nach selbstbestimmtem Sterben. Im Hintergrund steht neben theologischen Überzeugungen die geschichtliche Erfahrung mit den Diktaturen des 20. Jahrhunderts, die von Benedikt XVI. in moralischer Absicht erinnert werden.

---

[1] Botho Strauss, *Der Untenstehende auf Zehenspitzen*, München 2004, 91.

[2] *Ansprache Seiner Heiligkeit Papst Benedikt XVI. im Deutschen Bundestag*, in: Georg Essen (Hg.), *Verfassung ohne Grund? Die Rede des Papstes im Bundestag*, Freiburg 2012, 17–26, hier 24.

Bayrische Herkunft – Lehrjahre in Freising und München

Der Werdegang Joseph Ratzingers, der am Karsamstag des Jahres 1927 in Marktl am Inn geboren und noch am selben Tag getauft wurde, gleicht einer steil aufsteigenden Bahn. Familiäre Geborgenheit, katholische Prägung, humanistische Bildung und außergewöhnliche Begabung legen ein solides Fundament. Allerdings werden Kindheit und Jugend schon früh durch die Diktatur des Nationalsozialismus überschattet. Trotz deutlicher Reserven der Familie – Ratzinger erlebt den Glauben seiner Eltern „als Bollwerk der Wahrheit und der Gerechtigkeit gegen jenes Reich des Atheismus und der Lüge“[3] – wird der Schüler 1941 zwangsweise Mitglied der Hitlerjugend und muss wie andere seiner Generation 1944 als Flakhelfer dienen[4] – ein Vorgang, der ihm bei übelwollenden Kommentatoren später den Ruf eintragen wird, mit der braunen Ideologie sympathisiert zu haben. Der junge Ratzinger aber steht – wie seine Familie – dem NS-Regime und seinen „Pseudo-Liturgien“ entschieden ablehnend gegenüber. Er erlebt die katholische Kirche und besonders die tägliche Mitfeier der heiligen Messe als überzeugende Gegenöffentlichkeit.

Nach dem Krieg studiert Joseph Ratzinger im Freisinger Seminar Philosophie, an der Münchner Universität Theologie. Seinen akademischen Lehrern hat er in seiner Autobiographie scharf gezeichnete, aber warmherzige Porträts gewidmet. Die Exegeten Friedrich Stummer und Friedrich Wilhelm Maier halfen ihm, die Heilige Schrift als „die Seele der Theologie“ zu entdecken, der Dogmatiker Michael Schmaus führte ihn ein in eine heilsgeschichtliche Theologie, welche

---

[3] Joseph Ratzinger/Benedikt XVI., *Zur Lage des Glaubens.* Ein Gespräch mit Vittori Messori, Freiburg 2006, 173; vgl. Ders., *Aus meinem Leben. Erinnerungen (1927–1977),* Stuttgart 1998, 16–45.

[4] Der Literaturnobelpreisträger Günter Grass hat behauptet, er sei 1945 im Gefangenenlager Bad Aibling mit dem jungen Joseph Ratzinger zusammengetroffen, habe mit ihm längere Gespräche „über Gott und die Welt“ geführt und um die Wette geknobelt. Vgl. Ders., *Beim Häuten der Zwiebel,* Göttingen 2006, 191 f. Vgl. auch das Interview mit Frank Schirrmacher und Hubert Spiegel, in dem der Pazifist Grass sein spätes Geständnis, Mitglied der Waffen-SS gewesen zu sein, erläutert und auch auf seine Bekanntschaft mit Ratzinger eingeht: *„Warum ich nach sechzig Jahren mein Schweigen breche“. Interview,* in: F.A.Z. vom 12. August 2006 (Nr. 186), S. 33. Georg Ratzinger hat die Darstellung von Grass dementiert: „Das ist vielleicht eine schöne Geschichte, aber wahr ist sie nicht.“ Vgl. Ders., *Mein Bruder, der Papst.* Aufgezeichnet von Michael Hesemann, München 2011, 132.

die neuscholastische Methode hinter sich ließ, besonders prägend aber wurden für ihn der Fundamentaltheologe Gottlieb Söhngen, der ihn anregte, sich intensiv mit Augustinus und Bonaventura zu befassen, sowie der Pastoraltheologe Joseph Pascher, der ihm einen Zugang zur Liturgischen Bewegung und ein vertieftes Verständnis der Eucharistie vermittelte.[5] Im Juni 1951 wird Ratzinger mit seinem Bruder Georg zusammen im Dom zu Freising von Michael Kardinal Faulhaber (1869–1952) zum Priester geweiht. Ein Jahr später erwirbt er mit einer Dissertation über den Kirchenbegriff Augustins den theologischen Doktortitel – eine Studie, die nicht nur sein frühes Interesse an den Kirchenvätern und ekklesiologischen Fragen dokumentiert, sondern auch wissenschaftliche Maßstäbe setzt.[6] Wenig später übernimmt er bereits die Dogmatik-Dozentur in Freising, um kurz darauf an der Münchner Fakultät eine Habilitationsschrift über den Offenbarungsbegriff Bonaventuras vorzulegen. Diese Arbeit wäre beinahe am Widerstand des renommierten Dogmatikers Schmaus gescheitert. Allerdings wird die Habilitationsschrift aufgrund einer Intervention Gottlieb Söhngens nicht abgelehnt, sondern zur Verbesserung zurückgegeben. Bei der Durchsicht des korrigierten Manuskripts macht Ratzinger die „ermutigende Entdeckung“, dass Schmaus nur die ersten beiden Teile mit einer Wolke kritischer Anmerkungen überzogen hat, nicht jedoch den abschließenden dritten Teil zur Geschichtstheologie, der unbehelligt die kritische Prüfung des Gutachters durchlaufen hat. In diesem Teil führt Ratzinger erstmals den Nachweis, dass sich Bonaventura als Ordensgeneral der Franziskaner ausführlich und kritisch mit der Geschichtsprophetie Joachim von Fiores auseinandergesetzt hat. Ratzingers Idee, das stark gekürzte und nun auf die Geschichtstheologie zugeschnittene Manuskript erneut einzureichen, findet die Unterstützung von Söhngen. Durch dieses Vorgehen kann im letzten Augenblick die akademische Hürde doch noch genommen und abgewendet werden, dass Ratzingers Laufbahn frühzeitig als Pfarrer in der bayrischen Provinz endet.[7]

---

[5] Ratzinger, Aus meinem Leben (s. Anm. 3), 51–67.

[6] Vgl. Joseph Ratzinger, *Volk und Haus Gottes in Augustins Lehre von der Kirche* (JRGS 1), hg. von Gerhard Ludwig Müller, Freiburg – Basel – Wien 2011.

[7] Vgl. Joseph Ratzinger, *Das Offenbarungsverständnis und Geschichtstheologie Bonaventuras – Habilitationsschrift und weitere Bonaventura-Studien* (JRGS 2), hg. von Gerhard Ludwig Müller, Freiburg – Basel – Wien 2009. Vgl. dazu Hansjürgen Verweyen, *Ein unbekannter Ratzinger. Die Habilitationsschrift von 1955 als Schlüssel zu seiner Theologie*, Regensburg 2010.

Akademische Stationen: Bonn – Münster – Tübingen – Regensburg

An der Universität Bonn, an die er bereits 1958 auf den Lehrstuhl für Fundamentaltheologie berufen wird, hält er seine Antrittsvorlesung unter dem Titel „Der Gott des Glaubens und der Gott der Philosophen“[8] – ein Thema, das ihn sein Leben lang begleiten wird. Joseph Kardinal Frings wird schnell auf den jungen Theologen aufmerksam und nimmt ihn 1962 als Konzilsberater mit nach Rom. In einer Mischung aus Anerkennung und Neid spricht Schmaus von Küng und Ratzinger als den „Teenager-Theologen“[9] des Konzils. In Rom sammelt Ratzinger, der für Frings die Voten vorbereitet und vielbeachtete Rückblicke auf die vier Sitzungsperioden des Konzils verfasst, erste Erfahrungen mit der katholischen Weltkirche, knüpft Kontakte zu Theologen wie Henri de Lubac, Karl Rahner, Yves Congar, Jean Daniélou und wird im Hintergrund der Konzilsdebatten zu einem gefragten theologischen Experten. Nach dem Konzil wechselt Ratzinger von der Universität Münster, an der er seit 1962 als Dogmatiker gelehrt hat, an die Universität Tübingen. Im Hintergrund steht die werbende Initiative von Hans Küng, seinem baldigen Widerpart, mit dem er sich trotz weitreichender theologischer Differenzen auch in späteren Jahren menschlich gut versteht.[10] In Tübingen doziert damals Ernst Bloch, der Philosoph der Hoffnung, der wortreich ein „Reich Gottes ohne Gott“ beschwört. Ratzinger steht dem marxistischen Philosophen und seinen theologischen Jüngern skeptisch gegenüber. Wo die Wirklichkeit Gottes geleugnet werde, da würden unter der Hand Ersatzgrößen eingeführt, lautet sein Einspruch. Die Anfälligkeit säkularer Ideologien für Unterdrückung und Gewalt liege auf der Hand, wie das System des real existierenden Sozialismus zeige. Ratzinger wirbt demgegenüber für eine Weltdeutung aus dem Glauben. Seine Vorlesungen *Einführung ins Christentum* werden zum akademischen

---

[8] Joseph Ratzinger, *Der Gott des Glaubens und der Gott der Philosophen. Ein Beitrag zur theologia naturalis.* Mit einem Nachwort von Heino Sonnemanns, Trier 2006.

[9] Vgl. Hans Küng, *Erkämpfte Freiheit. Erinnerungen*, München 2002, 476.

[10] Vgl. Hans Küng, *Umstrittene Wahrheit. Erinnerungen*, München 2009, 15–34. Nach seiner Wahl zum Papst hat Benedikt XVI. seinem ehemaligen Tübinger Kollegen eine Audienz gewährt. Vgl. dazu meine Glosse: *Tauwetter? Benedikt XVI. empfängt Hans Küng*, in: Neue Zürcher Zeitung vom 1./2. Oktober 2005, S. 46.

Ereignis ersten Ranges und ziehen, wie Zeitzeugen berichten, mehr Hörer an als die Lehrveranstaltungen von Ernst Bloch, Jürgen Moltmann oder Walter Jens.

Die Studentenunruhen 1968 sind für Ratzinger allerdings ein Schock. Er wertet sie im Rückblick als einen „Tsunami"[11], der die Ordnungen in Kirche und Gesellschaft zur Disposition stellt. Der antibürgerliche Furor vieler Studenten, die Politisierung der Theologie durch marxistisch inspirierte Gruppen, die Verhöhnung des Kreuzes als Sadomasochismus – dies alles provoziert bei dem scheuen Gelehrten ein anschwellendes Unbehagen, so dass er bereits 1969 das unruhige Tübingen gegen das beschaulichere Regensburg eintauscht. Hier kann er an der neu gegründeten Universität ungestört forschen und seinen internationalen Doktorandenkreis weiter ausbauen. Außerdem lockt die Nähe zu seinem Bruder Georg, dem langjährigen Kapellmeister der weltberühmten Regensburger Domspatzen. In diesen Jahren wird Joseph Ratzinger Mitglied der Internationalen Theologenkommission und gründet 1972 mit Hans Urs von Balthasar, Karl Lehmann, Hans Maier und anderen die Internationale Katholische Zeitschrift „Communio", die in der nachkonziliaren Diskurslandschaft eine Antwort auf die Krise versuchen und den Austausch zwischen Glauben und Kultur fördern sollte.[12] Zugleich konzipiert er mit seinem Regensburger Kollegen Johann Auer eine mehrbändige „Kleine Katholische Dogmatik", zu der er selbst den Band zur Eschatologie beisteuert.

Nach dem unerwarteten Tod von Julius Kardinal Döpfner im Juli 1976 beruft Papst Paul VI. den renommierten Theologen 1977 auf den Stuhl des Erzbischofs von München und Freising. „*Cooperatores veritatis* – Mitarbeiter der Wahrheit" (3 Joh 8) lautet sein bischöflicher Wahlspruch. Im Münchner Liebfrauendom hält Ratzinger Homilien über die Eucharistie als Mitte des Lebens, die den Geist der Katechesen der großen Kirchenväter atmen[13], er verhindert aber auch – gemeinsam mit dem damaligen Kultusminister Hans Maier – die Berufung

---

[11] Benedikt XVI., *Brief an den Schriftleiter der Communio anlässlich des 40jährigen Jubiläums der Zeitschrift*, in: IKaZ Communio 41 (2012) 215–217, hier 216.

[12] Vgl. Hans Maier, *Anmerkungen zur Entstehung der Zeitschrift Communio*, in: IKaZ Communio 41 (2012) 218–232; Karl Kardinal Lehmann, *Communio – ein theologisches Programm*, in: ebd., 233–250.

[13] Joseph Ratzinger, *Gott ist uns nah. Eucharistie – Mitte des Lebens*, Augsburg ²2002.

von Johann Baptist Metz, des Begründers der neuen politischen Theologie, auf den Lehrstuhl für Fundamentaltheologie an der Katholisch-Theologischen Fakultät der Universität München. Dies trägt Ratzinger einen langen Protestbrief Karl Rahners ein.[14] Doch München bleibt ein kurzes Zwischenspiel. Schon im November 1981 ernennt Johannes Paul II. den gelehrten Theologen zum Präfekten der Glaubenskongregation. Ratzingers biblisch fundierte und traditionsorientierte Theologie ist seitdem der Kompass für katholische Orthodoxie – nicht immer zur Freude der akademischen Theologie. Die Chemie zwischen dem polnischen Pontifex und seinem deutschen Präfekten aber stimmt, so dass Kritiker wie Küng beherzt vom „Wojtyla-Ratzinger-Regime“ sprechen.

Hüter des Glaubens – Präfekt der Glaubenskongregation in Rom

Als Präfekt der Glaubenskongregation hat Joseph Ratzinger die Aufgabe, für die unverfälschte Weitergabe des Glaubens in den gesellschaftlichen Umbrüchen der Spätmoderne zu sorgen. In der Abneigung gegen den Marxismus kommen der polnische Papst und sein Kardinal überein; die Befreiungstheologie, die sich als Anwalt der Armen versteht und marxistische Analyseinstrumentarien aufgreift, in extremen Spielarten aber Gewalt rechtfertigt, wird lehramtlich domestiziert. Aber auch innerkirchliche Reformvorschläge wie die Forderung nach Frauenordination oder Aufhebung des Zölibats werden zurückgewiesen. Der Konflikt zwischen moderner Gleichstellungsforderung und Amtstheologie wird zum Dauerthema *intra muros ecclesiae.*

Ein Interview „zur Lage des Glaubens“ erregt 1985 weithin Aufmerksamkeit. Hier bietet der Kardinal eine ungeschminkte Diagnose

---

[14] Karl RAHNER, *Ich protestiere. Offener Brief an Kultusminister Hans Maier und Kardinal Joseph Ratzinger. Eine Wortmeldung zur Ablehnung von Johann Baptist Metz*, in: DERS., *Sämtliche Werke*, Freiburg 1998, Bd. 31, 464–475. Man kann es vielleicht als versöhnliche Geste deuten, dass Kardinal Ratzinger anlässlich des 70. Geburtstags von Metz an einem Symposium in Ahaus teilgenommen und einen Vortrag gehalten hat. Vgl. Tiemo Rainer PETERS – Claus URBAN (Hg.), *Ende der Zeit? Die Provokation der Rede von Gott*, Mainz 1998, bes. 13–31 und 50–55.

des nachkonziliaren Katholizismus und mahnt an, die Texte des Konzils genauer zu lesen, anstatt den Geist des Konzils zu beschwören, um über den Buchstaben der Dokumente hinwegzugehen. Bereits hier kündigt Ratzinger an, man müsse alles tun, um die traditionalistische Piusbruderschaft vom Gang ins Schisma abzuhalten.[15] Im Auftrag von Johannes Paul II. führt der Präfekt der Glaubenskongregationen langwierige Verhandlungen mit Erzbischof Marcel Lefebvre. Das gemeinsame Abkommen, das am Ende mühsam errungen wird, nimmt Lefebvre einen Tag nach der Unterzeichnung wieder zurück und weiht 1988 ohne päpstliche Erlaubnis vier Kandidaten seiner Piusbruderschaft zu Bischöfen – ein schismatischer Akt, durch den er sich und den Kandidaten umgehend die Exkommunikation zuzieht. Gleichzeitig wachsen die Dissonanzen zwischen dem päpstlichen Lehramt und der akademischen Theologie. Umstrittene Bischofsernennungen in Österreich und Deutschland veranlassen Protestnoten wie die Kölner Erklärung von 1989, die von 160 Theologieprofessoren unterzeichnet wird und 1990 zur Gründung der Europäischen Gesellschaft für katholische Theologie führt. Die Kongregation für die Glaubenslehre reagiert umgehend und warnt in der *Instruktion über die kirchliche Berufung des Theologen* (1990) vor einem „parallelen Lehramt" der Theologen, das sich unter Rekurs auf die mediale Öffentlichkeit dem „Lehramt der Hirten" widersetzt.[16]

Um der schleichenden Glaubenserosion in Europa entgegenzuwirken und den unterschiedlichen kulturellen Großräumen in der Weltkirche eine einheitliche Grundlage für die Tradierung des Glaubens an die Hand zu geben, wird 1992 der *Katechismus der Katholischen Kirche* veröffentlicht, der unter Federführung von Joseph Kardinal Ratzinger unter Mitarbeit von Christoph Schönborn erarbeitet wurde. Der Katechismus, der einer in der Praktischen Theologie ver-

---

[15] Vgl. RATZINGER, Zur Lage des Glaubens (s. Anm. 3), 32: „Wenn wir heute in der Ökumene beklagen dass man in früheren Zeiten nicht mehr getan hat, um aufsteigende Spaltungen durch ein Höchstmaß an Versöhnungsbereitschaft und ein Verstehen für die betroffenen Gruppen zu verhindern, so muss das natürlich auch eine Handlungsmaxime für uns in der Gegenwart sein. Wir müssen uns um Versöhnung bemühen, solange und soweit es irgend geht, und alle Chancen dafür nutzen."

[16] KONGREGATION FÜR DIE GLAUBENSLEHRE, *Instruktion über die kirchliche Berufung des Theologen* vom 24. Mai 1990 (Verlautbarungen des Apostolischen Stuhls 98), Bonn 1990.

breiteten „Hypertrophie der Methode vor den Inhalten"[17] gegensteuern will, erinnert an die bewährten Instrumente der Glaubensweitergabe: das Nizäno-Konstantinopolitanische Glaubensbekenntnis, das dem christlichen Glauben seine inhaltliche Kontur gibt; die Feier der Sakramente, welche die Nähe Gottes zeichenhaft erfahrbar werden lassen; den Dekalog als ethische Orientierung sowie das christliche Gebet, vor allem das Vaterunser, das dazu anleitet, in der Gegenwart Gottes zu leben.[18]

In einer globalisierten Welt rücken auch die Religionen enger zusammen. Die pluralistische Religionstheologie reagiert darauf, indem sie den Absolutheitsanspruch des Christentums zurücknimmt und – auf der Linie von Lessings Ringparabel – von den Religionen als prinzipiell gleichwertigen Heilswegen spricht. Um diesen Relativierungstendenzen entgegenzuwirken, veröffentlicht die Glaubenskongregation im Jubiläumsjahr 2000 das Dokument *Dominus Iesus*, das die Einzigkeit und universale Heilsbedeutsamkeit Jesu Christi und der Kirche unterstreicht. Allerdings enthält das Dokument einen ökumenisch anstößigen Passus. Den aus der Reformation hervorgegangen kirchlichen Gemeinschaften wird unverblümt abgesprochen, „Kirche im eigentlichen Sinne" (Art. 16) zu sein. Die wenig diplomatische Sprachregelung ruft den Protest nicht nur der professionellen Konsens-Ökumene hervor. Theologisch verteidigt sich Joseph Ratzinger, indem er auf Bruchlinien im Kirchenverständnis verweist. Schon der evangelische Theologe Adolf von Harnack hatte notiert, die protestantischen Denominationen könnten und wollten nicht Kirche im Sinne des Katholizismus sein.[19] Später wird Papst Benedikt den Vor-

---

[17] Vgl. Joseph Ratzinger, *Die Krise der Katechese und ihre Überwindung. Rede in Frankreich*, Einsiedeln 1983, 13–39, hier 15.

[18] Vgl. Joseph Ratzinger – Christoph Schönborn, *Kleine Hinführung zum Katechismus der Katholischen Kirche*, München ²1993. Dazu: Ulrich Ruh, *Der Weltkatechismus: Anspruch und Grenzen*, Freiburg 1993. Kritisch: Hansjürgen Verweyen, *Der Weltkatechismus: Therapie oder Symptom einer kranken Kirche?*, Düsseldorf 1993.

[19] Vgl. Erik Peterson, *Briefwechsel mit Adolf Harnack und ein Epilog*, in: Ders., *Theologische Traktate*, hg. von Barbara Nichtweiß, Regensburg 1994, 175–194, hier 179: „Der Protestantismus muß rund bekennen, daß er eine Kirche wie die katholische nicht sein will und nicht sein kann, daß er alle formalen Autoritäten ablehnt, und daß er ausschließlich auf den Eindruck rechnet, welchen die Botschaft von Gott und dem Vater Jesu Christi und unserem Vater hervorruft."

schlag Walter Kardinal Kaspers, im Blick auf die Reformationskirchen von „Kirchen anderen Typs“ zu reden, übernehmen.[20] Zugleich führt der Präfekt der Glaubenskongregation als Religionsintellektueller viel beachtete Debatten mit Jürgen Habermas, Marcello Pera und Paolo Floris d'Arcais[21], in denen er das Dogma im Diskurs zu bewähren sucht, und legt Sammelbände mit kritischen Zeitdiagnosen vor, die über den kirchlichen Raum hinaus Beachtung finden.[22] Auch wenn die Kirche vom Evangelium her unbequeme Wahrheiten sagen muss, so ist ihr vom Konzil her doch auch die kritische Solidarität mit den Suchbewegungen der eigenen Zeit aufgegeben. Plakative Einschätzungen wie „Relativismus“, „Libertinismus“ und „Hedonismus“, die sich in Ratzingers Zeitdiagnosen immer wieder finden, sind zwar griffig, dürften jedoch der Komplexität heutiger Denk- und Lebensstile kaum ganz gerecht werden.

Wahl zum Papst

Die Wahl des 78jährigen Joseph Ratzinger zum Papst im April 2005 ist eine Überraschung – auch für ihn selbst. Bei den Exequien für Johannes Paul II. reicht der Dekan des Kardinalskollegiums dem betagten Gründer der Gemeinschaft von Taizé, Frère Roger Schutz, einem reformierten Theologen, vor den Augen der Weltöffentlichkeit als Erstem die Heilige Kommunion. Wenig später hält er bei der *Missa pro eligendo Romano Pontifice* eine Homilie, in welcher er für die Freundschaft mit Christus als Grundlage eines christlichen Lebensstils wirbt, aber auch vor einer Diktatur des Relativismus warnt: „Das kleine Boot des Denkens vieler Christen ist nicht selten von diesen Wogen zum Schwanken gebracht, von einem Extrem ins andere geworfen worden: vom Marxismus zum Liberalismus bis hin zum Libertinismus; vom Kollektivismus zum radikalen Individualismus; vom Atheismus zu

---

[20] Benedikt XVI., *Licht der Welt. Der Papst, die Kirche und die Zeichen der Zeit*, Freiburg 2010, 120 f.

[21] Jürgen Habermas – Joseph Ratzinger, *Dialektik der Säkularisierung. Über Vernunft und Religion.* Mit einem Vorwort hg. von Florian Schuller, Freiburg [3]2005; Paolo Floris d'Arcais – Joseph Ratzinger, *Gibt es Gott? Wahrheit, Glaube, Atheismus*, Berlin 2006; Marcello Pera – Joseph Ratzinger, *Ohne Wurzeln: Der Relativismus und die Krise der europäischen Kultur*, Augsburg 2005.

[22] Vgl. Joseph Ratzinger, *Glaube – Wahrheit – Toleranz*, Freiburg 2003; Ders., *Werte in Zeiten des Umbruchs*, Freiburg 2005.

einem vagen religiösen Mystizismus; vom Agnostizismus zum Synkretismus, und so weiter. Jeden Tag entstehen neue Sekten, und dabei tritt ein, was der hl. Paulus über den Betrug unter den Menschen und über die irreführende Verschlagenheit gesagt hat (vgl. Eph 4,14). Einen klaren Glauben nach dem Credo der Kirche zu haben, wird oft als Fundamentalismus abgestempelt, wohingegen der Relativismus, das sich ‚vom Windstoß irgendeiner Lehrmeinung Hin-und-hertreiben-lassen', als die heutzutage einzige zeitgemäße Haltung erscheint. Es entsteht eine Diktatur des Relativismus, die nichts als endgültig anerkennt und als letztes Maß nur das eigene Ich und seine Gelüste gelten lässt."[23] Mit diesen Aussagen trifft Ratzinger offensichtlich den Ton, der den versammelten Purpurträgern der Weltkirche zukunftsträchtig erscheint – und geht aus einem kurzen Konklave als neuer Pontifex und 264. Nachfolger des Apostels Petrus hervor. Seinen Namen wählt er in Anlehnung an den „Friedenspapst" Benedikt XV. (1914–1922), der durch Interventionen den Ersten Weltkrieg zu verhindern suchte und sich für Gerechtigkeit und Versöhnung zwischen den Völkern einsetzte. Zugleich knüpft der neue Papst mit der Namenswahl an Benedikt von Nursia (ca. 480–547) an, den Vater des abendländischen Mönchtums und „Mitpatron Europas", der in seiner Regel festlegte, dass „dem Gottesdienst nichts vorzuziehen" sei (Kap. 43). Das Mönchtum ist gerade in Krisenzeiten ein wesentlicher Träger der kulturellen Kontinuität, aber auch der grundlegenden sittlichen und religiösen Werte.

Seine Antrittsenzyklika *Deus caritas est* (2005) zeigt, dass ein Papst auch literarisch ansprechend und dicht über die Liebe sprechen kann. Im Gespräch mit Platon und Nietzsche schreibt sich Benedikt XVI. in den abendländischen Diskurs über „Eros" und „Agape" ein. Seine Regensburger Vorlesung über Glaube und Vernunft (2006) findet demgegenüber geteiltes Echo. Die mediale Fokussierung auf das Eingangszitat, das dem Islam ein ungeklärtes Verhältnis zur Gewalt unterstellt, lässt die klare religionspolitische Diagnose in den Hintergrund treten, dass die Welt des 21. Jahrhunderts von Pathologien des Glaubens und der Vernunft bedroht ist. Ein enggeführter Naturalismus, der den Glauben aus dem Kosmos der Vernunft ausschließt und neuerdings wieder zelotische Wortführer findet, und ein gewaltbereiter Fundamentalismus, der das Korrektiv der Vernunft in Fragen der Religion

---

[23] Vgl. das Kapitel: Diktatur des Relativismus, in: BENEDIKT XVI., Licht der Welt (s. Anm. 20), 69–79.

ausschaltet, sind auch für andere Akteure des Religionsdiskurses zentrale Herausforderungen. Das Programm einer Synthese von Glaube und Vernunft ist daher alternativlos, auch wenn die konkrete Durchführung bis heute kontrovers diskutiert wird.[24] Allerdings unterschätzt der Theologenpapst die religionspolitischen Implikationen seines Vortrags. Die Verwendung eines mittelalterlichen Zitats, das den Islam als gewaltträchtige und vernunftwidrige Religion hinstellt, provoziert heftige Reaktionen in der arabischen Welt. Erregungswillige Zornkollektive gehen auf die Straße und bestätigen so indirekt, was der Papst angedeutet hat. Der religionspolitische Fauxpas kann erst später durch den Brief der 38 islamischen Gelehrten und geschickte Dialog-Initiativen des Vatikans abgefedert und ins Positive gewendet werden.

Mit dem ersten Band des Jesus-Buches lenkt Benedikt XVI. im Jahr 2007 die Aufmerksamkeit auf das Zentrum des Christentums: die Gestalt und Botschaft Jesu von Nazareth.[25] Es geht ihm darum, den dramatischen Riss zwischen dem historischen Jesus und dem Christus des Glaubens zu heilen. Schon länger tritt er dafür ein, die Vorgaben der Offenbarungskonstitution zu beachten (vgl. *DV* 12) und nicht allein das Instrumentarium der historisch-kritischen Methode anzuwenden, sondern auch zu einer theologischen Auslegung vorzustoßen, die das lebendige Gedächtnis der Kirche einbezieht und orientierende Kraft für den Glauben heute entfalten kann.[26] Schriftsteller wie Botho Strauß[27], Arnold Stadler[28] und Martin Wal-

---

[24] Vgl. Knut Wenzel (Hg.), *Die Religionen und die Vernunft. Die Debatte um die Regensburger Rede*, Freiburg 2006.

[25] Joseph Ratzinger/Benedikt XVI., *Jesus von Nazareth. Von der Taufe bis zur Verklärung*, Freiburg 2007.

[26] Joseph Ratzinger (Hg.), *Schriftauslegung im Widerstreit. Zur Frage nach Grundlagen und Weg der Exegese heute* (QD 117), Freiburg 1989.

[27] Vgl. Botho Strauss, *Vom Aufenthalt*, München – Wien 2009, 47: „Und dann haben die Theologen mit ihrer unerschöpflichen Hermeneutik die Rose entblättert. Die Methode des Verstehens, die immer Methode des Vermittelns ist, hat uns alle vom Unbegreiflichen entfernt. Das Differenzieren strebt ins Unendliche, es widerstrebt dem Nahen und Unmittelbaren. Aber es ist nun der ‚Kult aus eigener Vollmacht', wie Ratzinger es nannte, der das Selbstverständnis des säkularen Menschen zusammenhält."

[28] Vgl. Arnold Stadler, *„Aufleben soll unser Herz für immer". Kleine Reise nach Nikaia und zum Buch „Jesus von Nazareth" von Benedikt XVI. Marginalien eines einfachen Lesers*, in: Jan-Heiner Tück (Hg.), *Passion aus Liebe. Das Jesus-Buch des Papstes in der Diskussion*, Ostfildern 2011, 262–279.

ser[29] haben für Ratzingers Anliegen durchaus Verständnis, in der Fachwelt hingegen wird die Trilogie der Jesus-Bücher anhaltend kontrovers diskutiert.

Flankiert wird diese eher theologische Produktion Benedikts durch lehramtliche Dokumente. Neben den nachsynodalen Schreiben, die größtenteils ihre theologische Rezeption noch vor sich haben[30], sorgt 2007 die Wiederzulassung der tridentinischen Messe durch das Motu proprio *Summorum pontificum* für Aufsehen. Als Paul VI. die Einführung des neuen Missale Romanum 1970 mit dem Verbot des alten verbunden hatte, war Joseph Ratzinger schockiert.[31] Diesen „Bruch" mit der organisch gewachsenen Liturgietradition macht er als Papst rückgängig, was die Liebhaber der alten Messe freut[32], die nachkonziliaren Reformer aber anhaltend verstört.[33] Die Wiederzulassung der tridentinischen Messe wirft überdies die Frage auf, wie mit der alten Karfreitagsfürbitte für die „treulosen Juden" umzugehen sei. Der päpstliche Vorschlag zur Neugestaltung (2008) formuliert als Bitte für die Juden, dass „unser Gott und Herr ihre Herzen erleuchte, damit sie Jesus Christus erkennen, den Heiland aller Menschen". Nicht nur bei Juden, die das Trauma von Zwangskatechesen und Zwangsbekehrung im kollektiven Gedächtnis bis heute mit sich führen, sondern

[29] Vgl. *„Glauben ist eine dialektische Schlacht"*. Martin Walser im Gespräch mit Matthias Matussek, moderiert von Christine Eichel, in: *Cicero* 1/2009, 140–144, hier 144: „Ich kann diese Christusfigur gar nicht genug erhöht und wirksam sehen, weil sie unseren Erdkreis erklären könnte. Kierkegaard sagt, die Offenbarung sei ein Geheimnis, aber Christus in seinen Wundern ist eine Tatsächlichkeit. Das hat Benedikt wunderbar beschrieben."

[30] Benedikt XVI. hat folgende nachsynodale Schreiben veröffentlicht: *Sacramentum Caritatis* (2007), *Verbum Domini* (2010), *Africae Munus* (2011), *Ecclesia in Medio Oriente* (2012).

[31] In seiner Autobiographie hat Joseph Ratzinger Bestürzung „über das Verbot des alten Missale" geäußert, etwas Derartiges habe es „in der ganzen Liturgiegeschichte nie gegeben" (Ders., Aus meinem Leben [s. Anm. 3], 172).

[32] Vgl. Martin Mosebach, *Das alte römische Meßbuch zwischen Verlust und Wiederentdeckung*, in: Ders., *Der Ultramontane. Alle Wege führen nach Rom*, Augsburg 2012, 127–145, bes. 142 f.; Robert Spaemann, *Bemerkungen eines Laien, der die alte Messe liebt*, in: Albert Gerhards (Hg.), *Ein Ritus – zwei Formen. Die Richtlinie Papst Benedikts XVI. zur Liturgie*, Freiburg 2010, 75–102.

[33] Vgl. etwa die Beiträge von Benedikt Kranemann, Klemens Richter und Andreas Odenthal, in: Gerhards (Hg.), Ein Ritus – zwei Formen (s. Anm. 32), 50–74; 144–162.

auch bei katholischen Theologen, die im jüdisch-christlichen Gespräch engagiert sind, ruft die revidierte Karfreitagsfürbitte Irritationen hervor. Das jüdische Nein zur Christologie ist bekannt. Dass dieses Nein innerhalb der christlichen Theologie nach Auschwitz partiell dazu geführt hat, die universale Heilsbedeutung Jesu Christi einzuschränken, die das letzte Konzil unter Rückgriff auf Aussagen der Schrift gelehrt hat, und von einem eigenen Heilsweg für Israel auszugehen, dürfte in der theologischen Diskussion weiter klärungsbedürftig sein. Die neue Karfreitagsbitte des Papstes ist jedenfalls kein Aufruf zur Judenmission – davon hat sich Joseph Ratzinger im zweiten Band seines Jesus-Buches vorsichtig distanziert[34] –, sondern Ausdruck der Hoffnung, dass der Messias Israels am Ende auch von Israel anerkannt wird.[35] Rabbi Jacob Neusner hat die neue Karfreitagsfürbitte verteidigt und darauf hingewiesen, dass auch das „heilige Israel" täglich darum bitte, Gott möge die Herzen der Nichtjuden erleuchten. Analog müsse auch Christen zugestanden werden, für die Erleuchtung Israels zu bitten, dies entspreche der Logik des Monotheismus und seiner eschatologischen Hoffnung.[36] Schließlich haben andere jüdische Denker notiert, sie hätten nichts dagegen, wenn am Ende jüdische Messiaserwartung und christliche Parusiehoffnung zusammenfallen.[37]

---

[34] Vorsichtig, weil eher indirekt über ein Zitat von Bernhard Clairvaux samt Kommentar dazu von Hildegard Brehm. Vgl. Joseph RATZINGER – BENEDIKT XVI., *Jesus von Nazareth*, Bd. 2: *Vom Einzug in Jerusalem bis zur Auferstehung*, Freiburg 2010, 61 f. Während Peter STUHLMACHER, Tübingen, eine Absage an die Judenmission unter Verweis auf Röm 11 für schriftwidrig hält (vgl. *Joseph Ratzingers Jesus-Buch (Teil II). Eine kritische Würdigung*, in: Jan-Heiner TÜCK (Hg.), *Passion aus Liebe. Das Jesus-Buch des Papstes in der Diskussion*, Ostfildern 2011, 65), haben andere Theologen diese Passage des Jesus-Buches als fällige Absage an die Judenmission gewertet.

[35] Vgl. Walter HOMOLKA – Erich ZENGER (Hg.), *„... damit sie Jesus Christus erkennen. Die neue Karfreitagsfürbitte für die Juden*, Freiburg 2010. Dass die Karfreitagsfürbitte nicht als Aufruf zur Judenmission zu verstehen ist, sondern eine eschatologische Ausrichtung hat, ist mit Recht von Walter Kardinal KASPER, *Karfreitagsfürbitte. Das Wie und Wann entscheidet Gott*, in: F.A.Z. vom 20. März 2008, herausgestellt worden.

[36] Jacob NEUSNER, *Monotheistische Logik*, in: Die Tagespost vom 23. Februar 2008.

[37] Vgl. Pinchas LAPIDE, *Jesus im Widerstreit. Ein jüdisch-christlicher Dialog*, Stuttgart – München 1976, 49: „Wenn der Messias kommt und sich dann als Jesus von Nazareth entpuppen sollte, dann würde ich sagen, dass ich keinen ein-

Die Aufhebung der Exkommunikation der vier traditionalistischen Bischöfe im Jahr 2009 gerät Benedikt XVI. ungewollt zum medialen Desaster. Als Brückenbauer will er alles tun, um das Entstehen einer bischöflich verfassten Gegenkirche abzuwenden, aber einer der Lefebvre-Bischöfe, der ehemalige Anglikaner Richard Williamson, ist ein notorischer Holocaustleugner, was die kurialen Instanzen fahrlässig übersehen. Dies rückt die päpstliche Versöhnungsgeste, die Benedikt als rein kirchenrechtlichen Akt verstanden wissen will[38], ins Zwielicht und stellt den Papst, der bei seinem Auschwitz-Besuch jede Form von Antisemitismus als Attentat gegen Gott verurteilt und in seinem Jesus-Buch mit einem Rabbiner freundschaftlich über die Bergpredigt disputiert hatte, unter Antijudaismus-Verdacht. Selbst die Kanzlerin der Bundesrepublik Deutschland, Angela Merkel, meint, von Rom ein klares Wort gegen Antisemitismus anmahnen zu sollen. Dass die Rücknahme der Exkommunikation nur ein erster Schritt auf dem Weg in die volle Gemeinschaft der Kirche ist und die vier traditionalistischen Bischöfe von ihren Ämtern solange suspendiert bleiben, bis Einigkeit in den strittigen Fragen erzielt ist, wird in der aufgeheizten Debatte selbst von theologischen Kommentatoren nicht immer beachtet. Allen Versicherungen zum Trotz, die katholische Kirche könne hinter das II. Vatikanische Konzil nicht zurückgehen, bleibt seitdem ein Schatten über dem Pontifikat, der auch nicht dadurch aufgelichtet werden kann, dass römische Kreise die Verbindlichkeit des Ökume-

---

zigen Juden auf dieser Welt kenne, der etwas dagegen hätte." Ähnlich Hans-Joachim Schoeps, *Paulus. Die Theologie des Apostels im Lichte der jüdischen Religionsgeschichte*, Tübingen 1959, 274: „Aber es könnte wohl sein, daß der, der am Ende der Tage kommt, der die Erwartung der Synagoge wie der Kirche ist, dasselbe Antlitz trägt."

[38] Benedikt XVI., Licht der Welt (s. Anm. 20), 148 f. Es fragt sich allerdings, ob eine rein kirchenrechtliche Betrachtung des Vorgangs – in dem Augenblick, wo die Exkommunizierten den päpstlichen Primat wieder anerkennen, gegen den sie bewusst verstoßen haben, werden sie vom Papst von der Exkommunikation befreit – nicht doch eine Wahrnehmungsverengung darstellt. Auch wenn es sicher überzogen ist, die Aufhebung der Exkommunikation der traditionalistischen Bischöfe als „Amtsmissbrauch" zu bezeichnen, wie es der Tübinger Dogmatiker Peter Hünermann meinte tun zu sollen, so sind doch die inhaltlichen Vorbehalte der Piusbruderschaft gegenüber dem II. Vatikanischen Konzil – Ökumene, Judentum, Dialog der Religionen, Religionsfreiheit – bekanntlich ebenso massiv wie die Allianzen ins politisch rechte Milieu verräterisch sind. Auch ein kirchenrechtlicher Akt ist kirchenpolitisch nicht unschuldig.

nismus-Dekrets *Unitatis redintegratio* oder der Erklärung über die Religionsfreiheit *Dignitatis humanae* zur Disposition stellen, um das ins Stocken geratene Gespräch mit der Piusbruderschaft wieder in Fahrt zu bringen.[39] Das Pontifikat Benedikts, das mit dem Weltjugendtag in Köln 2005 glanzvoll begann[40], erfährt so bedauerlicherweise in weiten Teilen des Kirchenvolks einen schleichenden Akzeptanzverlust, der auch durch die Deutschlandreise 2011 und die programmatischen Reden in Berlin und Freiburg nicht wirklich behoben werden kann.

Der Rücktritt – ein Paukenschlag

Am Ende überrascht der Theologe auf der *cathedra Petri* durch einen Akt, den ihm kaum einer zugetraut hätte und den in der Neuzeit noch kein Papst vollzogen hat. Am 11. Februar 2013 gibt das 85jährige Oberhaupt der katholischen Kirche seinen Rücktritt bekannt und bringt dadurch auch seine schärfsten Kritiker für einen Augenblick zum Verstummen. Dieser bahnbrechende Schritt, der die Wahrnehmung des Papstamtes im dritten Jahrtausend verändern wird, kam dennoch nicht ganz unerwartet, es gab leise Vorzeichen. Als Präfekt der Glaubenskongregation hat Joseph Ratzinger wiederholt auf die juristische Möglichkeit eines Papstrücktritts hingewiesen. In seinem Interviewbuch *Licht der Welt* (2010) hat Benedikt klargestellt, es könne Situationen geben, in denen ein Papst nicht nur das Recht, sondern sogar die Pflicht habe, zurückzutreten.[41] Schließlich hat Benedikt XVI. das Grab von Coelestin V. (1215–1296) besucht und dort als Zeichen der Ehrerbietung sein Pallium niedergelegt. Coelestin ist bislang der einzige Papst der Geschichte, der 1294 aus eigenem Antrieb nach nur fünfmonatiger Amtszeit zurückgetreten ist. Dante hat in seiner *Divina commedia* den greisen Coelestin, „der feig den großen Auftrag von

---

[39] Vgl. meinen Beitrag: *Postkonziliare Interpretationskonflikte. Nachtrag zur Debatte um die Verbindlichkeit des Konzils*, in: Jan-Heiner Tück (Hg.), *Erinnerung an die Zukunft. Das Zweite Vatikanisches Konzil*, Freiburg – Basel – Wien, 2. erweiterte Auflage 2013, 114–123.

[40] Benedikt XVI., *Predigten, Ansprachen und Grußworte im Rahmen der Apostolischen Reise von Papst Benedikt XVI. nach Köln anlässlich des XX. Weltjugendtages*, Bonn 2005.

[41] Benedikt XVI., Licht der Welt (s. Anm. 20), 43.

sich wies“[42], an die Pforten der Hölle verbannt – unbeeindruckt von der Tatsache, dass der asketische Eremitenpapst bereits 1313 durch Clemens V. zur Ehre der Altäre erhoben worden war. Was Dante seiner Zeit als einen Akt papaler Verantwortungsflucht deutete, das ist für Benedikt XVI. heute ein Akt pontifikaler Verantwortung für die Kirche. Er hat klar gesehen, dass die nachlassenden körperlichen und geistigen Kräfte die Amtsführung erschweren, ja bald verunmöglichen könnten. Und es ist klug, dass er diese Anzeichen nicht überspielt, sondern entsprechende Konsequenzen gezogen hat. Anhaltende Probleme wie die bedrückende Vatileaks-Affäre, die dubiosen Finanzpraktiken der Vatikanbank, die Welle von Missbrauchsskandalen und die Schwierigkeiten der Aussöhnung mit der traditionalistischen Piusbruderschaft dürften ihren Teil zu dem Entschluss beigetragen haben, der gleichwohl souverän und freiwillig getroffen wurde.

Wie Benedikt XVI. in die Annalen eingehen wird, ist nicht vorwegzunehmen. Der vorliegende Band versucht eine erste Bilanz und stellt, sofern das ohne größeren historischen Abstand überhaupt möglich ist, Größe und Grenzen seines Pontifikates heraus. In einem *ersten* Teil werden die *Stellungnahmen* des Theologenpapstes in den Blick genommen: die Enzykliken, die Reden, die Trilogie der Jesus-Bücher, aber auch die Katechesen über die Kirchenväter. Die Enzykliken über die Liebe (*Deus Caritas est*, 2005), die Hoffnung (*Spe salvi*, 2007) und die sozialethischen Dimensionen des Glaubens (*Caritas in veritate*, 2009) rufen in einem werbenden Sprach- und Argumentationsstil Grundbegriffe des Christlichen in Erinnerung.[43] Durch seine *Reden* hat Benedikt XVI. programmatische Akzente gesetzt. In seiner *Regensburger Vorlesung* (2006), die vom Tübinger Institut für Rhetorik als beste Rede des Jahres gewürdigt wurde, tritt er für eine Synthese von Glaube und Vernunft ein, in *Auschwitz* (2006) ringt er als Papst aus dem Land der Täter um angemessene Worte angesichts des Grauens

---

[42] Dante Alighieri, *La divina commedia*, Berlin – Leipzig o. J., c. III, 59–60: „[…] vidi e conobbi l'ombra di colui / che fece per viltate il gran rifiuto.“

[43] Die erste Enzyklika von Papst Franziskus *Lumen fidei*, die weithin auf Vorarbeiten seines Vorgängers zurückgreift, konnte nicht mehr berücksichtigt werden, obwohl sie über weite Passagen Themen von Papst Benedikt weiterführt (wie etwa das Verhältnis zwischen Glaube, Wahrheit und Liebe). Vgl. als erste Stellungnahme meinen Beitrag: *Licht des Glaubens, Grauzonen des Lebens. Die erste Enzyklika von Papst Franziskus ist eine Enzyklika der vier Hände*, in: Neue Zürcher Zeitung vom 6. Juli 2013 (Nr. 154), S. 24.

und greift auf die Gebetssprache der Psalmen Israels zurück, in der *Berliner* Bundestagsrede (2011) stellt er die Frage nach den Grundlagen des demokratischen Rechtsstaats und mahnt in Zeiten einer zunehmend forscher auftretenden Biopolitik eine Ökologie des Menschen an, in der *Freiburger* Konzerthausrede (2011) schließlich verschreibt er der krisengeschüttelten Kirche eine Therapie der Entweltlichung. Die Trilogie der Jesus-Bücher lenkt demgegenüber den Blick zurück auf die Grundlage des Christentums: die Gestalt und Botschaft Jesu von Nazareth, während die Kirchenväter-Katechesen im Sinne eines Ressourcements wichtige Zeugen der Theologie- und Frömmigkeitsgeschichte für ein Aggiornamento des Glaubens fruchtbar machen.

Der *zweite* Teil des vorliegenden Buches nimmt unterschiedliche Dimensionen des Pontifikates ins Blickfeld: Fragen der Kirchenreform, der Ökumene, des Gesprächs mit dem Judentum und den anderen Religionen werden ebenso behandelt wie die Initiative „Vorhof der Völker", die den Dialog zwischen Gläubigen und suchenden Agnostikern voranbringen will, und die Anstöße zur Erneuerung der Liturgie, die unter dem Stichwort Reform der Reform kontrovers diskutiert werden. Auch die weniger beachteten Anregungen zum Gespräch mit Kultur und Kirchenmusik werden eigens gewürdigt.

Im *dritten* Teil schließlich finden sich unterschiedliche Stimmen zum freiwilligen Amtsverzicht von Papst Benedikt XVI. Wegbegleiter und Freunde, Kollegen und Schüler, Schriftsteller und Journalisten nehmen zu dem außergewöhnlichen Ereignis Stellung.

Am Ende bleibt vielfach Dank zu sagen: Zunächst allen Autorinnen und Autoren, die spontan bereit waren, an diesem Buch mitzuwirken und dadurch zur theologischen Würdigung des Pontifikats Benedikts XVI. beizutragen; sodann den wissenschaftlichen Mitarbeitern am Wiener Lehrstuhl für Dogmatik und Dogmengeschichte – Markus Andorf, Britta Mühl und Christian Stoll – für die sorgfältige Arbeit am Manuskript und wertvolle Anregungen; schließlich Herrn Dr. Stephan Weber vom Freiburger Herder Verlag für die bewährt kompetente und reibungslose Zusammenarbeit.

Jan-Heiner Tück

Wien, am Hochfest der Apostel
Petrus und Paulus 2013

I. Theologische Initiativen

Caritas fide formata

Die erste Enzyklika von Benedikt XVI. – gelesen mit den Augen eines evangelischen Christenmenschen[1]

Eberhard Jüngel, Tübingen

Evangelische Theologen lesen päpstliche Enzykliken in der Regel mit einem gewissen Misstrauen. Ich bin ein evangelischer Theologe, also einer, der unter die Regel fällt. Doch keine Regel ohne Ausnahme! A posteriori kann es durchaus zur Korrektur des eigenen Vorverständnisses kommen – beim Studium authentischer theologischer Texte zumal. Im Blick auf solche Texte hatte schon Martin Luther gewusst: „gut Ding [...] oft lesen, das macht gelehrt [...] und fromm dazu."[2] Und so habe ich denn die erste Enzyklika Benedikts XVI. nicht nur einmal gelesen. Der Text hat mich nicht zuletzt deshalb angesprochen, weil er beim evangelischen Leser ein tiefgehendes und weitreichendes ökumenisches Einverständnis evoziert hat. Davon soll im Folgenden Mitteilung gemacht werden.

Ich konzentriere mich bei meiner *amica exegesis* auf den ersten Teil der Enzyklika und gehe auf den zweiten Teil nur kurz ein, ohne damit die Relevanz und das Gewicht des zweiten Teils relativieren zu wollen. Doch da dieser eine recht stringente Folgerung aus dem grundlegen-

---

[1] BENEDICTI PP. XVI | SUMMI PONTIFICIS | LITTERAE ENCYCLICAE | DEUS CARITAS EST | EPISCOPIS | PRESBYTERIS ET DIACONIS | VIRIS ET MULIERIBUS CONSECRATIS | OMNIBUSQUE CHISTIFIDELIBUS LAICIS | DE CHRISTIANO AMORE. Ich beziehe mich in der Regel auf die deutsche Fassung: Enzyklika *Deus Caritas est* von Papst Benedikt XVI. an die Bischöfe, an die Priester und Diakone, an die gottgeweihten Personen und an alle Christgläubigen über die christliche Liebe. Verlautbarungen des Apostolischen Stuhls, Nr. 171. Herausgegeben vom Sekretariat der Deutschen Bischofskonferenz, Bonn 2006. Vermutlich wird der deutsche Papst die Enzyklika zunächst auf Deutsch niedergeschrieben haben, so dass diese Fassung mit dem Urtext identisch sein dürfte. Allerdings differieren die lateinische und die deutsche Fassung bereits im Titel der Enzyklika.

[2] Martin LUTHER, *An den christlichen Adel deutscher Nation von des christlichen Standes Besserung*, WA 6, 461, 2f. Ich gebe die Texte Luthers in der Regel leicht modernisiert wieder.

den ersten Teil ist, mag es gerechtfertigt sein, wenn ich mich auf die grundlegenden Ausführungen der Enzyklika konzentriere.

I. Einige Voraussetzungen

1. Ein authentischer Anfang

Die erste Enzyklika von Papst Benedikt XVI. richtet sich nicht nur „an die Bischöfe, an die Priester und Diakone" sowie „an die gottgeweihten Personen" der römisch-katholischen Kirche, sondern auch „an alle Christgläubigen", ist also ihrem eigenen Selbstverständnis nach eine *ökumenische* Enzyklika. Folglich kann es dem Papst nur recht sein, wenn diese seine Enzyklika auch von evangelischen „Christgläubigen" aufmerksam gelesen, bedacht und kritisch gewürdigt wird. Attempto.

Dabei gehe ich davon aus, dass die erste Enzyklika eines Papstes nicht nur die Bedeutung einer *Initialzündung*, sondern zugleich *prinzipiellen* Rang hat. Das *principium* unterscheidet sich vom *initium* dadurch, dass es ein alles Folgende bestimmender, ja beherrschender, eben ein prinzipieller Anfang ist. Und so fragen sich nicht nur die Vatikanologen: Wie und womit fängt der Papst an, wenn er mit einem ersten theologischen Rundschreiben sein Lehramt ausübt?

Authentische theologische Anfänge sind freilich niemals absolute Anfänge. Sie rekurrieren vielmehr auf jenen Anfang, den keine Theologie *setzen*, sondern dem sie nur *nachdenken* kann. Genuin theologische Anfänge fangen mit jenem Anfang an, den der ewige Anfänger, den Gott selbst gemacht hat.

Die erste Enzyklika Benedikts XVI. *ist* ein authentischer theologischer Anfang. Fängt sie doch selber mit jener biblischen Aussage an, die die *Summe des Evangeliums* zur Sprache bringt und die als kürzester und präzisester Ausdruck des Wesens des Christentums gelten kann: *Gott ist Liebe*. Nicht nur der Titel, sondern auch der erste Satz der Enzyklika „zitiert" diesen neutestamentlichen Satz. Doch das „Zitat" will nicht als Motto gelesen werden, sondern will – wie im 1. Johannesbrief! – als *Anrede* verstanden werden, die vernommen zu haben dann im Folgenden bezeugt wird. Insofern hat der neutestamentliche Satz über seine semantische Bedeutung hinaus pragmatische Funktion: er qualifiziert die mit der Stimme des Papstes redende *ecclesia docens* als eine Kirche, die zuvor auf Gottes Wort *gehört* hat, also primär *ecclesia audiens* ist.

Der Papst denkt jenem neutestamentlichen Satz *meditierend* nach. Der *modus loquendi* der Enzyklika ist der einer *theologischen Meditation,* was freilich analytische Unterscheidungskraft keineswegs ausschließt. Wer sich auf diesen Text einlässt, wird diesen *modus loquendi theologicus* hermeneutisch in Anschlag zu bringen haben. Der Papst meditiert einen Satz, der den christlichen Glauben auf den Punkt bringt. Seine Enzyklika weiß zudem um die *Anfechtungen,* denen der Glaube angesichts des in der Weltgeschichte – und selbst in der Kirchengeschichte! – oft so verborgenen Wirkens Gottes ausgesetzt ist. Auch deshalb betont die Enzyklika die Bedeutung des *Gebetes.* Insofern steht der päpstliche Text in jener monastischen Tradition, die *oratio, meditatio* und *tentatio* als die Konstitutiva der – jedem Christen zugemuteten – theologischen Existenz behauptet und der sich auch die reformatorische Theologie verbunden weiß.[3]

2. Universaler Wahrheitsanspruch

Die Aussage *Gott ist Liebe* steht im 4. Kapitel des 1. Johannesbriefs. Sie steht dort gleich zweimal: zunächst in einem Nebensatz (1 Joh 4,8), um dann als Hauptsatz (1 Joh 4,16) wiederholt zu werden. Behauptet wird, was die Christen glauben. Es handelt sich also um eine *assertio fidei*, deren Wahrheitsanspruch allerdings – genauso wie die ihnen in ihrer definitorischen Art analog gebauten Aussagen *Gott ist Licht* (1 Joh 1,5) und *Gott ist Geist* (Joh 4,24) – auch der Vernunft zugemutet werden kann und soll. Denn was der christliche Glaube behauptet, gilt allen vernünftigen Lebewesen, muss folglich auch von allen Menschen – und allen Engeln! – nachvollzogen werden können.

Die Enzyklika betont denn auch, dass die „Begegnung mit den sichtbaren Erscheinungen der Liebe Gottes […] auch unseren Willen und unseren Verstand auf den Plan“ ruft.[4] Die Liebe, die Gott ist, mag immer wieder als *amour fou* erfahren werden. Doch sie ist gerade in ihrer Ver-rücktheit und in ihrer ent-rückenden Kraft zutiefst vernünftig. Wenn die Vernunft ihre eigene Tiefendimension nicht ausblendet, sondern bejaht, kann sie verstehen, dass Gott Liebe ist.

Doch wenn die Vernunft, ohne damit zugleich den Glauben als das

---

[3] Vgl. Martin LUTHER, *Vorrede zum 1. Bande der Wittenberger Ausgabe der deutschen Schriften 1539*, WA 50, 658 ff.

[4] *Deus Caritas est*, 17, 25.

Andere der Vernunft zu bejahen, diese Wahrheit usurpiert und vorbehaltlos die Liebe göttlich nennt, wenn sie gar nur der Liebe den Status eines Subjekts, und dem Göttlichen nur noch den Status eines Prädikats zuerkennt[5], dann beginnt die pathologische Schwärmerei der Vernunft, die die christliche Theologie und die eine wirklich kritische Philosophie als Selbstentstellung der Vernunft bekämpfen: mit dem Ziel, die Vernunft zur Vernunft zu bringen.

Benedikt XVI. hat eine solche „Reinigung der Vernunft" von der durch sie selbst erzeugten Unvernünftigkeit seit den Anfängen seiner theologischen Existenz gefordert, aber zugleich auch die pathologische Bedrohung der Religion durch den ihr benachbarten Aberglauben wahrgenommen und also auch einer Katharsis des Religiösen durch die Vernunft das Wort geredet. Evangelische Theologie stimmt dem nachdrücklich zu. Denn was dem Glauben an Vernunft vorenthalten wird, wird zwangsläufig durch Aberglauben ersetzt. Und was die Vernunft an Glauben verleugnet und verfehlt, ersetzt sie zwangsläufig durch Unverstand.

Das sind Einsichten, die zu den Voraussetzungen der päpstlichen Enzyklika gehören und die so etwas wie deren fundamentaltheologische Axiomatik darstellen. Wenn der Papst so intensiv darauf besteht, dass Glaube und Vernunft zusammengehören, und wenn er eben deshalb nicht nur auf die Pathologien des Religiösen hinweist – die durch den rechten Gebrauch der Vernunft vermieden bzw. therapiert werden können –, sondern auch auf die selbstverschuldeten Pathologien einer eindimensional orientierten Vernunft aufmerksam macht und für einen Vernunftbegriff – oder sollte man besser sagen: für einen Gebrauch der Vernunft? – plädiert, der sich der Wirklichkeit des Religiösen nicht verschließt, darf er sich der Zustimmung evangelischer Theologie gewiss sein. Hatte doch schon F. D. E. Schleiermacher daran erinnert, dass „die Reformation [...] das Ziel hat, einen ewigen Vertrag zu stiften zwischen dem lebendigen christlichen Glauben und der nach allen Seiten freigelassenen, unabhängig für

---

[5] So kann man es bei Ludwig Feuerbach lesen. Vgl. Ludwig FEUERBACH, *Das Wesen des Christentums, Ausgabe in zwei Bänden*, herausgegeben von W. Schuffenhauer, Band 1, Berlin 1956, 108 f.: „Wie Gott sich selbst aufgegeben aus Liebe, so sollen wir auch aus Liebe Gott aufgeben; denn opfern wir nicht Gott der Liebe auf, so opfern wir die Liebe Gott auf ...". Feuerbach will denn auch den zwischen Gott und Mensch unterscheidenden Glauben der Gott und Mensch identifizierenden Liebe geopfert wissen.

sich arbeitenden wissenschaftlichen Forschung, so daß jener [der lebendige Glaube] nicht diese [die wissenschaftliche Forschung] hindert, und diese nicht jenen ausschließt". Sollte dies dennoch geschehen, so bedürfen wir nach Schleiermachers Urteil „noch einer anderen" Reformation, „wie und aus was für Kämpfen sie sich auch gestalten möge", auf dass Glaube und Vernunft, ohne ineinander zu fallen, zusammen finden; „gemahnt ist jeder genug, und zwiefach aufgefordert, zur Lösung etwas beizutragen, ist jeder, der an beiden zugleich, am Bau der Kirche und am Bau der Wissenschaft, irgend einen thätigen Antheil nimmt."[6]

3. Quaestio disputata

Eine *quaestio disputata,* und zwar auch innerhalb der katholischen Theologie, bleibt allerdings die von Benedikt XVI. – in seiner Regensburger Vorlesung am 22. September 2006 erneut – vertretene Hypothese, dass eine innerhalb der Theologiegeschichte mehrfach – so von den Reformatoren und von der liberalen Theologie – geforderte „Enthellenisierung" des Christentums für die Diremption von Glaube und Vernunft verantwortlich zu machen ist und dass das daraus resultierende Verständnis Gottes mit dem angeblich nicht an die Vernunft gebundenen Gottesbegriff des Islam in einer Reihe zu stehen kommt.[7] Wirklich?

Schon das ist ja keineswegs ausgemacht, dass die Kritik der Reformatoren an der scholastischen Aristoteles-Rezeption einer antihellenistischen Einstellung geschuldet ist. Sie war jedenfalls kein Plädoyer für eine irrationale Theologie. Und Harnacks Misstrauen gegen eine angebliche „hellenistische" Verfremdung des „einfachen Glaubens" durch die kirchlichen Dogmen wurde und wird von maßgeblichen evangelischen Theologen keineswegs geteilt. Aber auch wenn man – wie u.a. auch ich selber – die (ja bereits in den biblischen Schriften einsetzende) Begegnung des biblisch gegründeten Glaubens mit dem griechischen Denken für einen überaus *glücklichen* Umstand hält, der

[6] Friedrich Daniel Ernst Schleiermacher, *Über seine Glaubenslehre an Dr. Lücke. Zweites Sendschreiben*, KGA, 1. Abt., Bd. 10, Berlin – New York 1990, 350f.

[7] Die evangelischen Christen hätten, wenn sie denn ihrerseits auf eine böswillige Rezeption der Regensburger Vorlesung des Papstes bedacht wären, sehr viel mehr Anlass zum Protest als die Muslime.

es dem christlichen Glauben abverlangte, aber auch ermöglichte, seinen Wahrheitsanspruch denkend zu verantworten, so wird man doch zu bedenken haben, dass das sog. griechische Denken selber hochkomplex, also alles andere als eindimensional und eindeutig war. Nicht zufällig gehören zu den Repräsentanten dieses Denkens Verteidiger *und* Gegner des christlichen Glaubens.

II. Der Text

4. Der souveräne Indikativ göttlicher Liebe

Der ganze Text der Enzyklika will einen *souveränen Indikativ*, er will die *positive Option* des christlichen Glaubens zur Geltung bringen. Zwar ist im 1. Johannesbrief die zentrale Aussage *Gott ist Liebe* in einem *paränetischen* Kontext verortet. Dass wir einander lieben *sollen*, ja *müssen* – das ist spätestens seit dem dritten Kapitel des 1. Johannesbriefs der alles dominierende Duktus, innerhalb dessen dann – zunächst im Nebensatz und schließlich als Hauptsatz – der diesen Imperativ begründende souveräne Indikativ *Gott ist Liebe* aufleuchtet. Die Enzyklika hat das sich damit einstellende dogmatische Problem exegetisch sensibel wahrgenommen. Und es gehört zum erfrischenden theologischen Profil der Enzyklika (welches sowohl von der historisch-kritischen Auslegung des 1. Johannesbriefes wie von der konsequenten – unsere eigene Gegenwart erreichenden – theologischen Exegese bestimmt wird), dass geradezu penetrant darauf insistiert wird, der Imperativ des Liebesgebotes sei auf Grund jenes souveränen Indikativs nun eigentlich „nicht mehr ‚Gebot' von außen her [...], sondern geschenkte Erfahrung der Liebe von innen her".[8] Dass Gottes Wille zur Liebe für sein menschliches Geschöpf kein „Fremdwille" bleibt, „den mir Gebote von außen auferlegen", wird mit der Erfahrung begründet, die Augustinus in der nicht nur rhetorisch, sondern auch sachlich überaus treffenden Aussage festgehalten hat, dass der Gott, der höher ist als mein Höchstes *(superior summo meo)*, mir näher kommt, als ich mir selber nahe zu sein vermag *(interior intimo meo)*.[9]

Das ist ein für eine päpstliche Enzyklika ungewöhnliches – gewiss

---

[8] *Deus Caritas est*, 18, 27.

[9] Ebd., 17, 26. Vgl. Aurelius Augustinus, *Confessiones* III, 6,11; CChr. SL 27, 32.

auch dem Problembewusstsein des früheren Theologieprofessors geschuldetes – Profil. Und es ist ein glasklares theologisches Votum für die Freiheit, ohne die es keine wahre Liebe gibt. *Befohlene* Liebe wäre Vergewaltigung zur Liebe und also das strikte Gegenteil von Liebe. Es kennzeichnet den theologischen Charakter der Enzyklika, dass sie den christlichen Glauben nicht von Verboten und Negationen – und seien sie noch so ponderabel – her, sondern von einer positiven Option und Affirmation her zur Geltung bringt. Martin Luther hat diesen Grundsatz des christlichen Glaubens in seiner überaus anschaulichen Sprache einmal so formuliert: „Wenn jemand wollte Gott malen und treffen, so müsste er ein solches Bild treffen, das eitel Liebe wäre, als sei die göttliche Natur nichts, denn ein Feuerofen und eine Brunst solcher Liebe, die Himmel und Erde füllet." Ja, Gott ist nach Luther „ein glühender Backofen voller Liebe".[10] Gewiss, in einem solchen Backofen ist es brennend heiß. Doch was aus ihm herauskommt, ist Lebensbrot, das zu essen niemandem *befohlen* werden muss.

5. Die Vieldeutigkeit des Wortes Liebe

Nicht erst die päpstliche Enzyklika hat auf die *Polysemie* aufmerksam gemacht, die dem deutschen Wort *Liebe* – aber doch auch schon dem griechischen ἔρως – eigentümlich ist und zu der Frage Anlass gibt, was denn nun in Wahrheit *Liebe* genannt zu werden verdient. Die der Liebe auf den Grund gehenden – oder sagen wir vorsichtiger: die ihr auf den Grund gehen wollenden – Denkversuche unterscheiden: zwischen *Eros* und *Agape*, zwischen dem *amor concupiscentiae* und dem *amor benevolentiae (amor amicitiae)*, zwischen *need-love* und *gift-love*. Selbst der Eros ist seinerseits vieldeutig. Schon in Plutarchs Dialog Ερητικός (Amatorius) „werden heterogene und schwierig miteinander zu vereinbarende Erosbegriffe gegeneinander ausgespielt".[11] Die päpstliche Enzyklika erinnert gleich am Anfang an diese Polysemie. Sie weiß um „die Bedeutungsvielfalt des Wortes ‚Liebe'".[12] Und sie weiß, dass es nicht nur um die Bedeutungsvielfalt eines *Wortes*, son-

---

[10] Martin LUTHER, Predigt am 9. Juni 1532, WA 36, 424, 17–19 und 425, 13.

[11] Jan OPSOMER, *Eros in Plutarchs moralischer Psychologie*, in: DERS. u. a., *Plutarch, Dialog über die Liebe*, SAPERE X, Tübingen 2006, 211.

[12] *Deus Caritas est*, 2, 7.

dern um die Ambivalenz des mit diesem Wort benannten *Phänomens* geht.

Dabei überrascht, dass ausgerechnet eine päpstliche Enzyklika „die Liebe zwischen Mann und Frau [...] als [...] Urtypus von Liebe schlechthin“[13] bejaht. Die Enzyklika kennt, wenn sie die steile Aussage *Gott ist Liebe* zu verstehen versucht, den überaus konkreten Sitz der Liebe im irdischen Leben. Sie schämt sich dieses auch die menschliche Lust integrierenden Sitzes der Liebe im irdischen Leben nicht, setzt ihn vielmehr voraus, wenn sie zu verstehen sucht, was es heißt, dass *Gott* Liebe genannt zu werden verdient.

Auf die Polysemie des Wortes *Liebe* und auf die in der Mehrdeutigkeit des Wortes zum Ausdruck kommende Mehrdimensionalität des Phänomens *Liebe* geht die Enzyklika insoweit ein, als sie zwischen *Eros* und *Agape* und auf Grund dieser Unterscheidung dann noch einmal zwischen verschiedenen „Realisierungen“ des *Eros* unterscheidet. Dabei schreckt die Enzyklika keineswegs vor der „heidnischen“ Auffassung zurück, dass *Eros* „irgendwie mit dem Göttlichen zu tun hat“.[14] Die Wendung erinnert an die Behauptung des platonischen Sokrates im Dialog *Phaidros* (242 E), der *Eros* sei ein „Gott oder etwas Göttliches“ (θεός ἦ τὶ θεὸν).

Die Enzyklika begründet die Affinität des menschlichen *Eros* „mit dem Göttlichen“ damit, dass der *Eros* „Unendlichkeit, Ewigkeit – das Größere und ganz andere gegenüber dem Alltag unseres Daseins“ – verheißt.[15] Doch davon wird eine „falsche Vergöttlichung des *Eros*“ unterschieden, die diesen „seiner Würde“ „beraubt“ und ihn „entmenschlicht“[16]. Eine solche „falsche Vergöttlichung des *Eros*“ ereignet sich, wenn die „Übermächtigung durch den Trieb“[17] die „Vereinigung mit dem Göttlichen“[18] bewirken soll. Gemeint ist diejenige „Übermächtigung durch den Trieb“, die die dem Menschen wesentliche Einheit von Leib und Seele (Geist) zerreißt, statt sie zu stärken. Der zum *Eros* gehörende Trieb wird also nicht – wie so oft in der Kirchen- und Theologiegeschichte – verteufelt. Er wird nur dann kritisch beurteilt, wenn er die *Ganzheit* des Menschen problematisiert.

---

[13] *Deus Caritas est*, 2, 7.
[14] Ebd., 5, 10.
[15] Ebd.
[16] Ebd., 4, 9.
[17] Ebd., 5, 10.
[18] Ebd., 4, 9.

Doch nicht nur wenn der Leib, sondern auch wenn der Geist des Menschen absolut gesetzt wird, wird nach dem Urteil des Papstes der wahre *Eros* verfehlt: „Die Herausforderung durch den *Eros* ist dann bestanden", „wenn Leib und Seele zu innerer Einheit finden"[19]. „Nur so kann Liebe – *Eros* – zu ihrer wahren Größe reifen."[20]

Zu dieser „wahren Größe" des Eros gehört durchaus auch das – allerdings pervertierbare – Moment der Ekstase. „*Eros* will uns zum Göttlichen hinreißen, uns über uns selbst hinausführen."[21] „Ja, Liebe ist ‚Ekstase', aber Ekstase nicht im Sinn des rauschhaften Augenblicks, sondern Ekstase als ständiger Weg aus dem in sich verschlossenen Ich zur Freigabe des Ich, zur Hingabe und so gerade zur Selbstfindung, ja, zur Findung Gottes."[22] Die Enzyklika erinnert mit dieser dem wahren *Eros* eigentümlichen Dialektik von ekstatischer Selbstentfernung und Selbstfindung an den *amor ek-statikus* der Mystiker, der in der *fides ek-statika* der Reformatoren seine Parallele (aber auch sein Kriterium) hat und der tiefen anthropologischen Einsicht Ausdruck gibt, dass das menschliche Ich nicht bei sich selbst zu sich selbst kommt, sondern sich selbst nur bei einem Anderen zu finden vermag.

Die Enzyklika geht allerdings davon aus, dass der *Eros* seine wahre Größe (Würde) in der Regel verfehlt und deshalb der „Heilung zu seiner wirklichen Größe hin"[23] bedarf. Er ist auf „einen Weg des Aufstiegs, der Verzichte, der Reinigungen und Heiligungen"[24] angewiesen. Auf diesem Weg kommt das geliebte Du dem liebenden Ich so nah, dass die zu jeder Liebe gehörende Selbstbezogenheit durch eine noch größere Selbstlosigkeit überboten wird: Die Liebe will „das Gute für den Geliebten" und wird dafür sogar „bereit zum Opfer".[25] Und wenn das geschieht, ist in der Bedeutungsvielfalt des Wortes *Liebe* und in der Mehrdimensionalität des Phänomens *Liebe* diejenige Dimension

---

[19] Ebd., 5, 10.

[20] Ebd., 5, 11.

[21] Ebd.

[22] Ebd., 6, 12. Wäre es nicht angemessen, hier ein „nur" einzufügen, also: Ekstase nicht nur im Sinn des rauschhaften Augenblicks? Denn nicht nur die erotische Liebe zweier Menschen, sondern auch die dem Glauben entspringende Liebe zwischen einem menschlichen Ich und dem dreimal heiligen Gott kann doch auch etwas von einem „rauschhaften Augenblick" haben, der seit Platon aus der Geschichte des menschlichen Selbstverständnisses nicht mehr wegzudenken ist.

[23] Ebd., 5, 10.

[24] Ebd., 5, 11.

[25] Ebd., 6, 12.

dominant geworden, die das Neue Testament mit dem Ausdruck *Agape* zur Geltung bringt.

Sieht man von der in diesem Zusammenhang nicht unmissverständlichen Opferterminologie ab, so wird man eine große sachliche Nähe dieser Aussagen zu den paulinischen Ausführungen über die Liebe im 13. Kapitel des 1. Korintherbriefes konstatieren und diese Aussagen der Enzyklika als Fundament für ein ökumenisches Einverständnis über das, was in Wahrheit *Liebe* genannt zu werden verdient, begrüßen.

6. Caritas fide formata.

Die Enzyklika behauptet, dass *Agape* – im Unterschied zum die „weltliche" Liebe bezeichnenden *Eros* – „Ausdruck für die im Glauben gründende und von ihm geformte Liebe"[26] sei. Die Behauptung eröffnet eine ungewöhnliche ökumenische Perspektive. Denn Luther war gegen die – aus der aristotelisierenden Übersetzung von Gal 5,6 (πίστις δι' ἀγάπης ἐνεργουμένη) hervorgegangene – Rede von der *fides caritate formata* Sturm gelaufen und hatte ihr die Auffassung entgegengesetzt, dass die Liebe durch den Glauben geformt wird, so dass man von der *fides* als *forma caritatis* reden müsse.[27] Und nun begegnet uns in einer päpstlichen Enzyklika die Rede von der *caritas fide formata!* Welch eine ökumenische Annäherung! Im Blick auf das Jahrhunderte lang kontroverstheologisch umstrittene Verhältnis von Glaube und Liebe hat die Enzyklika Benedikt XVI. ein tiefgreifendes Einverständnis freigelegt.[28]

---

[26] Ebd., 7, 13. In der lateinischen Fassung der Enzyklika heißt es etwas zurückhaltender: „agape tamquam amoris declaratio qui fide nititur eaque conformatur".

[27] So interpretiert Otto Hermann Pesch (*Hinführung zu Luther*, Mainz ^{2}1983, 161) treffend die These Luthers (*Zirkulardisputation de veste nuptiali*, WA 39/I, 318, 16f.): „fides est ipsa forma et actus primus seu ἐντελέχεια, ceia charitatis". Vgl. auch G. Ebeling, *Lutherstudien*, Bd. II, Disputatio de homine. Dritter Teil. Die theologische Definition des Menschen. Kommentar zu These 20–40, Tübingen 1989, 505.

[28] Pesch, Hinführung (s. Anm. 27), 175, bringt dieses Einverständnis mit dem Satz „Der Glaube ist Kraft zur Liebe" zum Ausdruck: „Er ist nicht nur Kraft zur Liebe und auch nicht meine Kraft zur Liebe, sondern Gottes Kraft zur Liebe in uns – aber Kraft zur Liebe."

7. Eros und Agape

Ökumenisches Einverständnis stellt sich wiederum ein, wenn die Enzyklika die *notwendige Unterscheidung* von *Eros* und *Agape* nicht zu einem *radikalen Gegensatz* hochgesteigert wissen will: zu einem Gegensatz, der dann das deutsche Wort *Liebe* nur noch als *äquivoke* Benennung von *Eros* und *Agape* zu verstehen erlaubt.

Solche die notwendige Unterscheidung von *Eros* und *Agape* zu einem alternativen Gegensatz hochsteigernden Theorien hat es vor allem in der protestantischen Theologie – aber nicht nur in ihr[29] – immer wieder gegeben. Im 20. Jahrhundert hat vor allem das Buch des schwedischen Lutheraners *Anders Nygren*, das 1954 in deutscher Übersetzung unter dem Titel *Eros und Agape* erschienen war[30], die Unvereinbarkeit der – idealtypisch von Platon beschriebenen – sich selber vergöttlichenden, nämlich in die Sphäre des Göttlichen *aufsteigenden*, egozentrischen *eros*-Liebe mit der – im Neuen Testament bezeugten – sich selber hingebenden, nämlich zum Menschen *herabsteigenden*, selbstlosen *agape*-Liebe behauptet.

Als programmatisches Motto seines Werkes hat Nygren seinem Buch einen Satz aus der Platon-Interpretation des Altphilologen *Ulrich von Wilamowitz-Moellendorff*[31] vorangestellt: „Wenn die deutsche Sprache so arm ist, daß sie in beiden Fällen Liebe sagt, haben die Begriffe doch darum nichts miteinander zu schaffen." Doch während von Wilamowitz-Moellendorff den von Platon gefeierten *Eros* und die von Paulus in 1 Kor 13 besungene *Agape* auch nur „zu vergleichen" für „mehr als geschmacklos", ja „lächerlich", hält,[32] vergleicht Nygren die Begriffe unentwegt, um in *Eros und Agape* „zwei miteinander konkurrierende Grundmotive" zu diagnostizieren, „die das ganze Leben prägen". Gemeinsam ist beiden nur der „Anspruch darauf, dem Verhältnis des Menschen zu dem Göttlichen Ausdruck zu geben" und damit

---

[29] Immerhin hat schon AUGUSTINUS (*De civitate Dei* XIV, 28, CChrSL 48, 451) den bis zur Gottesverachtung reichenden *amor sui*, der die *civitas terrena* konstituiert, und den bis zur Selbstverachtung reichenden *amor Dei*, der die *civitas caelestis* konstituiert, im Sinne einer Alternative einander entgegengesetzt.

[30] Die zweibändige schwedische Originalausgabe war bereits 1930 bzw. 1937 unter dem Titel *Den kristna kärkekstarken genom tiderna. Eros och agape* erschienen.

[31] Ulrich VON WILAMOWITZ-MOELLENDORFF, *Platon. Sein Leben und seine Werke*, Berlin – Frankfurt [4]1948, 303, Anm. 1.

[32] Ebd.

„gestaltend in die Lebensführung des Menschen" einzugreifen.[33] Das aber tun sie im Sinne eines alternativen Gegensatzes, den Nygren sogar tabellarisch darstellen zu können meint.[34]

Auf Nygrens weltweit rezipierte Untersuchung habe ich hier deshalb hingewiesen, weil sie behauptet, dass die mit den Ausdrücken *Eros* und *Agape* benannten angeblich alternativen Liebesauffassungen im „klassischen katholischen Liebesgedanken" nun doch zu einer Synthese, der von Nygren so genannten „Caritassynthese", zusammengefügt worden seien und dass Martin Luther es als seine reformatorische „Hauptaufgabe betrachtet" habe, diesen sich aus „zwei einander aufhebende[n] Grundmotive[n]" aufbauenden „klassischen katholischen Liebesgedanken [...] zu vernichten". Hat doch, so Nygren, „die katholische Liebeslehre nur wenig mit der spezifisch christlichen Liebe zu tun".[35] Demnach hätten wir es hier mit dem Angelpunkt der Auseinandersetzung zu tun, die dann zur Spaltung der abendländischen Christenheit geführt hat.

Nygren begründet seine steile Auffassung mit einem Rekurs auf die 28. These, die Luther für die Heidelberger Disputation 1518 formuliert hatte und die Nygren „als die schärfste Abgrenzung des Erosgedankens vom Agapegedanken" interpretiert.[36] Luther setzt in der Tat schroff gegeneinander: den *amor Dei* und den *amor hominis*. Während die Liebe des Menschen sich am Liebenswerten entzündet, findet die Liebe Gottes nichts ihm Liebenswertes vor, sondern schafft es: „Amor Dei non invenit sed creat suum diligibile. Amor hominis fit a suo diligibili."[37] Der Unterschied zwischen dem zur Natur des Menschen gehörenden *amor hominis* und dem – von Luther auch als „amor crucis ex cruce natus"[38] bezeichneten – *amor Dei* ist von Luther zweifellos scharf herausgearbeitet worden.

Aber dass der eine *amor* den anderen ausschließt, sollte man dem Reformator nicht unterstellen. Es ist auch keineswegs nur der durch die Sünde pervertierte *amor hominis*, von dem gilt: *fit a suo diligibili*. Er gehört vielmehr zu den von Gott gegebenen und deshalb theologisch auf keinen Fall zu denunzierenden natürlichen Bedürfnissen

---

[33] von Wilamowitz-Moellendorff, Platon (s. Anm. 31), 141.

[34] Vgl. ebd., 142.

[35] Ebd., 568.

[36] Ebd., 570.

[37] Martin Luther, *Heidelberger Disputation*, WA 1, 365, 2 f. = BoA 5, 391, 30 f.

[38] WA 1, 365, 13 f. = BoA 5, 392, 10 f.

des Menschen. Die Ursache dafür, dass eine junge Frau einen Mann und ein Mann eine Frau *begehrt*, „liegt darin: Kinder zu zeugen ist der Natur genauso tief eingepflanzt wie Essen und Trinken. Darum hat Gott uns den Leib, die Glieder, die Adern, den Samenerguß und alles, was dazugehört, gegeben und eingesetzt. Wer das nun abwehren und nicht zulassen will, was die Natur will und muß, was tut der anderes als zu verhindern, dass die Natur Natur sei?"[39]

Man wird, wenn man den *amor hominis* bis in seine sexuelle Dimension hinein als Werk *des Schöpfers* zu würdigen hat, ihn mit jener *schöpferischen* Liebe Gottes, die aus hässlichen Sündern schöne Menschen macht,[40] doch wohl so zusammen denken müssen, dass bei aller noch so großen Unterschiedenheit zwischen beiden eine noch größere Gemeinsamkeit beider erkennbar wird. Der *amor Dei* hat zumindest weltliche Entsprechungen. Und es hätte Anders Nygren doch nachdenklich machen sollen, dass auch in einem so „weltlichen" Text wie *Robert Musils* Roman *Der Mann ohne Eigenschaften*[41] dies immerhin als Frage erörtert wird: „Liebt man nun etwas, weil es schön ist, oder wird es schön, weil es geliebt wird?"[42] Kurzum: Die Luther-Interpretation des Lutheraners Nygren ist in ihrer Argumentation päpstlicher als der Papst – pardon: lutherischer als Luther selbst. Ihr Anspruch, genuin reformatorisch zu votieren, ist unhaltbar.

Übrigens hat selbst der auf die Unterscheidung von *Eros* und *Agape* eisern bestehende Karl Barth im Blick auf die Nygrensche Wahrnehmung des Verhältnisses von *Eros* und *Agape* kritisch von „überschärften Augen" geredet und der liebevollen Darstellung des *Eros* durch Heinrich Scholz[43] gegenüber Nygrens Aufstellungen wenigstens „halblaut" den Vorzug geben zu müssen gemeint.[44] Barth kennt denn auch

---

[39] Martin LUTHER, *Wider den falsch genannten geistlichen Stand ...*, WA 10 II, 156, 17–21. Vgl. dazu Heiko A. OBERMAN, *Luther. Mensch zwischen Gott und Teufel*, Berlin 1982, 286–290.

[40] Vgl. WA 1, 365, 11 f. = BoA 5, 392, 7–9: „Ideo enim peccatores sunt pulchri, quia diliguntur, non ideo diliguntur, quia sunt pulchri."

[41] Robert MUSIL, *Der Mann ohne Eigenschaften*, hg. v. A. Frisé, Reinbek bei Hamburg [10]1999, Bd. 2, 1112.

[42] Vgl. dazu Anne KÄFER, *„Die wahre Ausübung der Kunst ist religiös". Schleiermachers Ästhetik im Kontext der zeitgenössischen Entwürfe Kants, Schillers und Friedrich Schlegels*, in: BzhTh 136 (2006) 291.

[43] Vgl. Heinrich SCHOLZ, *Eros und Caritas. Die platonische Liebe und die Liebe im Sinne des Christentums*, Halle 1929.

[44] Vgl. Karl BARTH, KD IV/2, 837.

trotz aller notwendigen Unterscheidung einen dem *Eros* und der *Agape* „*gemeinsamen* Ort [...] von dem sie beide herkommen",[45] so dass schließlich im Blick auf das Verhältnis von *Eros* und *Agape* dann doch „ein *versöhnliches* Wort das letzte sein" kann und muss.[46] Umso merkwürdiger mutet allerdings Barths in anderem Zusammenhang aufgestellte Behauptung an: „Agape verhält sich zu Eros wie Mozart zu Beethoven. Was gäbe es da zu verwechseln?"[47] Wir wollen nicht fragen, was Mozart dazu sagen würde.

In der sich von den Lutheranissimi emanzipierenden, also genuin reformatorisch orientierten evangelischen Theologie werden jedenfalls jene Sätze der päpstlichen Enzyklika Zustimmung finden, die einen radikalen Gegensatz von *Eros* und *Agape* bestreiten und stattdessen dafür plädieren, dass „im letzten [...] ‚Liebe' eine einzige Wirklichkeit" sei, die allerdings „verschiedene Dimensionen" hat.[48] Dann drängt sich allerdings die Frage auf, inwiefern das wahre Wesen von Liebe sich gerade in der „rechte[n] Einheit" der „unterschiedlichen Dimensionen" verwirklicht?[49] Verspricht *Eros*, „die große Verheißung des Glücks"[50] zu verwirklichen, und verspricht *Agape*, den Menschen selig zu machen, dann kann man dieselbe Frage auch so formulieren: Was hat des Menschen Glück mit seiner Seligkeit zu tun?

8. Das mysterium caritatis *als* mysterium trinitatis

Die Enzyklika gibt zur Beantwortung dieser Frage einen entscheidenden Hinweis. Benedikt XVI. schreibt: „Wenn *Eros* zunächst vor allem verlangend [...] ist – Faszination durch die große Verheißung des Glücks – so wird er im Zugehen auf den anderen immer weniger nach sich selber fragen, immer mehr das Glück des anderen wollen, immer mehr [...] sich schenken, für ihn da sein wollen."[51] Demnach hätte der *Eros* in seinem unverstellten Wesen *dieselbe Struktur* wie die *Agape:* eine Struktur, die ich vorhin bereits auf die Formel gebracht habe,

---

[45] Ebd., 839.

[46] Ebd., 849.

[47] Karl Barth, *Einführung in die evangelische Theologie*, Zürich 1962, 219.

[48] *Deus Caritas est*, 8, 15.

[49] Ebd., 7, 14.

[50] Ebd.

[51] Ebd.

dass sich inmitten noch so großer Selbstbezogenheit eine immer noch größere Selbstlosigkeit ereignet.[52] Und das ist auch die Strukturformel, die dem neutestamentlichen Satz *Gott ist Liebe* zugrunde liegt. Dass ein liebendes Ich inmitten noch so großer Selbstbezogenheit einer immer noch größeren Selbstlosigkeit fähig ist und diese Fähigkeit auch „realisiert“ – das ist das eigentliche Mysterium der Liebe, das nur die Liebenden selbst verstehen und das ihnen umso geheimnisvoller wird, je intensiver sie sich lieben. Der Satz *Deus caritas est* will dieses Mysterium der Liebe weder exklusiv für die Liebe zwischen Mensch und Mensch noch exklusiv für das trinitarische Selbstverhältnis Gottes reklamiert wissen. Vielmehr gilt: „Im Ereignis der Liebe teilen Gott und Mensch dasselbe Geheimnis.“[53] Denn im Ereignis der Liebe entsprechen die einander liebenden Menschen dem Sein des dreieinigen Gottes, der ganz und gar und restlos Liebe ist.

Die Enzyklika rekurriert ihrerseits auf das *mysterium trinitatis*, indem sie – in johanneischer Sprache – auf Jesus Christus als „fleischgewordene Liebe Gottes“ zu sprechen kommt und damit das thematisiert, was Luther den *amor crucis* genannt hatte. Und der protestantische Leser wird denn auch sofort an Luthers *theologia crucis* erinnert, wenn er liest, dass im Kreuzestod Jesu Christi „sich jene Wende Gottes gegen sich selbst“ vollzogen hat, in der Gott „sich verschenkt, um den Menschen […] zu retten – Liebe in ihrer radikalsten Form“.[54] Dass von einer „Wende Gottes gegen sich selbst“ die Rede ist, erinnert an den von Goethe in *Dichtung und Wahrheit* zitierten „unheimlichen Spruch“: „Nemo contra deum nisi deus ipse“[55] – ein Satz, dessen Ursprung man in der Theologie Luthers vermutet hat, ohne ihn dort allerdings verifizieren zu können.

Wichtiger ist indessen, dass die Enzyklika behauptet, vom *amor crucis* her „definieren“ zu können, „was Liebe ist“.[56] Eine zünftige Definition erfolgt dann allerdings nicht. Doch dem sensiblen Leser ist klar, dass es genau jene die eigene Selbstbezogenheit überbietende

---

[52] Vgl. Eberhard JÜNGEL, *Gott als Geheimnis der Welt. Zur Begründung der Theologie des Gekreuzigten zwischen Theismus und Atheismus*, Tübingen 72001, 435 u. ö.

[53] Ebd., 538.

[54] *Deus Caritas est*, 12, 20 f.

[55] Johann Wolfgang VON GOETHE, *Dichtung und Wahrheit*, 4. Teil, 20. Buch, Weimarer Ausgabe Bd. 29, Weimar 1891, 177.

[56] *Deus Caritas est*, 12, 20 f.

Selbstlosigkeit – „Wende Gottes gegen sich selbst" – ist, die als Kurzdefinition der Liebe in Betracht kommt.

Trinitarisch ist die Gott als Liebe aussagende Definition insofern, als Gott schon in der immanenten Gemeinschaft von Vater, Sohn und Geist – alius, alius, alius – das Anderssein in sich selbst bejaht, diese Gemeinschaft gegenseitigen Andersseins aber so zur Geltung bringt, dass die dem Menschen zugutekommende Selbstlosigkeit Gottes dessen trinitarische Selbstbezogenheit, ohne sie zu problematisieren, überbietet. Die „immanente Trinität" kommt in der „ökonomischen Trinität", der sich liebevoll auf sich selbst beziehende dreieinige Gott kommt in der Geschichte, in der Gott sich als Schöpfer, Versöhner und Erlöser seinem Geschöpf zuwendet, an sein Ziel.

Der sich selbst liebende dreieinige Gott und der sein Geschöpf – sein *sündiges* Geschöpf! – liebende Gott *widersprechen* sich also in der „Wende Gottes gegen sich selbst" keineswegs: non aliud! Vielmehr gilt: Gerade in diesem radikalen Vollzug seiner Liebe *entspricht* Gott sich selbst. So interpretiert jedenfalls der durch Augustinus, Luther und Karl Barth belehrte evangelische Theologe die Aussagen des Papstes. Und er tut es mit dem Anspruch, die päpstliche Enzyklika mit einiger Genauigkeit gelesen zu haben.

9. Die sakramentale Selbstvermittlung der fleischgewordenen Liebe Gottes

Die Enzyklika legt Wert darauf, dass die in Jesus Christus „fleischgewordene Liebe Gottes" ihre Adressaten auch wirklich erreicht. Deshalb wird die christologische Verifikation der sich verschenkenden Liebe Gottes nicht auf das *extra nos* geschehene Heilsgeschehen *illic et tunc* beschränkt. Zum *amor crucis* gehört vielmehr nach Auffassung Benedikts XVI. dessen *sakramentale Selbstvermittlung*. Dem Ereignis liebevoller „Hingabe hat Jesus bleibende Gegenwart verliehen durch die Einsetzung der Eucharistie", in der der ewige „*Logos* wirklich Speise für uns" wird. Dabei wird die Eucharistie als ein Geschehen interpretiert, in dem wir „nicht nur statisch den inkarnierten *Logos*" empfangen, sondern „in die Dynamik seiner Hingabe hinein genommen" werden. So wird aus „dem Gegenüber zu Gott [...] durch die Gemeinschaft mit der Hingabe Jesu [...] Vereinigung" mit Gott.[57]

---

[57] *Deus Caritas est*, 13, 21.

Die alte Kontroverstheologie hätte diese Äußerungen sofort zum Anlass genommen, den garstigen breiten Graben zu beschwören, der evangelische und römisch-katholische Theologie voneinander trennt und for ever and ever zu trennen scheint. Und die vom Papst gewählten Formulierungen scheinen ja ihrerseits auf Abgrenzung gegenüber einer Sakramentsauffassung bedacht zu sein, die pointiert darauf besteht, dass die Glaubenden im sakramentalen Geschehen Empfangende und nur Empfangende sind. Das bisher konstatierte ökumenische Einverständnis droht nun doch zu zerbrechen.

Doch schon Goethes Faust hielt es für angebracht, sich selber zu ermahnen: „dass Deine Feder sich nicht übereile!"

Der junge, Augustins *De civitate* studierende Martin Luther hatte in den Spuren Augustins bereits den Tod Christi selber als sakramentales Geschehen verstanden,[58] in dem durch eben diesen Tod des Gottessohnes der Tod getötet wird.[59] Hätte das Sein Jesu Christi, hätte sein Tod keinen sakramentalen Charakter, dann bliebe sein Leben bei ihm und würde uns nichts helfen. So Luther etwa dreizehn Jahre später.[60] Und dass das Leben Jesu Christi uns zugutekommt, expliziert Luther im selben Zusammenhang mit der Erklärung: der Glaubende dürfe sich darauf verlassen, dass Christus mit seinem Tun und Leiden „deyn eygen sey": er dürfe sich darauf so sehr verlassen, „als hättest du es getan, ja als wärest du derselbige Christus. Siehe [...], das ist das große Feuer der Liebe Gottes zu uns; davon wird das Herz und Gewissen froh [...]."[61]

Auch nach Luther weiß sich also der Glaubende „in den Hingabeakt Jesu" hineingezogen,[62] so dass man – zumindest halblaut – mit der Enzyklika von einer „Mystik" des sakramentalen Geschehens reden könnte. Dabei muss allerdings glasklar bleiben, dass die Glaubenden durch ein solches Hineingezogenwerden „in den Hingabeakt Jesu" in keiner Weise aktiv an ihrer Rechtfertigung beteiligt sind, sondern dass sie in der „Gemeinschaft mit der Hingabe Jesu", also in der „Gemeinschaft mit seinem Leib und Blut" und der dadurch be-

---

[58] WA 9, 18, 19 f. = BoA 5, 3,37–4,1 f.: „Crucifixio Christi Est sacramentum."

[59] WA 9, 18, 27 f. = BoA 5, 4, 8 ff.: „Ut Mors Christi redimat animam a morte, sic per mortem suam mortem momordit."

[60] Martin Luther, *Vorrede zur Kirchenpostille*, WA 10 I/1, 11, 8 f.: „Seyn leben bleybt bey yhm und hilfft dyr noch nichts."

[61] WA 10 I/1, 11, 14 f.; 17–22.

[62] *Deus Caritas est*, 13, 21.

wirkten „Vereinigung" mit Gott[63], *Empfangende und nur Empfangende* sind. Dass die Enzyklika dies auszusprechen entweder für überflüssig oder aber für theologisch unangemessen hält, zeigt, dass hier weiterhin ökumenischer Klärungsbedarf besteht.

Dies umso mehr, als doch gerade der Erkenntnis, dass das sakramental zu verstehende Ereignis des *amor crucis* uns zu Empfangenden macht, die der Enzyklika so wichtige Einsicht entspringt, dass „das ‚Gebot' der Liebe überhaupt nur möglich" ist, weil „Liebe [...] zuerst geschenkt wird".[64] Die *Zwanglosigkeit* des Liebesgebotes, an der der Enzyklika so sehr gelegen ist, ergibt sich aus der recht verstandenen sakramentalen Dimension der sich im Tode Christi hingebenden Liebe Gottes ganz von selbst. Denn wenn der Mensch Gott selbst empfangen hat, dann wird der derart Beschenkte „mit Lust" zum Täter der Liebe.[65] Und insofern kann auch der evangelische Christ der päpstlichen Enzyklika vorbehaltlos zustimmen, wenn sie, den *sozialen* Charakter der Eucharistie herausstellend, erklärt: „Ich kann Christus nicht allein für mich haben."[66] Mein Lehrer Ernst Fuchs hat denselben Gedanken auf die Formel gebracht: „Der deus pro me ist der deus pro te."[67]

10. Das die Liebe Gottes darstellende Handeln

Von dieser schon im souveränen Indikativ der sich verschenkenden Liebe gegebenen sozialen Dimension des Evangeliums her leuchtet auch unmittelbar ein, dass in der gottesdienstlichen Feier „Glaube, Kult und Ethos [...] eine einzige Realität" bilden und die „übliche Entgegensetzung von Kult und Ethos [...] hier einfach dahin" fällt.[68] Paulus hat aus diesem Grund die gläubige Existenz, die in der Liebe werktätig wird und sich so im Alltag der Welt bewährt, ebenfalls als Gottesdienst – nämlich als λογικὴ λατρεία – bezeichnet (Röm 12,1) und dadurch auch terminologisch zum Ausdruck gebracht, wie sehr

---

63 Ebd.

64 Ebd., 14, 22.

65 Vgl. Martin LUTHER, *Von der Freiheit eines Christenmenschen*, BoA 2, 24, 18 = WA 7, 34, 32.

66 *Deus Caritas est*, 14, 22.

67 Vgl. Ernst FUCHS, *Glaube und Erfahrung. Zum christologischen Problem im Neuen Testament*, Tübingen 1965, 201 f. u. ö.

68 *Deus Caritas est*, 14, 22.

„Glaube, Kult und Ethos [...] ineinander" greifen, wenn es zur „Begegnung mit Gottes *Agape*" kommt.[69]

Und so ist es denn auch plausibel, dass – wie die Enzyklika formuliert – „Gottes- und Nächstenliebe verschmelzen".[70] Luther hat es bis in den Wortlaut hinein genauso gesagt, wenn er im Blick auf das Gebot der Gottesliebe und das Gebot der Nächstenliebe behauptet: „Also schmelzet Gott die zwei Gebote ineinander, dass es gleich ein Werk, eine Liebe ist."[71]

In der nachreformatorischen evangelischen Christenheit hat man allerdings gerade die paulinische Rede vom vernünftigen Gottesdienst im Alltag der Welt oft dahingehend missverstanden, dass in der „Heiligung" des „persönlichen, häuslichen, beruflichen Lebens" des Christen „sich der Zweck seines Daseins erschöpft". Die gottesdienstliche Feier indessen soll keine andere Funktion haben, als „den Christen zu diesem Ziel zu führen oder auf dem Weg dahin zu erhalten". So beschrieb am Anfang des vorigen Jahrhunderts *Julius Smend* die unter den evangelischen Christen herrschende Auffassung, um sie dann allerdings – im Rückgriff auf Schleiermacher – als „völlige Unterordnung der Religion unter die Sittlichkeit", ja als „Beugung des Gottesdienstes unter die Tyrannei der Ethik" scharf zu kritisieren.[72]

Die Situation hat sich seitdem grundlegend geändert. Man hat den – von Schleiermacher besonders präzis herausgearbeiteten – *darstellenden* Charakter des gottesdienstlichen Handelns in Predigt und Sakrament wiederentdeckt, den schon Luther im Sinne hatte, als er behauptete, der wahre Gottesdienst vollziehe sich da, wo man Gottes Werke unter uns wirken lässt.[73] Das gottesdienstliche Handeln der Kirche entspringt demnach einer – dem Verhalten Marias entsprechenden – kreativen Passivität, durch die die darzustellenden Werke Gottes zur Wirkung kommen. Das *darstellende* Handeln selber ist aber – im Unterschied zum darzustellenden Handeln Gottes – gerade

---

[69] Ebd.

[70] *Deus Caritas est*, 15, 23.

[71] Martin LUTHER, *Predigten des Jahres 1526*, WA 20, 514, 21 f. In Rörers Nachschrift – ebd., 514. 2 f. – heißt es: „Dilectio quam erga deum habeo, est eadem, quae est ad proximum."

[72] Julius SMEND, *Der evangelische Gottesdienst. Eine Liturgik nach evangelischen Grundsätzen*, Göttingen 1904, 1 u. 8.

[73] Vgl. Martin LUTHER, *Das Magnificat verdeutschet und ausgelegt*, WA 7, 595, 34 f. = BoA 2, 180, 10 f.: „niemant dienet aber got, denn wer yhn lessit sein got sein und seine werck in yhm wircken."

kein *bewirkendes* Handeln. Indem es *nur darstellendes* Handeln ist, bleibt Gott selbst und er allein *der Wirkende.*

Das *darstellende* Handeln der gottesdienstlichen Gemeinde versetzt allerdings die den Gottesdienst feiernden Glaubenden ihrerseits in jene kreative Passivität des Empfangens, aus der dann das *bewirkende* Handeln der Christen hervorgeht, das Paulus als vernünftigen Gottesdienst im Alltag der Welt bezeichnet hatte. In der Tat: „Die übliche Entgegensetzung von Kult und Ethos fällt hier einfach dahin."

Man wird das allerdings nicht nur von der Eucharistie, man wird das vom ganzen Gottesdienst behaupten müssen, in dem die christliche Gemeinde ja auch als *ecclesia audiens* und als *ecclesia docens*, also als hörende und predigende Kirche präsent ist. Dass diese Dimension des gottesdienstlichen Geschehens in der Enzyklika – jedenfalls in diesem Zusammenhang – sozusagen übersprungen wird[74], befremdet den evangelischen Leser. Dies umso mehr, als die Enzyklika doch selber darauf besteht, dass es der *Logos* ist, der in der Person Jesu Christi „Speise für uns geworden" ist.[75] „Speise für uns" ist der fleischgewordene Logos auch, wenn er in der Gestalt der Predigt dargestellt und dargeboten wird. Man kann es auch so sagen: Nicht nur die Eucharistie, sondern auch die *viva vox evangelii* hat sakramentalen Charakter, lässt also das, wovon die *Rede* ist, im Herzen der Glaubenden *Wirklichkeit* werden. Blendet man diese Dimension des gottesdienstlichen Geschehens nicht aus, stuft man es auch nicht zu einer defizienten Weise des gottesdienstlichen Geschehens herab, dann kann die päpstliche Enzyklika von protestantischer Seite auf ökumenisches Einverständnis rechnen. Und dass diese Erwartung berechtigt ist, ist insofern wohlbegründet, als auch die Enzyklika auf das *gesprochene Wort*, nämlich auf die *Gleichnisse Jesu* rekurriert.[76] Was wäre auch die Liebe ohne die Sprache der Liebe? Und ist es nicht auch in der Eucharistie das zu den Elementen von Brot und Wein hinzutretende *verbum promissionis*, das das Sakrament konstituiert? Hat Augustinus nicht recht, wenn er behauptet: „Accedit verbum ad elementum, et fit sacramentum, etiam ipsum tamque visibile verbum"?[77]

---

[74] Die Enzyklika kommt erst später auf den kerygmatischen Auftrag der Kirche zu sprechen.

[75] *Deus Caritas est*, 13, 21.

[76] Ebd., 15, 22f.

[77] Aurelius AUGUSTINUS, Io. ev. tr. 80, 3. CChr SL 36, 529. Zur unterschiedlichen Rezeption dieses Satzes in der Scholastik und bei Luther verweise ich auf meinen

11. *Ganz machende Liebe*

Wenn das fleischgewordene Wort Gottes „die fleischgewordene Liebe Gottes" ist und wenn dies im gottesdienstlichen Geschehen so zur Darstellung kommt, dass die Glaubenden Liebende „im Vollsinn des Wortes" *Liebe* werden, dann wird der sich unentwegt zerstreuende Mensch zum *totus homo.* In diesem Sinne erklärt die Enzyklika: „Zur Reife der Liebe gehört es, dass sie [...] den Menschen sozusagen in seiner Ganzheit integriert."[78] Und zur Ganzheit des Menschen gehört, dass der Mensch *hört*, also ein *angesprochenes* und stets aufs Neue *anzusprechendes* Wesen ist. Gerade das ihn auf Gottes „fleischgewordene Liebe" ansprechende Wort ermöglicht es dem Glauben, den anderen Menschen „nicht mehr bloß mit meinen Augen [...] anzusehen, sondern aus der Perspektive Jesu Christi heraus".[79] Erst dieser Perspektivenwechsel, der es dem menschlichen Ich ermöglicht, von sich selbst abzusehen, erst die Wahrnehmung des anderen Menschen und des eigenen Ich aus der Perspektive Jesu Christi konstituiert die Ganzheit des Menschen – sagt Benedikt XVI. und kann sich in dieser Hinsicht wiederum der Zustimmung reformatorischer Theologie gewiss sein.

Dabei ist allerdings vorausgesetzt, dass der Mensch – wie der dreieinige Gott, dessen Ebenbild er ist – ein *beziehungsreiches* Wesen ist, das mithin auch seine Ganzheit *in praedicamento relationis* begriffen zu werden verlangt. Das Ich in seiner Ganzheit ist mehr als nur Ich. Es begreift sich selbst als Teil der Menschheit, ohne die das menschliche Ich nur ein Torso bliebe. Die Enzyklika betont denn auch, dass die Liebe Gottes des Vaters „die Menschheit [...] zu einer einzigen Familie machen will" und dass „alles Handeln der Kirche Ausdruck" eben dieser „Liebe" ist, „die das ganzheitliche Wohl des Menschen anstrebt".[80]

Ob es zum ganzheitlichen Wohl des Menschen – und der Menschheit! – nicht auch gehören kann, dass zwei einander liebende Men-

---

im Pontificio Ateneo S. Anselmo am 17. März 2005 vorgetragenen Text *Sakramentales Sein – in evangelischer Perspektive: Essere sacramentale in prospettiva evangelica. Testo tedesco a fronte* (Collana Lectiones Vagagginianae 2), Cittadella Editrice, Assisi 2006.

[78] *Deus Caritas est*, 17, 25.

[79] Ebd., 18, 26.

[80] Ebd., 19, 29.

schen aufgrund einer gewissenhaften und also auch vor Gott zu vertretenden Entscheidung sich empfängnisverhütender Mittel bedienen, diese sich weltweit individualethisch und sozialethisch mit großer Dringlichkeit – Aids! – stellende Frage erörtert die Enzyklika leider nicht.

Die an der „fleischgewordenen Liebe Gottes“ partizipierenden Glaubenden bezeugen diese Liebe durch ihr individuelles und durch ihr gemeinsames – kirchliches – Handeln, das seinerseits liebevolles Handeln oder, wie die Enzyklika formuliert, „Liebesdienst“ ist.[81] Von diesem christlichen Liebesdienst handelt der zweite Teil der Enzyklika, die den „Dienst der Liebe“ zusammen mit der „Feier der Sakramente“ und der „Verkündigung von Gottes Wort“ als den „dreifachen Auftrag“ begreift, in dem sich das „Wesen der Kirche“ ausdrückt.[82]

12. Der Dienst der Liebe

Dieser „Dienst der Liebe“ kennt allerdings keine Grenzen. Er vollzieht sich innerhalb der Kirche an deren Gliedern, aber eben – der „Universalität der Liebe“ entsprechend[83] – auch *extra muros ecclesiae*, und zwar ohne „Mittel für das“ zu „sein, was man heute als Proselytismus bezeichnet. Die Liebe ist umsonst; sie wird nicht getan, um damit andere Ziele zu erreichen.“[84]

Extra muros ecclesiae tritt der „Liebesdienst“[85] der Christen dem politischen Bemühen um eine „gerechte Ordnung der Gesellschaft und des Staates“[86] zur Seite, an dem die Kirche, die „Autonomie des weltlichen Bereichs“[87] respektierend, „auf dem Weg der Argumentation“, also mit dem Geltendmachen von Vernunftgründen, und durch „Gewissensbildung in der Politik“[88] ebenfalls beteiligt ist. Dies aber,

[81] Ebd.

[82] Ebd., 25, 33.

[83] Ebd., 25, 33 f.

[84] Ebd., 31, 47.

[85] Ebd., 19, 29.

[86] Ebd., 27, 36.

[87] Ebd., 28, 37.

[88] Ebd., 28, 38. Die Nähe zur fünften These der Barmer Theologischen Erklärung überrascht. Dort heißt es, dass der Staat „nach dem Maß menschlicher Einsicht und menschlichen Vermögens […] für Recht und Frieden zu sorgen“ hat.

ohne dadurch den Liebensdienst der Kirche überflüssig zu machen. Dieser bleibt vielmehr das „opus proprium“ der Kirche,[89] auf das der durch leibliche und seelische Not bedrohte Mensch angewiesen ist und das „auch in der gerechtesten Gesellschaft“ notwendig bleibt.[90] Eine Ideologie, die die gesellschaftspolitische Ausstrahlung des christlichen Liebeshandelns als „systemstabilisierend denunziert“, wird von der Enzyklika zu Recht als „eine Philosophie der Unmenschlichkeit“ bezeichnet, die den „jetzt lebende(n) Mensch(en) [...] dem Moloch Zukunft“ zu opfern verlangt. Das Gute will jeweils *jetzt* getan werden, und zwar „unabhängig von Parteistrategien und -programmen“, aber auch unabhängig von irgendeinem anderen – und sei es noch so frommen – Ziel. Deshalb fällt es der christlichen Liebe auch niemals ein, auf karitative Weise „dem anderen den Glauben der Kirche aufzudrängen [...] Der Christ weiß, wann es Zeit ist, von Gott zu reden, und wann es recht ist, von ihm zu schweigen und nur einfach die Liebe reden zu lassen.“ Und so gilt denn gegenüber sowohl den unfrommen wie gegenüber den scheinbar frommen Versuchen, die Liebe zu instrumentalisieren, der treffende Satz: „Das Programm des Christen [...] ist das ‚sehende Herz‘.“[91]

Das sehende Herz aber weiß, dass dem der Liebe bedürftigen Menschen noch anderes notwendig ist „als bloße Aktion“. Die Enzyklika sagt es in einer – hoffentlich auch die caritativen „Aktionisten“ – überzeugenden Weise, wenn sie konstatiert: „Ich muss dem anderen [...] nicht nur etwas von mir, sondern mich selbst geben.“ Und sie interpretiert wohltuend nüchtern, was das heißt: nämlich – nicht mehr, aber auch nicht weniger als – bei dem der Liebe Bedürftigen mit der eigenen Person anwesend zu sein.[92] Und weil das auch der gerechtfertigte Sünder aus eigener Kraft nur selten vermag, betont die Enzyklika die Ponderabilität des Gebetes.[93] Ja, sie ist selber eine eindringliche Ermutigung zum Gebet.

Ermutigenden Charakter hat die Enzyklika aber auch im Blick auf jene Zwiesprache mit Gott, die der *angefochtene* Glaube sucht. Dazu

---

Vgl. *Evangelische Bekenntnisse. Bekenntnisschriften der Reformation und neuere Theologische Erklärungen*. Teilband 2, Berlin – New York 1997, 262.

[89] *Deus Caritas est*, 29, 41.

[90] Ebd., 38, 39.

[91] Ebd., 31, 46 f.

[92] Ebd., 34, 50.

[93] Ebd., 36, 51 f.

gehört die im Blick auf die vielen grauenhaften Ereignisse in der doch von Gott regierten Weltgeschichte sich aufdrängende, auch den Christen bedrängende Frage, „warum Gott" in solchen schrecklichen Ereignissen „seinen Arm zurückhält, anstatt einzugreifen"?[94] Hätte man die Enzyklika auch in dieser Hinsicht zur Kenntnis und ernst genommen, dann wäre die sich Benedikt XVI. in Auschwitz aus einem angefochtenen Herzen aufdrängende Frage, warum *Gott* damals geschwiegen habe, auf mehr Verständnis gestoßen und dann hätte sich die in den auf political correctness bedachten Medien sofort erhebende Kritik an dieser Frage wirklich erübrigt. Der Papst hat eine genuin biblische Frage gestellt. Wer das kritisiert, sollte sich daran erinnern, dass der Papst ein Christ ist.

13. Summa

Die sehr differenziert argumentierenden Ausführungen der Enzyklika über „Gerechtigkeit und Liebe" und über das „spezifische Profil der kirchlichen Liebestätigkeit" sind so etwas wie die Kurzfassung einer päpstlichen „Zwei-Reiche-Lehre", die auch der Lutheraner nicht nur mit lebhafter Zustimmung, sondern auch mit theologischem Gewinn liest, und die – wichtiger noch! – auch den Atheisten nachdenklich zu machen vermag.

Insofern ist die erste Enzyklika von Papst Benedikt eine über den von ihm selbst genannten Adressatenkreis – Bischöfe, Priester, Diakone, gottgeweihte Personen und alle Christgläubigen – hinausreichende urbi et orbi geltende Kundgebung und also selber ein nicht nur für die Glaubenden glaubwürdiges *vestigium caritatis*.

Und da diese Liebe nach Auffassung der Enzyklika „die im Glauben gründende und von ihm geformte Liebe"[95] ist, im Blick auf das Verhältnis von Glauben und Liebe aber, wie ich zu zeigen versucht habe, ein erstaunlich weitreichendes und tiefgreifendes ökumenisches Einverständnis existiert, darf denn doch gefragt werden, wann es wohl an der Zeit ist, eine von Jesus Christus selbst initiierte und eben deshalb schon präsente ökumenische φιλία auch amtlich wahrzunehmen

---

[94] Ebd., 38, 53.

[95] Ebd., 7, 13.

und dann daraus die ekklesiologischen Konsequenzen zu ziehen. *tempus fugit …* Oder etwas biblischer formuliert (vgl. Kol 4,5): *in sapientia ambulate [non solum] ad eos, qui foris sunt, tempus redimentes …**

* Der Beitrag ist erstmals veröffentlicht worden in: IKaZ Communio 35 (2006) 595–614. Ein Nachdruck findet sich in: Edith Düsing – Hans-Dieter Klein (Hg.), *Geist, Eros und Agape. Untersuchungen zu Liebesdarstellungen in Philosophie, Religion und Kunst*, Würzburg 2009, 481–500.

Die Hoffnung wachhalten

Versuch über die Enzyklika *Spe salvi*

Matthias Remenyi, Berlin / Jan-Heiner Tück, Wien

Hoffnung, es gibt kein Wort, das sich weniger dekonstruieren ließe.
George Steiner[1]

1. Zur Situation: Erschöpfung und Wiederkehr des Utopischen

Die weltgeschichtliche Situation, in der Benedikt XVI. im Herbst 2007 seine Enzyklika über die Hoffnung veröffentlicht hat, ist einigermaßen ambivalent. Auf der einen Seite gibt es eine ideologische Ernüchterung und utopische Erschöpfung. Das Ende der Geschichte, das mit dem Zusammenbruch des Ostblocks prognostiziert wurde, ist zwar nicht eingetreten.[2] Aber es scheint, als hätten die Gesellschaften des Westens weithin gelernt, ohne große Hoffnungen auszukommen und gleichzeitig mit vielfältigen und vielgestaltigen Phänomenen einer säkularen Apokalyptik zu leben. Es ist ja nicht nur, wie Joachim Fest im Jahr 1991 resümierte, das Ende des utopischen Zeitalters festzustellen.[3] Vielmehr scheint es, als reihe sich seither Katastrophe an Katastrophe. Die kriegerischen Konflikte haben nicht abgenommen, sondern flammen nicht nur im Nahen Osten immer wieder aufs Neue auf. Mit dem islamistischen Terror haben neue Akteure die Bühne der Geschichte betreten, die ausgerechnet im Namen Gottes der westlichen Zivilisation den Kampf angesagt haben.[4] Und während der dro-

---

[1] George Steiner, *Von realer Gegenwart. Hat unser Sprechen Inhalt?*, München – Wien 1992, 302.

[2] Vgl. Francis Fukuyama, *The End of History and the Last Man*, New York 1992 (zuletzt wieder aufgelegt im Jahr 2012). Deutsch erschienen unter dem Titel: *Das Ende der Geschichte. Wo stehen wir?*, München 1992.

[3] Joachim Fest, *Der zerstörte Traum. Vom Ende des utopischen Zeitalters*, Berlin 1991.

[4] Schon die Enzyklika *Deus Caritas est* (2005) reagiert auf diese Situation, wenn es heißt: „In einer Welt, in der mit dem Namen Gottes bisweilen die Rache oder

hende ökologische Kollaps von interessierten Lobbygruppen kleingeredet wird, bricht etwa zeitgleich mit Erscheinen der päpstlichen Enzyklika die globale Wirtschafts- und Finanzkrise mit brachialer Gewalt durch.

Zugleich kehrt das Utopische gerade mit ungeahnter Dynamik zurück.[5] Dabei ist nicht nur an den arabischen Frühling zu denken, der Tausende aus dem Mut der Verzweiflung heraus in Kairo, Tripolis und Tunis auf die Straßen trieb, der Restaurationsbemühungen folgen ließ, die ihrerseits schon wieder brüchig werden, und dessen weiterer Gang noch gar nicht absehbar ist. Vielmehr lässt sich eine Wiederkehr des Utopischen in den elektronischen Kommunikationsforen konstatieren, die nur schwer auf einen Nenner zu bringen ist. Internetseiten wie utopia.de, betterplace.org, get-lab.de, futurzwei.org oder Bewegungen wie das sog. Urban gardening und das sog. Containern haben allerdings – so unterschiedlich sie im Einzelnen auch sein mögen – eines gemeinsam: Sie suchen nicht länger nach großen, weltumspannenden Visionen und idealen Gesellschaftsmodellen, sondern konzentrieren sich auf einzelne Themenfelder und Projekte, um etwa ein umweltverträgliches Alltagsleben zu erleichtern, Mobilität ressourcenschonend zu nutzen oder das soziale Miteinander vor Ort zu gestalten. Es geht um bisweilen kleinschrittige, aber immer kreative und inspirierende Veränderungsprozesse im Raum des Möglichen, die das Heute zukunftsfähig halten sollen. Sie lassen sich unter dem Schlagwort von Mini- oder Mikro-Utopien subsumieren.[6] Mit einiger Berechtigung wird man sagen können, dass sie in ihrem fast spielerischen Changieren zwischen Desillusionierung und Mobilisierung entschei-

---

gar die Pflicht zu Hass und Gewalt verbunden wird, ist dies [dass Gott die Liebe ist] eine Botschaft von hoher Aktualität und von ganz praktischer Bedeutung" (Nr. 1).

[5] Es ist gewiss kein Zufall, dass gerade jetzt Titel zu Geschichte und Theorie der Utopie wieder Konjunktur haben. Vgl. Thomas Schölderle, *Geschichte der Utopie. Eine Einführung*, Köln 2012; Nicola Bardola (Hg.), *Utopien. Ein Lesebuch*. Frankfurt/M 2012; Gregory Claeys, *Ideale Welten. Die Geschichte der Utopie*, Darmstadt 2011; Richard Saage, *Utopische Horizonte. Zwischen historischer Entwicklung und aktuellem Geltungsanspruch*, Berlin 2010; Julian Nida-Rümelin; Klaus Kufeld (Hg.), *Die Gegenwart der Utopie. Zeitkritik und Denkwende*. Freiburg 2011.

[6] Vgl. John Wood, *Design for Micro-Utopias. Making the Unthinkable Possible*, Farnham-London (Ashgate) 2007. Vgl. auch die im Netz kursierenden Begleitkommentare zur Ausstellung „Utopia matters", die im Frühjahr 2010 in Berlin große Aufmerksamkeit auf sich zog.

dende Hoffnungsfigurationen einer nachindustriellen Spät- und Postmoderne innerhalb der westlichen Hemisphäre darstellen.

Natürlich wird man die im Herbst 2007 erschienene Enzyklika[7] über die christliche Hoffnung nicht einfach als ein frühes Glied in die Kette dieser Entwicklungen einreihen können. Zu klar distanziert sich Benedikt XVI. vom Utopiebegriff, zu unterschiedlich sind auch die Akzentsetzungen im Lichte des Glaubens. Und doch könnte es sein, dass hier und da Überschneidungen aufscheinen, die man auf den ersten Blick nicht für möglich halten würde.

2. Die Hoffnungsenzyklika – Thema und Anlage

Spe salvi ist mehr als nur ein Traktat über Eschatologie, mehr auch als eine bloß tugendethische Abhandlung. Die Enzyklika ist ein Plädoyer für die ganze, die unverkürzte Hoffnung: „Wir brauchen die kleineren oder größeren Hoffnungen, die uns Tag um Tag auf dem Weg halten. Aber sie reichen nicht aus ohne die große Hoffnung, die alles andere überschreiten muss. Diese große Hoffnung kann nur Gott sein, der das Ganze umfasst und der uns geben und schenken kann, was wir allein nicht vermögen" (Nr. 31). Dieser großen Hoffnung – der Hoffnung aus Glauben und im Glauben – geht es gerade nicht um ein Zurück zu den autoritären, stets ideologieverdächtigen Totalutopien des 20. Jahrhunderts. Im Gegenteil: Insofern sich die christliche Hoffnung auf Gott als den letzten Grund allen Seins richtet, entwickelt sie eine Distanzierungskraft gegenüber der Absolutsetzung von allem nur Vorläufigen, Zweitwichtigsten, Relativen. So entfaltet sie ein ideologiekritisches Potential gegenüber jenen innergeschichtlichen Utopien, die den Menschen ihrerseits unter dem Versprechen einer besseren Zukunft verzwecken oder vereinnahmen. Zugleich ist es die Hoffnung, die angesichts der Endlichkeit unseres Mühens und des letztlichen Ungenügens unseres Tuns dennoch Handlungsenergien freizusetzen vermag: „Nur die große Hoffnungsgewissheit, dass trotz allen Scheiterns mein eigenes Leben und die Geschichte im Ganzen in einer unzerstörbaren Macht der Liebe geborgen ist und von ihr her,

---

[7] Benedikt XVI., *Auf Hoffnung hin gerettet. Die Enzyklika „Spe salvi"*. Vollständige Ausgabe. Ökumenisch kommentiert von Bischof Wolfgang Huber, Metropolit Augoustinos Labardakis und Karl Kardinal Lehmann, Freiburg [2]2008. Zitiert wird im Folgenden nach der textinternen Nummerierung.

für sie Sinn und Bedeutung hat, kann [...] Mut zum Wirken und zum Weitergehen schenken" (Nr. 35).

Der Text der Enzyklika gliedert sich in sieben Hauptabschnitte, die von einer kurzen Einleitung und einem mariologischen Schlusswort gerahmt werden. Der inhaltliche Bogen ist dabei weit gespannt. Den Anfang macht eine Betrachtung des Zu- und Ineinanders von Glaube und Hoffnung: „Glaube ist Hoffnung" – so lautet die zentrale These, die nicht nur das erste Kapitel überschreibt, sondern die im Folgenden (Nr. 2–9) anhand einer Vielzahl von Zeugnissen aus Schrift und altkirchlicher Tradition erläutert wird. Diese Überlegungen münden ein in eine Betrachtung der Hoffnung auf ein Ewiges Leben nach dem Tod bei Gott (Nr. 10–12), womit zugleich die *differentia specifica* der christlichen Hoffnung gegenüber allen kleinen und großen innerweltlichen Utopien markiert ist. Erhebliche Energien verwendet das Schreiben sodann auf den Nachweis, dass diese Hoffnung des Glaubens gerade nicht individualistisch und in einer Weise jenseitsorientiert ist, die das Hier und Heute vergäße (Nr. 13–15). Mit stupender Gelehrsamkeit schreitet Benedikt XVI. das Tableau jener säkularen Eschatologien ab, die unter den leitenden Kategorien der Vernunft und Freiheit die christliche Hoffnung in einen innergeschichtlichen Fortschrittsoptimismus transformiert haben. Es folgt ein weiteres Kapitel, das sich der wahren Gestalt der christlichen Hoffnung widmet und das zugleich ein erstes, zusammenfassendes Fazit des bisherigen Weges bietet (Nr. 24–31): „Gott ist das Fundament der Hoffnung – nicht irgendein Gott, sondern der Gott, der ein menschliches Angesicht hat und der uns geliebt hat bis ans Ende" (Nr. 31). Das siebte und letzte Kapitel der Enzyklika ist das umfänglichste und versucht „Lern- und Übungsorte der Hoffnung" auszumachen. Benedikt XVI. identifiziert drei solcher Hoffnungsschulen: das Gebet (Nr. 32–34), das Tun und Leiden des Christen (Nr. 35–40) und die Botschaft vom eschatologischen Gericht, die in ihrem Zugleich von Gerechtigkeit und Gnade eindrucksvoll als ein Wort der Hoffnung durchbuchstabiert wird (Nr. 41–48).

Es findet sich kaum ein Kommentar, der nicht darauf hinweist, wie kunstvoll die Enzyklika meditative und reflexive Elemente miteinander verfugt.[8] Schriftbetrachtung, Vätertheologie (hier an erster Stelle

---

[8] Vgl. nur Karl LEHMANN, *Eine große Ermutigung im Zeichen der christlichen Hoffnung*, in: BENEDIKT XVI., Auf Hoffnung hin gerettet (s. Anm. 7), 135–142, hier 139.

Augustinus), Zeugnisse des Glaubens- und Geisteslebens, weite theologie- und ideengeschichtliche Exkurse und systematisch-theologische Argumentationen bilden ein imponierendes Ganzes. Dabei ist das päpstliche Lehrschreiben, das erst allmählich in der akademischen Theologie rezipiert wird,[9] durch und durch als ein Text des Theologen Joseph Ratzinger erkennbar. Dies lässt sich literarkritisch eindeutig nachweisen,[10] wie es auch im Text selbst angezeigt ist. Mehrfach spricht der Autor dezidiert in der ersten Person (vgl. Nr. 40, Nr. 43). Grundmotive der Theologie Ratzingers, hier besonders das Verhältnis von Glaube und Vernunft, kommen ebenso zur Sprache wie zentrale Elemente seiner Eschatologie, die als Hintergrundfolie durchgängig präsent ist, zumal sie sich nicht als isolierter Traktat am Ende der Dogmatik, sondern als Ferment und leitende Dimension allen Theologietreibens versteht.[11] Dies berührt zwar das Problem, dass die professorale Argumentation des Theologen Ratzinger hier den Status

---

[9] Noch 2010 bezeichnet Rudolf Voderholzer *Spe salvi* als eine „zu Unrecht fast vergessene Enzyklika" und beklagt, sie habe „weit weniger Beachtung gefunden" als die Antrittsenzyklika *Deus caritas est.* Vgl. ders., *„Spe salvi" – eine zu Unrecht fast vergessene Enzyklika*, in: Josef Kreiml (Hg.), *Christliche Antworten auf die Fragen der Gegenwart. Grundlinien der Theologie Papst Benedikts XVI.*, Regensburg 2010, 186–211, hier 186. Inzwischen ist freilich ein Sammelband mit Beiträgen vornehmlich jüngerer Wissenschaftlerinnen und Wissenschaftler erschienen, der sich ganz der Hoffnungsenzyklika widmet und von ihr ausgehend Konturen einer Kultur der Hoffnung für die heutige Zeit ausloten will. Vgl. Clemens Sedmak – Helmut Gaisbauer – Marina Teixeira (Hg.), *Eine Kultur der Hoffnung bauen. Papst Benedikt XVI. und die Idee guter Zukunft*, Regensburg 2013.

[10] Voderholzer, „Spe salvi" – eine zu Unrecht fast vergessene Enzyklika (Anm. 9), 195 f. weist auf einen Artikel von Joseph Ratzinger aus dem Jahr 1984 hin, der sich in der Retrospektive fast als eine Art Vorstudie zu *Spe salvi*, bes. zu Nr. 2–9, aber auch zu Nr. 32–34 liest. Vgl. ders., *Über die Hoffnung. Ihre spirituellen Grundlagen aus der Sicht franziskanischer Theologie*, in: IKaZ 13 (1984) 293–305, jetzt in: ders., *Gesammelte Schriften*, Bd. 10: *Auferstehung und ewiges Leben. Beiträge zur Eschatologie und zur Theologie der Hoffnung*, Freiburg 2012, 412–428.

[11] In seiner kenntnisreichen Studie zur Eschatologie Ratzingers weist Thomas Marschler, *Perspektiven der Eschatologie bei Joseph Ratzinger*, in: Peter Hofmann (Hg.), *Joseph Ratzinger. Ein theologisches Profil*, Paderborn 2008, 161–191, hier 162 f., darauf hin, dass das Eschatologische in der Theologie Ratzingers „sich als Grundkategorie zu erkennen" gibt, die die christliche Heilslehre „durchgängig" und „in all ihren Zeitdimensionen" prägt.

eines lehramtlichen Dokumentes erhält,[12] hilft aber bei der hermeneutischen Einordnung der dezidiert eschatologischen Passagen, deren theologischer Gehalt nun mit Hilfe von Schlüsselbegriffen Ratzingers wie dialogische Unsterblichkeit oder Memoria-Zeit besser ausgeleuchtet werden kann.

Umgekehrt bietet die Enzyklika Benedikts XVI. erhellende Einsichten in nachfolgende pontifikale Reizthemen: Man lese nur einmal die Bemerkungen zur Weltgestaltung und Weltverantwortung der Christen (vgl. Nr. 15) sowie die Aufforderung zu einer aktiven, tätigen Hoffnung, die die Welt für Gott offenhält (vgl. Nr. 34 und Nr. 35), vor dem Hintergrund der Freiburger Rede von 2011 und der sich daran anschließenden Debatte um den Begriff der Entweltlichung.[13] Oder man studiere die Passagen über die gemeinschaftliche Dimension des Heils und die die ganze Menschheitsfamilie umfassende Wirklichkeit der Erlösung (vgl. Nr. 14) sowie das leidenschaftliche Plädoyer für die Universalität des göttlichen Heilswillens und die niemanden ausschließende Reichweite des Kreuzestodes Christi (vgl. Nr. 28, Nr. 30) auf der Folie der momentan wieder akuten Diskussion um das *pro multis* im Kelchwort.[14]

---

[12] Augoustinos Labardakis, Metropolit der griechisch-orthodoxen Kirche in Deutschland, schreibt in seinem Kommentar zur Enzyklika, er habe sie „als einen Text gelesen, der in dieser Spannung zwischen gesamtkirchlicher Lehre und persönlicher theologischer Stellungnahme steht". Vgl. Ders., *Orthodoxe Randnotizen zu einem päpstlichen Text*, in: Benedikt XVI., Auf Hoffnung hin gerettet (s. Anm. 7), 117–133, hier 118.

[13] Vgl. Jürgen Erbacher (Hg.), *Entweltlichung der Kirche? Die Freiburger Rede des Papstes*, Freiburg 2012.

[14] Im Augenblick ist noch nicht öffentlich geworden, wie die deutschen Bischöfe im Zuge der Überarbeitung des Messbuchs mit dem entsprechenden Schreiben Benedikts XVI. vom 14. April 2012 umgehen werden. Vgl. zur Diskussion: Matthias Remenyi, *Viele, die für alle stehen. Zum „pro multis"-Entscheid Papst Benedikts XVI.*, in: ThPQ 161 (2013) 175–183; Jan-Heiner Tück, *Für viele und für alle. Marginalien zur „pro multis"-Entscheidung des Papstes*, in: IKaZ 41 (2012) 348–356. *Spe salvi* nun kommentiert 1 Tim 2,6 mit den Worten: „Das Mitsein mit Jesus Christus nimmt uns in sein ‚Für alle' hinein, macht es zu unserer Seinsweise" und 2 Kor 5,15 mit der Feststellung: „Christus ist für alle gestorben. Für ihn leben heißt, an seinem ‚Sein für' sich beteiligen lassen" (Nr. 28). Wie auch immer man zum Übersetzungsentscheid Benedikts stehen mag – es gibt für beide Varianten gute und gewichtige Gründe –, man wird ihm auf keinen Fall eine Tendenz zum Heilspartikularismus vorwerfen können. Vielmehr spielt das sakramentale Denken, das sein gesamtes Werk durchzieht, auch in diesem Punkt eine entscheidende Rolle.

Gleichwohl bietet die Enzyklika keinen lehramtlichen Aufriss der eschatologischen Theoriebildung. Das Dokument unterscheidet sich in Sprachduktus und Argumentationsziel erheblich vom Schreiben der Glaubenskongregation zu einigen Fragen der Eschatologie vom 17. Mai 1979, das mit lehramtlicher Autorität zentrale eschatologische Sachgehalte in Erinnerung bringen will.[15] Von der systematischen Anlage des Textes und auch von der Gewichtung der einzelnen Textteile her geht es in *Spe salvi* um eine Anleitung zum Christsein unter den ambivalenten Bedingungen der späten Moderne mit ihrer Gleichzeitigkeit von illusionsloser Utopieresistenz und dem beständigen Aufbrechen neuer Hoffnungsfigurationen. Es geht um die Kraft zur Weltgestaltung, die sich aus einer Hoffnung speist, die über diese Welt hinausragt. Es geht um ein Leben aus jenem Glauben, der sich ausstreckt nach dem, was vor ihm liegt, um gerade so das Heute recht zu bestehen (vgl. Phil 3,7–14). Und vor diesem Hintergrund geht es schließlich auch um einige materiale Einzelgehalte der klassischen Eschatologie. Dies soll im Folgenden anhand einiger zentraler Themenfelder näher gezeigt werden.

3. Hoffnung als Glaube – und ihre christologische Mitte

Das zweite Kapitel der Enzyklika zeichnet das Ineinander von Hoffnung und Glaube im Neuen Testament und in der frühen Kirche nach. Von besonderer Wichtigkeit ist Benedikt XVI. dabei die Bestimmung des Glaubens in Hebr 11,1. Die deutsche Einheitsübersetzung schließt sich hier weitgehend der Lesart Martin Luthers an und übersetzt den Vers wie folgt: „Glaube aber ist: Feststehen in dem, was man erhofft, Überzeugtsein von Dingen, die man nicht sieht."[16] Für Benedikt ist diese Übersetzung zwar nicht falsch, aber doch zu subjektiv gefärbt. Unter Bezugnahme nicht nur auf Thomas von Aquin, sondern – öku-

[15] Vgl. Schreiben der Kongregation für die Glaubenslehre an alle Bischöfe „Recentiores episcoporum synodi" zu einigen Fragen der Eschatologie vom 17. Mai 1979: AAS 71 (1979) 940–942; DH 4650–4659; Sekretariat der Deutschen Bischofskonferenz (Hg.), Verlautbarungen des Apostolischen Stuhls 11, Bonn 1979.

[16] In der revidierten Fassung der Lutherbibel von 1984 steht zu lesen: „Es ist aber der Glaube eine feste Zuversicht auf das, was man hofft, und ein Nichtzweifeln an dem, was man nicht sieht."

menisch nicht ohne Brisanz – ausdrücklich auch auf neuere evangelische Exegese[17] zur Stelle will er die beiden fraglichen Prädikatsnomina des Satzes im Sinne einer objektiven Realität verstanden wissen: Das griechische Wort *hypóstasis*, von den Vätern mit *substantia* übersetzt, sei nicht eine bloß subjektive Einstellung (Luther: „feste Zuversicht"; Einheitsübersetzung: „Feststehen"), sondern eine im objektiven Sinn in den Glaubenden anwesende Wirklichkeit von Gott her. Und auch das griechische *elenchos* – lat. *argumentum* – habe nicht die subjektive Bedeutung einer je persönlichen Überzeugung (Luther: „Nichtzweifeln"; Einheitsübersetzung: „Überzeugtsein"), sondern trage die objektive Wertigkeit eines sicheren Beweises (vgl. Nr. 7).[18]

Warum dieser ausführliche und für eine Enzyklika eher ungewöhnliche Exkurs in die exegetischen Feinheiten zu Hebr 11,1 (und

---

[17] Benedikt XVI. zitiert H. Köster, Art. *hypóstasis*, in: ThWNT VIII (1969) 571–588, hier 585, der mit Blick auf Luthers Übersetzung, die den Glauben als ein persönliches, subjektives Überzeugtsein auffasse, betont: „Es kann aber jetzt nicht mehr zweifelhaft sein, dass diese klassisch gewordene protestantische Auslegung unhaltbar ist." Wolfgang Huber, seiner Zeit Ratspräsident der EKD, zeichnet diese Kritik Benedikts im Grundzug zustimmend nach, ergänzt den Verweis auf Köster sogar noch um eine weitere, in die gleiche Richtung gehende protestantische Stimme (Erich Grässer, *An die Hebräer* [EKK XVII/3], Neukirchen-Vluyn 1997, 98), und schließt mit den Worten: „Doch auch wenn dies im Blick auf eine moderne Gegenüberstellung zwischen ‚Objektivem' und ‚Subjektivem' zutrifft, bleibt die Aneignung des Glaubens und der Hoffnung durch die Person dessen, der glaubt und hofft, ein unverzichtbares Moment, gerade von der Theologie des Paulus her." Vgl. Wolfgang Huber, *„Wir sind zwar gerettet, doch auf Hoffnung". Zur Enzyklika Spe salvi von Papst Benedikt XVI.*, in: Benedikt XVI., Auf Hoffnung hin gerettet (s. Anm. 7), 103–115, hier 107.

[18] Aktuelle Kommentare bestätigen diese von Benedikt XVI. vertretene Auslegung. Knut Backhaus, *Der Hebräerbrief* (RNT), Regensburg 2009, 376, spricht vom „tragfähige[n] Realismus des Glaubens" und übersetzt Hebr 11,1 wie folgt: „Glaube nun ist tragende Wirklichkeit von dem, was man erhofft, ein Zutagetreten der Tatsachen, die man nicht sieht" (ebd.). Im Kommentar zum Vers verweist Backhaus darauf, wie hier objektives und subjektives Moment oszillieren, betont aber doch: „Der Glaube ist im Kern Verwirklichung der Ewigkeit im Glaubenden durch dessen naturgemäß personale und daher subjektive Teilhabe an Gott. Die Wendung streicht nahezu überzeichnend das vom Menschen selbst unabhängige, unerschütterliche, objektiv fassbare Moment des Heils heraus" (ebd., 383). Schließlich heißt es: „Der Glaube […] gründet nicht im Menschen, sondern der Mensch gründet im Glauben. Der Glaube ist keine Ahnung des Heils, sondern dessen Ankommen in der Mitte der Glaubenden" (ebd., 383 f.).

Ähnliches schließt sich mit Blick auf Hebr 10,34 in Nr. 8 unmittelbar an)? Soll hier mit einer überkommenen Substanzmetaphysik einer Verdinglichung des Glaubens das Wort geredet werden? Mitnichten! Vielmehr geht es *Spe salvi* um den Umstand, dass der Hoffnung des Glaubens eine performative Kraft eignet, die in das Hier und Heute der jeweiligen Gegenwart hineinragt und den Menschen gewissermaßen von innen her verwandelt. Glaube ist Hoffnung nicht im Sinne eines bloßen Fürwahrhaltens von kontingent-futurischen Sätzen wie: Eine Auferstehung der Toten wird stattfinden, es wird ein Jüngstes Gericht geben etc. Sondern es gilt umgekehrt, dass diese von Gott im Glauben geschenkte Hoffnung auf eine eschatologische Rettung und Aufrichtung allen Lebens dieses Leben hier und jetzt schon zu transformieren beginnt und auf diese Weise für die tätige Weltzuwendung und Nächstenliebe zu stimulieren vermag.

So erklärt sich die die ganze Enzyklika überschreibende, einleitende Bezugnahme auf Röm 8,24: *Spe salvi facti sumus* – auf Hoffnung hin sind wir gerettet (Nr. 1). Das *extra nos* des Heils ist nicht etwas, das ganz und gar noch ausständig wäre, sondern es ist dem Glaubenden schon als gegenwärtige Wirklichkeit nahe – eben: wir sind gerettet; dies freilich nicht in der Weise einer Sicherheit, die wir wie einen verrechenbaren Besitz vor uns hertragen könnten, wohl aber in der festen Gewissheit des Glaubens, dass Gott dem Versprechen seiner Schöpfung gegenüber treu bleibt – eben: auf Hoffnung hin. Benedikt XVI. bringt diese eigentümliche Verschränkung von Gegenwart und Zukunft, von Schon und Noch-nicht im Glaubensakt prägnant auf den Punkt: Der Glaube „zieht Zukunft in Gegenwart hinein, so dass sie nicht mehr das reine Noch-nicht ist. Dass es diese Zukunft gibt, ändert die Gegenwart; die Gegenwart wird vom Zukünftigen berührt, und so überschreitet sich Kommendes in Jetziges und Jetziges in Kommendes hinein“ (Nr. 7).

Der Begriff der Verheißung ist in der Lage, dieses performative, weil wirklichkeitsverändernde Moment der christlichen Hoffnung zu bezeichnen. Denn unbeschadet aller Konkretheit gerade der alttestamentlichen Verheißungsgeschichten verspricht Gott in seinen Verheißungen im Letzten nicht irgendeinen zukünftigen, jetzt aber noch unwirklichen Sachgegenstand, sondern er verspricht darin sich selbst. So lässt sich vielleicht die Offenbarung des Gottesnamens am Horeb als die innere Klammer aller alttestamentlichen Verheißungsaussagen lesen: Ich werde da sein, als der ich da sein werde (vgl. Ex 3,14). Das Sich-selbst-Versprechen Gottes kann aber gar nicht anders denn performativ gedacht werden.[19] Insofern trägt die Verheißung in der Tat etwas wirklichkeitsverändernd Neues in die jeweilige Gegenwart ihrer Empfänger ein; nicht nur, weil sie einen Erwartungshorizont aufreißt, der tätig antizipiert werden kann, sondern vielmehr, weil Gott sich im Verheißungsakt selbst schenkt und so den Glaubenden Anteil gewährt an seiner Gegenwart. Das also ist die „Substanz“ – *substantia; hypóstasis* – des Hoffnungsglaubens, von der in *Spe salvi* die Rede ist, dass nämlich „das Kommende, die Verheißung Christi, nicht nur Erwartung, sondern wirkliche Gegenwart ist“ (Nr. 8).

Was hier in Rede steht, ist nichts Geringeres als jenes adventliche Zeitkonzept, das in seiner spezifischen Differenz von *futurum* und *adventus* die ganze Reich-Gottes-Botschaft Jesu von Nazareth durchdringt und das sich auch in dem unlösbaren Ineinander von Präsentischem und Futurischem der einzelnen Vaterunser-Bitten niederschlägt: „Dein Reich komme … wie auch wir vergeben.“ Einerseits wird das Reich Gottes von Jesus als eine noch ausständige, zukünftige Größe verkündet (vgl. Mt 6,10; Lk 6,20–23; Mk 14,25). Andererseits ist es in seiner Person nicht nur nahe gekommen (vgl. Mk 1,15), sondern bereits „mitten unter euch“ (Lk 17,21; vgl. Lk 11,20). Bei aller Offenheit für Kommendes trägt die Reich-Gottes-Hoffnung deshalb ein für sie konstitutiv perfektisches bzw. präsentisches Moment in sich. Diese Differenz zwischen Schon und Noch-nicht, zwischen Endgültigkeit und Vollendung,[20] die durch den Begriff des eschatologischen Vorbehalts (Erik Peterson)[21] bezeichnet wird, ist nun nicht in einem bloß quantitativ-chronologischen Sinn misszuverstehen. Es handelt sich vielmehr um zwei unterschiedlich perspektivierte Ganzaussagen über unsere geschichtliche Wirklichkeit. Mit Christi Auferstehung ist die Macht des Todes ein für allemal und endgültig gebrochen. Und doch harrt die ganze Schöpfung sehnsüchtig auf das Offenbarwerden der Kinder Gottes (vgl. Röm 8,18 ff.), auf dass der Tod nicht mehr sei und alle Tränen abgewischt werden. Auch die Wachstumsgleichnisse sind in dieser Hinsicht nicht in einem teleo-

---

[19] Vgl. Franz Gruber, *Der Diskurs der Hoffnung. Zur Hermeneutik eschatologischer Aussagen*, in: Edmund Arens (Hg.), *Zeit denken. Eschatologie im interdisziplinären Diskurs* (QD 234), Freiburg 2010, 19–45 sowie die Replik darauf von Matthias Remenyi, *Hermeneutik der Hoffnung. Replik auf Franz Gruber*, ebd., 58–77, bes. 72 f.

[20] Vgl. Thomas Pröpper, *Theologische Anthropologie* II, Freiburg 2011, 1312.

[21] Vgl. Kurt Anglet, *Der eschatologische Vorbehalt. Eine Denkfigur Erik Petersons*, Paderborn 2001.

logischen Sinn zu deuten, sondern sie bringen die Wirklichkeit des Gottesreiches sozusagen *sub contrario*, also angesichts eines ihr gegenüber augenscheinlich kontrafaktischen Weltzustands zur Sprache.

Damit wird deutlich, dass dieses adventliche Zeitkonzept zutiefst christologisch bestimmt ist. Es ist kein Zufall, dass die Christologie nicht nur der zentrale Konstruktionspunkt der Eschatologie Joseph Ratzingers von 1977 ist[22] und in ähnlicher Weise Jahrzehnte später im zweiten Band seines Jesus-Buches wieder auftaucht,[23] sondern dass sie auch *Spe salvi* wie ein roter Faden durchzieht. Einige besonders markante Beispiele seien in loser Folge aufgeführt: Gott hat „uns in Christus sein Gesicht gezeigt und sein Herz aufgetan" (Nr. 4); „Gott hat sich in Christus gezeigt [...], und so erhält das Warten auf Gott eine neue Gewissheit. Es ist Warten auf Kommendes von einer schon geschenkten Gegenwart her. Es ist Warten in der Gegenwart Christi" (Nr. 9); Glaube ist „Mitsein mit Christus" (Nr. 12); „Jesus Christus hat uns ‚erlöst'. Durch ihn sind wir Gottes gewiss geworden" (Nr. 26);[24] die „Beziehung zu Gott läuft über die Gemeinschaft mit Jesus" (Nr. 28); das Fundament unserer Hoffnung ist der „Gott, der ein menschliches Angesicht hat" (Nr. 31) – u. v. m.

Natürlich wird diese christologische Dimensionierung dann noch-

---

[22] Vgl. nochmals Marschler, Perspektiven der Eschatologie bei Joseph Ratzinger (s. Anm. 11), 168: Ratzinger „entfaltet ein grundsätzlich heilsgeschichtlich orientiertes und christologisch zentriertes Verständnis endzeitlicher Vollendung". Marschler zitiert hier ebd., 168, nicht nur das von Ratzinger gern gebrauchte, von Origenes herstammende Wort von Christus als der *autobasileia*, sondern er bringt auch das Kernzitat aus Joseph Ratzinger, *Eschatologie. Tod und ewiges Leben*, Regensburg (⁶1990) 2007, 62 f., jetzt in: ders., *Gesammelte Schriften* Bd. 10: *Auferstehung und ewiges Leben. Beiträge zur Eschatologie und zur Theologie der Hoffnung*, Freiburg 2012, 90: „Die Antwort auf die Frage des Reiches ist der Sohn. In ihm ist auch die unschließbare Diastase von Schon und Noch-nicht geschlossen: In ihm sind Tod und Leben, Vernichtung und Sein zusammengehalten. Das Kreuz ist die Klammer, die die Diastase schließt."

[23] Joseph Ratzinger / Benedikt XVI., *Jesus von Nazareth II. Vom Einzug in Jerusalem bis zur Auferstehung*, Freiburg 2011, 66: „Die alten apokalyptischen Worte erhalten eine personalistische Mitte: In ihr Zentrum rückt die Person Jesu selbst, die die gelebte Gegenwart und die geheimnisvolle Zukunft ineinander verknüpft. Das eigentliche ‚Ereignis' ist die Person, in der im Vergehen der Zeit wirklich Gegenwart bleibt. In dieser Person ist das Künftige jetzt da."

[24] Voderholzer, „Spe salvi" – eine zu Unrecht fast vergessene Enzyklika (s. Anm. 9), 204 spricht im Zusammenhang mit diesem Abschnitt der Enzyklika (Nr. 26) sogar von einer „kleine[n] Christologie".

mals bedeutsam gesteigert im Schlussteil des siebten Kapitels, der vom eschatologischen Gericht handelt. Aber sie ist von grundlegender Relevanz für das gesamte Dokument, weil sie die innere Verschränkung von Glaube und Hoffnung allererst ermöglicht. Denn durch das Christusereignis und dessen diachrone Präsenz im Geist hat die christliche Hoffnung einen Anhalt im Vergangenen und Gegenwärtigen. Deshalb ist sie keine *spes vagans*, die als ein leeres Existential den Menschen hierhin und dorthin – und oft genug auch in die Irre – treibt, sondern sie ist eine inhaltlich gefüllte und erfahrungsgesättigte, dabei stets verheißungsoffene Hoffnung. Mit einem Wort: Die eschatologisch offene Zukunftshoffnung der Christen gründet im christologischen Perfektum. Das unterscheidet sie von jeder innergeschichtlichen Utopie, und gerade deshalb ist sie performativ.

4. Vernunft und Fortschritt – oder die wechselseitige Lernbereitschaft von Christentum und Moderne

Es ist ein geläufiger Topos, Benedikt XVI. ein gebrochenes Verhältnis zum Denken der Moderne zu attestieren. Immer wieder wird in diesem Zusammenhang sein Wort von der „Diktatur des Relativismus" angeführt, das er in jener denkwürdigen Predigt zu Beginn des Konklaves im April 2005 prägte, aus dem er dann als Papst hervorgehen sollte.[25] Und auch *Spe salvi* bietet ausreichend Stoff, um diesbezügliche Vermutungen als nicht unberechtigt zu erweisen. Der Mittelteil der Enzyklika, der von den Transformationsprozessen der christlichen Hoffnung in den Fortschrittsglauben der Neuzeit handelt, spart nicht an Kritik gegenüber diesen Entwicklungen und den damit verbundenen Ambivalenzen. Gerade die beiden Kernmotive der neuzeitlichen Aufklärung, der Rekurs auf die wissenschaftliche, auf technischen Fortschritt abzielende Vernunft und das Streben nach individuellen

---

[25] Joseph Ratzinger, Predigt in der Heiligen Messe *Pro Eligendo Romano Pontifice*, in: *Der Anfang. Papst Benedikt XVI. – Joseph Ratzinger. Predigten und Ansprachen April/Mai 2005* (Verlautbarungen des Apostolischen Stuhls 168), Bonn 2005, 12–16, hier 14. Es verwundert nach dem gerade Erarbeiteten nicht, dass der auf diese Zeitdiagnose unmittelbar folgende Gegenentwurf des damaligen Dekans des Kardinalskollegiums christologisch grundiert ist: „Wir hingegen haben ein anderes Maß: den Sohn Gottes, den wahren Menschen. Er ist das Maß des wahren Humanismus."

Freiheitsrechten, werden durchaus kritisch reflektiert. Eine ideengeschichtliche Skizze, die sich von Francis Bacon über Immanuel Kant und die Französische Revolution bis hin zum Marxismus-Leninismus des 19. und 20. Jahrhunderts erstreckt, mündet ein in den Vorwurf, die säkularen Eschatologien einer immanent-geschichtlichen Vollendung des Menschen hätten vergessen, dass „der Mensch immer ein Mensch bleibt [...], dass die Freiheit immer auch Freiheit zum Bösen bleibt" (Nr. 21). So gebe es gewiss eine stetig fortschreitende Kenntnis in Techniken der Naturbeherrschung. Aber im Feld der Moral sei eine derartige linear anwachsende Fortschrittsgeschichte undenkbar, weil jeder Mensch neu unvertretbar lernen müsse, das Gute zu tun und das Böse zu lassen: „Freiheit bedingt, dass in den grundlegenden Entscheiden jeder Mensch, jede Generation ein neuer Anfang ist. [...] Die Freiheit muss immer neu für das Gute gewonnen werden" (Nr. 24). Und mit Blick auf eine allzu wissenschaftsgläubige Rationalität wird vermerkt: „Die Wissenschaft kann vieles zur Vermenschlichung der Welt und der Menschheit beitragen. Sie kann den Menschen und die Welt aber auch zerstören, wenn sie nicht von Kräften geordnet wird, die außerhalb ihrer selbst liegen" (Nr. 25).

Freilich sollte, wer hier im Namen der Freiheit und der aufgeklärten Vernunft Protest einlegen will, drei Aspekte beachten: Zunächst einmal geht es Benedikt XVI. in keiner Weise um eine Verabschiedung dieser beiden neuzeitlichen Grundprinzipien. Die Kritik an einer einseitigen Freiheitsemphase will nicht die *Freiheit* als solche diskreditieren, sondern die ideologische Gefährdung einer einseitigen Beanspruchung aufdecken. Es steht also im Dienst eines unverkürzten Freiheitsbegriffs, wenn *Spe salvi* daran erinnert, dass Freiheit sich nicht in der Implementierung entsprechender institutioneller Strukturen erschöpft, sondern als die Freiheit zum Guten wie zum Bösen je neu errungen, d. h. personal affirmiert und mit Gehalt gefüllt werden muss. Dass Benedikt XVI. hierzu ausgerechnet auf die unableitbare Selbstursprünglichkeit der Freiheit rekurriert (vgl. Nr. 24), ist durchaus bemerkenswert. Was nun die *Vernunft* als das andere neuzeitliche Grundprinzip anbelangt, so tritt Benedikt XVI. für eine Selbstbegrenzung der Vernunft im Gespräch mit dem Christentum ein. Das Ringen um eine Synthese von Vernunft und Glaube ist nicht nur ein Grundanliegen der Theologie Joseph Ratzingers und beständiges Thema des Pontifikats Benedikts XVI.,[26] sondern auch ein gewichtiger

---

[26] Zu erinnern ist nur an das eigentliche Anliegen der Regensburger Vorlesung

Punkt in *Spe salvi:* „Vernunft und Glaube brauchen sich gegenseitig, um ihr wahres Wesen und ihre Sendung zu erfüllen" (Nr. 23). So wie der Glaube an den *lógos* Gottes nicht unvernünftig ist und daher der Vernunft bedarf, um nicht in fideistische Sondergruppensemantiken abzugleiten, so braucht auf der anderen Seite die Vernunft den Glauben, um die großen Fragen nach dem Woher und Wohin des Lebens nicht aus dem Blick zu verlieren. Freilich ist Denken für den Theologenpapst kein im strengen Sinn autonomes Geschäft der menschlichen *ratio*, sondern ein „Denken im Gedachtwerden".[27] Daher rührt mit Blick auf das neuzeitliche Vernunftprojekt die päpstliche Kritik am Ausschluss des Gottesgedankens aus dem Radius der szientistischen Vernunft. Daher rührt aber auch die eher schwach ausgeprägte methodische Trennung zwischen Philosophie und Theologie im Werk Joseph Ratzingers.[28]

Zweitens wäre zu beachten, dass die Anfragen der neuzeitlichen Geistesgeschichte und der aus ihr erwachsenden Sozialutopien an manche Einseitigkeit der christlichen Eschatologie nicht nur zugestanden, sondern ausdrücklich aufgegriffen und fruchtbar gemacht werden. Hier zeigt sich die Lernbereitschaft des Christentums im Dialog mit der Neuzeit und ihren Einsprüchen, die sich vor allem gegen den Heilsindividualismus und die Jenseitsvertröstung richten (vgl. Nr. 22). Gerade die biblische Gerichtsparänese wurde im Laufe der Geschichte oft genug in eine pastorale Drohkulisse zum Zwecke der Stabilisierung klerikaler Kontrollmacht pervertiert. Der unbestreitbare Hang der traditionellen Eschatologie zu einer gewissen Individualisierung – der Fixierung auf die Sorge um das eigene Seelenheil – und damit verbunden zur Jenseitsvertröstung ist auch ein Resultat dieses Missbrauchs eschatologischer Bilder durch die Religion selbst. Hierin liegt das berechtigte Wahrheitsmoment neuzeitlicher Reli-

---

vom September 2006, das allerdings aufgrund des islamkritischen Zitats und den daraus resultierenden vielfältigen Turbulenzen kaum angemessen wahrgenommen wurde. Vgl. Benedikt XVI., *Glaube und Vernunft. Die Regensburger Vorlesung*. Vollständige Ausgabe. Kommentiert von Gesine Schwan, Adel Theodor Khoury und Karl Kardinal Lehmann, Freiburg 2006. Vgl. dazu auch die Beiträge von Rémi Brague und Johannes Hoff in diesem Band.

[27] So die treffende Charakterisierung des Verhältnisses von Theologie und Philosophie bei Joseph Ratzinger durch Hansjürgen Verweyen, *Joseph Ratzinger – Benedikt XVI. Die Entwicklung seines Denkens*, Darmstadt 2007, 105.

[28] Vgl. ebd., 107.

gionskritik, wie *Spe salvi* einräumt. Selbstkritisch wird zugestanden, dass „das neuzeitliche Christentum sich […] in der Entwicklung der Gestaltung der Welt weitgehend auf das Individuum und sein Heil zurückgezogen hatte. Es hat damit den Radius seiner Hoffnung verengt und die Größe seines Auftrags nicht genügend erkannt“ (Nr. 25). Ähnlich die den Schlussteil der Enzyklika einleitende Diagnose zur traditionellen Eschatologie: In der Entwicklung der Ikonographie des Jüngsten Gerichts sei „immer stärker das Drohende und Unheimliche des Gerichts hervorgetreten“ (Nr. 41), insgesamt sei der christliche Glaube zunehmend „individualisiert und […] vor allem auf das eigene Seelenheil ausgerichtet“ worden (Nr. 42). Der Versuch, hier gegenzusteuern und gegen jeden weltflüchtigen Heilsindividualismus die gemeinschaftlich-soziale und die weltzugewandte Dimension der christlichen Hoffnung stark zu machen, prägt durchgehend die ganze Enzyklika; nicht nur die dezidiert eschatologischen Passagen zum Schluss, die diese Individualisierungstendenz mit Hilfe des Gerechtigkeitsmotivs aufsprengen, sondern bereits die einleitenden, eher theologiegeschichtlich ausgerichteten Teile.[29]

Der dritte Aspekt, auf den hinzuweisen wäre, betrifft die Bezeugungsinstanzen, die Benedikt XVI. in *Spe salvi* heranzieht, um seine Kritik an einem einseitigen Fortschrittsoptimismus zu grundieren. Denn hier spricht er nicht einfach von außen oder unter Rückgriff auf die Autorität seines Amtes, vielmehr ruft er gerade jene Stimmen auf, die aus der Dynamik einer entfesselten Moderne selbst heraus die Aufklärung über die Grenzen der Aufklärung vorangetrieben haben. Wie bereits die erste Enzyklika *Deus Caritas est* den abendländischen Diskurs über Eros und Agape aufgenommen und dazu Stimmen von Plato über Descartes bis zu Nietzsche einbezogen hat, so wird die Ambivalenz der neuzeitlichen Fortschrittsgeschichte in *Spe salvi* unter Rückgriff auf Adornos und Horkheimers Studie *Dialektik der Aufklärung* angesprochen, aus der das Wort stammt, der Fortschritt sei einer „von der Steinschleuder zur Megabombe“ (Nr. 22).

---

[29] Die Überwindung des Heilsindividualismus war das Ziel der viel rezipierten Studie von Henri de Lubac, *Glauben aus der Liebe. „Catholicisme“* (1943). Übertragen und eingeleitet von Hans Urs von Balthasar, Einsiedeln [3]1992. *Spe salvi* Nr. 13 f. beruft sich ausdrücklich auf de Lubac und zitiert aus der Einleitung zu *Catholicisme*.

5. Theodizee, negative Theologie und das „Bild des unsichtbaren Gottes“[30]

Das philosophische Denken der Neuzeit, das die Kategorien des Fortschritts und der Freiheit ins Zentrum rückt, hat in manchen Strömungen auch eine folgenreiche Verschiebung des Gerichtsmotivs eingeleitet: Nicht der Mensch solle sich weiter vor dem Forum des richtenden Gottes verantworten, vielmehr müsse umgekehrt Gott angesichts des Leidens in der Welt vor das Tribunal der Vernunft gestellt werden. Hinter der Theodizeefrage, wie Gott angesichts des Unrechts in der Welt gerechtfertigt werden könne, steht die abgründige Frage des Leidens, die mit dem Erdbeben von Lissabon 1755 verschärft aufbricht und in Büchners Diktum eine klassische Zuspitzung findet: „Das Leid ist der Fels des Atheismus.“ *Spe salvi* notiert dazu: „Eine Welt, in der ein solches Ausmaß an Ungerechtigkeit, an Leid der Unschuldigen und an Zynismus der Macht besteht, kann nicht Werk eines guten Gottes sein. Der Gott, der diese Welt zu verantworten hätte, wäre kein gerechter und schon gar nicht ein guter Gott. Um der Moral willen muss man diesen Gott bestreiten“ (Nr. 42). Auch im Jesus-Buch des Papstes wird konzediert: „Gott lässt dem Bösen und den Bösen ein großes – nach unserem Gefühl übergroßes – Maß an Freiheit; dennoch entgleitet die Geschichte seinen Händen nicht.“[31] Für den Protest gegen Gott im Namen des unschuldigen Leidens äußert Benedikt Verständnis, ja er nimmt sogar zustimmend das Wort Romano Guardinis auf, er wisse sehr wohl, dass er im Gericht von Gott befragt werde, aber er wolle auch umgekehrt Gott im Gericht mit seinen Rückfragen konfrontieren. Die Theodizeefrage, die im philosophischen und theologischen Diskurs nicht befriedigend gelöst werden kann, darf für Benedikt XVI. allerdings nicht zu einer Inversion des Gerichtsmotivs führen, so dass nicht mehr der Mensch durch Gott gerichtet, sondern umgekehrt Gott durch den Menschen auf die Anklagebank gesetzt und verurteilt werde. „Wir können in das Geheimnis Gottes nicht hineinblicken – wir sehen nur Fragmente und vergreifen uns, wenn wir uns zum Richter über Gott oder die Ge-

---

[30] Die folgenden beiden Abschnitte sind in enger Anlehnung an folgenden Aufsatz formuliert: Jan-Heiner Tück, *Auf Seiten der Leidenden. Gethsemani, Golgotha und die Hoffnung auf Gerechtigkeit*, in: ders. (Hg.), *Passion aus Liebe. Das Jesus-Buch des Papstes in der Diskussion*, Ostfildern 2011, 234–261, hier 252–260.

[31] Joseph Ratzinger / Benedikt XVI., *Jesus von Nazareth II* (s. Anm. 23), 47.

schichte machen wollen."[32] Außerdem dürfe nicht vergessen werden, dass im kenotischen Selbsteinsatz Gottes bereits Ansatzpunkte für eine eschatologische Selbstrechtfertigung Gottes liegen.[33] Auf den Hinweis, dass alle Antworten der Verteidiger Gottes angesichts der abgründigen Leidensgeschichte zu kurz griffen und Gott sich schon selbst verteidigen müsse, antwortet Ratzinger: „Er hat dies einmal getan, als der Auferstandene seine Wundmale gezeigt hat."[34]

Die Proklamation des Todes Gottes aber und den Versuch des Menschen, die vakant gewordene Stelle Gottes als Richter und Retter selbst zu besetzen, lehnt Benedikt scharf ab. Er sieht darin eine Anmaßung, eine Selbstermächtigung, aus der „die größten Grausamkeiten und Zerstörungen des Rechts folgten" (Art. 42). Die Versuche, das Reich Gottes ohne Gott zu installieren, müssen nach Auschwitz und den marxistischen Diktaturen als gescheiterte geschichtspolitische Experimente gelten. Zugleich benennt der Papst die Aporien politischer Utopien, welche die Vollendung der Geschichte in der Geschichte bewerkstelligen wollen: „Eine Welt, die sich selbst Gerechtigkeit schaffen muss, ist eine Welt ohne Hoffnung. Niemand und nichts antwortet auf das Leiden der Jahrhunderte. Niemand und nichts bürgt dafür, dass nicht weiter der Zynismus der Macht, unter welchen ideologischen Verbrämungen auch immer, die Welt beherrscht" (Art. 42).

---

[32] Benedikt XVI., *Wo war Gott? Die Rede in Auschwitz*, Freiburg 2006, 13. Dazu: Jan-Heiner Tück, *„Warum hast du geschwiegen?" Der deutsche Papst in Auschwitz*, in: IKaZ 35 (2006) 615–622.

[33] Gott bleibt nicht unter dem Niveau der menschlichen Leidensgeschichte, auf Golgotha sucht er in seinem Sohne die *conditio humana* bis in das abgründige Leiden und Sterben hinein auf, was Folgen für das Gottesverständnis hat, da die Attribute der Apathie und Allmacht nun mit dem Leiden und der Ohnmacht des Gekreuzigten zusammengedacht werden müssen. *Spe salvi* (Art. 39) verweist auf das Wort von Bernhard von Clairvaux: „*Impassibilis est Deus, sed non incompassibilis* – Gott kann nicht leiden, aber er kann mitleiden. Der Mensch ist Gott so viel wert, dass er selbst Mensch wurde, um mit den Menschen mit-leiden zu können, ganz real in Fleisch und Blut, wie es uns in der Passionsgeschichte Jesu gezeigt wird. Von da aus ist in alles menschliche Leiden ein Mitleidender, Mittragender hineingetreten."

[34] So unter Rückgriff auf ein Wort von Hans Urs von Balthasar: Joseph Ratzinger, *Damit Gott alles in allem sei und alles Leid ein Ende habe*, in: Norbert Kutschki – Jürgen Hoeren (Hg.), *Kleines Credo für Verunsicherte*, Freiburg 1993, 121–140, hier 138. Weiter heißt es im Duktus einer christologischen Theodizee: „Der Herr wird im Gericht seine Wunden zeigen und wir werden verstehen."

Kaum zufällig ist das philosophische Denken, das auf das Scheitern der politischen Utopien sensibel reagiert, von einem melancholischen Grundton geprägt. Max Horkheimer und Theodor W. Adorno – Denker, die die Aufklärung über ihre eigenen Grenzen aufklären[35] – haben „Atheismus und Theismus gleichermaßen kritisiert. Horkheimer hat radikal bestritten, dass irgendein immanenter Ersatz für Gott gefunden werden könne, zugleich freilich auch das Bild des guten und gerechten Gottes abgelehnt" (Art. 42). In einem späten Interview hat er dennoch auf der Linie des alttestamentlichen Bilderverbots von einer „Sehnsucht nach dem ganz Anderen" gesprochen und der Hoffnung Ausdruck verliehen, dass die Täter nicht auf Dauer über ihre Opfer triumphieren mögen.[36] Die Hoffnung auf Gerechtigkeit sei letztlich eitel ohne Gott.[37] Auch Theodor W. Adorno hat in seiner Negativen Dialektik eine Philosophie des Nichtidentischen entwickelt, die sich einem begrifflich identifizierenden Herrschaftsdenken widersetzt und vom Motiv des Bilderverbots inspiriert ist. Und auch in seinem Denken – vor allem in seinen Schriften zur Ästhetik – scheint immer wieder die Semantik der Gerechtigkeit, aber auch der Versöhnung auf. Die Kunst sei Statthalter des Nichtidentischen, in ihr könne sich dialektisch der flüchtige Vorschein von Versöhnung ereignen.[38] In seinen

---

[35] Vgl. Theodor W. Adorno – Max Horkheimer, *Dialektik der Aufklärung*, Frankfurt/M. 1970.

[36] Vgl. Max Horkheimer: „Theologie ist – ich drücke mich bewusst vorsichtig aus – die Hoffnung, dass es bei diesem Unrecht, durch das die Welt gekennzeichnet ist, nicht bleibe, dass das Unrecht nicht das letzte Wort sein möge." Diese Hoffnung – heißt es wenig später – sei „Ausdruck einer Sehnsucht, dass der Mörder nicht über das unschuldige Opfer triumphieren möge" (*Die Sehnsucht nach dem ganz Anderen.* Ein Interview mit Kommentar von Helmut Gumnior, Hamburg 1970, 61 f.). Die dialektische Haltung zur Gottesthematik zeigt sich auch in folgender Äußerung: „Sie [die Kritische Theorie] weiß, dass es keinen Gott gibt, und doch glaubt sie an ihn" (*Gesammelte Schriften*, Bd. 14, Frankfurt/M., 508).

[37] Vgl. die Artikulation des Vermissens auch bei Jürgen Habermas, *Glauben und Wissen.* Friedenspreisrede 2001, in: Ders., *Zeitdiagnosen. Zwölf Essays 1980–2001*, Frankfurt/M. 2003, 258: „Erst recht beunruhigt uns die Irreversibilität *vergangenen* Leidens – jenes Unrecht an den unschuldig Misshandelten, Entwürdigten und Ermordeten, das über jedes Maß menschenmöglicher Wiedergutmachung hinausgeht. Die verlorene Hoffnung auf Resurrektion hinterlässt eine spürbare Leere."

[38] Vgl. Theodor W. Adorno, *Ästhetische Theorie*, Frankfurt/M. 1970, 55: „Durch unversöhnliche Absage an den Schein von Versöhnung hält sie diese fest inmitten des Unversöhnten, richtiges Bewusstsein einer Epoche, darin die reale

Meditationen zur Metaphysik nach Auschwitz notiert Adorno, wirkliche Gerechtigkeit verlange eine Welt, „in der nicht nur bestehendes Leid abgeschafft, sondern noch das unwiderruflich Vergangene widerrufen wäre".[39] Der Fluchtpunkt des historischen Materialismus wäre seine eigene Aufhebung: die „Auferstehung des Fleisches" – ein Gedanke, der dem „Idealismus, dem Reich des Denkens, ganz fremd"[40] sei.

Benedikt XVI. attestiert den Denkern der Frankfurter Schule, dass die strenge Bildlosigkeit, die zum ersten Gebot gehört (vgl. Ex 20,4), auch eine bleibende Lektion für das christliche Nachdenken über Gott enthält. Gott darf nicht mit menschlichen, allzu menschlichen Vorstellungen identifiziert werden, die negative Theologie bildet ein Korrektiv gegen Versuche, den Namen Gottes zu instrumentalisieren und zu missbrauchen. Ihr Anliegen ist im Grundsatz des 4. Lateran-Konzils (1215) aufbewahrt, dem zufolge zwischen dem Schöpfer und dem Geschöpf keine noch so große Ähnlichkeit *(tanta similitudo)* ausgesagt werden kann, ohne dass zwischen ihnen eine noch größere Unähnlichkeit *(maior dissimilitudo)* zu notieren bliebe (vgl. DH 806). Benedikt würdigt das Wahrheitsmoment der negativen Theologie, weist aber eine Übersteigerung der Bildlosigkeit zurück. Auch das Motiv der Bildlosigkeit kann sich ja zu einem Idol verfestigen, wenn prinzipiell ausgeschlossen wird, dass der unerkennbare, bildlose Gott sich selbst in einem Bild zu erkennen gibt. Die antidogmatische Skepsis gerinnt selbst zum Dogma, wo die Unbestimmbarkeit Gottes zur letzten Bestimmung erklärt und damit auch die Möglichkeit einer freien, unverfügbaren Selbstbestimmung Gottes ausgeschlossen wird. Eine solche Forcierung negativer Theologie, die heute auch von philosophischer Seite problematisiert wird,[41] untergräbt letztlich den Gedan-

---

Möglichkeit von Utopie […] auf einer äußersten Spitze mit der Möglichkeit der totalen Katastrophe sich vereint."

[39] Theodor W. Adorno, *Negative Dialektik*, Frankfurt/M. 1966, 393.

[40] Ebd., 205. Vgl. aber auch: „Kunst ist der Schein dessen, woran der Tod nicht heranreicht. Dass keine Kunst dauere, ist ein so abstrakter Spruch wie der von der Vergänglichkeit alles Irdischen, Gehalt empfinge er nur metaphysisch, im Verhältnis zur Idee der Auferstehung." Adorno, *Ästhetische Theorie* (s. Anm. 38), 48.

[41] Vgl. Gianni Vattimo, *Jenseits des Christentums. Gibt es eine Welt ohne Gott?* Aus dem Italienischen von Martin Pfeiffer, München – Wien 2004, 69: „Vom Standpunkt unseres jüdisch-christlichen Erbes scheint mir außerdem, dass die Theologien des ganz Anderen den Glauben an das Dogma der Fleischwerdung nicht genügend ernstnehmen, auch wenn sie sich als christlich bekennen."

ken der Selbstoffenbarung Gottes, den *Spe salvi* in den folgenden Satz fasst: „Gott hat sich selbst ein Bild gegeben: im menschgewordenen Christus. In ihm, dem Gekreuzigten ist die Verneinung falscher Gottesbilder bis zum Äußersten gesteigert. Nun zeigt Gott gerade in der Gestalt des Leidenden, der die Gottverlassenheit des Menschen mitträgt, sein eigenes Gesicht. Dieser unschuldig Leidende ist zur Hoffnungsgewissheit geworden" (Art. 43).

Was Adorno als utopischen Fluchtpunkt des Materialismus anvisiert hat – die Auferstehung des Fleisches –, das ist für Gläubige mit der Errettung des Gekreuzigten aus dem Tod bereits Wirklichkeit geworden. Es gibt die Aufrichtung der Gerechtigkeit, den Widerruf des vergangenen Leidens – das ist die Semantik der Hoffnung, die dem Glauben an das Jüngste Gericht eingeschrieben ist. Benedikt XVI. hält dafür, dass „die Frage der Gerechtigkeit das eigentliche, jedenfalls das stärkste Argument für den Glauben an das ewige Leben ist" (Art. 43). Er lehnt es damit ab, Auferstehung von der Frage nach der Rettung des *eigenen* Lebens her verständlich zu machen und kritisiert die Engführung der christlichen Hoffnung auf einen Heilsindividualismus. Dem religionskritischen Verdacht, der christliche Auferstehungsglaube könne als eschatologisch verlängertes Selbsterhaltungsprinzip dechiffriert werden, ist damit der Wind aus den Segeln genommen.

6. Jesus Christus, der Retter und Richter, und die Eschata: Himmel – Hölle – Purgatorium

Die Gerechtigkeit aber wird aufgerichtet im Gericht. Und da die Wahrheit, die den Menschen richtet, selbst aufgebrochen ist, ihn zu retten,[42] ist das Gericht kein Ort des Schreckens, sondern der Hoffnung. Denn es „ist nicht einfach Gott, der Unendliche, der Unbekannte, der Ewige, der da richtet. Er hat vielmehr einem das Gericht übergeben, der als Mensch *unser Bruder* ist. Nicht ein Fremder richtet uns, sondern der, den wir im Glauben kennen. Nicht als der ganz andere wird der Richter uns entgegentreten, sondern als einer der Unsrigen, der das Menschsein von innen kennt und erlitten hat."[43] Der Richter

---

[42] Vgl. Joseph Ratzinger – Benedikt XVI., *Eschatologie* (s. Anm. 22), 165 (= JRGS 10, 209).

[43] Joseph Ratzinger, *Einführung ins Christentum*, Neuauflage München 2000, 272.

ist demnach nicht gesichtslos und unbekannt. Er ist der Retter, der nichts unversucht gelassen hat, den Verlorenen nachzugehen und auf der Seite der Geschlagenen zu stehen. Daher ist das Gericht kein Schreckbild, sondern ein „Bild der Hoffnung", in dem Gerechtigkeit und Gnade zusammenlaufen. Der Triumph einer Gerechtigkeit ohne Gnade[44] wäre am Ende ebenso verhängnisvoll wie der Triumph einer Gnade ohne Gerechtigkeit. Eine billige Begnadigung aller Täter würde die Empörung der Opfer über das erlittene Unrecht übergehen und ihren Schrei nach Gerechtigkeit ungehört verhallen lassen. Daher betont Benedikt, dass die „Gnade die Gerechtigkeit nicht auslöscht. Sie macht das Unrecht nicht zu Recht. Sie ist nicht ein Schwamm, der alles wegwischt, so dass am Ende dann eben doch alles gleich gültig wird, was einer auf Erden getan hat. Gegen eine solche Art von Himmel und von Gnade hat zum Beispiel Dostojewski in seinen *Brüdern Karamasow* mit Recht Protest eingelegt" (Nr. 44). Das Unrecht muss beim Namen genannt werden, ohne dass der Täter auf seine Tat reduziert wird, weil ihm der Spielraum der Vergebung offengehalten wird. „Gott kann sehr wohl Richter sein und dennoch vergeben", schreibt Gianni Vattimo und fügt hinzu: „[...] allenfalls ist dies das Mysterium, mit dem wir fertig werden müssen, das uns jedoch viel weniger unverständlich wird, wenn wir auf der anderen Seite anerkennen, dass wir selbst der Vergebung bedürfen."[45]

An dieser Stelle ist nun interessant, dass der Papst die christologische Konzentration der Eschata im Anschluss an Hans Urs von Balthasar[46] (ohne ihn zu erwähnen) in seine Enzyklika einschreibt: Mit dem Tod wird die Lebensentscheidung eines Menschen endgültig, er

---

[44] Vgl. dazu Gianni VATTIMO, *Glauben – Philosophieren*, Stuttgart 1996, 103: „Wird aber Gott jemals das *nicht* ungerecht nennen können, was ungerecht ist; wird er auf seine Richterfunktion verzichten können? [...] Wenn wir aber erwarten, dass Gott dabei sich darauf beschränkt, genau wie ein menschlicher Gerichtshof, nur zusätzlich begabt mit vollkommener Ausgeglichenheit und Unfehlbarkeit, Gericht zu halten, wie steht es dann mit seinem Versprechen, Sünden zu vergeben?"

[45] VATTIMO, *Glauben – Philosophieren* (s. Anm. 44), 103.

[46] Vgl. Hans Urs VON BALTHASAR, *Umrisse der Eschatologie*, in: DERS., *Verbum Caro.* Skizzen zur Theologie I, Einsiedeln 1960, 282: „Gott ist das Letzte Ding des Geschöpfs. Er ist als Gewonnener Himmel, als Verlorener Hölle, als Prüfender Gericht, als Reinigender Fegfeuer [...]. Er ist es aber so, wie er der Welt zugewendet ist, nämlich in seinem Sohn Jesus Christus, der die Offenbarkeit Gottes und damit der Inbegriff der ‚Letzten Dinge' ist." Zum Hintergrund vgl. DERS., *Eschatologie in unserer Zeit*, Freiburg 2005.

steht da vor Christus, dem Richter und Retter. Es gibt unterschiedliche Ausformungen, die diese Lebensentscheidung annehmen kann. Die klassische Eschatologie hat diese Ausformungen durch eine Topographie des Jenseits zu umschreiben versucht und Himmel, Purgatorium und Hölle als räumliche Orte vorgestellt. Diese Lehre von den eschatologischen Orten wird von Ratzinger transponiert in eine Eschatologie, welche die personale Nähe zu Gott und seinem Christus als Maßstab ansetzt. Schon vor Jahren schrieb er in seiner Eschatologie: Es wird „immer klarer, dass alle diese Bilder [von Himmel, Purgatorium und Hölle] letztlich keine Orte beschreiben, sondern Christus *um*schreiben, der das wahre Licht und das wahre Leben, der Lebensbaum ist. Auf diese Weise werden die Bilder aus mehr oder weniger kosmologischen Vorstellungen zu christo-theologischen Aussagen, sie verlieren an Gewicht und gewinnen an Tiefe."[47] Neben der Hölle als einer „Zone der unberührbaren Einsamkeit und der verweigerten Liebe"[48] wäre der *Himmel* als bleibende Gottesgemeinschaft und Christusverbundenheit zu kennzeichnen. Dabei ist festzuhalten, dass es zwischen Himmel und Hölle als den beiden äußersten Möglichkeiten des Menschen eine Differenz gibt, weil sich die Hölle der Mensch letztlich nur selbst geben kann, wenn er nämlich das Angebot der vergebenden Liebe Gottes ausschlägt und bei sich bleiben will. Die unbedingte Achtung des Schöpfers vor der Freiheit seines Geschöpfes schließt den Ernstfall mit ein, dass sich – zumindest potentiell – ein Mensch unwiderruflich dem Heil widersetzen kann. Hölle ist daher Folge des menschlichen Selbstgerichts und „Ausdruck der Verschließung ins bloß Eigene".[49]

Anders das *Purgatorium*, das als therapeutischer Prozess des In-die-Wahrheit-Kommens im Angesicht Christi, des Erlöser-Richters, zu verstehen ist. Hier muss sich die Grundentscheidung für das Gute, die sich in einer Biographie durchhält, aber durch Kompromisse mit dem Bösen überlagert ist, allererst durchsetzen. Der vollendungsbedürftige Mensch muss durch das Feuer der Läuterung hindurchgehen, um die Vollendung zu finden. Dieses Feuer ist nun nicht im

---

[47] Ratzinger – Benedikt XVI., *Eschatologie* (s. Anm. 22), 110 (= JRGS 10, 145).

[48] Ratzinger, *Einführung ins Christentum* (s. Anm. 43), 294.

[49] Ratzinger, *Einführung ins Christentum* (s. Anm. 43), 295. Vgl. Ders., *Eschatologie* (s. Anm. 22), 172 ff. (= JRGS 10, 217 ff.).

Sinne einer „Physik der letzten Dinge" als jenseitige Stätte der Qual zu begreifen. Im Anschluss an einige neuere Theologen vertritt Benedikt XVI. vielmehr die These, dass „das verbrennende und zugleich rettende Feuer Christus ist, der Richter und Retter. Die Begegnung mit ihm ist der entscheidende Akt des Gerichts. Vor seinem Anblick schmilzt alle Unwahrheit" (Nr. 48).[50] Ein schmerzhafter Verwandlungsprozess, der sich irdischen Zeitmaßen entzieht, macht den Menschen ewigkeitsfähig. *Spe salvi* verzichtet darauf, die intersubjektive Dimension des Gerichts auszubuchstabieren. Wenn Christus alles Leiden der Welt in sich hineingenommen hat, wenn er alle Schuld der Welt getragen hat, dann bedeutet die Begegnung mit dem Gekreuzigten und Auferstandenen, dem Richter und Retter, dass man in ihm und durch ihn auch allen anderen begegnet, mit denen man im Laufe seines Lebens zu tun hatte. Gerade wenn man die biblische Metapher vom Leib Christi und seinen Gliedern aufnimmt, dann ist klar, dass die Konfrontation mit dem Haupt auch die Relation zu den übrigen Gliedern einschließt. In diesem Sinne heißt es in Ratzingers *Eschatologie:* „Dass auch die Heiligen ‚richten' [...], das heißt, dass die Begegnung mit Christus eine Begegnung mit seinem ganzen Leib, mit meiner Schuld gegen die leidenden Glieder dieses Leibes und mit seiner aus Christus quellenden verzeihenden Liebe ist."[51] Die intersubjektive Dimension von Versöhnung, welche darauf abhebt, dass der Täter auch mit seinem Opfer noch ins Reine kommen muss, wird allerdings in *Spe salvi* lediglich angedeutet, wenn es heißt: „Die Missetäter sitzen am Ende nicht neben den Opfern in gleicher Weise an der Tafel des ewigen Hochzeitsmahls, als ob nichts gewesen wäre" (Nr. 44).[52]

---

[50] Vgl. zu diesem Motiv Daniela Engelhard, *Im Angesicht des Erlöser-Richters. Hans Urs von Balthasars Neuinterpretation des Gerichtsgedankens*, Mainz 1999.

[51] Ratzinger, *Eschatologie* (s. Anm. 22), 184 (= JRGS 10, 232).

[52] Vgl. zur Frage nach einer eschatologischen Vergebung zwischen Tätern und Opfern: Dirk Ansorge, *Vergebung auf Kosten der Opfer? Umrisse einer Theologie der Versöhnung*, in: SaThZ 6 (2002) 36–58; Matthias Remenyi, *Ende gut – alles gut? Hoffnung auf Versöhnung in Gottes eschatologischer Zukunft*, in: IKaZ 32 (2003) 492–512; Jan-Heiner Tück, *Inkarnierte Feindesliebe. Der Messias Israels und die Hoffnung auf Versöhnung*, in: Helmut Hoping – ders. (Hg.), *Streitfall Christologie. Vergewisserungen nach der Shoah* (QD 214), Freiburg – Basel – Wien 2005, 216–258; Phillip Höfele, *Vergebung für die Täter? Überlegungen zur intersubjektiven Dimension des eschatologischen Gerichts*, in: ThPh 85 (2010) 242–260.

7. Epilog

Die Enzyklika *Spe salvi* hat mit der Hoffnung ein Grundwort des christlichen Glaubens neu ins Gespräch gebracht. Die menschliche Freiheitsgeschichte wird auf die Begegnung mit dem rettenden und richtenden Gott zulaufen. Nichts ist gleichgültig, alles wird noch einmal befragt und ins Lot gebracht werden. Das ist keine Bedrohung, sondern eine Hoffnung, über die Größeres hinaus nicht gedacht werden kann, da der Richter der menschlichen Freiheitsgeschichte zugleich der Retter ist. Mit der Erinnerung an diese Hoffnung des Glaubens steht die Enzyklika quer zur Ernüchterung des utopischen Denkens und setzt sich ab von apokalyptischen Krisenszenarien in der Gegenwartskultur. Zugleich weist sie über die kleinen pragmatischen Zukunftsentwürfe hinaus, indem sie an die eschatologische Bestimmung des Menschen und seiner Geschichte erinnert.

Dies geschieht in einem werbenden Sprachstil und im durchaus selbstkritischen Gespräch mit der Neuzeit. Die Kritik, das Christentum habe die Perspektive der Hoffnung auf einen Heilsindividualismus verkürzt, wird nicht zurückgewiesen, sondern produktiv aufgenommen, indem auf die soziale Dimension des christlichen Glaubens verwiesen wird. Die intersubjektive Verflechtung der Freiheitsgeschichten untereinander fordert das wechselseitige Eintreten füreinander. Der von Feuerbach und Marx vorgetragene Verdacht der Jenseitsvertröstung hingegen wird zum Anlass einer selbstkritischen Besinnung genommen, das praktisch Weltverändernde, ja die performative Kraft der Hoffnung neu zu entdecken.

Eschatologisch bedeutsam ist schließlich die Tatsache, dass *Spe salvi* die klassische Topographie des Jenseits, die Himmel, Hölle und Purgatorium als jenseitige Orte begriffen hat, christologisch transformiert. Die Nähe oder Ferne zu Gott und seinem Christus ist es, die den eschatologischen Heils- oder Unheilszustand des Menschen anzeigt. Der semantische Gehalt der Begriffe Himmel, Hölle und Purgatorium wird so personal-relational neu bestimmt. Das Purgatorium etwa wird in diesem Rahmen nicht mehr als jenseitige Strafstätte, sondern als therapeutischer Prozess verstanden, in dem eine vollendungsbedürftige Freiheitsgeschichte in den Zustand der Vollendung überführt wird. Die Frage, ob am Ende alle Menschen gerettet werden, ob das Heil eine universale Reichweite haben wird, bleibt offen, wird von *Spe salvi* aber auch nicht negativ beantwortet. Vielmehr hat die

Enzyklika daran erinnert, dass „zur großen Hoffnung das ‚Für alle' gehört", weil der Mensch am Ende „nicht gegen die anderen und nicht ohne sie glücklich werden kann" (Art. 30).

Caritas in veritate

Globalisierung, Wirtschaft und Entwicklung

Ursula Nothelle-Wildfeuer, Freiburg

Auf dem Höhepunkt der Banken- und Finanzmarktkrise veröffentlichte Papst Benedikt XVI. im Juli 2009 seine vorab bereits mehrfach angekündigte Sozialenzyklika *Caritas in veritate (CIV)*[1]. Mit Spannung war erwartet worden, was der Papst zu den aktuellen und drängenden Fragen der Gegenwart, insbesondere zu den ökonomischen, sozialen und ökologischen Problemen der globalisierten Welt, zu sagen habe. Ebenso gespannt war man auf seine Fortschreibung der Soziallehre der Kirche. Die Enzyklika hat international ein sehr positives Echo erfahren, innerhalb der Zunft der Sozialethiker aber eine durchaus kontroverse Debatte ausgelöst.[2] Vor diesem Hintergrund wird es in den folgenden Überlegungen darum gehen, die Akzentuierungen und Grundlinien der einzigen Sozialenzyklika Benedikts XVI. auszuloten.

Theologische Akzentuierungen

Bereits der Titel der Enzyklika „Liebe in der Wahrheit" lässt aufhorchen, haben doch gerade die bisherigen Sozialenzykliken mit den ersten titelgebenden Worten jeweils ihr *Material*objekt benannt – so z. B. *Rerum novarum* die neue (Arbeiter-)Frage, *Populorum progressio* den Fortschritt der Völker etc. Der Titel *Caritas in veritate* macht nun im Unterschied dazu das *Formal*objekt, die spezifische Perspektive klar, unter der das zentrale Thema betrachtet wird, nämlich – so heißt es schon in der Adresse der Enzyklika – „die ganzheitliche Entwicklung des Menschen in der Liebe und in der Wahrheit".

---

[1] Diese und alle weiteren Enzykliken werden im vorliegenden Text mit dem üblichen Sigel abgekürzt und nach Nummern zitiert.
[2] Vgl. dazu Jörg Althammer (Hg.), *Caritas in veritate. Katholische Soziallehre im Zeitalter der Globalisierung*, Berlin 2013.

Benedikt kehrt das Wort aus dem Epheserbrief „Wahrheit in der Liebe" um – „Liebe in der Wahrheit" bringt Benedikts spezifische Sichtweise der Liebe zum Ausdruck: Sie muss „ihrerseits im Licht der Wahrheit verstanden, bestätigt und praktiziert werden" (*CIV* 2). Gemeint ist die christliche Wahrheit, Jesus Christus, als Offenbarung der Liebe Gottes, sowie die darin offenbar werdende Wahrheit über jeden Menschen, seine Würde und seine Berufung (vgl. *CIV* 1; 18). Sie stellt die unverzichtbare Grundlage für den Umgang von Christen mit den Mitmenschen dar, ganz unabhängig davon, ob die Mitmenschen diese Wahrheit auch als Grundlage für sich selber anerkennen.

Mit dieser Betonung der engen Verbindung von Liebe und Wahrheit greift Benedikt ein Grundmotiv seiner Antrittsenzyklika *Deus caritas est* wieder auf und betont die Relevanz des Zeugnisses, das im Liebeshandeln von dem Gott gegeben wird, der die Wahrheit und die Liebe ist: Der Christ weiß, „dass Gott Liebe ist (vgl. 1 Joh 4,8) und gerade dann gegenwärtig wird, wenn nichts als die Liebe getan wird" (DCE 31). Papst Benedikt XVI. richtet in dieser Sozialenzyklika sein spezielles Augenmerk auf die Liebe, wie sie in der Gesellschaft gelebt und entfaltet wird und darin die Wahrheit als glaubwürdig erweist: Ohne diese Verbindung der Liebe zur Wahrheit „gäbe es keinen eigentlichen Platz mehr für Gott in der Welt" (*CIV* 4), keinen wirklichen Dialog und keinen christlichen Beitrag zu einer „ganzheitlichen Entwicklung des Menschen" (*CIV* 4).

Letztlich heißt das für Benedikt XVI. sogar: „Ohne Gott weiß der Mensch nicht, wohin er gehen soll, und vermag nicht einmal zu begreifen, wer er ist." (*CIV* 78) Aussagen zum Menschen ohne Bezug auf die Transzendenz, auf Gott, Anthropologie ohne Theologie, das ist letztlich nicht möglich – eine Erkenntnis, die die Pastoralkonstitution des II. Vatikanums in ihrem ersten Teil sehr deutlich herausgestellt hat. Gerade diese theologische Aussage hat in der Rezeption der Enzyklika heftige Kritik hervorgerufen, weil man befürchtet, die Dialogfähigkeit der Soziallehre aufs Spiel zu setzen. Mit Bezug auf Johannes Paul II. und seine theologische Akzentuierung sprach man noch in einem *positiven* Sinn von der „Um-fundierung der christlichen Soziallehre" (E.-W. Böckenförde) und einer „Kurskorrektur" (W. Kerber).[3] Wäre jetzt tatsächlich mit der Betonung der theologischen Dimension

[3] Vgl. Ursula Nothelle-Wildfeuer, *Duplex ordo cognitionis. Zur systematischen Grundlegung einer Katholischen Soziallehre im Anspruch von Philosophie und Theologie*, Paderborn 1991, 8 f.

die Kommunikabilität der Soziallehre gefährdet, dann wäre eine zentrale Intention der Soziallehre, die u.a. auch in der für Sozialenzykliken seit *Pacem in terris* üblichen Anrede „an alle Menschen guten Willens" zum Ausdruck kommt, verfehlt. Benedikt XVI. rekurriert mit der genuin theologischen Bezugnahme auf das, was den Hintergrund und die Entstehungsbedingungen seines christlichen Verständnisses vom Menschen und von dessen wahrer Entwicklung ausmacht. Der Gesamtduktus des Textes, der kein wissenschaftlicher, sondern ein kerygmatischer ist, lässt schon deutlich werden, dass damit nicht Menschen, die aus anderen Wurzeln leben, die moralische Integrität abgesprochen werden soll, sondern die eigene Position konturiert wird. Allerdings wird dahinter eine theologische Position deutlich, die die Freiheit des Menschen und den Glauben als Überzeugung aus Freiheit nicht im Blick hat. Nur der Ansatz aber, den Glauben des Menschen von seiner Freiheit her zu deuten, birgt die Chance, das Christliche als konstitutives Movens des eigenen Denkens und Handelns zu begreifen, gleichzeitig aber zu verdeutlichen, dass es nicht die Bedingung sine qua non für Moralität ist. Dieser Ansatz wiederum ist unverzichtbar für einen Dialog, der von allen Beteiligten auf Augenhöhe geführt wird.[4]

Eine neue Definition von Soziallehre?

Die Betonung der Liebe führt ferner zu einer neu akzentuierten Definition von Soziallehre: „Caritas in veritate in re sociali" (*CIV* 5). Dabei mag diese Akzentuierung der Liebe als „Hauptweg der Soziallehre der Kirche" (*CIV* 2) angesichts des gängigen Verständnisses von Sozialethik, in deren Zentrum die Sorge um die soziale Gerechtigkeit steht, überraschen. Dass hier aber kein fundamentaler Gegensatz zum bisherigen Verständnis besteht, wird deutlich, wenn der Papst für die Umsetzung eben dieser Liebe in Bezug auf die Entwicklung einer Gesellschaft im Kontext der Globalisierung zwei zentrale Orientierungsmaßstäbe benennt: Gerechtigkeit und Gemeinwohl.

Mit den Überlegungen zum Verhältnis von Gerechtigkeit und Lie-

---

[4] Vgl. Magnus Striet, *Joseph Ratzinger/Benedikt XVI. und die Moderne*, in: Peter Hünermann (Hg.), *Exkommunikation oder Kommunikation? Der Weg der Kirche nach dem II. Vatikanum und die Pius-Brüder* (= Quaestiones disputatae, 236), Freiburg i.Br. 2009, 175–205.

be greift der Text eine Thematik auf, die zum „Urgestein" der Sozialverkündigung und speziell ihrer Beschäftigung mit Themen der Marktwirtschaft[5] gehört. Benedikt XVI. setzt hier spezifische Akzente: Es klingt die klassische Definition von Gerechtigkeit „suum cuique" an, wenn es heißt, „lieben ist schenken, dem anderen von dem geben, was ‚mein' ist; aber sie [sc. die Liebe, – U. N.-W.] ist nie ohne die Gerechtigkeit, die mich dazu bewegt, dem anderen das zu geben, was ‚sein' ist" (*CIV* 6). Gerechtigkeit und Liebe werden in ihrer wechselseitigen Verwiesenheit aufeinander betont: Einerseits erfordert also dem Papst zufolge Liebe als erstes die Gerechtigkeit, auf der anderen Seite überbietet die Liebe aber auch die Gerechtigkeit und „vervollständigt sie in der Logik des Gebens und Vergebens". (*CIV* 6)

Als ein zweites Erfordernis zur Realisierung der Liebe sieht Benedikt das Gemeinwohl an – eins der klassischen Sozialprinzipien, das in *Caritas in veritate* allerdings nicht näher definiert wird. Es wird aber deutlich, dass es um die Gestaltung der sozialen Gemeinschaft, der *polis*, um die Stärkung und den Schutz aller Institutionen des gesellschaftlichen Lebens geht. Damit schließt sich der Kreis dann wieder, denn hierfür hält der Papst die Nächstenliebe für unverzichtbar. Er spricht expressis verbis – und diese Betonung ist neu – vom „institutionelle(n) – wir können auch sagen politische(n) – Weg der Nächstenliebe" (*CIV* 7), für den wiederum die Sozialprinzipien der Solidarität und Subsidiarität konstitutiv sind. Damit kommt auch deutlich eine strukturethische Dimension ins Spiel, rein individual- und tugendethisch – wie vielfach kritisiert[6] – bleibt folglich der Ansatz Benedikts nicht.

Mit der spezifisch eschatologischen Verortung menschlichen Handelns fügt der Papst schließlich drittens einen weiteren Aspekt an, der sich vom Grundgedanken her ähnlich auch in *GS* 39 findet. Dem von der Liebe inspirierten Handeln des Menschen kommt höchste, in der Zeit die Ewigkeit vorbereitende Bedeutung zu: Es „trägt [...] zum Aufbau jener universellen Stadt Gottes bei, auf die sich die Geschichte der Menschheitsfamilie zu bewegt". Engagement für das Gemeinwohl

---

[5] Vgl. dazu Ursula Nothelle-Wildfeuer – Gerhard Steger, *Die päpstliche Sozialverkündigung und ihr Verhältnis zur Marktwirtschaft von Rerum novarum bis Deus caritas est*, in: Freiburger Universitätsblätter 173 (2006) 3, 19–33.

[6] Vgl. dazu etwa Bernhard Sutor, *Katholische Soziallehre in der Globalisierung. Alte Asymmetrien – neue Perspektiven*, in: Stimmen der Zeit 229 (2011) 2, 123–133.

der gesamten Menschheitsfamilie als „Zeugnis der göttlichen Liebe" macht die „Stadt des Menschen [...] zu einer vorausdeutenden Antizipation der grenzenlosen Stadt Gottes" (*CIV* 7). In keinem anderen nach *Gaudium et spes* veröffentlichten Dokument der Sozialverkündigung wird menschliches Handeln in seinem Stellenwert derart positiv gewürdigt; in der Pastoralkonstitution aber wird darüber hinaus noch – und das ist durchaus entscheidend – die Spannung zwischen der Bedeutung des menschlichen Handelns für das Reich Gottes einerseits und dem Geschenkcharakter des Heils andererseits sehr viel deutlicher zum Ausdruck gebracht.[7]

Benedikt XVI. ordnet sich mit seiner Sozialverkündigung selbst klar in die Tradition ein, deren Einheit er ausdrücklich betont: „Es gibt nicht zwei Typologien von Soziallehre, eine vorkonziliare und eine nachkonziliare, die sich voneinander unterscheiden, sondern eine einzige kohärente und zugleich stets neue Lehre." (*CIV* 12) Damit bezieht er Position in der aktuellen Debatte um die Konzilshermeneutik. Er wendet sich indirekt gegen die (nicht nur) in der Sozialethik verbreitete These, das Konzil bedeute einen Bruch mit der bisherigen Tradition;[8] in und mit dem Konzil beginne eine ganz neue Art, Sozialverkündigung zu treiben.

Diese Trennung in die zwei Phasen scheint in der Tat für manchen Ansatz selbstverständlich zu sein. Demgegenüber ist auf der einen Seite sicherlich – etwa mit Blick auf die weite Frage nach der Arbeit, nach der Struktur von Eigentum, nach den sozialen Rechten der Menschen, aber auch auf die sozialphilosophisch-naturrechtliche Argumentationsweise – festzustellen, dass es diese Kontinuität innerhalb der Sozialverkündigung der Kirche gibt. Auf der anderen Seite ist die Transformation der Reflexion in *Gaudium et spes* auf die Ebene der

---

[7] Vgl. dazu Ursula Nothelle-Wildfeuer, *Gesellschaftlich-politische Diakonie der Kirche. Grundfunktion oder Zerrbild von kirchlicher Seelsorge?*, in: Philipp Müller – Hubert Windisch (Hg.), *Seelsorge in der Kraft des Heiligen Geistes. Festschrift für Weihbischof Paul Wehrle*, Freiburg 2005, 141–160, hier 153 f.

[8] Vgl. etwa Gerhard Kruip, *Entwicklung und Wahrheit. Die Sozialenzyklika Benedikts XVI. ermöglicht viele Lesarten*, in: Herder Korrespondenz 63 (2009) 388–392, hier 391, der im Anschluss an Giuseppe Alberigo oder Marie-Dominique Chenu die These vertritt, in „den Konzilstexten selbst [sei] der Begriff der Soziallehre bewusst vermieden" worden. Rein vom Wortbefund her stimmt das zwar nicht (vgl. etwa *GS* 76,5 und *AA* 31,4). Aber diese Verweise verfangen als Antwort nicht ernsthaft, denn gemeint ist mit dieser These nicht einfach die Benutzung des Begriffs.

Selbstvergewisserung der Kirche über ihr Verhältnis (als Volk Gottes unterwegs) zu Welt und Gesellschaft deutlicher Ausdruck eines qualitativ neuen Niveaus der Fundierung, Begründung und Konturierung christlich-theologisch-kirchlicher Beschäftigung mit „Freude und Hoffnung, Trauer und Angst der Menschen von heute, besonders der Armen und Bedrängten aller Art" (*GS* 1).

Diese grundlegende (Neu-)Bestimmung des Kirche-Welt-Verhältnisses führt auch zu einer intensiven Beschäftigung mit der funktional differenzierten Gesellschaft, mit dem Autonomiegedanken, aber auch genuin theologisch mit der Relevanz der Heilgeschichte und des Reich-Gottes-Gedankens. In Erweiterung des methodischen Repertoires sind hier – und das hat bereits mit *Mater et magistra* begonnen – die Sozialwissenschaften als Bezugspunkt gefragt, daneben selbstverständlich auch philosophische (nicht nur klassisch naturrechtliche) und zunehmend genuin theologische Überlegungen.[9]

Aber weder wird die sozialphilosophisch-naturrechtliche Argumentation schlagartig und in Gänze abgeschafft noch taucht die theologische Argumentation plötzlich und beherrschend auf. Es wird im II. Vatikanum ein deutlicher Wandlungs- und Weiterentwicklungsimpuls gegeben, der aber erst bei Papst Johannes Paul II. und seiner Sozialverkündigung im größeren Umfang offenkundig wird, somit also keinen Bruch bewirkt, sondern einen Prozess in Gang setzt. Nicht von Trennung in die beiden Phasen der Sozialverkündigung, wohl aber von deren Unterscheidung ist zu sprechen angesichts der Differenzierungen und unterschiedlichen Akzentuierungen, die in allen einzelnen Texten vor und nach dem Konzil im Blick auf die diversen Sach- und Methodenfragen enthalten sind.[10]

Welche entscheidenden inhaltlichen Aussagen Papst Benedikt XVI. in seiner Sozialenzyklika *Caritas in veritate* formuliert, ist in den nachfolgenden Ausführungen in den Blick zu nehmen.

Entwicklung und Globalisierung

Für die aktuelle Frage nach den Herausforderungen durch die Globalisierung stellt die erste Entwicklungsenzyklika *Populorum progressio*

[9] Vgl. Nothelle-Wildfeuer, Duplex ordo cognitionis (s. Anm. 3).

[10] Vgl. dazu Dies., *Arbeit in der globalisierten Wirtschaftsgesellschaft. Ein Literaturbericht*, in: JCSW 52 (2011) 229–256.

(1967) den entscheidenden Anknüpfungspunkt innerhalb der Tradition dar, deren 40. Jahrestag wohl ursprünglicher Anlass war für die Ankündigung des neuen Lehrschreibens. In dieser wird erstmalig die soziale Frage weltweit als Frage der Entwicklung gesehen. Benedikt XVI. bekräftigt nun mit *Caritas in veritate*, dass „Populorum progressio (es) verdient, als die Rerum novarum unserer Zeit angesehen zu werden" (*CIV* 8). Der Papst erachtet damit also die weltweite Entwicklungs- und Globalisierungsfrage als ebenso fundamental und einschneidend wie die Arbeiterfrage 1891. Da Papst Johannes Paul II. mit *Sollicitudo rei socialis* bereits 20 Jahre nach *Populorum progressio* eine weitere Entwicklungsenzyklika veröffentlicht hat, kann man sagen, dass *Populorum progressio* damit zum Ausgangspunkt eines eigenen neuen Traditionsstrangs wird.

Bei der Rekonstruktion der großen sozialen Fragen der Gegenwart im Kontext der Entwicklungsthematik geht es nicht um mögliche Lösungsansätze bzw. Regulierungsmaßnahmen, das widerspräche dem Selbstverständnis der katholischen Soziallehre. Vielmehr eröffnet der Papst damit für die Thematik der Globalisierung, aber auch für die Fragen der Finanzmarkt– und Wirtschaftskrise, einen neuen und weiten Horizont. Der Enzyklika fehlt also in keiner Weise das große Thema[11] – wohl aber ist die Entwicklungsthematik ein anderes Thema als die von vielen erwartete oder befürchtete Globalisierungsschelte. Globalisierung in der Perspektive der Entwicklung wird nicht als rein sozio-ökonomischer Prozess verstanden (obwohl sie dies ohne Zweifel auch ist), sondern umfassend gedeutet als „ein vielschichtiges und polyvalentes Phänomen, das in der Verschiedenheit und in der Einheit all seiner Dimensionen – einschließlich der theologischen – erfasst werden muss". Globalisierung ist „a priori weder gut noch schlecht. Sie wird das sein, was die Menschen aus ihr machen." Sie wird mithin nicht „verteufelt" als Folge eines Turbokapitalismus, sondern als Chance gewertet für die „zunehmend untereinander verflochtene Menschheit; diese setzt sich aus Personen und Völkern zusammen, denen dieser Prozess zum Nutzen und zur Entwicklung gereichen soll". Von daher versteht der Papst Globalisierung als „*globalen Inte-*

[11] Vgl. Bernhard Emunds, *Kein großer Wurf. Kommentar zur Enzyklika Caritas in Veritate*, hg. v. Oswald von Nell-Breuning-Institut für Wirtschafts- und Gesellschaftsethik. Online verfügbar unter http://www.sankt-georgen.de/nbi/publikationen/kommentare/2009/kein-grosser-wurf/, zuletzt geprüft am 02.07.2013.

grationsprozess[es]"[12], den die Menschen nicht einfach hinnehmen oder sogar erleiden, sondern vielmehr gestalten sollen.

Im Zentrum der Enzyklika steht die Sorge um eine ganzheitliche Entwicklung des Menschen, die zugleich auch offen ist für die transzendente Dimension: Denn die „Entwicklung des Menschen verkommt, wenn er sich anmaßt, sein eigener und einziger Hervorbringer zu sein" (*CIV* 68). In der weitverbreiteten Leugnung dieser transzendenten Dimension sieht der Papst im Anschluss an Paul VI. die Gefahr der „Unterjochung des Menschen [...], der zu einem Mittel für die Entwicklung herabgewürdigt wird" (*CIV* 17), während die Offenheit für das Evangelium dem Menschen erst seinen vollen Wert und seine höchste Berufung erschließt. Mit dieser Akzentuierung knüpft Benedikt XVI. an den integralen Humanismus der Enzyklika *Populorum progressio* und vor allem an den Personalismus Johannes Pauls II. an. Wenn die Grundaussage (auch) dieser neuen Sozialenzyklika lautet, dass *„das erste zu schützende und zu nutzende Kapital der Mensch ist"* (*CIV* 25), dass also im Mittelpunkt allen wirtschaftlichen und gesellschaftlichen Handelns der Mensch und die Sorge um seine umfassende humane Entwicklung stehen, dann reformuliert Benedikt damit einen zentralen Grundsatz sozialethischer Tradition, der als Maßstab bei der Behandlung aller Einzelfragen beachtet werden muss.

In diesem thematischen Kontext bleiben jedoch auch unterschiedliche Desiderate zu formulieren: Im Rahmen eines theologischen Zugangs zur Entwicklungsthematik hätte man die Formel von der „Option für die Armen" erwartet, die inzwischen in der Sozialethik zu *der* Formel schlechthin geworden ist, um das dem Evangelium gemäße Spezifikum herauszustellen. Papst Johannes Paul II. hat diese der lateinamerikanischen Theologie der Befreiung entstammende Formulierung auch in der päpstlichen Sozialverkündigung aufgegriffen. Papst Benedikt XVI., der noch als Präfekt der Glaubenskongregation selber die intensive Auseinandersetzung mit der Theologie der Befreiung geführt hat, scheint in der Tat die Benutzung der Formel von der „Option für die Armen" zu scheuen, gleichwohl er das Anliegen teilt. In der Botschaft zum Weltfriedenstag 2009 mit dem Titel „Die Armut bekämpfen, den Frieden schaffen" heißt es sogar explizit, „[d]ie Armen [seien] an die erste Stelle zu setzen"[13], und weiter: „Un-

---

[12] Alle vorstehenden Zitate aus *CIV* 42.

[13] Papst Benedikt XVI., *Botschaft zur Feier des Weltfriedenstages am 1. Januar 2009.* Online verfügbar unter http://www.vatican.va/holy_father/benedict_xvi/

ter diesen Prinzipien [sc. die Prinzipien der Soziallehre. Anm. U. N.-W.] ist es angebracht, im Licht des Primats der Nächstenliebe hier in besonderer Weise an die ‚vorrangige Liebe für die Armen' zu erinnern, die von der gesamten christlichen Überlieferung von der Urkirche an bezeugt worden ist."[14]

Erstaunlich ist es auch, dass der Begriff der „Strukturen der Sünde", der in der zweiten Entwicklungsenzyklika *Sollicitudo rei socialis* (36,1) von Johannes Paul II. – ebenfalls in Konsequenz der Auseinandersetzung mit der Theologie der Befreiung, die allerdings von *struktureller Sünde* sprach – zur theologischen Analyse und Kennzeichnung der strukturellen Problematik eingeführt wurde, sich hier nicht findet. Der polnische Papst misst den Unrechtsstrukturen große Bedeutung bei – er versteht sie nämlich als Kristallisationspunkte menschlicher, d. h. personaler Sünde, die dann „solche Strukturen herbeiführen, sie verfestigen und es erschweren, sie abzubauen" (*SRS* 36). Eben diese Denkfigur hätte sich angeboten als Analysekategorie im Blick auf die höchst problematischen Strukturen an den Finanzmärkten.

Schließlich sind auch unterschiedliche, in der Analyse der Gegenwartssituation sehr offenkundige Aspekte, die für die Entwicklung des einzelnen Menschen und der Menschheit insgesamt relevant sind, hier zum Erstaunen vieler Fachleute nicht genannt: Es fehlt der Hinweis auf die Bedeutung der Familie, auf die fundamentale Rolle der Frau, vor allem auch im Entwicklungsprozess vieler Länder, auf die umfassende Rolle des Eigentums[15] sowie den Modellcharakter der Europäischen Union für den Umgang mit der Globalisierung.[16] Schließlich fehlt eine ausführlichere Beschäftigung mit den ökologischen Aspekten der globalen Entwicklung.[17] Sicherlich ist es nicht das Bestreben eines solchen Dokuments, eine vollständige und umfassende Liste aller relevanten Themen vorzulegen, dennoch bleibt zu fragen, nach welchen Kriterien bestimmte Aspekte ausgeblendet wurden.

---

messages/peace/documents/hf_ben-xvi_mes_20081208_xlii-world-day-peace_ge.html, zuletzt geprüft am 02.07.2013, Nr. 12.

[14] Ebd., Nr. 15 mit Verweis auf *SRS* und das NT.

[15] Joachim Wiemeyer, *Marktwirtschaft und Gemeinwohl. Benedikt XVI. zu den Defiziten und Möglichkeiten der Abhilfe*, in: Amos. Internationale Zeitschrift für christliche Sozialethik 3 (2009) 3, 17–22.

[16] Vgl. ebd., 21.

[17] Vgl. Markus Vogt, *Beredtes Schweigen. Zu den ökologischen Aspekten der neuen Sozialenzyklika*, in: Amos. Internationale Zeitschrift für christliche Sozialethik 3 (2009) 3, 27–35.

Markt und Wirtschaft, Marktwirtschaft

Die für das Wirtschaften zentrale Institution, der Markt, eine in der Tradition der Soziallehre lange kritisch gesehene Institution, erfährt in der Sozialenzyklika Benedikts XVI. eine eindeutig positive Würdigung[18]: „Der *Markt* ist, wenn gegenseitiges und allgemeines Vertrauen herrscht, die wirtschaftliche Institution, die die Begegnung zwischen den Menschen ermöglicht, welche als Wirtschaftstreibende ihre Beziehungen durch einen Vertrag regeln und die gegeneinander aufrechenbaren Güter und Dienstleistungen austauschen, um ihre Bedürfnisse und Wünsche zu befriedigen." (*CIV* 35)

Nicht nur im Sinne eines Zugeständnisses wird der Markt akzeptiert, sondern mit seinem entscheidenden Instrument, dem Wettbewerb, als *die* relevante Institution bezeichnet, die der Entfaltung der Tauschbeziehungen dient. Von daher wird offenkundig, dass nicht die positiven Aussagen zum Markt bei Papst Johannes Paul II. gegen eine vermeintlich marktkritische Position des gegenwärtigen Papstes auszuspielen sind. Beiden gemeinsam ist eine – im Unterschied zu früheren Positionen[19] – marktpositive Haltung, die aber jeweils an bestimmte Konditionen gebunden ist und bei der beide Päpste unterschiedliche Akzente setzen:

Während Johannes Paul II. seine Zustimmung zum Kapitalismus an die Anerkennung der positiven Rolle des Unternehmers, der freien Kreativität und einer festen Rechtsordnung bindet (vgl. *CA* 42), macht Benedikt XVI. vor allem vor dem Hintergrund der aktuellen Entwicklungen deutlich, dass der Markt nicht einfach ein automatisch und ausschließlich nach festen Gesetzmäßigkeiten ablaufender Prozess ist: Wenn er „nur dem Prinzip der Gleichwertigkeit der getauschten Güter überlassen wird, ist er nicht in der Lage, für den sozialen Zusammenhalt zu sorgen, den er jedoch braucht, um gut zu funktionieren. *Ohne solidarische und von gegenseitigem Vertrauen geprägte Handlungsweisen in seinem Inneren kann der Markt die ihm eigene*

[18] Anders dazu etwa Joachim Wiemeyer, dem „in CIV eine ausdrückliche positive Würdigung von Markt und Wettbewerb [fehlt]". (Wiemeyer, Marktwirtschaft und Gemeinwohl [s. Anm. 15], 21) Wiemeyer führt als Begründung die unterschiedlichen, im Text benannten Gefahren des Marktes an wie die Unterdrückung der Armen, was allerdings m. E. nicht die prinzipielle Wertschätzung des Marktes in Abrede stellt, sondern seine Grenzen deutlich macht.

[19] Vgl. Nothelle-Wildfeuer – Steger, Die päpstliche Sozialverkündigung (s. Anm. 5).

wirtschaftliche Funktion nicht vollkommen erfüllen." (*CIV* 35) Die Dimension des Vertrauens, die in der aktuellen Krise vielerorts verloren gegangen scheint, wird auch eindeutig benannt. Die Institutionen Markt und Wettbewerb können also Benedikt zufolge ohne ein Ethos der Solidarität und des Vertrauens nicht angemessen gelingen. Der Markt selber ist mithin in seinen eigenen Gesetzmäßigkeiten Ort moralischen Handelns. „Die Soziallehre der Kirche ist der Ansicht, dass wahrhaft menschliche Beziehungen in Freundschaft und Gemeinschaft, Solidarität und Gegenseitigkeit auch innerhalb der Wirtschaftstätigkeit und nicht nur außerhalb oder ‚nach' dieser gelebt werden können." (*CIV* 36)

In diesem Kontext ist auch die besondere Betonung der Rolle des Unternehmens und der Unternehmer zu verorten: Spezifisch unternehmerisches Handeln – Stichwort: Gewinn und Investition – wird in dieser Enzyklika erstmals in einer so dezidierten positiven Weise in seiner ökonomischen und auch ethischen Bedeutung hervorgehoben, zugleich wird die soziale Verantwortung des Unternehmers unterstrichen (vgl. *CIV* 40) – i.e. social responsibility. In Konsequenz dieser Perspektive liegt der sog. Stakeholder-Ansatz, der sich dort findet, wo Benedikt die soziale Verantwortung des Unternehmers für „die Arbeitnehmer, die Kunden, die Zulieferer der verschiedenen Produktionselemente, die entsprechende Gemeinde" (*CIV* 40) betont, ein Ansatz, der derzeit in der wirtschaftsethischen Diskussion und Auseinandersetzung mit dem Shareholder-value-Ansatz von großer Bedeutung ist.

Insgesamt weist die Enzyklika mit dieser Konzeption ein spezifisches, nicht dem Mainstream entsprechendes Verständnis von Wirtschaftsethik auf. Damit wird ein deutlicher Unterschied markiert zu dem weithin prägend gewordenen Ansatz der Institutionenökonomik und -ethik, dessen wichtigster Vertreter Karl Homann die Ökonomik als die Fortsetzung der Ethik mit anderen (besseren) Mitteln bezeichnet und in dessen spieltheoretischem Ansatz der systematische Ort der Ethik in den Spielregeln, nicht in den Spielzügen ist.[20] Ganz anders der wirtschaftsethische Ansatz von *Caritas in veritate*, der davon ausgeht,

---

[20] Vgl. Karl Homann, *Die Ökonomik als Fortsetzung der Ethik mit anderen Mitteln*, in: Thomas Bohrmann – Konrad Hilpert (Hg.), *Solidarische Gesellschaft – Christliche Sozialethik als Auftrag zur Weltgestaltung im Konkreten* (= Festschrift für Alois Baumgartner), Regensburg 2006, 181–194.

dass die gesamte „Wirtschaft mit all ihren Zweigen ein Teilbereich des vielfältigen menschlichen Tuns“ (*CIV* 45) und damit ethisch ist.

Bei aller Wertschätzung des Ethos bleibt aber zugleich deutlich im Bewusstsein, dass der Markt die moralischen Kräfte, derer er bedarf, nicht selbst hervorbringen kann. „Er muss vielmehr auf die moralischen Kräfte anderer Subjekte zurückgreifen, die diese hervorbringen können.“ (*CIV* 35) Damit klingt – wirtschaftsethisch gewendet – das sog. Böckenförde-Dilemma an, das besagt, dass „[d]*er freiheitliche, säkularisierte Staat […] von Voraussetzungen [lebt], die er selbst nicht garantieren kann*“[21]. Das Gleiche wird hier analog für den Bereich der Wirtschaft geltend gemacht – so, wie es bereits Jahrzehnte früher einer der Väter der Sozialen Marktwirtschaft, Wilhelm Röpke, in „Jenseits von Angebot und Nachfrage“ ausgeführt hatte: „Diese Kraft [sc. zum Gemeinsinn. Anm. U. N.-W.] erwächst nicht aus dem Markte selber und auch nicht aus dem Spiel der hier sich messenden Interessen, sondern die Menschen müssen sie bereits besitzen, und Familie, Kirche, echte Gemeinschaften und Überlieferung müssen sie damit ausstatten.“[22]

Diese konstitutive Reziprozität von Ethos und Strukturen prägt das Verständnis von Wirtschafts- und Sozialethik. Für Lösungen im Sinne einer menschenwürdigen Entwicklung reichten, so heißt es in der Enzyklika, „Institutionen allein nicht aus“ (*CIV* 11), sondern bedürfe es darüber hinaus einer tiefgreifenden kulturellen Erneuerung und der Wiederentdeckung von Grundwerten. Demzufolge ist und bleibt Sozialethik sicherlich Strukturen- bzw. Institutionenethik, aber sie ist dies – und damit setzt sich der Papst durchaus ab vom Mainstream der sozialethischen Ansätze – nicht ausschließlich: Die Dimension der Tugendethik, des Ethos, spielt ebenfalls eine konstitutive Rolle. Diese Position ist es eigentlich, die die Tradition der Sozialverkündigung immer geprägt hat,[23] neu ist hier einerseits die Zuspitzung auf den Bereich des Marktes und andererseits die Verdeutlichung und Klärung des tatsächlichen Ineinanders.

---

[21] Ernst-Wolfgang Böckenförde, *Staat, Gesellschaft, Freiheit. Studien zur Staatstheorie und zum Verfassungsrecht*, Frankfurt/M. 1976, 60.

[22] Wilhelm Röpke, *Jenseits von Angebot und Marktwirtschaft. Die Marktwirtschaft ist nicht alles*, in: Ders., *Marktwirtschaft ist nicht genug*. Gesammelte Aufsätze hg. v. Hans Jörg Hennecke, Waltrop 2009, 303–314, hier 306.

[23] Vgl. etwa *QA* 77 „Zuständereform und Sittenbesserung“.

Die Zivilgesellschaft als Akteur des Wirtschaftens

Mit Bezug auf *Centesimus annus* hebt der Papst hervor, dass die Wirtschaftstätigkeit nicht nur zwei, sondern drei Subjekte hat: neben Markt und Staat – also neben den beiden Subjekten, um deren „Mehr" oder „Weniger" heute allenthalben gestritten wird – noch die Zivilgesellschaft. Der Staat könne die Sorge für die Solidarität nicht allein tragen, dafür bedürfe es, so der Papst, der Zivilgesellschaft. Sie sei unter den Bedingungen der Gegenwart zur Realisierung von Gerechtigkeit unabdingbar. Sie bringt nach Benedikt XVI. die Dimension der Unentgeltlichkeit, die „Logik des Geschenks ohne Gegenleistung" (*CIV* 37) ein. „In der Zeit der Globalisierung kann die Wirtschaftstätigkeit nicht auf die Unentgeltlichkeit verzichten, die die Solidarität und das Verantwortungsbewusstsein für die Gerechtigkeit und das Gemeinwohl in seinen verschiedenen Subjekten und Akteuren verbreitet und nährt." (*CIV* 37) Weltweit werde, das sieht der Papst ganz klar, am ehesten auf die Logik des Tausches und damit auf den Markt vertraut, aber die Logik der Politik und vor allem die Logik des Geschenks erweise sich auch als unverzichtbar. Dass diese Unentgeltlichkeit nicht zu verordnen ist, weiß der Papst, dass aber sowohl Markt als auch Politik Menschen brauchen, die zu dieser Unentgeltlichkeit – insbesondere im Zeitalter der Globalisierung – bereit sind, betont er in aller Deutlichkeit. Er spricht in diesem Zusammenhang von der „Zivilisierung der Wirtschaft". Damit schließen diese Überlegungen zur Zivilgesellschaft an den vorher herausgearbeiteten Aspekt der Bedeutung des Ethos und der Haltungen an.

Der Papst hat aber darüber hinaus ganz konkret im Blick, wie diese Dimension der Zivilgesellschaft sich auf dem Markt verortet: Auf dem Markt sollen „Unternehmen mit unterschiedlichen Betriebszielen frei und unter gleichen Bedingungen tätig sein [...]. Neben den gewinnorientierten Privatunternehmen und den verschiedenen Arten von staatlichen Unternehmen sollen auch die nach wechselseitigen und sozialen Zielen strebenden Produktionsverbände einen Platz finden und tätig sein können." (*CIV* 38) Hier spricht die aktuelle wirtschaftsethische Diskussion von „social entrepreneurship". Mit diesem Verweis auf die Zivilgesellschaft, mit dem der Papst an kommunitaristische Theorieansätze anschließt, beantwortet er, m. E. ganz anders als in der gegenwärtig z. T. enggeführten Debatte erwartet, die Frage danach, in welcher Richtung eine Lösung der aktuellen Krise zu suchen sei. Die Enzyklika ist nicht einfach eine Stimme mehr, die für mehr oder weniger Markt und für mehr oder weniger Staat plädiert. Der Papst zeigt vielmehr mit dem dritten Subjekt einen größeren Horizont auf: Die Zivilgesellschaft bringt das Ethos ein, das notwendig ist, um die Wirtschaft zu ihrem eigentlichen Ziel zu führen, um ganzheitliche Entwicklung gelingen zu lassen. Gemeint sind ein gesellschaftliches Ethos und zivilgesellschaftliche Bemühungen, die wiederum rechtliche und strukturelle Konsequenzen zeitigen.

Kritische Würdigung

Die Überlegungen haben gezeigt, dass die neue Sozialenzyklika durchaus in der *einen, allerdings vielfältigen* Tradition der Soziallehre der Kirche steht. So wie diese in den vergangenen nahezu 120 Jahren immer wieder fortgeschrieben wurde mit sehr unterschiedlichen Akzentuierungen, aktuellen thematischen Schwerpunkten und auch neuen theologischen, sozialphilosophischen und humanwissenschaftlichen Zugangsweisen, so zeichnet sich die Sozialverkündigung Papst Benedikts XVI. auch durch einen eigenen Ansatz aus. Die in *GS* erreichte Ebene der Reflexion und der spezifischen Gestalt der Soziallehre der Kirche dient ihm als Ausgangspunkt: So etwa, wenn er in klarer Weise den theologischen Zugang betont und vertieft, oder wenn er mit PP einen neuen Traditionsstrang der Soziallehre beginnen lässt und somit bestimmte Aspekte für die Fortentwicklung in besonderer Weise stärkt! Inhaltlich-sachlich gibt es ebenfalls neue Aspekte, die bisher so noch nicht vorkamen (bzw. vorkommen konnten), aber auch klassische Motive werden aufgegriffen und im Blick auf die speziellen Problemstellungen unserer Zeit interpretiert. Die bedeutendste Leistung der Enzyklika scheint mir jedoch zu sein, dass der Papst mit diesem Schreiben die großen sozialen Fragen der Gegenwart in der Perspektive der Entwicklung rekonstruiert und damit deutlich macht, dass sie in einem größeren anthropologisch-sozialethischen Horizont zu verorten sind. Damit erweist er die Soziallehre als einen für die gegenwärtigen Fragen wichtigen und konstitutiven Gesprächspartner in der Zivilgesellschaft, unabhängig von der Einzelbewertung materialer Details.

Der Kosmos der Vernunft und sein Schöpfer

Anmerkungen zur Regensburger Rede

Rémi Brague, Paris

Die Regensburger Rede[1] hat schon viele Kommentare, ja, um nur wissenschaftliche Auseinandersetzungen zu erwähnen, mehrere Sammelwerke in verschiedenen Sprachen hervorgerufen. Die Äußerungen des Papstes über den Islam erzeugten ein starkes Echo, obwohl die Verhältnisbestimmung von Glaube und Vernunft (GV, 15) das eigentliche Thema seiner Rede war. Dass sie an einer Universität als „Kosmos der Vernunft" (GV, 13) gehalten worden ist, rief eine Verteidigung der Vernunft wie von selbst hervor. Im weiteren Verlauf der Rede wird in einer bewussten Parallele vom „Kosmos der Universität" die Rede sein (GV, 25). Dabei lautet die implizit bleibende Frage: Inwiefern verdient die Theo-logie ihren Namen, und zwar denjenigen eines Logos, der sich anschickt, Gott zu denken? Ferner: ihn nach den Erfordernissen des Logosbegriffs zu denken.

Zum griechischen Logos

Der griechische Name des Fachs lädt schon dazu ein, bei den Griechen Auskünfte über den Logos zu suchen.

Nun unterscheidet Benedikt XVI. vorsichtig zwischen dem Griechischen und dem allgemein Menschlichen und fragt: „Ist es nur griechisch, zu glauben, dass vernunftwidrig zu handeln dem Wesen Gottes zuwider ist, oder gilt das immer und in sich selbst?" (GV, 17). Obwohl es sich erübrigt, die Frage ausdrücklich zu beantworten, lohnt es sich, sie zu stellen. Das Griechische könnte man nämlich bloß als Konvention eines besonderen Stammes, als eine Art Folklore verstehen, die keine Verbindlichkeit für die gesamte Menschheit besäße. Eine solche

---

[1] Benedikt XVI., *Glaube und Vernunft. Die Regensburger Vorlesung*, vollständige Ausgabe, kommentiert von Gesine Schwan, Adel Theodor Khoury, Karl Kardinal Lehmann, Freiburg 2006 (im Folgenden zitiert: GV mit Seitenangabe).

Vorstellung des Griechischen ist keine Vogelscheuche. Es wurde nämlich immer wieder und von verschiedenen Seiten, aufgrund vergleichender Studien über griechische Grammatik und philosophische Kategorienlehre[2], die These vertreten, dass die abendländische Philosophie, insofern sie im Sog des griechischen Anfangs bleibt, sich nur als die implizite Metaphysik der griechischen, bestenfalls der indogermanischen Sprachen verstehen lasse.

Diese These hat einen neuen Anstrich bekommen und eine gewisse Radikalisierung erfahren dahingehend, dass auch unsere vielbesungene „Vernunft" im Allgemeinen kaum mehr als eine Denkgewohnheit gewisser Völker darstelle. Es gebe eine abendländische Vernunft und neben ihr andere Vernunftarten, von denen jede einem bestimmten Kulturgebiet entspreche. Zwischen diesen bestehe keine Möglichkeit eines echten gegenseitigen Verständnisses – ein Eingeständnis, das schon auf die Grundschwierigkeit, ja auf das Gewaltpotential einer solchen Annahme hinweist.

Papst Benedikt spricht aber von dem, „was im besten Sinne griechisch ist" (GV, 18), vom „Besten des griechischen Denkens" (GV, 19), vom „Wesen des Griechischen" (GV, 20), eine Formel, die er später durch „das kritisch gereinigte griechische Erbe" (GV, 23) erläutert. Im Griechentum existierten die Vernunft und das Irrationale nebeneinander.[3] Die Vernunft war gleichsam ein Floß, das auf einem Ozean von Unvernunft schwamm – genauso wie die Philosophen, die Mathematiker, usw. in der alten Welt soziologisch eine winzige Elite darstellten.

Im weiteren Verlauf der Rede spricht Benedikt XVI. von drei Wellen einer „Enthellenisierung". In der Entkoppelung von Glaube und Vernunft sieht er die Gefahr, vor der er warnen will (GV, 23–29). Diese Warnung ist nicht als Entscheidung zugunsten der Konvention oder der Mentalität gewisser Völker zu verstehen, geschweige denn als Fortführung der deutschen Schwärmerei für das Griechische seit Winckelmann und der Weimarer Klassik. Auch ist das Europa, von dem der Papst spricht, nicht mit dem Kontinent an sich oder der EU gleichzusetzen, sondern vielmehr als die Begegnung der Bibel mit dem phi-

---

[2] Vgl. Friedrich Adolf Trendelenburg, *Geschichte der Kategorienlehre*, Bd. I, Berlin 1846, 33; Emile Benveniste, *catégories de pensée et catégories de langue* [1958], in: *Problèmes de linguistique générale*, Paris 1966, 63–74.

[3] Vgl. die Synthese des britischen Gräzisten Eric R. Dodds, *The Greeks and the Irrational*, Berkeley (Ca.) 1959.

losophischen Denken zu verstehen – ganz im Kielwasser Husserls oder Jan Patočkas Auffassung des Europäischen. Somit steht „Enthellenisierung" als Chiffre für den Zweifel an der Vernunft, ja für den Verzicht auf sie, der heutzutage vor allem in Europa grassiert.

Als Beispiel des Irrationalen bei den Griechen kann man z.B. die Mysterienkulte erwähnen, auf die Papst Benedikt des Öfteren verweist, wenn er den Anfang der Begegnung der christlichen Botschaft mit dem Hellenismus reflektiert: Die christlichen Apologeten haben sich geweigert, an die Mysterienkulte anzuknüpfen; eine Tatsache, die übrigens die sog. „religionsgeschichtliche Schule" hätte bedenken sollen. Apologeten wie Justin traten vielmehr als Mitglieder einer philosophischen Schule auf und suchten das Gespräch mit den übrigen Richtungen der Philosophie, nicht mit der „Religion".[4]

Theo-logie

Benedikt XVI. unterscheidet implizit zwischen Gott und seiner Göttlichkeit: Ein rein willkürgeleiteter Gott wird dabei nicht göttlicher (GV, 21), denn „der wahrhaft göttliche Gott ist der Gott, der sich als Logos gezeigt und als Logos liebend für uns gehandelt hat" (GV, 21–22). Die Rede von der Göttlichkeit Gottes setzt voraus, dass wir uns überhaupt ein Bild davon machen können, was gottgemäß ist und was nicht. Und hier begegnen wir den Griechen wieder. Nach dem Vorsokratiker Xenophanes gibt es Dinge, die einem Gott nicht gebühren (ἐπιπρέπει), und Euripides sagt genauer, es gebe Eigenschaften, die einem Gott, „wenn er ein echter Gott ist" (εἴπερ ἐστ᾽ ὀρθῶς θεός), nicht anhaften können. Einige Jahrzehnte später wurden diese Gedanken von Platon aufgenommen und systematisiert, wobei er die kritische Prüfung der Aussagen über das Göttliche mit dem von ihm neu geprägten Wort θεολογία bezeichnete.[5]

All das setzt voraus, dass wir uns eine Vorstellung davon machen können, was ein Gott sein darf bzw. ist, und – noch entscheidender – davon, was ein Gott *nicht* sein darf bzw. ist. So muss in irgendeiner Weise ein Einklang bestehen zwischen unserer Vernunft, unserem Ge-

---

[4] Vgl. z.B. Joseph Ratzinger, *Glaube – Wahrheit – Toleranz. Das Christentum und die Weltreligionen*, Freiburg u.a. 2003, 136–137.

[5] Xenophanes, *DK B 26*, 2; Euripides, *Herakles*, 1345; Platon, *Staat*, II, 379a5–6.

fühl des Erlaubten und des Verbotenen einerseits, und der Wirklichkeit, inklusive deren höchster Stufe im Göttlichen andererseits. Damit wird die zwischen uns und Gott gähnende Kluft keineswegs überbrückt, etwa durch einen titanischen Versuch des Menschen, den Himmel gedanklich zu erstürmen. Wenn aber Gott sich in Freiheit zur Selbstoffenbarung herabgelassen hat, dann muss ebendiese auch im Licht der Freiheit verständlich sein. Eine Offenbarung, die wir gar nicht verstehen könnten, wäre nutzlos, weil nicht entzifferbar; sie würde als solche unbekannt bleiben.

Israels Logos

Die Gegenüberstellung von Athen und Jerusalem, von griechischem Erbe und biblischer Botschaft, die die zwei Hauptquellen der abendländischen Kultur darstellen sollen, ist geläufig, ja zum Ohrwurm geworden.[6] Allzu oft deutet man sie als Streit zwischen der heidnisch-griechischen Vernunft und dem Glauben Israels – so als wäre die Vernünftigkeit das Monopol Griechenlands, wohingegen der Rest der Menschheit im Irrationalen verfangen bleibe.

Wo eine „Hellenisierung" als Gefahr empfunden wird, erschallt des Öfteren der Ruf nach einer „(Re)Judaisierung" als Gegengift. Es heißt, den Einwand dadurch zu entkräften, dass gezeigt wird, wie sehr im Jüdischen Vernünftigkeit präsent ist, auch wenn das in einer anderen Form als im Hellenismus geschieht. Das setzt voraus, dass man das Jüdische nicht als eine ewige Kategorie hypostasiert, was allzu oft passiert, sondern sich den konkreten Texten und Ereignissen der jüdischen Überlieferung zuwendet.

So besteht die Antwort von Papst Benedikt darin, auf das Vorhandensein einer bestimmten Vernunft auch in der Bibel hinzuweisen. Der Logos-Begriff sei für die göttliche Offenbarung im Alten Bund der Brennpunkt, „in dem alle die oft mühsamen und verschlungenen Wege des biblischen Glaubens an ihr Ziel kommen und ihre Synthese finden" (GV, 18).

Nun möchte ich versuchen, diese These detaillierter zu entfalten.

---

[6] Vgl. Rémi Brague, *Athen, Jerusalem, Rom*, in: IKaZ 41 (2012) 535–548, bes. 535–537.

1. Narrative Präsenz der Vernunft

In der Bibel[7] gibt es bekanntlich keine Begriffe. Diese sind und bleiben das Monopol der Philosophie, die griechischen Ursprungs ist. Die Bibel verfährt eher erzählend. Aber es gelingt ihr, die Grundgegebenheiten der Vernunft eben in diesem narrativen Stil darzustellen.

a) Natur

Mit dem Naturbegriff steht und fällt das ganze philosophische Projekt. Zwar ist er als Wort nirgendwo im biblischen Text bezeugt, denn das talmudische, mittelalterliche und neuhebräische Wort dafür *(ṭevaʿ)* erscheint erst später in der Mischnah und meint weniger das Wachstum (gr. φύσις) als das formgebende Gepräge.[8] Implizit ist aber der Begriff schon im ersten Schöpfungsbericht enthalten:

> Und die Erde ließ aufgehen Gras und Kraut, das sich besamte, ein jegliches nach seiner Art, und Bäume, die da Frucht trugen und ihren eigenen Samen bei sich selbst hatten, ein jeglicher nach seiner Art. […] Und Gott schuf große Walfische und allerlei Getier, dass da lebt und webt, davon das Wasser sich erregte, ein jegliches nach seiner Art, und allerlei gefiedertes Gevögel, ein jegliches nach seiner Art. […] Und Gott sprach: Die Erde bringe hervor lebendige Tiere, ein jegliches nach seiner Art: Vieh, Gewürm und Tiere auf Erden, ein jegliches nach seiner Art. Und es geschah also. Und Gott machte die Tiere auf Erden, ein jegliches nach seiner Art, und das Vieh nach seiner Art, und allerlei Gewürm auf Erden nach seiner Art. (Gen 1, 12. 21. 24–25)

Jedes Ding wird „nach seiner Art“ (*le-mīn* + Possessivpronomen) geschaffen, nicht als ein Durcheinander von Arten, Sachen oder Eigenschaften. Jedes Geschöpf hat seine innere Beschaffenheit und fährt im Sein innerhalb dieser Art fort. Die Fortpflanzung geschieht immer nach der Art des Sich-Fortpflanzenden. Aristoteles hätte den Ausdruck als eine dichterische Darstellung seiner oft wiederholten Grundformel des Natürlichen: „Ein Mensch zeugt einen Menschen“ verstanden. Die Frage, ob zwischen der Tatsache, dass die Schöpfung vom Wort abhängig ist und derjenigen, dass die schöpferische Tat ein System von sauber unterschiedenen Naturen ins Sein setzt, ein Zusammenhang besteht, ist naheliegend, kann uns aber hier nicht beschäftigen.

---

[7] Ich zitiere Die Bibel nach Martin Luther, Stuttgart 2005.

[8] Vgl. Ernest Klein, *A Comprehensive Etymological Dictionary of the Hebrew Language for Readers of English*, New York 1987, s. v., 239–240.

Was das Verhältnis des Schöpfers zum Geschöpf anlangt, so kann Gott nur darauf „warten", dass ein jedes Ding die Wirkungen hervorbringt, die dessen Natur zum Ausdruck bringen. Das besagt das Lied des Weinbergs beim Propheten Jesaja[9].

Mein Lieber hat einen Weinberg an einem fetten Ort. Und er hat ihn verzäunt und mit Steinhaufen verwahrt und edle Reben darin gesenkt. Er baute auch einen Turm darin und grub eine Kelter darein und wartete *(wa-yeqaw)*, dass er Trauben brächte; aber er brachte Herlinge [...] Was sollte man doch noch mehr tun an meinem Weinberge, das ich nicht getan habe an ihm? Warum hat er denn Herlinge gebracht, da ich erwartete *(qiwweytī)*, dass er Trauben brächte?

Dann folgt die Erklärung des Gleichnisses, die in einer Übertragung desselben auf das Verhältnis zwischen Gott und seinem Volk besteht. Genauso wie der Winzer Trauben erwartet, erwartet Gott gute Früchte von Israel.

Er wartete *(wa-yeqaw)* auf Recht, siehe, so ist's Schinderei, auf Gerechtigkeit, siehe, so ist's Klage (Jes 5,1–7).

Gott wartet darauf, dass sich die innere Logik eines jeglichen Wesens entfaltet. Weil jedes Wesen eine Natur besitzt, nach deren Regeln es sein Sein betätigen muss, ist von ihm ein bestimmtes Verhalten zu erwarten. Ein Weinberg sollte Trauben hervorbringen, nicht Bananen. Genauso sollte der Mensch, als soziales Wesen, als Mitglied eines Volkes, sein Leben am Maßstab der Gerechtigkeit ausrichten, folglich Frevel vermeiden. Warum er das zu tun versäumt, steht auf einem anderen Blatt. Auf jeden Fall zieht diese Sichtweise die Erkenntnis nach sich, dass die Ausübung der Tugenden nicht darin besteht, Geboten zu gehorchen, die einem autoritären Gott gefallen, sondern all das zu vermeiden, was die Natur des Menschen verunreinigt.

b) Gewissen

Der Logos ist nicht ausschließlich theoretisch, sondern auch praktisch zu verstehen. Nach Kants „Primat der praktischen Vernunft" ist er sogar eher dem praktischen als dem theoretischen Gebiet zuzurech-

[9] Vgl. die Deutung des Abschnitts bei Rémi Brague, *Du Dieu des Chrétiens et d'un ou deux autres*, Paris 2008, 193–196.

nen.[10] Schon der griechische Logos besaß diese ethische Dimension: nach Aristoteles richtet sich jede Tugend nach dem Logos.[11]

Die Kenntnis dessen, was zu tun und was zu lassen ist, ist dem Menschen schon anvertraut worden. Nicht notwendig durch Moses Unterweisung, sondern seit unvordenklicher Zeit. So der Prophet Micha:

Es ist dir gesagt *(huggad)*, Mensch, was gut ist und was der HERR von dir fordert, nämlich Gottes Wort halten und Liebe üben und demütig sein vor deinem Gott (Mi 6,8).

Die Lesart, die ich hier vorgezogen habe, indem ich mich der Septuaginta-Übersetzung anschloss, hat den Vorteil, dass das Subjekt des „Sagens“ (eigentlich des „Erzählens“) im Dunkeln bleibt. Handelt es sich um einen früheren Propheten? Um Moses? Um Gott? Bemerkenswert ist, dass die Anwesenheit des Gewissens im Herzen als ein „Sagen“, also eine sprachliche Äußerung, erscheint, eine Vorgestalt der späteren „Stimme“ des Gewissens.

c) Anklage

Wenn dem Diktat des Gewissens nicht gehorcht wurde, wirft Gott seinem Volk seine Missetaten vor, in Form einer Rechtsklage, die Er gegen die Gemeinde anstrengt. Seit dem klassisch gewordenen Artikel von Berend Gemser[12] hat man das sog. Rīv-Raster bei den Propheten identifiziert und isoliert. Hier seien ein paar Beispiele angeführt:

Höret, ihr Kinder Israel, des HERRN Wort! Denn der HERR hat Ursache, zu schelten *(rīv)*, die im Lande wohnen; denn es ist keine Treue, keine Liebe, keine Erkenntnis Gottes im Lande; sondern Gotteslästern, Lügen, Morden, Stehlen und Ehebrechen hat überhandgenommen und eine Blutschuld kommt nach der andern (Hos 4,1–2).

Bemerkenswert ist hier, dass der Grund, der Gott zum Schelten veranlasst, nicht etwa ein Vergehen an seinen Kultvorschriften oder ein begangenes Unrecht an einem seiner Priester ist – vergleichbar den Taten, die z. B. Apollos Zorn am Anfang der Ilias auslösen –, sondern lediglich innermenschliches Vergehen. Gott hat kein persönliches In-

---

[10] Immanuel Kant, *Kritik der praktischen Vernunft*, hg. von K. Vorländer, Hamburg 1967, 138–140.

[11] Aristoteles, *Nikomachische Ethik*, II, 6, 1106b36–1107a2 (ὡρισμένῃ λόγῳ).

[12] Berend Gemser, *The Rib- or Controversy-Pattern in Hebrew Mentality*, in: *Supplement to Vetus Testamentum*, 3, 1955, 120–127.

teresse zu schützen, er wird vielmehr dadurch direkt beleidigt, dass die Menschen einander umbringen, belügen, usw. Um einem möglichen Missverständnis vorzubeugen sei hier daran erinnert, dass die Formel „Erkenntnis Gottes“ (da'at elohīm) keinen ausdrücklichen Bezug auf etwas wie unseren Begriff der „Religion“ hat, sondern lediglich die Achtung vor den elementarsten Regeln der Sittlichkeit bezeichnet, wie „Gottesfurcht (yir'at elohīm) in der Geschichte Abrahams bei Abimelek (Gen 20,11).

Höret doch, was der HERR sagt: Mache dich auf und rechte *(rīv)* vor den Bergen und laß die Hügel deine Stimme hören! Höret, ihr Berge, wie der HERR rechten *(rīv)* will, und ihr starken Grundfesten der Erde; denn der HERR will mit seinem Volk rechten *(rīv)* und will Israel strafen. Was habe ich dir getan, mein Volk, und womit habe ich dich beleidigt? Das sage mir! (Mi 6,1–5).

Aber der HERR steht da, zu rechten (la-rīv), und ist aufgetreten, die Völker zu richten *(la-dīn)*. Und der HERR geht ins Gericht *(mišpaṭ)* mit den Ältesten seines Volkes und mit seinen Fürsten: Denn ihr habt den Weinberg verdorben, und der Raub von den Armen ist in eurem Hause. Warum zertretet ihr mein Volk und zerschlaget die Person der Elenden? spricht der Herr, HERR Zebaoth (Jes 3,13–15).

Beide Abschnitte beginnen mit einer Anrufung von Zeugen, die unter die natürlichen Dingen zu rechnen sind, wie Berge und Hügel. Selbstverständlich kommt hier ein vorwissenschaftliches Weltbild zum Ausdruck, ja ein mythisches, da die Naturdinge mit dem Gehörsinn ausgestattet sind. Wesentlich ist aber, dass ein Drittes zwischen Gott und dem Volk auftritt, wodurch die Sphäre der Kraftverhältnisse verlassen wird zugunsten des logoshaften Rechtsgesprächs. Die Anwesenheit eines unbeteiligten und unbefangenen Dritten zwischen den Streitenden bildet nämlich die Grundlage des Rechts.[13]

d) Rücksprache

Mit einem Gott, der spricht, kann man auch streiten und verhandeln. In einer berühmten Szene aus dem ersten Buch Mose feilscht Abraham mit Gott und lässt Ihn den Preis senken (Gen 18,22–32). Abrahams Hauptargument ist, dass eine bestimmte Art zu handeln Gottes nicht würdig wäre. Sie widerspräche seinem Wesen, da der gerechte Gott unmöglich ungerecht handeln kann (18,25). So appelliert der

[13] Vgl. Alexandre Kojève, *Esquisse d'une phénoménologie du droit. Exposé provisoire*, Paris 1981, § 7, 24; § 14, 73–75.

Mensch von Gott zum Begriff Gottes[14], in diesem Fall: von Seiner Macht zu Seiner Güte. Ähnliches kann man überall im Buch Hiob finden.

Dort keimt schon die Idee einer rational fassbaren *Natur* Gottes auf. Da das Handeln das innere Wesen des Handelnden ausdrückt, nach dem Spruch der Scholastiker *operari sequitur esse*, genügt es, zu wissen, wie Gott beschaffen ist, um seine Handlungen zu erraten. Ein Gott, der gerecht handelt, ein Gott, dem die Ungerechtigkeit widerwärtig, ja widersinnig ist, muss ein besonders enges Verhältnis zur Gerechtigkeit haben, ja diese muss mit Seinem Wesen zusammenfallen.

2. Reflexives Bewusstsein des Vernunftbegriffs

Die Vernünftigkeit erscheint in den biblischen Schriften nicht nur in narrativer Form, denn man findet auch Spuren einer Reflexion über die vernünftige Dimension des Verhältnisses Gottes zum Menschen in ihnen.

a) Gebote als Weisheit

Seit dem alten Bund wurde der Inhalt der Offenbarung an Israel durch einen Vergleich mit anderen „Heilsmöglichkeiten" geltend gemacht. So lädt das Deuteronomium zu einem entsprechenden Vergleich ein, indem es fragt, welcher Gott seinem Volk je so nah *(qarōv)* gekommen sei (4,7). Diese Nähe hat mit der Nähe *(qarōv)* des Wortes, dessen Anwesenheit im Mund und im Herzen (30,14), zu tun. Dieses Wort, im Mund und im „Herzen" (nach der altisraelischen Menschenauffassung) anwesend, ist wohl in Analogie zu den stoischen Begriffen *logos prophorikos* und *logos endiathetos* zu verstehen.

Folgende Frage lässt sich möglicherweise als eine Reflexion über den Wortcharakter des Heilsereignisses verstehen: „Hat es je ein so hehres Wort *(kad-davar hag-gadōl haz-zeh)* gegeben?" (4,32).[15] Da das hebräische *davar* bekanntlich so gut „Wort" wie „Sache", „Ereignis" bedeuten kann, bleibt die Deutung der Stelle jedoch unsicher.

---

[14] Vgl. Robert Spaemann, *Die Frage nach der Bedeutung des Wortes ‚Gott'*, in: Ders., *Einsprüche. Christliche Reden*, Einsiedeln 1977, 26.

[15] Der Targum übersetzt mit *pitgam*, „Spruch".

Die Israel anvertrauten Gebote sind Ausdruck einer Weisheit *(ḥoḫmah, bīnah)*, die die übrigen Völker bewundern müssen (4,6.8). Der Vergleich ist allerdings nur dann möglich, wenn ein gemeinsamer Bezugspunkt zwischen Israel und den Nachbarvölkern besteht. Dieser Bezugspunkt ist das Menschliche schlechthin, zusammen mit dem Logos, der die Kommunikation und damit den Vergleich ermöglicht.

b) Das biblische Dreieck der Rationalität

An dieser Stelle soll ein kurzer Abschnitt aus Deutero-Jesaja ausführlicher besprochen werden, der mehrere Dimensionen dessen enthält, was später als Vernunft bezeichnet wird, und zwar in einer Verflechtung, die an und für sich lehrreich ist. Ich habe bereits an anderer Stelle die Gelegenheit genutzt, ihn zu kommentieren und schließe mich hier weitgehend dem schon Gesagten an.[16]

Das Buch kann in die Zeit nach dem Babylonischen Exil eingeordnet werden. Die nach Mesopotamien verschleppte Elite Israels wurde dem Einfluss der babylonischen Kultur ausgesetzt und so gezwungen, den Inhalt der herkömmlichen Religion neu zu durchdenken, um den Herausforderungen der sie umgebenden Denkweisen und Vorstellungen standzuhalten.

Denn so spricht der HERR, der den Himmel geschaffen hat – er ist Gott; der die Erde bereitet und gemacht hat – er hat sie gegründet; er hat sie nicht geschaffen, dass sie leer *(bohu)* sein soll, sondern sie bereitet, dass man auf ihr wohnen solle: Ich bin der HERR, und sonst keiner mehr. Ich habe nicht im Verborgenen *(beseter)* geredet an einem finstern Ort der Erde; ich habe nicht zu den Söhnen Jakobs gesagt: „Sucht mich vergeblich! *(bohu)*" Denn ich bin der HERR, der von Gerechtigkeit redet und verkündigt, was recht ist (Jes 45,18–19).

Gott stellt sich als redendes Subjekt, als der Schöpfer vor. Damit erhebt Er keinen Anspruch auf Herrschaft, sondern bestimmt die Art und Weise Seines Sprechens. Genauso wie Er die Erde gefestigt hat, kann man sich auf Sein Wort verlassen. Genauso wie Er sie als bewohnbar geschaffen hat und nicht leer, sind Seine Aussagen geordnet

[16] Vgl. Rémi Brague, *Die Weisheit der Welt. Kosmos und Welterfahrung im westlichen Denken*, dt. G. Ghirardelli, München 2005, 62–63. Aus den Kommentaren: Klaus Baltzer, *Deutero-Jesaja* (KAT 10,2), Gütersloh 1999, 316–320; Hans-Jürgen Hermisson, *Deuterojesaja*, 2. Teilband, Jesaja 45, 8–49, 13 (BKAT, XI/2), Neukirchen–Vluyn 2003, 62–68; Ulrich Berges, *Jesaja 40–48*. Übersetzt und ausgelegt von U. B. (HthKAT), Freiburg 2008, 427–431.

und sinnvoll. Sie sind sogar lebensspendend als Ordnung, die das menschliche Zusammenwohnen ermöglicht.

Gott spricht nicht im Geheimnis (vgl. auch 48,16). Die Offenbarung findet im gemeinsamen, öffentlichen Raum der Menschheit statt, nicht in einem entlegenen Winkel. Wohl wird hier auf das Ereignis am Sinai angespielt, das sich vor dem gesamten dort versammelten Volk zugetragen hat, ein Thema, das von der künftigen jüdischen Apologetik wieder aufgenommen werden wird[17]. Wichtiger noch ist der Verzicht auf die Darstellung einer rein privaten Erfahrung, die unaussprechlich oder auf jeden Fall nicht mitteilungsfähig wäre. Der geoffenbarte Inhalt steht der Prüfung offen. Die Gerechtigkeit ist zugleich der Inhalt der Gebote und ein Merkmal der göttlichen Ausdrucksweise. Ordnung der Schöpfung, Klarheit der sprachlichen Mitteilung sowie Richtigkeit und Gerechtigkeit des Mitgeteilten bestätigen einander. Sie bilden ein Dreieck, innerhalb dessen sich Gott als vernunftfreudig erweist.

Vernunft als Liebe

„Ist es nur griechisch, zu glauben, dass vernunftwidrig zu handeln dem Wesen Gottes zuwider ist, oder gilt das immer und in sich selbst?" (GV, 17) – lautete der eingangs zitierte Satz aus der Regensburger Rede, der quasi eine Definition des echten Gottes enthält. Ich erlaube mir, den Wortlaut gegen den Strich zu bürsten und die Formulierung „als Logos liebend" (GV, 22) genauer unter die Lupe zu nehmen. Die Bestandteile dieser Formulierung sind im Neuen Testament gut bezeugt. Sie finden sich beide in den Johanneischen Schriften: „Gott ist Liebe" (1 Joh 4,8.16) und „der Logos ist Gott" (Joh 1,1). Wie lassen sich diese zwei Äußerungen in Einklang bringen? Ihre Nähe klingt paradox. Ist es möglich, als Logos zu lieben? Gilt die Liebe nicht als irrational, als die Grenzen der Vernünftigkeit überspringend, ja, nach einer langen Tradition der abendländischen Literatur und Philosophie, als Wahnsinn? Das ließe sich entkräften, wenn man geltend macht, dass eine vernünftige Form der Liebe existiert, wo diese nicht mehr als Leidenschaft erscheint, sondern als fester, ja verbriefter Wille. Das mag stimmen, trifft aber die Pointe des Gesagten nicht. Es

[17] Vgl. Yehuda Halevi, *Kuzari*, I, 86 u. s. w.

heißt nämlich, dass der Logos nicht nur *mit* Liebe handeln kann, sondern dass er Liebe ist.

So müssen wir weiter ausholen, indem wir auch die erste Enzyklika Benedikts XVI. über die Liebe miteinbeziehen. Die Verteidigung der Vernunft steht inhaltlich mit der Lehre der Enzyklika in engstem Zusammenhang. Die Vernunft ist in erster Linie (Primat) praktische Vernunft. Sie stellt einen Sonderfall einer allgemeinen Regel dar, nach der das Gegebene so empfangen werden soll, wie es sich gibt. Dabei ist die Achtung für das Bestehende höher anzusiedeln als rechnender Verstand und Affektivität. Diese Achtung stellt eine Form der Liebe dar, wenn man sie als unbedingte Annahme des Geliebten als solchen, als Bejahung seines Daseins versteht.

Die Voraussetzung dieser Haltungen liegt darin, das Bestehende nicht ausschließlich auf das Faktische – das „es ist so" vor dem man sich nur demütigen sollte, wie der junge Hegel vor dem Alpengebirge, oder das man mit Hilfe der Redlichkeit, die Nietzsche als „unsere letzte Tugend" pries, bestenfalls in Kauf nehmen, aber keineswegs lieben kann[18] – zu verkürzen. Kann aber das Seiende zu einem Gegenstand der Liebe werden? Im Hinblick worauf kann es als liebenswürdig erscheinen?

Auf dem Hintergrund dieser Frage bekommt die biblische Lehre der Schöpfung durch Gottes Wort *(davar, logos)* und in ihm eine neue Relevanz, ja eine neue Brisanz.

Die Vorstellung eines schöpferischen Befehls schlägt tiefe Wurzeln im Alten Orient. So hat W. F. Albright auf den sumerischen Begriff ENEM, akkadisch *awatu* hingewiesen.[19] Wie dem auch sei, ich möchte in diesem Kontext nur auf einen inhaltlichen Punkt hinweisen: Da die Welt im Logos geschaffen wurde, ist sie mit Logos durchdrungen. So ist der Gegenstand der Achtung kein anderer als der Logos selbst, und zwar derjenige Logos, der im Menschen seine bewusste und gewollte Entfaltung erlangt. Die Achtung des Menschen vor dem, was ist, ent-

---

[18] Georg Wilhelm Friedrich HEGEL, *[Auszüge aus dem Tagebuch der Reise in die Berner Oberalpen]*, in: *Werke in zwanzig Banden*, hg. von Eva Moldenhauer u. Karl Markus Michel, Frankfurt 1971, Bd. 1, 618; Friedrich NIETZSCHE, *Morgenröte*, V, §456, in: *Kritische Studienausgabe*, hg. v. G. Colli u. M. Montinari, München 1980, Bd. 3, 275; Fragment 1 [145], August 1885–Frühling 1886, in: ebd., Bd. 12, 44. Vgl. auch Rémi BRAGUE, *Possiamo amare la verità?*, in: Philosophical News: La verità, März 2011, 48–52.

[19] William Foxwell ALBRIGHT, *From the Stone Age to Christianity. Monotheism and the Historical Process*, New York 1957, 195.

spricht einer Selbstachtung des Logos. Das ist das Moment der Wahrheit in jedem Idealismus Hegelscher Prägung.

Christentum und Islam

Das Zitat, das Papst Benedikt als Einstieg in sein Thema gewählt hat (GV, 16–17) und den ferngesteuerten Zorn der „arabischen Straße" entfacht hat, besagt im Grunde nichts anderes als der folgende Satz aus Origenes' Psalmenkommentar, den er an anderer Stelle anführt: „Christus trägt über keinen den Sieg davon, der es nicht will. Er siegt nur durch Überzeugen. Er ist ja das Wort (λόγος) Gottes."[20] Inhaltlich kommen Origenes und der byzantinische Kaiser miteinander überein, obwohl der Kirchenvater selbstverständlich keine Ahnung von dem um vier Jahrhunderte später entstehenden Islam haben konnte.

In seiner Regensburger Rede hat Papst Benedikt es vorgezogen, den Schwerpunkt auf das Neue Testament zu legen, indem er dem ersten Vers des Johannesevangeliums eine Schlüsselrolle zuweist, hier (GV, 18) wie an vielen anderen Stellen seines Schrifttums auch. Obwohl auch auf alttestamentliche Verse angespielt wird (GV, 19), bleibt der Bezug auf das Neue Testament ausschlaggebend. Zu Recht: Kommt doch der Logos-Begriff dort, und in der ganzen Heiligen Schrift nur dort, deutlich zum Ausdruck. Origenes hat die kühne These gewagt, die Wörter des Alten Testaments seien in Christus als *das* Wort zusammengefasst *(ἀνακεφαλαιοῦσθαι)* worden.[21]

Trotz vieler gewollter oder ungewollter Missverständnisse, die das Zitat des byzantinischen Kaisers hervorgerufen hat, bleibt die Auseinandersetzung mit dem Islam sinn- und wertvoll – bildet doch der Islam eine Reaktion auf das Christentum, das er überholen und ersetzen will. Ideengeschichtlich kann man die islamische Dogmatik als eine Antwort auf gewisse Aspekte des christlichen Dogmas deuten, wobei manche Ähnlichkeiten besonders auffallen, wie z. B. diejenige zwischen der Christologie und der Lehre vom Status des Korans. In

---

[20] ORIGENES, *Kommentar zum Psalm 4*, 1; ich zitiere nach: Vivliothiki tōn ellinōn paterōn, Athen 1958, Bd. 15, 283; Joseph Kardinal RATZINGER, *Werte in Zeiten des Umbruchs. Die Herausforderungen der Zukunft bestehen*, Freiburg u. a. 2005, 47–48.

[21] ORIGENES, *Johannes-Kommentar*, V, 6, Hg. von E. Preuschen (GCS), Leipzig 1903, 103.

beiden Fällen handelt es sich um die Seinsweise bzw. das Werden des göttlichen Wortes. Im Christentum wird das Wort zu einem Menschen („Fleisch"); im Islam dagegen wird es zu einem Buch. Inkarnation und „Inlibration"[22] entsprechen einander, zeitigen jedoch nicht dieselben Folgen im Denken und in der Praxis. Ob der Koran als in der Zeit geschaffen oder ungeschaffen, an Gottes Ewigkeit teilnehmend, betrachtet werden soll, wurde im 9. Jahrhundert heftig debattiert, da mit dieser Frage die Möglichkeit einer Interpretation der koranischen Rechtsverordnungen steht und fällt.

Papst Benedikt erwähnt die Ähnlichkeit zwischen den Lehren gewisser Autoren der spätmittelalterlichen Scholastik in der Christenheit und dem von ihm indirekt zitierten Ibn Hazm (GV, 20–21). Hier hat er einen zentralen Aspekt vielleicht noch sicherer getroffen, als er dachte. Es ist nämlich möglich, obwohl nicht völlig gesichert, dass die islamische Apologetik *(Kalām)* den sog. „Nominalismus" und dessen einseitige Betonung der absoluten Allmacht Gottes beeinflusst hat.[23] Diese islamischen Lehren wurden nämlich durch Maimonides' Kritik und durch al-Ghazali den lateinisch lesenden Scholastikern vermittelt.

Jedenfalls ist es methodisch sicherer, das Gespräch mit den Muslimen in derselben Herangehensweise zu suchen wie die frühen Christen in ihrer Auseinandersetzung mit dem Heidentum. So wie Justin und andere auch nicht an das Religiöse anknüpften, sondern an Philosophisches, so kann sich ein echter Dialog mit den Muslimen eher auf der Ebene der gemeinsamen Vernunft entfalten, nicht aufgrund angeblich gemeinsamer religiöser Vorstellungen.[24]

Bibel und Koran über den Logos

Mit der Betonung des Neutestamentlichen rückt aber der Vergleich zwischen Christentum und Islam ins Zentrum, was zu Missverständnissen geführt hat. Man hat sich insbesondere eingebildet, Papst Benedikt wolle von den konkreten Menschen reden (Christen gegen

---

[22] Das Wort übernehme ich von der der großen Sufismus-Expertin Annemarie Schimmel.

[23] Vgl. William J. Courtenay, *The Critique of Natural Causality in the Mutakallimun and Nominalism*, in: Harvard Theological Review 66 (1973) 77–94.

[24] Vgl. Rémi Brague, *Schluss mit den „drei Monotheismen"!*, in: IKaZ 2 (2007) 98–113 oder Ders., Du Dieu des Chrétiens (s. Anm. 9), Kap. 1.

Muslime) oder von den Leistungen der zwei Kulturbereiche (Westen gegen „Orient"), ferner dass er die Dialogbereitschaft und die Beiträge zur Weltkultur nur auf der christlichen Seite fände, die Intoleranz der Christen ausblende, usw. Um diese Irrtümer zu parieren, wäre es vielleicht ratsamer, diesseits der Trennungen zwischen Judentum und Christentum bzw. Christentum und Islam die hebräische Bibel mit dem Koran, d. h. das gesamtbiblische Offenbarungsmodell mit dem islamischen zu vergleichen.[25]

Manche Elemente sind den zwei Büchern gemeinsam, insbesondere die Vorstellung einer Schöpfung durch die Sprache. Es genügt Gott: „Es sei!" zu sagen, damit etwas entsteht. Diese Idee kommt im Koran im Kontext der Schöpfung sehr oft vor (XVI, 40; XXXVI, 82 usw.) und auch, interessanterweise, um die Erschaffung Jesu zu erklären (XIX, 35). Während christliche Denker das schöpferische Wort mit der zweiten Hypostase der Dreifaltigkeit identifizieren, betrachtet der Koran Jesus als ein durch das Wort ins Sein gesetztes Geschöpf, obwohl er in einem anderen Abschnitt als „Wort Gottes" bezeichnet wird (IV, 171). Viele islamische Denker haben den Begriff des schöpferischen göttlichen Worts *(kalimah)* zum Ausgangspunkt ihres Nachdenkens bestimmt und weitergesponnen, wobei sie sich ebenfalls von Gedanken griechischer Herkunft, d. h. dem neuplatonischen Begriff des Intellekts *(νοῦς)*, beeinflussen ließen.

Sonst findet man im Koran so gut wie keinen Widerpart für die alttestamentlichen Stellen, die ich oben angeführt habe. Eine interessante Ausnahme bilden die Verse über Gottes „Nähe", die ihre Äquivalente im Koran im Kontext des Gebets und dessen Erhörung finden: Gott sei dem Ihm Flehenden „nahe" *(qarīb)* (II, 186; XI, 61 usw.).[26]

In anderen Fällen sind die biblischen und koranischen Texte fast einander entgegengesetzt zu lesen. Abgesehen vom soeben zitierten Vers über die Erschaffung Jesu, der Neutestamentliches betrifft, könnte man als weiteres Beispiel die oben schon behandelte Szene anführen, in der Abraham mit Gott um das Los von Sodom verhandelt. Der Vergleich mit dem Koran ist aufschlussreich: Dort findet man lediglich eine sehr kurze Anspielung an die Szene, wobei Gott die Fürbitte

[25] Eine wertvolle Hilfe bietet die umfangreiche Arbeit, fast ein Karteikasten, von der Koranübersetzerin Danielle Masson, *Monothéisme coranique et monothéisme biblique. Doctrines comparées*, Paris 1976.
[26] Dies., 50–51.

Abrahams schroff als nutzlos verwirft, da Seine Entscheidung, die Stadt zu vernichten, schon gefällt wurde (XI, 74).

Kurz, der Koran ist mit dem Begriff des Gotteswortes durchaus vertraut. Er legt aber den Akzent auf die schöpferische Kraft des göttlichen Wortes als (monologischer!) Befehl, lässt dagegen die dialogische Dimension des Sprechens im Schatten. Im Koran redet Gott den Menschen an anstatt sich in ein Gespräch mit ihm einzulassen.

Schluss

Schließlich möchte ich folgende Sätze, die der englische Schriftsteller Gilbert Keith Chesterton seinem genialen Priester-Detektiv Pater Brown in den Mund legt, zitieren: „Reason is always reasonable, even in the last limbo, in the lost borderland of things. I know that people charge the Church with lowering reason, but it is just the other way. Alone on earth, the Church makes reason really supreme. Alone on earth, the Church affirms that God Himself is bound by reason."[27]

---

[27] Gilbert Keith Chesterton, *The Blue Cross* [1908], in: Ders., *Father Brown.* Selected Stories, London 2003, 28.

Gewalt oder Metaphysik

Die Provokation aus Rom. Versuch über die Regensburger Rede

Johannes Hoff, London

Was hat die Vernunft mit Religion zu schaffen? Sind die modernen Wissenschaften überhaupt noch empfänglich für die vielzitierte „Wiederkehr der Religion"? Und wenn ja: Ergeben sich von dort womöglich Anknüpfungspunkte, die umstrittene Islamkritik des Heiligen Vaters, statt ihre Deutung Diplomaten und Sicherheitsbeamten zu überlassen, zum Ausgangspunkt eines konstruktiven Streitgesprächs werden zu lassen?

Ökonomisch betrachtet scheint sich die Funktion spätmoderner Religionen darin zu erschöpfen, die Nachfrage nach symbolträchtigen Sonntagsreden, folkloristischen Pop-Events und die religiöse Überhöhung biografischer Lebenswenden zu bedienen. Soziologisch betrachtet nehmen sie aber zugleich eine Aufgabe wahr, die durch die Professionalität symbolkompetenter Marktanbieter nicht zu bewältigen ist: Sie müssen in der Lage sein, im ganz normalen Chaos des Lebens Orientierung zu stiften, und zwar unterschiedslos in allen Funktionsbereichen moderner Alltags- und Expertenkulturen.

Genau an diesem Punkt bringt der Heilige Vater die Vernunft ins Spiel. Es geht, idealtypisch gesprochen, um Orientierungsmaßstäbe, über die sich ein gläubiger Christ im Zweifelsfall sogar mit seinem schiitischen Psychotherapeuten oder seiner atheistischen Kindergärtnerin verständigen kann. Gibt es solche Maßstäbe?

Das Spektrum möglicher Antworten lässt sich an den Diskussionsbeiträgen von drei zeitgenössischen Intellektuellen zu diesem Thema ablesen: Richard Rorty, Jürgen Habermas und Joseph Ratzinger alias Benedikt XVI. Rorty reduziert die Religion auf ein subjektives Phänomen, das zwar persönlich zu respektieren, nicht aber mit einem rationalen Wahrheitsanspruch zu verbinden ist. Unter den Bedingungen einer säkularen Gesellschaft entziehe sich die metaphysische Frage nach dem „Ganzen" von Gott, Welt und Mensch dem Zugriff wissenschaftlichen Denkens – die Antwort auf obige Frage lautet also: Nein!

Anders Habermas. Er hält daran fest, die Religionen als kompetente Gesprächspartner im Streit um die Wahrheit in Betracht zu ziehen. Imame, Rabbis und Päpste können zwar kein Vorrecht gegenüber wissenschaftlichen Experten oder Frau Müller und Herrn Meier von nebenan beanspruchen. Sie haben aber die Möglichkeit (etwa im Kontext bioethischer Debatten), sich mit rationalen Argumenten in die Diskussion einzuschalten und Kompetenzen einzubringen, die durch säkulare Expertenkompetenzen nicht ohne weiteres zu ersetzen sind – die Antwort lautet also: Jein (das muss von Fall zu Fall entschieden werden)!

Wie nicht anders zu erwarten geht Ratzinger am weitesten. Er hält nicht bloß am Wahrheitsanspruch der philosophisch-metaphysischen Tradition fest. Er ist auch überzeugt, die philosophische Vernunft mit dem christlichen Glauben versöhnen zu können, trotz der metaphysikkritischen Wende der Reformation und der auch unter katholischen Theologen verbreiteten Kritik an der „hellenistischen Überformung" biblischer Quellen.

Was also hat ein Christ mit der „Hure Vernunft" (Luther) zu schaffen? In gewisser Weise markierte diese Frage den Brennpunkt der Regensburger Papst-Vorlesung vom 12. September. Die Tendenz, diesen Text als einen (verunglückten) Beitrag zum christlich-islamischen Dialog zu lesen, beruht auf einem Missverständnis und doch haben beide Problemfelder miteinander zu tun.

Ratzingers Vortrag folgt den Spuren seines Lehrers Gottlieb Söhngen, wenn er die Wiege des Christentums dort lokalisiert, wo der Orient den Okzident berührte. Mit einem Zitat aus der Apostelgeschichte erinnert er an eine Szene, die zu den Schlüsselszenen Europas zu rechnen ist: „Und Paulus sah eine Erscheinung bei Nacht: Ein Mann aus Mazedonien stand da und bat ihn: Komm herüber nach Mazedonien und hilf uns." (Apg 16,9) Das Christentum formierte sich in dem Augenblick, als ein Apostel über die Wasserscheide setzte, die den Orient vom Okzident trennt.

Doch die Spuren dieses interkulturellen „Übersetzungsvorgangs" lassen sich nicht auf die Reiserouten ruheloser Apostel eingrenzen. Sie reichen weit hinter die Anfänge des Christentums zurück. Bereits Söhngen pflegte seine Studenten an ein zweites „Übersetzungsereignis" zu erinnern: an einen „Übersetzungsfehler" der Septuaginta – eine Textpassage aus jener in Alexandrien entstandenen griechischen Übersetzung der hebräischen Bibel, die Benedikt in seiner Regensburger Vorlesung mit der Bemerkung kommentierte, sie sei „ein eigener wichtiger Schritt der Offenbarungsgeschichte". Die Passage, die Söhngen seinen Schülern einzuschärfen pflegte, fasst die Pointe dieses Schritts zu einem einzigen Satz zusammen[1]: *Nisi credideritis, non intellegetis* – „wenn ihr nicht geglaubt habt, werdet ihr nicht *verstehen (einsehen)*" (Jes 7,9). Exegetisch korrekt müsste man den hebräischen Urtext eigentlich anders übersetzen – zum Beispiel mit den Worten Luthers: „Glaubt ihr nicht, so *bleibt* ihr nicht."

Doch es gibt eine Verbindung zwischen „bleiben" und „verstehen". Wer etwas versteht, stellt gleichsam fest: „Dem kann ich trauen, darauf kann ich bauen, das bleibt!" „Einsehen", das heißt Fußfassen in dem, was „wesentlich" ist, in dem, was bleibt. Aus diesem Grund leistet die Septuaginta mehr als die historisch-kritische Exegese: Wie Paulus über den Bosporus setzte, so über-setzte sie einen hebräischen „Urtext" in einen anderen Kulturraum – in die Sprache einer Metaphysik, die das einsehende Verstehen *(intellegein)* gleichsetzt mit dem, was die Hebräer durch das Wort „Amen" zum Ausdruck brachten: „Das steht fest!" „Glaubt ihr nicht, so werdet ihr nicht einsehen – ihr werdet keinen Stand haben, ihr werdet nicht ver-stehen."

Benedikt scheint die Worte seines Lehrers nicht vergessen zu haben. Unermüdlich schärft er seinen Hörern ein, die Übersetzungsgeschichte, aus der das christliche Abendland hervorging, nicht in Vergessenheit geraten zu lassen. Ob er den Positivismus und Relativismus der modernen Wissenschaften kritisiert oder die pastoral-seichte Geschwätzigkeit seiner frommen Schafe: Er erinnert jeden, der es hören möchte – und auch den, der es nicht hören möchte – daran, dass die Fundamente wissenschaftlicher Rationalität nicht von dem „ganz anderen" der abrahamitischen Religionen isoliert werden können – und umgekehrt. Das Christentum ist für ihn mehr als ein ernstzunehmender Gesprächspartner in einem habermas'schen „Diskurs": Es hat einzustehen für die Einsicht, dass die menschliche Vernunft nur dort Halt findet, wo sie ihrer geschöpflichen Grenzen gewahr wird und sich in einer Macht gründet, die beständiger ist als die geistigen und technischen Machwerke des Menschen; und das Christentum hat im Gegenzug die Selbstverpflichtung einzugehen, sich in all seinen Verrichtungen am Maßstab aufgeklärter Vernunft messen zu lassen. Das also hat ein Christ mit der „Hure Vernunft" zu schaffen!

Das selbst für linke Intellektuelle Faszinierende an diesen gelehrten Ermahnungen ist der zeitdiagnostische Anspruch, mit dem sie auftre-

---

[1] Gottlieb SÖHNGEN, *Philosophische Einübung in die Theologie. Erkennen – Wissen – Glauben*, München 1964, 72.

ten – als sei das Erbe der säkularen Intellektuellenkasten des 19. und 20. Jahrhunderts plötzlich wieder an jenem Felsen gestrandet, den der voltaire'sche Zorn im Namen aufgeklärter Rationalität einzuebnen versprach. Der Papst gibt sich nicht damit zufrieden, den Terror eines bin Laden als das kranke Kind der religiösen Selbstzerfleischung desorientierter Muslime zu deuten. Im Gestus eines „Zeitdiagnostikers" entdeckt er in den Terrorattacken postmoderner Islamisten die Antwort machtloser Völker auf die gotteslästerliche Selbstherrlichkeit des mächtigen Westens. Einen Ausweg aus der postmodernen Krise kann es in seinen Augen deshalb nur dann geben, wenn es gelingt, die Religionen „zur Vernunft" zu rufen, vorausgesetzt, die säkularen Kulturen des Westens sind im Gegenzug bereit, sich auf ein Vernunft- und Wissenschaftsverständnis einzulassen, das für die Anliegen der Religionen durchlässig ist.

Der faszinierende Gestus, mit dem sich diese Position zu Wort meldet, sollte freilich nicht davon abhalten, sie im Lichte aufgeklärter Vernunft nüchtern zu prüfen. Setzt sie sich doch selbst aus christlich-abendländischer Sicht dem Verdacht aus, das Spannungsfeld zwischen Jerusalem und Athen etwas vorschnell zu harmonisieren. Man mag sich an diesem Punkt der von Jacques Derrida angestoßenen wissenschaftlichen Debatten über das Isaakopfer Abrahams erinnern[2]: Im Augenblick des Ernstfalls seiner Glaubensgeschichte stand Abraham alleine vor Gott, sprachlos, ohne sein Tun vor den Augen der Welt rechtfertigen zu können. Er riskierte sogar, in ihren Augen zum Mörder zu werden: machte sich auf den Weg zum Berge Moria (dem bis heute umkämpften Tempelberg in Jerusalem), um seinen Sohn, „seinen einzigen, den er lieb hat" (Gen 22,29), dem Gott seiner schweigenden Anbetung zu opfern.

Es führt wohl kein Weg daran vorbei, in dieser „ganz anderen" Schlüsselszene ein Leitmotiv der strittigen Offenbarungsgeschichte der drei großen abrahamitischen Religionen zu verorten. An ihren entscheidenden Bruchstellen führte diese Geschichte stets an den Punkt, an dem die prophetischen oder apostolischen Erben Abrahams

---

[2] Zu einer kritischen Bilanz dieser Debatte vgl. Johannes Hoff, *Das Paradox des Glaubens und der Holzweg moderner Entscheidungslogik. Kierkegaards Lektüre von Genesis 22 und ihre Wirkungsgeschichte von Heidegger bis Derrida und darüber hinaus*, in: Helmut Hoping – Julia Knop – Thomas Böhm (Hg.), *Die Bindung Isaaks. Stimme, Schrift, Bild*, Paderborn 2009, 238–258. Zur interreligiösen Debatte um das Isaakopfer vgl. auch die einschlägigen Beiträge in diesem Band.

das Vertrauen in rational konsensfähige Welterklärungsmodelle fallen lassen mussten und dabei gefährlich nah an jenes ‚jenseits von Gut und Böse' herangeführt wurden, das heute die Operationsbasis sogenannter Al-Qaida-Terroristen darzustellen scheint.

Die abrahamitischen Religionen sind nicht ohne einen nicht aufgehenden Rest an A-rationalität zu haben. Das ist umso bemerkenswerter, als die den Spuren Søren Kierkegaards (1812–1855) folgende Diskussion um das Opfer Abrahams an reformatorische Kontroversen anknüpft, also genau an jenes Erbe, das durch die Regensburger Papst-Vorlesung weitaus schärfer kritisiert wurde als die islamischen Schwestern und Brüder, die sich auf das darin enthaltene 600 Jahre alte Zitat des byzantinischen Kaisers Manuel II. stürzten.

Angesichts dieser Quellenlage lohnt es sich, noch etwas weiter in die Geschichte zurück zu blicken. Kenner der Materie wissen, das Joseph Ratzinger sich Ende der 50er Jahre (bei Gottlieb Söhngen) an der Münchner theologischen Fakultät mit einer Arbeit über den Heiligen Bonaventura habilitierte. Der Franziskaner Bonaventura zählt zu den bedeutendsten Theologen des 13. Jahrhunderts. Wie Ratzinger auf einer der ersten Seiten seiner Habilitationsschrift hervorhebt, dozierte der für sein Forschungsprojekt einschlägige späte Bonaventura über Glaubensfragen nicht mehr als einer, der in der innerwissenschaftlichen Auseinandersetzung steht, sondern als einer, der von außen her, vom Glauben aus, der Wissenschaft ihre Grenzen anweist. Ratzingers Position zum Verhältnis von Glaube und Wissenschaft trägt eindeutig die Handschrift dieses franziskanischen Vorbilds, wenngleich die Handschrift des Franziskaners nicht ohne weiteres mit der Handschrift eines zweiten Highlights des 13. Jahrhunderts zu harmonisieren ist: der Metaphysik des Dominikaners Thomas von Aquin, der sich stets darum bemühte, die Autonomie der Vernunft gegenüber dem Erbe des christlichen Glaubens herauszuarbeiten und sich dabei von der augustinischen Tradition, für die Bonaventura steht, absetzte.

Dieser zunächst noch unscheinbare Riss zwischen zwei Meilensteinen der religiösen Aufklärung des 13. Jahrhunderts sollte in den folgenden Jahrhunderten ein gewisses Eigenleben entwickeln. Die Kluft zwischen Vernunft und Religion sollte sich vergrößern, bis schließlich die Reformation hereinbrach. Wie Benedikt in seiner Regensburger Vorlesung zu Recht geltend macht, kann sie als eine Konsequenz dieses Spagats betrachtet werden: Das Sola Scriptura Luthers wendet sich gegen die Überformung des Christentums durch die philosophische Tradition und sucht die Urgestalt des Glaubens in der biblischen Verkündigung; es verweist zurück auf die historischen Quellen, ergreift in ihrem Namen sprachgewaltig das Wort und schert sich nicht um die Streitereien der philosophischen Fakultäten. Aber gibt es im Um- oder Vorfeld der Reformation nicht auch differenziertere Ansätze, das Spannungsfeld zwischen Glaube und Vernunft auszubalancieren?

Exemplarisch für einen spätmittelalterlichen Vermittlungsversuch ist die Position des Kanzlers der Pariser Universität, Jean Gerson (1363–1429)[3], der sich in seinen Schriften mit dem Verhältnis von Logik und Rhetorik beschäftigte. Wenn es etwa zu Beginn des Markusevangeliums mit Blick auf Johannes den Täufer heißt, ganz Judäa und alle Einwohner Jerusalems zogen zu ihm hinaus (Mk 1,5), fragt sich Gerson lakonisch, ob denn auch die Kinder aus ihren Wiegen und die Kranken aus ihren Betten hinausgezogen seien. Die Sprache der Schrift widerstrebe der Forderung nach begrifflicher Präzision. Neben der Logik der theoretischen Wissenschaften gebe es noch eine zweite: die der Alltagssprache nahe stehende, bilderreiche Logik rhetorischer Redeweisen. Die Worte sprachgewaltiger Redner vom Schlage eines Savonarola oder Luther richten sich nicht an den Verstand. Sie orientieren sich, so bereits Gerson, an den Erfordernissen der praktischen Vernunft und appellieren an die Gefühle und Willensregungen des Menschen.

Wie der Philosophiehistoriker Kurt Flasch gezeigt hat, gelingt es Gerson allerdings nicht, das Verhältnis von Rhetorik und Wissenschaft auf rational nachvollziehbare Weise auszubalancieren.[4] Die Entscheidung, wie die beiden Pole zu handhaben sind, stützt sich stattdessen auf ein vorwissenschaftliches Taktgefühl, das sich von praktisch-pastoralen Erwägungen leiten lässt. Obwohl Gerson den universalen Wahrheitsanspruch der Theologie nicht in Zweifel zieht, ist diese Position der subjektivistischen Position Richard Rortys verwandt. Der post-

---

[3] Vgl. Johannes Hoff, *Kontingenz, Berührung, Überschreitung. Zur philosophischen Propädeutik christlicher Mystik nach Nikolaus von Kues*, Freiburg – München 2007, 56–59.

[4] Vgl. Kurt Flasch, *Die Metaphysik des Einen bei Nikolaus von Kues. Problemgeschichtliche Stellung und systematische Bedeutung* (Studien zur Problemgeschichte der antiken und mittelalterlichen Philosophie VII), Leiden 1973, 21–34. Zum Verhältnis von Theologie und Philosophie bei Gerson: Gerhard Krieger, *Theologie und Philosophie bei Johannes Gerson*, in: Ingrid Craemer-Rugenberg – Andreas Speer (Hg.), *Scientia und ars im Hoch- und Spätmittelalter* (Miscellanea Mediaevalia 22,2), Berlin – New York 1994, 605–620.

moderne Skeptiker zieht daraus allerdings radikalere Konsequenzen. Er verzichtet auf die metaphysische Wahrheitsfrage und beansprucht für seine Position nur noch eine rhetorische Plausibilität. Angesichts des Autoritätsverlustes der großen religiösen und weisheitlichen Traditionen trägt er damit der Tatsache Rechnung, dass die Spätmoderne nur noch ein universales Medium zur Verständigung zwischen verschiedenen Kulturen, Disziplinen und Traditionen kennt: Die nach dem Vorbild eines rhetorischen Wettstreites organisierten Mechanismen des Marktes garantieren die Kreditwürdigkeit konkurrierender Sprachspiele, und ihre Glaubwürdigkeit erscheint als Wirkung ihres symbolischen Kapitals. Wer es schafft, nachhaltig die Aufmerksamkeit der Öffentlichkeit auf sich zu ziehen, wird keine Probleme haben, die Weltanschauung, die sich mit seinem Markenprofil verbindet, unters Volk zu bringen; um die Vernunft muss er sich dabei ebenso wenig scheren wie die rhetorischen Helden der Gutenberggalaxis des 16.–20. Jahrhunderts (denen Martin Luther zumindest nicht fernstand). Ist die Popularität Benedikts XVI. nicht ein glänzendes Beispiel dafür, dass es genau so funktioniert?

Ratzinger scheint dieser verschärften Marktlage wenig Rechnung zu tragen. Er tut so, als sei das alles kein Problem, wenngleich es schwer fällt, sich seiner mahnenden Einsicht zu entziehen, dass die Vernunftkritik postmoderner Rhetoriker vom Schlage eines Richard Rorty uns nur Scheinlösungen zu bieten hat. Angesichts der konkurrierenden, philosophisch anspruchslosen Heilsangebote neuer religiöser Bewegungen hängt die Sonderstellung der Weltreligionen weiterhin an ihrem überkommenen Wahrheitsanspruch.[5] Und das nicht obwohl, sondern gerade weil sie sich nunmehr in einer marktförmigen Konkurrenzsituation behaupten müssen. Ihr Potenzial, sich von der Gelegenheitsrhetorik flexibler Kleinanbieter abzugrenzen, bleibt an ihr Vermögen gebunden, sich glaubwürdig als ein Heilsangebot mit Optionsfixierung zu profilieren; als ein Heilsangebot, das sich der nüchternen Prüfung selbst ungläubiger Geister aussetzen muss, sofern es das Qualitätssiegel einer altehrwürdigen Wahrheit zu Recht beanspruchen möchte. Zerfällt die Kompetenz ihrer Repräsentanten, auf den Wahrheitsanspruch, den sie mit ihrer Überlieferung verbinden, das nötige Kleingeld herauszugeben, so verwandeln sich ihre Lehren in die vom Ressentiment zerfressenen Ideologien misstrau-

---

[5] Michael Hochschild, *Religion in Bewegung. Zum Umbruch der katholischen Kirche in Deutschland*, Münster 2001.

ischer Despoten (wie der islamische Intellektuelle Abdelwahab Meddeb kritisch gegen seine eigene Tradition anmerkt)[6].

Die Religion wird die Vernunft nicht los. Doch es gibt ernst zu nehmende Alternativen zum augustinischen Vermittlungsmodell Ratzingers, Alternativen, die dem veränderten Anforderungsprofil der Spätmoderne besser gerecht werden. Zu diesen Alternativen zählt zum Beispiel die eine Generation nach Gerson entstandene philosophische Mystik des Nikolaus von Kues (1401–1464)[7]. Auf frappante Weise widersteht Cusanus dem sich bereits damals abzeichnenden Trend zu einer Konfessionalisierung des Christentums, der Tendenz, die Identität des eigenen Standpunktes durch das dogmatische Bekenntnis zur Autorität positiver Quellen zu sichern. Stattdessen entwickelt er das paradoxe Programm einer Wissenschaft des Nichtwissens. Dem ‚ich weiß, dass ich nicht weiß' des Weisen Sokrates nahe stehend, knüpft er nicht nur an die philosophische Tradition des Abendlandes an. Er folgt zugleich den Spuren der mystischen Tradition. Und er vermittelt nicht bloß zwischen Glaube und Vernunft: Das wissende Nichtwissen erschließt zugleich Ansatzpunkte, pluralen Zugängen zum Staunen über die Unbegreiflichkeit Gottes Raum zu gewähren. Es gelingt ihm zumindest ansatzweise, eine Konzeption von Vernunft zu entwickeln, die der doppelten Herausforderung der Gegenwart Rechnung trägt: die Wissenschaften über ihre Grenzen aufzuklären und den Streit um den blinden Fleck endlicher Vernunft zum Ausgangspunkt eines interkulturellen und interreligiösen Dialogs werden zu lassen, eines Dialogs, der ohne vorschnelle Rückzüge in die Rhetorik religiöser Überlieferungen auskommt, wie dies für Gerson und in gewisser Weise auch für das augustinische Vermittlungsmodell charakteristisch ist.

Genau an diesem Punkt ließe sich die aktuelle Diplomaten-Debatte um Benedikts Manuel-Zitat konstruktiv weiterführen; sofern sich denn auf islamischer Seite Geister fänden, die die Worte des byzantinischen Kaisers als eine bedenkenswerte Provokation zu lesen verstünden. Warum sollten islamische Gelehrte nicht die Chance ergreifen, daran zu erinnern, dass die großen Entwürfe des 13. Jahrhunderts

---

[6] Vgl. Abdelwahab Meddeb, *Die Krankheit des Islam*. Übers. v. B. und H. Thill, Heidelberg 2002, 131. Meddebs Monographie exemplifiziert die Autoaggression spätmoderner Weltreligionen am Beispiel des islamischen Fundamentalismus.

[7] Vgl. Hoff, Kontingenz, Berührung, Überschreitung (s. Anm. 3), 54–60, bes. 59f.

zur Verhältnisbestimmung von Vernunft und Glaube sich ironischerweise ausgerechnet am Vorbild aristotelisch gebildeter Moslems und Juden orientierten?

Der Geist religiöser Aufklärung ist keine christliche Erfindung. Hier hätte der Dialog zu beginnen; vorausgesetzt, man ist bereit einzuräumen, dass es verschiedene Modelle gibt, das prekäre Verhältnis von Glaube und Vernunft auszubalancieren: cusanische, thomanische, augustinische … und warum nicht auch jüdische oder islamische? Mit einer universalen Versöhnung der Religionen und Kulturen der Menschheit ist aus christlicher Sicht erst am Ende aller Zeiten zu rechnen. Solange dieses Ende aussteht, mögen sie darüber streiten, sofern der Streit denn mit Worten geführt wird, und (um noch einmal an den vielzitierten byzantinischen Kaiser Benedikts zu erinnern) nicht mit Schlagwerkzeugen oder sonst einem der Mittel, durch die man jemanden mit dem Tod bedrohen kann.

Wo war Gott?

Der deutsche Papst in Auschwitz – eine theologische Nachbetrachtung

Jan-Heiner Tück, Wien

> „Diese Toten haben einen Anspruch auf die schwache anamnetische Kraft einer Solidarität, die Nachgeborene nur im Medium der immer wieder erneuerten, oft verzweifelten, jedenfalls umtreibenden Erinnerung üben können."
>
> Jürgen Habermas[1]

Ein deutscher Papst in Auschwitz? Wird er am Ort des Schreckens die richtigen Worte und Gesten finden? Kann er nach Johannes Paul II. auf diesem schwierigen Terrain überhaupt Wegweisendes sagen? Immer wieder war im Vorfeld des Auschwitz-Besuches am 28. Mai 2006 zu hören, dass Benedikt XVI. hier kaum Spielraum für neue, eigene Akzentsetzungen bleibe. In der Tat hat sich sein Vorgänger Johannes Paul II. wie kein zweiter Papst um die Verbesserung des historisch belasteten Verhältnisses der katholischen Kirche zum Judentum[2] eingesetzt. Karol Wojtyla, der in Wadowice – unweit von Auschwitz – aufgewachsen ist, hatte nicht nur jüdische Freunde, denen er zeitlebens verbunden war, er hat auch 1986 als erster Papst der Geschichte eine Synagoge aufgesucht und die unvergessene Wendung von den Juden als den „bevorzugten" und „älteren Brüdern des Glaubens"[3] geprägt. Die belastende Hypothek des kirchlichen Antijudaismus hat er während des Jubiläumsjahres 2000 zum Thema einer Vergebungsbitte gemacht und dadurch die Reinigung des Gedächtnisses *(purificazione della memoria)* vorangetrieben – ein Vorgang, der auch von

---

[1] Jürgen Habermas, *Vom öffentlichen Gebrauch der Historie*, in: *„Historikerstreit". Die Dokumentation der Kontroverse um die Einzigartigkeit der nationalsozialistischen Judenvernichtung*, München 1987, 243–255, hier 247.

[2] Vgl. Hans Hermann Henrix, *Judentum und Christentum. Gemeinschaft wider Willen*, Kevelaer 2004, 21–82.

[3] Vgl. Johannes Paul II., *Ansprache beim Besuch der Großen Synagoge in Rom am 13. April 1986*, in: Rolf Rendtorff – Hans Hermann Henrix, *Die Kirchen und das Judentum. Dokumente von 1945–1985*, Paderborn – München 1988, 106–111, hier 109.

kirchendistanzierten Intellektuellen positiv gewürdigt worden ist.[4] Bei seiner Israel-Reise im selben Jahr hat er die Gedenkstätte *Yad VaShem* besucht und schweigend an der Jerusalemer Westmauer gebetet[5] – sichtbare Zeichen seiner Verbundenheit mit dem jüdischen Volk. Ob bei aller Papstverehrung die päpstliche Antijudaismuskritik im kollektiven Gedächtnis des polnischen Katholizismus – und nicht nur dort – bereits voll angekommen ist, darf angesichts mancher Äußerungen bezweifelt werden. Immer noch scheinen manche Polen, deren Volk durch die Nationalsozialisten Millionen von Opfern zu beklagen hat, die Juden weniger als Brüder und Schwestern im Leiden, denn als heimliche Rivalen um die Anerkennung als Opfer zu betrachten.[6]

Umso wichtiger ist es, dass Benedikt XVI. das Erbe seines Vorgängers bei seinem Polen-Besuch im Mai 2006[7] entschieden weitergeführt hat. Allein, dass er dies als „Sohn des deutschen Volkes" getan hat, zeigt bei aller Kontinuität doch auch das Neue. Der polnische Pontifex gehörte einer Nation an, die selbst gezieltes Opfer des NS-Regimes geworden ist; Benedikt hingegen stammt aus Deutschland, dem Land der Täter. Schon im Vorfeld hatte er betont, dass er als Oberhaupt der

---

[4] Vgl. Slavoj Zizek, *Das fragile Absolute. Warum es sich lohnt, das christliche Erbe zu verteidigen*, Berlin 2000, 168; Peter Sloterdijk, *Gottes Eifer. Vom Kampf der drei Monotheismen*, Frankfurt/M. 2007, 56, der darauf hinweist, „dass das Christentum, das sich *verbatim* als Religion der Liebe, der Freiheit und der herzlichen Inklusion vorstellt, *de facto* auch in großem Ausmaß die Unerbittlichkeit, den Rigorismus und den Schrecken praktizierte [...] Zu den fortwirkenden Erinnerungen an Johannes Paul II. werden die Momente gehören, in denen der *Pontifex maximus* sich vor aller Welt für die Verirrungen der ‚Söhne und Töchter' einer fehlbaren Kirche entschuldigte."

[5] Der schon sichtlich gebeugte Papst hat – jüdischen Brauch aufnehmend – einen Zettel in einen Mauerspalt gesteckt, auf dem sein Gebetsanliegen verzeichnet war. Der Text entspricht – mit Ausnahme der christologischen Schlussformel, die weggelassen wurde – der vierten Vergebungsbitte und lautet: „Gott unserer Väter, du hast Abraham und seine Nachkommen auserwählt, deinen Namen zu den Völkern zu tragen. Wir sind zutiefst betrübt über das Verhalten aller, die im Laufe der Geschichte deine Söhne und Töchter leiden ließen. Wir bitten um Verzeihung und wollen uns dafür einsetzen, dass echte Brüderlichkeit herrsche mit dem Volk des Bundes." Vgl. Internationale Theologenkommission, *Erinnern und Versöhnen*, hg. von Gerhard Ludwig Müller, Freiburg 2000.

[6] Vgl. Viktoria Pollmann, *Antisemitismus und Katholizismus in Mittelosteuropa am Beispiel Polen*, in: Dirk Ansorge (Hg.), *Antisemitismus in Europa und in der arabischen Welt*, Paderborn 2006, 107–130.

[7] Vgl. den Bericht von Zbigniew Nosowski, *Erfreulicher Auftakt. Benedikt XVI. im Heimatland seines Vorgängers*, in: Herder Korrespondenz 60 (2006) 344–348.

katholischen Kirche Überlebende des Nazi-Terrors treffen und um die Heilung der Wunden der Vergangenheit beten wolle. Die Szenenabfolge seines Besuches war denn auch wohl überlegt. Anders als die NS-Größen, fuhr der Papst nicht mit einer Limousine, sondern schritt zu Fuß durch das Lagertor, das mit der zynischen Aufschrift „Arbeit macht frei" versehen ist. Sein Gefolge zurücklassend begab er sich allein zur Todesmauer, an der unzählige KZ-Insassen willkürlich erschossen worden waren. An dieser Stätte des Leidens hielt der Papst inne, schwieg und betete. Stillstand der Zeit, um der verstummten Schreie der Toten zu gedenken, ihr Geschick dem Gott des Lebens anzuempfehlen. Erst danach begrüßte Benedikt XVI. zweiunddreißig Überlebende des Grauens aus unterschiedlichen Nationen, jeden einzeln, jeden persönlich. Die Sprache der Gesten – Gesichter, Tränen, Hände – war hier sicherlich sprechender als die wenigen Worte, die gewechselt werden konnten. Menschen, die von den Nazis zu antlitzlosen Nummern gestempelt und zur Vernichtung bestimmt worden waren, wurden vom Papst als Personen mit Stimme und Gesicht gewürdigt: „Das Metaphysische, gelöst in Materie, ist das Gesicht – Einschlag eines hilflosen, bestürzten irdischen Verstehens."[8] Dabei fiel ins Auge, dass es Altersgenossen waren, die hier zusammenkamen. Der Schauspieler August Kowalcyk sagte später: „Ist das nicht ein Wunder, dass ich genau 64 Jahre nach den Exekutionen auf der anderen Seite des Zellengitters stehe? Mit einem Menschen, der die gleiche Nationalität hat wie meine Peiniger, aber die Soutane des höchsten Würdenträgers der Kirche trägt?"[9] – Ein stilles Gebet in der unterirdischen Todeszelle von Maximilian Kolbe schloss sich an, der 1941 freiwillig an Stelle eines Familienvaters in den Hungerbunker gegangen war und als erster Märtyrer der NS-Zeit 1981 von Johannes Paul II. heiliggesprochen wurde.

Die Sprache der Gesten

Den Höhepunkt bildete zweifellos die eigens für den Besuch in Auschwitz-Birkenau komponierte Gedenkfeier. Der Papst hatte auf eine Messe verzichtet, um die religiösen Gefühle Andersgläubiger, vor al-

---

[8] Botho Strauss, *Vom Aufenthalt*, München – Wien 2009, 166.

[9] Zitiert nach Jürgen Springer, *Über der Wunde ein Regenbogen*, in: Christ in der Gegenwart vom 30. Juli 2006.

lem jüdischer Überlebender, nicht zu verletzen. Er schritt zunächst die zweiundzwanzig Gedenktafeln ab, die in unterschiedlichen Sprachen an die unzähligen Opfer des ehemaligen Vernichtungslagers erinnern. Auschwitz, der größte Friedhof der Welt, ist ohne Gräber, so dass die Tafeln stellvertretend an die unbestatteten Opfer erinnern. Jugendliche aus den betreffenden Nationen stellten zum Zeichen des Gedenkens Kerzen an den Steintafeln ab. In der Nähe der Krematorien wurde mit Psalm 22 ein Klagegebet intoniert, welches das beklemmende Gefühl der Gottesfinsternis eindringlich ins Wort bringt: „Mein Gott, mein Gott, warum hast du mich verlassen?“ – Worte, die der Gekreuzigte vor seinem Tod gebetet hat, wenn man den Passionsberichten bei Matthäus und Markus folgt (vgl. Mt 27,46; Mk 15,34). Die anschließenden Fürbitten, die in sechs Sprachen von unterschiedlichen religiösen Repräsentanten des Juden- und Christentums vorgetragen wurden, galten vor allem den Opfern. – Menschen können und sollen anamnetische Solidarität mit den Toten üben und sie vor dem zweiten Tod, dem Tod des Vergessens, bewahren. Es ist ihr Auftrag, zu mahnen und gegen die aufkeimende Saat des Bösen Widerstand zu leisten. Sie können allerdings den Tod nicht widerrufen. Das ist die Ohnmacht menschlicher Erinnerung. Daher war es zutiefst angemessen, dass in der Gedenkliturgie ein jüdisches Totengebet einkomponiert wurde, das nicht nur die Namen der Konzentrationslager eigens aufführte[10], sondern auch die Opfer der *memoria Dei* anempfahl. Menschliche Erinnerungskultur verband sich mit dem Glauben, dass die Namen der Toten in die Hand Gottes eingeschrieben (vgl. Jes 49,15 f.) und so erst dem Strom des Vergessens rettend entrissen sind. Der Papst selbst beschloss das Gebet mit einer Fürbitte, die er *in deutscher Sprache* vortrug: „Herr, Du bist der Gott des Friedens, Du bist der Friede selbst. Ein Herz, das den Konflikt sucht, kann dich nicht verstehen, ein Verstand, der sich an der Gewalt orientiert, kann dich nicht erfas-

[10] Das Gebet *El MaleRachamim* lautet: „Gott, du bist voll Erbarmen! Der du in Höhen thronst, der du Ruhe verleihst, im Schatten deiner mächtigen Allgegenwart in den heiligen, himmlischen Sphären, den Unberührten, die leuchten, wie die schillernden Himmelsgewölbe, für unsere Brüder und Schwestern – die Heiligen und Reinen – die ermordet und verbrannt wurden, weil sie dir treu blieben: in Auschwitz, Dachau, Sachsenhausen, Buchenwald, Theresienstadt, Bergen Belsen, Majdanek, Treblinka: für sie beten wir um Erbarmen: für das Andenken ihrer Seelen bei dir, Herr des Erbarmens: öffne ihnen die Tore des Lichts und des ewigen Lebens. Im Paradies mögen sie aufgenommen sein – Gott – nimm sie unter deinen Frieden zum ewigen Leben auf. Lass uns darauf sagen: Amen!“

sen. Gewähre, dass alle, die in der Eintracht leben, im Frieden ausharren, und dass alle, die getrennt voneinander leben, sich wieder versöhnen." An die Vergebungsbitte, die Johannes Paul II. im Jahr 2000 für die von Christen an Juden verübten Verbrechen vorgetragen hatte[11], schloss sich damit die Bitte Benedikts XVI. um die Gabe der Versöhnung an – eine Bitte, deren Dringlichkeit auf der Hand liegt. Denn es gibt gerade nach Auschwitz Wunden, die so tief sind, dass sie Menschen vergebungsunfähig machen. Das Erlittene hat Überlebende nicht nur an Gott irremachen und in die Nacht des Glaubens führen können, es hat sie teilweise auch – worauf Jean-Marie Lustiger eindringlich hingewiesen hat – unfähig gemacht, sich trösten oder gar versöhnen zu lassen.[12] Als solle ein Ausweg aus dieser Ausweglosigkeit gewiesen werden, erschien an dieser Stelle der Zeremonie ein Regenbogen – Zeichen des Bundes, den Gott nach der Sintflut mit Noah geschlossen hat (vgl. Gen 9,14 f.).

Die Klage Hiobs und die Sprache der Psalmen

Die abschließende Ansprache, die der Papst als Oberhaupt der katholischen Kirche *in italienischer Sprache* vortrug, hatte zweifelsohne besonderes Gewicht.[13] Eingangs betonte der Papst die Singularität der Verbrechen von Auschwitz und wandte sich damit gegen geschichtsrevisionistische Tendenzen, welche die Shoah zu einer Marginalie der Weltgeschichte herunterstufen oder – wie der iranische Präsident Mahmud Ahmadinedschad – schlichtweg als Mythos betrachten. Auch wenn die Rede insgesamt weniger auf die historische Beurtei-

---

[11] Vgl. Anm. 5 sowie: Päpstliche Kommission für die religiösen Beziehungen zum Judentum, *Wir erinnern. Eine Reflexion über die Shoah*, in: Freiburger Rundbrief N.F. 5 (1998) 167–177, hier 176: „Am Ende dieses Jahrtausends will die katholische Kirche ihr tiefes Bedauern über die Verfehlungen ausdrücken, die ihre Söhne und Töchter durch die Zeiten begangen haben. Dies ist ein Akt der Reue *(teschuva)*." Vgl. dazu die kritische Würdigung durch Clemens Thoma, *Vatikanische Reue – mit Einschränkungen*, ebd. 161–167.

[12] Vgl. Jean-Marie Lustiger, *Die Verheißung. Vom Alten zum Neuen Bund*, Augsburg 2003, 48–50.

[13] Die Ansprache ist dokumentiert in: Benedikt XVI., *Wo war Gott? Die Rede in Auschwitz*. Mit Beiträgen von Elie Wiesel, Władysław Bartoszewski, Johann Baptist Metz, Freiburg – Basel – Wien 2006 (im Folgenden werden die Seitenzahlen nach dieser Ausgabe in Klammern angegeben).

lung der Shoah abzielte, so lässt sich die Aussage, die Verbrechen seien „ohne Parallele in der Geschichte" (9), doch als ein später pontifikaler Kommentar zum Historikerstreit lesen, in dem die Auffassung, dass sich die NS-Verbrechen historisch vergleichen, einordnen und objektivieren lassen, u. a. von Jürgen Habermas durch den Hinweis auf die Analogielosigkeit und Einzigkeit emphatisch bestritten wurde.[14] Gleichzeitig stellte Benedikt XVI. seine Sprachnot am Ort des Grauens heraus: Es falle ihm schwer, als Christ und Papst, der aus Deutschland stamme, die richtigen Worte zu finden. Das bestürzte Schweigen geriet ihm daher zu einem inwendigen Schrei nach Gott: „Warum hast du geschwiegen? Warum konntest du dies alles dulden?" (9) Die diskursive Sprache des Theologen wich hier für einen Augenblick der von Trauer und Ratlosigkeit angereicherten Sprache des Gebets in den Spuren Hiobs.[15] Die bedrängenden Fragen, die ein Ort des Verbrechens wie Auschwitz aufwirft, wurden durch Benedikt XVI. nicht niedergehalten oder beiseite geschoben, sondern ausdrücklich in theodizee-empfindlicher Sprache vor Gott gebracht.[16] Damit näherte er sich der Perspektive der Betroffenen, ohne indes die Frage nach der geschichtlichen Verantwortung für das Verbrechen aufzuwerfen oder gar das bedrängende Problem der Gerechtigkeit für die Opfer anzusprechen. Stattdessen richtete er „die laute Bitte um Vergebung und Versöhnung [...] an den lebendigen Gott, dass er solches nie wieder geschehen lasse" (9).

---

[14] Vgl. zum Hintergrund: HABERMAS, „Historikerstreit" (s. Anm. 1); Dan DINER (Hg.), *Zu Historisierung und Historikerstreit*, Frankfurt/M. 1987; Hans-Ulrich WEHLER, *Entsorgung der deutschen Vergangenheit? Ein politischer Essay zum „Historikerstreit"*, München 1988. Auffälligerweise haben im Historikerstreit theologische Motive kaum eine Rolle gespielt. Franz MUSSNER hat demgegenüber die Analogielosigkeit von Auschwitz auf die Singularität des jüdischen Volkes zurückgeführt und diese durch zwei biblische Grundmotive illustriert: (1) die Erwählung des jüdischen Volkes aus den Völkern; (2) den von Gott nie gekündigten Bund mit Israel. Vgl. DERS., *Überlegungen eines Biblikers zum „Historikerstreit"*, in: *Dieses Geschlecht wird nicht vergehen*, Freiburg 1991, 115–120.

[15] Vgl. zum Hintergrund: Ludger SCHWIENHORST-SCHÖNBERGER, *Ein Weg durch das Leid. Das Buch Ijob*, Freiburg 2007.

[16] Wie sie etwa von Johann Baptist METZ und Johann REIKERSTORFER seit langem eingefordert wird. Vgl. Johann Baptist Metz, *Memoria passionis. Ein provozierendes Gedächtnis in pluralistischer Gesellschaft*, Freiburg 2006; Johann REIKERSTORFER, *Zur christologischen Würde des Schreis*, in: Jan-Heiner TÜCK (Hg.), *Passion aus Liebe. Das Jesus-Buch des Papstes in der Diskussion*, Ostfildern 2011, 148–162.

Mehrfach stellte Benedikt heraus, unmöglich habe er als „Sohn des deutschen Volkes" (10) nicht hierher kommen können. Die bloße Präsenz des Papstes in Auschwitz zeigte, dass die Vergangenheit nicht vergangen ist. Sie geriet zur Mahnung, das jüdische Leid nicht zu vergessen, es im Gegenteil gegenwärtig zu halten, um in Zukunft andere, bessere Wege gehen zu können. Die historische Aussage allerdings, das deutsche Volk sei von einer „Schar von Verbrechern" ideologisch instrumentalisiert und missbraucht worden (vgl. 11), war gewiss heikel, weil sie die Demokratiemüdigkeit und Ideologieanfälligkeit der deutschen Bevölkerung in der Endphase der Weimarer Republik nicht eigens ins Wort brachte. Auch wenn die teils scharfe Kritik, die dieser Passus der Rede in der internationalen Presse gefunden hat, übersehen haben dürfte, dass sich der Papst auf „die feinstufige Begrifflichkeit des Historikers" und „seine quellengestützten Unterscheidungen von Mittätern, Mitwissern und Mitläufern"[17] nicht eingelassen hat, so wäre ein Hinweis auf die moralische Hypothek des kirchlichen Antijudaismus sowie die schuldhafte Verstrickung mancher Kirchenvertreter in die Ideologie des Dritten Reiches angebracht gewesen. Falls Benedikt XVI. deutlich machen wollte, dass nicht alle Deutschen Nazis waren, eine pauschale Schuldzuweisung den historischen Realitäten also nicht gerecht wird, hat er dies in einer Formulierung getan, die für manche Ohren eine exkulpierende Note hatte. Denn gegen die systematische Entrechtung der Juden während des Dritten Reiches haben nur die allerwenigsten Deutschen aktiv Widerstand geleistet, wie gerade aus Zeugnissen Überlebender in erschütternder Weise hervorgeht.[18] Nun wird man an dieser Stelle allerdings zu berücksichtigen haben, dass Joseph Ratzinger einem katholischen Milieu entstammt, das der nationalsozialistischen Diktatur äußerst reserviert gegenüberstand.[19] Dies macht seine Darstellung – auch biographisch – nachvollziehbar. Dennoch wäre die kritische Resonanz in der medialen Öffent-

---

[17] Christian Geyer, *Der Schrei Hiobs. Der deutsche Papst in Auschwitz*, in: F.A.Z. vom 29. Mai 2006.

[18] Vgl. nur Victor Klemperer, *Ich will Zeugnis ablegen bis zum letzten. Tagebücher 1933–1945*, Berlin 1999; Martin Doerry, *„Mein verwundetes Herz". Das Leben der Lilli Jahn 1900–1944*, Stuttgart [6]2002.

[19] Vgl. Joseph Ratzinger, *Aus meinem Leben: Erinnerungen (1927–1977)*, München 1998, 16–20.26–45, hier 17: „Mein Vater litt darunter, dass er nun einer Staatsgewalt dienen musste, deren Träger er als Verbrecher ansah." Ein bemerkenswertes Zeugnis für die Resistenzpotentiale dieses Milieus, das ein deutscher Literaturnobelpreisträger nach wie vor abschätzig als „katholischen Mief" meint

lichkeit wohl vermeidbar gewesen, wenn der Papst als „Sohn des deutschen Volkes" die historische Verantwortung der Deutschen stärker markiert und – wie sein Vorgänger – auch die zumindest anfängliche Verstrickung der katholischen Kirche und Theologie in die nazistische Ideologie angesprochen hätte. Sicher ist der kirchliche Antijudaismus mit dem rassistischen Antisemitismus nicht einfach in eins zu setzen.[20] Aber der Antijudaismus gehört doch auch in die Vorgeschichte des Dritten Reiches hinein, wie nicht zuletzt die problematischen Stellungnahmen des Münchner Dogmatikers Michael Schmaus und seines Tübinger Kollegen Karl Adam zeigen.[21] Gerade vor diesem Hintergrund erhält die päpstliche Bitte um die „Gnade der Versöhnung" noch einmal ein anderes Gewicht.

Bemerkenswert waren die theologischen Fragen, die sich Benedikt XVI. angesichts des Ortes aufdrängten: Wo war Gott in Auschwitz? Warum hat er geschwiegen? Wie konnte der Triumph des Bösen geschehen? (vgl. 12) Statt einer theologischen Antwort oder eines theoretischen Theodizeeversuches griff der Papst – wiederum kaum zufällig – auf die Gebetssprache Israels zurück und machte sich die Worte des Klagepsalms zu eigen: „Du hast uns verstoßen an den Ort der Schakale und uns bedeckt mit Finsternis [...] Um deinetwillen werden wir getreten Tag für Tag, behandelt wie Schafe, die man zum Schlachten bestimmt hat. Wach auf! Warum schläfst du, Herr? Erwache, verstoß uns nicht für immer! Warum verbirgst du dein Gesicht, vergisst unsere Not und Bedrängnis? Unsere Seele ist in den Staub hinabgebeugt, unser Leib liegt am Boden. Steh auf – hilf uns! In deiner Huld erlöse uns!" (Ps 44, 20.23–27) In diesem Psalm hat das unschuldige Leiden Israels paradigmatischen Ausdruck gefunden, und der Respekt vor dieser jahrhundertelangen Leidensgeschichte verbietet es, diesem Leiden mit überkommenen Deutungskategorien einen klaren geschichtstheologischen Sinn zu unterlegen. Die Shoah als Strafe Gottes für begangene Verfehlungen zu deuten und Hitler als „Werk-

---

etikettieren zu müssen, bietet neuerdings auch Joachim Fest, *Ich nicht. Erinnerungen an eine Kindheit und Jugend*, Hamburg 2006.

[20] Dies hat Joseph Ratzinger selbst betont in: *Salz der Erde. Christentum und katholische Kirche an der Jahrtausendwende*. Ein Gespräch mit Peter Seewald, Stuttgart 1996, 267 f.

[21] Vgl. Michael Schmaus, *Begegnung zwischen katholischem Christentum und nationalsozialistischer Weltanschauung*, München 1933; Karl Adam, *Deutsches Volkstum und katholisches Christentum*, in: ThQ 114 (1933) 40–63.

zeug Gottes“[22] anzusehen, mag innerhalb der jüdischen Holocaust-Theologie eine (durchaus umstrittene) Möglichkeit darstellen, aus christlicher Sicht ist eine solche Sicht unannehmbar. Nicht minder problematisch wäre es, aufgrund der barbarischen Exzesse von Menschen Gott selbst vor das Tribunal der Vernunft zu zitieren und ihn schuldig zu sprechen oder – noch radikaler – Auschwitz als negative Offenbarung des Todes Gottes zu deuten.[23] Vor derartigen Interpretationen, die in der Diskussion um eine Theologie nach Auschwitz durchaus vertreten worden sind, warnte der Papst indirekt, als er sagte: „Wir können in das Geheimnis Gottes nicht hineinblicken – wir sehen nur Fragmente und vergreifen uns, wenn wir uns zum Richter über Gott oder die Geschichte machen wollen.“ (13) Gleichwohl wagte er die Aussage, „dieser Notschrei des leidenden Israel an Gott in Zeiten der äußersten Bedrängnis [sei] zugleich der Notruf all derer in der Geschichte – gestern, heute und morgen –, die um Gottes willen, um der Wahrheit und des Guten willen leiden“ (12).

Die Rede betonte im Weiteren, angesichts des Leids könne der Mensch im Letzten nur bei diesem Schrei zu Gott bleiben, wobei der Schrei nicht nur Gott, sondern auch dem eigenen Herzen gelten müsse, auf dass dort die verborgene Gegenwart Gottes wachgehalten und nicht vom „Schlamm der Eigensucht, der Menschenfurcht und der Gleichgültigkeit, des Opportunismus“ (13) verdeckt und niedergehalten werde. Das menschliche Herz ist zutiefst mit sich selbst konfrontiert, es ist der Ort, an dem Geschichte entschieden wird, so dass die Frage nach Gott angesichts des Leids nicht abzukoppeln ist von der nach dem Menschen und dessen abgründiger Bosheit. Dieser Zusam-

---

[22] Vgl. Ignaz Maybaum, *Der dritte Churban*, in: Michael Brocke – Herbert Jochum (Hg.), *Wolkensäule und Feuerschein. Jüdische Theologie des Holocaust*, München 1993, 9–19, hier 15: „Hitler war ein an sich unwürdiges und verächtliches Werkzeug! Aber Gott gebrauchte dieses Werkzeug, um eine sündige Welt zu reinigen, zu säubern, zu strafen.“; vgl. auch Albert H. Friedlaender, *Das Ende der Nacht. Jüdische und christliche Denker nach dem Holocaust*, Gütersloh 1995.

[23] Vgl. Richard Lowell Rubinstein, *After Auschwitz. Radical Theology and Contemporary Judaism*, Indianapolis-New York 1966. Emil Fackenheim hat demgegenüber im Blick auf die Shoah von der *commanding voice of Auschwitz* gesprochen. Gott habe in und durch Auschwitz den Juden ein neues 614. Gebot, erlassen, Hitler keinen postumen Sieg dadurch zukommen zu lassen, dass sie den Glauben an Gott oder den Sinn der Geschichte preisgeben. *Die gebietende Stimme von Auschwitz*, in: Brocke – Jochum (Hg), Wolkensäule und Feuerschein (s. Anm. 22), 73–110.

menhang ist umso wichtiger, als das Problem der Theodizee nicht von der Frage nach der moralischen und politischen Verantwortung des Menschen ablenken darf. An dieser Stelle seiner Rede schlug der Papst den Bogen in die Gegenwart, in der er neue Verhängnisse heraufziehen sieht, die er inzwischen auch in seiner Regensburger Rede angesprochen hat: zum einen den Missbrauch des Gottesnamens zur Rechtfertigung von blinder Gewalt – eine Anspielung auf den militanten Islamismus, der täglich unschuldige Opfer fordert; zum anderen einen schleichenden Zynismus, „der Gott nicht kennt und den Glauben an ihn verhöhnt" (13). Eine Religion, die den Glauben gegen Fragen der Vernunft immunisiert und fanatische Züge annimmt, ist demnach ebenso heilungsbedürftig wie eine „falsche, von Gott gelöste Vernunft" (14), die im Machbarkeitswahn aufgeht und keine Grenzen mehr anerkennt. Auch nach Auschwitz empfahl der Papst den Glauben an einen Gott, der Logos und Liebe zugleich ist. Die Synthese von Glaube und Vernunft, die sich – wie der Papst immer wieder betont – insbesondere im Christentum ausgebildet hat, ist für ihn ein wirksames Therapeutikum gegen religiöse Gewalt und gottvergessenen Zynismus[24], wobei die Heraufkunft dieses Zynismus sicher noch einmal mit der geschichtlichen Erschütterung von Auschwitz zusammenhängt. Denn die Krise der Vernunft, wie sie in den postmodernen Philosophien der Gegenwart zu beobachten ist, dürfte nicht unwesentlich auf die geschichtlichen Katastrophen des 20. Jahrhunderts zurückzuführen sein, so dass die Trauer und Verzweiflung, die sich in den Suchbewegungen eines metaphysisch obdachlos gewordenen Denkens finden, von einer auf die Zeichen der Zeit achtenden und mit den Fragen der Menschen solidarischen Theologie ernst zu nehmen sind.[25]

---

[24] Vgl. zum Christentum als Synthese von Glaube und Vernunft die Regensburger Vorlesung *Glaube, Vernunft und Universität – Erinnerungen und Reflexionen*, in: Benedikt XVI., *Der Besuch in Bayern. Die Predigten und Reden*, hg. von Friedrich Wetter, Freiburg 2006, 104–120. Dass um diese Synthese immer wieder neu gerungen werden muss und dass sie – gerade was die Einschätzung der neuzeitlichen Vernunfttraditionen anlangt – durchaus unterschiedliche Ausgestaltungen finden kann, zeigen die unterschiedlichen Stellungnahmen. Vgl. Knut Wenzel (Hg.), *Die Religionen und die Vernunft. Die Debatte um die Regensburger Rede des Papstes*, Freiburg 2007.

[25] Vgl. Walter Kasper, *Die Methoden der Dogmatik*, Mainz 1967, 44: „Kirchlich ist eine Theologie nicht schon dann, wenn sie mit ihren Thesen innerhalb der Solidarität der *communio fidelium* verbleibt; das ist eine unabdingbare Voraus-

Die Shoah – ein Attentat auf Gott selbst

Im letzten Teil seiner Rede betonte der Papst noch einmal, dass Auschwitz ein Ort des Gedächtnisses sei, und ließ einige der Steintafeln beredt werden, an denen er zuvor vorübergeschritten war. Der Gedenkstein in hebräischer Sprache erinnere an den Versuch der Nationalsozialisten, das Volk der Juden als ganzes zu zertreten und aus der Landkarte der Menschheit zu tilgen. Dieser Versuch sei letztlich ein Attentat auf Gott selbst gewesen. Denn „im Tiefsten wollten jene Gewalttäter mit dem Austilgen dieses Volkes den Gott töten, der Abraham berufen, der am Sinai gesprochen und dort die bleibend gültigen Maße des Menschenseins aufgerichtet hat." (15) Mit den Juden, den geschichtlichen Trägern des Ein-Gott-Glaubens und des Dekalogs, den Zeugen des Bundes, sollte Gott selbst ermordet werden, auf dass sich die gottlose Herrschaft der nazistischen Ideologie ohne Schranken etablieren könne. Die theologische Absage an den Antijudaismus konnte gar nicht schärfer artikuliert werden. Benedikt XVI. schrieb dadurch auf seine Weise die Tradition seines Vorgängers Pius XI. fort, der am 6. September 1938 in einer Ansprache gesagt hat: „Der Antisemitismus ist unannehmbar. In geistigem Sinn sind wir alle Semiten."[26] Dies scheint denjenigen entgangen zu sein, die vom Papst in der üblichen und durchaus abgenutzten Sprache politischer Lippenbekenntnisse eine Absage an den Antisemitismus erwartet hatten und anschließend ihre Enttäuschung bekundeten, Benedikt XVI. habe sich nicht entschieden genug gegen Judenfeindschaft und aufkeimenden Rechtsradikalismus ausgesprochen. Seine These aber, dass Antijudaismus eine Form von Anti-Theismus ist, dass – biblisch gesprochen – Gottes Augapfel überall dort angetastet wird, wo sein erwähltes Volk bedroht und verfolgt wird (vgl. Sach 2,12), lässt an Deutlichkeit nichts zu wünschen übrig.[27] Außerdem verwies der Papst darauf, dass mit

---

setzung, aber noch nicht das Ziel. Kirchlich ist eine Theologie erst dann, wenn sie sich auch solidarisch weiß mit den Ungläubigen und wenn sie deren Fragen als Fragen an den eigenen Glauben versteht."

[26] Zitiert nach: Päpstliche Kommission für die religiösen Beziehungen zum Judentum, Wir erinnern (s. Anm. 11), 172.

[27] Dies hat zu Recht auch der jüdische Historiker Michael Wolfssohn herausgestellt in seinem Beitrag: *Ein deutscher Jude begrüßt Benedikt XVI.*, in: F.A.Z. vom 13. September 2006. Vgl. dazu Jan-Heiner Tück, *„Wer euch antastet, tastet meinen Augapfel an" (Sach 2,12). Theologische Anmerkungen zur Singularität der Shoah*, in: IKaZ Communio 39 (2010) 440–453.

der Vernichtung Israels auch die Wurzel des christlichen Glaubens ausgerissen worden wäre. Nachdem der Papst die Leiden der Polen, der Sinti und Roma und Russen eigens gewürdigt hatte, ging er auch auf die Gedenktafel in deutscher Sprache ein. Während des Dritten Reiches seien die Deutschen, die nach Auschwitz deportiert wurden, als „Abschaum der Nation" (17) hingestellt worden, während sie heute dankbar als Zeugen der Wahrheit und des Guten anerkannt würden. Namentlich erwähnte der Papst Edith Stein, die Jüdin, Konvertitin und Deutsche, die zusammen mit ihrer Schwester in Auschwitz umgebracht worden war und ihrem Sterben als Judenchristin und Karmelitin zuvor eine kreuzestheologische Deutung gegeben hatte. So streifte denn auch der Papst am Ende seiner Rede flüchtig das Motiv, dass Gott sich in der Passion seines Sohnes selbst dem Inferno des Leidens ausgesetzt und zusammen mit den Opfern gelitten habe.[28] Die offenen Rückfragen der Opfer der Geschichte, darauf hat die theodizee-empfindliche Theologie von Johann Baptist Metz zu Recht hingewiesen, werden vor Gott selbst getragen. Zugleich wird der Passion Jesu Christi seit jeher rettende und versöhnende Kraft zugeschrieben. Dieses Mysterium des Kreuzes[29] mag für Nichtchristen kaum erschwinglich sein; es birgt für Christen die Hoffnung, dass der scheinbar so schwache Gott am Ende doch stärker ist als die Mächte des Bösen – ein Geheimnis, das Licht auch in der finstersten Finsternis verbreiten kann. Gerade in Auschwitz-Birkenau aber habe die Menschheit – wie Benedikt XVI. abschließend andeutete – eine „finstere Schlucht" durchschreiten müssen. Daher sollte das letzte Wort in der Rede des Papstes wiederum ein Psalm Israels haben, der zugleich ein Gebet der

---

[28] In der Generalaudienz vom 31. Mai 2006, also nach seiner Rückkehr nach Rom, hat BENEDIKT XVI. dieses Motiv noch einmal deutlich hervorgehoben: „Angesichts des Grauens von Auschwitz gibt es keine andere Antwort als das Kreuz Christi: die Liebe, die in den tiefsten Abgrund des Bösen hinabgestiegen ist, um den Menschen an der Wurzel des Bösen zu retten, dort wo seine Freiheit sich gegen Gott auflehnen kann." (39) Allerdings gibt es bereits im Judentum eine abgründige Theologie des Leidens und der Selbsterniedrigung Gottes. Vgl. etwa zur Theologie des göttlichen Pathos bei Abraham Heschel: Bernhard DOLNA, *An die Gegenwart Gottes preisgegeben. Abraham Jeschua Heschel: Leben und Werk*, Mainz 2001, 279–338.

[29] Vgl. zu diesen Motiven im Jesus-Buch: Jan-Heiner TÜCK, *Auf Seiten der Leidenden. Gethsemani, Golgotha und die Hoffnung auf Gerechtigkeit*, in: DERS. (Hg.), *Passion aus Liebe. Das Jesus-Buch des Papstes in der Diskussion*, Ostfildern 2011, 234–261.

Christenheit ist – ein Psalm überdies, der die klagenden Rückfragen an Gott, wie sie die Psalmen 22 und 44 ins Wort bringen, einmünden lässt in eine Sprache des Vertrauens: „Muss ich auch wandern in finsterer Schlucht, ich fürchte kein Unheil; denn du bist bei mir, dein Stock und dein Stab geben mir Zuversicht“ (Ps 23,4).

Kritische Würdigung

Benedikt XVI. hat als Papst aus dem Land der Täter das Erbe seines polnischen Vorgängers Johannes Paul II. weitergeführt. Schon durch seine Präsenz am Ort des Grauens hat er deutlich gemacht, dass für die Kirche die Vergangenheit nicht einfach vergangen ist, sondern schmerzlich in die Gegenwart hineinragt und um der Zukunft willen auch heute erinnert werden muss. Die Erinnerung an das Leiden der Opfer, die im Innehalten an der Todesmauer und im schweigenden Abschreiten der Gedenktafeln eindrücklich sichtbar wurde, war dem Papst ein Bedürfnis, ja eine Pflicht. Das Eingedenken schließt den moralischen Auftrag ein, wachsam zu sein und aufkeimendes Unrecht auch heute klar beim Namen zu nennen. Zugleich hat Benedikt XVI. die Opfer dem Gedenken Gottes anempfohlen, wohl wissend, dass von der *memoria Dei* allein die Rettung der Verlorenen zu erhoffen ist. Seine Erschütterung über die Verbrechen, die „ohne Parallele in der Geschichte“ sind, hat der Papst offen zur Sprache gebracht und dabei wiederholt auf die Gebetsprache der Psalmen zurückgegriffen. Auch wenn die historische Dimension der Verbrechen deutlicher hätte benannt werden können und die Verstrickung der Kirche in die Geschichte des Dritten Reiches selbstkritisch hätte vermerkt werden müssen, so hat Benedikt XVI. doch unmissverständlich herausgestellt, dass das Attentat auf das jüdische Volk auch ein Attentat auf Gott selbst gewesen ist. Antisemitismus läuft auf einen Anti-Theismus hinaus, weil die Feindschaft gegen das erwählte Volk im Letzten den erwählenden Gott trifft. Mit diesem Hinweis auf die theologische Tiefendimension des Antisemitismus ist der Papst über die übliche politische Rhetorik weit hinausgegangen, die manche Beobachter in der Rede vermisst haben. Die Bitte um Versöhnung aber, um die es dem Papst bei seinem Besuch in Auschwitz wesentlich ging, dürfte auf die schmerzliche Einsicht zurückgehen, dass es Verletzungen gibt, die so tief reichen, dass sie von Menschen nicht mehr geheilt werden können.

Benedikt XVI. über Rechtsstaat, Demokratie und Naturrecht

Die Reden in Berlin und London

Martin Rhonheimer, Rom

I. Eine Neuauflage traditioneller katholischer Positionen?

Bereits als Theologieprofessor und während seiner Zeit als Präfekt der Glaubenskongregation war Benedikt XVI. nicht als Kritiker, sondern als kluger Verteidiger des demokratisch-rechtsstaatlichen Ethos bekannt geworden. Hinsichtlich des Naturrechts hingegen sind damals eher skeptische Töne von ihm laut geworden. Dies nicht im Sinne einer kritischen Ablehnung, sondern einer gewissen Resignation hinsichtlich der Möglichkeit, heute überhaupt noch das Wort „Naturrecht" zu verwenden,[1] zugleich aber auch in Verwahrung gegenüber einer früheren Naturrechtshypertrophie, die oft darin bestanden hatte, dass „die Naturrechtsidee mit so viel christlichen Inhalten aufgeladen" wurde, „dass die nötige Kompromissfähigkeit verloren ging und der Staat nicht in den ihm wesentlichen Grenzen seiner Profanität angenommen werden konnte"[2].

In Benedikts päpstlichen Ansprachen zum Thema scheinen sich dann jedoch die Gewichte verschoben zu haben. Als Papst äußerte er sich als dezidierter Verteidiger der Idee des Naturrechts. Gleichzeitig schien er aber bezüglich der Möglichkeiten von Demokratie und Rechtsstaatlichkeit unter den Bedingungen moderner Vernunft, die er als positivistisch kritisierte, skeptischer geworden zu sein und ihnen gegenüber wieder vermehrt den Bezug auf naturrechtliche Vorgaben und Begrenzungen hervorzuheben.

---

[1] Siehe Joseph Ratzinger, *Was die Welt zusammenhält. Vorpolitische moralische Grundlagen eines freiheitlichen Staates*, in: Jürgen Habermas – Joseph Ratzinger, *Dialektik der Säkularisierung. Über Vernunft und Religion*. Mit einem Vorwort hg. von Florian Schuller, Freiburg i. Br. 2005, 50 f.

[2] Joseph Ratzinger, *Christliche Orientierung in der pluralistischen Demokratie?*, in: Ders., *Kirche, Ökumene, Politik. Neue Versuche zur Ekklesiologie*, Einsiedeln 1987, 191.

Dass ein Papst das Naturrecht verteidigt, gehört nachgerade zu seinen lehramtlichen Grundpflichten. Eine solche Verteidigung steht aber nicht an sich schon im Widerspruch mit der erwähnten Ablehnung einer „Naturrechtshypertrophie". Im Gegenteil: Interessant ist zu untersuchen, ob die konkrete Art und Weise, wie Benedikt für das Naturrecht eintrat, vielmehr nicht gerade einer solchen nüchterneren und eingegrenzten Weise, das Naturrecht zu sehen, entgegenkommt. Dabei stellt sich aber auch die Frage, ob sich bei Benedikt eine Neuauflage der traditionellen katholischen Position findet, wie sie Ernst-Wolfgang Böckenförde vor kurzer Zeit folgendermaßen auf den Punkt gebracht hat:

„Es kann zwar Mehrheitsentscheidungen geben in der Demokratie, aber was zu dem Bereich des Naturrechts gehört, das ist vorab gültig und kann keiner Mehrheitsentscheidung unterworfen werden. Insoweit können auch demokratische Prinzipien, also insbesondere das Mehrheitsprinzip, nicht gelten. Dabei wurde der Umfang des Naturrechts von der Kirche selbst bestimmt aus ihrer Interpretation der Schöpfungsordnung. Das kirchliche Lehramt teilt mit, was im Bereich des Naturrechts aus der menschlichen Natur selbst folgt, von Gott in sie hineingelegt ist."[3]

Das würde mit anderen Worten heißen: Gemäß traditioneller katholischer Auffassung konnte das Mehrheitsprinzip und damit letztlich der Mechanismus demokratischer Entscheidungsfindung nie das letzte Wort sein; ja solche Entscheidungen, die dem kirchlich gelehrten Naturrecht widersprechen, wären als illegitim und entsprechendes Recht als ungültig zu betrachten. Das heißt: Das Naturrecht bzw. sein legitimer Interpret – die Kirche – bestimmt letztlich darüber, was in einer Demokratie abgestimmt werden darf und was rechtskräftig werden kann.

Hatte Benedikt mit seiner Verteidigung des Naturrechts diese Position als auch für den säkularen demokratischen Rechtsstaat als politisch unverzichtbar verteidigt? Wollte er suggerieren, dass demokratische Entscheidungsprozesse letztlich der von der Kirche gültig gelieferten naturrechtlichen Beurteilung unterliegen und deshalb aus katholischer Sicht Demokratie nur mit dieser Einschränkung und unter solchen Bedingungen, also mit einem inneren Vorbehalt, akzep-

---

[3] Ernst-Wolfgang Böckenförde, *Wissenschaft, Politik, Verfassungsgericht. Aufsätze von Ernst Wolfgang Böckenförde. Biographisches Interview von Dieter Gosewinkel*, Frankfurt/M. 2011, 394.

tierbar ist? Wenn man Positionen des früheren Joseph Ratzinger bezüglich dieser Frage berücksichtigt, erscheint eine solche Interpretation abwegig.[4] Anderseits gibt es in Benedikts Bundestagsrede auch Elemente, die irritieren mögen und in die andere Richtung weisen. Sein Rekurs auf die „Sprache der Natur" drängt zu der Frage: Wer entscheidet nun darüber, was uns die Natur sagt, wer versteht ihre Sprache richtig und interpretiert ihre Aussagen auf verbindliche Weise? Denn offenbar „hören" ja hier nicht alle dasselbe. Ist es dann doch wieder einfach das kirchliche Lehramt, das, zumindest aus katholischer Sicht, hier die richtigen von den falschen Stimmen der Natur zu unterscheiden hat? Was bedeutet das für die praktische, auch die politische Vernunft, und was heißt es für die Legitimität parlamentarischer Mehrheitsentscheidungen und die Rechtssicherheit im demokratischen Rechtsstaat?

II. Macht und Recht, geltendes und richtiges Recht

In seiner Bundestagsrede nennt Benedikt gleich zu Beginn das Grundproblem, das ihn beschäftigt: Die Gefahr, dass „der Staat zum Instrument der Rechtszerstörung" wird, weil die Macht sich nicht mehr dem Recht unterordnet. Die grundlegende Aufgabe des Politikers bleibe es aber, dem „Recht zu dienen und der Herrschaft des Unrechts zu wehren". Und da stellt sich die Frage: „Wie erkennen wir, was recht ist? Wie können wir zwischen Gut und Böse, zwischen wahrem Recht und Scheinrecht unterscheiden?" Hier müsse sich „jeder Verantwortliche [...] bei der Rechtsbildung die Kriterien seiner Orientierung suchen".

Natürlich spricht Benedikt hier die deutsche Erfahrung des nationalsozialistischen Unrechtsstaates an, ein Exempel dafür, wie „geltendes Recht in Wirklichkeit Unrecht" sein kann. Wie sich aber bei seinen

[4] Vgl. dazu meinen Beitrag: *Säkularer Staat, Demokratie und Naturrecht. Rechtsethische und demokratietheoretische Aspekte der Bundestagsrede Benedikts XVI.*, in: Georg Essen (Hg.), *Verfassung ohne Grund? Die Rede des Papstes im Bundestag*, Freiburg i. Br. 2012, 75–90. Nicht behauptet, aber doch suggeriert hat Christian Geyer eine solche Rückwendung zur traditionellen Auffassung in einem Artikel in der FAZ (*Die Sonne über Berlin. Der Papst bringt den Politikern Naturrecht bei*, in: Frankfurter Allgemeine Zeitung, 23.9.2011, S. 33). Dieser Artikel wurde in erweiterter Fassung und mit abgeschwächtem Vorwurf unter dem Titel *Die Gefahr der Hypertrophie* wiederabgedruckt in: Essen (Hg.), Verfassung ohne Grund? (s. Anm. 4), 27–33.

Bemerkungen über die „Ökologie des Menschen" zeigen wird, liegen ihm vor allem bioethische und sicher auch familienpolitische und damit zusammenhängende sexualethische und demographische Fragen am Herzen: Die Gefahren, die sich für die öffentliche Rechtskultur aus einer Manipulation des Menschen, vor allem am Beginn und Ende des menschlichen Lebens, ergeben.

Dass geltendes Recht auch im Rechtsstaat – und nicht nur im Extremfall des Unrechtsstaates – materiell Unrecht sein kann, ist für jeden klar, der nicht einem extremen Rechtspositivismus huldigt. Doch auch wenn geltendes Recht materielles Unrecht ist, so ist es immer noch geltendes Recht. Geltendes Recht kann jedoch als materielles Unrecht erkannt, kritisiert und „verklagt" sowie ein Prozess seiner Änderung verlangt und eingeleitet werden. Das erscheint trivial und ist ja gerade in einer Demokratie selbstverständlich: Auch was die Mehrheit beschließt, kann unbeschadet seiner Rechtsgeltung von der unterlegenen Minderheit weiterhin als Unrecht betrachtet werden.[5] Als solches darf und kann es von dieser Minderheit auch mit den Mitteln von Demokratie und Rechtsstaat bekämpft werden. Jenes Recht, das zwar nicht geltendes Recht, dennoch aber *moralischer Maßstab* allen Rechts ist, und auf dessen Grundlage geltendes Recht – Gewohnheitsrecht, Richterrecht oder durch Gesetze und Verordnungen geschaffenes Recht – als materielles Unrecht „verklagt" werden kann, ist was in der abendländischen Geistesgeschichte seit jeher „Naturrecht" genannt wurde.

Wo lag denn nun die Provokation von Benedikts Ausführungen? Sie lag präzise darin, dass Benedikt die Meinung vertrat, dass es so etwas wie „wahre" und „richtige" moralische Maßstäbe für das Recht tatsächlich gibt und dies nicht nur Meinungssache, eine Frage der Mehrheit oder der technischen Zweckmäßigkeit sei. Ja, Benedikt sagte, „bei den Entscheidungen eines demokratischen Politikers" gehe es auch um die Frage, „was nun dem Gesetz der Wahrheit entspreche, was wahrhaft recht sei und Gesetz werden könne"; dies sei „nicht

---

[5] Das ist ein entscheidendes Charakteristikum eines freiheitlichen Verständnisses von Demokratie, im Gegensatz zu ihrer totalitären Variante wie sie Rousseau vertrat: Für ihn waren Mehrheitsentscheidungen Ausdruck der *volonté générale* und konnten somit einen Wahrheitsanspruch erheben; die Minderheitsposition wurde dadurch automatisch als Ausdruck eines illegitimen Partikularinteresses ins Unrecht gesetzt. Wer also, gemäß Rousseau, in der Minderheit ist, muss sich eingestehen, im Unrecht zu sein, andernfalls verhielte er sich als schlechter Bürger und undemokratisch.

ebenso evident". Ebenfalls, so Benedikt, „liegt heute keineswegs einfach zutage", was „in Bezug auf die grundlegenden anthropologischen Fragen das Rechte ist und geltendes Recht werden kann". Es geht also um die Frage nach dem *wahren* Recht und den Quellen, aus der diese Wahrheit stammt. Benedikt mutet auch der heutigen Demokratie zu, die Frage nach der Wahrheit des Rechts, letztlich nach seiner Übereinstimmung mit objektiven, nicht menschlicher Verfügungsgewalt unterstehenden Kriterien der Sittlichkeit, zu stellen. Meiner Meinung nach ist das folgendermaßen zu verstehen: Auch wenn Recht im rechtstechnischen Sinne gilt, kann es immer noch in einem moralischen Sinne nicht „gelten", das heißt: es kann aus rechtsethischer Sicht illegitim sein. Damit schließe ich mich Böckenfördes Ansicht an, das Naturrecht sei nicht eigentlich geltendes Recht, sondern gehöre zur Rechtsethik. Das Naturrecht formuliert „ethische Anforderung[en] an das Recht. Als solches hat es eine wichtige Funktion. Es kann positives Recht legitimieren, es kann Antrieb zur Reform sein, und es kann es delegitimieren, wenn das positive Recht seinen Anforderungen elementar widerspricht."[6]

III. Naturrecht: nicht geltendes, wohl aber moralisch maßgebendes Recht

Demokratische Prozesse der Rechtssetzung an Wahrheitskriterien zurückzubinden, erscheint uns Heutigen wie gesagt als eine Zumutung. Doch gerade um diese Zumutung geht es beim Naturrechtsdiskurs, der sich immer schon als ein Diskurs verstand, der sich gegen die Gleichsetzung von Recht und Macht wandte (und „Mehrheit" hat ja gerade in der Demokratie etwas mit Macht zu tun). Das „von Natur aus Rechte" ist klassischerweise, was nicht einfach „gesetztes", von Menschen gesprochenes Recht ist, sondern vorgängig dazu eben der der Gerechtigkeit entsprechende und damit moralische Maßstab für

[6] Böckenförde, Wissenschaft, Politik, Verfassungsgericht (s. Anm. 3), 376. Vgl. auch Martin Rhonheimer, *Unverzichtbarkeit und Ungenügen des Naturrechts. Über Politische Philosophie in der Tradition des Naturrechts*, in: Hans Thomas – Johannes Hattler (Hg.), *Der Appell des Humanen. Zum Streit um Naturrecht*, Frankfurt/M. 2010, 103–123; Robert Spaemann, *Die Aktualität des Naturrechts (1973)*, in: Ders., *Zur Kritik der politischen Utopie*, Stuttgart 1977; und in: Ders., *Philosophische Essays*, Stuttgart 1983.

das gesetzte, das positive Recht. Das bedeutet nicht, dass positives Recht einfach vom „natürlichen Recht" abgeleitet ist; es heißt auch nicht, dass es dem einzelnen Bürger zusteht, die Geltung des positiven Rechts im Namen des Naturrechts – außer im Extremfall des Unrechtsstaates – zu bestreiten und damit die Rechtssicherheit, ja die öffentliche Ordnung zu gefährden (wie Hans Kelsens bekannter Einwand gegen das Naturrecht lautet). Wohl aber heißt es, dass gesetztes Recht Kriterien des natürlichen Rechts widersprechen kann und deshalb aus moralischen Gründen – also als materielles Recht betrachtet – nicht Recht, sondern Unrecht ist und als solches legitimerweise kritisiert und seine Veränderung gefordert werden kann. Das Naturrecht ist also nicht geltendes Recht, wohl aber ist es moralisch maßgebendes Recht, das aufzeigt, was in rechtsethischer Perspektive legitimerweise geltendes Recht sein kann. Deshalb hängt aus ethischer Sicht der Rechtscharakter des positiven Rechts von seiner Übereinstimmung mit dem Naturrecht ab (bzw. davon, nicht mit dem Naturrecht in Widerspruch zu stehen).

Das ist ein die ganze abendländische Rechtsgeschichte durchziehender Gedanke. Er ist klassisch fassbar in Sophokles' Gestalt der Antigone, bestimmt die Rechtsprechung der Römischen Juristen und lebt wieder auf in der hochmittelalterlichen Kanonistik (die ja nicht nur das germanische Gewohnheitsrecht, sondern sogar das Kirchenrecht dem Naturrecht unterordnete bzw. ihm gemäß umgestaltete[7]). Auf diese Weise bestimmt der Gedanke die gesamte spätere Rechtsentwicklung, insbesondere die Entstehung der Idee der Menschenrechte.[8] Wichtig ist deshalb Benedikts Hinweis, dass das Naturrecht heute fälschlicherweise als eine „katholische Sonderlehre" gilt. Die Tatsache, dass man sich heute „schon beinahe schämt, das Wort [Naturrecht] überhaupt zu erwähnen", gehe zurück auf das heute dominante positivistische Verständnis von Natur und Vernunft. „Ein positivistischer Naturbegriff, der die Natur rein funktional versteht, so wie die Natur-

---

[7] Vgl. Harold J. Berman, *Recht und Revolution. Die Bildung der westlichen Rechtstradition*, übers. von H. Vetter, Frankfurt/M. 1991 (orig.: *Law and Revolution. The Formation of Western Legal Tradition*, Cambridge/Mass. 1983), vor allem 236 ff. Vgl. dazu auch Martin Rhonheimer, *Christentum und säkularer Staat. Geschichte – Gegenwart – Zukunft*. Mit einem Vorwort von Ernst-Wolfgang Böckenförde, Freiburg i. Br. 2012, 89 ff.

[8] Dazu Brian Tierney, *The Idea of Natural Rights. Studies on Natural Rights, Natural Law, and Church Law 1150–1625*, Michigan 1997. Siehe auch Nicholas Wolterstorff, *Justice. Rights and Wrongs*, Princeton 2008, 44–64.

wissenschaft sie erklärt, kann keine Brücke zu Ethos und Recht herstellen, sondern wiederum nur funktionale Antworten hervorrufen." Das Gleiche gelte aber auch für die Vernunft „in einem positivistischen, weithin als allein wissenschaftlich angesehenen Verständnis":

„Was nicht verifizierbar oder falsifizierbar ist, gehört danach nicht in den Bereich der Vernunft im strengen Sinn. Deshalb müssen Ethos und Religion dem Raum des Subjektiven zugewiesen werden und fallen aus dem Bereich der Vernunft im strengen Sinn des Wortes heraus. Wo die alleinige Herrschaft der positivistischen Vernunft gilt – und das ist in unserem öffentlichen Bewusstsein weithin der Fall –, da sind die klassischen Erkenntnisquellen für Ethos und Recht außer Kraft gesetzt."

Dies sei eine „dramatische Situation", sie gehe alle an. Entsprechend fordert Benedikt eine „öffentliche Diskussion", ja eine solche anzumahnen sei „eine wesentliche Absicht dieser Rede".

Dabei ging es Benedikt offensichtlich nicht um eine systemische Demokratiekritik, sondern eher darum, die „positivistische", die Quellen von Natur und Vernunft blockierende Hintergrundkultur, in die die heutige Demokratie eingebettet ist, zu kritisieren und entsprechend zu einem Bewusstseinswandel aufzurufen.[9] Dadurch kann die Demokratie nur gewinnen. Das „positivistische Konzept von Vernunft und Natur, die positivistische Weltsicht als Ganzes" sei „ein großartiger Teil menschlichen Erkennens und Könnens", bilde aber „nicht selbst als Ganzes eine dem Menschsein in seiner Weite entsprechende und genügende Kultur". Ja, wo sich diese positivistische Vernunft „allein als die genügende Kultur ansieht [...] da verkleinert sie den Menschen, ja sie bedroht seine Menschlichkeit". Benedikt hat dabei vor allem Europa und generell die alte Welt im Blick. Deshalb nun die Frage: „Wie finden wir in die Weite, ins Ganze? Wie kann die Vernunft wieder ihre Größe finden, ohne ins Irrationale abzugleiten?"

IV. Naturrecht, Religion und Politik

Damit ist ein Leitthema des Pontifikates Benedikts XVI. genannt. Es lautet: Damit menschliche Vernunft wirklich Vernunft ist, bedarf sie der Religion, des Glaubens. Klar ausgesprochen wurde der Gedanke in

[9] Vgl. dazu RHONHEIMER, Säkularer Staat, Demokratie und Naturrecht (s. Anm. 4), 81 f.

der Londoner Rede in der Westminster Hall. Keineswegs sei es jedoch Rolle der Religion, „konkrete politische Lösungen vorzuschlagen“. Auch müsse festgehalten werden, dass gerade gemäß katholischer Lehrtradition „die objektiven Normen für rechtes Handeln der Vernunft zugänglich sind, ohne dass dazu ein Rückgriff auf die Inhalte der Offenbarung nötig wäre“. Damit ist, ohne dass es hier genannt würde, offensichtlich das Naturrecht gemeint. Um „die ethische Grundlage für politische Entscheidungen“ zu finden, so Benedikt, bedarf jedoch die Vernunft der Religion, denn „auf der Suche nach objektiven moralischen Prinzipien“ trägt sie, die Religion, „zur Reinigung und zur Erhellung der Vernunftanstrengung“ bei. Das wiederum heißt: Auch zur rechten Erkenntnis des „von Natur aus Rechten“ bedarf die Vernunft der Reinigung durch die Religion. Allerdings sei dieser Prozess wechselseitig: Auch die Religion bedürfe „der reinigenden und strukturierenden Rolle der Vernunft“, damit Religion nicht in „Sektierertum und Fundamentalismus“ abgleitet.

Das sind starke Aussagen, die gemäß den Worten Benedikts darauf zielen, aufzuzeigen, „dass die Welt der Vernunft und die Welt des Glaubens – die Welt der säkularen Rationalität und die Welt religiöser Gläubigkeit – einander brauchen und keine Angst davor haben sollten, zum Wohl unserer Zivilisation in einen tiefen und andauernden Dialog zu treten“. Freilich: Wenn hier Benedikt von „Religion“ spricht, dann meint er, als katholischer Theologe und als Papst, mit Bestimmtheit nicht Religion im Allgemeinen oder jede Religion, sondern die christliche. Und genauer: die katholische. Denn der Islam ist ja gemäß der Regensburger Rede innerlich „unvernünftig“. Ja, Joseph Ratzinger hatte sogar früher geschrieben, der Islam sei „ganz offenkundig gerade das Gegenmodell zur pluralistischen Demokratie und kann daher nicht zu deren gründenden Kraft werden“. Überleben könne diese Demokratie nur in ihrem „Gründungszusammenhang“ der „Verschmelzung von griechischem und christlichem Erbe“.[10] Aus demselben Grund ist auch ein Verdikt über die aus der Reformation hervorgegangene Form des Christentums gesprochen, das sich ja gemäß der Regensburger Rede durch fortschreitende „Enthellenisierung“ und damit Abkehr von der Vernunft charakterisiere.

---

[10] Ratzinger, Über die Unverzichtbarkeit des Christentums in der modernen Welt, a. a. O. 193 f. In diesem Sinne habe ich mich ausführlich in meinem Buch Christentum und säkularer Staat (s. Anm. 7), 321–403, geäußert.

V. Das „von Natur aus Rechte“ und die „Sprache der Natur“

Die Stoßrichtung der Berliner Bundestagsrede ist jedoch eine andere. Hier geht es nicht darum, Religion bzw. das Christentum und politische Vernunft als Dialogpartner darzustellen, sondern – viel konkreter und politisch brisanter – die politische Vernunft selbst an das „von Natur aus Rechte“ zurückzubinden, also für die moralische Autorität des Naturrechts selbst, als Quelle von *Vernünftigkeit*, eine Lanze zu brechen. Nicht die Religion reinigt die Vernunft, sondern das Hinhören auf die Natur.

Doch gerade in dieser Hinsicht nun wird der Diskurs, wenn nicht problematisch, so doch begrifflich etwas unscharf. Der Diskurs über das Naturrecht fällt hier, zumindest im Ansatz, konzeptuell zurück auf eine zwar ebenfalls traditionelle, aber keineswegs das Beste des christlichen Naturrechtsdenkens verkörpernde, sondern vielmehr eher der stoischen Tradition entstammende Formel: „Wir müssen auf die Sprache der Natur hören.“ Genauer:

„Der Mensch ist nicht nur sich selbst machende Freiheit. Der Mensch macht sich nicht selbst. Er ist Geist und Wille, aber er ist auch Natur, und sein Wille ist dann recht, wenn er auf die Natur hört, sie achtet und sich annimmt als der, der er ist und der sich nicht selbst gemacht hat. Gerade so und nur so vollzieht sich wahre menschliche Freiheit.“

Solche Sätze sind zwar schön und in dem, was damit zunächst einmal gemeint ist, auch durchaus zutreffend. Dennoch bringen sie den Diskurs nicht wirklich weiter. Denn die „Sprache der Natur“ ist immer *auch* die Sprache der menschlichen Vernunft. Nur durch die menschliche Vernunft erhält das Natürliche überhaupt eine Stimme, die wir hören, verstehen und mitteilen können. Wie Robert Spaemann formuliert: „Die Deutung des Triebes geschieht nicht von selbst. Sie ist das, was wir das Vernünftige nennen. Erst in der Vernunft kommt die Natur *als* Natur zur Erscheinung.“[11] Das „Auf die Natur hören“ ist letztlich immer ein Erkennen unseres menschlichen Verstandes. Auch die Natur und das bloß „Natürliche“ bedarf der „Reinigung“ durch die Vernunft, damit es als „das der menschlichen Natur Entsprechende“ von bloßer Naturwüchsigkeit unterschieden werden kann. Andernfalls verfiele man einem kruden Naturalismus

[11] Robert SPAEMANN, *Glück und Wohlwollen. Versuch über Ethik*, Stuttgart 1989, 214.

oder einer Naturmystik, wie sie ja gerade oft der ökologischen Bewegung eigen ist. Denn als reine Natur – oder natürlicher Impuls – kann „Natur" oft unvernünftig und damit unmoralisch, ja gefährlich sein. Das ist nichts anderes als eine Grundaussage der klassischen, auf Aristoteles zurückgehenden Tugendethik. Gerade weil er ein vernunftbegabtes Wesen ist, betrachtete Aristoteles den von der reinen Natur und ihrer Triebhaftigkeit getriebenen Menschen als das gefährlichste aller Lebewesen. In der besten christlichen und katholischen Tradition, die Naturrecht und Tugendethik zu vereinen pflegte, war das Naturrecht bzw. die *lex naturalis*, also das (sittliche) Naturgesetz, immer *die das Natürliche ordnende Sprache der Vernunft*, und nicht einfach die „Sprache der Natur" als solche.

Freilich: Die Ausdrucksweise Benedikts ist in gewisser Hinsicht durchaus angemessen. Sie ist es als Sprache der vorwissenschaftlichen, auch politischen Alltagskommunikation, auch als Sprache der Verkündigung und pastoralen Ermahnung. Da kann man durchaus auch einfach „abgekürzt" von der Natur als letzter Norm der Moralität sprechen. „Natur" ist dabei eine Chiffre für die Natur, die der Mensch selber ist und die, will er sich in seiner Menschlichkeit nicht aufheben, seiner Verfügungsmacht und Willkür entzogen ist. Man muss sich jedoch der *argumentativen* Begrenztheit einer solchen „abgekürzten" Rede bewusst sein und kann sie nur in eingeschränkten Kontexten benutzen.[12] Dort wo es (noch) Konsens über das für den Menschen natürlich-Normative gibt, kann man darauf als das „Natürliche" und auf die „Sprache der Natur" verweisen – weil man dann ja weiß, was damit gemeint ist. Wo solches jedoch strittig ist und Argumente verlangt sind, wird der Verweis auf die Natur zur Leerformel oder Sackgasse. Denn nur die Vernunft vermag ja aufzuweisen, was denn nun wirklich, das heißt in einem *moralisch relevanten* Sinne „natürlich", also der Natur des Menschen in seiner Gesamtheit entsprechend und damit gut und recht ist. Nur durch die Vernunft und im Urteil der Vernunft wird Natur zur moralischen Norm. Und Kennzeichen der Moderne und des gesellschaftlichen Pluralismus ist ja nun eben einmal, dass darüber kein Konsens mehr besteht.

Deshalb erneut: Was ist diese „Sprache der Natur"? Wie hört sie sich an und wie kann man sie richtig verstehen? Die Ebene, auf der

---

[12] Vgl. dazu Martin Rhonheimer, *Natur als Grundlage der Moral. Eine Auseinandersetzung mit autonomer und teleologischer Ethik*, Innsbruck – Wien 1987, 29 ff.

Benedikt die Auseinandersetzung mit einem positivistisch-relativistischen Verständnis von Recht und Demokratie führt – sein Gesprächspartner ist u.a. kein Geringerer als Hans Kelsen – drängt den Diskurs zu der von ihm selbst gestellten Frage, wie man denn nun *erkennen* könne, was gut und recht ist. Dazu freilich genügt der Verweis auf die „Sprache der Natur" gerade nicht, weil die Frage „Wie erkennt man, was recht ist?" ja gerade auch die Frage einschließt „Wie versteht man die Sprache der Natur richtig?". Benedikt verweist zwar auf die ökologische Bewegung, für die er nicht politisch Partei ergreifen will, und spricht von der „Ökologie des Menschen": Man könne die menschliche Natur nicht beliebig manipulieren. Nur wenige werden dem widersprechen wollen. Aber um zu wissen, wo diese Beliebigkeit eine Grenze findet – denn offenbar ist ja nicht jeder Eingriff in die Natur unstatthaft – braucht es wiederum Kriterien, und diese können, auch wenn sie objektiv sind, nur von der Vernunft ausgemacht werden. Nur die Vernunft kann hier also sagen, was für den Menschen in einem moralisch normativen Sinne „natürlich" ist. So droht – trotz des berechtigten und entscheidenden Hinweises auf die „Sprache der Natur" und damit auf die natürlichen Bedingtheiten und entsprechenden moralischen Grenzen menschlicher Freiheit – sich die Argumentation im Kreise zu drehen.

VI. Die „Sprache der Natur" oder die „Sprache der Vernunft"?

Benedikt hätte also vielleicht sein Anliegen besser formulieren können, hätte er sich weniger am neuscholastischen, sondern am besten an dem auf die Kirchenväter und die hochmittelalterliche Kanonistik, Philosophie und Theologie zurückgehenden Begriff des Naturrechts orientiert, wie er schließlich in der Lehre von der *lex naturalis* bei Thomas von Aquin seinen Höhepunkt erreicht hat. Gemäß der Auffassung des Hl. Thomas ist die *lex naturae* – das „sittliche Naturgesetz" – „nichts anderes als das von Gott uns eingegebene Licht des Verstandes. Dank seiner wissen wir, was man tun und was man meiden soll. Dieses Licht und dieses Gesetz hat uns Gott bei der Erschaffung geschenkt."[13] Hier also erscheint das von Natur aus Rechte und

[13] Thomas von Aquin, *In duo pracepta caritatis et in decem legis praecepta. Prologus.* Opuscula theologica II, n. 1129, hg. von R. M. Spiazzi, Turin 1954, 245: „… lex naturae (…) nihil aliud est nisi lumen intellectus insitum nobis a Deo,

das „natürliche Gesetz“ als die *Stimme der Vernunft* (oder des Verstandes), einer Vernunft, die Anteilnahme an der Weisheit und ordnenden Vernunft des Schöpfers ist. Der menschliche Verstand, so Thomas von Aquin, ist ein Licht, aufgrund dessen der Mensch Gut und Böse zu unterscheiden vermag; entsprechende praktische Urteile, die zum Handeln bewegen und eben gebietenden bzw. verbietenden Charakter besitzen, bilden ein natürliches Gesetz, das Grundlage aller Moral ist. Ein *natürliches* Gesetz ist es, weil die Vernunft, die dieses Gesetz formuliert, dem Menschen natürlich, weil sie Teil der menschlichen Natur ist. Sie ist aber eine Vernunft, die selbst in die Natur eingelassen ist und erst im Kontext der „natürlichen Neigungen“, diese erfassend und ordnend, praktisch wirksam wird. Erst diese Vernunft, nicht die „Natur“ selbst, unterscheidet Gut und Böse und übersetzt das Natürliche in eine Sprache, die ethische Orientierung verleiht.[14]

Deshalb wird „Natur“ auch nicht moralisch normativ durch die Erkenntnis des dahinterstehenden Schöpfergottes, sondern ganz einfach dadurch, dass Natürliches in einem Urteil der Vernunft als das zu tuende Gute formuliert wird. So sah es Thomas von Aquin: „Die Gebote eines jedweden Gesetzes besitzen eine gewisse Kraft der Verpflichtung aufgrund des Vernunfturteils selbst, weil die natürliche Vernunft diktiert, etwas solle getan oder vermieden werden.“[15] Es ist also das praktische Urteil der Vernunft bezüglich des Guten selbst, das vor dem Gewissen als moralische Verpflichtung auftritt. Denn „moralisch wird etwas genannt, weil es der Vernunft entspricht“[16]. Das gilt ganz unabhängig davon, ob man nun die Natur als Ausdruck des Willens eines Schöpfergottes betrachtet oder nicht. Naturrecht und seine Erkenntnis ist prinzipiell unabhängig vom Glauben, ja sie stehen prin-

---

per quod cognoscimus quid agendum et quid vitandum. Hoc lumen et hanc legem dedit Deus homini in creatione.“ Dieser Schlüsseltext wird gleich zweimal in der Enzyklika *Veritatis splendor* von Johannes Paul II. zitiert; am wichtigsten ist der Verweis in Nr. 40.

[14] Näheres zum Thema findet sich in folgenden meiner Arbeiten: Natur als Grundlage der Moral (s. Anm. 12); *Die Perspektive der Moral. Philosophische Grundlagen der Tugendethik*, Berlin 2001; *Natural Law as a „Work of Reason“: Understanding the Metaphysics of Participated Theonomy*, in: American Journal of Jurisprudence 55 (2010) 41–77.

[15] Thomas von Aquin, S. th. I – II, q. 104, art. 1: „praeceptorum cuiuscumque legis quaedam habent vim obligandi ex ipso dictamine rationis, quia naturalis ratio dictat hoc esse debitum fieri vel vitari.“

[16] Ebd., „[…] a ratione dicuntur mores humani.“

zipiell auch demjenigen offen, der hinter der Seins- und Naturordnung keinen Schöpfergott zu erkennen vermag.

Benedikt bemerkte nun aber in seiner Bundestagsrede, Hans Kelsen habe die Meinung vertreten, die Natur könnte tatsächlich Normen enthalten, allerdings vorausgesetzt, diese seien von einem Willen in sie hineingelegt worden. „Dies wiederum" – paraphrasiert Benedikt – „würde einen Schöpfergott voraussetzen, dessen Wille in die Natur miteingegangen ist", doch sei es gemäß Kelsen „völlig aussichtslos" über „die Wahrheit dieses Glaubens zu diskutieren". Benedikt antwortet darauf: „Wirklich? – möchte ich fragen. Ist es wirklich sinnlos zu bedenken, ob die objektive Vernunft, die sich in der Natur zeigt, nicht eine schöpferische Vernunft, einen Creator Spiritus voraussetzt?"

Benedikt hat sich hier wohl zu sehr auf Kelsens Argumentationsstrategie eingelassen. Doch gerade Kelsen übersah, worin gemäß traditioneller, bis auf die Kirchenväter zurückgehender Auffassung Naturrecht gründet: in der menschlichen Vernunft selbst, die aufgrund ihrer eigenen Natur Gut und Böse zu unterscheiden vermag und in der Erkenntnis des Guten, das zu tun, und des Bösen, das zu meiden ist, ein Sollen formuliert. Das durch die Vernunft als gut Erkannte verpflichtet *aufgrund des Vernunfturteils selbst* und bildet eben gerade dadurch ein natürliches Gesetz. Das *Hinzudenken* Gottes als Sollens- und Verpflichtungsgrund dessen, was die Vernunft als „das von Natur aus Rechte" erkennt, stammt aus der Tradition der nominalistischen Abwertung der Vernunft. Gegen sie formuliert Hugo Grotius als extremste Gegenreaktion klassisch, das von Natur aus Rechte würde es auch dann als verpflichtendes Sollen geben, wenn Gott nicht existierte: *etsi Deus non daretur.* Für den Atheisten Kelsen schien klar zu sein: Wenn es keinen Gott gibt, dann kann es auch kein Naturrecht geben. Benedikt kommt ihm hier mit seinem Gegenargument „Es gibt einen Schöpfergott, folglich gibt es auch das Naturrecht" zu sehr entgegen und verpasst die Gelegenheit, dem Rechtspositivismus, der nicht in erster Linie Gott, sondern vielmehr die rechtsethische Kompetenz der natürlichen menschlichen Vernunft leugnet, den entscheidenden Stoß zu versetzen.

Naturrecht existiert nicht, insofern wir Gott und seinen Schöpferwillen hinter der Natur erblicken, sondern weil die menschliche Vernunft als Gesetz und Recht formuliert, was sie selbst als gut und böse, Recht und Unrecht zu unterscheiden vermag. „Natürlich" ist dieses Gesetz, weil diese Unterscheidungsfähigkeit dem Menschen natürlich ist und weil die Vernunft deshalb auch formulieren kann, was „von

Natur aus" – das heißt: rein aufgrund dieser natürlichen Erkenntnis von Gut und Böse – Recht ist. Gerade hier zeigt sich erneut, dass die „Sprache der Natur" die Sprache der natürlichen Vernunft des Menschen ist, die als natürliches Gesetz am ewigen Gesetz Gottes teilhat, das sich aber gerade durch die *lex naturalis* und damit durch die natürliche ethische Vernunft des Menschen offenbart und durch sie wirksam wird.[17]

VII. Die Vernunft des Rechts, politische Vernunft und parlamentarische Demokratie

Benedikts „Diskussionspartner" und Widerpart Kelsen bekämpft also einen Begriff von Naturrecht, der – durch seine Fokussierung auf „Sein" und „Natur" und den dieser Natur als Norm grundlegenden Schöpferwillen – die eigentliche Pointe des klassischen Naturrechtsbegriffs aus dem Blick verloren hat: Die natürliche Fähigkeit der praktischen, das heißt der moralischen Vernunft des Menschen, Gut und Böse und damit auch Recht und Unrecht zu unterscheiden und gerade dadurch ein „natürliches Gesetz" zu formulieren. Hier – so muss man bei aller Zustimmung zu Benedikts Grundaussage bemerken – ist die Chance verpasst worden, Kelsens einseitig theo-ontologisch, ja eigentlich naturalistisch orientierte Fehl-Konzeption von Naturrecht und seinen verkürzten Begriff der praktischen, moralischen Vernunft zu hinterfragen, ja zurückzuweisen. Dabei wäre die entscheidende Rolle der menschlichen Vernunft als an Gottes Verstand teilhabendes Licht der Unterscheidung von Gut und Böse und damit normativer Erkenntnis des „von Natur aus Rechten" hervorzuheben gewesen – einer

[17] Vgl. dazu die Enzyklika *Veritatis splendor*, 44, wo ein Passus aus Leos XIII. Enzyklika *Libertas praestantissimum* zitiert wird, demgemäß „das *Naturgesetz* in die Herzen der einzelnen Menschen geschrieben und eingemeißelt ist, *da es nichts anderes ist als die menschliche Vernunft selber, insofern sie uns gebietet, das Gute zu tun, und uns zu sündigen verbietet*" (Hervorhebung nicht im Original). Leo XIII., wie ebenfalls zitiert wird, fügt hinzu: „Aber diese Anordnung der menschlichen Vernunft hätte nicht Gesetzeskraft, wenn sie nicht Stimme und Auslegerin einer höheren Vernunft wäre, der sich unser Geist und unsere Freiheit unterwerfen müssen. [...] Daraus folgt, dass das Naturgesetz das *ewige Gesetz selbst* ist, das denen eingepflanzt ist, die die Vernunft gebrauchen, und sie auf das gebührende Tun und Ziel hinlenkt; es ist dies die ewige Vernunft des Schöpfers selbst und des die ganze Welt regierenden Gottes."

Vernunft, die zwar sehr wohl der Reinigung bedarf, in christlicher Perspektive jedoch nicht so sehr durch die „Sprache der Natur", sondern eher durch die die Natur heilende und reinigende Gnade und den übernatürlichen Glauben. Gerade dadurch wird die Fähigkeit der Vernunft, die moralische Relevanz des Natürlichen in seiner Klarheit zu erfassen, wiederhergestellt.[18] Benedikt geht es ja genau um diese „moralische Vernunft", die wir, wie er früher formuliert hatte, „wieder als Vernunft erlernen müssen"[19]. Deshalb kann Benedikts Rekurs auf die „Sprache der Natur" nicht sein letztes Wort sein und ist es auch nicht.

Die in der Bundestagsrede gestellte Frage lautet ja: „Wie kann die Vernunft wieder ihre Größe finden, ohne ins Irrationale abzugleiten?" Es scheint, dass auch der Hinweis auf die Natur letztlich nur zu der einen Forderung hinführen soll, an den letztlich transzendenten Ursprung aller das Recht begründenden Vernünftigkeit zu erinnern, wie es in dem folgenden Passus der Rede zum Ausdruck kommt:

„Von der Überzeugung eines Schöpfergottes her ist die Idee der Menschenrechte, die Idee der Gleichheit aller Menschen vor dem Recht, die Erkenntnis der Unantastbarkeit der Menschenwürde in jedem einzelnen Menschen und das Wissen um die Verantwortung der Menschen für ihr Handeln entwickelt worden. Diese Erkenntnisse der Vernunft bilden unser kulturelles Gedächtnis. Es zu ignorieren oder als bloße Vergangenheit zu betrachten, wäre eine Amputation unserer Kultur insgesamt und würde sie ihrer Ganzheit berauben."

Benedikt wollte also letztlich vielleicht nur sagen: Die „Sprache der Natur" öffnet uns den Durchblick auf den Schöpfergott. Dieser ist der Ursprung allen Seins und aller Unterscheidung von Gut und Böse, Recht und Unrecht; ebenso ist er Ursprung des menschlichen Verstandes, der es dem Menschen ermöglicht, diese Unterscheidung mitzuvollziehen und in Freiheit das Gute zu wählen und das Böse zu meiden, sich also auch zwischen Recht und Unrecht zu entscheiden. Das ist die spezifisch christliche Tradition des sittlichen Naturgesetzes

---

[18] Vgl. dazu auch Martin Rhonheimer, *Über die Existenz einer spezifisch christlichen Moral des Humanums*, in: Internationale katholische Zeitschrift Communio 23 (1994) 360–372; Ders., *Is Christian Morality Reasonable? On the Difference between Secular and Christian Humanism*, in: Ders., *The Perspective of the Acting Person. Essays in the Renewal of Thomistic Moral Philosophy*, edited with an Introduction by William F. Murphy Jr., Washington D.C. 2008, 1–17.

[19] Ratzinger, Christliche Orientierung in der pluralistischen Demokratie (s. Anm. 2), 194.

als Teilhabe am ewigen Gesetz im vernünftigen Geschöpf. Allerdings: Wird durch diese Betonung der letztlich theonomen Gründung von Natur- und Menschenrecht nun nicht doch wieder alles abhängig von Religion? Ist es erst Religion und religiöser Glaube, die uns sagen können, was Recht ist?

Nicht nur in seiner Rede in der Westminster Hall[20], sondern auch in der Bundestagesrede weist Benedikt darauf hin, dass das Christentum „[i]m Gegensatz zu anderen großen Religionen [...] dem Staat und der Gesellschaft nie ein Offenbarungsrecht, eine Rechtsordnung aus Offenbarung vorgegeben", sondern „stattdessen auf Natur und Vernunft als die wahren Rechtsquellen verwiesen" hat, genauer: „auf den Zusammenklang von objektiver und subjektiver Vernunft, der freilich das Gegründetsein beider Sphären in der schöpferischen Vernunft Gottes voraussetzt". Die Rede endet dann in einer Gesamtschau der abendländischen Rechtsgeschichte:

„Die Kultur Europas ist aus der Begegnung von Jerusalem, Athen und Rom – aus der Begegnung zwischen dem Gottesglauben Israels, der philosophischen Vernunft der Griechen und dem Rechtsdenken Roms entstanden. Diese dreifache Begegnung bildet die innere Identität Europas. Sie hat im Bewusstsein der Verantwortung des Menschen vor Gott und in der Anerkenntnis der unantastbaren Würde des Menschen, eines jeden Menschen Maßstäbe des Rechts gesetzt, die zu verteidigen uns in unserer historischen Stunde aufgegeben ist."

Wir finden bei Benedikt aber keinen Ansatz zu einer Lösung dafür, wie sich nun Natur und Vernunft zueinander verhalten. Auch die historischen Zusammenhänge sind natürlich sehr viel komplexer.[21] Die rhetorisch geschickten Hinweise auf die ökologische Bewegung und auf eine „Ökologie des Menschen" tragen dabei sachlich wenig zur Klärung bei. Allein die entscheidende Grundaussage bleibt eindeutig: „Auch der Mensch hat eine Natur, die er achten muss und die er nicht beliebig manipulieren kann. Der Mensch ist nicht nur sich selbst machende Freiheit. Der Mensch macht sich nicht selbst." Deshalb gibt es „Maßstäbe des Rechts", die trotz aller notwendigen und legitimen Rechtsentwicklung in jeder Zeit wieder neu „verteidigt" werden müssen, weil sonst der Mensch selber in Gefahr gerät, auch wenn das nicht

---

[20] Vgl. die oben zitierten Passagen aus dieser Rede.

[21] Diese Komplexität habe ich in meinem bereits erwähnten Buch Christentum und säkularer Staat (s. Anm. 7) darzustellen versucht (vgl. vor allem Erster Teil: „Geschichte").

immer unmittelbar einsichtig ist und die zunehmend erhöhte technische Verfügungsgewalt des Menschen über das Natürliche es immer schwieriger werden lässt zu akzeptieren, dass nicht alles, was technisch möglich ist, auch moralisch erlaubt sein kann.

Dies zu akzeptieren bedeutet letztlich die Rückbindung aller praktischen Vernunft und allen menschlichen Handelns an eine anthropologische Wahrheit zu akzeptieren, über die der Mensch nicht legitimerweise verfügen kann. Die Frage, die bleibt, ist: Was heißt dies nun für das Thema „Rechtsstaat, Demokratie und Naturrecht"? Was heißt dies insbesondere für den säkularen, religiös neutralen und jeder religiösen Instanz gegenüber unabhängigen Staat und die auf Mehrheitsentscheidungen gründende parlamentarische Demokratie und den demokratischen Rechtsstaat?

VIII. Demokratische Mehrheitsentscheidungen, Rechtsstaat und Naturrecht

Oberflächlich betrachtet könnte es scheinen, Papst Benedikt XVI. habe in seiner Bundestagsrede die Legitimität von parlamentarischen Mehrheitsentscheidungen in Frage stellen wollen. Er hätte gemeint, solche Entscheidungen seien durch naturrechtliche Vorgaben begrenzt. Seine Rede würde also nicht nur die rechtsphilosophische Aussage einer ethischen Rückbindung allen Rechts an das Naturrecht und letztlich an ein „natürliches Sittengesetz" enthalten, sondern auch die demokratietheoretische These, demokratisch-parlamentarische Entscheidungen müssten sich öffentlich und politisch anerkannten Normen des Naturrechts unterordnen bzw. seien in ihrer effektiven Rechtsgeltung durch diese Normen begrenzt. Das würde die These implizieren, Naturrecht sei unmittelbar geltendes Recht, an dem jede demokratische Entscheidung ihre nicht nur ethische, sondern auch rechtstechnische und praktisch-politische Grenze findet.

Selbstverständlich schlösse dies, sollte es so gemeint gewesen sein, auch ein Plädoyer für die Existenz einer allen demokratischen Entscheidungskörperschaften übergeordneten Instanz voraus, die festsetzt, was denn nun als Naturrecht „gilt"; denn andernfalls wäre ja eine solche Einschränkung der Rechtverbindlichkeit demokratisch gesetzten Rechts praktisch gar nicht durchführbar. Es stellt sich dann aber die klassische Frage: *Quis interpretabitur?* Wer liefert die rechtsgültige Interpretation des Naturrechts? Das Naturrecht ist ja nicht einfach „da“, sondern muss ausformuliert werden. Dafür braucht es eine Instanz, die sich wiederum rechtlich und politisch verbindlich durchsetzen kann. Freilich gibt es im demokratischen Verfassungsstaat westlicher Prägung dafür die richterliche Gewalt und zumeist auch das Verfassungsgericht, das demokratisch-parlamentarische Entscheide auf Verfassungskonformität prüft. Dabei können naturrechtliche Erwägungen durchaus maßgebend sein, ja sind es oft auch, zumal ja die in der Verfassung grundgelegten Menschen- und Bürgerrechte zu einem großen Teil naturrechtlichen Ursprungs sind. Doch auch hier gibt es wiederum Interpretationsprobleme. Letztlich ist auch hier keine Garantie dafür möglich, dass nun das „wahre“ Naturrecht zum Tragen kommt. Ja, mehr noch, alle Instanzen des demokratischen Verfassungsstaates, auch jene die parlamentarische Mehrheitsentscheidungen kontrollieren, unterliegen selbst wiederum dem Mehrheitsprinzip und die Menschen, die in diesen Instanzen Entscheidungen treffen, sind direkt oder indirekt durch Mehrheitsentscheidungen in ihre Positionen gekommen.

Die Stärke des Ethos des säkularen demokratischen Verfassungsstaates liegt nun aber gerade darin, dass es zwar für naturrechtliche Normierung offen ist, ein bestimmtes oder „wahres“ inhaltliches Verständnis solcher Normierung jedoch nicht zur Voraussetzung der Legitimität des Systems demokratischer Entscheidungsfindung und Rechtssetzung erklärt. Diese normative Offenheit ist, angesichts des pluralistischen Charakters moderner Gesellschaften und der Notwendigkeit menschlichen Zusammenlebens in Frieden und Freiheit, gerade die Stärke des freiheitlichen, säkularen und demokratischen Rechtsstaates. Sie ist aber auch seine Gefährdung, denn genau aus diesem Grunde – um einmal mehr an das sogenannte „Böckenförde-Diktum“ zu erinnern – beruht ja dieser Staat auf Voraussetzungen, die er selbst nicht zu garantieren vermag, die vielmehr der moralischen Substanz der Gesellschaft entstammen.[22] Um das Mehrheitsprinzip würde man nur herumkommen, wenn man für ein überwachendes „Wächtergremium“ plädieren würde, das selbst den Anspruch der

[22] Vgl. Ernst-Wolfgang Böckenförde, *Die Entstehung des Staates als Vorgang der Säkularisation (1967)*, Wiederabdruck u. a. in: Ders., *Staat, Gesellschaft, Freiheit. Studien zur Staatstheorie und zum Verfassungsrecht*, Frankfurt/M., 1976, 42–61, hier 60. Joseph Ratzinger hat dieses Diktum selber gerne zitiert, etwa in dem bereits wiederholt zitierten Text Christliche Orientierung in der pluralistischen Demokratie (s. Anm. 2), 184.

„wahren“ Naturrechtslehre vertreten und durchsetzen könnte. Abgesehen von bekannten islamischen Versionen solcher Wächtergremien ist dies ja auch aus der Geschichte des Verhältnisses zwischen Kirche und Staat im christlichen Abendland bekannt; aufgrund dieser Geschichte erklärt sich auch der anfängliche Widerstand der Kirche gegen die modernen Freiheitsrechte. Dass ein Plädoyer für eine Restauration solcher Verhältnisse auch nur im Entferntesten in den Absichten von Benedikts Bundestagsrede lag, ist vollkommen ausgeschlossen. Entsprechende Warnrufe können leicht als bloße Stimmungsmache erkannt werden. Sie erscheinen auch in Anbetracht der früheren Positionsbezüge von Joseph Ratzinger zu solchen Fragen absurd.

Wie anfangs erwähnt warnte Joseph Ratzinger in seinem zuerst 1984 publizierten Vortrag „Christliche Orientierung in der pluralistischen Demokratie?“ nicht nur vor einer Naturrechtsidee, die „mit so viel christlichen Inhalten aufgeladen“ ist, „dass sie die nötige Kompromissfähigkeit“ verliert und den „Staat nicht in den ihm wesentlichen Grenzen seiner Profanität“ akzeptiert;[23] er warnte auch vor einer utopischen Überzeichnung der Leistungsfähigkeit dieses modernen, weltlichen – „profanen“ –, säkularen und deshalb pluralistischen Staates, in einer Welt, die von der Unvollkommenheit der Sünde gezeichnet ist. Ein „vom Ethos, d.h. von der Freiheit getragener Staat“ sei „nie fertig, nie ganz gerecht, nie gesichert“. Es müsse klargemacht werden, „dass weder Vernunft noch Glaube irgend uns verheißen, dass es einmal eine perfekte Welt geben wird“. Deshalb sei es notwendig „den Mut zur Unvollkommenheit und die Erkenntnis der stetigen Gefährdung der menschlichen Dinge wieder zu erlernen“[24]. Ja, was letztlich zur „Absage an die Demokratie“ führe, sei „die Unfähigkeit, sich mit der Unvollkommenheit der menschlichen Dinge anzufreunden“[25].

Es dürfte nützlich sein, sich diese intellektuelle „Stimmungslage“ des Ratzinger-Papstes zu vergegenwärtigen, um zu verstehen, dass Benedikt in seiner Bundestagsrede mit Bestimmtheit nicht daran dachte, durch den Hinweis auf das Naturrecht eine Art moralische Perfektion des demokratischen Prozesses einzufordern, etwa gar im Sinne einer institutionalisierten entscheidungs- und verfahrensrechtlichen Unter-

---

[23] Ratzinger, Christliche Orientierung in der pluralistischen Demokratie (s. Anm. 2), 191.
[24] Ebd., 186f.
[25] Ebd., 185.

ordnung dieses Prozesses unter eine selbst nicht wieder demokratisch legitimierte religiöse Instanz, die das Naturrecht verbindlich interpretiert und damit auch den pluralistischen Charakter der parlamentarischen Demokratie ablehnt. So etwas hätte nur gemeint sein können, wenn Benedikts Aussagen von der Vorstellung geleitet gewesen wären, Naturrecht sei *geltendes Recht* und demokratische Entscheide, die dieses Recht verletzen, seien deshalb ungültig und rechtlich nicht verbindlich. Doch finden sich weder in der Bundestagsrede noch sonst irgendwo bei Benedikt (oder Joseph Ratzinger) Anzeichen, dass er eine solche Ansicht vertreten würde oder je vertreten hätte.

Damit bleibt als Interpretation seiner Rede nur übrig, dass er auf das Naturrecht als *ethischem Maßstab* für gutes Recht rekurrieren wollte. Aufgrund naturrechtlicher Argumentation kann, so ist die Meinung, deutlich gemacht werden, dass gesetztes Recht materielles Unrecht ist. Das ändert jedoch an seinem Status als geltendes Recht nichts. Wäre hingegen Naturrecht selber geltendes Recht, dann müsste es auch eine Instanz seiner gültigen und verbindlichen Interpretation geben; und falls es diese nicht gäbe, dann könnte im Prinzip jeder Bürger und jeder Richter im Namen des Naturrechts gesetztes, positives Recht als ungültig und obsolet bezeichnen. Dass dies zur Anarchie führen würde, war ja, wie erwähnt, das Hauptargument Kelsens gegen das Naturrecht gewesen. Es ist ein schwaches Argument, weil es nicht berücksichtigt, dass es Maßstäbe von Recht und Unrecht geben kann, die selbst nicht geltendes Recht sind, wohl aber geeignet sind, geltendes Recht in seinem Unrechtscharakter und seiner Revisionsbedürftigkeit zu erweisen, und dass eine solche kritische Funktion von Naturrecht gerade in der Demokratie einen Platz haben muss.

Dass im Extremfall des „Unrechtsstaates" unter Umständen gerade gefordert ist, im Namen des Naturrechts Widerstand gegen geltendes Recht zu erheben – wann die Grenze zum Unrechtsstaat überschritten ist, ist kaum in abstracto auszumachen –, ändert nichts an der Tatsache, dass auch materiell falsches Recht eben immer noch geltendes Recht ist und das diesem entgegenstehende Naturrecht diese Eigenschaft gerade nicht besitzt. Dennoch ist Naturrecht „Recht" und hat damit auch Rechtsfunktion. Genau deshalb kann man sich im rechtsethischen Diskurs auch auf das Naturrecht berufen – und ein solcher rechtsethischer Diskurs ist dann für die Politik ebenso relevant wie dies für Ethik generell gilt. Rechtssetzung und Gesetzgebung, die dem so verstandenen Naturrecht widerspricht, ist genau besehen Missbrauch der Rechtssetzungs- und Gesetzgebungsgewalt.

Nur wenn solche Differenzierungen klar sind, lassen sich die Ausführungen Benedikts richtig einordnen. Sie sind also nicht, wie Kritiker suggeriert haben, als eine demokratietheoretische Relativierung der Gültigkeit und Rechtsverbindlichkeit von demokratischen Mehrheitsentscheidungen gemeint, sondern als rechtsethische Relativierung solcher Entscheidungen, das heißt: als Hinweis darauf, dass demokratische Mehrheitsentscheidungen durchaus auch materielles Unrecht setzen können und der Parlamentarier, und der Politiker allgemein, immer auch ganz unabhängig davon, was nun aufgrund von Mehrheitsentscheidung gilt, die Frage stellen muss, ob, was die Mehrheit entscheidet, Recht oder Unrecht sei. Und diese Frage, so Benedikt, impliziert ein Zweites: eben die Anerkennung der Tatsache, dass der in Freiheit handelnde und entscheidende Mensch sich immer auch die Wahrheitsfrage stellen muss, die Frage also, ob denn nun, was er für gut erachtet, auch *in Wahrheit* gut, also Recht oder Unrecht ist. Damit anerkennt er implizit, dass es auch in der Rechtssetzung Grenzen des moralisch Erlaubten gibt, ja mehr noch: dass man Recht nicht einfach beliebig „machen“ kann, sondern dass es ein Recht gibt, das man *vorfindet* und zu respektieren hat. Dass es Recht „gibt“ und man entsprechend auch „Recht spricht“, Recht also nicht einfach gemacht und nach Belieben gesetzt, sondern auch vorgefunden wird, das ist eines der grundlegenden Vermächtnisse der westlichen Rechtstradition. Und darin liegt letztlich der Gedanke des Naturrechts begründet. Er ist weniger mit dem Gedanken der „Natur“ (im Sinne der ökologischen Bewegung oder von Naturwüchsigkeit) verbunden, als eher mit dem Begriff einer *moralischen Vernunft,* die unabhängig vom positiven Recht und vorgängig zu ihm existiert.[26]

Damit sind wir nun bei dem ureigensten Thema von Joseph Ratzinger/Benedikt XVI. angelangt, bei seiner Forderung, „dass wir die moralische Vernunft wieder als Vernunft erlernen müssen“ und dass dies nur möglich ist, wenn sich die Vernunft nicht „in sich selbst abschließt“, weil sie sonst nicht vernünftig bleibt, „so wie der Staat, der

[26] Das gilt übrigens auch für die ursprünglich auf Carl Menger zurückgehende, aber auch durch das antike und mittelalterliche Rechtsdenken sowie die angelsächsische Tradition des *common law* beeinflusste, evolutionäre Konzeption des Rechts bei Friedrich A. Hayek, *Law, Legislation and Liberty. A new statement of the liberal principles of justice and political economy,* Volume 1: Rules and Order, London 1973, v.a. 81–89.

vollkommen sein will, tyrannisch wird".[27] Dabei ist Benedikt überzeugt, dass das Wissen um die Grenzen ethischer Verfügungsgewalt durch das Bewusstsein der Existenz eines das Ganze tragenden Schöpfergottes letztlich die menschliche Vernunft davor schützt, sich selbst absolut zu setzen und damit gerade menschliche Vernünftigkeit zu gefährden – und zwar genau deshalb, weil sie dadurch zu einer Vernunft würde, die sich der Grenzen der Freiheit und damit auch aller Vernünftigkeit nicht mehr bewusst ist. Für diese Grenze stehen „Gott" und „Natur", als das von Gott geschaffene Sein, und genau deshalb enthalten sie als Grenze und Auftrag, wie Benedikt formuliert, eine „ethische Botschaft".

*

Wie ich an anderer Stelle ausgeführt habe[28], ist das, wozu heute die Kirche den säkularen Staat und alle seine Bürger auffordert, nicht, sich dem Wahrheitsanspruch der christlichen Religion zu unterwerfen – auch nicht hinsichtlich ihrer Interpretation des Naturrechts –, sondern die Horizonte der natürlichen, religionsübergreifenden und genau in diesem Sinne auch säkularen Vernunft auszuweiten, um so jene höhere, schöpferische Vernunft in den Blick zu bekommen, aus der die Maßstäbe stammen, die alles Recht begründen, Maßstäbe, die gar nicht spezifisch christlicher Natur sind und gerade deshalb auch das gemeinsame ethische Band bilden, das die legitime Pluralität seiner konkreten politischen Gestaltungen innerlich zusammenhält. Doch ist es nicht die Kirche oder sonst eine religiöse Instanz, die dieses Band politisch-rechtsverbindlich definiert? Darüber hat sich Benedikt XVI. auch ausgeschwiegen, und dieses Schweigen ist demokratietheoretisch relevant.

Damit anerkennt die Kirche auch, dass allein die politischen Instanzen des säkularen Staates, letztlich aufgrund des Mehrheitsprinzips, das für die Gesellschaft verbindliche Recht setzen. Daran zu erinnern, dass dieses gesetzte Recht auch materiell Unrecht und damit Pervertierung des Rechts sein kann, eine Demokratie also immer auch Rechtsstaat bleiben muss und es deshalb Grenzen des Pluralismus gibt

---

[27] Ratzinger, Christliche Orientierung in der pluralistischen Demokratie (s. Anm. 2), 194f.

[28] Ich entnehme diesen und den folgenden Abschnitt weitgehend meinen früheren Ausführungen Säkularer Staat, Demokratie und Naturrecht (s. Anm. 4), 86f.

– der im Naturrecht gründende rechtsethische Diskurs also –, gereicht der Demokratie nicht zum Schaden, sondern kann ihren Protagonisten – den Politikern und allen wahl- bzw. stimmberechtigten Bürgern – helfen, mit der ihnen anvertrauten Macht verantwortlich und gewissenhaft umzugehen. Gerade damit wird die richtig verstandene Autonomie des Politischen respektiert: die Unabhängigkeit gegenüber religiösen Institutionen wie der Kirche, aber nicht Unabhängigkeit hinsichtlich objektiver Rechtskriterien und grundlegender moralischer Maßstäbe, wie sie das Naturrecht formuliert.

Vielleicht werden zukünftige Generationen von Rechtshistorikern Benedikts Rede vor dem Bundestag einmal als epochales Zeugnis der Lebendigkeit der europäischen Rechtstradition, die Europa geformt hat, begreifen, gerade auch wegen seine Erinnerung an die „Sprache der Natur“ und das Naturrecht. Und vielleicht werden sie dann für den Dienst, den der Nachfolger Petri auf dem römischen Bischofsstuhl damit nicht nur seinem Heimatland, sondern ganz Europa und der Menschheit geleistet hat, dankbarer sein als seine Zeitgenossen.

Zurück zur Natur?

Der Papst im Bundestag

Christoph Schönberger, Konstanz

Demokratie und Menschenrechte sind keine katholische Erfindung. Ganz im Gegenteil hatte die katholische Kirche nach der französischen Revolution für lange Zeit Schutz bei den Mächten der Gegenrevolution gesucht und fand erst in der zweiten Hälfte des zwanzigsten Jahrhunderts schrittweise zu einer inneren Bejahung des demokratischen Verfassungsstaats. Wenn ein Papst den seltenen Schritt tut, vor einem demokratisch gewählten Parlament zu sprechen, dann schwingt diese junge und zögerliche Aussöhnung des Katholizismus mit der Moderne immer mit. So war es auch, als Benedikt XVI. während seines Deutschlandbesuchs am 22. September 2011 vor dem Deutschen Bundestag sprach[1] und den Parlamentariern „einige Gedanken über die Grundlagen des freiheitlichen Rechtsstaats" vortrug.

I. Wer spricht hier?

Noch bevor er zur Sache kommt, sucht Benedikt freilich eine Vorfrage zu klären: Wer spricht eigentlich, wenn der deutsche Papst vor dem Deutschen Bundestag spricht? Er beantwortet sie scheinbar konventionell. Es spricht der Papst, der Bischof von Rom, und durch ihn der „Heilige Stuhl als Partner innerhalb der Völker- und Staatengemeinschaft". Freilich relativiert Benedikt diesen Verweis auf seine institutionelle Rolle bereits selbst, indem er darauf hinweist, dass er auch als

---

[1] Ansprache Seiner Heiligkeit Papst Benedikt XVI. im Deutschen Bundestag, abgedruckt in: Sekretariat der Deutschen Bischofskonferenz (Hg), *Apostolische Reise Seiner Heiligkeit Papst Benedikt XVI. nach Berlin, Erfurt und Freiburg. Predigten, Ansprachen und Grußworte* (Verlautbarungen des Apostolischen Stuhls Nr. 189), Bonn 2011, 30–38. Diskussionsbeiträge zu dieser Papstrede finden sich insbesondere bei: Georg Essen (Hg.), *Verfassung ohne Grund? Die Rede des Papstes im Bundestag*, Freiburg im Breisgau 2012.

„Landsmann“, als bayerischer Deutscher spricht. Die Bundestagsrede zeigt hier gleich zu Beginn ein Charakteristikum, das für Benedikts gesamten Pontifikat charakteristisch war. Anders als frühere Päpste ist dieser Papst mit seinem Amt nie ganz verschmolzen. Anders als sein Vorgänger hat er auch nicht seine ganze Individualität im Papstamt ausgelebt. Auf scheue, aber deutliche Weise hat Benedikt vielmehr Wert darauf gelegt, neben dem römischen Bischofsamt als Individuum erkennbar zu bleiben. Das betraf insbesondere seine wissenschaftlich-theologische Autorschaft, die er weiterführte und mit dem Papstamt nur lose verknüpfte.

Der spektakuläre Rücktritt Benedikts im Februar 2013, knapp eineinhalb Jahre nach seiner Rede vor dem Bundestag, lässt sich auch im Licht dieser konsequent gepflegten Unterscheidung von Person und Amt verstehen, die freilich gerade bei diesem Amt besonders prekär ist. Blickt man von hier aus nochmals auf die Bundestagsrede, dann ist bemerkenswert, wie sehr der Inhalt der Ansprache die ritualisierte Eingangsbekundung dementiert, es spreche hier der Papst in seiner internationalen Rolle. Gerade das Gegenteil ist der Fall. Benedikt XVI. spricht hier vor allem als Deutscher und als wissenschaftlicher Theologe.

II. Der Papst als Deutscher

Immer wieder hat Benedikt während seines Pontifikats auch als Deutscher gesprochen, am eindringlichsten und bewegendsten bei seinem Besuch in Auschwitz. Bei seinem Deutschlandbesuch musste ihm sein Heimatland besonders zur Frage werden. Wie selbstverständlich eröffnet der Papst seine Rede im Bundestag denn auch mit der Bekundung, er spreche dort „gewiss auch als Landsmann, der sich lebenslang seiner Herkunft verbunden weiß und die Geschicke der deutschen Heimat mit Anteilnahme verfolgt“. Auf subtile Weise sind hier Nähe und Distanz gleichzeitig erkennbar. Benedikt spricht von der deutschen Herkunft und Heimat aus zeitlichem wie räumlichem Abstand, den bleibende Verbundenheit und Anteilnahme nicht ganz zu überbrücken vermögen. Die Jahrzehnte als Kurienkardinal in Rom klingen hier ebenso mit wie die Jahre im Papstamt. Der Papst spricht gewissermaßen als Auslandsdeutscher, der mit den örtlichen Verhältnissen noch einigermaßen vertraut ist. Das zeigt im späteren Verlauf der Rede auch seine Würdigung des „Auftretens der ökologischen Bewegung in der deutschen Politik seit den 70er Jahren", die er nicht ohne Humor mit der Klarstellung verbindet, dass ihm Propaganda für eine bestimmte politische Partei fernliege.

In der Bundestagsrede hat es damit aber nicht sein Bewenden. Vielmehr verknüpft Benedikt seine Überlegungen zu Grund und Grenzen des Rechts dort von vornherein mit dem ganzen Pathos der deutschen Katastrophenerfahrung des zwanzigsten Jahrhunderts. Hier verschwindet in der Rede jeglicher Abstand des deutschen Papstes zu seinen Landsleuten. Benedikt zitiert die berühmte Räuberbanden-Formel des Augustinus und spricht dann ganz als Deutscher und für alle Deutschen: „*Wir Deutsche* wissen es *aus eigener Erfahrung*, dass diese Worte nicht ein leeres Schreckgespenst sind. *Wir haben erlebt*, dass Macht von Recht getrennt wurde [...] und dass der Staat zum Instrument der Rechtszerstörung wurde – zu einer sehr gut organisierten Räuberbande, die die ganze Welt bedrohen und an den Rand des Abgrunds treiben konnte." Unüberhörbar äußert sich hier nicht der Bischof von Rom, sondern ein 1927 geborener Deutscher der Flakhelfer-Generation, der Nationalsozialismus und Krieg in seiner Kindheit und Jugend noch selbst erlebt hat und aus dieser Generationserfahrung heraus argumentiert. Benedikt erinnert an die Evidenz, mit der die Widerstandskämpfer gegen das Naziregime dessen Recht als Unrecht erlebten. Zwar räumt er selbst ein, dass bei den Entscheidungen eines demokratischen Politikers der Gegenwart die Antworten „nicht ebenso evident" sind. Die Frage, wie man das wahrhaft Rechte erkennen kann, so heißt es in der Rede, sei nie einfach zu beantworten gewesen „und sie ist heute in der Fülle unseres Wissens und Könnens noch sehr viel schwieriger geworden". Aber der deutsche Papst verknüpft doch zugleich die drängenden Gegenwartsfragen unmittelbar mit der ganzen emotionalen Wucht der deutschen Erinnerung an den Nationalsozialismus: „Der Mensch kann die Welt zerstören. Er kann sich selbst manipulieren. Er kann sozusagen Menschen machen und Menschen vom Menschsein ausschließen. Wie erkennen wir, was recht ist? Wie können wir zwischen Gut und Böse, zwischen wahrem Recht und Scheinrecht unterscheiden?" Die skizzenhafte Naturrechtsdoktrin, die der 84jährige Benedikt im Bundestag propagiert, will er existenziell durch die geschichtliche Erfahrung eines Deutschen seiner Generation beglaubigen.

III. Das Kernargument: Naturrecht als Fundament des Rechts

Der Kern von Benedikts Bundestagsrede ist ein Plädoyer für die Rückbesinnung auf das Naturrecht. Benedikt sieht im Naturrecht eine spezifische Errungenschaft der christlichen Welt. Das Christentum hat für ihn Staat und Gesellschaft „nie ein Offenbarungsrecht, nie eine Rechtsordnung aus Offenbarung vorgegeben". Es habe stattdessen „auf Natur und Vernunft als die wahren Rechtsquellen verwiesen". Der Leitgedanke dieser Argumentation ist ein klassischer Topos der katholischen Naturrechtslehre. Naturrechtliches Argumentieren versteht sich in dieser Tradition – die sich vor allem in der spanischen Spätscholastik als Folge der Begegnung mit der eingeborenen Bevölkerung der Neuen Welt herausgebildet hatte[2] – nicht als theologische Stellungnahme aus der Offenbarung heraus, sondern als Entfaltung von Argumenten der natürlichen Vernunft, die dem Ungläubigen ebenso einleuchten müssten wie dem Gläubigen. Dementsprechend beruft sich Benedikt in seiner Bundestagsrede auch ausdrücklich auf die bekannte Stelle im Römerbrief, an der Paulus von den Heiden sagt, auch ihnen sei die Forderung des Gesetzes ins Herz geschrieben (Röm 2,14 f.). In Benedikts historischer Rekonstruktion hat diese Tradition von der Stoa und dem römischen Recht über das christliche Mittelalter und die Aufklärung bis hin zur Erklärung der Menschenrechte und zur Gewährleistung unveräußerlicher Menschenrechte in „unserem deutschen Grundgesetz" Geltung besessen. Danach aber habe sich, so der Papst, „im letzten halben Jahrhundert eine dramatische Veränderung der Situation zugetragen". Seither sei unter dem Einfluss eines von ihm für herrschend gehaltenen Positivismus die Idee des Naturrechts verdrängt worden und gelte nur noch als ein katholischer Sonderdiskurs: „Der Gedanke des Naturrechts gilt heute als eine katholische Sonderlehre, über die außerhalb des katholischen Raums zu diskutieren nicht lohnen würde, so dass man sich schon beinahe schämt, das Wort überhaupt zu erwähnen." Benedikt plädiert hingegen für eine Wiedergewinnung des Naturrechts, das für ihn „das kulturelle Erbe Europas" darstellt.

---

[2] James MULDOON, *Popes, Lawyers and Infidels. The Church and the Non-Christian World 1250–1550*, Philadelphia 1979.

IV. Eine späte Konversion zum Naturrecht? Ratzinger versus Benedikt

Benedikts emphatische Verteidigung des Naturrechts muss den aufmerksamen Ratzinger-Leser verblüffen. Denn der Theologe Joseph Ratzinger hatte zur Tradition des katholischen Naturrechts ein distanziertes Verhältnis gepflegt. Seine Skepsis galt bereits als Konzilstheologe insbesondere dem neuscholastischen Naturrecht. Dieses war seit den großen Lehrschreiben Leo XIII. am Ende des 19. Jahrhunderts zur lehramtlich sanktionierten Doktrin geworden, die an die aristotelisch-thomistische Tradition anknüpfte.[3] Die Sanktionierung geschah aus der Defensive heraus. Das Papsttum reagierte damals auf den Verlust seiner weltlichen Machtstellung durch die italienische Einigung, und die starke Renaissance des Naturrechtsdenkens im deutschen Katholizismus geschah unter den Bedingungen der Kulturkampferfahrung. Das neuscholastische Naturrecht befand sich deshalb von vornherein in einer eigenartigen Lage. Es isolierte sich bewusst aus der zeitgenössischen wissenschaftlichen Diskussion, behauptete aber zugleich, an dieser Diskussion mit nicht aus der Offenbarung abgeleiteten Argumenten der „natürlichen" Vernunft bestimmend teilzunehmen. Dieses Naturrecht trat als überzeitliches Wesensrecht auf. Es ging von einer metaphysischen Wesensnatur des Menschen aus, die als zeitlos und unveränderlich galt. Aus ihr sollten allgemeingültige und jedem geschichtlichen Wandel enthobene normative Aussagen folgen. Damit geriet es in die Gefahr, historisch Kontingentes für überzeitlich-allgemeingültig zu erklären.[4] Auf dieser Grundlage kamen die Päpste des 19. Jahrhunderts zur Verurteilung der Menschenrechte und insbesondere der Religions- und Gewissensfreiheit. Das naturrechtliche Gedankensystem führte hier zu einer Vorstellung von Recht, nach der dieses nicht dem Menschen kraft seines Personseins zukam, sondern nur, soweit er in der religiösen und sittlichen Wahrheit stand.[5] Wenn Benedikt in seiner Bundestagsrede die „Idee der Menschenrechte" ent-

---

[3] Näher Rudolf Uertz, *Vom Gottesrecht zum Menschenrecht. Das katholische Staatsdenken in Deutschland von der Französischen Revolution bis zum II. Vatikanischen Konzil (1789–1965)*, Paderborn 2005, 193 ff.

[4] Ernst-Wolfgang Böckenförde, *Kirchliches Naturrecht und politisches Handeln*, in: Franz Böckle – Ernst-Wolfgang Böckenförde (Hg.), *Naturrecht in der Kritik*, Mainz 1973, 98 ff.

[5] Ernst-Wolfgang Böckenförde, *Einleitung*, in: *Zweites Vatikanisches Ökumenisches Konzil. Erklärung über die Religionsfreiheit.* Authentischer lateinischer

stehungsgeschichtlich aus der „Überzeugung eines Schöpfergottes" ableitet, so blendet er bewusst aus, dass das lehramtliche, katholische Naturrecht einen derartigen Zusammenhang bis weit in das zwanzigste Jahrhundert hinein entschieden bestritten hat.

Hingegen hatte der junge Konzilstheologe Joseph Ratzinger das Grundproblem des neuscholastischen Naturrechtsgebäudes bereits präzise formuliert. „Ideologisch" an dieser deduktiven Naturrechtssystematik, so schrieb er 1964, sei die Vermischung „vermeintlich reiner Wesenserhellung" mit einer „kräftigen Dosis zeitbedingter Vorstellungen". Die naturrechtlich argumentierende katholische Soziallehre habe mit überzeitlichem Anspruch Kontingent-Konkretes behauptet und hierin liege auch ihre „eigentliche Schwäche": „Sie hat sich diesem Faktum der Geschichtlichkeit weitgehend entzogen und in abstrakten Formeln eine überzeitliche Sozialdogmatik zu formulieren versucht, die es so nicht geben kann. Nicht dass die besonderen Gegebenheiten des Jahrhunderts mit einflossen, war ein Fehler, sondern dass beides – der Wertungsmaßstab des Evangeliums und die gegebenen Sozialtatsachen – unter das Pseudonym des Naturrechts zusammengezogen wurde und dadurch eine Vermengung an sich berechtigter Elemente entstand, die es kaum noch gestattete, den einzelnen Komplexen den ihnen zukommenden Platz zu belassen."[6]

Auch danach hat er weiterhin vor einer gewissen „Hypertrophie" des katholischen Naturrechtsdenkens gewarnt, die den Staat nicht „in dem ihm wesentlichen Grenzen seiner Profanität angenommen" habe.[7] Dass der spätere Papst auch kurz vor seiner Wahl immer noch kein großes Zutrauen in die Überzeugungskraft des Naturrechts hatte, zeigen überdies seine Äußerungen in seiner Münchener Begegnung mit Jürgen Habermas im Januar 2004. Ähnlich wie später im Bundestag äußerte sich der damalige Kardinal schon zu diesem Zeitpunkt zu den „vorpolitischen moralischen Grundlagen eines freiheitlichen Staates" und erläuterte seinen Verzicht auf naturrechtliches Argumen-

Text der Acta Apostolicae Sedis. Deutsche Übersetzung im Auftrage der deutschen Bischöfe, Münster 1968, 5 ff. (8 f.)

[6] Joseph Ratzinger, *Naturrecht, Evangelium und Ideologie in der katholischen Soziallehre*, in: Klaus von Bismarck – Walter Dirks (Hg.), *Christlicher Glaube und Ideologie*, Mainz 1964, 24 ff. (27, 29).

[7] Joseph Ratzinger, *Christliche Orientierung in der pluralistischen Demokratie (1984)*, in: Ders., *Kirche, Ökumene, Politik. Neue Versuche zur Ekklesiologie*, Einsiedeln 1987, 191.

tieren folgendermaßen: „Das Naturrecht ist – besonders in der katholischen Kirche – die Argumentationsfigur geblieben, mit der sie in den Gesprächen mit der säkularen Gesellschaft und mit anderen Glaubensgemeinschaften an die gemeinsame Vernunft appelliert und die Grundlagen für eine Verständigung über die ethischen Prinzipien des Rechts in einer säkularen pluralistischen Gesellschaft sucht. Aber dieses Instrument ist leider stumpf geworden – Die Idee des Naturrechts setzte einen Begriff von Natur voraus, in dem Natur und Vernunft ineinander greifen, die Natur selbst vernünftig ist. Diese Sicht von Natur ist mit dem Sieg der Evolutionstheorie zu Bruche gegangen [...]".[8] Vor diesem Hintergrund mag man fast schon von einer späten Konversion Benedikts zum Naturrecht sprechen. In seiner Bundestagsrede unterstellt er selbst eine derartige Konversion – fälschlicherweise – dem großen Theoretiker des Rechtspositivismus Hans Kelsen, der im Alter von 84 Jahren den von ihm bis dahin vertretenen Dualismus von Sein und Sollen aufgegeben habe.[9] Benedikt fügt mit Blick auf sein eigenes Alter hinzu, es tröste ihn, „dass man mit 84 Jahren offenbar noch etwas Vernünftiges denken kann". Es ließe sich denken, dass hier ein wenig Projektion mitspielt, die indirekt Benedikts eigenen Gesinnungswandel in Bezug auf das Naturrecht thematisiert.

V. Benedikts spiritualisiertes Naturrecht

Benedikts gespaltenes Verhältnis zur spezifisch katholischen Naturrechtstradition ist verantwortlich für eine fundamentale Zweideutigkeit seiner Berliner Naturrechtsapologie.

Weil er sich des Bekenntnisses zum Naturrecht fast schon selbst zu schämen scheint, bleibt er in seiner Bundestagsrede sehr viel stärker, als es für sein eigentliches Anliegen nötig ist, den Traditionsformeln des katholischen Naturrechts verhaftet. Fast hat es den Anschein, als ob ein Mann, der sein theologisches Sprechen gerade in bewusster Distanz zum kirchlichen Naturrecht entwickelt hatte, hier in den hei-

---

[8] Joseph Ratzinger, *Was die Welt zusammenhält. Vorpolitische moralische Grundlagen eines freiheitlichen Staates*, in: Jürgen Habermas – Joseph Ratzinger, *Dialektik der Säkularisierung. Über Vernunft und Religion*. Mit einem Vorwort herausgegeben von Florian Schuller, Freiburg im Breisgau 2005, 39 ff. (50 f.)

[9] Näher dazu Horst Dreier, *Benedikt XVI. und Hans Kelsen*, Juristenzeitung 2011, 1151 ff.

mischen Dialekt der neuscholastischen Lehrschreiben zurückfällt, ja diese durch Spiritualisierung sogar noch überbietet. Benedikt verschließt sich damit von vornherein die Möglichkeit, aus dem Geröll der naturrechtlichen Argumente jene Edelsteine zu bergen, die noch in einer modernen Rechtsethik funkeln könnten. An manchen Stellen scheint er stattdessen geradezu den Rückweg in das ältere objektivistische Naturrechtsverständnis antreten zu wollen. Darauf deutet etwa seine Formulierung, es gehe beim Naturrecht um „den Zusammenklang von objektiver und subjektiver Vernunft, der freilich das Gegründetsein beider Sphären in der schöpferischen Vernunft Gottes voraussetzt", oder seine Aussage im Zusammenhang mit ökologischen Fragen, es gelte, die „Würde" der Erde selbst zu respektieren und „ihrer Weisung" (sic!) zu folgen. Damit geriete er in jene unlösbaren Probleme hinein, die er einst selbst am neuscholastischen Naturrecht so treffend seziert hatte: nämlich die Ableitung rechtsethischer Anforderungen aus einem vieldeutigen Naturbegriff, wobei diese Ableitung sich gegen die eigene Kontingenz und Geschichtlichkeit immunisiert, um schon morgen oder übermorgen durch ebenso absolut begründete andere Ableitungen ersetzt zu werden. Da Benedikt die möglichen konkreten Anwendungsfelder in seiner Bundestagsrede kaum andeutet, bleibt diese Gefahr in seinen Ausführungen bloß abstrakt. Aber offenkundig zeichnet sich hier die eigentliche Problematik ab, die seit jeher mit dem katholischen Naturrecht einhergeht: die katholische Vereinnahmung der Naturrechtslehre für eine universale Auszeichnung kirchlicher Lehrgehalte.[10] Benedikt wäre dann in seiner Bundestagsrede wieder an dem Punkt angekommen, an dem über hundert Jahre früher bereits das neuscholastische Naturrecht stand, nämlich bei der Behauptung von Überzeugungen einer umgrenzten katholischen Sonderwelt als allgemeingültige Vernunfteinsichten. Ein lehramtlich ausgedeutetes Naturrecht würde dann wieder wie selbstverständlich beanspruchen, in relativer Indifferenz zum jeweiligen politischen System absolute Rechtsprinzipien zu propagieren.

Der Theologe Ratzinger hatte sich diesem Problem weitgehend entziehen können, weil es ihm in erster Linie darum ging, die enge wechselseitige Verknüpfung von Glaube und Vernunft als die spezifische Leis-

---

[10] Treffende Formulierung nach Christian Geyer, *Die Gefahr der Hypertrophie*, in: Essen (Hg.), Verfassung ohne Grund (s. Anm. 1), 27 ff. (29).

tung des Christentums zu erweisen.[11] Fragen der politischen und gesellschaftlichen Ordnung standen nicht im Mittelpunkt seines theologischen Interesses. Gerade deshalb gelingt es Benedikt in der Bundestagsrede nicht, für seine halbherzige Konversion zum Naturrecht eine angemessene Sprache zu finden. Denn sein theologisches Argumentieren beruht auf der dialektischen Läuterung des Glaubens durch die Vernunft und der Vernunft durch den Glauben. Das Naturrecht ist aber die Sprachform einer Vernunft, die nach ihrem eigenen Anspruch auch den Ungläubigen erreichen können soll. Hier geht es nicht um die Läuterung der Vernunft durch den Glauben, sondern um das autonome Potential der natürlichen Vernunft selbst. Für eine derartige vom Glauben ablösbare und abgelöste Vernunft hat der Theologenpapst indes keine Sprache. Wo der Theologe Ratzinger den Glauben im Säurebad der Vernunft reinigt, muss der spätberufene Naturrechtler Benedikt deshalb Vernunft und Natur spiritualisieren. Benedikts Verwendung des Wortes „Natur“ schillert denn auch gerade in der Bundestagsrede in allen Farben. Natur ist mal empirische Faktizität, mal Schöpfung, mal Teleologie des organischen Lebens, mal anthropologische Ontologie, mal mit der Vernunft erkannte ethische Orientierung.[12] Gerade ein derartiges chiffrenhaftes Schillern hatte aber maßgeblich dazu beigetragen, das ältere Naturrecht in intellektuellen Misskredit zu bringen.

VI. Benedikts Rekonstruktion der Entwicklungsgeschichte

In einer kurzen öffentlichen Rede können historische Zusammenhänge naturgemäß nur verkürzt wiedergegeben werden. Gleichwohl ist Benedikts Wiedergabe der Entwicklungsgeschichte des Naturrechtsgedankens und der Stellung der Kirche dazu in besonderer Weise einseitig und enthält bemerkenswerte Auslassungen.[13] So wird man kaum sagen können, dass das Christentum „im Gegensatz zu anderen

---

[11] Joseph RATZINGER, *Einführung in das Christentum* (1968), München 1985, 103 ff., 115 ff., mit entschiedener Betonung der Konvergenz zwischen dem Gott der Bibel und dem „Gott der Philosophen“.

[12] Näher Christoph HÜBENTHAL, *Naturrecht oder moderne Ethik?*, in: ESSEN (Hg.), Verfassung ohne Grund (s. Anm. 1), 107 ff. (112 ff.); Rudolf LANGTHALER, *Einige Gedanken zu bestimmenden Themen der Papst-Rede im Bundestag*, in: ESSEN (Hg.), Verfassung ohne Grund (s. Anm. 1), 147 ff. (154 ff.)

[13] Zur Kritik näher Hans SCHELKSHORN, *Ein religiös fundiertes Naturrecht als*

großen Religionen" der weltlichen Ordnung „nie eine Rechtsordnung aus Offenbarung" vorgegeben hätte. Nach der konstantinischen Wende hat es vielmehr auch in der Entwicklungsgeschichte des Christentums immer wieder theokratische Tendenzen gegeben. Was Benedikt dem Christentum als solchem zurechnet, ist sehr viel mehr das in langen Kämpfen entstandene Ergebnis des Ringens zwischen geistlicher und weltlicher Gewalt im lateinischen Westen.[14] Besonders auffällig ist auch die harmonisierte Erzählung eines schrittweisen Entstehens der Menschenrechte aus dem Christentum. Auch wenn unbestreitbar ist, dass das Christentum hier einen wichtigen Beitrag geleistet hat, blendet Benedikt doch völlig aus, wie konfliktreich diese Entwicklungsgeschichte verlief, wie bedeutend die Transformation der entsprechenden Traditionsbestände durch das neuzeitliche Vernunftrecht war und wie sehr gerade seine Kirche sich bis zur Mitte des zwanzigsten Jahrhunderts dieser Entwicklung entschieden widersetzt hat. Zur geistigen Topographie Europas gehören nicht nur, wie Benedikt hervorhebt, Jerusalem, Athen und Rom, der Gottesglaube Israels, die philosophische Vernunft der Griechen und das Rechtsdenken Roms. Dazu gehören vielmehr auch Paris und Philadelphia[15] mit dem Erbe der atlantischen Verfassungsrevolutionen. Wenn Benedikt beklagt, das Naturrecht sei „im letzten halben Jahrhundert" auf dramatische Weise aus dem Bewusstsein verschwunden, so ist schwer zu übersehen, dass das genau dem Zeitraum entspricht, in dem sich die katholische Kirche mühsam aus dem neuscholastischen Traditionalismus löste und der modernen Welt und den Menschenrechten öffnete. Benedikts Bundestagsrede macht sich das Ergebnis dieses Prozesses, die Anerkennung der Autonomie des weltlichen politischen Raums wie der individuellen Menschenrechte, durchaus zu eigen. Die vom Papst propagierte Revitalisierung des Naturrechts hätte sich aber bereits deshalb explizit zur problematischen Geschichte des katholischen Naturrechts im 19. und 20. Jahrhundert in ein Verhältnis setzen müssen, um die Fehler der Vergangenheit nicht unbewusst zu wiederholen.

---

vorpolitische Grundlage des modernen Rechtsstaates?, in: Essen (Hg.), Verfassung ohne Grund (s. Anm. 1), 123 ff. (126 ff.)

[14] Harold J. Berman, *Recht und Revolution. Die Bildung der westlichen Rechtstradition*, Frankfurt/M. 1991; Paolo Prodi, *Eine Geschichte der Gerechtigkeit. Vom Recht Gottes zum modernen Rechtsstaat*, München 2003.

[15] Formulierung nach Georg Essen, *Einleitung*, in: Ders. (Hg.), Verfassung ohne Grund (s. Anm. 1), 7 ff. (14).

VII. Benedikt, liberal rezipiert

Die Zweideutigkeit von Benedikts später Wendung zum Naturrecht zwingt aber nicht, ihn als einen weicheren Wiedergänger von Kardinal Ottaviani zu verstehen. Zu deutlich ist auch in der Bundestagsrede, dass der Papst die Autonomie des demokratisch politischen Prozesses durchaus anerkennt, zu klar auch, dass er die Gehalte des Naturrechts in Menschenrechten und Menschenwürde finden will. Was in der Rede fehlt, mit ihr aber durchaus kompatibel ist, ist die Entfaltung individueller Personhaftigkeit gerade auch in der demokratischen Selbstorganisation des Gemeinwesens. Sie macht auch nicht deutlich, in wie starkem Maß der moderne Verfassungsstaat naturrechtliche Gehalte bereits in das positive Recht aufgenommen hat. Aufgrund ihrer wiederholten Gleichsetzung von Recht und Gerechtigkeit – bis hin zu einer bezeichnenden Fehlübersetzung der berühmten Räuberbanden-Stelle bei Augustinus[16] – vermag die Rede der Autonomie des weltlichen Rechts überdies schon terminologisch kaum Rechnung zu tragen.[17] Aber das alles bedeutet nicht, dass man Benedikts Bundestagsrede als einen Rückfall in die ältere demokratiekritische Position des katholischen Naturrechts lesen muss. Man mag es vielmehr geradezu als die Kernaufgabe lehramtlicher Verlautbarungen ansehen, nicht Demokratietheorie zu entfalten, sondern an ethische Maßstäbe zu erinnern.[18] Freilich muss klar sein, dass diese naturrechtliche Reflexion nicht wie das ältere katholische Naturrecht die Mehrheitsregel und die Legitimität demokratischer Entscheidungsprozesse in Frage stellt. Es handelt sich dann um eine rechtsethische Reflexion darüber, was demokratischen Entscheidungsprozessen vorausliegt und als unverfügbar behandelt werden sollte. Der Bedarf für eine derartige rechtsethische Reflexion ist heute nicht nur angesichts der ökologischen Krise und der Probleme der Bioethik drängender denn je.[19] Paradoxerweise hält im Übrigen gerade der von Benedikt in seiner

---

[16] Augustinus spricht an der angezogenen Stelle nicht vom Recht, sondern von der Gerechtigkeit: „Remota itaque iustitia quid sunt regna nisi magna latrocinia?", AUGUSTINUS, De civitate Dei, IV, 4, 1.

[17] Mit Recht hervorgehoben bei Tine STEIN, *Zur ethischen Funktion des Naturrechts – nicht nur für den Staat*, in: ESSEN (Hg.), Verfassung ohne Grund (s. Anm. 1), 205ff. (206ff.)

[18] Martin RHONHEIMER, *Säkularer Staat, Demokratie und Naturrecht*, in: ESSEN (Hg.), Verfassung ohne Grund (s. Anm. 1), 75ff. (78).

[19] Christoph SCHÖNBERGER, *Positivität des Rechts und Naturrecht im katho-*

Bundestagsrede inkriminierte Rechtspositivismus den Weg für diese Reflexionsform durchaus offen. Dieser insistiert nur darauf, positives Recht und rechtsethische Stellungnahme zu eben diesem Recht klar zu unterscheiden. Die rechtsethische Reflexion kann dem positiven Recht kritisch oder legitimierend gegenübertreten, aber sie ist eben nicht selbst Recht. Zu den Schwächen des überkommenen Naturrechts gehörte es vielmehr gerade, selbst als Recht aufgetreten zu sein und nicht als rechtsphilosophische oder rechtsethische Beurteilung des positiven Rechts.

Der Benedikt der Bundestagsrede mag freilich beim naturrechtlichen Argumentieren mehr und anderes gesucht haben als rechtsethische Reflexion. Es mag ihm auch und gerade um die Möglichkeit pathetischer Beglaubigung absoluter inhaltlicher Positionen gegangen sein. Aber dann hätte er vor dem Bundestag mehr als Theologe denn als Naturrechtler, mehr von Gott und weniger vom Recht reden müssen. Diese Möglichkeit stand freilich einem Theologenpapst kaum offen, der nie Pascals Auffassung geteilt hat, dass der Gott Abrahams, Isaaks und Jakobs nicht der Gott der Philosophen oder gar der Gott eines vernünftigen Naturrechts sein muss. Benedikt, dem es immer um die Vernünftigkeit des Glaubens ging, konnte und wollte so nicht sprechen. Seine Bundestagsrede hat freilich deutlich gemacht, dass es für das päpstliche Sprechen über das Recht keinen dritten Weg zwischen rechtsethischer Reflexion und prophetischer Mahnung gibt.

---

lischen Staatsdenken, in: Anton Rauscher (Hg.), *Handbuch der Katholischen Soziallehre*, Berlin 2008, 801 ff. (806 ff.)

Was heißt Weltoffenheit für die Kirche?

Zur Freiburger Rede des Papstes

Karl Kardinal Lehmann, Mainz

Papst Benedikt XVI. hat unmittelbar nach seiner Ankunft die Zielsetzung seines Besuches in Deutschland mit den Worten umschrieben, er sei gekommen, „um den Menschen zu begegnen und über Gott zu sprechen". Damit hat er seine Reise gegenüber Staatsbesuchen von Politikern abgehoben, die mit Recht bei solchen Besuchen in erster Linie „bestimmte politische oder wirtschaftliche Ziele verfolgen".

In der Tat hat der Papst sich an diese Zielsetzung gehalten und ist nicht nur Christen, sondern auch Juden und Muslimen, ja vielen Menschen, die er oft als Suchende bezeichnet hat, begegnet. In diesem Zusammenhang hat er auch viele Gespräche mit Staatsmännern und Politikern geführt, die immer wieder geistige Orientierung und die Stärkung besonders ethischer Werte zum Ziel hatten.

Man missversteht die Reise und viele Äußerungen, wenn man nicht diese doppelte Zielsetzung in die Mitte rückt, sondern den Erfolg des Papstbesuches danach beurteilt, wie viele in den Medien gestellte Fragen er nach der gängigen Auffassung zufriedenstellend beantwortet hat. Der Papst kam als Bote des Evangeliums und ließ sich von dieser Sendung nicht abbringen.

Am Ende des Besuches gab es im Konzerthaus der Stadt Freiburg eine „Begegnung mit engagierten Katholiken aus Kirche und Gesellschaft". Dies war wohl ein besonderes Anliegen des gastgebenden Erzbischofs von Freiburg, Dr. Robert Zollitsch, der zugleich Vorsitzender der Deutschen Bischofskonferenz ist. Bei anderen Pastoralbesuchen fehlte ein solcher Programmpunkt. Benedikt XVI. erhielt wegen dieser Rede viel Kritik. Seine Forderung nach einer „Entweltlichung" der Kirche stieß auf blankes Unverständnis. Umso wichtiger ist es, wenigstens über die Grundlinien dieser Rede nachzudenken.

Der Papst lässt keinen Zweifel, dass es ihm ganz und gar nicht darum geht, dass sich die Kirche aus der Welt zurückzieht. Mit Nachdruck betont er, „nach der totalen Redlichkeit zu suchen, die nichts von der Wahrheit unseres Heute ausklammert oder verdrängt, sondern ganz im Heute den Glauben vollzieht, eben dadurch, dass sie ihn ganz in der Nüchternheit des Heute lebt, ihn ganz zu sich selbst bringt, indem sie das von ihm abstreift, was nur scheinbar Glaube, in Wahrheit aber Konvention und Gewohnheiten sind". Viele Kritikpunkte werden durch den vollen Text der Rede widerlegt, wenn es etwa heißt: „Die Kirche muss sich immer wieder neu den Sorgen der Welt öffnen und sich ihnen ausliefern."

Was hat dann den Sturm der Kritik so aufgebracht? War es das Wort von der „Entweltlichung"? Es ist der heutigen Theologie nicht mehr vertraut, wurde ursprünglich in Anlehnung an Martin Heidegger vor allem von dem Gnostik-Forscher Hans Jonas und von Rudolf Bultmann gebraucht. Aber dahinter steckt fundamentales biblisches Kolorit. „Welt" ist besonders im Neuen Testament, und hier besonders bei Paulus und Johannes, mehrdimensional gebraucht: die ganze Schöpfung, die Menschheit überhaupt, aber eben auch die „Welt", die von verderblichen und versklavenden Mächten geprägt ist, die Ausdruck der Macht der Sünde ist.

Der Papst ist überzeugt, dass die Kirche immer grundlegend bemüht sein muss, sich von diesen verführerischen Mächten zu unterscheiden und in Distanz zu bleiben. Aber dies kann ja nicht heißen, dass sie sich aus der irdischen Verantwortung zurückzieht. Der Papst befürchtet eher, dass die Kirche „sich in dieser Welt einrichtet, selbstgenügsam wird und sich den Maßstäben der Welt angleicht. Sie gibt Organisation und Institutionalisierung größeres Gewicht als ihrer Berufung zur Offenheit." Dadurch gerät sie in die Gefahr, ihr Zeugnis zu verdunkeln und zu relativieren. Vor allem aber ist eine solche Kirche nicht mehr in der Lage, ihre ursprüngliche Sendung, von der der Papst gerade in dieser Ansprache immer wieder spricht, zu allen Menschen und in alle Situationen hinein zu vollziehen. Ihm liegt grundlegend daran, dass die Kirche durch die genannte „Entweltlichung" wieder an Unabhängigkeit und Freiheit gewinnt. „Das missionarische Zeugnis der entweltlichten Kirche tritt klarer zutage. Die von ihrer materiellen und politischen Last befreite Kirche kann sich besser und auf wahrhaft christliche Weise der ganzen Welt zuwenden, wirklich weltoffen sein."

Es besteht kein Zweifel, dass dies eine ganz grundlegende Umschreibung für Kirche ist. Man kann angesichts mancher Einwände gegen die Rede nur staunen, wie fremd und unbekannt dieses Verständnis der Kirche offenbar vielen geworden ist.

Der Papst bringt ein Beispiel für diese „Entweltlichung" der Kirche, die manchmal auch von außen kommt. „Die Geschichte kommt der Kirche in gewisser Weise durch die verschiedenen Epochen der Säkularisierung zu Hilfe, die zu ihrer Läuterung und inneren Reform wesentlich beigetragen haben. – Die Säkularisierungen – sei es die Enteignung von Kirchengütern, sei es die Streichung von Privilegien oder ähnliches – bedeuteten nämlich jedes Mal eine tief greifende Entweltlichung der Kirche, die sich ja dabei gleichsam ihres weltlichen Reichtums entblößte und wieder ganz ihre weltliche Armut annahm."

Solche Sätze machen nachdenklich. Dabei müsste man gewiss den einzelnen Säkularisierungsereignissen genauer nachgehen. In Deutschland denken wir dabei besonders an die Säkularisation von 1803, mit der auch die Gestalt der Kirche, wie sie vor allem im „Heiligen Römischen Reich Deutscher Nation" verwirklicht war, radikal verwandelt wurde. Gewiss ist die Kirche danach eine neue Kraft geworden, die in vieler Hinsicht in einem bisher kaum bekannten Sinn erneuerungsfähig wurde: die Bischöfe waren nicht mehr nur Adlige, der Gottesdienst öffnete sich stärker der Muttersprache, die Laien schufen in Vereinen neue missionarische Initiativen, es gab eine fruchtbare Zuwendung zur Welt aus größerer innerer Unabhängigkeit. Das Jahr 1848 bedeutet auch hier eine Wende. Aber dies kann nicht verdunkeln, dass in dieser Säkularisierung allen positiven Interpretationen zum Trotz mächtiges Unrecht geschah. Die Kirche musste auch, etwa im Blick auf die Ordensgemeinschaften, riesige Verluste hinnehmen, von denen sie sich nur sehr mühsam erholte. Die Kirche wurde so bettelarm, wie wir uns dies heute kaum vorstellen können. Der Wandel vom alten Erzbistum Mainz zum neuen Bistum Mainz bietet dafür ein anschauliches Beispiel.

Nachher, wenn der Phönix wieder aus der Asche erstanden ist, dann kann man gewiss trefflich entdecken, wie segensreich auch ein solcher Wandel wurde und wie man hinter dem schmerzlichen Verlust auch eine gute Fügung zu erkennen vermag. Aber dass Säkularisierungen dieser und anderer Art gleichsam automatisch eine Erneuerung der Kirche bewirken, wäre zweifellos ein Irrtum. Der Papst sagte dies nicht. Aber die Kürze der Worte über eine so schwierige Materie verdeckt vielleicht auch den Kampf, das Risiko und die Ungewissheiten, schließlich auch die Verluste solcher Säkularisierungen, die ja bis in unsere Gegenwart andauern. Ob man deshalb so allgemein sagen kann, dass die Säkularisierungen der Kirche „zu ihrer Läuterung und inneren Reform wesentlich beigetragen haben"? Können dies nicht auch Rezepte werden für Tendenzen, die Kirche nicht nur wohlwollend zu erneuern, sondern sie auch kleinzukriegen und in ihren Möglichkeiten grundlegend zu schwächen? Dafür gibt es heute viele Belege. Schließlich ist z. B. die Kirchensteuer im 19. Jahrhundert von den Herrschenden – nicht von der Kirche! – deshalb eingeführt worden, weil die Kirche vielfach jede andere Existenzgrundlage verloren hatte und die Staaten in den gesellschaftlichen Nöten ein Interesse hatten an der Unterstützung der Kirche. Es ist wohl auch nicht zufällig, welche Kräfte nach der Freiburger Rede des Papstes bei dieser Anspielung auf die „Enteignung von Kirchengütern, sei es die Streichung von Privilegien oder ähnliches" rasch vermuteten, der Papst habe damit Stellung bezogen zu heutigen Fragen der Diskussion um die Kirchensteuer und besonders die Staatsleistungen – natürlich in ihrem Sinn.

Aber gewiss hat der Papst recht, wenn er uns mahnt, sich nicht zu sehr in den konkreten geschichtlichen und gesellschaftlichen Verhältnissen einzurichten. Die Fleischtöpfe Ägyptens gibt es zu allen Zeiten und an allen Orten. Er hat auch als Oberhaupt der ganzen Kirche, die in vielen Facetten lebt, die Aufgabe, auf die vielgestaltige Verwirklichung von Kirche aufmerksam zu machen. Mag es hier und dort Randunschärfen geben, die zur Diskussion herausfordern, so kommt die Mahnrede des Papstes doch aus der radikalen Tiefe des Glaubens selbst.

So sind die Fragen von Papst Benedikt XVI. gerade auch an die Kirche in unserem Land Anlass zu einer wirklichen Gewissenserforschung, ob denn hinter den gewiss reichen Strukturen „auch die entsprechende geistige Kraft stehe". In der Ansprache an das Zentralkomitee der deutschen Katholiken heißt es: „Ehrlicherweise müssen wir doch sagen, dass es bei uns einen Überhang an Strukturen gegenüber dem Geist gibt. Ich füge hinzu, die eigentliche Krise der Kirche in der westlichen Welt ist eine Krise des Glaubens. Wenn wir nicht zu einer wirklichen Erneuerung des Glaubens finden, wird alle strukturelle Reform wirkungslos bleiben." Die zunächst verborgene Wahrheit dieser Aussagen können wir leicht erkennen, wenn wir etwas offener und redlicher die Schwächen unserer Situation betrachten: der radikale Rückgang des Gottesdienstbesuches in den letzten Jahrzehnten, die schwindende Zahl geistlicher Berufungen, die Ausdünnung fundamentaler christlicher Lebensformen, wie sie z. B. heute im Bereich von Ehe und Familie geschieht. So rasch bekommen wir die aufrüttelnden Worte des Papstes nicht los.

Die Mahnungen des Papstes sind nicht neu. Mit Recht ist immer wieder auf die Ansprachen Joseph Ratzingers zu den Themen Erneuerung und Weltoffenheit der Kirche vor allem aus dem Jahre 1966, also unmittelbar nach dem Konzil, aufmerksam gemacht worden. Dies gilt besonders für die Rede auf dem Bamberger Katholikentag am 14. Juli 1966 mit dem Thema „Die Kirche nach dem Konzil“[1], an die ich mich noch recht genau erinnere. Es gab damals – unmittelbar nach dem Konzil – schon enttäuschte Kritik. Im Grunde hat Joseph Ratzinger jedoch nur die Schlüsselworte „Erneuerung“ (Reform) und „Weltoffenheit“ durchdacht.

Gewiss bleiben hier auch über die Jahrzehnte Fragen zum Verhältnis von Geist und Strukturen, Charisma und Institution. Wir haben inzwischen wieder mehr den Zusammenhang von Freiheit und Organisation reflektiert. Was in den späten 60er und frühen 70er Jahren dazu gesagt worden ist, klingt manchmal noch „idealistisch“. Auch bei Joseph Ratzinger. Wir haben wieder den unverzichtbaren Rang der Institutionalisierung zur Verwirklichung von „Geist und Freiheit“ entdeckt. Joseph Ratzinger ist auch als Papst Benedikt XVI. ein „platonischer“ Denker, der zuerst nach dem „Geist“ und vor allem nach der Wahrheit sucht. Dies braucht unsere Zeit in ganz besonderer Weise. Dass er so denkt, ist für viele ein vielleicht manchmal ärgerliches, aber gerade heute notwendiges Korrektiv. Diese Grundlage seines Denkens hat er sich, ganz abgesehen von seiner Persönlichkeit, in der langen Beschäftigung mit Augustinus und Bonaventura erarbeitet.[2] Dieses Denken ist unentbehrlich, aber wie Plato einen Aristoteles und Bonaventura einen Thomas von Aquin zur Seite hatte, darf man das Denken des Papstes auch durch andere Denkstile ergänzen.

Ich habe zu Beginn dieser Überlegungen gesagt, dass man in fast jeder Rede des Papstes auch schon die Einwände der Kritiker entkräften kann. Dem Papst kommt es fundamental auf eine neue Weltoffenheit der Kirche an. Aber er sieht sie in einem prinzipiellen Zusammenhang mit einer radikalen Vertiefung des Glaubens. Der Schluss der Freiburger Rede formuliert dies entschieden und verwendet dazu auch Worte aus der ersten Enzyklika des Papstes *Deus caritas est* (2005). „Eine vom Weltlichen entlastete Kirche vermag gerade auch im sozialkaritativen Bereich den Menschen, den Leidenden wie ihren Helfern, die besondere Lebenskraft des christlichen Glaubens zu vermitteln. ‚Der Liebesdienst ist für die Kirche nicht eine Art Wohlfahrtsaktivität,

---

[1] Vgl. Joseph Ratzinger, *Das neue Volk Gottes*, Düsseldorf 1969, 267–281, 282–301, 302–321.

[2] Vgl. Gesammelte Schriften, Bd. 2, Freiburg i. Br. 2009.

die man auch anderen überlassen könnte, sondern er gehört zu ihrem Wesen, ist unverzichtbarer Wesensausdruck ihrer selbst.' (Enzyklika *Deus caritas est,* 25). Allerdings haben sich auch die karitativen Werke der Kirche immer neu dem Anspruch einer angemessenen Entweltlichung zu stellen, sollen ihr nicht angesichts der zunehmenden Entkirchlichung ihre Wurzeln vertrocknen. Nur die tiefe Beziehung zu Gott ermöglicht eine vollwertige Zuwendung zum Mitmenschen, so wie ohne Zuwendung zum Nächsten die Gottesbeziehung verkümmert."

Diese Orientierung bezieht der Papst darum auch auf viele Menschen, ohne die das Leben in den Pfarreien und in der Kirche als Ganzes nicht denkbar wäre. „Die Kirche in Deutschland hat viele soziale und karitative Einrichtungen, in denen die Nächstenliebe in einer auch gesellschaftlich wirksamen Form und bis an die Grenzen der Erde geübt wird. Allen, die sich im Deutschen Caritas-Verband oder in anderen kirchlichen Organisationen engagieren oder die ihre Zeit und Kraft großherzig für Ehrenämter in der Kirche zur Verfügung stellen, möchte ich meinen Dank und meine Wertschätzung bekunden. Zu diesem Dienst gehört zunächst sachliche und berufliche Kompetenz. Aber im Sinn der Weisung Jesu gehört mehr dazu: das offene Herz, das sich von der Liebe Christi treffen lässt und so dem Nächsten, der unser bedarf, mehr gibt als technischen Service." Es kann allerdings kränkend wirken, wenn der Papst unmittelbar vorher im Blick auf den Glauben der Zöllner und Dirnen (vgl. Mt 21,31 f.) analog für heute so formuliert: „Agnostiker, die von der Frage nach Gott umgetrieben werden; Menschen, die unter unserer Sünde leiden und Sehnsucht nach dem reinen Herzen haben, sind näher am Reich Gottes als kirchliche Routiniers, die in ihr nur noch den Apparat sehen, ohne dass ihr Herz vom Glauben berührt wäre." Ich bin überzeugt, dass manche Kritik an der Freiburger Rede durch diese erheblichen Spannungen genährt werden, die in solchen Formulierungen der Rede liegen. Der Dank wird durch eine solche Sprache schal. Schade!

Einig kann man gewiss wieder sein mit der Grundüberzeugung des Papstes: „Die Erneuerung der Kirche kann letztlich nur durch die Bereitschaft zur Umkehr und durch einen erneuerten Glauben kommen." (Predigt in der Freiburger Flughafenmesse)[3]

---

[3] Beitrag für die F.A.Z. vom 4. Oktober 2011 mit dem Titel *Die Krise der Kirche und die Krise des Glaubens.*

Entweltlichung als Forderung an die Kirche?

Franz-Xaver Kaufmann, Bielefeld

Entweltlichung ist ein wenig gebräuchlicher Begriff, der im Werk des Theologen Ratzinger schon früh auftauchte und zuerst wohl von Rudolf Bultmann und Hans Jonas verwendet wurde.[1] Er steht in einer langen Tradition dualististischer Interpretationen des Gesamtzusammenhangs, in dem sich Menschen zu orientieren suchen. Auch dieser Gesamtzusammenhang wird oft als „Welt" bezeichnet, und schon daraus ergeben sich leicht Missverständnisse: Entweder bezeichnet ‚Welt' den „Inbegriff aller Gegenstände möglicher Erfahrung"[2], dann kann sich niemand und nichts menschlich Erfahrbares dieser Welt entziehen. Oder aber ‚Welt' bezeichnet den objektivierten Gegensatz zu einer Vorstellung von Selbstbehauptung, wie auch immer man sie begründen mag. Zwischen diesen beiden Grundvorstellungen „ist der christliche Weltbegriff von Anfang an hin- und hergerissen"[3]. Die Theologie Papst Benedikts steht in der dualistischen Denktradition, ebenso wie seine wichtigen Gewährsdenker Platon und Augustinus. Benedikt denkt den Dualismus heilsgeschichtlich, nicht manichäisch. Doch wie das Heil nach seiner Vorstellung in der Welt wirkt oder wirken soll, darüber gibt der Papst nur unklare Auskünfte.

Von der Idee eines transzendenten Schöpfergottes her lässt sich ‚Welt' sowohl als gute wie auch als entfremdete Schöpfung bestimmen. Die Welt bleibt in beiden Fällen unsere, die der alltäglichen menschlichen Erfahrung zugängliche Welt, die sich in einem unterschiedlich ausgedeuteten Verhältnis zum transzendenten Gott vorfindet. Wesentlich schwieriger wird die Argumentationslage, wenn man den Dualismus nicht mehr als einen solchen zwischen *Gott* und Welt,

---

[1] Vgl. hierzu den Beitrag von Kardinal Karl LEHMANN in diesem Band.

[2] Lexikon für Theologie und Kirche, Freiburg i.Br., Sonderausgabe ³2006, Bd. 10, Sp 1059.

[3] Ebd., Sp 1063.

sondern als zwischen *Kirche* und Welt bestimmt, wie dies Papst Benedikt in seiner Freiburger Rede vom 25. September 2011 getan hat.[4]

Dabei weist seine Argumentation zwei unterschiedliche Akzente auf: Ausgehend von einem alten Bild des ‚commercium', eines „Tausches zwischen Gott und den Menschen [...], in dem beide – wenn auch auf ganz verschiedene Weise – Gebende und Nehmende [...] sind", sieht Benedikt die Kirche durchaus auf der Seite der Menschen. Aber ihre Bestimmung ist es, „Werkzeug der Erlösung zu sein, die Welt mit dem Wort Gottes zu durchdringen und die Welt in die Einheit der Liebe mit(!) Gott zu verwandeln". Die Kirche wird hier sozusagen als Ferment oder Katalysator bestimmt, welche in der Welt die Welt zu Gott hin verwandeln soll. Hier erscheint die *Kirche nicht als von der Welt getrennt*, auch wenn offen bleibt, in welchem Sinne sie Element in der Welt ist.

Der zweite Akzent geht von der Diagnose einer fortgesetzten *Versuchung* der geschichtlichen Kirche aus, sich zu *verweltlichen:* „Durch die Ansprüche und Sachzwänge der Welt wird aber immer wieder das Zeugnis verdunkelt, werden die Beziehungen entfremdet und wird die Botschaft relativiert." Man hätte hier auch die Versuchung von Kirchenfürsten erwähnen können, die göttliche Autorität zur Steigerung ihrer weltlichen Macht in Anspruch zu nehmen, der seit Gregor VII. (1073–1085) viele Päpste erlegen sind. Verweltlichung meint hier, „dass [...] die Kirche sich in dieser Welt einrichtet, selbstgenügsam wird und sich den Maßstäben der Welt angleicht. Sie gibt Organisation und Institutionalisierung größeres Gewicht als ihrer Berufung zu der Offenheit auf Gott hin, zur Öffnung der Welt auf den anderen hin." Hier spricht Benedikt auch die Kirchenproblematik des 20. und 21. Jahrhunderts an. Entgegen den Intentionen des II. Vatikanischen Konzils hat seit dessen Ende die Zentralisierung der katholischen Kirche und die Abhängigkeit der Bischöfe und Theologen von der römischen Kurie fortwährend zugenommen. Die schon vom letzten Konzil und nun erneut von Papst Benedikt XVI. geforderte Offenheit steht in

---

[4] Der Text der *„Freiburger Rede" – Ansprache von Papst Benedikt XVI. an engagierte Katholiken aus Kirche und Gesellschaft* ist u. a. veröffentlicht in: Jürgen Erbacher (Hg.), *Entweltlichung der Kirche? Die Freiburger Rede des Papstes*, Freiburg i. Br. 2012, 11–17. Ebenda zahlreiche Kommentare, u. a. auch eine Vorfassung dieses Beitrags, der zuerst in der Frankfurter Allgemeinen Zeitung am 27. Januar 2012 veröffentlicht wurde. – Soweit Zitate nicht in Fußnoten belegt sind, entstammen sie der o. g. Rede.

Spannung zur dogmatischen und hierarchischen Geschlossenheit der Kirche, welche sich in ihrem Amtsverständnis gegen alle ‚Versuchungen' größerer Vielfalt und Freiheitlichkeit immunisiert.

Allerdings hatte Benedikt bei seiner Freiburger Rede wohl weniger den Vatikan als die deutschen Verhältnisse im Auge. Seit angesichts der Bedrohung durch den Nationalsozialismus die vielfältigen, bis dahin freien katholischen Vereine und Verbände unter den Schutzmantel der Hierarchie gekrochen waren, anstatt, wie z. B. die Görres-Gesellschaft, sich aufzulösen, haben sie keine der früheren vergleichbare Unabhängigkeit mehr erreicht oder stehen, wie z. B. die Caritas, unter bischöflicher Kontrolle. Eine weitere Stärkung der Bischöfe ergab sich durch die zentralisierte Organisation der Kirchensteuer nach dem zweiten Weltkrieg. Sie wurde die Grundlage für das enorme Wachstum der bischöflichen Verwaltungen.[5] Der Bochumer Kirchenhistoriker Wilhelm Damberg diagnostiziert scharfsinnig; „Wie stark die Kirchenreform der Mitte des 20. Jahrhunderts auf eine Ausweitung des bischöflichen Amtes und der Diözesen ausgerichtet war, wird noch deutlicher, wenn man auch die relativen ‚Verlierer' des Konzils in den Blick nimmt: Die Ordensgemeinschaften und die (Pfarr)Priester: Bekanntlich hat das Konzil zwar den Bischof und das idealiter um ihn versammelte Volk Gottes aufgewertet, aber kein ähnlich überzeugendes Identitätsangebot für die Priester entwickelt, die von Pesch schon vor Jahren als die ‚Stiefkinder des Konzils' bezeichnet wurden. Es stellt sich also dem Historiker die Frage, ob in der Epoche der Nachkriegs-Reformen eben die Gruppen von einer relativen Degradierung betroffen waren, die im 19. Jahrhundert den Erfolg der ultramontanen Kirche getragen und organisiert hatten."[6]

Wie Nebenbemerkungen im Text und auch frühere Interventionen des damaligen Kardinals Ratzinger im Zusammenhang mit der kirchlichen Schwangerschaftsberatung zeigen, ist dem Papst die ‚hinkende Trennung' von Kirche und Staat in Deutschland unheimlich. Die For-

---

[5] Das gilt gleichermaßen für die evangelischen Landeskirchen, und ähnliche Phänomene lassen sich auch in anderen europäischen Ländern beobachten. Vgl. Wilhelm Damberg – Staf Hellemans (Hg.), *Die neue Mitte der Kirche. Der Aufstieg der intermediären Instanzen in den europäischen Großkirchen seit 1945*, Stuttgart 2010.

[6] Wilhelm Damberg, *Reformen in der katholischen Kirche im 19. und 20. Jahrhundert (Ms.).* In der veröffentlichten Fassung (Evangelische Theologie, 73. Jg. [2013] H. 2, 134–143 [hier 141 f.]) findet sich eine weniger prägnante, dafür ausführlichere Fassung dieses Gedankens.

derung nach Entweltlichung zielt konkret auf eine schärfere Trennung von Kirche und Staat, welche der Papst mit der Vorstellung verbindet, dass daraus eine größere Reinheit des christlichen Zeugnisses erwachsen könne. „Die geschichtlichen Beispiele zeigen: Das missionarische Zeugnis der entweltlichten Kirche tritt klarer zutage." Diese Beispiele betreffen „die Säkularisierungen – sei es die Enteignung von Kirchengütern, sei es die Streichung von Privilegien oder Ähnliches". Dabei ging es um in der Tat schmerzliche Verluste, die den Zeitgenossen und manchen Nachgeborenen als „schreiendes Unrecht" (Kardinal Lehmann) erscheinen. Wer sich aber auf weltliches Recht zum Schutze der eigenen Position beruft, argumentiert nicht im Sinne der Entweltlichungsforderung des Papstes, der dem schreienden Unrecht das Skandalon des Kreuzes entgegenstellt.

Haben solche Enteignungen tatsächlich die missionarische Kraft der Kirche im Regelfalle gesteigert? Die von Napoleon ausgehende politische und ökonomische Entmachtung der Kirche hat in der Tat zu einer starken religiösen Erneuerung im Zuge einer Verbürgerlichung des bis dahin ganz überwiegend adligen Episkopats und der Einführung bürgerlicher Freiheiten geführt, welche auch die Gründung weiblicher Orden oder katholischer Vereine und Parteien ermöglichten. Es ließen sich aber auch zahlreiche Gegenbeispiele aus der Christentumsgeschichte nennen, in denen die Entmachtung der Kirchen nur den Anfang ihrer zunehmenden Bedeutungslosigkeit oder gar Ausrottung bildete, so die gesamten asiatischen Kirchen im Mittelalter, deren Mission bis nach China reichte.

Was die Säkularisierung in Europa betrifft, so wird sie von Soziologen als Aspekt einer die gesamten Sozialzusammenhänge transformierenden, funktionsorientierten Differenzierung der bis dahin primär territorial gegliederten Gesellschaften interpretiert. Politische Macht verfasst und begrenzt sich nun in Verfassungen; die Wirtschaft gewinnt ihre Autonomie dank der liberalen Doktrin; die Wissenschaft und zunehmend auch die Künste bilden ihre eigenen Sozialformen. Auch familiäre und religiöse Sozialzusammenhänge bilden sich erst im 19. Jahrhundert flächendeckend in spezialisierten Formen aus: als bürgerliche, von der Verwandtschaft weitgehend unabhängige Kernfamilie und als nach dem Gemeinde-, Parochial- oder Ordensprinzip verfasste religiöse Gemeinschaften. Die Säkularisierung der Gesellschaft hat zu einer *Verkirchlichung des Christentums* geführt, d. h. explizit christliche Anliegen werden zunehmend nur noch im Kontext oder Einflussbereich der Kirchen und ihrer Einrichtungen thematisch, während die christliche Religion im Mittelalter alle Lebensbereiche durchdrang.

Die Vitalität der verschiedenen religiösen Bewegungen im 19. Jahrhundert, welche nicht nur im Katholizismus zur Weltmission führten, war keineswegs auf besondere römische Aktivitäten zurückzuführen; der Vatikan hatte in der Auseinandersetzung mit den entstehenden Nationalstaaten schon genug Sorgen. Es waren vielmehr die Handlungschancen der nach innen freien bürgerlichen Gesellschaften, welche zahlreiche religiöse und soziale Bewegungen der Katholiken hervorbrachten, die in einer historisch beispiellosen Symbiose von Priester- und Volksreligiosität die katholische Bevölkerung aktivierten. Und es war die Konsolidierung europäischer Kolonialreiche, welche für die Mission günstige Voraussetzungen bot.

Nicht zu vergessen ist in diesem Zusammenhang der sehr profane Faktor von infolge des Sterblichkeitsrückgangs stark wachsenden Kohorten Jugendlicher, für die die agrarische Gesellschaft keine Verwendung hatte. Die Nachgeborenen von oft acht oder zehn Kindern mussten sich neue Betätigungsfelder suchen, und da bot der religiöse Aufbruch neben der Industrie verheißungsvolle Perspektiven, insbesondere für unverheiratete Frauen. Ebenso dürfte für den heutigen Priestermangel die Reduktion der Kinderzahl auf meist ein bis zwei mit ursächlich sein – welche Eltern möchten schon ohne Enkel dastehen?

Auffälligerweise entwickelte sich ein sozialer und politischer Katholizismus vor allem in Ländern mit überwiegend protestantischen oder laizistischen Regierungen. Es spricht einiges dafür, dass ein politischer Minderheitenstatus die Kräfte religiöser Gemeinschaften häufig zu stimulieren vermag. Aus diesem historischen Beispiel jedoch abzuleiten, dass die Schwächung politischer oder ökonomischer Positionen der Kirchen per se zu einer größeren Leuchtkraft des kirchlich verfassten Glaubens führen könne, erscheint aus soziologischer Sicht als eine halsbrecherische Eingebung.

Doch Papst Benedikt denkt weder politisch noch soziologisch, sondern vertraut auf die Kraft des Heiligen Geistes. Darum hätte es nahe gelegen, auf das historische Beispiel des Mönchtums und der Orden hinzuweisen, die ja in der Tat sich in stets erneuten Anläufen im Geiste von Armut, Keuschheit und Gehorsam reformiert oder neu gebildet haben und fast gleichzeitig mit der politischen Aufwertung des Christentums im römischen Reich ihren Anfang nahmen. Die Berufung zum Ordensstand wurde stets in besonderer Weise auf das

Wirken des Heiligen Geistes zurück geführt. Das Beispiel der Orden hätte auch besser zur päpstlichen Erwähnung des Stammes Levi unter den Israeliten gepasst, der als Priesterstand vom Besitz von Erbland ausgeschlossen blieb. Er war nur einer von zwölf Stämmen, und nicht das ganze Volk!

Man mag sich rückblickend über die selbstverständliche Arbeitsteilung wundern, mittels derer im Mittelalter adlige Grundherren sich durch die Gründung von Klöstern und anderen geistlichen Einrichtungen ein gutes Gewissen und die ewige Seligkeit zu verschaffen suchten. Aber die Dualität von Religiosen und Laien war eine historisch überzeugende Inkulturation des christlichen Glaubens, wenngleich sie ‚natürlich' hinter den Forderungen des Evangeliums zurückblieb. An der päpstlichen Forderung nach ‚Entweltlichung' der Kirche irritiert die fehlende Vermittlung zwischen dem überzeitlichen, vom Apostel Paulus formulierten Anspruch *nolite conformari huic saeculo*[7] einerseits und der konkreten historischen Situation von Kirche und Glauben andererseits. Die mittelalterliche Symbiose von ‚regnum' und ‚sacerdotium', von weltlicher Herrschaft, agrarischer Ökonomie und geistlichem Dienst, war genauso eine soziale Struktur wie die bürokratischen Tendenzen in modernen Gesellschaften und auch in der Kirche. Der Unterschied liegt in der inzwischen eingetretenen Differenzierung von Politik, Wirtschaft und Religion, in der Verkirchlichung des Christentums und der Säkularisierung der übrigen großen Lebensbereiche. Gleichzeitig sind aber im historischen Einflussbereich des abendländischen Christentums wesentliche Elemente des christlichen Ethos Bestandteil der kulturell vorherrschenden Wertüberzeugungen geworden, etwa in der Form der Menschenrechte und der sozialstaatlichen Verantwortung. Auf diese Situation bezogen wäre eine Wegweisung des Papstes hilfreich gewesen, doch lässt sich diese kaum mehr im Sinne einer Differenz zwischen ‚Kirche' und ‚Welt' auslegen.

Das zentrale Anliegen der Papstreise, den Glauben in der Kirche Deutschlands zu verlebendigen, hat einen viele Christen überzeugenden Ausdruck in deren liturgischen Schwerpunkten gefunden. Glaube ist mehr als theologischer Diskurs. Aber der Diskurs hat – zumindest in Freiburg – nicht auf die Glaubenssituation vor Ort gepasst. Das Gegeneinander-Ausspielen von Glaubens- und Strukturfragen ist eine falsche Alternative. Leider muss man sogar vermuten, dass eine ‚Ent-

---

[7] Übersetzt: „Passt Euch diesen Zeiten nicht an." (Röm 12,2)

weltlichung' der deutschen Kirche im Sinne des Papstes nur die Durchgriffsmöglichkeiten der römischen Kurie stärken und damit die Freiheitsräume des Glaubenslebens weiter einschränken würde. Das war gewiss nicht die Absicht des Papstes, dem es darum geht, „die Welt mit dem Wort Gottes zu durchdringen". Aber unerlöste Welt ist auch in Rom.

Die Forderung nach einer Entweltlichung der Kirche als solcher ist besonders unplausibel in einer Epoche zunehmender sozialer Komplexität und funktionaler Differenzierung. Die Rhetorik der Eindeutigkeit, der Reinheit und der Kompromisslosigkeit bedient ein verbreitetes Bedürfnis nach klaren, übersichtlichen Verhältnissen. Sie verspricht eine Reduktion der Komplexität sozio-religiöser Zusammenhänge, wie sie für die Orden, insbesondere die sogenannten Bettelorden, charakteristisch ist. Aber als Leitbild für die ganze Kirche überfordert die vom Papst angeregte Schlankheitskur insbesondere die Bischöfe als verantwortliche Leiter von Diözesen. *Die Kirche muss sich mit der Komplexität der modernen Welt konstruktiv auseinandersetzen.*

Tauglicher erscheint beispielsweise die heute vor allem im Bereich der caritativen Einrichtungen zunehmende Wachheit für die ökonomischen Aspekte des eigenen Tuns, weil der wirtschaftliche Einsatz vorhandener Ressourcen ermöglicht, caritative Ziele effektiver zu erreichen. Es scheint also unter den gegebenen Umständen nicht die freiwillige Trennung von vorhandenen Ressourcen der Klarheit des religiösen Auftrags dienlich zu sein, sondern die reflektierte Unterscheidung von ökonomischen Mitteln und sozialen oder religiösen Zielen. Diese Ziele sollten den Mitteleinsatz bestimmen und nicht gewachsene Pfründen oder Machtpositionen. Dieses Postulat scheint mir dem wirklichen Anliegen Papst Benedikts näher zu kommen als die mit der Metapher der Entweltlichung angesprochenen Vorstellungen.

Tauglicher als die Ermahnung zu Gehorsam und Loyalität gegenüber Rom wäre auch eine Beschränkung des zentralistischen Kontrollanspruchs auf weltkirchlich und biblisch Unverzichtbares und die Ermutigung zu neuen Formen des Glaubenszeugnisses in den weltkirchlich sehr unterschiedlichen lokalen Kontexten. Eben diese Freiheit zu eigenen Entscheidungen hat die religiöse und missionarische Renaissance im 19. Jahrhundert beflügelt.

Die Forderung nach einer Priorität des missionarischen Auftrags der Kirche vor der Verwaltung schwindender Bestände besitzt Gewicht. Aber sie mit dem Begriff der Entweltlichung zu verbrämen, entspricht der abstrakten, von einem dualistischen Weltbild inspirierten Sichtweise Benedikts auf die kirchlichen und weltlichen Dinge. Jesus Christus ist aber in diese *unsere* Welt gekommen, und seine Botschaft hat *in ihr* Geschichte gemacht. Es gibt keine Heilsgeschichte außerhalb der Weltgeschichte. Aber Joseph Ratzinger, der auch als Papst Benedikt auf seine eigene theologische Orientierung vertraut, teilt mit dem von ihm zu Recht kritisierten materialistisch-naturwissenschaftlichen Weltbild die Ausblendung von Geschichtlichkeit, Kultur und Sozialität menschlicher Existenz aus dem System seiner Gedanken.[8] Dass es auch anders geht, zeigt Kardinal Walter Kasper in seiner Ekklesiologie, welche die Geschichtlichkeit von Kirche und Theologie ernst nimmt und gerade dadurch das Faszinierende der biblischen Botschaft wieder frei legt.[9]

Die Selbstverständigung der Kirche über ihre Stellung und ihren Auftrag in der Welt ist eine mit der Geschichtlichkeit der Menschheit gegebene Aufgabe und Herausforderung, die stets erneut im Lichte der „Zeichen der Zeit" zu geschehen hat. Die Inkarnation des ‚Wortes' setzt sich in der geschichtlichen Zeit fort – stets gefährdet, und offenbar doch immer wieder für viele überzeugend. Was hier geschehen ist, und weiter geschieht, kann die Theologie nur in Auseinandersetzung mit der Realgeschichte des Christentums und der jeweiligen Gegenwart begreifen.[10]

---

[8] Hierzu scharfsichtig Magnus STRIET, *Entweltlichung? Die Freiburger Rede Papst Benedikts XVI. mit Theodor W. Adorno gegengelesen*, in: ERBACHER, Entweltlichung der Kirche? (s. Anm. 4), 140–149.

[9] Walter KASPER, *Katholische Kirche: Wesen – Wirklichkeit – Sendung*, Freiburg i. Br. 2011.

[10] Als einen Versuch zur Gegenwartsanalyse siehe Franz-Xaver KAUFMANN, *Kirche in der ambivalenten Moderne*, Freiburg i. Br. 2012.

„Keine rein akademische Angelegenheit“

Zum Verhältnis von Erklären und Verstehen in den Jesus-Büchern von Joseph Ratzinger / Benedikt XVI.

Ludger Schwienhorst-Schönberger, Wien

Das opus tripartitum von Joseph Ratzinger – Papst Benedikt XVI. über Jesus von Nazareth hat ein vielstimmiges Echo hervorgerufen.[1] Die Stellungnahmen fallen sehr unterschiedlich aus, nicht selten stehen sich Urteile geradezu diametral gegenüber.[2]

Die Vielfalt und bisweilen auch Heftigkeit der Reaktionen lassen sich mit der amtlichen Stellung seines Autors und mit einzelnen exegetisch kontroversen Ansichten allein nicht hinreichend erklären. Das polyphone Echo hängt meiner Ansicht nach mit einer hermeneutischen Option zusammen, die dem Werk seinen unverwechselbaren Charakter verleiht und ohne die das Anliegen seines Autors nicht wirklich verstanden werden kann. Es hat den Anschein, dass hier das Selbstverständnis der Bibelwissenschaft zur Disposition steht. Es dürfte kein Zufall sein, dass neben zustimmenden Stellungnahmen auch Stimmen laut geworden sind, die das Buch als „unwissenschaftlich“ qualifizieren, oder – was in exegetischen Kreisen gewöhnlich kein Kompliment darstellt – als „rein erbaulich“, als „geistliche Schriftauslegung“, als „dogmatisch“. So scheint es mir lohnenswert zu sein, das hermeneutische Anliegen, das der Papst in seinem Jesus-Buch vertritt,

---

[1] Im Folgenden werden mit Bandzahl und Seitenangabe in Klammern zitiert: *Jesus von Nazareth. Bd. I: Von der Taufe im Jordan bis zur Verklärung*, Freiburg 2007. *Jesus von Nazareth. Bd. II: Vom Einzug in Jerusalem bis zur Auferstehung*, Freiburg 2011. *Jesus von Nazareth. Prolog. Die Kindheitsgeschichten*, Freiburg 2012.

[2] Vgl. meine Besprechungen: *Mystik und Rationalität. Zum Jesus-Buch von Papst Benedikt XVI.*: BiKi 62 (3/2007) 185–188. *„Und das Wort ist Fleisch geworden“. Das Jesus-Buch von Papst Benedikt XVI. im Licht des Alten Testaments:* Lebendige Seelsorge 58 (6/2007) 354–359. *„Gegenwart des lebendigen Gottes“. Das Alte Testament im Jesus-Buch (2. Band) Papst Benedikts XVI.*, in: Jan-Heiner Tück (Hg.), *Passion aus Liebe. Das Jesus-Buch des Papstes in der Diskussion*, Ostfildern 2011, 37–61.

zu dem er, wie er selbst bekennt, „lange innerlich unterwegs gewesen“ ist (I, 10), eingehender zu erörtern.

Synthese zweier Modelle von Exegese

Benedikt hat in seiner Jesus-Trilogie den Versuch unternommen, zwei Modelle der Schriftauslegung zusammenzuführen, die – sachlich gesehen – seiner Ansicht nach zusammengehören, die sich jedoch mit Beginn der Neuzeit und verschärft noch einmal im 19. und 20. Jahrhundert auseinanderentwickelt haben. Dabei handelt es sich einerseits um das Modell der sogenannten historisch-kritischen Methode, andererseits um die „Auslegung von der Überlieferung, vom Glauben der Kirche her“. Schon vor Jahren hat Joseph Ratzinger darauf hingewiesen, dass diese beiden Modelle, „das Ja zur historisch-kritischen Methode und das Ja zur Auslegung von der Überlieferung, vom Glauben der Kirche her“, in der Offenbarungskonstitution des Zweiten Vatikanischen Konzils *Dei Verbum* „friedlich nebeneinander“ stehen; „aber in diesem doppelten Ja“, so fährt der damalige Tübinger Dogmatikprofessor fort, „verbirgt sich der Antagonismus zweier Grundeinstellungen, die in ihrem Ursprung wie in ihrer Zielrichtung einander durchaus gegenläufig sind“[3]. In der nachkonziliaren Rezeptionsgeschichte von *Dei Verbum* wurde beinahe ausschließlich die Anerkennung der historisch-kritischen Exegese von Seiten der Theologie hervorgehoben. Dass daneben die Prinzipien der patristischen Bibelhermeneutik weiterhin als gültig in Erinnerung gerufen wurden, blieb weitgehend unberücksichtigt.[4] Die moderne Exegese hat sich über weite Strecken hin bewusst und pointiert vom Modell der Tradition abgesetzt. Tatsächlich gibt es zwischen den beiden Modellen unübersehbare Spannungen. Benedikt spricht von zwei ganz unterschiedlichen Weisen von Hermeneutik (II, 11). In der „Frage nach der Aktualität der Väter“ sieht er eine „Zerreißprobe der heutigen Theologie“, denn in ihr findet sich die Theologie zwischen zwei Welten

---

[3] Joseph Ratzinger, *Die Bedeutung der Väter für die gegenwärtige Theologie*, in: ThQ 148 (1968) 257–282, hier 260.

[4] Vgl. dazu Ludger Schwienhorst-Schönberger, *Zwei antagonistische Modelle der Schriftauslegung in Dei Verbum?*, in: Jan-Heiner Tück (Hg.), *Erinnerung an die Zukunft. Das Zweite Vatikanische Konzil*, Freiburg 2012, 449–461.

gestellt: „Glaube und Wissenschaft“.[5] Es handelt sich seiner Ansicht nach um „ein höchst komplexes Problem [...], in dem sich das ganze Dilemma der Theologie [...] gesammelt findet“[6]. Allerdings hat er schon vor Jahren die Vermutung geäußert, dass es, wenn man genauer hinschaut, „verborgenerweise so etwas wie eine tiefere Einheit oder wenigstens eine Komplementarität beider Wege geben sollte“, bei der auch „die Väter für den modernen Schriftausleger“ nicht „gänzlich belanglos sind“.[7]

Unter hermeneutischem Gesichtspunkt betrachtet unternimmt Benedikt in seiner Jesus-Trilogie den Versuch, diese beiden Modelle der Schriftauslegung miteinander zu verbinden, sie in eine organische Einheit zu führen: „Natürlich ist diese Verbindung zweier ganz unterschiedlicher Weisen von Hermeneutik eine immer neu zu bewältigende Aufgabe. Aber sie ist möglich, und durch sie werden in einem neuen Kontext die großen Einsichten der Väter-Exegese wieder zur Wirkung kommen können [...] Ich maße mir nicht an zu behaupten, in meinem Buch sei diese Verbindung zweier Hermeneutiken bereits vollzogen. Aber ich hoffe doch, einen guten Schritt in diese Richtung getan zu haben. Im Grunde geht es darum, endlich die vom Zweiten Vatikanischen Konzil (in *Dei Verbum* 12) für die Exegese formulierten methodischen Grundsätze aufzugreifen, was bisher leider kaum in Angriff genommen worden ist“ (II, 11 f.).

Seinem Anliegen kommen neuere Entwicklungen innerhalb der zeitgenössischen Exegese entgegen. Benedikt XVI. hat sie sorgfältig registriert: „Dankbar nehme ich auch zur Kenntnis, dass die Diskussion über Methode und Hermeneutik der Exegese, über Exegese als historische und zugleich auch theologische Disziplin trotz mancher Sperren neuen Schritten gegenüber an Lebhaftigkeit zunimmt“ (II, 10 f.). Im ersten Band seiner Jesus-Trilogie weist er dabei auf die kanonische Exegese hin. In der Tat kommen ihm in seinem Anliegen einige Einsichten und Entwicklungen in der neueren Exegese entgegen. Dazu gehören unter anderem:

(a) die Wiederentdeckung des Kanons der Schrift als des Kontextes der Auslegung („Lesen der einzelnen Texte der Bibel in deren Ganzheit“ – I, 18),

---

[5] Ratzinger, Die Bedeutung der Väter (s. Anm. 3), 262.

[6] Ebd., 258.

[7] Ebd., 261.

(b) die Einheit der Schrift („[…] der bei allen Unterschieden bestehende tiefe Einklang dieser Schriften […]“ – I, 22; „Aber dieser Glaubensentscheid trägt Vernunft – historische Vernunft – in sich und ermöglicht es, die innere Einheit der Schrift zu sehen […], ohne ihnen ihre historische Originalität wegzunehmen.“ – I, 18),
(c) die Mehrdeutigkeit und Sinnoffenheit biblischer Texte („Es gibt Dimensionen des Wortes, die die alte Lehre von den vier Schriftsinnen im Kern durchaus sachgemäß angedeutet hat.“ – II,19; „Der Prozess der Fortlesungen und Entfaltungen von Worten wäre nicht möglich gewesen, wenn nicht in den Worten selbst solche innere Öffnungen schon gegenwärtig gewesen wären.“ – I, 19),
(d) die Bedeutung der Intertextualität für die Sinnerschließung und die Rolle der Rezeptionsgemeinschaft („Volk Gottes“) für die Sinnfindung und Sinnbegrenzung biblischer Texte („Die Schrift ist in und aus dem lebenden Subjekt des wandernden Gottesvolkes gewachsen und lebt in ihm.“ – I, 19),
(e) die Unterscheidung von Autorintention und Bedeutung des Textes („[…] dass schon jedes Menschenwort von einigem Gewicht mehr in sich trägt, als dem Autor in seinem Augenblick unmittelbar bewusst geworden sein mag. Erst recht gilt dieser innere Mehrwert des Wortes, das seinen Augenblick überschreitet, von den Worten, die im Prozess der Glaubensgeschichte gereift sind. Da spricht der Autor nicht einfach aus sich selbst und für sich selbst.“ – I, 18).

Interessant im Hinblick auf diese Entwicklungen scheint mir eine Äußerung des evangelischen Neutestamentlers Ulrich Luz zu sein. Im letzten und vierten Band seines monumentalen Kommentars zum Matthäusevangelium schreibt er: „Meine Grunderfahrung in der Beschäftigung mit der Auslegungs- und Wirkungsgeschichte der Passionstexte war, dass es hier Schätze von Erfahrungen mit den biblischen Texten zu heben gilt, die für uns wieder wichtig werden könnten. Dabei war mir besonders wichtig, scheinbar Fremdes und längst Überwundenes ernst zu nehmen. Dazu gehört für mich als modernen Exegeten z.B. die allegorische Auslegung der biblischen Texte oder für mich als Protestanten die oft genug zu Unrecht als ‚Werkgerechtigkeit‘ abqualifizierte mittelalterliche Passionsfrömmigkeit. Die Erfahrung des Reichtums der Wirkungsgeschichte führte mich auch dazu, noch mehr als bisher den Reichtum der biblischen Texte selbst zu entdecken, welche mit ihren Sinnpotenzen, ihrer Of-

fenheit und ihrer Kraft diese Wirkungsgeschichte angestoßen und bestimmt haben [...] Ich hoffe, es sei deutlich geworden, dass dieser Kommentar ein kontextueller Kommentar sein will. Er will helfen, dass wir säkular gewordenen Nord- und Westeuropäer aus unserer eigenen Geschichte, die uns prägt, wieder neu schöpfen und uns von den geschichtlichen Erfahrungen anderer mit den Texten inspirieren lassen können. Er will helfen, dass wir die Schranken überholter Konfessionalität aufsprengen und in unserer säkular gewordenen Welt wieder neu ‚fromm' zu werden lernen."[8]
Die Jesus-Bücher von Benedikt XVI. lassen sich als der Versuch verstehen, das historische Wissen der modernen Exegese mit der Einsicht in die Wahrheit des Glaubens zu versöhnen. In der Gestalt Jesu, so lautet seine Diagnose, ist beides in den zurückliegenden Jahren auseinandergefallen. Diese Entwicklung sei „dramatisch für den Glauben, weil sein eigentlicher Bezugspunkt unsicher wird: Die innere Freundschaft mit Jesus, auf die doch alles ankommt, droht ins Leere zu greifen" (I, 11). So schickt er sich an, den „Riss zwischen dem ‚historischen Jesus' und dem ‚Christus des Glaubens'" (I, 10), der im 20. Jahrhundert immer tiefer wurde, zu heilen. Das lässt sich mit den Methoden der historisch-kritischen Forschung allein nicht bewerkstelligen. Die historisch-kritische Methode bedarf einer Ergänzung, die ihr jedoch nicht von außen auferlegt wird, sondern die sich als organische Weiterführung derselben versteht. An ihren Grenzen wird sichtbar, dass sie „aus ihrem eigenen Wesen heraus über sich hinausweist und eine innere Offenheit auf ergänzende Methoden in sich trägt" (I, 16). Im Projekt der „kanonischen Exegese" sieht Benedikt eine solche Entwicklung angelegt. Sie steht nicht in Widerspruch zur historisch-kritischen Methode, sondern führt sie organisch weiter und lässt sie „zu eigentlicher Theologie" werden (I, 18).

Das vielstimmige Konzept der kanonischen Exegese wie vor allem auch die damit in Verbindung stehenden Intertextualitätstheorien werden kontrovers diskutiert. Die Reaktionen auf die Jesus-Bücher lassen sich zu einem Teil auch vor dem Hintergrund fachinterner Aus-

---

[8] Ulrich Luz, *Das Evangelium nach Matthäus (Mt 26–28)*. EKK I/4, Düsseldorf 2002, VIII. Vgl. Marius Reiser, *Bibelkritik und Auslegung der Heiligen Schrift. Beiträge zur Geschichte der biblischen Exegese und Hermeneutik* (WUNT 217), Tübingen 2007.

einandersetzungen verstehen.[9] Ein Jahr nach Erscheinen des ersten Bandes des Jesus-Buches schrieb Martin Ebner einen kleinen Bericht zur Lage der neutestamentlichen Exegese. Darin heißt es: „Die Exegese in Deutschland ist momentan gespalten, aber nicht in konfessionelle, sondern in methodische Lager. Die klassischen historisch-kritischen Exegeten und die ‚Kanoniker‘ stehen sich gegenüber. Das eine Lager ist zahlenmäßig noch ziemlich klein, aber es besteht aus relativ jungen Professoren und vor allem Nachwuchswissenschaftlern, während im anderen Lager das Gros der etablierten Professoren steht, von denen die meisten die Sache für eine vorübergehende Modeerscheinung halten und still abwarten, während die ‚Kanoniker‘ kräftig zum Angriff blasen.“[10] Wissenschaftsbiographisch gesehen gehört also der Papst zur Gruppe der „jungen Professoren und der Nachwuchswissenschaftler“.

„Keine rein akademische Angelegenheit“

Die mit den beiden Modellen der Schriftauslegung angesprochene Spannung findet sich in folgender Aussage wieder, die ich zum Ausgangspunkt meiner nachfolgenden Überlegungen machen möchte: „Auslegung der Schrift kann keine rein akademische Angelegenheit sein und kann nicht ins rein Historische verbannt werden“ (I, 108). Damit ist zunächst einmal gesagt, dass Auslegung der Schrift eine akademische Angelegenheit ist. Gleichwohl geht sie über das rein Akademische hinaus. Es stellt sich die Frage, was das über das rein Akademische Hinausgehende ist, wie es näher zu bestimmen ist und in welchem Verhältnis es zu dem steht, was als „rein akademische Angelegenheit“ bezeichnet wird. Der Begriff „akademisch“ geht bekanntlich auf die von Platon um 385 v. Chr. in Athen gegründete Schule zurück, die – bei aller Verschiedenheit – als Vorläufer der Universitäten angesehen werden kann. Neben der Philosophie wurden dort auch die Einzelwissenschaften gepflegt. Schriftauslegung als akademische Angelegenheit gehört also – dieser Tradition folgend – an die

---

[9] Vgl. etwa die konträren Ansätze von Walter Gross und Norbert Lohfink (s. Anm. 23).

[10] Martin Ebner, *Die heißen Eisen anpacken. In der neutestamentlichen Exegese dominiert die Methodenreflexion*, in: Herder Korrespondenz – Spezial 2 (2008) 25.

Universität, an jenen Ort, an dem die Wissenschaften gepflegt werden, die sich mit den Mitteln und vor dem Anspruch der natürlichen Vernunft auszuweisen haben.[11] Die Universität ist ein dem Selbstverständnis der Exegese als „akademischer Angelegenheit“ angemessener Ort. Es sei allerdings daran erinnert, dass die von Platon gegründete Schule Teil eines Tempelbezirks und rechtlich als privater Kultverein (θίασος) organisiert war. Zum festen Bestandteil des akademischen Lebens gehörte dort die kultische Verehrung der Musen. So mag in Herkunft und Geschichte der Akademie bereits ein erster Hinweis darauf zu finden sein, dass die dort betriebene akademische Forschung und Lehre in einen über das „rein Akademische“ hinausgehenden Rahmen gespannt war. Eine religiöse Praxis war konstitutiver Bestandteil jener Institution. Ihre Entsprechung findet diese Zuordnung in der platonischen Philosophie selbst, die – einem begründeten und verbreiteten Urteil zu Folge – ihren nie verleugneten Ursprung in einer mystischen Erfahrung hat.[12] Zur wechselvollen Geschichte des Platonismus gehört einerseits seine von den meisten frühchristlichen Theologen wahrgenommene Affinität zum christlichen Glauben, andererseits aber auch der Widerstand gegen das Christentum, wie er vor allem in der seit dem 5. Jh. n. Chr. an der Akademie vorherrschenden philosophischen Richtung des Neuplatonismus zur Geltung kam, was neben dem dort betriebenen Götterkult zur ihrer Auflösung durch Kaiser Justinian im Jahre 529 n. Chr. führte.

Erinnert sei an dieser Stelle auch an die vom französischen Philosophiehistoriker Pierre Hadot breit belegte These, dass die antiken Philosophien ihrem Selbstverständnis nach keine rein akademischen Angelegenheiten waren, sondern sich als „geistige Übungen“ verstanden, durch die sowohl Schüler als auch Lehrer in eine Lebensform hineinfinden sollten, in der sich die erkannte Wahrheit zu bewähren hatte und in der sie zugleich tiefer verstanden wurde.[13] Dieser kleine Exkurs zum Begriff des Akademischen mag uns einen ersten Hinweis geben, dass der Begriff selbst bereits in der Antike über das rein Akademische hinausweist. Damit ist eine Richtung angedeutet, in die uns auch die Überlegungen Benedikts XVI. führen werden.

---

[11] Vgl. zum Thema „Universität“ IKaZ 42 (2013) 113–180.

[12] Vgl. Bernard McGinn, *Die Mystik im Abendland*. Bd. 1: Ursprünge, Freiburg 1994, 49 f.

[13] Pierre Hadot, *Philosophie als Lebensform. Geistige Übungen in der Antike*, Berlin 1991.

„Kann nicht ins rein Historische verbannt werden“

In dem oben angeführten Zitat wird neben dem Akademischen das Historische angesprochen: „Auslegung der Schrift […] kann nicht ins rein Historische verbannt werden“ (I, 108). Auf die Bedeutung historischer Forschung für ein angemessenes Verständnis der Bibel hat Benedikt XVI. mehrfach und mit Nachdruck hingewiesen: „Die historisch-kritische Methode […] bleibt von der Struktur des christlichen Glaubens her unverzichtbar“ (I, 14). Gleichwohl muss die Auslegung der Schrift über das rein Historische hinausgehen, da sie ihre Botschaft nicht nur als ein Wort der Vergangenheit, sondern auch und zugleich als ein Wort der Gegenwart versteht. Das jedoch kann die historisch-kritische Exegese ihrem Selbstverständnis nach nicht leisten. Deshalb bedarf sie der Ergänzung: „Soweit die historische Methode sich treu bleibt, muss sie das Wort nicht nur als vergangenes aufsuchen, sondern auch im Vergangenen stehenlassen“ (I, 15). Bemerkenswert erscheint mir, dass die auch bei Exegeten bisweilen beliebten „Anwendungen auf die Gegenwart“ in der Sicht des Papstes nicht dem entsprechen, was von der Schrift her gefordert ist. Zumindest scheint er gegenüber einer Applikationshermeneutik, die letztlich doch im Modell einer rein historischen Fragestellung befangen bleibt, skeptisch zu sein: Die historische Methode kann im Wort der Schrift „Berührungen mit der Gegenwart, Aktualität ahnen, Anwendungen auf die Gegenwart versuchen, aber ‚heutig‘ machen kann sie es nicht – da überschritte sie ihr Maß“ (I, 15). Offensichtlich schwebt ihm eine Form der Schriftauslegung vor, bei der das Wort der Schrift als ein in der Vergangenheit ergangenes *und* in der Gegenwart ergehendes Wort gehört und erschlossen wird. Zwischen Vergangenheit und Gegenwart ist zu unterscheiden, aber nicht zu trennen. Die historisch-kritische Methode, die sich mit der Vergangenheit befasst, bedarf darum einer Ergänzung. Zu Recht spricht der Papst deshalb von der „Verbindung zweier Hermeneutiken“. Ziel dieser Verbindung ist die Ermöglichung von Begegnung: „In der Verbindung der zwei Hermeneutiken […] habe ich versucht, ein Hinschauen und Hinhören auf den Jesus der Evangelien zu entwickeln, das zur Begegnung werden kann und sich im Mithören mit den Jüngern Jesu aller Zeiten doch gerade der wirklichen historischen Gestalt vergewissert“ (II, 13). Im Hintergrund steht die literaturwissenschaftlich und sprachphilosophisch nachvollziehbare Einsicht, dass das Wort der Schrift zwar als ein bestimmtes, in seiner Bestimmung aber zugleich als ein offenes Wort zu verstehen ist.[14] Die für alle Menschen und Zeiten geltende Wahrheit hat sich in der Zeit geoffenbart. Dies wird von der Schrift bezeugt. Die Tradition spricht in diesem Zusammenhang von der Inspiration der Hagiographen („Vergangenheit") *und* der Inspiration der Leser in der Lesegemeinschaft („Gegenwart"). So wie den Hagiographen nicht nur ein historisches Geschehen vor Augen kam, sondern ihnen die Bedeutung des Geschehens erschlossen wurde, so bedarf auch derjenige, der ihre Worte hört und liest, einer Sinnerschließung, die er nicht mehr durch eigene Anstrengung allein herbeiführen kann.[15]

Die Verschränkung von Vergangenheit und Gegenwart kommt sehr schön in einer Homilie des Origenes zum Lukasevangelium zum Ausdruck: „Wenn du liest: ‚Er lehrte in den Synagogen und wurde von allen gepriesen', dann hüte dich, nur seine damaligen Zuhörer für gesegnet zu halten und zu meinen, du selber bekämst nichts mit von seinem Lehren. Wenn die Heilige Schrift die Wahrheit enthält, dann sprach der Herr nicht nur damals in den Versammlungen der Juden, sondern er tut es auch heute noch in dieser Versammlung hier und nicht nur in dieser, sondern in jeder anderen Zusammenkunft; ja, auf dem gesamten Erdkreis lehrt Jesus und sucht Werkzeuge, durch die er seine Lehre verkündet."[16]

Benedikt XVI. zielt eine Form von Schriftauslegung an, welche das Wort der Vergangenheit als ein Wort der Gegenwart erschließt, ohne das eine gegen das andere auszuspielen. „Weil wir nun einmal die Vergangenheit nicht in die Gegenwart hereinholen können" (I, 16), stellt sich die Frage, wie eine Form der Schriftauslegung möglich sein soll, die das Wort der Vergangenheit so auslegt, dass es zugleich als ein Wort der Gegenwart vernommen werden kann, ohne dass sein Ort in der Geschichte übersprungen oder gar geleugnet würde.

---

[14] Es ist „wichtig, gegenwärtig zu halten, dass schon jedes Menschenwort von einigem Gewicht mehr in sich trägt, als dem Autor in seinem Augenblick unmittelbar bewusst geworden sein mag" (I, 18).

[15] Vgl. Ludger Schwienhorst-Schönberger, *Erleuchtungserfahrung und Schriftverständnis*, in: Peter Lengsfeld (Hg.), *Mystik – Spiritualität der Zukunft. Erfahrung des Ewigen*, Freiburg 2005, 251–264. Hier habe ich gezeigt, welche Bedeutung die Schau eines „unwandelbaren Lichtes" *(lux incommutabilis)*, von der Augustinus im 7. Buch der *Confessiones* erzählt, für sein Schriftverständnis hat.

[16] Origenes, *In Lucam homiliae / Homilien zum Lukasevangelium II*. Übersetzt und eingeleitet von Hermann-Josef Sieben SJ, Freiburg 1992, 323 (hom. in Lc 32,2).

In der Aussage, Schriftauslegung sei mehr als eine rein akademische Angelegenheit und dürfe nicht ins rein Historische verbannt werden, artikuliert sich implizit eine Kritik an einer Exegese, die sich als „rein akademisch“ und „rein historisch“ versteht. Das erinnert an eine Diagnose, die bereits Georg Wilhelm Friedrich Hegel der Theologie seiner Zeit gestellt hat. In den erstmals im Jahre 1821 gehaltenen Vorlesungen zur Religionsphilosophie kritisiert er eine sich ausschließlich historisch verstehende Theologie als eine sich auf der Oberfläche ausbreitende Gelehrsamkeit, die mit der Erkenntnis der Sache selbst nicht viel zu tun hat: „[Das Interesse beschäftigen] historische Umstände, philologisch kritische, [das] Studium [der] Kirchengeschichte, wie diese Bestimmung von diesem oder jenem Konzil festgesetzt [worden sei und] warum, [die] Gründe, welche die Menschen dabei gehabt [haben], wie diese Ansichten [entstanden] sind [usf.]. Diese Theologie, die beim Erkennen Gottes sich nur historisch verhalten will, die zwar eine Fülle von Erkenntnis, aber nur äußerlicher Art ist, hält an bloß historischen Gesichtspunkten fest und häuft eine Masse von Inhalt als äußerliche Kenntnis auf. Was diese geschichtliche Behandlung betrifft, so hat sie es zu tun mit Gedanken, Vorstellungen, die andere gehabt, aufgebracht, bekämpft haben, mit Überzeugungen, die andern angehören [...] Die historische Behandlung ist sehr tätig mit diesen Lehren, aber nicht mit dem Inhalt, sondern mit der Äußerlichkeit der Streitigkeiten darüber, den Leidenschaften, die sich daran geknüpft haben, usf. Mit dem wahrhaften Inhalt, mit der Erkenntnis Gottes, haben es jene Theologen gar nicht zu tun.“[17]

Erklären und Verstehen

Die beiden Modelle der Schriftauslegung, die Benedikt XVI. miteinander in Verbindung zu bringen sucht, erinnern an eine Debatte in den Geisteswissenschaften, die unter dem Begriffspaar „Erklären und Verstehen“ geführt wurde und in jüngster Zeit wieder aufgebrochen ist.[18] In der bis heute maßgeblichen Gestalt geht sie auf Wilhelm

[17] Zitiert nach der Ausgabe Georg Wilhelm Friedrich Hegel, *Begriff der Religion*, hg. von Georg Lasson, Philosophische Bibliothek Bd. 59, Hamburg 1966, 29 (Einleitung, 3. Abschnitt).

[18] In die inzwischen 4. Auflage des erstmals 1998 erschienenen *Metzler Lexikon Literatur- und Kulturtheorie. Ansätze – Personen – Grundbegriffe*, hg. von Ansgar

Dilthey (1833–1911) zurück, der damit das Selbstverständnis der Geisteswissenschaften angesichts des rasanten Fortschritts und des auftrumpfenden Selbstbewusstseins der Naturwissenschaften im 19. Jahrhundert neu zu bestimmen suchte. Als zwei Grundbegriffe der Erkenntnistheorie werden *Erklären* und *Verstehen* zwei Wissenschaftstypen zugeordnet: das Erklären den Naturwissenschaften, das Verstehen den Geisteswissenschaften. Das sich an den Naturwissenschaften orientierende *erklärende Wissenschaftsmodell* geht idealtypisch von einem korrespondenztheoretischen Wahrheitsverständnis aus. Die Trennung von forschendem Subjekt und zu erforschendem Objekt, die Objektivität und intersubjektive Überprüfbarkeit der naturwissenschaftlichen Erkenntnisse und die kontextunabhängige Geltung ihrer Methoden und Ergebnisse sind weitere Prämissen dieses Modelles. Ihr Erkenntnisinteresse richtet sich auf die objektive Erklärung empirischer Tatsachen auf der Grundlage kausaler Gesetzmäßigkeiten. Das *verstehende Wissenschaftsmodell* hingegen sieht einen rein analytisch-erklärenden Zugang für das Erfassen kultureller Äußerungen als unzureichend an. Ihm geht es darum, innere Zusammenhänge zu verstehen und zu erschließen, die Bedeutung, den Sinn und den Wahrheitsgehalt literarischer Texte oder Kunstwerke zu erfassen. Dabei spielt der Kontext eine bedeutende Rolle, und zwar sowohl der Kontext der Entstehung eines Werkes als auch derjenige seiner Rezeption. Hinzu kommt, dass die lebensweltliche Erfahrung des Rezipienten in den Prozess des Verstehens mit eingeht. So bleibt das Verstehen eines Textes oder eines Kunstwerkes immer unabgeschlossen. Es gibt eine legitime Pluralität an Deutungen, die jedoch nicht mit Beliebigkeit zu verwechseln ist. Trotz der Einbindung in lebensweltliche Erfahrungen und der prinzipiellen Unabgeschlossenheit des Verstehens hält das Modell an der Mitteilbarkeit der gewonnenen Einsichten fest.

Unter dem Gesichtspunkt der hier skizzierten beiden Modelle wird man die Jesus-Bücher des Papstes eindeutig dem hermeneutisch-verstehenden Modell zuordnen müssen. Das Anliegen, das Benedikt XVI. mit seinen Jesus-Büchern verfolgt, könnte man aus dieser Perspektive so beschreiben, dass er das erklärend-analytische Wissenschaftsmodell für das Verständnis der Heiligen Schrift und der Gestalt Jesu als un-

---

Nünning, Stuttgart 2008, 171 f. wurde erstmals der Artikel „Erklären-Verstehen-Debatte" aufgenommen. Vgl. auch Karl-Otto Apel, Art. *Verstehen*, in: Historisches Wörterbuch der Philosophie, hg. von Joachim Ritter – Karlfried Gründer – Gottfried Gabriel, Bd. 11, Darmstadt 2001, 918–938.

zureichend erweisen möchte. Anders gesagt: In der Bibelwissenschaft müssen das erklärend-analytische Wissenschaftsmodell und das verstehende Wissenschaftsmodell in eine rechte (neue) Balance finden. Der Papst kritisiert die Bibelwissenschaft dort, wo sie sich tendenziell mit einem erklärend-analytischen Wissenschaftsmodell identifiziert und aus dieser Position heraus theologisch weitreichende Aussagen über ihren Gegenstand macht. Durchgehend weist er auf die Grenzen dieses Zugangs zur Heiligen Schrift hin. Letztlich liegt der Universalisierung dieser Methode ein verfehltes Gottesbild zugrunde. Sie hat die Dimension „des inneren Hörens“ abgelegt und will „nur noch das Experimentierbare, das in unsere Hand gegeben ist, als wirklich anerkennen“ (I, 66).

Benedikt XVI. hält das erklärend-analytische Wissenschaftsmodell in der Bibelwissenschaft für unverzichtbar. Den Akzent setzt er jedoch eindeutig auf das Verstehen. Das dürfte unter anderem damit zusammenhängen, dass sich die Bibelwissenschaft in der Neuzeit stark dem erklärend-analytischen Verstehensmodell angenähert, sich in einigen ihrer Richtungen sogar weitgehend mit ihm identifiziert hat. Zwei Beispiele seien dafür genannt. Als einer der Väter der modernen Bibelwissenschaft wird der jüdische Philosoph Baruch de Spinoza genannt. Er hat sich in seinem Werk *Tractatus theologico-politicus* von 1670 ausführlich mit der Methode der Bibelauslegung befasst: „Um es kurz zusammenzufassen, sage ich, dass die Methode der Schrifterklärung *(methodum interpretandi Scripturam)* sich in nichts von der Methode der Naturerklärung unterscheidet, sondern völlig mit ihr übereinstimmt. Denn ebenso, wie die Methode der Naturerklärung in der Hauptsache darin besteht, eine Naturgeschichte zusammenzustellen, aus der man dann aus sicheren Daten die Definitionen der Naturdinge ableitet, ebenso ist es zur Schrifterklärung nötig, eine getreue Geschichte der Schrift auszuarbeiten, um daraus als aus den sicheren Daten und Prinzipien den Sinn der Verfasser der Schrift in richtiger Folgerung abzuleiten.“[19]

Zum analytisch-erklärenden Modell der Bibelexegese ist auch die literarhistorische Forschung zu rechnen. Viele Exegeten sehen ihre Arbeit als erledigt an, wenn sie Herkunft und Entstehung eines Textes oder Motivs erklärt haben. Aus der Einsicht in die Defizienz eines

[19] Baruch de Spinoza, *Tractatus theologico-politicus* 85 (231 f.). Zitiert nach der Ausgabe Spinoza, *Opera – Werke. Lateinisch und Bd. I*, hg. von Günter Gawlick – Friedrich Niewöhner, Darmstadt ²1989.

solchen Verständnisses von Exegese nährt sich die seit einigen Jahren zu beobachtende Neuausrichtung der Schriftauslegung, die sich in einigen Richtungen als „biblisch-theologische Auslegung" versteht.[20]

Generell lässt sich in der Exegese eine gewisse Scheu beobachten, sich auf die Inhalte biblischer Texte einzulassen, geschweige denn, sie in ihrem Wahrheitsgehalt zu erschließen.[21] Es geht ihr gewöhnlich nicht darum, die Sache zu verstehen, die im Text zur Sprache kommt, sondern darum, exakt zu beschreiben, wie die Sache (von anderen) verstanden wurde. Mit Hegel gesprochen: Sie befasst sich „mit Gedanken, Vorstellungen, die andere gehabt, aufgebracht, bekämpft haben, mit Überzeugungen, die andern angehören".[22] Man verbleibt bewusst auf der Ebene der Deskription. Alles andere gilt als unwissenschaftlich, da es methodisch nicht zu kontrollieren sei.[23] Es handelt sich

---

[20] Vgl. Ludger SCHWIENHORST-SCHÖNBERGER, „Eines hat Gott gesagt, zweierlei habe ich gehört" (Ps 62,12). Sinnoffenheit als Kriterium einer biblischen Theologie, in: Jahrbuch für Biblische Theologie 25 (2010) 45–61.

[21] Als ein Beleg sei angeführt: Wolfgang RICHTER, *Exegese als Literaturwissenschaft. Entwurf einer alttestamentlichen Literaturtheorie und Methodologie*, Göttingen 1971. Darin befasst sich von den sieben „Aspekten der Methodologie" nur einer, und zwar der letzte, mit dem Inhalt. Dabei ist das Wort „Inhalt" in Anführungszeichen gesetzt; das Kapitel ist weitgehend polemisch abgefasst. So heißt es dort (S. 174): „Der klassischen Exegese ging es um den Inhalt, als sei dies die einzige Aufgabe der Textinterpretation; die Analyse der formalen Seite wurde gern als nebensächlich abgewertet." Bei RICHTER lässt sich das Gegenteil beobachten. Er meint, eine Exegese, die sich als Theologie versteht, führe in ein „geistiges Ghetto" (ebd., 175 f.). Mir scheint das Gegenteil der Fall zu sein. Die Jesus-Bücher des Papstes lassen sich als Gegenentwurf zu diesem einflussreichen Modell von Exegese lesen. Das verständliche Anliegen von Wolfgang RICHTER liegt darin, unberechtigte Eintragungen zu vermeiden. Dass die von RICHTER empfohlene Methode jedoch selbst unhaltbare Voraussetzungen enthält, dürfte inzwischen allgemein anerkannt sein. Er kritisiert, dass der Inhalt „häufig nicht um seiner selbst willen erhoben" wurde, „sondern etwa zur persönlichen Erbauung an den Heiligen Schriften" (ebd., 174).

[22] Siehe Anm. 17.

[23] Vgl. RICHTER, Literaturwissenschaft (Anm. 21), 12: „Die Bibelwissenschaft ist somit ein kleiner Zweig der Literaturwissenschaften; sie ist Literaturwissenschaft." Ebd., 28: „Literaturwissenschaft ist vielmehr als deskriptive Wissenschaft verstanden. Ihre Aufgabe ist es, das gesamte atl. literarische Material zu beschreiben und zu ordnen, und zwar nach seinen formalen und inhaltlichen Strukturen." Walter GROSS, *Ist biblisch-theologische Auslegung ein integrierender Methodenschritt?*, in: Frank-Lothar HOSSFELD (Hg.), *Wieviel Systematik erlaubt die Schrift? Auf der Suche nach einer gesamtbiblischen Theologie* (QD 185), Freiburg

hierbei um das Ideal des erklärenden Wissenschaftsmodells, das im Grunde dasjenige der Naturwissenschaften ist. Wie der Naturwissenschaftler im Experiment auf die Natur zugreift, so der Exeget auf den Text. Das Verhältnis des Exegeten zum Text realisiert sich in einem „Textzugriff“ – so der häufig in diesem Zusammenhang anzutreffende Ausdruck.[24] Das hermeneutisch-verstehende Modell wird als unwissenschaftlich verworfen. Von daher nimmt es nicht wunder, wenn die analytische Richtung der Exegese sich immer stärker formalisiert, in ihren Beschreibungen immer präziser wird, inhaltlich aber nicht mehr viel zu sagen hat und dieses Feld dann notgedrungen anderen überlassen muss, die es aber auch nicht recht machen, weil sie persönliche Überzeugungen und Wertungen in die Auslegung der Texte mit einfließen lassen.

Das hermeneutische Anliegen Benedikts XVI. ist mit der Etablierung neuer Methoden im engeren Sinne nicht wirklich erfasst. Zwar konstatiert er zu Recht deutliche Entsprechungen seines Anliegens zur sogenannten „kanonischen Exegese“. Doch auch diese kann zu einer Methode werden, die sich ausschließlich auf der Ebene des analytisch-erklärenden Wissenschaftsmodells bewegt. Derartige Entwicklungen

---

2001, 145: „Kontrollierbare Methoden, wie das Ziel einer Biblischen Theologie im Singular bzw. einer bibelnahen Systematik erreicht werden könnte, sind noch nicht einmal im Ansatz entwickelt [...] Hermeneutische Modelle und Wünsche ersetzen keine Methodik, beweisen auch nicht, dass überhaupt geeignete Methoden zu ihrer Realisierung gefunden werden können.“ Von Hans-Georg GADAMER, *Wahrheit und Methode. Grundzüge einer philosophischen Hermeneutik*, Tübingen 1960 her gelesen, wäre diese Form der Exegese der „Methode“, nicht der „Wahrheit“ zuzuordnen. Vgl. Ludger SCHWIENHORST-SCHÖNBERGER, *Alttestamentliche Weisheit im Diskurs:* ZAW 125 (2013) 118–142. Zur Kritik am Modell von Walter GROSS vgl. Norbert LOHFINK, *Alttestamentliche Wissenschaft als Theologie? 44 Thesen*, in: Frank-Lothar HOSSFELD (Hg.), *Wieviel Systematik erlaubt die Schrift? Auf der Suche nach einer gesamtbiblischen Theologie* (QD 185), Freiburg 2001, 36: „Daher muss sich der Alttestamentler bei der eigentlich exegetischen Arbeit an seinen Texten keineswegs nur als Literaturwissenschaftler und Historiker verstehen. Er kann – über die auf jeden Fall zu leistende textwissenschaftliche und historische Arbeit hinaus – im Gang an den Texten entlang durchaus ‚Glaubenstheologie‘ treiben. Er tut dann sachlich das Gleiche wie der Dogmatiker, wenn auch auf nicht-systematische, textauslegende Weise. Auch wenn der Kern seines Tuns von textauslegenden historisch-kritischen Arbeitsschritten geprägt sein wird, muss er sich doch nicht darauf beschränken.“

[24] Vgl. GROSS, Biblisch-theologische Auslegung (Anm. 23), 110: „diachrone und synchrone Textzugriffe“; ferner u. a. 121–124.

lassen sich in jüngster Zeit beobachten. Es erscheinen viele Arbeiten zur Rezeptionsgeschichte und zur Intertextualität biblischer Texte. Auch sie verbleiben gewöhnlich auf der Ebene der Deskription. Das Anliegen des Papstes geht eindeutig darüber hinaus. Er will nicht nur beschreiben, sondern erschließen. Häufig begegnet in den Jesus-Büchern die Frage: „Was heißt das?"

Eine stärker theologisch ausgerichtete Interpretation der Bibel wird inzwischen von einigen Exegeten gefordert. Was genau darunter zu verstehen ist, bleibt oft unklar. Nicht selten drängt sich der Eindruck auf, dass es dabei vor allem um eine stärker inhaltlich ausgerichtete Auslegung der Schrift geht. Formale Aspekte treten in den Hintergrund. Das Anliegen ist berechtigt. Dennoch bleibt es oft dabei, dass die Ergebnisse der historisch-kritischen Exegese lediglich mit theologisch gewichtigen Begriffen übermalt werden. Auch ein solches Verfahren, so informativ es sein mag, bleibt letztlich unbefriedigend. „Der Gläubige wird in der Bibel immer mehr suchen als das ‚Verständnis der Vergangenheit'!", schreibt Henri de Lubac.[25] Er sucht ein Einverständnis, eine Begegnung, die verwandelt, aber nicht vergewaltigt; eine Verschmelzung der Horizonte, der die Vernunft zustimmt, weil sie erkennt, dass sie selbst einer solchen Verwandlung bedarf, die sie nicht blind, sondern in einem tieferen Sinne sehend macht, die „das Denken aus der Bahn des Gewohnten führt" – *supra mentem meam commutabilem.*[26]

Offensichtlich beabsichtigt Benedikt XVI., die Exegese auf den Weg des Verstehens zu führen. Er will sie daran erinnern, dass sich ihre Aufgabe nicht mit der Anhäufung von Wissen erschöpft. Auf diesem Gebiet hat sie Hervorragendes geleistet. Das Gebot der Stunde aber lautet, nun einen Schritt darüber hinaus zu gehen. Das Standardmodell der historisch-kritischen Exegese befasst sich mit dem Erklären. Die Vermehrung des Wissens auf dieser Ebene hält Benedikt für weitgehend abgeschlossen. Darin sieht er gegenwärtig nicht mehr die vordringliche Aufgabe der Bibelwissenschaft. So ist seine Aussage, die unter Exegeten Widerspruch ausgelöst hat, konsequent: „Die historisch-kritische Auslegung hat in 200 Jahren exegetischer Arbeit ihr Wesentliches gegeben. Wenn die wissenschaftliche Schriftauslegung

---

[25] Henri de Lubac, *Typologie, Allegorie, Geistiger Sinn. Studien zur Geschichte der christlichen Schriftauslegung*. Aus dem Französischen übertragen und eingeleitet von Rudolf Voderholzer, Einsiedeln – Freiburg 1999, 74.

[26] Augustinus, *Confessiones* VII, 17,23.

sich nicht in immer neuen Hypothesen erschöpfen und theologisch belanglos werden soll, muss sie einen methodisch neuen Schritt tun und sich neu als theologische Disziplin erkennen, ohne auf ihren historischen Charakter zu verzichten. Sie muss lernen, dass die positivistische Hermeneutik, von der sie ausgeht, nicht Ausdruck der allein gültigen und endgültig zu sich selbst gekommenen Vernunft ist, sondern eine bestimmte und historisch bedingte Art von Vernünftigkeit darstellt, die der Korrektur und der Ergänzung fähig und bedürftig ist“ (II, 11).

Der Papst steht also eindeutig in der Tradition des hermeneutisch-verstehenden Wissenschaftsparadigmas. Es lassen sich aber auch Entsprechungen zu poststrukturalistischen Literaturtheorien ausmachen. Wenngleich nicht von der analytisch-erklärenden Wissenschaftstradition herkommend, stellen diese doch einige Prämissen des hermeneutisch-verstehenden Modells infrage. Dazu gehören der Wahrheitsbegriff, Rolle und Funktion des Autors, die Relativierung der Autorenintention und die Einheit des Werkes. Es wäre interessant, das (sachliche, nicht genetische) Verhältnis Benedikts XVI. zu den poststrukturalistischen Literaturtheorien zu untersuchen. Das kann hier nicht geschehen, es sollen aber doch einige wenige Andeutungen gemacht werden. Entsprechungen gibt es hinsichtlich der Relativierung des historischen Autors und der Aufwertung der Bedeutung des Werkes, hinsichtlich der Annahme der Mehrdeutigkeit literarischer Texte und der damit einhergehenden Öffnung für die Bedeutung der Rezeption. Damit wird auch der Wahrheitsbegriff geweitet. Die „Wahrheit eines Textes“ ist nicht einfachhin identisch mit der von einem historischen Autor intendierten Bedeutung. Sie erschließt sich erst in einer (langen) Geschichte des Hörens. Der entscheidende Unterschied zu den poststrukturalistischen Literaturtheorien dürfte aber darin zu sehen sein, dass sich die Öffnung des Textes und seiner Wahrheit bei Benedikt XVI. nicht in einer Beliebigkeit von Deutungen verliert, sondern ekklesiologisch eingegrenzt wird. Die Sinnoffenheit der Texte wird durch Sinnfestlegungen der Rezeptionsgemeinschaft („Kirche“) in Grenzen gehalten, wobei allerdings die Rezeptionsgemeinschaft nicht als ein in sich stehendes Subjekt verstanden wird, sondern als eine Größe, die ihr Sein von einer anderen, der göttlichen Wirklichkeit her empfängt. In dieser Wirklichkeit stehend ist dann der Mensch kein Gefangener der Sprache, sondern einer, der auf der Suche nach der Wahrheit nicht dazu verurteilt ist, ins Leere zu greifen.

Das Subjekt der Exegese

Wir stoßen damit auf die entscheidende Frage nach dem Subjekt der Exegese. Sie ist einer der Schlüssel zum Verständnis der Hermeneutik der Jesus-Bücher. Sie blieb in der bisherigen Diskussion, soweit sie mir bekannt ist, weitgehend unberücksichtigt. Benedikt XVI. fragt nach der Konstitution des Bewusstseins derer, die die Schrift lesen und auslegen. Darin lässt sich eine der neuzeitlichen Wende zum Subjekt analoge Bewegung ausmachen. Er beginnt nicht unreflektiert mit der Auslegung der Schrift, sondern fragt nach den Bedingungen, die gegeben sein müssen, damit ein Verstehen der Schrift überhaupt möglich ist.

Die für unsere Fragestellung entscheidende Passage lautet: „Man könnte sagen, dass die Bücher der Schrift auf drei ineinanderwirkende Subjekte verweisen. Zunächst steht da der einzelne Autor oder die Autorengruppe, der wir eine Schrift verdanken. Aber diese Autoren sind keine autonomen Schriftsteller im modernen Sinn, sondern sie gehören dem gemeinsamen Subjekt des Gottesvolkes zu, aus dem heraus und zu dem sie sprechen, das so eigentlich der tiefere ‚Autor' der Schriften ist. Und wiederum: Dieses Volk steht nicht in sich selbst, sondern weiß sich geführt und angeredet durch Gott selber, der im Tiefsten – durch Menschen und ihre Menschlichkeit hindurch – da redet" (I, 19f.). Von diesem Subjektverständnis her wird die bereits angesprochene Diastase von Vergangenheit und Gegenwart überwunden: „Das Volk Gottes – die Kirche – ist das lebendige Subjekt der Schrift; in ihr sind die biblischen Worte immer Gegenwart. Freilich gehört dazu, dass dieses Volk sich selbst von Gott her, zuletzt vom leibhaftigen Christus her, empfängt und sich von ihm ordnen, führen und leiten lässt" (I, 20).

Die Affinitäten zum poststrukturalistischen Subjektbegriff sind unverkennbar. Benedikt bestreitet im Hinblick auf die Autoren der Heiligen Schrift die Existenz eines autonomen Subjekts. Die Hagiographen sind immer schon durch die Gemeinschaft „geformte Subjekte". Sie sprechen nicht aus sich heraus, sondern sie sind, mit Michel Foucault gesprochen, eine „Funktion des Diskurses". Sehr schön kann man bei Benedikt den Vorgang einer „Dezentrierung des Subjekts" beobachten: „[...] diese Autoren sind keine autonomen Schriftsteller im modernen Sinn, sondern sie gehören dem gemeinsamen Subjekt des Gottesvolkes zu, aus dem heraus und zu dem sie sprechen, das so eigentlich der tiefere ‚Autor' der Schriften ist" (I, 19f.).

Bevor wir dem Gedanken näher nachgehen, sei bemerkt, dass die „Dezentrierung des Subjekts“ den Kern der sich von den idealistischen Philosophien des 19. Jahrhunderts absetzenden poststrukturalistischen Kultur- und Literaturtheorien bildet. Das ist der philosophische Hintergrund der Neukonzeption der Rollen des Autors und des Lesers ebenso wie des Konzeptes der nicht-intendierten Intertextualität. Von daher ist es kein Zufall, dass die „konservativen“ Verfechter der historisch-kritischen Exegese genau diese Entwicklung vehement ablehnen.[27] Der Papst gelangt zu diesen Thesen nicht, weil er sich einer philosophischen Modeströmung anpasst, sondern weil er die Grenzen eines historisch bedingten literaturwissenschaftlichen Modells erkannt hat und weil er aus seiner Kenntnis der patristischen Schrifthermeneutik mit einem offeneren hermeneutischen Horizont vertraut ist. Wissenschaftsgeschichtlich gesehen ist es deshalb nicht korrekt, die Position des Papstes als vor-kritisch zu bezeichnen; in Wahrheit ist sie post-kritisch, nicht weil sie die Kritik hinter sich lässt, sondern weil sie die Kritik aufgreift und in ein erweitertes Modell integriert.

Deshalb sollte man seine Äußerungen ernst nehmen und sie nicht als eine vorgeschobene Schutzbehauptung abtun, wenn er schreibt: „Ich hoffe, dass den Lesern aber deutlich wird, dass dieses Buch nicht gegen die moderne Exegese geschrieben ist, sondern in großer Dankbarkeit für das viele, das sie uns geschenkt hat und schenkt. Sie hat uns eine Fülle von Material und von Einsichten erschlossen, durch die uns die Gestalt Jesu in einer Lebendigkeit und Tiefe gegenwärtig werden kann, die wir uns vor wenigen Jahrzehnten noch gar nicht vorzustellen vermochten. *Ich habe lediglich versucht, über die bloß historisch-kritische Auslegung hinaus die neuen methodischen Einsichten anzuwenden, die uns eine eigentlich theologische Interpretation der Bibel gestatten und so freilich den Glauben einfordern, aber den historischen Ernst ganz und gar nicht aufgeben wollen und dürfen*“ (I, 22; Hervorhebung von L. S.-S.).

---

[27] Zum Beispiel Walter Gross, Biblisch-Theologische Auslegung (s. Anm. 23), 129: „Wer hat den so erhobenen Sinn jemals intendiert, diese Allbezüglichkeit erzeugt, diese theologischen Gedanken je gedacht?“ Ebd., 130: „Wer ist das Subjekt, das Formulierungsbezüge zwischen ursprünglich selbständigen, aus verschiedenen Jahrhunderten stammenden und zu verschiedenen Adressaten über ganz unterschiedliche Inhalte sprechenden Texten auch dann für sinnrelevant hält, wenn es (im Extremfall) erkannt hat, dass diese Bezüge von niemandem intendiert wurden?“

Kehren wir zurück zur Frage nach dem Subjekt der Exegese. Im oben angeführten Text hat Benedikt XVI. sein Subjektverständnis im Hinblick auf die Verfasser der Schrift formuliert. Es lässt sich aber in gleicher Weise auf die Rezipienten der Schrift anwenden, und der Papst tut es mehrfach und regelmäßig.

Das Modell eines kulturell ungeformten Subjekts, das die biblischen Texte verfasst hat und liest, das dem Text gleichsam autonom und objektiv gegenübersteht, ist eine Fiktion. Jedes Subjekt ist kulturell geformt. Im Hinblick auf die Autoren der Bibel hat die historisch-kritische Exegese immer darum gewusst. Ihre ganze Energie hat sie in die Erforschung der altorientalischen und biblischen Kulturen gesetzt. Doch die Frage nach der Formung der Rezipienten blieb eigenartigerweise unterbelichtet. Die entscheidende Frage lautet also: Von welcher Kultur ist das Subjekt, das die Bibel auslegt, geformt? Und die noch wichtigere Frage lautet: Von wem ist die Kultur geformt, die das Subjekt formt, welches die Heilige Schrift liest und zu verstehen sucht? Der entscheidende Punkt ist, dass diese beiden Subjekte nicht als in sich geschlossene Größen neben oder gar gegeneinander gestellt sind, sondern ineinander greifen und schließlich auf ein drittes „Subjekt" verweisen: auf Gott. Die Ekklesiologie ist also konstitutiver Bestandteil der Schriftauslegung, und diese wiederum ist eingebunden in die Theologie. Anthropologie, Ekklesiologie und Theologie greifen in der Schriftauslegung ineinander. Niemand kann die Bibel außerhalb einer Gemeinschaft lesen. Die Frage ist, welcher Gemeinschaft er zugehört und woher sich diese Gemeinschaft formen lässt.

Die Bedeutung der Jesus-Bücher sehe ich darin, dass Benedikt XVI. auf diese Zusammenhänge aufmerksam macht und sie in den Prozess der Schriftauslegung integriert. In den klassischen Werken historisch-kritischer Exegese geschieht das gewöhnlich nicht. Benedikt XVI. distanziert sich also vom autonomen Subjektverständnis des 19. Jahrhunderts. Allerdings wird bei ihm das Subjekt im Unterschied zu einigen poststrukturalistischen Konzeptionen nicht zum Gefangenen seiner Sprache und Kultur. Hier ist jedoch eine Einschränkung vorzunehmen. Der Papst sieht sehr wohl die Gefahr, dass der Mensch sein Menschsein verlieren kann, wenn er von einer weltweiten „Vergiftung des geistigen Klimas" umgeben ist und wenn auch die menschlichen Gemeinschaften „hoffnungslos dem Wirken solcher Mächte ausgeliefert" sind. „Der Christ weiß, dass er aus Eigenem dieser Bedrohung nicht Herr werden kann" (I, 212).

Der Subjektbegriff Benedikts ist also im Kern theologisch geprägt.

Wer „Subjekt“ sagt, sagt „Gott“. Und das Gleiche gilt für die Kirche. Allerdings ist die *normative* Bestimmung der ekklesiologischen Dimension der Schriftauslegung von entscheidender Bedeutung. Sie verhindert ein Abgleiten ins Ideologische und Totalitäre: „Das Volk Gottes – die Kirche – ist das lebendige Subjekt der Schrift; in ihr sind die biblischen Worte immer Gegenwart. *Freilich gehört dazu, dass dieses Volk sich selbst von Gott her, zuletzt vom leibhaftigen Christus her, empfängt und sich von ihm ordnen, führen und leiten lässt*“ (I, 20; Hervorhebung von L. S.-S.).

Ein wirkliches Verstehen der Schrift ist im Grunde also nur einem Subjekt möglich, das sich auf jene Gemeinschaft hin öffnet, die sich „von Gott her […] empfängt, sich von ihm ordnen, führen und leiten lässt“. Letztlich muss sich also derjenige, der die Schrift verstehen will, von jener göttlichen Wirklichkeit formen lassen, die in der Schrift bezeugt wird. Für die christliche Theologie konkretisiert sich dies in der Gestalt Jesu.

Konkret heißt das, dass es neben der Schulung im Wissen und in den Methoden, die sich auf das *Erklären* der Schrift beziehen, einer Übung, eines Exerzitiums bedarf, das den Leser und Interpreten der Schrift hinsichtlich des *Verstehens* formt. Das ist eine für das moderne Wissenschaftsverständnis höchst heikle Angelegenheit. Sie dürfte lebhaften Widerspruch hervorrufen, erweckt sie doch den Eindruck, die Exegese in den Raum subjektiver Erbaulichkeit und persönlicher oder kirchlicher Frömmigkeit zu verbannen und sie damit ihres Charakters als Wissenschaft zu entkleiden. Die obige Verortung in aktuelle Dispute der Geistes- und Kulturwissenschaften dürfte jedoch deutlich gemacht haben, dass es sich keineswegs um ein Sonderproblem der Theologie handelt, sondern dass hier grundlegende Fragen der Hermeneutik angesprochen sind.

In der Kulturanthropologie beispielsweise wird das Thema unter dem Begriff der „teilnehmenden Beobachtung“ erörtert. Der britische Ethnologe Bronislaw Malinowski (1884–1942) hat das Konzept in die Ethnologie eingeführt, wo es inzwischen zum Standard der Forschung gehört. Im Hintergrund steht die These, dass eine Kultur nur verstanden werden kann, wenn derjenige, der sie verstehen will, an ihr teilnimmt. Versteht man Exegese nach dem Modell teilnehmender Beobachtung, dann müssten Exegeten, um die Texte der Bibel zu verstehen, die von den biblischen Texten konstituierte Welt bewohnen.

Der Weg des Verstehens

Wenn christliche Mystik das Bewusstsein von der unmittelbaren Gegenwart Gottes ist,[28] dann ist es nur konsequent, wenn der Papst die Frage nach dem Weg des Verstehens im Rückgriff auf die christliche Mystik konkretisiert. Schon in der Einführung zum ersten Band, in der über die Gestalt des Mose und die Grenzen seines Gott-Schauens ein „erster Blick auf das Geheimnis Jesu" geworfen wird, kommt Benedikt auf die Möglichkeiten und „Grenzen mystischen Schauens" zu sprechen (I, 30). In den weiteren Ausführungen wird das Thema konkretisiert und vertieft. Er weist auf den inneren Zusammenhang von Schrift- und Gottesverständnis hin und zitiert das berühmte Wort des Theophil von Antiochien, welches die im menschlichen Bewusstsein angelegten Verschattungen, die einem Verstehen Gottes im Wege stehen, unmissverständlich anspricht, zugleich aber auch die Möglichkeit einer Reinigung in den Blick nimmt (I,124):[29] „Wenn du sagst: ‚Zeige mir deinen Gott!', so möchte ich dir antworten: ‚Zeige mir den Menschen in dir, und ich will dir meinen Gott zeigen!' Zeige mir also, dass die Augen deiner Seele sehen und die Ohren deines Herzens hören! Die mit ihren leiblichen Augen Sehenden nehmen die Vorgänge im Erdenleben wahr und unterscheiden zugleich die verschiedenen Erscheinungen […] So verhält es sich auch mit den Ohren des Herzens und den Augen des Geistes, wenn es sich um die Möglichkeit handelt, Gott zu schauen. Gott wird nämlich von denen gesehen, die imstande sind, ihn zu sehen, wenn sie nämlich die Augen ihres Geistes offen halten. Denn es haben zwar alle ihre Augen, aber bei einigen sind sie getrübt […] So hast auch du, Mensch, infolge deiner Sünden und schlechten Handlungen getrübte Augen. Die Seele des Menschen sei rein wie ein blanker Metallspiegel."

Anschließend stellt Benedikt die Frage: „Wie wird das innere Auge

---

[28] McGinn, Die Mystik im Abendland (s. Anm. 12), 19.

[29] Ich zitiere Theophil von Antiochien, *Ad Autolycum* 1,2 hier ausführlicher als Benedikt es an der angegebenen Stelle tut. Zitiert nach: *Texte der Kirchenväter*, Bd. 1, hg. von Heinrich Kraft, München 1963, 13 f. Es handelt sich hierbei um ein universales Motiv christlicher Mystik und Spiritualität. Als ein modernes Beispiel sei verwiesen auf Thomas Merton, *Thoughts in Solitude*, New York 1999 (1956), xii-xiii: „There is not much use talking to men about God and love if they are not able to listen. The ears with which one hears the message of the Gospel are hidden in man's heart, and these ears do not hear anything unless they are favored with a certain interior solitude and silence."

rein? Wie kann der Star gelöst werden, der seinen Blick trübt oder schließlich ganz erblinden lässt? Die mystische Tradition vom aufsteigenden ‚Weg der Reinigung' hin zur ‚Einung' hat auf diese Frage Antwort zu geben versucht" (I, 124). Er verweist auf den besonderen Akzent, den das Christentum in der Geschichte der Mystik gesetzt hat: „Gott steigt ab, bis zum Tod am Kreuz. Und gerade so offenbart er sich in seiner wahren Göttlichkeit" (I, 126). So erfolgt die „Reinigung des Herzens [...] in der Nachfolge Christi, im Einswerden mit ihm" (I, 126). Auf diesem Weg wird der Mensch, was er von seinem Ursprung her ist, was aber durch die Sünde verschattet ist: Bild des lebendigen Gottes. Das Subjekt, das sich selbst das Gesetz seines Handelns auferlegt hat, lässt sich nun von einem anderen Gesetz her bestimmen und findet doch gerade so zu sich selbst. Benedikt zitiert Paulus (I, 126): „Nicht mehr ich lebe, sondern Christus lebt in mir [...]" (Gal 2,20).

Damit erscheint die Dimension des Verstehens, die das *opus tripartitum* durchzieht, in ihrer theologischen Tiefe. So wie der Exeget das methodische Handwerkszeug der (historisch-kritischen) Exegese zu lernen und ständig zu üben und zu verfeinern hat, so bedarf offensichtlich auch der Prozess des Verstehens einer Übung. Benedikt bezeichnet sie als *via purgativa*. Damit wird gewöhnlich die erste Phase des mystischen Weges bezeichnet, die jedoch nie ganz abgeschlossen ist. Konsequent durchdacht, wird damit die Schriftauslegung in den Raum einer spirituellen Praxis gestellt.[30]

In allen Religionen existiert das Wissen, dass ein rein kognitiver Zugang zu den heiligen Texten der jeweiligen Tradition unzureichend bleibt. Die Gläubigen werden durch verschiedene spirituelle Übungen auf das Erfassen der tieferen Bedeutung ihrer heiligen Schriften vorbereitet. Die ältesten Formen der Schriftauslegung sind eingebunden in Liturgie, Ritus, Meditation und Gebet.[31] Im Laufe der Geschichte vollzog sich ein Prozess der Ausdifferenzierung. Ein gewichtiger Teil

---

[30] Vgl. Ludger Schwienhorst-Schönberger, *Kontemplatives Schriftverständnis – Zur Wechselbeziehung von kontemplativer Übung und Schriftverständnis*, in: Studies in Spirituality 17 (2007) 115–125. *Wiederentdeckung des geistigen Schriftverständnisses. Zur Bedeutung der Kirchenväterhermeneutik*, in: Theologie und Glaube 101 (2011) 402–425. Karl Baier – Regina Polak – Ludger Schwienhorst-Schönberger (Hg.), *Text und Mystik. Zum Verhältnis von Schriftauslegung und kontemplativer Praxis* (Wiener Forum für Theologie und Religionswissenschaft 6), Göttingen 2013.

[31] Vgl. Jean Leclercq, *Wissenschaft und Gottverlangen. Zur Mönchstheologie des*

der Schriftauslegung verlagerte sich in Institutionen höherer Bildung für Spezialisten wie etwa die theologischen Fakultäten der mittelalterlichen Universitäten in Europa. Dort entstanden Formen des Umgangs mit den Texten, die als wissenschaftlicher Diskurs organisiert und praktiziert wurden. Parallel dazu existierten und existieren bis heute die traditionell religiösen Orte der Schriftauslegung weiter. Nicht selten standen und stehen „gläubige" und „wissenschaftliche" Auslegungen der Heiligen Schrift in Spannung zueinander. Die Gefahr, dass sie auseinanderbrechen, ist immer wieder gegeben. Die Jesus-Bücher von Papst Benedikt XVI. erinnern uns daran, dass in der christlichen Tradition beide Orte zusammengehören und aufeinander angewiesen sind. Mit anderen Worten, dass Glaube und Vernunft zusammengehören, dass eine der beiden Größen Schaden nimmt, wenn sie sich der anderen gegenüber verschließt.

Die Aussage, dass Exegese keine rein akademische Angelegenheit ist und dass sie nicht ins rein Historische verbannt werden kann, erläutert der Papst bezeichnenderweise mit einem Verweis auf Franz von Assisi. „Die Heiligen sind die wahren Ausleger der Heiligen Schrift. Was ein Wort bedeutet, wird am meisten in jenen Menschen verständlich, die ganz davon ergriffen wurden und es gelebt haben. Auslegung der Schrift kann keine rein akademische Angelegenheit sein und kann nicht ins rein Historische verbannt werden. Die Schrift trägt überall ein Zukunftspotential in sich, das sich erst im Durchleben und Durchleiden ihrer Worte öffnet" (I, 108). „Die innere Freundschaft mit Jesus, auf die doch alles ankommt" (I,11), verlangt – mit Jorge M. Bergoglio – Papst Franziskus gesprochen – einen „offenen Geist und ein gläubiges Herz": „El gozo apostólico se alimenta en la contemplación de Jesucristo [...] El coracón del sacerdote debe abrevarse de esta contemplación, y allí resolver el principal problema de su vida: el de su amistad con Jesucristo."[32]

Mittelalters, Düsseldorf 1963 (Originalausgabe: *L'amour des lettres et le désir de Dieu*, Paris 1957).

[32] Jorge M. Bergoglio – Papa Francisco, *Mente abierta, corazón creyente*, Madrid: Publicaciones Claretianas 2013, 13. Deutsche Übersetzung: *Offener Geist und gläubiges Herz*, aus dem Spanischen von Gabriele Stein und Bruno Kern, Freiburg: Herder 2013, 15: „Die Freude eines Apostels Christi speist sich aus der Betrachtung Jesu Christi [...] Das Herz der Priesters muss von dieser Betrachtung getränkt sein und in ihr das eigentliche Problem seines Lebens lösen: das Problem seiner Freundschaft mit Jesus Christus."

Das Jesusbuch von Benedikt XVI.

Eine kritische Würdigung

Peter Stuhlmacher, Tübingen

Als Benedikt XVI. sich Ende Februar 2013 von seinem Amt zurückzog, hat man viel Kritisches über ihn geäußert. Seine theologische Arbeit wurde nur nebenbei erwähnt, und sein Bemühen, Lehrer seiner Kirche zu sein, fand so gut wie keine Würdigung. Dabei war Benedikt ein großer geistlicher Lehrer und wird es bleiben! Man kann dies an seinen zahlreichen Vorträgen, Meditationen, Ansprachen und Katechesen ablesen. Vor allem aber wird es an dem Hauptwerk deutlich, das er seinen Amtspflichten in jahrelanger Arbeit abgerungen hat, den drei Bänden über „Jesus von Nazareth“[1].

Benedikt macht den Versuch, seinen Lesern und Leserinnen „den Jesus der Evangelien als den wirklichen Jesus, als den ‚historischen Jesus‘ im eigentlichen Sinn darzustellen“ (I 20). Er tut dies angesichts einer Flut von Jesusdarstellungen, die die Berichte der Evangelien kritisch hinterfragen und in Jesus nur einen jüdischen Wanderlehrer oder Propheten erblicken, den sie dem angeblich erst nachträglich zum Christus stilisierten Jesus der Evangelien gegenüberstellen. Ganz anders Benedikt XVI.! Er vertraut den Evangelisten und sieht in Jesus die einzigartige Gestalt, die „sich nur vom Geheimnis Gottes her verstehen“ lässt (I 21). Dabei will sein Jesusbuch „in keiner Weise ein lehramtlicher Akt“ sein, „sondern einzig Ausdruck meines persönlichen Suchens ‚nach dem Angesicht des Herrn‘ (vgl. Ps 27,8)“ (I 22). Man kann Benedikt XVI. widersprechen. Aber man sollte dabei nicht verkennen, dass es ihm um geschichtliche und geistliche Orientierung geht. Er stellt den von der Jungfrau Maria in Bethlehem geborenen, von Pilatus ans Kreuz geschlagenen und von dem einzig-einen Gott leiblich auferweckten Sohn Gottes vor Augen. Nur dieser Gottessohn

---

[1] Die drei Bände sind im Herder-Verlag (Freiburg) erschienen. Sie werden nach der Erstauflage zitiert: Bd. I *Von der Taufe im Jordan bis zur Verklärung* (2007); Bd. II *Vom Einzug in Jerusalem bis zur Auferstehung* (2011); Bd. III *Prolog. Die Kindheitsgeschichten* (2012).

ist – wie es in Hebr 12,2 heißt – „der Urheber und Vollender des Glaubens". An ihn muss sich die Kirche halten, wenn sie ihr Wesen als Volk Gottes und Leib Christi auf Erden nicht verleugnen will.

I. Die Auslegungsmethode

Benedikt XVI. achtet die Bibelwissenschaften hoch. Er ist erstaunlich belesen und mit der exegetischen Fachdiskussion bis in die Einzelheiten hinein vertraut. Aber er möchte über die ständig wechselnden Hypothesen hinauskommen, die diese Diskussion bestimmen. Deshalb weist er in allen drei Bänden auf die *Auslegungsmethode* hin, deren er sich bedient.

Benedikt geht den vom II. Vatikanum in der Konstitution über das Wort Gottes vorgezeichneten Weg. Dort heißt es in III 12: Die aus Altem und Neuem Testament bestehende Heilige Schrift ist „durch Menschen nach Menschenart gesprochen" und deshalb historisch sorgfältig auf ihren historisch ursprünglichen Sinn zu befragen, und zwar mit Hilfe wissenschaftlich bewährter Methoden und in Kenntnis der kulturellen und zeitgeschichtlichen Umstände, angesichts derer die biblischen Autoren formuliert haben. Da die Bibel aber als Buch der Kirche „in demselben Geist, in dem sie geschrieben wurde, auch zu lesen und auszulegen ist", erfordert die Suche nach dem Sinn der Schrift zugleich, dass man „sorgfältig auf den Inhalt und die Einheit der ganzen Schrift achtet, unter Berücksichtigung der lebendigen Überlieferung der ganzen Kirche und der Analogie des Glaubens". Im Anschluss an die amerikanischen Exegeten Brevard Childs und James A. Sanders sowie die Päpstliche Bibelkommission betreibt Benedikt XVI. „kanonische Exegese" (I 17). Sie führt die historisch-kritische Methode organisch weiter und lässt sie „zu eigentlicher Theologie" werden (I 18). Benedikt folgt einer „christologischen Hermeneutik, die in Jesus Christus den Schlüssel des Ganzen sieht und von ihm her die Bibel als Einheit zu verstehen lernt" (I 18). Es ist für ihn selbstverständlich, dass Altes und Neues Testament gemeinsam in den Blick zu nehmen sind. Gleichzeitig macht er in souveräner Kenntnis der kirchlichen Auslegungstradition immer wieder Einsichten der Kirchenväter exegetisch nutzbar. Insgesamt nähert sich Benedikt XVI. den Aussagen der Bibel äußerst behutsam. Bis in den dritten Band seines Werkes hinein betont er, dass „zur rechten Auslegung gerade die Demut (gehört)", die Worte und Taten Jesu nicht vorschnell nach dem Maßstab unserer modernen Denkweise zu verkleinern und zurechtzurücken (III 133).

Eines ist freilich kritisch anzumerken: Benedikt bezieht das Johannesevangelium fest in seine Darstellung ein. Im 8. Kapitel des ersten Bandes erörtert er ausführlich, wann, von wem und mit welchem Ziel das vierte Evangelium geschrieben worden ist. In dem Evangelisten sieht er (mit Martin Hengel) einen mit Jesus besonders vertrauten Jünger, der aus der Jerusalemer Priesteraristokratie hervorgegangen ist. Dessen Sicht auf Jesus nennt er schön „ein vom Heiligen Geist geführtes Verstehen; erinnernd tritt der Glaubende in die Tiefendimension des Geschehenen ein und sieht, was zunächst und bloß äußerlich nicht zu sehen war" (I 275). Die Alte Kirche hat im vierten Evangelium das „pneumatische Evangelium" gesehen. Benedikt XVI. schließt daran an. Die historischen Differenzen zwischen Johannes und den Synoptikern beschäftigen ihn nur am Rande. Da er auch der johanneischen Passionschronologie folgt, bleiben etliche Angaben der Synoptiker über die Ereignisse der Passion rätselhaft. Das beeinträchtigt die Klärung der Leitfrage, wer Jesus von Nazareth wirklich war. Es mindert aber die Eindringlichkeit nicht, mit der Benedikt zu dem Jesus führt, den Christen seit zwei Jahrtausenden als Erlöser und Herrn bekennen.

II. Die Kindheitsgeschichten

Die sog. Vorgeschichten werden in den meisten Jesusbüchern nur als Legenden beurteilt und deshalb aus der Darstellung ausgespart. Benedikt XVI. aber stellt seinem großen Werk (in Band III) einen „Prolog" über die Kindheitsgeschichten voran. Er soll zwar nur „eine Art kleine Eingangshalle zu den beiden Bänden über Gestalt und Botschaft Jesu von Nazareth" sein (III 9). Tritt man aber durch diese Halle in die Lektüre des Werkes ein, stößt man auf Darlegungen, die für den Glauben an den Christus Jesus wesentlich sind. Schade ist nur, dass Benedikt XVI. die Auslegung des Benedictus des Zacharias (Lk 1,68–79) und des Magnifikat (Lk 1,46–55) aus seiner Darstellung ausgespart hat.

Die Berichte über die Ankündigung der Geburt Johannes des Täufers und die Erscheinung des Erzengels Gabriel vor Maria, über die Geburt Jesu in Bethlehem, seine Taufe und die Darbringung im Tempel, über den Zug der Magier aus dem Osten, den von Herodes befohlenen Kindermord, die Flucht nach Ägypten, die Rückkehr der Heiligen Familie nach Nazareth und den Zwölfjährigen im Tempel sind für Benedikt XVI. keine bloßen Legenden, sondern Erzählungen von wirklichen Ereignissen. Sie gehen teilweise auf die Jesusfamilie und Maria selbst zurück. Dieses Urteil fußt auf dem judenchristlichen Stil der Texte, auf den Hinweisen auf Marias Erinnerung in Lk 2,19.51 und auf zeitgeschichtlichen Erwägungen. Es ist aber auch Ausdruck der hermeneutischen Demut Benedikts, der die Berichte der Evangelisten nicht einfach auf Verdacht hin bestreiten will.

Die *jungfräuliche Geburt Jesu* ist nach Benedikt XVI. von ebenso grundlegender Bedeutung für den Glauben wie die Auferstehung. Maria erscheint im Bericht von der Verkündigung aus Lk 1,26–38 als „die Tochter Zion in Person", in der sich „die Zions-Verheißungen in unerwarteter Weise (erfüllen)" (III 39). Sie ist „das lebendige Zelt Gottes, in dem er auf eine neue Weise unter den Menschen wohnen will" (III 40). Durch ihr Ja zum göttlichen Verheißungswort wird Maria Mutter und „zum Bild der Kirche, die das Wort Gottes bedenkt" (III 44). Im Namen *Jesus*, den der Gottessohn erhalten soll, wird „die im brennenden Dornbusch begonnene Namensoffenbarung Gottes [...] vollendet" (III 41). Der einzig-eine Gott hat „mit Empfängnis und Auferstehung Jesu Christi eine neue Schöpfung eröffnet [...] Deswegen ist die Empfängnis und Geburt Jesu aus der Jungfrau Maria ein grundlegendes Element unseres Glaubens und ein Leuchtzeichen der Hoffnung" (III 65). Das Johannesevangelium spricht zwar nicht direkt von der jungfräulichen Geburt Jesu, hebt aber den neuen Ursprung der Glaubenden hervor. Nach Joh 1,12 sind sie „zunächst ‚aus dem Blut und dem Willen des Mannes geboren'. Aber der Glaube schenkt ihnen eine neue Geburt: Sie treten in die Herkunft Jesu Christi ein, die nun ihre eigene Herkunft wird. Von Christus her, durch den Glauben an ihn, sind sie nun aus Gott geboren" (III 23).

Bei der lukanischen Erzählung von der *Geburt Jesu in Bethlehem* geht Benedikt XVI. mit Recht davon aus, dass Bethlehem tatsächlich „der Geburtsort Jesu" war (III 75). Warum die Menschen des göttlichen Wohlgefallens, denen die Engel Frieden verkündigen, nach Benedikt nicht das Gottesvolk Israel, sondern „christusförmige Menschen" (III 84) sein sollen, ist nicht recht erklärlich. – Der Bericht von der *Darstellung Jesu im Tempel* beruht nach Benedikt auf einer „judenchristlichen Grundlage" (III 88). Im Tempel geschieht „die öffentliche Zueignung Jesu an Gott, seinen Vater" (III 90). – Die *Magier aus dem Osten* waren „Angehörige der persischen Priesterkaste" (III 102). Sie stellen „das Zugehen der Religionen auf Christus wie auch die Selbstüberschreitung der Wissenschaft auf ihn hin" dar (III 104) und eröffnen „eine Prozession, die durch die ganze Geschichte hindurchzieht" (III 105). – Ein Glanzstück geistlicher Durchdringung ist Benedikts Deutung der Erzählung vom *zwölfjährigen Jesus im Tempel.* In ihr spiegelt sich der „Sohnesgehorsam" Jesu wider (III 132). „Er ist im Tempel nicht als Rebell gegen die Eltern, sondern gerade als Gehorchender, mit dem gleichen Gehorsam, der zum Kreuz und zur Auferstehung führt" (III 132). Schon in der Geschichte vom Zwölfjährigen wird sichtbar, dass Jesus „wahrer Mensch und wahrer Gott ist, wie es der Glaube der Kirche formuliert"; sie tut die Tür auf „in das Ganze seiner Gestalt, das uns die Evangelien erzählen" (III 135).

III. Jesu Weg und Wirken

In Band I zeichnet Benedikt XVI. Jesu Weg und Wirken von der Taufe bis zur Verklärung nach und führt außerdem in die johanneischen Bilderreden ein.

Die *Taufe Jesu* im Jordan ist nach Benedikt ein „genau datierbares historisches Ereignis" (I 38). Sie führt kein Berufungserlebnis Jesu vor Augen, sondern die „Einsetzung in sein Amt" (I 54); genauer: „die von Gott, vom Vater, herkommende Proklamation der Sendung Jesu, die [...] sein Sein auslegt: Er *ist* der geliebte Sohn, auf ihm ruht Gottes Wohlgefallen" (I 50). In den auf die Taufe folgenden *Versuchungen* siegt Jesus über den Satan, indem er der Vergöttlichung von Macht, Wohlstand und Wirtschaft „das Gottsein Gottes entgegenstellt" (I 74). Anbetung gebührt nur Gott allein (vgl. Dtn 6,13). Der Versuchung am Beginn seines Weges entspricht das „nochmalige große Ringen Jesu um seine Sendung" am Ölberg in der Nacht des Verrats (I 55).

Jesu *Evangelium* vom nahe gekommenen Reich Gottes (vgl. Mk 1,14 / Mt 4,17), gewinnt seinen besonderen Akzent dadurch, dass „diese neue Nähe in ihm selbst (besteht): Durch seine Gegenwart und sein Wirken ist Gott als Handelnder ganz neu jetzt und hier in die Geschichte hereingetreten" (I 90, vgl. Lk 17,20 f.).

Die *Bergpredigt* will als „Tora des Messias" (I 132) gelesen werden. Jesus verkündigt den Willen Gottes mit dem ungeheuren „Anspruch, selbst auf der Höhe des Gesetzgebers – auf der Höhe Gottes – zu stehen" (I 134). Was dem jüdischen Gelehrten Jacob Neusner Anlass gibt, sich von Jesus abzuwenden, ist für Benedikt XVI. Glauben stiftende Wahrheit schlechthin: „Jesus versteht sich selbst als die Tora – als das Wort Gottes in Person" (I 143). Der Logos von Joh 1,1–18 „und der Jesus der Synoptiker ist ein und derselbe: der wahre ‚historische' Jesus" (ebd.). – Das Besondere am *Vaterunser* besteht nach Benedikt XVI. darin, dass Jesus uns „an seinem eigenen Gebet (beteiligt)" (I 166). Wir beten nur dann recht, wenn wir nicht unseren Wunschvorstellungen von Gott folgen, sondern bitten, „wie Jesus auf dem Hintergrund der Heiligen Schrift uns zu beten gelehrt hat" (I 174).

Im Kapitel über *die Jünger* stellt Benedikt XVI. heraus, dass der Zwölferkreis, den Jesus „schafft" (vgl. Mk 3,14), den inneren Kern der neuen Familie Jesu bildet. Er gibt dieser Familie „Ordnung und Gestalt" und ist ein lebendiges Gleichnis der Hoffnung für die endgültige Sammlung aller zwölf Stämme Israels. „In den Heilungswundern des Herrn und der Zwölf zeigt sich Gott in seiner gütigen Macht über die Welt" (I 213). Die Sendung der Zwölf und der (Zweiund)Siebzig von Lk 10,1–12 deutet den „universalen Charakter des Evangeliums an, das allen Völkern der Erde zugedacht ist" (I 217). Auf die konfessionell strittige Frage, inwiefern es eine Nachfolge im Amt der Apostel geben kann, geht Benedikt XVI. leider nicht ein.

Die drei großen *Gleichnisse* Jesu vom barmherzigen Samaritaner, vom verlorenen Sohn sowie vom reichen Mann und armen Lazarus sind nach Benedikt Selbstzeugnisse Jesu. Er wirkt wie der Samaritaner. Mit dem Bild des sich erbarmenden Vaters (der handelt, wie es Hos 11,1–9 von Gott bezeugt) begründet Jesus sein eigenes Verhalten. Schließlich ist er „der Gekreuzigte und Auferstandene, [...] der wahre Lazarus" (I 258). Anschließend erklärt Benedikt XVI. eingehend die Bildersprache des Johannesevangeliums.

Den vielen Exegeten, die das *Petrusbekenntnis* bei Cäsarea Philippi (vgl. Mk 8,27–30 Par.) für ein erst nachösterliches Konstrukt halten, hält Benedikt XVI. entgegen: „Wo sollte eigentlich der nachösterliche Glaube hergekommen sein, wenn der Jesus vor Ostern keine Grundlage dazu bot?" und fügt kritisch hinzu: „Mit solchen Rekonstruktionen übernimmt sich die Wissenschaft" (I 350). Petrus und die Jünger nennen Jesus *Christus*, *Sohn Gottes* und *Herr* weil sie „in großen Augenblicken erschüttert (spürten): Das ist Gott selbst" (I 351). – Der Bericht von der *Verklärung* Jesu ist nach Benedikt XVI. von Dtn 18,15 her auf dem Hintergrund von Ex 24 und dem Laubhüttenfest zu sehen. „Die Verklärung ist ein Gebetsereignis: [...] In seinem Einssein mit dem Vater ist Jesus selbst Licht vom Licht" (I 375). Mose und Elia beraten sich mit dem, der die Gegenwart Gottes selbst ist, und die Jünger erfahren auf dem Berg, „daß Jesus zum göttlichen Offenbarungswort selbst geworden (ist)", auf das sie hören sollen (I 364 mit Hartmut Gese).

Der Band schließt mit der Erklärung der *Selbstaussagen Jesu*. Den in der Kreuzesinschrift (Joh 19,19–20) festgehaltenen Titel „Messias, König der Juden" deutet Benedikt XVI. altkirchlich: „Regnavit a ligno Deus – vom ‚Holz' her herrscht Gott, so hat die Alte Kirche dieses neue Königtum besungen" (I 370). Er wagt zwar nicht, Jesu Selbstbezeichnung „*Menschensohn*" messianisch zu verstehen, obwohl sich dies von Dan 7,13–14 her nahelegt. Aber er sieht in dem Prädikat „das Ureigene der Gestalt Jesu" ausgedrückt: „Er kommt von Gott her, er ist Gott. Aber gerade so bringt er – im Annehmen des Menschseins – die wahre Menschlichkeit" (I 383). Die in allen Evangelien bezeugte Rede vom *Sohn (Gottes)* wurzelt nach Benedikt im Gebet Jesu. „Das Wort Sohn mit seiner Entsprechung *Vater – Abba* lässt uns wirklich in das Innere Jesu, ja in das Innere Gottes selbst hineinblicken" (I 395). Ich-bin-Worte Jesu tauchen sowohl bei den Synoptikern (vgl. Mk 6,50) als auch im Johannesevangelium auf. Die drei wichtigsten von ihnen in Joh 8,24.28.58 nehmen die Selbstvorstellung Gottes aus Ex 3,14 auf und bezeugen die Untrennbarkeit von Jesus und seinem Vater (vgl. Joh 10,30). Sie sind für Benedikt XVI. keine sekundären Bildungen, sondern Ausdruck des Jesu „Eigenen, für das es keine weiteren Ableitungen gibt" (I 406).

IV. Vom Einzug Jesu in Jerusalem bis zur Auferstehung

In Band II behandelt Benedikt XVI. Passion und Auferstehung Jesu. Im *Einzug in Jerusalem* sieht er einen messianischen Akt. Jesus bekundet mit dem Ritt auf dem Esel gemäß Sach 9,9, dass er keine zelotische Revolte gegen Rom will. „Seine Macht ist [...] die Armut Gottes, der Friede Gottes, in dem er die allein rettende Macht sieht" (II 20). – Die *Tempelreinigung* ist bei den Synoptikern die Tat, mit der Jesus die Todfeindschaft der Priester auf sich gezogen und seine Passion ausgelöst hat (vgl. Mk 11,15–19 Par). Benedikt XVI. möchte das Ereignis mit Joh 2,13–22 schon an den Beginn des Wirkens Jesu datieren und macht sich dabei zu wenig Gedanken über den Ort und das Ausmaß der Aktion. Aber er hält auch fest, dass Jesus auf eine neue Art der

Anbetung Gottes zielt, die erst durch seinen Tod hindurch zur Wirklichkeit gekommen ist.

Nachdem er die Hauptpunkte der *Endzeitrede* (Mk 13 / Mt 24) erörtert hat, geht Benedikt auf die *Fußwaschung* ein, von der Joh 13 berichtet. „In dieser Gebärde der Demut, in der das Ganze von Jesu Lebens- und Todesdienst sichtbar wird, (steht) der Herr vor uns als der Knecht Gottes – als der, der für uns der Dienende geworden ist, der unsere Last trägt und uns so die wahre Reinheit, die Gottfähigkeit schenkt“ (II 91). – Den Schlüssel zum sog. *hohepriesterlichen Gebet* Jesu in Joh 17 findet Benedikt XVI. (mit André Feuillet) in der jüdischen Liturgie für den Großen Tag der Versöhnung (vgl. Lev 16). „Jesu Gebet zeigt ihn als den Hohenpriester des Versöhnungstages. Sein Kreuz und seine Erhöhung ist der Versöhnungstag der Welt, in dem die ganze Weltgeschichte [...] in ihr eigentliches Wozu und Wohin hineingetragen wird“ (II 97). Die Bitte um Einheit seiner Jünger (17,21) zielt darauf, dass die Wahrheit der Sendung Jesu für die Menschen durch die Einheit der Jünger sichtbar werden soll. Nach Einsicht der Alten Kirche sind der Kanon der Hl. Schrift und die Glaubensregel die zwei entscheidenden Grundpfeiler solcher Einheit.

Im Kapitel über *das letzte Abendmahl* setzt sich Benedikt XVI. energisch für die Historizität der wesentlichen Elemente dieses Mahles ein. Das Datum sucht er mit Johannes am Vorabend des Passahrüsttages. Dass das vierte Evangelium von der Einsetzung des Mahles nicht berichtet, macht Benedikt an dieser Datierung nicht irre. Er greift einfach auf die synoptischen Einsetzungsberichte und auf 1 Kor 11,23–26 zurück. Mk 14,22–24 und die von Paulus in 1 Kor 11 zitierte Abendmahlstradition sind gleich ursprünglich. Beide Texte lassen die Annahme, das Mahl sei erst nach Ostern in der Urgemeinde aufgekommen, nicht zu. Auch Sachkritik am Sühnegedanken kommt für Benedikt XVI. nicht in Frage. Das Mahl beginnt mit dem Dankgebet, der *eucharistia*. Es folgt das Brechen und Austeilen des Brotes. Beide Gesten erhalten dadurch neue Tiefe, dass Jesus „im Brot sich selber mitteilt und austeilt“ (II 149). Antizipativ wandelt er „seinen gewaltsamen Tod in einen freien Akt der Hingabe seiner selbst für die anderen und an die anderen um“ (II 151). Das Kelchwort nimmt auf Ex 24,8; Jer 31,31 und Jes 53,12 Bezug. Jesus versteht sich als den Gottesknecht. Sein Blut meint „die vollständige Gabe seiner selbst“ und „Teilhabe an Leib und Blut Christi bedeutet, daß er ‚für viele‘ [...] steht und uns im Sakrament in diese Vielen aufnimmt“ (II 154). Die Vielen meinen zunächst die Gesamtheit Israels. Da nach Ostern aber auch die Heiden einbezogen werden, spricht 1 Tim 2,6 mit Recht von der Hingabe Jesu „für alle". Mit Ferdinand Kattenbusch sieht Benedikt XVI. im letzten Abendmahl Jesu einen Akt der Kirchengründung. „Kirche wird von der Eucharistie her" und empfängt „von ihr her ihre Einheit und ihre Sendung" (II 158). Da die Gabe Jesu in ihrem Wesen Gabe von der Auferstehung her ist, ist der Sonntag zu dem Tag geworden, an dem die Kirche das Herrenmahl gefeiert hat (vgl. Did 14,1).

Der *Gang nach Gethsemane* leitet über zur Passion. Jesu Gebet „nicht mein Wille, sondern der deine geschehe" (Lk 22,42) versteht Benedikt XVI. mit den Vätern von der Zwei-Naturen-Lehre her: Jesus holt den sich gegen Gott auflehnenden menschlichen Naturwillen in die Synergie mit Gott zurück und übergibt sein Ich in echtem Sohnesgehorsam an das Du Gottes. Folgt man Hebr 5,9–10, ist Jesus mit diesem Hinauftragen seines Menschseins zu Gott „im wirklichen Sinn zum Priester geworden ‚nach der Ordnung Melchisedeks'" (II 187). Man wird fragen dürfen, ob diese Deutung den synoptischen Berichten (vgl. Mk 14,32–42 Par) wirklich gerecht wird.

Der *Prozess Jesu* entwickelt sich in drei Etappen: In einer *Vorberatung* beschließt das Synhedrium, Jesus zu beseitigen (vgl. Joh 11,47–53). In der Prophetie des Kaiphas, es sei besser, einen Menschen für das Volk preiszugeben statt das ganze Volk zugrunde gehen zu lassen (Joh 11,50), leuchtet „das Geheimnis der Stellvertretung auf, das der tiefste Inhalt von Jesu Sendung ist" (II 195). *Vor dem Hohen Rat* bekennt sich Jesus zu seiner messianischen Sendung in einer Art und Weise, die dem Synhedrium gotteslästerlich erscheinen musste. Jesus wurde „der Blasphemie für schuldig empfunden, auf die die Todesstrafe stand" (II 207). Am frühen Morgen des nächsten Tages (der nach Johannes erst der Rüsttag auf das Passahfest war) wurde Jesus von der Tempelaristokratie dem römischen Präfekten *Pilatus* „als todeswürdiger Missetäter vorgestellt", der Anspruch auf das messianische Königtum erhoben hatte (II 207). Dieser Anspruch musste von der römischen Justiz geahndet werden. Pilatus sah zwar in Jesu Anspruch auf das Königtum der Wahrheit kein todeswürdiges Verbrechen, verurteilte ihn aber trotzdem zur Geißelung und schließlich zum Kreuzestod. Denn ein Freispruch hätte den Präfekten selbst in Schwierigkeiten gebracht und in Jerusalem am Passahfest zu viel Unruhe gestiftet.

Die Berichte der Evangelien über *Kreuzigung und Grablegung Jesu* sind voller Anspielungen und Zitate aus dem Alten Testament. In der

Zitation von Ps 22 und Jes 53 wird „ein Prozess des Lernens“ sichtbar, „den die werdende Kirche durchschritten hat und der für ihr Entstehen konstitutiv war“ (II 226). Man kann diesen Prozess nicht rückgängig machen, ohne „die Grundstruktur des christlichen Glaubens“ aufzulösen (II 227). Die Kreuzesinschrift: ‚Jesus von Nazareth. König der Juden‘ (Joh 19,19) „kommt einer Königsproklamation gleich“ (II 235). Jesus ist ans Kreuz „erhöht“, und von diesem Thron aus „zieht er die Welt an sich“ (ebd.). Mit seinem letztem Wort: „Es ist vollbracht!“ (Joh 19,30) „hat er das Ganze der Liebe erfüllt – sich selbst gegeben“ (II 247). In und mit dem Kreuz „verherrlicht sich Gott selbst durch den, in dem er uns seine Liebe schenkt und so uns zu sich hinaufzieht“ (ebd.). – Folgt man dem Bericht aus Joh 19,39–41 erhält Jesus „ein königliches Begräbnis“ (II 252). Nach den Synoptikern lernen die zum Grab eilenden Frauen am Ostermorgen, „daß Jesus nicht im Tode festgehalten werden soll, sondern neu – und nun erst wirklich – lebt“ (II 253). Abschließend betont Benedikt XVI., dass „im Kreuz das geschehen (war), was in den Tieropfern vergeblich versucht worden war: Die Welt war entsühnt“ (II 254). Jesu leibhaftiger Gehorsam ist für Christen das Sühnopfer schlechthin. Die von Paulus in Röm 3,25 zitierte judenchristliche Überlieferung nennt Jesus *hilasterion*, d.h. den Deckel der Bundeslade, der am großen Versöhnungstag mit dem Sühneblut besprengt wurde. An Stelle des Tempels tritt nunmehr das Kreuz. Das zur Deutung des Kreuzestodes Jesu herangezogene „Geheimnis der Sühne darf keinem besserwisserischen Rationalismus geopfert werden“ (II 264). Ebenso bleibt Mk 10,45 für Benedikt „ein Schlüsselwort des christlichen Glaubens überhaupt“ (ebd.).

Benedikts sorgsame Untersuchung der biblischen Aussagen über *die Auferstehung Jesu aus dem Tod* führt zu dem Ergebnis, dass Jesu Auferstehung „ein Ereignis in der Geschichte (ist), das doch den Raum der Geschichte sprengt und über sie hinausreicht“ (II 299). Anders als Lazarus (vgl. Joh 11,44) ist Jesus ja nicht einfach revitalisiert worden. Vielmehr geschah in seiner Auferstehung „ein ontologischer, das Sein als solches berührender Sprung“ (II 300). Es wurde „eine Dimension eröffnet, die uns alle angeht und die für uns alle einen neuen Raum des Lebens, des Mitseins mit Gott geschaffen hat“ (ebd.). Das apostolische Bekenntnis aus Lk 24,34: ‚Der Herr ist wahrhaft auferstanden‘ können wir mitsprechen, wenn wir den biblischen Zeugen „wachen Herzens zuhören und uns den Zeichen öffnen, mit denen der Herr sie und sich selbst immer neu beglaubigt“ (II 302).

Benedikt XVI. beschließt sein Werk mit einem *Ausblick* auf die

Botschaft des Zeugen, „daß Jesus wiederkommen wird, die Lebenden und die Toten zu richten und endgültig Gottes Reich in der Welt aufzurichten" (II 304). Mit Bernhard von Clairvaux unterscheidet Benedikt XVI. einen dreifachen Advent des Herrn. Der erste war seine Ankunft im Fleisch und in der Schwachheit. Im zweiten kommt er in Geist und Kraft, und zuletzt kommt er in Herrlichkeit und Majestät. Die Kirche lebt in der Zeit des zweiten Advent, d.h. in der Erfahrung, dass der Auferstandene in Geist und Kraft bei ihr ist: „Der Herr kommt durch sein Wort; er kommt in den Sakramenten, besonders in der heiligsten Eucharistie; er kommt durch Worte oder Ereignisse in mein Leben hinein" (II 316). Geprägt von dieser Erfahrung darf und muss die Kirche den Herrn um sein endgültiges Kommen bitten. Denn erst dann wird die Erlösung vollendet sein.

V. Fazit

Einige Darlegungen Benedikts bedürfen weiterer Diskussion. Dazu gehören neben dem Verhältnis des Johannesevangeliums zu den Synoptikern vor allem das biblische Sühneritual nach Lev 16, die Umstände und Zielsetzung der Tempelreinigung, das Gethsemanegebet und manche historische Details. Trotzdem geleitet Benedikt XVI. seine Leser und Leserinnen vollmächtig zu dem Jesus, der als der eingeborene Sohn Gottes Herr und Erlöser aller Menschen ist. Das dreibändige Werk „Jesus von Nazareth" stammt aus der Feder eines großen Lehrers seiner Kirche und aller Christen. Es verdient höchsten Respekt.

Jesus von Nazareth – eins mit Gott?

Die Trilogie von Joseph Ratzinger / Benedikt XVI. in der exegetischen Diskussion

Thomas Söding, Bochum

I. Der Ansatz einer Diskussion

Die drei Jesusbücher von Joseph Ratzinger / Benedikt XVI.[1] sind eine ekklesiologische Sensation. Noch nie hat ein „Stellvertreter Christi" ein Jesusbuch geschrieben; noch nie hat ein „*Summus Pontifex*" die Welt – unabhängig von Profession, Konfession und Religion – aufgefordert, seine Äußerungen zu kritisieren und nur „um jenen Vorschuss an Sympathie" gebeten, „ohne den es kein Verstehen gibt" (Jesus I 22); noch nie hat ein „Nachfolger Petri" seine kirchliche Rolle so persönlich interpretiert: Dass auf dem Titelblatt nicht nur der Amts-, sondern auch der Taufname steht, ist ein Novum, vielleicht gar ein Unikum.

All das hat viele in Aufregung versetzt: sowohl jene, die argwöhnen, der Amtsbonus schlage in eine Disziplinierung kritischer Forschung um, als auch jene, die befürchten, das Oberhaupt der katholischen Kirche verliere an Autorität, weil es sich nicht in den vorgegebenen Formaten eines Dogmas, einer Enzyklika oder eines Motu Proprio äußert, sondern wie ein Professor ein Buch auf den Markt bringt, das sein Lesepublikum finden muss.

Aber das Risiko, das Benedikt eingegangen ist, ist theologisch konsequent. Der Papst ist der Bischof von Rom, der Bischof in erster Linie Lehrer der Kirche, die kirchliche Lehre im Kern Auslegung der Heiligen Schrift, orientiert an Jesus von Nazareth. Warum soll diese Lehre nicht auch in Form eines Buches vorgelegt werden, das auf eine offene Diskussion aus ist? Es braucht halt nur einen Papst, der sich die Kompetenz zutraut und das Wagnis einzugehen bereit ist.

---

[1] Vgl. Joseph Ratzinger / Benedikt XVI., *Jesus von Nazareth. Erster Teil: Von der Taufe im Jordan bis zur Verklärung,* Freiburg – Basel – Wien 2007; *Zweiter Teil: Vom Einzug in Jerusalem bis zur Auferstehung,* Freiburg – Basel – Wien 2011; *Prolog: Die Kindheitsgeschichten,* Freiburg – Basel – Wien 2012.

Das Risiko hat auch eine ökumenische Konsequenz. Dass ein Papst ein Jesusbuch schreibt, hat Martin Luther nicht zu träumen gewagt. Dass er die Karte seiner persönlichen Ansichten und Einsichten spielt, ohne sein Amt zu verleugnen, ist eine Einladung. Gottfried Locher, Vizepräsident des reformierten Weltbundes, hat erklärt, dass der Theologe Ratzinger mit seinem Buch „auch zu jenen sprechen wolle, die sich von einem Papst nichts sagen lassen mögen".[2] Dass der Autor selbst – in großer Bescheidenheit – immer wieder das Persönliche und Unzulängliche seines Versuches hervorgehoben hat, ist zum theologischen Charakteristikum seines Pontifikates geworden, zuletzt durch den souveränen Rücktritt[3], den man in seiner überraschenden Konsequenz auch eine kirchengeschichtliche Sensation nennen darf.

Freilich garantiert die kirchenpolitische Revolution noch nicht die wissenschaftliche Substanz des Buches.[4] Joseph Ratzinger ist gelernter Dogmatiker mit starken fundamentaltheologischen Neigungen. Das Jesusbuch hat er immer schreiben wollen – aus theologischer Überzeugung. Der Nerv seiner Theologie ist das lebendige Wort Gottes, ihre Basis die Heilige Schrift.[5] Die Frage, wie Theologie als Schriftauslegung aussieht, zieht sich als roter Faden durch sein Werk. Eine theoretische Antwort hat er (noch) nicht gegeben, abgesehen von scharfer Kritik an der historisch-kritischen Exegese und spitzen Mar-

---

[2] *So ändern sich die Zeiten. Das „Jesus-Buch" in reformierter Lesart*, in: Thomas Söding (Hg.), *Ein Weg zu Jesus. Schlüssel zu einem tieferen Verstehen des Papstbuches*, Freiburg – Basel – Wien 2007, 53–67: 55.

[3] Vgl. Thomas Söding, *Wenn ich schwach bin, bin ich stark. Ein exegetischer Kommentar zum Rücktritt von Papst Benedikt XVI.*, in: *Communio* 42 (2013) 181–184.

[4] Zur theologischen Diskussion vgl. Jan-Heiner Tück (Hg.), *Annäherungen an Jesus von Nazareth. Das Buch des Papstes in der Diskussion*, Ostfildern 2007; Thomas Söding (Hg.), *Das Jesus-Buch des Papstes. Die Antwort der Neutestamentler*, Freiburg – Basel – Wien 2007; Helmut Hoping – Michael Schulz (Hg.), *Jesus und der Papst. Systematische Reflexionen*, Freiburg – Basel – Wien 2007; Jan-Heiner Tück (Hg.), *Passion aus Liebe. Das Jesusbuch des Papstes in der Diskussion*, Ostfildern 2011; Thomas Söding (Hg.), *Tod und Auferstehung Jesu. Theologische Antworten auf das Buch des Papstes*, Freiburg – Basel – Wien 2011; Thomas Söding (Hg.), *Zu Bethlehem geboren? Das Jesusbuch Benedikts XVI. und die Wissenschaft*, Freiburg – Basel – Wien 2013.

[5] Vgl. Joseph Ratzinger / Benedikt XVI., *Wort Gottes. Schrift – Tradition – Amt*, hg. Peter Hünermann – Thomas Söding, Freiburg – Basel – Wien 2005.

kierungen einer hermeneutischen Prinzipienlehre[6]. Das Jesusbuch ist aber der praktische Ertrag. Denn das Wort Gottes, von dem her Ratzinger die Heilige Schrift theologisch deuten will, hat den Namen, das Gesicht, die Geschichte Jesu erhalten – in der Fülle der Zeit, die Jesus selbst verkündet hat (Mk 1,15).

Als Systematiker ein Jesusbuch zu schreiben, ist aber aus einem doppelten Grund ungewöhnlich[7]: Erstens ist die Dogmatik traditionell weit stärker an der Inkarnation und am Pascha als am Leben Jesu interessiert, seiner öffentlichen Verkündigung; bei Joseph Ratzinger hingegen ist das Evangelium Jesu das Herz der Theologie. Zweitens ist der traditionelle Traktat der Dogmatik die Christologie, nicht die Jesulogie. In neueren Entwürfen evangelischer und katholischer Theologie werden zwar gezielt die Ergebnisse der Bibelwissenschaft rezipiert, aber nicht selbst Texte ausgelegt. Die intellektuelle Partnerschaft mit der historisch-kritischen Exegese dient dazu, die Unterscheidung zwischen Schrift und Tradition zu substantiieren und die Glaubwürdigkeit des Evangeliums im Wahrheitsbewusstsein der Moderne zu verankern.[8] Freilich stellt sich dann die Frage, ob die Bibel nicht selbst ein Teil jener Tradition ist, zu deren Kritik sie herangezogen werden soll und ob der Problemhorizont der historisch-kritischen Exegese nicht gerade das ausblendet, was der Nerv des Neuen Testaments ist: das eschatologische Handeln Gottes in der Geschichte, verdichtet im Kommen der Gottesherrschaft (Mk 1,15 par. Mt 4,17; Mt 10,7 par. Lk 10,9.11), die doch eine Idee bliebe, wenn sie keine Spuren in der Lebenswelt der Menschen hinterließe, vertieft in der Auferweckung des Gekreuzigten, die nach Paulus alle Weisheit dieser Welt an die Grenze führt (1 Kor 1,18–25), und verwurzelt in der Inkarnation des Logos, die nach Johannes einen Frieden bringt, wie ihn die Welt nicht bringen kann (Joh 14,27).

Joseph Ratzinger will sich über den Problemhorizont der historischen Kritik hinausbegeben. Er will zum einen die Bibel in der Tradition auslegen, die ihrerseits Jesus Christus in eine hermeneutische

---

[6] Joseph Ratzinger, *Theologische Prinzipienlehre. Bausteine zur Fundamentaltheologie,* München 1982.

[7] Eine interessante Parallele zieht Joachim Ringleben, *Jesus. Ein Versuch, zu begreifen,* Tübingen 2008; vgl. Thomas Söding, *Rez. Joachim Ringleben, Jesus,* in: *Göttinger Gelehrte Anzeigen* 264 (2012) 135–142.

[8] Herausragend ist Otto Hermann Pesch, *Katholische Dogmatik aus ökumenischer Erfahrung I–II,* Ostfildern 2008–2010. Vgl. auch Edward Schillebeeckx, *Jesus. Die Geschichte von einem Lebenden,* Freiburg – Basel – Wien 1992 (1975).

Schlüsselposition für die Schriftauslegung bringt, und zum anderen die kanonische Lektüre der biblischen Texte nutzen, um ihr Gottesbild als jene Wahrheit Gottes zu betrachten, der sich die Moderne erst noch öffnen muss. Damit stellen sich zwar neue Rückfragen: ob nicht die Tradition *secundum scripturas* ausgelegt werden muss, damit sie überhaupt Tradition sein kann, und ob nicht das Wahrheitsbewusstsein der Moderne mitsamt ihrer Skepsis gegenüber dem Einheitsdenken selbst einen Schlüssel zum Verständnis des Christusgeschehens an die Hand gibt.[9]

Aber es wird gleichzeitig deutlich, dass die systematische Debatte über Wahrheit und Methode von der Frage abhängt, wie die exegetische Qualität des Buches zu beurteilen ist. Das Ergebnis steht nicht von vornherein fest. Denn die Bücher haben eine hermeneutische Kontroverse in der Bibelwissenschaft ausgelöst, die ihrerseits gezeigt hat, dass sowohl das Schriftverständnis als auch die Schriftauslegung in der Exegese selbst alles andere als einheitlich, vielmehr gerade in der Jesusfrage ausgesprochen widersprüchlich ist. Eine kritische Auseinandersetzung mit der Trilogie aus exegetischer Sicht kann also nicht von einem gesicherten Methoden- und Wissensbestand ausgehen, an dem sich Benedikt XVI. messen lassen müsste, sondern muss vielmehr die hermeneutischen Prinzipien und die exegetischen Konkretionen offen diskutieren.

Deshalb kann die theologische Diskussion sich nicht nur auf Details stürzen, die im Zweifel immer strittig sein werden.[10] Vielmehr muss versucht werden, den Ansatz der Trilogie, ihre Methode und ihr Ergebnis zu bestimmen, um auf dieser Basis zu diskutieren, welche Aspekte der Gestalt Jesu von Joseph Ratzinger / Benedikt XVI. wie erfasst und welche ausgeblendet worden sind. Die Trilogie exegetisch

---

[9] Vgl. Thomas Söding, *Bibel und Kirche bei Joseph Ratzinger. Eine kritische Analyse*, in: Christian Schaller (Hg.), *Kirche – Sakrament und Gemeinschaft. Zur Ekklesiologie und Ökumene bei Joseph Ratzinger* (Ratzinger-Studien 4), Regensburg 2011, 16–42.

[10] Wie scharf die Kritik ausfallen kann, wenn Grundsatzfragen berührt werden, zeigt Michael Theobald, *Die vier Evangelien und der eine Jesus von Nazareth. Erwägungen zum Jesus-Buch von Joseph Ratzinger/Benedikt XVI.*, in: *Theologische Quartalschrift* 187 (2007) 157–182; Ders., *Um der Begegnung mit Jesus willen: der zweite Teil des Jesus-Buches von Joseph Ratzinger/Benedikt XVI.*, in: *Bibel und Kirche* 66 (2011) 173–178; Ders., *Die Kindheitserzählungen und die historisch-kritische Schriftauslegung – Anmerkungen zum dritten Jesus-Buch von J. Ratzinger/Benedikt XVI.*, in: *Bibel und Kirche* 63 (2013) 46 f.

zu diskutieren, heißt, ihren Anspruch ernstzunehmen, aber auch über eine kritische Rezension hinaus zu reflektieren, welche Möglichkeiten einer wissenschaftlich fundierten und theologisch ambitionierten Annäherung an die Verkündigung Jesu bestehen.

II. Das Proprium der Trilogie

Dass Joseph Ratzinger ein Systematiker ist, merkt man seinen Jesusbüchern von der ersten bis zur letzten Zeile an. Wer sich für die Umwelt Jesu interessiert, für seine Stellung im Judentum seiner Zeit, für die politischen Rahmenbedingungen und die Sozialstrukturen der Jüngerschaft, für die Rolle der Frauen, für den chronologischen und geographischen Rahmen seines öffentlichen Wirkens und Sterbens, für die Entstehungsgeschichte und die Formen der Jesustradition muss andere Bücher aufschlagen. Zwar gibt es in allen drei Teilbänden einschlägige Informationen und Hinweise; die wichtige Frage, ob Jesus am Paschafest hingerichtet worden ist, wie die Synoptiker erzählen, oder am Rüsttag, wie das Vierte Evangelium datiert, wird eingehend diskutiert und – mit einem Großteil der kritischen Forschung – im Sinn der johanneischen Variante beurteilt (Jesus II 126–134); die interessante Frage, ob der Lieblingsjünger eine fiktive oder eine reale Gestalt und der ideale oder der reale Autor des Johannesevangeliums sei, wird eingehend erörtert und, gleichfalls mit einem Großteil der historisch-kritischen Exegese, so beantwortet, dass mit der Geschichtlichkeit der Gestalt und einem erweiterten Autorbegriff gerechnet wird (Jesus I 260–280); die sensible Frage, ob die *Cantica* historische Reminiszenzen enthalten, wird kurz und bündig mit der neutestamentlichen Gattungskritik so beschieden, dass sie „zum Gebetsschatz der frühesten judenchristlichen Kirche" gehören, „in deren geisterfülltes liturgisches Leben wir hier hineinschauen dürfen" (Jesus III 91).

Aber das Herz der Bücher schlägt dort, wo die Theologie Jesu greifbar wird. Dass er kein „Leben Jesu" habe schreiben wolle, stellt er im Vorwort zum zweiten Teil noch einmal klar (Jesus II 12).[11] Im Vorwort zu Band I nennt er „Gestalt und Botschaft Jesu" als sein Thema (Jesus I 23). Der Zusammenhang ist die Pointe. Der erste Teil der Trilogie ist

---

[11] Er verweist auf zwei „ausgezeichnete Werke" katholischer Autoren: Joachim Gnilka, *Jesus von Nazareth. Botschaft und Geschichte,* Freiburg – Basel – Wien 1990; John P. Meier, *A Marginal Jew I–III,* New York 1991.1994. 2001.

auf die Verkündigung Jesu konzentriert; die Wunder spielen eine untergeordnete, die Worte die entscheidende Rolle. Die Reich-Gottes-Botschaft, die Bergpredigt mit dem Vaterunser, die Jüngerberufungen und -schulungen, die Gleichnisse, dann auch die johanneischen Ich-bin-Worte sind die Hauptstücke der Darstellung. Ratzinger arbeitet überall heraus, welch überragende, alles entscheidende Bedeutung Gott für die Botschaft Jesu hat: seine Nähe, sein Wille, sein Segen, sein Bild. Die dunklen Seiten der Jesusüberlieferung, die Gerichtsworte, die Polemik gegen die Pharisäer und Schriftgelehrten, das Wehe gegen die Reichen, stehen im Schatten der hellen Seiten, der Seligpreisungen, der Gesetzeserfüllung und der Verheißung. Nicht die Moral steht im Vordergrund, sondern die Gnade. Der Jesus, den die Trilogie beschreibt, braucht niemandem Angst einzujagen, sondern kann allen Hoffnung machen. Ganz offen bekennt Joseph Ratzinger, er habe das Buch geschrieben, damit die „innere Freundschaft mit Jesus" wachse, „auf die doch alles ankommt" (Jesus I 11).

1. Der Fokus der Einheit

Der Wunsch nach Freundschaft führt zum theologischen Zentrum nicht nur des ersten Bandes, sondern des gesamten Werkes. An allen Themen, Formen und Inhalten der überlieferten Verkündigung arbeitet Joseph Ratzinger heraus, dass die Wahrheit des Wortes an der Person Jesu hängt. Deshalb sind die Exegesen der Epiphanien – Taufe, Versuchung, Verklärung – auf die Botschaft Jesu abgestimmt: am Jordan werde er in sein messianisches Amt der prophetischen Verkündigung eingesetzt (Jesus I 54); in der Wüste habe er sich innerlich gesammelt, bevor er in die Öffentlichkeit getreten sei (Jesus I 54); auf dem Berg werden die drei ausgewählten Jünger an die Verheißung der Tora erinnert (Dtn 18,15 – Mk 9,7), dass Mose einen „Propheten wie mich" angekündigt habe, auf den das Volk „hören" werde (Jesus I 364).

Dass die Verkündigung Jesu christologisches Gewicht hat, erläutert Benedikt im Gespräch mit dem Judaisten Jacob Neusner[12]. Neusner stellt sich vor, unter den jüdischen Zuhörern der Bergpredigt gewesen und über seine Eindrücke mit einem Rabbi gesprochen zu haben. Eine

[12] Jacob NEUSNER, *A Rabbi talks with Jesus. An Intermillenial Interfaith Exchange*, New York 1993 (deutsch: Freiburg – Basel – Wien 2007).

kurze Frage-Antwort-Sequenz sagt alles: „Was hat er weggelassen von der Tora?" – „Nichts." – „Was hat er hinzugefügt?" – „Sich selbst." – „O!". Joseph Ratzinger stimmt Jacob Neusner zu, dass die gelebte Christologie Jesu von exorbitanter Höhe sei. Nicht die Frequenz, mit der Jesus Hoheitstitel im Munde führe, sondern die Voraussetzungen und Folgen, die Einsichten und Zusagen seines Evangeliums lösten die Frage aus, wer er sei, und erlaubten nur die Alternative, dass er Gottes Wort usurpiere oder personifiziere. Nicht erst die durch Ostern stimulierte und sehr schnell auf schwindelerregende Geisteshöhen emporgestiegene Christologie der Erhöhung und Verherrlichung, der Präexistenz und Schöpfungsmittlerschaft, sondern die Verkündigung Jesu selbst stelle in aller Schärfe die Gottesfrage; es sei die Botschaft Jesu selbst, die es verwehre, durch dogmatischen Besitzverzicht, und es erlaube, durch theologische Exegese, zu einem jüdisch-christlichen Dialogfrieden zu gelangen. Hier brauche es eine Hermeneutik der Unterscheidung, um „Gottes Verfügung" anzuerkennen, „der Israel offenbar in der ‚Zeit der Heiden' eine eigene Sendung aufgetragen hat", gefüllt durch die Treue zur Tora und die messianische Hoffnung.[13]

Es ist dieser Ansatz einer personalen Theologie des Wortes, der Joseph Ratzinger / Benedikt XVI. zum „Konstruktionspunkt" seines Buches führt: „Es sieht Jesus von seiner Gemeinschaft mit dem Vater her, der die eigentliche Mitte seiner Persönlichkeit ist, ohne die man nichts verstehen kann und von der her er auch uns gegenwärtig wird." (Jesus I 12) In der „Einführung" schreibt Ratzinger von Jesus: „Er lebt vor dem Angesicht Gottes, nicht nur als Freund, sondern als Sohn; er lebt in innerster Einheit mit dem Vater." (Jesus I 31) Er leitet diesen Satz aus Joh 1,18 ab, dem Schluss des Prologes, der mit einem dicken Doppelpunkt zur Erzählung des Evangeliums überleitet: „Niemand hat Gott je gesehen. Der Einzige, der Gott ist und am Herzen des Vaters ruht, er hat Kunde gebracht." (Joh 1,18 – Einheitsübersetzung).

Die johanneische Färbung dieses Ansatzes ist unverkennbar. In der Rede vom Guten Hirten sagt Jesus nach Joh 10,30: „Ich und der Vater – wir sind eins." Ratzinger legt diesen Vers in seiner Trilogie nicht aus. Aber das überlieferte Jesuswort, dessen nachösterliche Prägung ganz unverkennbar ist (vgl. Joh 20,30 f.), spiegelt im Vierten Evangelium

---

[13] Joseph Ratzinger, *Kirche – Zeichen unter den Völkern. Studien zur Ekklesiologie und Ökumene I–II*, Freiburg – Basel – Wien 2010, II 1130 f.

die ganze Brisanz der Christologie. Einerseits wird deutlich, dass die unglaublich guten Zusagen, der Hirte setze sein Leben für die Schafe ein, um sie zu sammeln und zu schützen, nur dann gedeckt sind, wenn sie direkt von Gott kommen und Jesus Gottes Wort nicht nur im Munde führt, sondern mit ihm geradezu verwachsen ist, bis in seine Passion hinein. Anderseits wird deutlich, dass genau diese Unbedingtheit der Heilszusage den flammenden Protest derer auslöst, die sich zum einen Gott bekennen: „Du bist ein Mensch und machst dich selbst zu Gott." (Joh 10,33). Die johanneische Antwort, dass nicht der Mensch Jesus vergöttlicht, sondern der göttliche Logos in Jesus Mensch geworden sei (Joh 1,14), ist in sich schlüssig, spiegelt aber die jüdisch-christlichen Differenzen, die bis heute bestehen.

Während es das Ziel des ersten Bandes ist, aus der Analyse und Interpretation der Lehre Jesu die Einheit zwischen dem Vater und dem Sohn zu bestimmen, ist es das Ziel des zweiten Bandes, aufzuweisen, dass diese Einheit in der Passion nicht zerbrochen, sondern zusammengeschweißt worden ist. Dieses Ziel verfolgt Ratzinger in zwei Richtungen. Einerseits betont er das Moment der Hingabe. Die Fußwaschung ist das große Zeichen, *exemplum* und *sacramentum* zugleich (Jesus II 78–82). Das Letzte Abendmahl gibt der Zusammengehörigkeit zwischen „Jesu Freudenbotschaft und der Annahme des Kreuzes" die Gestalt einer Feier, die Eucharistie ist und deshalb nicht Vergangenheit bleiben, sondern reale Gegenwart werden soll (Jesus II 144). Andererseits wird die Gottesliebe Jesu betont, die Kehrseite seiner Menschenliebe. Joseph Ratzinger / Benedikt XVI. setzt wiederum starke johanneische Akzente, wenn er die Tempelreinigung von Ps 69,10 her deutet (Joh 2,17): „Der Eifer für dein Haus wird mich verzehren." (Jesus II 36f.). Er interpretiert ausführlich das hohepriesterliche Gebet Joh 17 (Jesus II 93–119), das Jesu Kreuzesopfer zum „Versöhnungsfest zwischen Gott und Welt" werden lässt (Jesus II 119). In der Exegese der Kreuzigungserzählungen ordnet Joseph Ratzinger / Benedikt XVI. die unterschiedlichen Todesworte – „Mein Gott, mein Gott, warum hast du mich verlassen?" bei Markus und Matthäus, „Vater, in deine Hände befehle ich meinen Geist" bei Lukas, „Es ist vollbracht" bei Johannes – in der kanonischen Reihenfolge der Evangelien an, sodass sich ein spiritueller Weg zwischen Widerstand und Ergebung (Dietrich Bonhoeffer) ergibt, wie ihn die katholische Andachtstradition verfolgt, wie er aber in der alttestamentlichen Spiritualität des leidenden Gerechten begründet ist. In der Passsionsexegese wird vollends deutlich, dass Joseph Ratzinger die Einheit zwischen dem Vater und dem Sohn nicht als einen Status, ein Privileg oder einen Besitz, sondern als einen Prozess betrachtet, der die Versuchung kennt, aber im Gebet von der Klage über die Bitte zu Lob und Dank findet. Die Beeinflussung durch den Hebräerbrief macht er in einem eigenen Passus transparent (Jesus II 185–188), der die Gethsemane-Tradition dieses Schreibens aufschlüsselt: „In den Tagen seines Fleisches hat er mit lautem Schreien und unter Tränen Gebete und Bitten vor den gebracht, der ihn vom Tod erretten konnte. Und er hat dank seiner Ehrfurcht Erhörung gefunden." (Hebr 5,7 – Übersetzung: Joseph Ratzinger / Benedikt XVI.).

Die Auferstehung interpretiert Joseph Ratzinger nicht als den großen Befreiungsschlag Gottes und auch nicht als die zweifelsfreie Legitimation Jesu, sondern als endgültige Bewahrheitung der Einheit zwischen dem Vater und dem Sohn, an der teilzuhaben alle Geschöpfe berufen sind (Jesus I 33). „Es ist das Geheimnis Gottes, dass er leise handelt." (Jesus II 301). Diese Maxime, die kreuzestheologisch verifiziert wird, erschließt die Theologie der Auferstehung. Jesus steht in ihrem Zentrum, als Person, mit Leib und Seele Gottes Sohn; sein Evangelium wird rekapituliert und transzendiert – zum Wort Gottes für alle Völker.

Der dritte Band, den sein Verfasser als „kleine Eingangshalle" vorstellt (Jesus III 9), beantwortet die wiederum johanneische Frage „Woher bist du?" (Joh 19,9) mit einer Exegese der Kindheitsgeschichten auf eine zweifache Weise: Jesus kommt aus der Welt des frommen Judentums und der messianischen Verheißungen Israels; er kommt aber darin von Gott, der bei Maria jenes Ja findet, das sie, die Jungfrau, zur Mutter Jesu hat werden lassen (Jesus III 46). Im „Prolog" wird klar, dass die Theologie Jesu selbst, wie sie von seiner Verkündigung her erschlossen und in seinem Leiden bezeugt wird, verstehen lässt, wie es zu diesem Anfang hat kommen können. Umgekehrt ist es das christologische und soteriologische Interesse Ratzingers an der theologischen Schlüsselbedeutung der Geschichte Jesu, das ihn ein großes Vertrauen in die historische Zuverlässigkeit der Kindheitsevangelien fassen lässt, gegen die breite Mehrheit der Bibelwissenschaft.

Dass Jesus eins ist mit Gott, kann nur theologisch erklärt werden; dass diese Einheit Geschichte gemacht hat, ist ein theologisches Postulat, das Joseph Ratzinger exegetisch verifizieren will.

2. Die Methode des Buches

Die johanneischen Dimensionen des Denkens, das hinter dem Jesusbuch steht und durch die Exegesen historisch plausibilisiert werden soll, sind unverkennbar. Gerade sie sind es, die harsche Kritik an der historischen Belastbarkeit der Beschreibungen befeuert haben. Allerdings darf zweierlei nicht verkannt werden: Erstens ist der argumentative Weg des ersten Bandes, der theologisch die Weichen stellt, von einem Primat der Synoptiker geprägt: Taufe, Versuchung, Basileia, Bergpredigt, Vaterunser, Gleichnisse – eindeutiger kann die Orientierung an Markus, Matthäus und Lukas nicht sein, einschließlich der Verklärung. Allerdings gibt es einen stark akzentuierten Abschnitt über das Johannesevangelium – freilich nicht in der Breite der Überlieferung, sondern fokussiert auf einige ganz wenige Worte, die zwar das „Ich" Jesu stark machen, (das auch bei den Synoptiker nicht gerade schwach ausgeprägt ist), zugleich aber Bilder wie das Brot, den Hirten und den Weinstock prägen, die aus der synoptischen Tradition zu erwachsen scheinen. Zum anderen ist Joseph Ratzinger nicht der Auffassung, im Johannesevangelium O-Töne Jesu herausfiltern zu können. Die traditionelle Suche nach *ipsissima verba* sieht er ohnedies als Irrweg, der zu permanent schrumpfenden Inseln von Restbedeutungen führe; stattdessen denkt er eine Hermeneutik der Erinnerung an, die in der Auswahl und im Rückblick das, was für Jesus wesentlich sei, kenntlich mache: seine Gemeinschaft mit Gott. Die Architektur des theologisch entscheidenden ersten Bandes folgt im Wesentlichen der altkirchlichen Überzeugung, die Clemens Alexandrinus laut Eusebius (*hist. eccl.* VI 14,7) auf den Punkt formuliert hat: „Johannes habe als letzter, von seinen Schülern angespornt und vom Geist inspiriert, in der Erkenntnis, dass das Leibliche in den Evangelien schon dargelegt sei, ein pneumatisches Evangelium verfasst."

Dann aber zeigt sich an der johanneischen Frage, wie notwendig es ist, die Methodik des Buches genauer zu betrachten. Joseph Ratzinger hat sie im Vorwort seines ersten Bandes mit scharfen Strichen knapp skizziert. Die historisch-kritische Exegese sei notwendig, aber nicht hinreichend. Sie sei notwendig, weil sie, so Ratzinger, nicht nur erfolgreich und etabliert, sondern theologisch gefordert ist. „Denn für den christlichen Glauben ist es wesentlich, dass er sich auf wirklich historisches Geschehen bezieht" (Jesus I 14); diesen Bezug aber kann man heute, im Horizont der Neuzeit, nur mit Hilfe historischer Methoden wissenschaftlich überprüfen, kritisch gegenüber den Angaben der Quellen, kritisch gegenüber der Tradition, kritisch aber auch gegenüber den Plausibilitäten derer, die Forschung betreiben.[14]

Allerdings sei die historisch-kritische Exegese nicht hinreichend; denn zum einen müsse sie bei der Schriftauslegung „das Wort in der Vergangenheit belassen" (Jesus II 15), obwohl es selbst das lebendige Wort Gottes bezeuge, das Zeit und Ewigkeit überspannt, um immer „heute" gehört und beantwortet werden zu können; zum anderen müsse sie „die Gleichmäßigkeit allen Geschehenszusammenhangs" voraussetzen (Jesus II 15) und könne den „Mehrwert" des Bibelwortes vielleicht erahnen, aber nicht erfassen, ohne sich selbst zu transzendieren; zudem könne und wolle sie die Bibel nicht als „Einheit" erfassen, sondern löse sie methodisch in ihre Bestandteile auf (Jesus III 16). Historisierung, Relativierung und Fragmentierung sind die harten Kritiken, die nicht die großen Leistungen der historisch-kritischen Exegese schmälern sollen, die Welt Jesu vor Augen zu führen und die Vielfalt der Stimmen von Zeugen hörbar zu machen, aber nach einer Ergänzung schreien.[15]

Die Frage, wie das geschehen soll, hat Joseph Ratzinger mit einem Verweis auf den „*canonical approach*" beantwortet.[16] Hier wird, vor allem vom Alten Testament her, die Einheit der Schrift stärker als ihre Genese gewichtet und die Bedeutung der Lesergemeinde für die Konstitution des Textsinnes stärker als die Kritik der Texte an ihren Adressaten betont. Für die Jesusforschung ist dieser Ansatz beachtlich, weil er die prinzipielle Gleichberechtigung aller Evangelien bei der Rückfrage nach Jesus unterstreichen will und die konstitutive Bedeutung des Alten Testaments für die Verkündigung Jesu reflektiert.

---

[14] Als Begründung und Ausführung verweist der Autor auf die Papstliche Bibelkommmission, *Die Interpretation der Bibel in der Kirche,* Città del Vaticano 1993.

[15] Vgl. Nachsynodales Apostolisches Schreiben *Verbum Domini* von Papst Benedikt XVI. über das Wort Gottes im Leben und in der Sendung der Kirche, Bonn 2010.

[16] Er nennt keine Literatur. Im Dokument der Päpstlichen Bibelkommission werden aber zwei Autoren im Hintergrund erkennbar: Brevard S. Childs, *Biblical Theology of the Old and New Testaments,* London – Philadelphia 1992 (Deutsche Übersetzung: *Theologie der einen Bibel I–II*, Freiburg – Basel – Wien 1996); James A. Sanders, *Canon and Community. A Guide to Canonical Criticism,* Philadelphia 1984; Ders., *From Sacred Story to Sacred Text,* Philadelphia 1987. Childs setzt im Rahmen einer Bundestheologie auf eine theologische Komplementarität beider Testamente, Sanders auf die Einbindung der Heiligen Schrift in das Volk Gottes.

Allerdings ist nicht ausgemacht, wie gut die „kanonische Exegese“ wirklich zur Methode Ratzingers passt. Sie ist aus der reformierten Bundestheologie erwachsen, die dem *sola scriptura* eine ekklesiale Form gibt, mit der katholischen Ekklesiologie aber nicht ohne weiteres kompatibel ist; sie neigt strukturell zu einer Harmonisierung der verschiedenen Stimmen in der Heiligen Schrift, die aber gerade durch den Unterschied der beiden Testamente und die Verschiedenheit der Gattungen, der Stile, der Themen und Intentionen geprägt ist, was gerade das katholische Traditionsprinzip zur Geltung bringen will; vor allem leidet sie an dem Widerspruch, dass die historische Referenz – wenigstens – für das Neue Testament theologisch konstitutiv ist und deshalb methodisch notwendig ist, wie Ratzinger selbst es sieht.

Wichtiger als der Seitenblick zur „kanonischen Exegese“ ist deshalb der Rückblick auf das Zweite Vatikanische Konzil (Jesus I 17).[17] In *Dei Verbum* 12[18] werden der Exegese zwei Aufgaben zugewiesen: zuerst die Suche nach der Vielfalt, dann die Suche nach der Einheit der Heiligen Schrift. Wie beide Aufforderungen erfüllt werden sollen, wird (Gott sei Dank) nicht vorgeschrieben. Wie sie zusammengehören, wird mit einem (leider) verkürzten Augustinus-Zitat zu Beginn des Paragraphen wenigstens angedeutet: „Gott spricht durch Menschen nach der Art von Menschen, weil er, so redend, uns sucht.“ (*De Civ. Dei* XVII., 6, 2: PL 41, 537; CSEL 40, 2, 228.). Wenn diese Sentenz ein hermeneutischer Richtungspfeil ist, gibt es keinen anderen Weg, das Wort Gottes im Wort der Schrift zu hören, als zuerst auf das zu lauschen, was die Menschen zu sagen hatten, die in der Bibel zu Wort kommen. Wenn aber das, was sie sagen, von Gott kommt und zu Gott führt, kann die Exegese in der Tat nicht bei der Identifizierung der vielen Stimmen stehen bleiben, sondern muss nach der Einheit der Schrift suchen, kann sie dann allerdings nicht in einem Ausgleich, sondern nur im Aufweis der Unterschiede entdecken und auf der breiten Land-

---

[17] Vgl. Thomas Söding, *Fare esegesi – fare teologia. Un raporta necessario e complesso*, in: Ernesto Borghi (Hg.), *Ascoltare – rispondere – vivere.* Atti del Congresso Internazionale „La Sacra Scrittura nella vita e nella missione della Chiesa“ (1–4 dicembre 2010), Milano 2011, 77–87.

[18] Vgl. Helmut Hoping, *Theologischer Kommentar zur dogmatischen Konstitution über die Göttliche Offenbarung*, in: Peter Hünermann – Bernd Jochen Hilberath (Hg.), *Herders Theologischer Kommentar zum Zweiten Vatikanischen Konzil III*, Freiburg – Basel – Wien 2005, 695–831.

karte theologischer Positionen in der gemeinsamen Perspektive auf den einen Gott und sein Wort erschließen.

Joseph Ratzinger / Benedikt XVI. hat Recht, wenn er im Vorwort zum zweiten Band schreibt, dass die „methodischen Grundsätze“, die „vom Zweiten Vatikanischen Konzil (in *Dei Verbum* 12) für die Exegese“ formuliert worden sind, bislang kaum aufgegriffen worden sind (Jesus II 12). Sein Jesusbuch soll der Versuch sein, diese Lücke zu füllen. Damit ist ein Ansatz gefunden, das Gespräch über dieses Buch aufzunehmen. Am zentralen Beispiel der Jesusforschung ist eine methodologische Grundsatzdebatte über die Ambitionen und Resultate der wissenschaftlichen Jesusforschung notwendig; sie muss mit der Frage verbunden werden, welche christologische Relevanz der Geschichte Jesu von Nazareth zukommen.

III. Die Felder der Diskussion

Die exegetische Kritik an der Trilogie von Joseph Ratzinger / Benedikt XVI. ist vielstimmig. Sie wird durch die gleichfalls vielsprachige Zustimmung nicht ausmanövriert, sondern ihrerseits herausgefordert. Sie erklärt sich aus den großen Ambitionen der historisch-kritischen Exegese und dem alternativen Ansatz dieses Buches.

Die exegetische Jesusforschung hat sich im 19. Jahrhundert neu aufgestellt, weil sie den Mann aus Nazareth von den Fesseln des kirchlichen Dogmas befreien wollte, um ihn so erkennen zu können, wie er wirklich war. Albert Schweitzer hat zwar herausgearbeitet, wie hoch die Subjektivität bei allen Bestrebungen der Leben-Jesu-Forschung um Objektivität gewesen ist.[19] Aber das Versprechen der Exegese ist geblieben, mit der „Rückfrage“ hinter die Kulissen der österlich geprägten Evangelien zu schauen, um durch philologische Analysen, religionsgeschichtliche Vergleiche und soziologische Feldstudien die Eckdaten der Biographie wie der Verkündigung Jesu so rekonstruieren zu können, dass die Ereignisgeschichte erkennbar und methodisch sauber von den Jesusbildern der Evangelien unterscheidbar wird. Im Zuge dieses Projekts hat sich die Gewissheit gebildet, dass im Vierten Evangelium eher narrative Dogmatik als gepflegte Erinnerung an Jesus zu finden sei und dass die christologisch virulenten Partien aller

[19] Albert Schweitzer, *Geschichte der Leben-Jesu-Forschung (1906/1913), Nachdruck hg. Otto Merk (UTB 1302), Tübingen [9]1984.*

Evangelien eher redaktionelle Interpolationen als literarische Explikationen der Verkündigung Jesu seien. Die neuere Exegese hat zwar das „Kriterium der Diskontinuität", mit dem Ernst Käsemann die damals „neue" Rückfrage anstoßen wollte[20], zur Disposition gestellt, weil sie zu der Überzeugung gelangt ist, dass Jesus nicht aus der Distanz zum Judentum seiner Zeit, sondern nur aus seiner Zugehörigkeit zu ihm heraus historisch korrekt verstanden werden kann.[21] Das erhöht die geschichtliche Plausibilität der Gestalt wie der Botschaft Jesu erheblich. Es ist auch theologisch stimmig, weil das Judentum Jesu ein christologisches Datum ist, wie im Neuen Testament vor allem Paulus reflektiert hat (Röm 9,1–5). Aber zum einen verstärkt es in der konkreten Durchführung oftmals die Tendenz zur Historisierung und Relativierung Jesu, die das theologische Vermittlungsproblem enorm verschärft; zum anderen fehlt es an einer methodischen Aufarbeitung der Wirkungsgeschichte, die Jesus in Gang gesetzt hat, um eine Nachfolgebewegung anzustoßen, aus deren Fortgang die Evangelien, die mit Abstand wichtigsten Quellentexte, entstanden sind. Beides wird zum Problem, wenn die philosophischen und theologischen Voraussetzungen, unter denen die Exegese antritt, um Bibel- und Traditionskritik zu treiben, nicht ihrerseits auf den Prüfstand der Philosophie und Theologie gestellt werden, um den Radius ihrer Beobachtungen und die Färbung ihrer Erkenntnisse zu bestimmen.[22] Das hermeneutische Grundproblem ist, welche theologische Bedeutung geschichtliche Forschung hat und welche historischen Dimensionen theologische Reflexion öffnen muss. Die Geschichtswissenschaft ist sowohl auf das Prinzip der Kritik als auch auf die Kriterien der Analogie und Korrelation festgelegt.[23] Weder gegen das Prinzip noch gegen die Kriterien können theologische Einwände erhoben werden. Allerdings müssen sie philosophisch und theologisch genau bestimmt werden. Gerade die Jesusforschung zeigt dies. Denn die Prophetie verlangt die

---

[20] Ernst Käsemann, *Das Problem des historischen Jesus (1953)*, in: Ders., *Exegetische Versuche und Besinnungen*, Göttingen 1968, I 187–214; *Sackgassen im Streit um den historischen Jesus (1968)*, ebd., II 31–82.

[21] Vgl. Gerd Theissen – Annette März, *Der historische Jesus. Ein akademisches Lehrbuch*, Göttingen 1996.

[22] Einen starken Vorstoß, das Problem aufzuarbeiten, unternimmt Klaus Berger, *Exegese und Philosophie* (SBS 123/4), Stuttgart 1986.

[23] Vgl. Ernst Troeltsch, *Über historische und dogmatische Methode in der Theologie (1898)*, in: Ders., *Zur religiösen Lage, Religionsphilosophie und Ethik*. Gesammelte Schriften II, Tübingen ²1922, 729–753.

Unterscheidung der Geister, auch im Innersten der Tradition; die Analogie wird wie die Korrelation christologisch durch die Inkarnation, durch das Leben, durch die Passion und durch die Auferweckung Jesu begründet. Allerdings muss die Kritik zuerst Selbstkritik sein, wenn sie nicht aporetisch sein soll; die Analogie erhellt gerade jene Ähnlichkeit, die durch eine je größere Unähnlichkeit transzendiert wird und die Korrelation verlangt, die überlieferten Darstellungen in einen Wirkzusammenhang mit dem Dargestellten zu bringen – was wiederum einen kritischen Diskurs voraussetzt.

Diese Zusammenhänge werden aber in der historisch-kritischen Exegese älterer Bauart kaum diskutiert. Das Ergebnis ist, dass die Plausibilitäten der Moderne und ihres wissenschaftlichen Weltbildes zum letzten Urteilsmaßstab werden, sodass die Ergebnisse einer systematisch antidogmatischen Forschung ihrerseits dogmatisiert werden. Damit wird aber ausgeblendet, dass Jesus nicht in einer dogmenfreien Zone agiert, sondern sich auf einem intensiv beackerten Feld jüdischer Theologie mit einem klaren Gottesbekenntnis, profilierten Reformideen und diffusen Messiaserwartungen bewegt hat, auf dem er seine Spuren gezogen hat. Jesus nicht theologisch zu interpretieren, ist historisch unplausibel. Es werden auch – in wechselnder Folge – wesentliche Facetten des überlieferten Wirkens Jesu ausgeblendet, von der Gerichtsbotschaft über die Sündenvergebung und die Leidens- wie die Auferstehungsprophetie, von der expliziten Christologie zu schweigen – obgleich all dies von den wenige Jahrzehnte später geschriebenen Evangelien als (im Rahmen des antiken Denkens) historisch verlässliche Überlieferung gestaltet worden ist und sich weder im religionssoziologischen[24] noch im religionsgeschichtlichen[25] Diskurs falsifizieren lässt.

Joseph Ratzinger hat diese Widersprüchlichkeit scharf analysiert und mit seiner intellektuellen Offensive, das Verhältnis von Glaube und Vernunft neu auszuloten, zu beantworten versucht.[26] Allerdings

---

[24] Vgl. Gerd THEISSEN, *Die Religion der ersten Christen. Eine Theorie des Urchristentums,* Gütersloh 2000.

[25] Vgl. Klaus BERGER, *Jesus,* München 2004; Nicholas Thomas WHRIGHT, *Simply Jesus. Who he was, what he did, why it matters,* New York 2011. Eine andere Sache ist, dass sich die Religionsgeschichtliche Schule des 19. Jh. als Anti-Theologie zu etablieren suchte; vgl. Karsten LEHMKÜHLER, *Kultus und Theologie. Dogmatik und Exegese in der religionsgeschichtlichen Schule* (Forschungen zur systematischen und ökumenischen Theologie 76), Göttingen 1996.

[26] Herausragend sind: Joseph RATZINGER – Jürgen HABERMAS, *Dialektik der Sä-*

muss er sich die Frage gefallen lassen, ob seine Methodik der kanonischen Exegese den Anspruch, die Theologie historisch zu erden, einlösen kann. Was seiner Jesustrilogie fehlt, ist eine Quellenkritik in der Form, dass die jeweiligen Voraussetzungen, Charakteristika, Intentionen und Interessen, damit aber auch Grenzen und Färbungen der Darstellungen Jesu in den vier kanonischen Evangelien genau beschrieben und miteinander verglichen werden, von den Apokryphen zu schweigen. Im Einzelfall geschieht dies durchaus, aber nicht methodisch, obwohl die Hermeneutik der Erinnerung, die er verfolgt, diesen Aufwand nötig machte. Dadurch bleibt aber unklar, auf welcher genauen Textbasis er seine historischen Recherchen anstellt. Mehr noch: es wird nicht methodisch aufgearbeitet, dass es einen direkten Zugang zu Jesus schlechterdings nicht mehr gibt, sondern dass alles, was von ihm heute in Erfahrung zu bringen ist, durch den Filter und Verstärker der frühen synoptischen und johanneischen Tradition gegangen ist. Weil diese Fragen nicht bearbeitet, sondern nur die theologischen *highlights* der Evangelienüberlieferung reflektiert werden, entsteht der Eindruck der Harmonisierung und der Überinterpretation.

Vergleicht man die Resultate der neueren Jesusforschung mit den Thesen der Trilogie, zeigen sich fundamentale Gemeinsamkeiten neben deutlichen Unterschieden. Die Gemeinsamkeiten betreffen die Dominanz der Basileia-Thematik, die Pluralität der Lehrformen und -inhalte, die Aufmerksamkeit für die Jüngerschaft, die Herausforderung der Passion, die Verwurzelung im Alten Testament und die Zugehörigkeit zum Judentum. Der entscheidende Unterschied ist vielleicht nicht einmal die Einbeziehung der johanneischen Tradition. Vielmehr reflektiert Joseph Ratzinger das, was die historisch-kritische Exegese als Thema und Gegenstand der Verkündigung Jesu identifiziert, als Wahrheit des Evangeliums. Das ist für ihn der Weg, Schriftauslegung als Theologie zu treiben. Die theologische Perspektive gewinnt er, indem er die Bedeutung eines bestimmten Wortes konsequent ins Licht des Alten Testaments hält, wie es sich ihm in Christus neu zeigt, und von Zeugnissen der Tradition her erschließt, die es vom Credo und vom Leben der Kirche her öffnen. Die Grenzen his-

---

kularisierung. Über Vernunft und Religion, hg. Florian Schuller, Freiburg – Basel – Wien [6]2006 ([1]2004); Benedikt XVI., *Glaube, Vernunft und Universität. Die Regensburger Vorlesung.* Vollständige Ausgabe. Kommentiert von Gesine Schwan, Adel-Theodore Khoury, Karl Kardinal Lehmann, Freiburg – Basel – Wien 2006.

torisch-kritischer Methodik werden dadurch zweifellos überschritten; aber das ist Joseph Ratzinger ebenso klar wie seinen Kritikern. Die Frage ist nur, ob durch dieses Verfahren die geschichtliche Verkündigung Jesu ideologisiert oder identifiziert wird.

Ratzingers Anspruch ist es, Jesus dadurch als geschichtliche Person besser zu erkennen, dass er ihn als Theologen ernstnimmt. Die prinzipielle Richtigkeit dieser Hypothese lässt sich schwerlich bestreiten, auch wenn das Ethos der Gerechtigkeit, die Kritik der Heuchelei, der Einsatz für die Armen vielleicht noch stärker hätten betont werden können. Zweifellos schlägt das Herz Jesu in der Gottesliebe, aus der die Nächstenliebe strömt; zweifellos identifiziert Jesus sich mit der Herrschaft Gottes; zweifellos ist das Vaterunser ein Schlüssel zum Evangelium. All das zu erkennen, hätte es nicht der Trilogie bedurft, wenn sie nicht dem „Ich", der Person Jesu entscheidendes Gewicht gegeben und deshalb auch das breite Spektrum der christologieträchtigen, besonders der johanneischen Traditionen einbezogen hätte.

Über Einzelheiten der historischen Rekonstruktion wird immer gestritten werden; das liegt in der Natur der philologischen und historischen Forschung; es ist im Zweifel auch kein Nachteil, sondern ein Vorzug. Grundsätzlicher kann die Kritik an zwei Stellen werden. Zum einen ist trotz des Dialoges mit Neusner das Eigengewicht, das der jüdischen Schriftauslegung zukommt, kaum angemessen bestimmt; dadurch wird aber das zeitgenössische Judentum kaum einmal zu einem wesentlichen Gesprächspartner; das relative Recht der pharisäischen Jesuskritik, das Wahrheitsmoment im Widerspruch bleibt implizit. Zum anderen entsteht bei der hermeneutischen Schlüsselbedeutung, die bestimmten Kirchenvätern zuerkannt wird, inmitten aller Lesefrüchte, die man gern genießt, die Frage, wo die moderne Theologie die Augen für den Sinn der Texte öffnet, die traditionelle ihn aber eher verdunkelt hat. Anders formuliert: Joseph Ratzingers Jesusbuch liegt in der hermeneutischen Fluchtlinie des Zweiten Vatikanischen Konzils, indem es die große Übereinstimmung zwischen Schrift und Tradition affirmiert. Der Kommentator Joseph Ratzinger hat sich den Hinweis nicht verkniffen, dass *Dei Verbum* das traditionskritische Potential der Schrift nicht erschließt und damit eine wesentliche Frage der Reformation unbeantwortet lässt.[27] Im Jesusbuch jedoch ist die Traditionskritik kaum zu erkennen. Ebenso wenig wird das theologisch zentrale Thema der bleibenden Erwählung Israels dis-

---

[27] *Kommentar zu Dei Verbum*, in: *LThK.E* 13 (1967) 498–528.571–581, hic 521s.

kutiert, das jedoch Ratzingers Voraussetzung, die Bibel mit Blick auf Jesus als Buch der Kirche zu lesen, nicht ohne erhebliche Differenzierung plausibel scheinen lässt.

Die entscheidende Frage aber lautet, ob sich, wenn diese Desiderate zu Recht beständen und erfüllt würden, im Ergebnis der Darstellung etwas ändern müsste. Bei aller wechselseitigen Kritik sind sich Joseph Ratzinger und die Protagonisten historisch-kritischer Exegese darin einig, dass es in der Mitte der Theologie geschichtliche Forschung braucht, weil das historische Wirken und Leiden Jesu theologisch wesentlich ist; das ist im Zeitalter des Konstruktivismus[28] und der Systemtheorie[29] alles andere als selbstverständlich. Einig sind sie sich auch darin, dass nicht so etwas wie eine Psychologie Jesu eruiert werden kann, weil die Evangelien kein Psychogramm Jesu zeichnen; das ist im Zeitalter grassierender Esoterik gleichfalls alles andere als selbstverständlich. Uneinig sind sie sich allerdings im Hinblick auf die Einheit Jesu mit dem Vater. Der Vorwurf der Dogmatisierung steht gegen den der Banalisierung.

Dies ist der crucial point in der exegetischen Diskussion über die theologische Relevanz der Geschichte Jesu. Auch bei einem sozial-, literatur-, kultur- und religionswissenschaftlichen Ansatz stößt man auf ihn. Wenn man ihn genauer betrachten will, muss freilich der biblische Begriff der Einheit leitend sein.[30] Im Falle der Gottesbeziehung Jesu ist er gefüllt von der Liebe des Vaters zum Sohn und der Liebe des Sohnes zum Vater. Die wird zwar erst in der johanneischen Tradition akzentuiert und reflektiert[31], aber auch schon in der synoptischen Tradition impliziert und expliziert. Dass Ratzinger sich von der johanneischen Theologie hat leiten lassen, diese Verbundenheit aus Liebe als Verständnisschlüssel des gesamten Evangeliums Jesu anzusetzen und die Konsequenzen im kritischen Diskurs mit der historisch-kritischen Exegese zu ziehen, ist ein großer Gewinn, den die Jesusforschung durch seine Bücher erzielt hat.

---

[28] Vgl. Peter Berger – Thomas Luckmann, *Die gesellschaftliche Konstruktion der Wirklichkeit. Eine Theorie der Wissenssoziologie*, Frankfurt/M. [16]1999 ([1]1969).

[29] Vgl. Niklas Luhmann, *Die Religion der Gesellschaft*, hg. André Kieserling, Frankfurt/M. 2000.

[30] Vgl. Thomas Söding, *Einheit der Heiligen Schrift? Zur biblischen Theologie des Kanons* (QD 215), Freiburg – Basel – Wien 2008 (2005).

[31] Vgl. Enno Edzard Popkes, *Die Theologie der Liebe Gottes in den johanneischen Schriften. Zur Semantik der Liebe und zum Motivkreis des Dualismus* (WUNT II/197), Tübingen 2005.

Allerdings gehören zur Liebe auch die Anerkennung und Bejahung von Unterschieden, das Aushalten der Ferne, die Sehnsucht nach Gemeinschaft. Von diesen Spannungen sind die Evangelien voll. Nach Lukas sagt Jesus seinen Jüngern im Abendmahlssaal: „Ihr habt bei mir ausgehalten in meinen Versuchungen" (Lk 22,28). Aber dieses Wort wird nicht ausgelegt, wiewohl Joseph Ratzinger die Versuchungsgeschichten, die alle Synoptiker an den Anfang ihrer Evangelien stellen, als Antizipationen der Versuchungen liest, die Jesus auf seinem „ganzen Weg" zu bestehen hat (Jesus I 55). Würde aber die Gethsemane-Perspektive den Zugang zur Christologie der Einheit bestimmen, würde das Dynamische, das Spannungsreiche und Widersprüchliche, das Suchen und Aufbrechen Jesu deutlicher. Es würde dann auch klarer, dass Johannes zwar die Synoptiker vertiefen will, aber auf ihnen aufbaut und deshalb von ihnen her in seiner Bedeutung für die Rekonstruktion der Geschichte Jesu erschlossen werden muss.

Die Trilogie stellt die Gottesfrage ins Zentrum der Jesusforschung. Das ist ihr großes Verdienst. Sie plausibilisiert die historische Substanz der Evangelien. Das bleibt notwendig im Streit der Exegese. Sie fußt auf einer Hermeneutik des Wortes Gottes. Das fordert den Dialog der gesamten Theologie über das Verhältnis von Offenbarung und Geschichte.

„Wahre Sterne, die aus der Ferne leuchten"

Benedikt XVI. – Katechesen über die Kirchenväter

Michael Fiedrowicz, Trier

In einem Interview mit dem Journalisten Peter Seewald wurde Benedikt XVI. gefragt, ob ein Papst wenigstens mehr Hilfe und Tröstung ‚von oben' bekomme als ein gewöhnlicher Sterblicher. Er antwortete: „Da ich immer auch den Trost ‚von oben' spüre, beim Beten die Nähe des Herrn erlebe oder beim Lesen der Kirchenväter das Schöne des Glaubens aufleuchten sehe, gibt es ein ganzes Konzert von Tröstungen."[1] Die Kirchenväter haben offensichtlich bei diesem „Konzert von Tröstungen" einen wichtigen Part inne. Wer sie liest, so Benedikt, sieht „das Schöne des Glaubens aufleuchten". Es ist eine Erfahrung, die der Papst nicht nur für sich selbst besitzen wollte, sondern der Kirche insgesamt zugänglich zu machen suchte. So widmete er mehr als zwei Jahre lang, vom 7. März 2007 bis zum 6. Mai 2009, die Ansprachen bei den wöchentlichen Generalaudienzen am Mittwoch den Kirchenvätern. Der zeitliche Bogen spannt sich von den Apostolischen Vätern (Clemens von Rom) bis zum Abschluss der patristischen Epoche mit Isidor von Sevilla im Westen und Johannes von Damaskus im Osten.[2] Nachdem ein Zyklus von Ansprachen über die Apostel und andere herausragende Gestalten der Urkirche vorausgegangen war[3], sollte

---

[1] Benedikt XVI., *Licht der Welt. Der Papst, die Kirche und die Zeichen der Zeit. Ein Gespräch mit Peter Seewald*, Freiburg i. Br. ²2010, 31.

[2] Die Ansprachen vom 7. März 2007 bis 27. Februar 2008 (Clemens von Rom bis Augustinus) liegen in drei weitgehend identischen Ausgaben vor: Benedikt XVI., *Die Kirchenväter – frühe Lehrer der Christenheit*, Regensburg 2008 (nach dieser Ausgabe wird zitiert); Benedikt XVI., *Kirchenväter und Glaubenslehrer. Die Großen der frühen Kirche*, Augsburg 2008; Benedikt XVI., *Die Kirchenväter*, Leipzig 2008. Die folgenden Katechesen vom 5. März 2008 bis 6. Mai 2009 behandeln die späteren Kirchenväter von Leo dem Großen bis Johannes von Damaskus: Benoît XVI, *Les Maîtres, Pères et écrivains du 1er Millénaire. De saint Léon le Grand à Saints Cyrille et Méthode*, Dijon 2011, 9–116.

[3] Vgl. Benedikt XVI., *Auf dem Fundament der Apostel. Katechesen über den Ursprung der Kirche*, Regensburg 2007.

nun „der Weg der Kirche in die Geschichte"[4] betrachtet werden. In lebendig anschaulichen Porträts stellte der Papst die großen Lehrer und Glaubenszeugen der frühen Christenheit vor, die auf dem Fundament der Apostel den Bau der Kirche fortführten und maßgeblich zu ihrer weiteren Entfaltung beitrugen.

Papst Benedikt war für seine katechetische Aufgabe seit langem bestens vorbereitet. Schon in den Studienjahren hatte er „eifrig die Väter gelesen und auch ein Augustinus-Seminar Söhngens besucht"[5]. Zum Schlüsselerlebnis wurde ihm in diesen Jahren Henri de Lubac mit seinem Werk „Katholizismus", wodurch er „ein neues und tieferes Verhältnis zum Denken der Väter" gewann.[6] Vor allem aber war es die Bearbeitung der – dann als Dissertation – angenommenen Preisaufgabe „Volk und Haus Gottes in Augustins Lehre von der Kirche", die den jungen Theologen tief in das Œuvre des heiligen Augustinus eindringen ließ, um fortan in beständigem geistigen Austausch mit jenem bedeutendsten Kirchenvater zu bleiben.[7] Ausdruck der tiefen Wertschätzung der Gestalt Augustins, der, wie Benedikt XVI. sagte, „ich mich sehr verbunden fühle wegen der Rolle, die sie in meinem Leben als Theologe, Priester und Hirt gespielt hat"[8], ist nicht zuletzt die Tatsache, dass insgesamt fünf Katechesen Leben, Werk und Theologie dieses Kirchenvaters behandeln. Darüber hinaus widmete ihm Benedikt XVI. im April 2007 drei Ansprachen anlässlich eines Pastoralbesuchs und einer Pilgerreise nach Pavia, wo er die sterblichen Überreste des Heiligen verehrte.[9] Welche grundlegende Bedeutung den Kirchenvätern für die moderne Theologie zukommt, erörterte 1968 der damals in Tübingen lehrende Professor Joseph Ratzinger in seinem Aufsatz „Die Bedeutung der Väter im Aufbau des Glaubens".[10] Die kleine Schrift „Die Einheit der Nationen. Eine Vision der Kirchen-

---

[4] Benedikt XVI., Kirchenväter (s. Anm. 2), 7.

[5] Vgl. Joseph Kardinal Ratzinger, *Aus meinem Leben. Erinnerungen (1927–1977)*, München 1998, 68 f. G. C. Söhngen lehrte Fundamentaltheologie an der Theologischen Fakultät München.

[6] Ratzinger, Aus meinem Leben (s. Anm. 5), 69.

[7] Vgl. Joseph Quy Lam Cong, *Theologische Verwandtschaft. Augustinus von Hippo und Joseph Ratzinger / Papst Benedikt XVI.*, Würzburg 2009.

[8] Benedikt XVI., Kirchenväter (s. Anm. 2), 221.

[9] Vgl. Benedikt XVI., *Leidenschaft für die Wahrheit. Augustinus*, Augsburg 2009, 12–36.

[10] Vgl. Joseph Ratzinger, *Theologische Prinzipienlehre*, München [2]2005 (= 1982), 139–159.

väter“ (1971), ein umfangreicher Beitrag „Der Kirchenbegriff im patristischen Denken“ (1965), mehrere Rezensionen insbesondere zur Augustinus-Literatur zeugen von der beständigen wissenschaftlichen Beschäftigung mit den patristischen Autoren.[11] Doch nicht nur in der Zeit als Professor blieben die Kirchenväter für Joseph Ratzinger ein wichtiger Bezugspunkt seines Denkens. Auch die spätere Verkündigung des Bischofs, Ansprachen und Aufsätze des Kardinals und Präfekten der Glaubenskongregation, schließlich die Enzykliken *Deus caritas est* und *Spe salvi*[12] sowie die Jesus-Trilogie des Papstes, sind durchzogen von Zitaten und Gedanken der Väter der Kirche.

„Ich biete euch dar, wovon auch ich selbst lebe“ – lautet ein schönes Wort Augustins.[13] Was für das gesamte Werk des Theologen, Bischofs und Papstes gilt, lässt sich ebenso von den Kirchenväter-Katechesen Benedikts sagen. Auch sie sind Frucht einer lebenslangen Beschäftigung mit den patristischen Autoren, deren Gestalten und deren theologische Weisheit sowie spirituelle Tiefe den Gläubigen, leicht verständlich und anspruchsvoll zugleich, zugänglich gemacht werden sollten. Für Papst Benedikt wird der Glaube vor allem in Personen fassbar und glaubhaft. Im Geleitwort zu einer Augustinus-Biographie schrieb er: „Angesichts der Wertkrise fragen wir heute von Neuem nach Gestalten, die in der Lage sind, uns den Weg zu weisen. Letztendlich sind es nämlich nicht Theorien, sondern Personen, die eine Lebensform anschaulich und glaubhaft machen.“[14] Dies ist der Grund, weswegen der Papst sich entschied, über mehrere Jahre hinweg Gestalten des Glaubens – Apostel, Kirchenväter, Theologen, Ordensgründer, Mystiker des Mittelalters und der Neuzeit – in den Mittelpunkt seiner wöchentlichen Katechesen zu stellen.

Ein besonderes Anliegen dieser Katechesen besteht darin, die Kirchenväter als Gestalten der Vergangenheit gerade in ihrer Gegenwartsbedeutung zu erschließen: „Sie sind auch für uns heute Glaubens-

---

[11] Vgl. JRGS 1, 555–607, 649–661, 671–691.

[12] Vgl. Benedikt XVI., Kirchenväter (s. Anm. 2), 226: „[…] meine erste Enzyklika mit dem Titel *Deus caritas est* […] verdankt nämlich vor allem in ihrem ersten Teil viel dem Denken des hl. Augustinus. […] Der Hoffnung habe ich meine zweite Enzyklika, *Spe salvi*, gewidmet, und auch sie schuldet sehr viel dem hl. Augustinus und seiner Begegnung mit Gott.“

[13] Augustinus, *sermo Frangipane* 2,4 (Miscellanea Agostiniana I, 193): *inde vobis appono, unde et ego vivo.*

[14] Geleitwort zu: Guiliano Vigini, *Agostino d'Ippona. L'avventura della grazia e della carità*, Cinisello Balsamo 1988. Abgedruckt in: JRGS 1, 692.

lehrer und Zeugen der immerwährenden Aktualität des christlichen Glaubens."[15] Seiner persönlichen Erfahrung verlieh der Papst mit folgenden Worten Ausdruck: „Wenn ich die Schriften des hl. Augustinus lese, habe ich nicht den Eindruck, daß es sich um einen Mann handelt, der vor mehr oder weniger 1600 Jahren gestorben ist, sondern ich spüre ihn wie einen Menschen von heute. Einen Freund, einen Zeitgenossen, der zu mir spricht, der mit seinem frischen und aktuellen Glauben zu uns spricht. Im hl. Augustinus, der in seinen Schriften zu mir, zu uns spricht, sehen wir die bleibende Aktualität des Glaubens."[16] Die Frage nach dem Gegenwartsbezug der Kirchenväter durchzieht alle Katechesen. Immer wieder formuliert der Papst Fragen wie: „Was können wir vom hl. Hieronymus lernen?"[17], oder konstatiert wie folgt: „Man kann sagen, daß dieser Kirchenvater (d.h. Basilius der Große) aus einer fernen Zeit auch zu uns spricht und uns Wichtiges zu sagen hat."[18] Für Benedikt sind die Kirchenväter „wahre Sterne, die aus der Ferne leuchten"[19] und mit ihrem Licht die Gegenwart erhellen.

Die Bedeutung dieser aktualisierenden Herangehensweise kann nicht hoch genug eingeschätzt werden, zeigt Papst Benedikt damit doch in exemplarischer Form einen Weg auf, der in der gegenwärtigen Beschäftigung mit den patristischen Autoren nur selten beschritten wird. Unlängst wurde auf eine paradoxe Situation aufmerksam gemacht. Einerseits war niemals zuvor in der Theologiegeschichte die patristische Literatur so gut aufbereitet, erforscht und zugänglich gemacht, wie es seit den letzten fünfzig Jahren der Fall ist. Andererseits ist die Beschäftigung mit den Kirchenvätern weitgehend von einer historisierend-kulturgeschichtlichen Perspektive bestimmt.[20] Die Frage, welchen Beitrag die Kirchenväter-Theologie für die heutige Glaubensreflexion generell zu bieten vermag, wird nur selten bedacht.[21]

---

15 Benedikt XVI., Kirchenväter (s. Anm. 2), 50.

16 Ebd., 206.

17 Ebd., 157.

18 Ebd., 88.

19 Benoît XVI, Maîtres (s. Anm. 2), 9.

20 Die Preisgabe der theologischen Dimension der Kirchengeschichtsforschung generell zugunsten einer kulturgeschichtlichen Wende dieser Disziplin kritisierte zu Recht Walter Brandmüller, *Kirchengeschichte in Deutschland*, in: Die Neue Ordnung 60 (2006) 422–435.

21 Ein entschiedenes Plädoyer für eine Neuentdeckung dieser Fragestellung bietet mit zahlreichen Beispielen jüngst Michel Fédou, *Les Pères de l'Église et la*

Papst Benedikt lässt hingegen die Väter der Kirche in die heutige Zeit hinein sprechen. Ein exemplarisches Zitat zeigt sein Grundanliegen: „Das Leben dieses großen Heiligen (d.h. Basilius von Cäsarea) und seine Werke sind reich an Anregungen zum Nachdenken und an Lehren, die auch für uns heute gültig sind.“[22] Tatsächlich vermag der Katechet die Gedanken eines Kirchenvaters oft so kongenial auf aktuelle Fragestellungen zu beziehen, dass jener patristische Autor für die heutige Zeit gesprochen zu haben scheint. Leben, Werk und Lehre der Kirchenväter bilden den üblichen Aufbau der Katechesen. Die thematische Vielfalt ist imposant und kann hier auch nicht andeutungsweise nachgezeichnet werden. Stattdessen soll nur ein Aspekt näher beleuchtet werden, der dem Titel dieses Sammelbandes Rechnung trägt. Was sagt der Papst über den Theologen, über seine Berufung und Aufgabe in der Kirche? Zweifellos richteten sich die Ansprachen nicht in erster Linie an Theologen, doch wäre der Katechet auf der Cathedra Petri nicht der Theologenpapst Benedikt XVI., wenn er nicht immer wieder auch „Wesen und Auftrag der Theologie“[23] im Blick auf die Kirchenväter zur Sprache brächte.

Soll die Theologie der Kirche helfen, auf den Plan Gottes zu antworten, der will, „daß alle Menschen gerettet werden und zur Erkenntnis der Wahrheit gelangen (1 Tim 2,4)“[24], so sind die frühchristlichen Theologen für Benedikt zunächst selber leidenschaftliche Wahrheitssucher gewesen, deren Konversion vom Heidentum zum Christentum die ersehnte Wahrheit in der Offenbarungsbotschaft fin-

---

théologie chrétienne, Paris 2013, 10f.: „[...] du point de vue de la théologie chrétienne, les écrits patristiques ne peuvent pas être seulement étudiés sous l'angle philologique, ou dans le cadre de l'histoire ancienne [...], mais [...] ces écrits (ou plus particulièrement certains d'entre eux) doivent aussi apporter une contribution à l'intelligence de la foi aujourd'hui. [...] l'intelligence de la foi ne peut se passer d'une référence vivante aux écrits patristiques. [...] la fréquentation des Pères doit pour sa part contribuer aux tâches de la théologie.“ Zuvor schon Ders., *Sources Chrétiennes. Patristique et renaissance de la théologie*, in: Gregorianum 92 (2011) 781–796. Ähnlich auch Michael Fiedrowicz, *Theologie der Kirchenväter. Grundlagen frühchristlicher Glaubensreflexion*, Freiburg i. Br. ²2010, 13–17.

[22] Benedikt XVI., Kirchenväter (s. Anm. 2), 84.

[23] Vgl. Joseph Kardinal Ratzinger, *Wesen und Auftrag der Theologie. Versuche zu ihrer Ortsbestimmung im Disput der Gegenwart*, Einsiedeln / Freiburg 1993.

[24] Vgl. Kongregation für die Glaubenslehre, Instruktion über die kirchliche Berufung des Theologen (Donum veritatis) vom 24. Mai 1990 (Verlautbarungen des Apostolischen Stuhls 98), Nr. 1.

den ließ.[25] Die Entdeckung der Glaubenswahrheit führte jene Kirchenväter dazu, ihr Leben fortan ganz der Erforschung und Weitergabe dieser Wahrheit zu widmen.[26] Wenn sich das Christentum im religiösen Kontext der Antike seit Anbeginn dadurch auszeichnete, dass es „die Option für den Logos gegen jede Art des Mythos“ vertrat und „sich für den Gott der Philosophen, gegen die Götter der Religionen entschied“[27], dann repräsentieren Apologeten wie Justin, Tertullian und Clemens von Alexandrien diese Option der frühen Kirche für den Logos gegen den Mythos.[28] Die frühchristlichen Theologen griffen auf die griechische Philosophie zurück, um die Verirrungen der heidnischen Religion zu kritisieren, wie sie in der Idolatrie und Mythologie zutage trat, aber auch im Verzicht auf die Wahrheitsfrage zugunsten von Konvention und Tradition deutlich wurde.[29] Ausgehend von diesem Ansatz der frühen Väter hatte der Theologe Joseph Ratzinger vielfach auf die Pathologie der Religionen verwiesen und deren notwendige Reinigung durch die Vernunft gefordert.[30] Benedikt unterstreicht: „[…] die klare Stellungnahme des christlichen Glaubens für den Gott der Philosophen gegen die falschen Götter der heidnischen Religion […] war die Entscheidung für die Wahrheit des Seins gegen den Mythos der Gewohnheit. […] In einer Zeit wie der unsrigen, die in der Diskussion über die Werte und die Religion – wie auch im interreligiösen Dialog – vom Relativismus gekennzeichnet ist, ist dies eine Lektion, die nicht vergessen werden darf.“[31] Benedikt betrachtet – völlig zu Recht und keineswegs anachronistisch – die Kirchenväter geradezu als Protagonisten im Kampf gegen die „Diktatur des Relativismus“.

Auch für das Verhältnis von *Fides* und *Ratio* findet der Papst Maßstäbe schon in der frühen Kirche, sei es bei Clemens von Alexan-

---

[25] Vgl. Benedikt XVI., Kirchenväter (s. Anm. 2), 19 f. (Justin); 129 (Hilarius); 195–198, 208, 222 (Augustinus).

[26] Vgl. Benedikt XVI., Kirchenväter (s. Anm. 2), 20 (Justin); 224 (Augustinus); Benoît XVI, Maîtres (s. Anm. 2), 30 (Dionysius Areopagita).

[27] Joseph Ratzinger, *Einführung in das Christentum*, München 1968, 103 f.

[28] Vgl. Benedikt XVI., Kirchenväter (s. Anm. 2), 21 f. (Justin); 23 (Tertullian); 35 (Clemens von Alexandrien).

[29] Vgl. ebd., 22 (Justin); 23 (Tertullian).

[30] Vgl. Joseph Kardinal Ratzinger, *Glaube – Wahrheit – Toleranz. Das Christentum und die Weltreligionen*, Freiburg i. Br. 2003, 68, 127 f., 164; Ders., *Werte in Zeiten des Umbruchs*, Freiburg i. Br. 2005, 38.

[31] Benedikt XVI., Kirchenväter (s. Anm. 2), 22 f. (Justin).

drien, dem „Bannerträger des Dialogs zwischen Glaube und Vernunft“, sei es bei Augustinus, dessen gesamter intellektueller und geistlicher Weg „auch heute ein gültiges Modell für das Verhältnis von Glaube und Vernunft darstellt“.[32] Sind Glaube und Vernunft die beiden „Flügel“, um zur Erkenntnis der Wahrheit zu gelangen[33], so verlangte der Rationalitätsanspruch der christlichen Religion auch die Bewahrung der geistigen Errungenschaften der antiken Kultur, die sich nach dem Prinzip der „rechten Nutzung“ *(chrēsis)* in den Dienst der Glaubensreflexion stellen ließen.[34] Vielfach zeigt Benedikt, wie die Theologie bei den Kirchenvätern „nie eine rein akademische Abhandlung“ blieb, sondern „immer auf die Erfahrung des Gebetes, des Kontaktes mit Gott gegründet“ war.[35] Daher erhielt Gregor von Nazianz in der orthodoxen Kirche den Beinamen „der Theologe“, „weil für ihn die Theologie keine rein menschliche Reflexion und noch weniger nur die Frucht komplizierter Spekulationen ist, sondern einem Leben des Gebetes und der Heiligkeit entspringt, einem ständigen Dialog mit Gott. Und eben so lässt sie in unserem Verstand die Wirklichkeit Gottes aufscheinen, das Geheimnis der Dreifaltigkeit.“[36] Gleiches gilt für Hilarius von Poitiers und sein dogmatisches Werk *De Trinitate:* „Das ist ein Wesensmerkmal des Buches: Die Reflexion wandelt sich zum Gebet, und das Gebet wird wieder zur Reflexion. Das ganze Buch ist ein Dialog mit Gott.“[37]

„Exegese ist für mich immer Zentrum meiner theologischen Arbeit geblieben“, heißt es in den Lebenserinnerungen von Joseph Kardinal Ratzinger.[38] Mehrfach verwies er auf die bleibende Bedeutung der patristisch-mittelalterlichen Lehre vom mehrfachen Schriftsinn: „Sie zeigt den unerläßlichen Ort streng historischer Exegese auf, gibt aber auch ihre Grenzen und ihren notwendigen Kontext deutlich an.“[39] So

---

[32] Ebd., 22 f. (Clemens von Alexandrien); 208 (Augustinus).

[33] Vgl. ebd., 32 (Clemens von Alexandrien).

[34] Vgl. ebd., 87 f. (Basilius von Cäsarea); 99 (Gregor von Nyssa); 165 (Hieronymus); Benoît XVI, Maîtres (s. Anm. 2), 15 f. (Boethius); 19 (Cassiodor); 30 (Dionysius Areopagita); 65 (Isidor von Sevilla).

[35] Vgl. Benedikt XVI., Kirchenväter (s. Anm. 2), 44–46 (Origenes).

[36] Ebd., 91 f.

[37] Ebd., 134.

[38] Ratzinger, Aus meinem Leben (s. Anm. 5), 58.

[39] Joseph Kardinal Ratzinger, *Die Krise der Katechese und ihre Überwindung*, Einsiedeln 1983, 33. Vgl. Ders., *Unterwegs zu Jesus Christus*, Augsburg ^{2}2004, 153 f.

werden auch in den Katechesen über die Kirchenväter einerseits deren Bemühen um die authentische Textgestalt bei Origenes und die Erforschung des Literalsinnes bei den Antiochenischen Theologen gewürdigt[40], andererseits wird aber auch das Erschließen der inneren Sinntiefe der biblischen Worte als unerlässliche Ergänzung und Vollendung jener ersten Schritte hervorgehoben, um die ganze Schrift für Christus transparent zu machen und dadurch zugleich ihre Einheit, Vieldimensionalität und ständige Aktualität erkennen zu lassen.[41] Voraussetzung einer solchen Exegese ist die durch beständige *lectio divina* erlangte Vertrautheit mit dem Wort Gottes[42], das nicht als Wort der Vergangenheit gelesen werden soll, vielmehr einen Dialog eröffnen will, in dem Gott einen jeden Leser und Hörer persönlich anspricht.[43] Die Kirche als eigentlicher Verstehensraum des Gotteswortes gehört zu den Kerngedanken des Theologen Joseph Ratzinger.[44] Auch die Kirchenväter-Katechesen betonen die ekklesiale Dimension der rechten Bibelhermeneutik: „Ein grundlegendes methodologisches Kriterium bei der Auslegung der Schrift war für Hieronymus die Übereinstimmung mit dem Lehramt der Kirche. Wir können niemals alleine die Schrift lesen. Wir finden zu viele Türen verschlossen und gleiten leicht in den Irrtum ab. Die Bibel wurde vom Volk Gottes und für das Volk Gottes unter der Inspiration des Heiligen Geistes geschrieben. Nur in dieser Gemeinschaft mit dem Volk Gottes können wir wirklich mit dem ‚Wir' in den Kern der Wahrheit eintreten, die Gott selbst uns sagen will."[45]

Das *Sentire cum ecclesia* gilt für die Glaubensreflexion generell[46], wie Benedikt an verschiedenen Theologengestalten exemplarisch dar-

---

[40] Vgl. Benedikt XVI., Kirchenväter (s. Anm. 2), 40 f. (Origenes); 112 (Johannes Chrysostomus).

[41] Vgl. ebd., 39–43 (Origenes); 130 (Hilarius); 76 f. (Cyrill von Jerusalem); 197 (Ambrosius und Augustinus); Benoît XVI, Maîtres (s. Anm. 2), 84 (Beda Venerabilis).

[42] Vgl. Benedikt XVI., Kirchenväter (s. Anm. 2), 45 (Origenes); 142 (Ambrosius); 190 (Paulinus von Nola); Benoît XVI, Maîtres (s. Anm. 2), 49 f., 54 (Gregor der Große).

[43] Vgl. Benedikt XVI., Kirchenväter (s. Anm. 2), 157–160 (Hieronymus).

[44] Vgl. Ratzinger, Prinzipienlehre (s. Anm. 10), 345–347; Ders., *Weggemeinschaft des Glaubens*, Augsburg 2002, 30 f.; Ders., Unterwegs zu Jesus Christus (s. Anm. 39), 154 f.; Ders., Wesen und Auftrag der Theologie (s. Anm. 23), 56 f.

[45] Benedikt XVI., Kirchenväter (s. Anm. 2), 161.

[46] Vgl. Ratzinger, Wesen und Auftrag der Theologie (s. Anm. 23), 92 f.

legt. Das tragische Schicksal Tertullians zeigt: „Das wesentliche Merkmal eines großen Theologen ist die Demut, mit der Kirche zusammenzubleiben, ihre und die eigenen Schwächen zu akzeptieren, weil allein Gott wirklich ganz heilig ist."[47] Die richtige Haltung eines Theologen lässt sich bei Augustinus erkennen, der am Lebensende mit der selbstkritischen Durchsicht seiner Schriften in den Retraktationen „auf diese Weise sein wahrhaft großes theologisches Denken in den demütigen und heiligen Glauben jener einfügt, die er einfach *Catholica* nennt, das heißt der Kirche"[48]. Ähnliches gilt für Cyrill von Alexandrien, dessen beständige Bezugnahme auf die vorausgegangenen Kirchenschriftsteller, der sogenannte Väterbeweis, beabsichtigte, „die Kontinuität der eigenen Theologie mit der Tradition aufzuzeigen. Er fügt sich willentlich und ausdrücklich in die Tradition der Kirche ein, in der er die Gewähr für die Kontinuität mit den Aposteln und mit Christus selbst erkennt."[49] Auch das Pseudonym des Dionysius Areopagita wird als Ausdruck einer ähnlichen Absicht gedeutet: „Er wollte gerade einen Akt der Demut leisten – nicht dem eigenen Namen Ruhm verschaffen, nicht sich selbst mit seinen Werken ein Denkmal setzen, sondern wirklich dem Evangelium dienen, eine kirchliche Theologie schaffen, keine individuelle, die nur auf sich selbst gründet."[50]

Glaubensreflexion *in medio ecclesiae* bedeutet für den Theologen auch, dem Glaubensbewusstsein des Gottesvolkes als *locus theologicus* Beachtung zu schenken. Mit Blick auf die Verteidigung des in der Volksfrömmigkeit tief verwurzelten Marien-Titels *Theotokos* durch Cyrill von Alexandrien heißt es: „Sein Kriterium, das im Übrigen auch heute gilt, war: Der Glaube des Volkes Gottes ist Ausdruck der Tradition, er ist die Gewähr für die unversehrte Lehre."[51] Diesem gemeinsamen Glauben suchte auch Augustinus zu dienen, der „trotz all seiner Demut" sich „gewiß seines intellektuellen Formates bewußt" war: „Aber wichtiger als große Werke von außergewöhnlicher theologischer Weite zu verfassen, war es für ihn, die christliche Botschaft den

[47] Benedikt XVI., Kirchenväter (s. Anm. 2), 54; ähnlich ebd. 9 (Clemens von Rom): Demut und brüderliche Liebe als „zwei wirklich grundlegende Tugenden des In-der-Kirche-Seins".

[48] Ebd., 226.

[49] Ebd., 123.

[50] Benoît XVI, Maîtres (s. Anm. 2), 30.

[51] Vgl. Benedikt XVI., Kirchenväter (s. Anm. 2), 125.

einfachen Menschen zu bringen."[52] Benedikt greift ein schon früher vielfach betontes Anliegen auf, wenn er das kirchliche Lehramt als Anwalt des gemeinsamen Glaubens beschreibt[53], wie es Irenäus exemplarisch gegenüber den Gnostikern tat, die sich ein „höheres Christentum für Intellektuelle" zu konstruieren suchten. Ihnen gegenüber verteidigte der Bischof von Lyon „gerade diesen einfachen Glauben, der auch die wahre Tiefe der Offenbarung ist"[54]. Schon als Präfekt der Glaubenskongregation hatte Kardinal Ratzinger neu ernannte Bischöfe eindringlich vor einem falschen Irenismus in Lehrfragen, vor einem Tolerieren des Irrtums um des kirchlichen Friedens willen, gewarnt, da von jeder Verfälschung des Glaubens, die unwidersprochen bleibe, „auch ein Element der inneren Vergiftung im Organismus der Kirche zurück(bleibt)".[55] Infolgedessen verweist auch der Papst in vielen Katechesen auf das Beispiel der Väter in den dogmatischen Kontroversen ihrer Zeit, um zu zeigen, dass die Verteidigung des wahren Glaubens und der Kampf gegen die Häresie stets als eine der vorrangigen Pflichten des Hirtenamtes und Theologenstandes galt.[56] Benedikt porträtiert geradezu seinen eigenen Führungsstil, auch während der Zeit vor Pontifikatsbeginn, wenn er schildert, wie bei den großen Vätern der Kirche „notwendige Unnachgiebigkeit" gegenüber allen Verfälschungen der Glaubenslehre[57] einherging mit dem Verlangen nach argumentativer Auseinandersetzung und Debatte[58] und Klarheit der Lehre die gleichzeitige Suche nach Einheit und Versöhnung keines-

---

[52] Ebd., 218; ebd. 101 (Gregor von Nyssa): „In seiner ‚Großen Katechese' (Oratio catechetica magna) trug er die Grundlinien der Theologie vor – nicht für eine akademische, in sich selbst verschlossene Theologie, sondern um den Katecheten ein Bezugssystem zu bieten, das bei ihren Unterweisungen zu beachten ist."

[53] Vgl. Joseph Ratzinger, *Zeitfragen und christlicher Glaube*, Würzburg 1982, 20–23; Ratzinger, Prinzipienlehre (s. Anm. 10), 347 f.; Ratzinger, Wesen und Auftrag der Theologie (s. Anm. 23), 53–55; Joseph Ratzinger, *Der Bischof – Künder und Hüter des Glaubens*, in: Internationale Katholische Zeitschrift Communio 31 (2002) 456–467, 463; abgedruckt in: JRGS 12, 332–348, 342.

[54] Benedikt XVI., Kirchenväter (s. Anm. 2), 27 f.

[55] Ratzinger, Der Bischof (s. Anm. 53), 345.

[56] Vgl. Benedikt XVI., Kirchenväter (s. Anm. 2), 70 (Athanasius); 82 (Basilius von Cäsarea); 100 (Gregor von Nyssa); 131 f. (Hilarius); 136 (Eusebius von Vercelli); 155 f. (Hieronymus); 199 (Augustinus); Benoît XVI, Maîtres (s. Anm. 2), 86 (Beda Venerabilis).

[57] Benedikt XVI., Kirchenväter (s. Anm. 2), 70 (Athanasius).

[58] Vgl. ebd., 202 (Augustinus).

wegs ausschloss.[59] Exemplarisch sei es Hilarius gelungen – und nicht nur ihm, möchte man im Rückblick auf Benedikts Pontifikat sagen –, „Festigkeit im Glauben und Sanftmut in den zwischenmenschlichen Beziehungen miteinander zu verbinden“.[60]

Der Theologenpapst scheint fast von seinem persönlichen Lebensweg zu sprechen[61], wenn er wiederholt betont, dass die Biographie nicht weniger Kirchenväter erkennen lasse, wie mitunter die Vorsehung verlangte, die persönlichen Lebenspläne und Neigungen zurückzustellen und das angetragene Amt gehorsam zu übernehmen[62], um in der Haltung der Verfügbarkeit[63] das Amt als Dienst an den anderen, als *servus servorum Dei*[64], nach dem Vorbild Christi auszuüben und gerade auf diese Weise Christus nahe zu sein.[65]

Angesichts der großen Zahl von nahezu vierzig Väterporträts, unter denen sich durchaus auch weniger bekannte patristische Autoren finden, erscheint das Fehlen des Vinzenz von Lérins sehr auffällig. Sein Werk *Commonitorium* (434) gilt als prägnantester Ausdruck des Traditionsprinzips der frühen Kirche. Innerhalb der patristischen Literatur ist es jene Schrift, die die umfangreichste Rezeptionsgeschichte aufzuweisen hat. Das Werk bot ein von den Theologen der Neuzeit häufig zitiertes Kriterium zur Unterscheidung von Orthodoxie und Häresie *(id teneamus, quod ubique, quod semper, quod ab omnibus creditum est)*, schuf zugleich aber auch für die authentische Dogmenentwicklung eine klassische Formel *(in eodem dogmate, eodem sensu, eademque sententia)*, die vom kirchlichen Lehramt bis in die jüngste Gegenwart hinein vielfach rezipiert wurde. Eine Würdigung dieser Aussagen durch den Theologenpapst, gerade im Kontext der aktuellen Diskussionen zur Hermeneutik des Zweiten Vatikanums, wäre überaus instruktiv gewesen. Waren es frühere Vorbehalte des jungen Theologieprofessors Joseph Ratzinger („ungeschichtliche Starre des Überlieferungsbegriffs“, „Semipelagianismus“), die, trotz eines inzwischen

[59] Vgl. ebd., 127 (Cyrill von Alexandrien); 131 (Hilarius).

[60] Ebd., 132.

[61] Vgl. Benedikt XVI., Licht der Welt (s. Anm. 1), 17, 19 f.

[62] Vgl. Benedikt XVI., Kirchenväter (s. Anm. 2), 90 f. (Gregor von Nazianz); 224 f. (Augustinus); Benoît XVI, Maîtres (s. Anm. 2), 44 (Gregor der Große).

[63] Vgl. ebd., 64 f. (Isidor von Sevilla).

[64] Vgl. ebd., 55 (Gregor der Große).

[65] Vgl. Benedikt XVI., Kirchenväter (s. Anm. 2), 225 (Augustinus). Ähnlich schon eine frühe Predigt (1965) am Fest des hl. Augustinus: *Dogma und Verkündigung*, München 1973, 426–428; abgedruckt in: JRGS 1, 701–703.

wesentlich gewandelten Forschungsstandes zum Autor des *Commonitorium*[66], auch den Theologenpapst davon abhielten, Vinzenz unter die „wahren Sterne“ zu rechnen, die „aus der Ferne strahlen“? Eine Antwort auf diese Frage könnte sich möglicherweise in der von Papst Benedikt XVI. vorbereiteten Glaubens-Enzyklika finden, sollte deren Text jemals veröffentlicht werden. Eine als Enzyklika geplante Abhandlung über den Glauben aus der Hand eines Papa emeritus, der die Kirchenväter kennt und schätzt, könnte mit einem Zitat aus dem *Commonitorium* jenem Theologen, der in den Kirchenväter-Katechesen unerwähnt geblieben ist, die ihm gebührende Wertschätzung widerfahren lassen.

In seinem Schreiben zum 1600. Todestag des heiligen Johannes Chrysostomus formulierte Papst Benedikt programmatisch, welche Bedeutung die Kirchenväter für die heutige Theologie besitzen sollten: „Ich möchte auch meinen sehnlichen Wunsch zum Ausdruck bringen, daß die Kirchenväter, in deren Stimme die beständige christliche Tradition erklingt, immer mehr zu einem festen Bezugspunkt für alle Theologen der Kirche werden mögen. Zu ihnen zurückzukehren bedeutet, zu den Quellen der christlichen Erfahrung zurückzugehen, um deren Frische und Reinheit zu kosten. Was könnte ich also den Theologen Besseres wünschen als ein erneuertes Bemühen, das Erbe der Weisheit der heiligen Väter neu zu entdecken? Das kann für ihre Reflexion auch über die Probleme unserer heutigen Zeit nur eine kostbare Bereicherung sein.“[67] Mit seinen Kirchenväter-Katechesen hat Benedikt XVI. in magistraler Weise gezeigt, welches theologisch-spirituelle Potential in den Schriften, aber auch im Leben der frühen Glaubenslehrer und Glaubenszeugen enthalten ist. Es bleibt zu wünschen, dass dieser wertvolle Impuls auf breiter Ebene dankbar aufgegriffen wird, indem Patrologen und Patristiker nicht nur, wie zumeist, als Experten für Spezialisten schreiben und mit immenser Gelehrsamkeit Randfragen behandeln, sondern die Schätze der Väterliteratur der Kirche insgesamt erschließen, sodann Prediger, Katecheten und Religionslehrer die Kirchenväter als eindrucksvolle Glaubensgestalten neu entdecken und zum Gegenstand ihrer Verkündigung und Unterwei-

---

[66] Zur Interpretation und Rezeption des Lériner Theologen durch Joseph Ratzinger vgl. VINZENZ VON LÉRINS, *Commonitorium*. Mit einer Studie zu Werk und Rezeption herausgegeben von M. Fiedrowicz, übersetzt von C. Barthold, Mülheim/Mosel 2011, 112 f., 172 f.

[67] AAS 99 (2007) 1040 f.

sung machen, und schließlich auch intellektuell aufgeschlossene Gläubige für sich einen Zugang zu diesen „Zeugen der immerwährenden Aktualität des christlichen Glaubens" finden. Auf diese Weise kann es gelingen, dem nachzustreben, was über einen anderen Kenner der Kirchenväter gesagt wurde: „deshalb für die Gegenwart führend zu sein, weil man die Schätze der Überlieferung kennt und ins Heutige umzumünzen versteht".[68]

[68] Hans Urs von Balthasar, *Henri de Lubac. Sein organisches Lebenswerk*, Einsiedeln 1976, 17.

Der Pontifex und die Patres Ecclesiae

Eine Skizze aus evangelischer Sicht

Wolfram Kinzig, Bonn

I.

Wer die theologischen Arbeiten Benedikts XVI. überblickt, wird schon auf den ersten Blick das ausgeprägte Interesse des emeritierten Papstes an der Theologie der Kirchenväter feststellen.[1] Ja, man wird ohne zu übertreiben sagen dürfen, dass Benedikt in neuerer Zeit der römische Pontifex gewesen ist, der sich am ausgiebigsten mit dem Denken der Alten Kirche beschäftigt hat. So ist es nur folgerichtig, dass die Reihe seiner Gesammelten Werke unlängst mit einer Auswahl seiner patristischen Arbeiten eröffnet wurde.[2]

Im Folgenden soll es mir nicht um eine kritische Würdigung der materialen Ergebnisse dieser Arbeiten gehen, die vor allem die Augustin-Forschung ganz ohne Zweifel nachhaltig gefördert haben.[3] Vielmehr möchte ich nach dem theologischen Blickwinkel und der Methode fragen, mit denen Ratzinger/Benedikt die Kirchenväter in den Blick nimmt.

Hintergrund dieser Frage ist meine vor einiger Zeit in einer Rezension geäußerte Verblüffung darüber, dass Benedikts Kirchenväterkate-

---

[1] Zur Terminologie: Ich spreche von Joseph Ratzinger, wenn es um seine Arbeiten aus der Zeit vor der Ernennung zum Papst geht; danach spreche ich von Benedikt (XVI.) bzw. vom Papst. Die Emeritierung ist dabei mitgedacht. Abkürzung: GS I = Gesammelte Schriften, Bd. I (2011). Darin enthaltene ältere Publikationen werden hiernach zitiert.

[2] Vgl. GS I.

[3] Vgl. hierzu v.a. Joseph Quy Lam Cong, *Der Einfluss des Augustinus auf die Theologie des Papstes Benedikt XVI*, in: Augustiniana 56 (2006) 411–432; Ders., *Theologische Verwandtschaft. Augustinus von Hippo und Joseph Ratzinger/Papst Benedikt XVI.*, Würzburg 2009; Cornelius Petrus Mayer, *Augustinus im Denken von Joseph Ratzinger/Benedikt XVI. (* 1927)*, in: Norbert Fischer (Hg.), *Augustinus. Spuren und Spiegelungen seines Denkens, Bd. II: Von Descartes bis in die Gegenwart*, Hamburg 2009, 309–320.

chesen aus den Jahren 2007/2008 den Methodenkanon, wie er in der Patristik/Patrologie[4] seit geraumer Zeit gang und gäbe ist, schlechterdings ignorieren und ein Bild der „Väter" propagieren, welches nicht nur in der Fachwissenschaft seit langem überwunden ist, sondern auf den ersten Blick auch zu Benedikts eigener, hochreflektierter patristischer Arbeit in Widerspruch zu stehen scheint.[5] Daher soll hier der Versuch unternommen werden, diesen Widerspruch näher zu beleuchten.

Freilich könnte man versucht sein, diese Spannungen einfach aus den unterschiedlichen Funktionen der Gattungen Katechese und wissenschaftlicher Abhandlung zu erklären. In der Tat zielt die eine in erster Linie auf Verkündigung und Belehrung der Erwachsenengemeinde[6] und verzichtet daher auf komplexere Begründungen, während die andere auch bei Ratzinger/Benedikt mit dem gesamten Apparat aufwartet, wie er für gelehrte Arbeiten typisch ist. Doch abgesehen davon, dass damit die Gefahr einer „doppelten Wahrheit" gegeben wäre, die ich dem früheren Papst nicht unterstellen möchte, glaube ich mittlerweile auch, dass man so die Kohärenz seines Denkens über die Kirchenväter unterschätzen würde. Um Kontinuitäten wie Transformationen dieses Denkens im patristischen Werk Ratzingers/Benedikts auf die Spur zu kommen, werde ich im Folgenden zunächst die wissenschaftlichen Arbeiten des Nachwuchsgelehrten sowie des Professors für Dogmatik und Dogmengeschichte Joseph Ratzinger kurz Revue passieren lassen. Sodann wird zu fragen sein, welches Bild sich aus den Äußerungen in den Katechesen des Papstes Benedikt ergibt. Abschließend möchte ich nach Veränderungen wie nach Kontinuitäten im Denken Ratzingers/Benedikts über die Kirchenväter fragen.

Der evangelische Patristiker, der stets von der Kirchengeschichte herkommt, hat dabei in Rechnung zu stellen, dass die Patristik bzw. Patrologie in der katholischen Theologie nicht (nur) in der Kirchengeschichte, sondern (als Dogmengeschichte) vornehmlich in der Dog-

[4] Der Begriff „Patristik" entspricht eher evangelischem, „Patrologie" eher katholischem Sprachgebrauch. Zum Ganzen vgl. Ekkehard Mühlenberg, Art. *Patristik*, in: *TRE*, Bd. XXVI, 1996, 97–106.

[5] Wolfram Kinzig, *Auf das Gift der Irrlehren ist zu achten* [Rez. von Ratzinger/Benedikt XVI. 2008], in: Frankfurter Allgemeine Zeitung, 29. Oktober 2008, 34.

[6] Vgl. dazu knapp aus katholischer Perspektive Günter Biemer, Art. *Katechese*, in: *LThK*, Bd. V, ³1996, Sp. 1303 f.

matik beheimatet ist.[7] Dementsprechend ist ihre Funktion nicht, oder nicht in erster Linie, kritisch-emanzipatorisch, sondern genetisch-explikativ zu verstehen.[8]

II.

Die Grunddaten von Joseph Ratzingers akademischen Anfängen sind hinlänglich bekannt: Mit der Dissertation „Volk und Haus Gottes in Augustins Lehre von der Kirche“ wurde er im Juli 1953 an der Ludwig-Maximilians-Universität München bei dem Fundamentaltheologen Gottlieb Söhngen (1892–1971) mit „summa cum laude“ promoviert.[9] Das Thema der Arbeit ging zurück auf eine Preisaufgabe im Studienjahr 1950/51.

Ratzinger schreibt in seinen Erinnerungen, dass er zur Beschäftigung mit den Kirchenvätern durch das epochemachende Buch „Katholizismus als Gemeinschaft“ von Henri de Lubac (1896–1991), einem der herausragenden Patristiker des 20. Jahrhunderts und gleichzeitig führenden Vertreter der „Nouvelle théologie“, angeregt worden sei, das Hans Urs von Balthasar (1905–1988) ins Deutsche übersetzt hatte:[10]

> „Dieses Buch ist mir zu einer Schlüssellektüre geworden. Ich bekam dadurch nicht nur ein neues und tieferes Verständnis zum Denken der Väter, sondern auch einen neuen Blick auf die Theologie und den Glauben insgesamt. Glaube war hier innere Anschauung und gerade durch das Denken mit den Vätern wieder Gegenwart geworden. Aus einer individualistisch und moralistisch verengten Weise des Glaubens heraus führte Lubac seine Leser wieder ins Freie eines wesentlich sozial, im Wir gedachten und gelebten Glaubens, der eben als solcher seinem Wesen nach auch Hoffnung war, die Geschichte als ganze berührte und nicht nur dem einzelnen private Seligkeit verhieß.“[11]

---

[7] Dies lässt sich unschwer an dem großen „Handbuch der Dogmengeschichte“ und seinen Hauptherausgebern Michael Schmaus (1897–1993), Alois Kardinal Grillmeier (1910–1998), Leo Kardinal Scheffczyk (1920–2005), Michael Seybold (1933–2005) und Erich Naab (* 1953) erkennen, die allesamt in der Dogmatik beheimatet sind.

[8] Vgl. hierzu etwa Joachim Drumm, Art. *Dogmengeschichte, Dogmengeschichtsschreibung*, in: *LThK*, Bd. III, ^{3}1995, Sp. 298–301.

[9] Zur Dissertation und ihrer Vorgeschichte Joseph Ratzinger, *Aus meinem Leben. Erinnerungen (1927–1977)*, Stuttgart 1998, 68–75.

[10] Vgl. Henri de Lubac, *Katholizismus als Gemeinschaft*, Einsiedeln – Köln 1943.

[11] Ratzinger, Aus meinem Leben (s. Anm. 9), 69.

Das Stichwort des (modernen) Individualismus in der Theologie, den Lubac dem Protestantismus und seiner (historisch-kritischen) Bibelexegese zur Last gelegt hatte und dessen Abwehr die Deutung des „Katholizismus als Gemeinschaft" auch dienen sollte,[12] sollte sich im Nachdenken Ratzingers über die Kirchenväter erheblich auswirken, wie noch zu zeigen sein wird.

Dieses Buch – so Ratzinger weiter – habe ihn zu einer anderen Veröffentlichung Lubacs, nämlich der Darstellung des Zusammenhangs von Eucharistie und Kirche im Mittelalter in *Corpus mysticum*, geführt[13] und ihn – zusammen mit den bei den Münchener Lehrern Joseph Pascher (1893–1979), Michael Schmaus (1897–1993) und Söhngen gewonnenen Erkenntnissen – für die Bearbeitung der Preisaufgabe zugerüstet.[14]

Die Monographie des 24-jährigen Ratzinger wurde im Sommer 1951 der Münchener Fakultät eingereicht und mit dem ersten Preis ausgezeichnet, was ihrem Verfasser den unmittelbaren Weg zur Promotion eröffnete. Die Abhandlung ist im Kontext einer Debatte um die Ekklesiologie zu sehen, die die katholische Kirche in den 1930er und 1940er Jahren stark bewegte.[15] In dieser Zeit bemühten sich Lubac und andere[16] um ein Verständnis von Kirche, welches nicht pri-

---

[12] DE LUBAC, Katholizismus (s. Anm. 10), bes. 271–288.

[13] Henri DE LUBAC, *Corpus mysticum. L'eucharistie et l'église au Moyen Âge. Étude historique*, Paris ²1949 (Théologie 3); dt.: *Corpus mysticum. Kirche und Eucharistie im Mittelalter. Eine historische Studie*, Einsiedeln 1969. Ratzinger las offenbar die Originalausgabe; die deutsche Übersetzung erschien erst 1969. Anders allerdings im Vorwort zu GS I (2011), 7: „Ich weiß nicht mehr, ob ich damals schon oder erst später das 1939 von Henri de Lubac veröffentlichte Buch ‚*Corpus mysticum*' gelesen habe, in dem er zeigt, dass die Formel ‚Corpus Christi mysticum' als Bezeichnung der Kirche sich erst in der zweiten Hälfte des 12. Jahrhunderts herausgebildet hat."

[14] Vgl. RATZINGER, Aus meinem Leben (s. Anm. 9), 69.

[15] Vgl. zum Folgenden Ratzinger im Vorwort zur Neuauflage (1992) in: GS I, 48. Zum allgemeinen Hintergrund etwa Raymond WINLING, Art. *Nouvelle Théologie*, in: *TRE*, Bd. XXIV, 1994, 668–675; Jürgen METTEPENNINGEN, *Nouvelle Théologie – New Theology. Inheritor of Modernism, Precursor of Vatican II*, London – New York 2010.

[16] Vgl. neben de Lubac v.a. Émile Mersch (1890–1940) und Sebastiaan Tromp (1889–1975); dazu auch GS I, 49. Vgl. auch die von Tromp entworfene Enzyklika *Mystici corporis* Pius' XII. von 1943. Dazu METTEPENNINGEN, Nouvelle Théologie (s. Anm. 15), 27 f.

mär auf deren institutionellen und juridischen Charakter abhob, sondern Kirche als (mystischen) Leib Christi beschrieb. Daran war allerdings verschiedentlich auch Kritik laut geworden. Mannes Dominikus Koster (1901–1981) etwa hatte demgegenüber versucht, den „Volk Gottes"-Gedanken zu popularisieren.[17] Ratzinger wurde nun durch seinen Lehrer Söhngen beauftragt, die Ekklesiologie Augustins unter dem Aspekt der Volk Gottes-Thematik zu untersuchen, wobei Söhngen seinen Schüler außerdem bat, den Begriff „Haus Gottes" in die Untersuchung mit einzubeziehen.[18]

Ratzinger kam zu einem Ergebnis, das in gewisser Weise die institutionellen und juridischen Aspekte der Ekklesiologie mit dem Leib-Christi-Gedanken verband. Er stellte fest:

> „Die unter ‚Haus Gottes' zusammengefasste Begrifflichkeit nimmt zwar in Augustins Lehre von der Kirche einen außerordentlich breiten Raum ein. Aber im Einzelnen ist diese Begrifflichkeit sehr vielgeschichtet und von keineswegs einheitlicher Sinnrichtung."

„Haus Gottes" sei ein „Verdeutlichungsmittel", das letztlich nicht hinauskomme „über den Rang eines beliebten, vielleicht des beliebtesten Bildwortes für die Sache, die uns in anderen Begriffen greifbarer wird."[19] Auch die Begriffe *populus* wie *civitas* träfen noch nicht den Kern der Sache. Sie würden vorzugsweise in der theologischen Auseinandersetzung mit dem alttestamentlichen Gottesvolk wie mit der „*außer*christlichen Wirklichkeit des heidnischen Götter-(Dämonen-)staates" verwendet.[20] Der „eigentlich sachliche Kern von Augustins Kirchenbegriff" sei hingegen die „sakramentale Leib-Christi-Ge-

[17] Mannes Dominikus Koster, *Ekklesiologie im Werden*, Paderborn 1940; auch in: Ders., *Volk Gottes im Werden*. Gesammelte Studien. Hg. von Hans-Dieter Langer und Otto Hermann Pesch, Mainz 1971 (Walberberger Studien 7), 195–272. Zum Hintergrund vgl. auch Piotr Napiwodzki, *Eine Ekklesiologie im Werden. Mannes Dominikus Koster und sein Beitrag zum theologischen Verständnis der Kirche*, Diss. theol., Freiburg (Schweiz) 2005 – Download unter: URL http://ethesis.unifr.ch/theses/downloads.php?file=NapiwodzkiP.pdf (Zugriff: 10.05.2013), bes. 89–93.

[18] Freilich wird dieser theologiegeschichtliche Hintergrund in dem Werk selbst nirgends ausgeführt. So verzichtet Ratzinger auf einen forschungsgeschichtlichen Überblick, ja auf eine größere Einleitung überhaupt. Die eigentliche Frontstellung des Buches, wie sie Ratzinger 1992 skizzierte, wird nur aus einigen wenigen Fußnoten erkennbar. Vgl. GS I, 235, Anm. 7; 408 Anm. 18.

[19] Ebd., 413f.

[20] Ebd., 416. Hervorhebung im Original.

meinschaft", die „auf der *christlichen Wirklichkeit* der opfernden Kirche" beruhe.[21]

„‚Corpus Christi' drückt die Seinsweise, die innere Wirklichkeit dessen aus, was mit civitas und populus umgrenzt wird. Die Kirche ist eben das als Leib Christi bestehende Volk Gottes."[22]

Darin sah Ratzinger auch einen juridischen Aspekt, ja er konnte das Recht sogar als „Wesensmitte" des Volk-Gottes-Gedankens bezeichnen[23] und widmete ihm darum auch einen eigenen Abschnitt,[24] dessen Ergebnis er folgendermaßen zusammenfasste:

„Das Recht dieses Volkes ist ‚göttliches Recht', d.h. sakramentales Recht. Das Volk hat seine eigentliche Wesensart darin, sakramentale Leib-Christi-Gemeinschaft, d.i. corpus Christi zu sein."[25]

Die wesentliche Übereinstimmung von *civitas* und *populus* bei Augustin führte Ratzinger auch in einer längeren Studie von 1954 zur Abgrenzung von Wilhelm Kamlahs (1905–1976) „eschatologischer" Deutung der augustinischen *civitas*-Lehre und seiner vollständigen Identifikation von *civitas dei* und *ecclesia*.[26] Ratzinger führte demgegenüber eine „pneumatisch-ekklesiologische" oder „sakramental-ekklesiologische" Deutung der *civitas*-Lehre ins Feld, die er folgendermaßen charakterisierte:

„Die Kirche ist nicht ‚eschatologisch' im Sinn von Kamlahs existenzialistischem Aktualismus; es wird nicht gegen die einsetzende sakramentale Vergeschichtlichung das ungeschichtlich-eschatologische Bewusstsein durchgehalten; vielmehr weiß sich die Kirche gerade in der sakramentalen Feier des Herrenmahles jenem ‚Oben' verbunden, in dem sie wahrhaft zu Hause ist. Ihr wahres Wesen ist es, am Leib des Herrn teilzunehmen und so selber dieser Leib zu sein. Unter Civitas Dei ist also die ecclesia zu verstehen, die als Gemeinschaft des Herrenleibes die pneumatische Polis Gottes oder vielmehr deren auf Erden in Fremdlingschaft harrender Teil ist."[27]

---

[21] Ebd., 415f. Hervorhebung im Original.
[22] Ebd., 417.
[23] Ebd., 414.
[24] Ebd., 398–411.
[25] Ebd., 414f.
[26] Vgl. Wilhelm KAMLAH, *Christentum und Geschichtlichkeit. Die Entstehung des Christentums*, Stuttgart ²1951. Dazu Joseph RATZINGER, *Herkunft und Sinn der Civitas-Lehre Augustins* [1954], in: GS I, 420–439.
[27] Ebd., 438.

Inhaltlich ist für unseren Zusammenhang von Bedeutung, dass bei Ratzinger bereits in diesen Erstlingsschriften die Kirche als Institution verstanden wird, deren Wesenskern die Eucharistie ist, die ihrerseits ganz vom Opfergedanken her gedeutet wird.[28] Dabei bleibt freilich der vorauszusetzende Institutionenbegriff auffällig unterbestimmt; allerdings ist die hier von Augustin her entworfene Ekklesiologie für eine „starke" Interpretation im Sinne der (vorkonziliaren) römisch-katholischen Kirche mit dem damit verknüpften Amtsverständnis durchaus offen.

Methodisch ist zu beobachten, dass Ratzinger nicht historisch, sondern primär begriffsgeschichtlich fragt, wobei man allerdings nach einer methodologischen Begründung für dieses Vorgehen in dem Erstlingswerk, das in vielerlei Hinsicht unfertige Züge trägt,[29] vergebens sucht.[30] Was ihn an Augustin interessiert, ist nicht der spätantike Bischof in Nordafrika, sondern der Denker Augustin, der *Texte* hinterlassen hat, die als solche philologisch interpretiert und dann auch ekklesiologisch aktualisiert werden können. Dadurch wird suggeriert, man könne von dem historischen Abstand, der uns von der Spätantike trennt, absehen und mit Augustin über die Jahrhunderte hinweg gewissermaßen unbefangen und „direkt" ins Gespräch treten.

Im Vorwort zur Neuausgabe der Dissertation von 1992 distanziert sich Ratzinger keineswegs von dieser methodischen Vorentscheidung, sondern unterstreicht deren fortdauernde Gültigkeit. Augustin ist ihm

---

[28] Vgl. bes. ebd., 288–292. Zu dieser Ekklesiologie vgl. jetzt Wilko Teifke, *Offenbarung und Gericht. Fundamentaltheologie und Eschatologie bei Guardini, Rahner und Ratzinger* (Forschungen zur systematischen und ökumenischen Theologie 135), Göttingen 2012, 221–228, mit Hinweisen auf die ältere Literatur.

[29] So fehlen eine ausführlichere Einleitung ebenso wie eine Bibliographie und ein Register. Die Anordnung der einzelnen Kapitel ist sehr locker, sodass sich bei der Lektüre das Vorgehen des Autors nicht ohne Weiteres erschließt.

[30] Dabei zeigt sich eine gewisse Übereinstimmung zu der ungefähr gleichzeitig von der sog. „Schule von Nijmegen" propagierten Theorie einer „altchristlichen Sondersprache". Grundlegend dafür etwa Josef Schrijnen (1869–1938; z. B. Josef Schrijnen, *Charakteristik des altchristlichen Latein* [Latinitas Christianorum Primaeva 1], Nijmegen 1932) und Christine Mohrmann (1903–1988; z. B. Christine Mohrmann, *Die altchristliche Sondersprache in den Sermonen des hl. Augustin, Erster Teil: Einführung, Lexikologie, Wortbildung* [Latinitas Christianorum primaeva 3], Nijmegen 1932). Freilich ist die Kenntnis von Mohrmanns Arbeiten, wenn ich nichts übersehen habe, erst 1957 im Aufsatz zu *Augustins Begriff der confessio* sicher nachweisbar; vgl. GS I, 457 Anm. 2; 459 Anm. 7; 462 Anm. 16; 468 Anm. 35.

nun der Höhepunkt einer in sich konsistenten Entwicklung in der Väterexegese.[31] Ja, er spitzt seine Augustin-Deutung sogar noch polemisch zu, indem er behauptet, die „Gelehrsamkeit des 19. und 20. Jahrhunderts" habe die *civitas dei* immer von dem Begriffspaar „idealistisch-empirisch" her zu entwickeln versucht, während man sie nur mit dem Begriffspaar „pneumatologisch-sakramental" angemessen beschreibe. Eben dieses sakramental zentrierte Kirchenverständnis sei in den Dokumenten des Zweiten Vatikanums auch angemessen gewürdigt worden, danach aber zugunsten einer „mehr oder weniger rein soziologische[n] Betrachtung der Kirche, bei der das Mysterium nichts mehr zu sagen" gehabt habe, aus dem Blick geraten:

„Der kulturelle Kontext, der sich in den späten sechziger Jahren herausbildete, hat zu einer selektiven Lektüre des Konzils und zu einer Umdeutung seines Kirchenbildes geführt, bei der das Wesentliche dessen aus dem Blick entschwand, worauf es den Vätern des Zweiten Vatikanum angekommen war. Die Fragestellungen, die den Anstoß zu meiner Arbeit gegeben hatten, sind auf diese Weise radikalisiert worden; so steht diese an sich rein historische Arbeit doch mitten im Ringen der Gegenwart. Wenn die Neuauflage zu einer vertieften Besinnung auf die biblische und patristische Überlieferung führen und so auch zu einem besseren Verstehen des Zweiten Vatikanischen Konzils beitragen kann, hat sie ihre Aufgabe reichlich erfüllt."[32]

Diese Worte von 1992 deuten schon darauf hin, dass Ratzingers patristisches Profil über die Jahrzehnte hinweg wenigen Wandlungen unterworfen ist.

Aus der Autobiographie geht freilich nicht hervor, was Ratzinger dann als Papst Benedikt XVI. im Jahr 2010 bei seiner Ansprache anlässlich des römischen Kongresses zu Erik Peterson offenbarte: dass die in erster Linie theologisch-aktualisierende Lektüre der Kirchenväter sich auch stark dem großen Konvertiten und „theologischen Outsider" Erik Peterson (1890–1960) verdankte,[33] dessen soeben erschienene „Theologischen Traktate" er just zur Zeit der Abfassung der Dissertation las.[34]

---

[31] Vgl. ebd., 53.

[32] Ebd., 57.

[33] Zur Charakterisierung Petersons als eines „Außenseiters" vgl. v. a. Giancarlo Caronello (Hg.), *Erik Peterson. Die theologische Präsenz eines Outsiders*, Berlin 2012.

[34] *Ansprache von Papst Benedikt XVI. an die Teilnehmer des internationalen Symposiums über Erik Peterson*, in: ebd., XXV–XXVIII, hier XXVII. Ausweislich der Fußnoten in GS I hat Ratzinger dabei v. a. den Monotheismus-Traktat (Erik Pe-

„Ich habe ihn mit wachsender Begier gelesen und mich von ihm wirklich ergreifen lassen, denn hier war die Theologie, nach der ich suchte: Theologie, die einerseits den ganzen historischen Ernst aufbringt, Texte zu verstehen, zu untersuchen, sie mit allem Ernst historischer Forschung zu analysieren, und die doch nicht in der Vergangenheit stehenbleibt, sondern die Selbstüberschreitung des Buchstabens mitvollzieht, in diese Selbstüberschreitung des Buchstabens mithineintritt, sich von ihr mitnehmen lässt und damit in die Berührung mit dem kommt, von dem her sie stammt – mit dem lebendigen Gott. Und so ist der Hiatus zwischen dem Damaligen, das die Philologie untersucht, und dem Heute von selbst überwunden, weil das Wort hineinführt in die Begegnung mit der Realität und die ganze Aktualität des Geschriebenen, als sich selbst zur Realität überschreitend, wirksam wird."[35]

Es ist gewiss kein Zufall, dass die historische Forschung trotz allen „Ernstes" hier nur Durchgangsstadium auf dem Weg der „Selbstüberschreitung des Buchstabens" ist: Die Philologie dient nach Benedikt nicht der historischen Rekonstruktion, sondern vornehmlich der theologischen Aktualisierung. Dies ist deshalb möglich, weil die Geschichte von der christologisch verstandenen „Realität" umfasst und damit in ihrer Bedeutung für die Lebens- und Wirklichkeitsdeutung erheblich relativiert wird, ja sich geradezu als obsolet erweist.[36]

Es wird somit bereits in der ersten Qualifikationsschrift in dreifacher Weise das Profil des Patristikers Ratzingers erkennbar:

1. Ratzinger nähert sich der Alten Kirche nicht von der Kirchengeschichte, sondern von der Systematischen Theologie her.
2. Er blendet weithin die sich aus der historischen Distanz notwendig ergebende Fremdheit Augustins und den fragmentarischen und in manchem auch zutiefst widersprüchlichen Charakter seines Lebens und Wirkens aus und liest ihn stattdessen als theologischen Zeitgenossen.

TERSON, *Ausgewählte Schriften, Bd. I: Theologische Traktate* [1951], hg. von Barbara Nichtweis, Würzburg 1994) und den gleichzeitig erschienenen Vortrag über das *Problem des Nationalismus im alten Christentum* (Erik PETERSON, *Das Problem des Nationalismus im alten Christentum*, in: ThZ 7 [1951], 81–91; leicht gekürzt auch in: Hochland 44 (1951/52) 216–223; auch in: DERS., *Frühkirche, Judentum und Gnosis. Studien und Untersuchungen*, Freiburg 1959 [ND Darmstadt 1982], 51–63) rezipiert.

[35] RATZINGER, Ansprache (s. Anm. 34), XXVII.

[36] Vgl. hierzu im Einzelnen jetzt TEIFKE, Offenbarung und Gericht (s. Anm. 28), bes. 157–194.

3. Im Zentrum des patristischen Interesses steht der Kirchenbegriff, der allerdings nicht in erster Linie historisch-kritisch, sondern begriffsgeschichtlich erhoben wird.

Dieser erste Befund sei nun überprüft anhand von zwei programmatischen Äußerungen Ratzingers zur Bedeutung der Dogmengeschichte im Allgemeinen und der Patristik im Besonderen für die katholische Theologie.
Überlegungen zum „Problem der Dogmengeschichte in der Sicht der katholischen Theologie" äußerte der damalige Münsteraner Professor für Dogmatik und Dogmengeschichte Joseph Ratzinger im Jahre 1966 vor der „Arbeitsgemeinschaft für Forschung des Landes Nordrhein-Westfalen".[37] Hier setzt er prononciert mit einer „Vorüberlegung" zur „Bedeutung der geschichtlichen Fragestellung für Glauben und Theologie" ein, da er die Erkenntnis des geschichtlichen Charakters aller Phänomene für eine Signatur der Moderne hält. Sie stellt für ihn insofern eine Herausforderung dar, als nun – im Gegensatz zum Mittelalter – das „Endstadium des denkerischen Bemühens [...] nicht mehr die Rückführung der geschichtlichen Verwandlung auf die bleibende Wahrheit Gottes" sei, sondern umgekehrt „die Rückführung des scheinbar Bleibenden auf den schöpferischen Prozeß der geschichtlichen Verwandlungen"[38].

Ratzinger diagnostiziert in der mittelalterlichen Kirche das Wirksamwerden eines „ungeschichtliche[n] Überlieferungsbegriff[s]". Die Folge sei „eine Umbiegung des dynamischen Entwicklungsbegriffs der Väterzeit zu einer ungeschichtlichen Starre" gewesen, „die sich seit der Wiederentdeckung des Vinzenz von Lerinum am Ende des Mittelalters zu einer schwerwiegenden Belastung des Überlieferungsbegriffs und zu einer Sperre gegen ein geschichtliches Verständnis des Christlichen" entwickelt habe,[39] dem auch das I. Vatikanum sowie das antimodernistische Dekret *Lamentabili* Pius' X. (1907) nur unvollkommen Einhalt geboten hätten. Dies habe zur Folge gehabt, „daß die katholische Kirche zunächst sich der Frage des modernen Geistes nach der Geschichtlichkeit des Glaubens praktisch verschloß, und die erste

[37] Joseph Ratzinger, *Das Problem der Dogmengeschichte in der Sicht der katholischen Theologie* (Arbeitsgemeinschaft für Forschung des Landes Nordrhein-Westfalen/Geisteswissenschaften 139), Köln – Opladen 1966.
[38] Ebd., 8.
[39] Ebd., 9.

Auseinandersetzung mit der gestellten Frage weitgehend einer grundsätzlichen Abweisung der Frage als solcher gleichkam“[40].

In anderer Weise sei allerdings die protestantische Sicht der Dogmengeschichte als einer Verfallsgeschichte ebenfalls unhistorisch:

> „Während die nachtridentinische katholische Überlieferungsbejahung zur Geschichtslosigkeit zwang, führt die protestantische Kritik der Überlieferung zugleich zu einer Kritik der Geschichte, die sie als christliche Geschichte abweist und damit auf andere Weise einen geschichtslosen Begriff des Christlichen herausfordert.“[41]

Ratzinger skizziert sodann sein „geschichtliches Verständnis des Glaubens in der katholischen Theologie“[42] in dreierlei Hinsicht: Erstens argumentiert er christologisch, indem er in Abgrenzung von „einer ausschließlich retrospektiven Orientierung“[43] stark die präsentische und futurische Bedeutung des Christusereignisses in den Vordergrund rückt. Zweitens übt er Kritik an der „Rede vom Offenbarungsschluß mit dem Tod des letzten Apostels“[44] und betont demgegenüber ein Offenbarungsverständnis, das er versteht „als das geschehene und im Glauben immer noch geschehende Ereignis einer neuen Relation zwischen Gott und dem Menschen“, welches kontinuierlicher Erklärung bedürfe.[45] Drittens schließlich entfaltet er unter Rückgriff auf die Praxis der Schriftauslegung anhand der *regula fidei* bei den Kirchenvätern einen Dogmenbegriff, der Überlieferung „als die Explikation des in der Schrift bezeugten Christusgeschehens in der Geschichte des Glaubens in der Kirche“ versteht.[46]

Auf dieser Basis fragt Ratzinger sodann nach der „Aufgabe der Dogmengeschichte“ und fordert nachdrücklich „eine wirkliche Geschichte des christlichen Glaubens“,[47] in der Identität und Verschiedenheit zusammengedacht würden. Es gehe in der Dogmengeschichte „um die geschichtliche Aneignung des Glaubens, um die Bewahrung der Identität des Ursprünglichen in den Verwandlungen der wechseln-

[40] Ebd., 10.
[41] Ebd., 14.
[42] Ebd., 15.
[43] Ebd., 17.
[44] Ebd., 18.
[45] Ebd., 19.
[46] Ebd., 21.
[47] Ebd., 21. Ratzinger beruft sich hierzu auf den evangelischen Kirchenhistoriker und Dogmatiker Gerhard Ebeling.

den Zeiten".[48] Als menschliche Geschichte trage sie einerseits den Keim des Verfalls in sich; andererseits vollziehe sich in ihr aufgrund ihres göttlichen Ursprungs ebenso umgekehrt „die Bewegung der verwandelnden Bewahrung und der erneuernden Aneignung".[49] Diese doppelte Bewegung nachzuzeichnen sei Aufgabe des Dogmenhistorikers.

Ratzingers Vortrag gipfelt in der Forderung nach einer katholischen Dogmengeschichtsschreibung, denn:

„Nur in der Geschichte des Glaubens ist der Glaube selbst sinnvoll zu erfassen, nicht in einer abgeschlossenen Systemgestalt, die das geschichtliche Wesen ihrer eigenen Aussagen verdecken müßte."[50]

In dieser Historiographie müsse „ein doppeltes inneres Prinzip der Dogmeninterpretation" wirksam werden: Das Dogma sei nämlich „als Auslegung immer wieder auf das Ausgelegte, die Schrift, rückzubeziehen"; es müsse aber ebenso „in der Einheit seiner eigenen Geschichte" verstanden werden.[51]

Dabei hält Ratzinger mit Heinrich Schlier (1900–1978) die „historisch-philologische[.] Methode" für die Dogmengeschichte für insuffizient. Interpretation sei vielmehr ein „Lebensvorgang" und setze insofern auch den Glauben als Liebe zum Gegenstand voraus. Ratzinger resümiert:

„Die Liebe, die den Zugang öffnet, und die Sachlichkeit, welche die Distanz sichert, werden immer in einer gewissen Spannung zueinander bleiben, die durch keine Methode zu beseitigen, sondern je neu in der Verantwortung vor der Wahrheit, die dem Glauben und der Wissenschaft gemeinsam ist, übernommen und ausgehalten werden muß."[52]

Die zweite grundsätzliche Äußerung findet sich in einem Vortrag zur „Bedeutung der Väter für die gegenwärtige Theologie" aus dem Jahre 1967 (veröffentlicht 1968).[53] Ratzinger beginnt seine Ausführungen

---

[48] Ebd., 22.
[49] Ebd., 23.
[50] Ebd., 24.
[51] Ebd., 28.
[52] Ebd., 30.
[53] Joseph Ratzinger, *Die Bedeutung der Väter für die gegenwärtige Theologie*, in: ThQ 148 (1968) 257–282 (danach zitiert); auch in: Thomas Michels, *Geschichtlichkeit der Theologie. Neuntes Forschungsgespräch*, Salzburg – München 1970, 63–81 und in: Joseph Ratzinger, *Theologische Prinzipienlehre. Bausteine zur Fundamentaltheologie*, München 1982, 139–159.

mit einem etwas nostalgischen Blick auf die „Nouvelle théologie“ und deren Nähe zur Heiligen Schrift wie zu den Kirchenvätern („ressourcement“). Die darin gegebene Zuwendung zur Vergangenheit sei in der Gegenwart durch die Parole des Aggiornamento abgelöst worden, womit sich die Frage nach der Aktualität der Väter neu stelle.

Ratzinger sieht darin „ein höchst komplexes Problem“, „in dem sich das ganze Dilemma der Theologie, ihre Zerrissenheit zwischen Ressourcement und Aggiornamento, zwischen Rückwendung zu den Quellen und Verantwortung vor dem Heute auf das Morgen hin gesammelt“ finde.[54] Es stelle sich „in voller Schärfe“ in der Offenbarungskonstitution *Dei verbum* des Zweiten Vatikanums, denn darin stünden „das Ja zur historisch-kritischen Methode und das Ja zur Auslegung von der Überlieferung, vom Glauben der Kirche her, friedlich nebeneinander“, doch verberge sich „in diesem doppelten Ja [...] der Antagonismus zweier Grundeinstellungen, die in ihrem Ursprung wie in ihrer Zielrichtung einander durchaus gegenläufig“ seien.[55] Es geht Ratzinger also um den Gegensatz zwischen normativ-dogmatischer und analytisch-historischer Betrachtung von Heiliger Schrift und Kirchengeschichte. Zu den Protagonisten der Richtung, die eine analytisch-historisierende Betrachtung in der Vordergrund rücken, zählt Ratzinger explizit Josef Rupert Geiselmann (1890–1970),[56] zu den Traditionstheologen hingegen Albert Lang (1890–1973), Otfried Müller (1907–1986) und Damien Van den Eynde (1902–1969). In beiden Strömungen konstatiert Ratzinger eine „Minimalisierung der Bedeutung der Väter“, in ersterer durch die Minimierung der Tradition, in letzterer durch ein Traditionsverständnis, das davon ausgehe, dass der Offenbarungsinhalt im Glaubensbewusstsein der Kirche jederzeit präsent sei (und nicht vorzüglich am Anfang).

Ratzinger sieht die ökumenische Bedeutung der Kirchenväter darin, dass sie das gemeinsame Erbe der großen christlichen Kirchen darstellten. Die „Väter“ seien „die theologischen Lehrer der ungeteilten Kirche“, ihre Theologie dementsprechend „im ursprünglichen Sinn ‚ökumenische Theologie‘, die allen zugehört; sie sind ‚Väter‘ nicht für einen Teil, sondern für das Ganze und daher in einem aus-

---

[54] Ratzinger, Die Bedeutung der Väter (s. Anm. 53), 258.

[55] Ebd., 260.

[56] Zur Kritik an Geiselmann im Zusammenhang des Konzils vgl. auch Ratzinger, Aus meinem Leben (s. Anm. 9), 106–130. Zum Ganzen auch Teifke, Offenbarung und Gericht (s. Anm. 28), 181–194.

zeichnenden, nur ihnen eignenden Sinn wirklich als ‚Väter' zu benennen"[57]. Hierbei fällt auf, dass der im Hinblick auf die Theologen der ersten Jahrhunderte in der Fachwissenschaft seit geraumer Zeit breit diskutierte „Vater"-Begriff[58] von Ratzinger hier wie auch in anderen seiner Schriften ausschließlich affirmativ verwendet wird.

Das Verhältnis von Heiliger Schrift und Vätern bestimmt er sodann als „Wort und Antwort":

> „Beides ist nicht dasselbe, nicht gleichen Ranges, nicht gleicher normierender Kraft: Das Wort bleibt das Erste, die Antwort das Zweite – die Reihenfolge ist nicht umkehrbar. Aber beides, so sehr es verschieden ist und keine Vermengung duldet, läßt doch auch keine Trennung zu. Nur weil das Wort Ant-wort gefunden hat, ist es überhaupt als Wort stehengeblieben und wirksam geworden."[59]

Dabei sei die „Erst-Antwort" der Kirchenväter in vierfacher Weise unwiederholbar,[60] denn sie seien verantwortlich für (1) die Ausbildung des Kanons; (2) die Formulierung der Glaubensregel als Maßstab der Schrift; (3) die Ausbildung der Grundformen des christlichen Gottesdienstes und (4) die Schaffung der Theologie als einer „rationalen Verantwortung des Glaubens".[61]

Charakteristisch für unseren Zusammenhang ist eine Schlussbemerkung Ratzingers.

> Es könne „rein vom historischen Denken her zu keinem guten Ende führen [...], wenn man zwischen sich und der Bibel das Nichts aufrichtet und vergessen will, daß die Bibel durch eine Geschichte hindurch zu uns kommt. Nur wer sich der Geschichte stellt, kann sie auch überwinden; wer sie übersehen will, bleibt erst recht gefangen in ihr. Er behält vor allem keinerlei Chance, die Bibel wirklich historisch zu lesen, wie sehr er auch die historischen Methoden anzuwenden scheint. In Wirklichkeit bleibt er dem Horizont des eigenen Denkens verhaftet und bespiegelt nur sich selbst."[62]

Dem Kirchenhistoriker springt insbesondere Ratzingers wiederholte Kritik an der historisch-kritischen Methode ins Auge, die mit einer Ausblendung des theologischen Reichtums der kirchlichen Überlieferung einher gehe und zu einem individualistischen Verhältnis zur Kir-

---

[57] Ratzinger, Die Bedeutung der Väter (s. Anm. 53), 274.
[58] Vgl. hierzu nur die Andeutungen in Mühlenberg, Art. Patristik (s. Anm. 4), 102 f.
[59] Ratzinger, Die Bedeutung der Väter (s. Anm. 53), 275.
[60] Ebd., 276 f.
[61] Ebd., 281.
[62] Ebd., 282.

chengeschichte führe. Ratzinger hat diese Kritik, die sich bei ihm besonders deutlich mit dem Namen Harnacks verbindet,[63] in variierter Form häufig wiederholt, so z. B. in einem Beitrag zum Verhältnis von Kirche und wissenschaftlicher Theologie, der Eingang in seine „Theologische Prinzipienlehre" gefunden hat.[64] Auch hier kritisiert er die Behauptung, die „historisch-kritische Methode" und die „Methoden der Literaturwissenschaft" seien im Umgang mit der Bibel „die heute einzig noch möglichen und brauchbaren Instrumente":

> „Aber diese Vorstellung, die Gottes Offenbarung mit Literatur identisch setzt und das Seziermesser des Literaturkritikers für die Grundform der Erkenntnis der Geheimnisse Gottes ausgibt, verkennt das Wesen Gottes und das Wesen von Literaturwissenschaft gleichermaßen: Hier wird Aufklärung schließlich zur Naivität."[65]

Warum? Weil hier der „Akt des Glaubens" im „Gegenüber zwischen einem Buch und der analytischen Einzelvernunft angesiedelt" werde, was nicht der Bibel entspreche, derzufolge der „Glaubensakt" „ein Vorgang der Entgrenzung der Einzelvernunft wie der Einzelexistenz" sei, „eine Zusammenführung der isolierten und zerspaltenen Einzelvernunft in den Raum dessen hinein, der der Logos, die Vernunft und

---

[63] Das Verhältnis Ratzingers zu Harnack bedürfte einer eigenen Untersuchung. Deutlich ist jedenfalls, dass er in seinen Augustinstudien viele materiale Ergebnisse und Urteile Harnacks zustimmend übernehmen kann (vgl. z. B. GS I, 62 Anm. 5; 71 Anm. 34; 220 Anm. 50; 231 Anm. 78; 457; 520), ihm aber die gesamte Methode des Berliner Kirchenhistorikers mit ihrem emanzipatorischen, individualistischen Pathos zutiefst suspekt bleibt; vgl. etwa Joseph Ratzinger, *Jesus von Nazareth, Bd. I: Von der Taufe im Jordan bis zur Verklärung*, Freiburg i. Br. ³2007, 80 f. Weitere, teils kritische Erwähnungen auch in: GS I, 5 f.; 53; 76 f. Anm. 15; 197 Anm. 4; 405 f.; 421; 423 f. Anm. 14; 443; 452 Anm. 52. Zur Kritik an Harnacks Jesusbild ferner Ratzinger, Jesus von Nazareth (s. Anm. 63), 32; 143; 154 (Harnack als Neo-Marcionit); Joseph Ratzinger, *Jesus von Nazareth, Bd. II: Vom Einzug in Jerusalem bis zur Auferstehung*, Freiburg i. Br. 2011, 187. Zum Ganzen auch Thomas Söding, *Die Heilige Schrift in der katholischen Kirche. Zum theologischen Gespräch Joseph Ratzingers mit Erik Peterson* [2013]; Download unter URL <http://www.ruhr-uni-bochum.de/imperia/md/content/nt/aktuelles/oekumenerommai2013/die_heilige_schrift_in_der_katholische_kirche_dialog_peterson_ratzinger.pdf> (Zugriff: 11. 05. 2013).

[64] Joseph Ratzinger, *Kirche und wissenschaftliche Theologie*, in: Wilhelm Sandfuchs (Hg.), *Die Kirche. Fünfzehn Betrachtungen*, Würzburg 1978, 83–95; auch in: Ratzinger, Theologische Prinzipienlehre (s. Anm. 53), 339–348 (danach zitiert).

[65] Ebd., 345.

der vernünftige Grund aller Dinge und aller Menschen ist". Oder noch pointierter formuliert:

„Man hat vom Kern des Glaubensaktes nichts begriffen, wenn man ihn in der Beziehung zwischen einem Buch und dem Denken des einzelnen konstruiert. Er ist im Kern ein Akt der Vereinigung, er führt in jenen geistigen Raum hinein, in dessen lebendiger Gemeinschaft die Einheit mit dem Grund aller Dinge und so das Verstehen des Grundes anwesend ist. Anders ausgedrückt: zum Akt des Glaubens gehört von seiner Grundstruktur her die Einfügung in die Kirche, das Gemeinsame des miteinander Verbindenden und Verbindlichen."[66]

In seinen Erinnerungen schildert Ratzinger die Diskussionen um die Offenbarungskonstitution auf dem Konzil als ein Ringen um die rechte Schrifthermeneutik. Er konstatiert in diesem Zusammenhang, es gebe einen „Überhang von Offenbarung über Schrift", und folgert daraus:

„[...] dann kann nicht Gesteinsanalyse – historisch-kritische Methode – das letzte Wort über sie [sc. die Schrift] sein, sondern dann gehört der lebendige Organismus des Glaubens aller Jahrhunderte zu ihr. Genau diesen Überhang von Offenbarung über Schrift, den man nicht noch einmal in einen Kodex von Formeln fassen kann, nennen wir ‚Überlieferung'."[67]

III.

Werfen wir nun von hier aus einen Blick auf Ratzingers/Benedikts bisher letzte Äußerungen zu den Kirchenvätern: die einschlägigen Katechesen, die in den Jahren 2007/2008 bei den wöchentlichen Mittwochsaudienzen gehalten wurden. Sie liegen in gleich drei, leicht voneinander abweichenden Druckausgaben vor.[68] Darin geht Benedikt biographisch vor. Jedem Kirchenvater, beginnend mit Klemens von Rom und endend mit Augustin, ist eine Katechese gewidmet, im Fall der „Großen" (Origenes, den drei Kappadoziern, Johannes Chrysostomus und Hieronymus) sind es zwei, und Augustin wird in insgesamt fünf Katechesen behandelt, die – gemeinsam mit anderen Äu-

---

[66] Ebd., 346.

[67] Ratzinger, Aus meinem Leben (s. Anm. 9), 130.

[68] Joseph Ratzinger, *Die Kirchenväter – frühe Lehrer der Christenheit*, Regensburg 2008 (danach zitiert; inhaltlich weitgehend identisch mit: *Kirchenväter und Glaubenslehrer. Die Großen der frühen Kirche*, Augsburg 2008 und *Die Kirchenväter*, Leipzig 2008).

ßerungen des Papstes zum Bischof von Hippo – auch separat veröffentlicht wurden.[69]

Mit Ausnahme des später häretisierten Origenes behandelt Benedikt ausschließlich „orthodoxe" Theologen und zwar des Westens wie des Ostens, wobei er mit Aphrahat und Ephräm auch ostsyrische Autoren miteinbezog. Darüber hinaus wird die Reihe der „Großen" ergänzt durch eine Anzahl kleinerer Bischöfe wie Eusebius von Vercelli, Maximus von Turin, Chromatius von Aquileia und Paulinus von Nola, was dem italienischen Kontext geschuldet sein dürfte.

Unverständlicherweise wurden die nach dem 27. Februar 2008 gehaltenen zehn Predigten über Leo den Großen, Boethius und Cassiodor, Benedikt von Nursia, Pseudo-Dionysius Areopagita, Romanus Melodus, Gregor den Großen (2), Kolumban d.J., Isidor von Sevilla und Maximus Confessor in die Buchausgaben nicht aufgenommen.[70] Dies ist deswegen besonders zu bedauern, als damit der „europäische" ebenso wie der ökumenische Aspekt dieser Katechesen zurücktritt, ganz abgesehen davon, dass damit Ausführungen zu zentralen Theologen, nicht zuletzt zum katholischen „Kirchenlehrer" Gregor d.Gr., ganz weggefallen sind.

In der Präsentation bedient sich der Prediger einer einfachen Sprache, die auf Fachjargon weitgehend verzichtet, um auch Zuhörer mit geringer Vorbildung mit dem Denken der Kirchenväter vertraut zu machen. Die Darstellung wird immer wieder durch Quellenzitate aufgelockert, die offenbar i.w. auf eigene Lektüre zurückgehen. So wird erkennbar, dass sich Benedikt mit den behandelten Denkern intensiv auseinandergesetzt hat, und zwar augenscheinlich erneut im Zusammenhang der Predigtreihe. Was die reine Sachinformation angeht, so bietet er zunächst Einleitungswissen zu den altkirchlichen Theologen, versucht dann aber auch deren Schrifttum unter bestimmten Leitgedanken zusammenzufassen, die ganz unterschiedlich sind. Insofern ist es nicht ganz einfach, diese Texte insgesamt zu charakterisieren. Gleichwohl fallen in der Auswahl und Behandlung mehrere Dinge auf:

---

[69] Vgl. Joseph Ratzinger, *Leidenschaft für die Wahrheit – Augustinus*, Augsburg 2009.

[70] Sie sind nur auf der Website des Vatikan verfügbar: URL http://www.vatican.va/holy_father/benedict_xvi/audiences/2008/index_ge.htm (Zugriff: 05.05.2013). Später folgten noch weitere Katechesen über Theologen, die man freilich ebensogut dem Mittelalter zurechnen könnte.

1. Benedikt nähert sich der Alten Kirche nunmehr sowohl als systematischer Theologe als auch als Kirchenmann. Das hat erhebliche Folgen für die angewandte Hermeneutik: Die behandelten Autoren werden vorrangig als Referenzgrößen und als Zeitgenossen gelesen. An der Rekonstruktion des jeweiligen historischen Kontextes, in die die biographischen Porträts eingezeichnet würden, ist Benedikt unverändert nicht interessiert. Stattdessen werden die Kirchenväter als große Denker und als Heilige präsentiert. Benedikt beschreibt nicht historische Vielfalt, sondern nähert sich der Geschichte mit normativen Vorgaben, die selbst unerklärt bleiben. So kommt es einerseits zu historischen Verkürzungen, die nicht ohne Weiteres dem katechetischen Anlass geschuldet sind (s. u. 3). Andererseits wirken die Texte dadurch auch eigentümlich antiquiert, denn das Verständnis von Heiligkeit, das hier präsentiert wird, ist entschieden vormodern. Benedikt unternimmt nicht einmal ansatzweise den Versuch, einen Heiligkeitsbegriff unter den Bedingungen der Gegenwart zu entwickeln.[71] Stattdessen bietet er stark idealisierte Darstellungen: Die behandelten Theologen sind primär „Vorbilder“ oder „Beispiele“ für ein tugendhaftes christliches Leben.[72] Daher zielen die Katechesen in ihrem protreptischen und appellativen Duktus auch darauf ab, den Zuhörern eine emotionale Beziehung zu den Vätern zu ermöglichen.

2. Der didaktische Duktus dient daher nicht der Anleitung zur Mündigkeit der Gläubigen, nicht dazu, sich ein eigenes, selbstverantwortetes Bild vom Glauben zu machen, sondern dazu, die Hörer auf die großen Lehrer hinzuführen, deren Lehre normativ gewirkt hat. In dieser Betonung der Vorbildhaftigkeit der Heiligen tritt der paränetische Charakter dieser Katechesen besonders hervor. Er wird noch verstärkt durch die (unpublizierten) Appelle, die die Texte bei ihrem Vortrag umrahmten und die nur auf der Website des Vatikans dokumentiert sind.

---

[71] Vgl. dazu als Alternativen den Klassiker des katholischen Kirchenhistorikers Arnold Angenendt (Arnold Angenendt, *Heilige und Reliquien. Die Geschichte ihres Kultes vom frühen Christentum bis zur Gegenwart*, München ²1997) oder das Buch meines Göttinger (evangelischen) Kollegen Peter Gemeinhardt (Peter Gemeinhardt, *Die Heiligen. Von den frühchristlichen Märtyrern bis zur Gegenwart* [Beck'sche Reihe 2498/C. H. Beck Wissen], München 2010).

[72] So v. a. Ratzinger, Die Kirchenväter (s. Anm. 68), 35 (Klemens von Alexandrien), 37 (Origenes), 68 (Athanasius), 137–139 (Euseb von Vercelli), 163 (Hieronymus), 199, 222, 226 f. (Augustin). In den unpublizierten Katechesen: Cassiodor, Gregor d. Gr., Kolumban.

3. Trotz des systematisch-theologischen Zugangs ist Benedikt an den großen trinitarischen und christologischen Auseinandersetzungen vergleichsweise wenig interessiert. Die entsprechenden Ausführungen sind recht schematisch, ja in ihrer einfachen Gegenüberstellung von Arianern und Antiochenern (falsch) und Nizänern und Alexandrinern (wahr) geradezu holzschnittartig und teilweise auch dogmengeschichtlich verzerrt.[73]

4. Dementsprechend scheint die historische Problematik einer Grenzziehung zwischen Orthodoxie und Häresie – in der Forschung breit diskutiert – bei Benedikt nicht einmal ansatzweise auf. Stattdessen werden traditionelle Verurteilungen unhinterfragt wiederholt. Die Gnostiker, Markioniten, Arianer, Nestorius – das sind die Häretiker, welche die von Beginn an „orthodoxe" Kirche verurteilt hat.[74] Die einzige Ausnahme bildet Origenes, dessen Verurteilung freilich eher eine Sache der byzantinischen Kirche gewesen ist.

5. Ein Leitgedanke ist erneut die Ekklesiologie. Christentum ist historisch nur präsent als (verfasste) Kirche. Über die faktische phä-

[73] So wird es beispielsweise dem Denken des Nestorius nicht gerecht, zu behaupten, es sei darin „die Einheit zwischen Gott und Mensch in Christus nicht mehr wahr" gewesen (ebd., 125) – vielmehr es ging um eine andere Form der Beschreibung dieser Einheit. Umgekehrt wird die Problematik der Persönlichkeit wie der Kirchenpolitik Kyrills in der Darstellung Benedikts nicht angesprochen. Stattdessen finden sich Sätze wie diese: „Und schon bald erwirkte der Bischof von Alexandrien dank kluger Bündnisse, dass Nestorius mehrmals verurteilt wurde: seitens des Römischen Stuhls, dann durch eine Folge von zwölf, von ihm selbst verfassten Anathematismen und schließlich von dem Konzil, das 431 in Ephesus abgehalten wurde, dem dritten ökumenischen Konzil. Die Versammlung, die unter wechselhaften und stürmischen Vorgängen verlief, endete mit dem ersten großen Triumph der Marienverehrung und mit der Verbannung des konstantinopolitanischen Bischofs, der der Jungfrau aufgrund einer falschen Christologie, die in Christus selbst Spaltung hineinbrachte, nicht den Titel ‚Mutter Gottes' zuerkennen wollte" (ebd., 126 f.) Dass dieses Konzil keineswegs in ökumenischer Eintracht endete, sondern in eine alexandrinisch-westliche und eine antiochenische Versammlung zerfallen war, die sich gegenseitig verurteilten, bleibt unerwähnt.

[74] Verwendung des Irrlehre- oder Häresiebegriffs ohne nähere Erläuterung oder Problematisierung: 14, 17, 25 f., 42, 57, 68, 82, 95 (zweimal), 99 f., 135, 155 f., 180 (zweimal), 199, 202, 215. In der unveröffentlichten Katechese zu Leo d. Gr. wird von der „Irrlehre" des Eutyches gesprochen und dieser als „Häretiker" bezeichnet. Im Porträt Kolumbans ist von der „bei den Langobarden noch immer vorherrschende[n] arianische[n] Irrlehre" die Rede. Ähnlich bei Isidor.

nomenale Vielfalt des Christentums wird nirgends ausführlicher reflektiert, oder sie wird als „gnostisch“ bzw. „häretisch“ denunziert. Kirche wird dabei allenthalben so verstanden, dass Rom der Primat gebührt; in diesem Zusammenhang wiederholt Benedikt mittlerweile auch unter katholischen Patristikern als hochproblematisch erkannte traditionelle Aussagen wie die, es habe bereits vor dem Jahr 100 im 1. Klemensbrief „eine erste Ausübung des Römischen Primats nach dem Tod des hl. Petrus“ gegeben.[75] Auch nach Ignatius von Antiochien habe „die christliche Gemeinde von Rom eine Art Primat der Liebe“ ausgeübt.[76] Tertullians Schriften wird attestiert, sie seien u. a. wichtig, „um in den christlichen Gemeinden lebendige Tendenzen in bezug [...] auf den petrinischen Primat [...] zu erfassen“.[77]

Stellt man die älteren patristischen Arbeiten des Predigers in Rechnung, wird deutlich, dass der spezifische Kasus allein den vormodern-erbaulichen Duktus der Katechesen samt der faktischen Missachtung der wissenschaftlichen Standards und Ergebnisse der patristischen Forschung der letzten zwei Jahrhunderte nicht hinreichend erklärt. Vielmehr ergibt sich die unhistorische Betrachtungsweise aus einer grundlegenden Skepsis Ratzingers/Benedikts gegenüber der histo-

[75] Ratzinger, Die Kirchenväter (s. Anm. 68), 8; ähnlich 12. Der katholische Neutestamentler und Patristiker Horacio E. Lona SDB spricht in diesem Zusammenhang von einem „groben Anachronismus“, der „keiner langen Erläuterung“ bedürfe: „Von einem monarchischen Bischof in Rom kann in dieser Zeit noch keine Rede sein, aber selbst wenn es so wäre, bliebe immer noch die Frage, warum der Brief im Namen der römischen Gemeinde und nicht in seinem Namen geschickt wurde. Der Absender des Briefes und das Schweigen über jede individuell-persönliche Instanz desselben innerhalb der römischen Gemeinde sind die besten Argumente gegen jede Erklärung, die in einer solchen Instanz den Grund für das Eingreifen Roms sehen möchte.“ (Horacio E. Lona, *Der erste Clemensbrief* [Ergänzungsreihe zum Kritisch-exegetischen Kommentar über das Neue Testament 2], Göttingen 1998, 84 f.)

[76] Ratzinger, Die Kirchenväter (s. Anm. 68), 17. Auf Seite 13 hatte er in derselben Katechese bereits gesagt: „Das Konzil von Nizäa spricht von drei ‚Primaten‘: dem Primat Roms, aber auch Alexandrien und Antiochien haben in einem gewissen Sinn an einem ‚Primat‘ teil.“

[77] Ratzinger, Die Kirchenväter (s. Anm. 68), 53. In den unpublizierten Katechesen gilt Leo d. Gr. als „ein unermüdlicher Verfechter und Förderer des römischen Primats, indem er als wahrer Erbe des Apostels Petrus auftrat“, während Gregor d. Gr. zeigte, „daß die Ausübung des römischen Primats damals wie heute notwendig ist, um der Gemeinschaft, Wesensmerkmal der einen Kirche Christi, zu dienen“.

risch-kritischen Methode.[78] Insofern stehen diese späten Miniaturen durchaus in Kontinuität zu den früheren Arbeiten.

IV.

Zusammenfassend ist festzustellen: In der Väterrezeption Ratzingers/Benedikts sind sowohl Konstanten als auch Veränderungen zu beobachten, die eigentümlich ineinander verschränkt sind. Ich beobachte wenigstens sieben durchgängige Grundlinien in Ratzingers/Benedikts Arbeit an den Vätern:

1. Zwischen den späten Katechesen und den früheren Arbeiten gibt es eine Übereinstimmung in der *materialen Bedeutung* der Kirchenväter, v.a. Augustins, im Denken Ratzingers/Benedikts. Augustin hat er die Dissertation gewidmet – der Bischof von Hippo spielt auch in den späten Katechesen eine herausragende Rolle. Dabei interessiert Ratzinger/Benedikt vom Anfang bis zu jüngsten Äußerungen an Augustin in erster Linie dessen Ekklesiologie. Sie wird eucharistisch-sakramental gedeutet, wie Benedikt noch im Vorwort zum ersten Band der Gesamtausgabe (2011) hervorhebt.[79]

---

[78] Im Vorwort zum ersten Band seines Jesus-Buches äußert sich Benedikt in den Methodenfragen ein wenig differenzierter. Doch auch hier gewinnt man den Eindruck, dass die historisch-kritische Methode mehr verstellt als erschließt. Vgl. die sehr kritischen Bemerkungen über die Leistungen der modernen Leben-Jesu-Forschung in RATZINGER, Jesus von Nazareth (s. Anm. 63), 10–16 sowie ebd., 21f.: „Freilich, zu glauben, dass er [sc. Jesus] wirklich als Mensch Gott *war* und dies in Gleichnissen verhüllt und doch immer unmissverständlicher zu erkennen gab, überschreitet die Möglichkeiten der historischen Methode. Umgekehrt – wenn man von dieser Glaubensüberzeugung her die Texte mit historischer Methode und ihrer inneren Offenheit für Größeres liest, öffnen sie sich, und es zeigt sich ein Weg und eine Gestalt, die glaub-würdig sind" (Hervorhebung im Original). Zur Kritik an dem Buch vgl. die Rezension meines Bonner evangelischen Kollegen im Neuen Testament Michael Wolter (Michael WOLTER, Rez. von: RATZINGER, Jesus von Nazareth [s. Anm. 63], in: Evangelische Theologie 68 (2008) 305–309).

[79] GS I, 8: „Augustins Lehre vom Leib Christi ist eucharistisch zentriert. Von dem in der Eucharistie geschenkten Leib Christi her werden die Christen selbst eins, werden sie Leib des Herrn. Der Gegensatz zwischen Institution und ‚Mystik' tritt hier ganz einfach nicht auf. Die Eucharistiefeier ist beides: Institution und ‚Mystik'. Sie ist konkretes kirchliches Geschehen, das nicht nur die Menschen an einem Ort zusammenführt, sondern sie allerorten in die Gemeinschaft

2. Die Kirchenväter sind zu jeder Zeit *Kirchen*väter: Sie sind bedeutsam, weil sie das Leben der Kirche geformt und begründet haben. Sie sind aber auch Kirchen*väter*. Der Modus der Begegnung des modernen Menschen mit den Theologen der Alten Kirche findet nicht auf Augenhöhe statt. Die normative Bedeutung der Kirchenväter wird vorausgesetzt.

3. Ratzinger/Benedikt hat an den Vätern in erster Linie ein gewissermaßen „rezeptionstheologisches" Interesse. Die Ausgangsfragen lauten: In welcher Weise haben sie die biblische Botschaft verstanden? Und: Wie können sie uns helfen, die biblische Botschaft besser zu verstehen?

4. Dementsprechend verzichtet Ratzinger/Benedikt weitgehend auf eine Unterscheidung zwischen Quellensprache und Wissenschaftssprache. Die Begrifflichkeiten der untersuchten Theologen (v. a. Augustins) werden verwendet, als sei ihre Plausibilität trotz veränderter geschichtlicher und hermeneutischer Rahmenbedingungen evident. Damit werden weithin ihre historische Erklärungsbedürftigkeit und ihre Fremdheit verdeckt.

5. Ratzingers Theologie ist antiliberal und richtet sich v. a. gegen das von Harnack repräsentierte Theologieideal, das ihm individualistisch enggeführt zu sein scheint.[80] Das dürfte ein Erbe sein, welches ihm von der „Nouvelle théologie" (Lubac) vermittelt wurde.

6. Damit geht eine starke Relativierung der historisch-kritischen Methode einher, die im Alter noch zugenommen hat. Der alte Ratzinger/Benedikt setzt eine Hermeneutik dagegen, die er als „Selbstüberschreitung des Buchstabens" bezeichnet.

7. Tatsächlich ist Ratzingers/Benedikts Väterlektüre ein weitgehend unhistorisches, begriffsgeschichtlich orientiertes „Nach-Denken", welches die kirchlich wirksam gewordenen Systeme der Frühzeit des Christentums in genetisch-explikativer wie normativer Absicht zu erschließen versucht.

Darüber hinaus finden sich in Ratzingers Denken über die Väter aber auch *Modifikationen:*

---

mit dem auferstandenen Herrn bringt, sie innerlich und äußerlich eint. Augustins Leib-Christi-Lehre erwies sich als eucharistische Ekklesiologie." Benedikt beruft sich dafür auf *De civitate dei* X,16.

[80] Das verbindet Ratzinger mit Barth, dessen Theologie er darum auch kaum zufällig als „radikal gläubig" bezeichnen kann (vgl. GS I, 5).

1. Der Geschichtsbegriff des vorkonziliaren Doktoranden Ratzinger ist noch unreflektiert; stattdessen steht das ekklesiologische Interesse im Vordergrund.

2. Der konziliare bzw. nachkonziliare Professor für Dogmatik und Dogmengeschichte Ratzinger der 1960er Jahre versucht einen katholischen Geschichtsbegriff zu entwickeln und eine ökumenisch offene Vätertheologie zu formulieren.

3. Der Papst Benedikt XVI. kehrt zu seinen vorkonziliaren Auffassungen zurück. Nachdrücklicher als zuvor betont er die normative Funktion von Tradition: Sie wirkt kirchenstabilisierend, indem ihre problematischen Aspekte nahezu völlig ausgeblendet werden. Gleichzeitig verstärkt sich der antiliberale Impetus.

V.

Für den evangelischen Patristiker, der von der Kirchengeschichte herkommt, ergeben sich für diese Art der Väterlektüre nur wenige Anknüpfungspunkte. Ich kann meine Vorbehalte abschließend nur andeuten:

Dogmengeschichte ist nicht allein, aber immer auch Dogmen*kritik*. Theologische Systembildung vollzieht sich in der Kirchengeschichte nicht ausschließlich evolutiv-teleologisch. Es hat in der Vergangenheit theologische Lehren (wie etwa Anselms Satisfaktionslehre) gegeben, die uns heute *fremd* geworden sind, weil sie nur in einem vormodernen Gottes- und Weltbild Plausibilität beanspruchen konnten. Ebenso haben bereits die Reformatoren handfeste dogmatische *Fehlentwicklungen* moniert. Die Abständigkeit mancher theologischer Vorstellungen der Vergangenheit unter den heutigen Denk- und Lebensbedingungen aufzuzeigen und vor anachronistischer Aneignung zu warnen, ist *auch* Aufgabe dogmenhistorischer Arbeit.[81]

Zu Ratzingers/Benedikts Einwänden gegen die historisch-kritische Methode wäre anzumerken, dass sich die historische Arbeit keines-

---

[81] Vgl. hierzu auch Wolfram Kinzig, *Brauchen wir eine Dogmengeschichte als theologische Disziplin?*, in: Wolfram Kinzig – Volker Leppin – Günther Wartenberg (Hg.), *Historiographie und Theologie. Kirchen- und Theologiegeschichte im Spannungsfeld von geschichtswissenschaftlicher Methode und theologischem Anspruch* (Arbeiten zur Kirchen- und Theologiegeschichte 15), Leipzig 2004, 181–202.

wegs als „Gegenüber zwischen einem Buch und der analytischen Einzelvernunft“ vollzieht, wie sich dies der Historismus vorgestellt haben mag, sondern dass dabei das Vorverständnis des Historikers und eine dieses Vorverständnis prägende Forschungstradition eine zentrale Rolle spielen (die freilich im Prozess der historischen Arbeit kritisch reflektiert werden müssen). Derartige Überlegungen, wie sie etwa von Hans-Georg Gadamer formuliert wurden und seither in der Geschichtshermeneutik Standard sind, spielen für Ratzinger/Benedikt keine erkennbare Rolle.

Dementsprechend findet diese wissenschaftliche Form der Annäherung an die Kirchenväter oder besser: an das Christentum der ersten Jahrhunderte auch nicht in Vereinzelung statt, sondern im kritischen Gespräch mit der Tradition und im lebendigen Vollzug mit der *scientific community* und der Öffentlichkeit auf Tagungen, im Hörsaal oder im Vortragsraum. Dieser Kontext ist *auch* ein kirchlicher Kontext, und verantwortliche kirchenhistorische Forschung wird den kirchlichen Stimmen aus Vergangenheit und Gegenwart aufmerksam zuhören. Sie wird in rational verantworteter Bindung an die Heilige Schrift allerdings auch, wo sachlich notwendig, für sich die Freiheit des Widerspruchs reklamieren. Ein reines Nach-Buchstabieren bzw. Nach-Denken der Texte der Väter, so wichtig dieses auch zum Verständnis zunächst ist, reicht nicht aus, wo uns diese Texte fern und fremd geworden sind. Nur ein Christentum, das sich seiner selbst vergewissert, aber das sich im Hören auf das Wort der Schrift auch immer wieder erneuert, kann letztlich Gott die Ehre geben und die Herausforderungen der Gegenwart bestehen.

II. Dimensionen des Pontifikats

Benedikt XVI.

Ein Papst zwischen Reformwille und Reformstau?

Bertram Stubenrauch, München

Es ist ein gewagtes Unternehmen zu beurteilen, ob ein kürzlich beendetes Pontifikat Reformen angestoßen oder Reformen gebremst hat – jedenfalls muss ein Dogmatiker so empfinden, dem es kraft seines Auftrags nicht um den ephemeren journalistischen Effekt gehen darf, sondern um gestaltgebende Hintergründe. Die Institution Papsttum hat allerdings inzwischen auch hinsichtlich ihrer Reichweite eine derartige Komplexität entfaltet, dass sich das vorschnelle Urteil verbietet. Diese Zurückhaltung entspricht ganz der Unübersichtlichkeit einer epochalen Wendezeit, deren Fortgang noch niemand abzusehen vermag. Zwar ist die römisch-katholische Kirche durch ihre kultur- und zeitübergreifende Ausrichtung schon immer vielschichtig und weitläufig gewesen, doch dies wird heute im Sog neuer digitaler Möglichkeiten schnell und weltweit kommuniziert. Die kritische Öffentlichkeit ist im Vergleich zu früher ungleich größer geworden, und unversöhnlicher als zuvor werden Reformen – oder der Reformstau – je nach Perspektive hier so, dort wieder anders wahrgenommen und, je nachdem, begrüßt oder beklagt.[1]

Dass mit den neuen Medien auch die zuverlässige Information gewachsen wäre, lässt sich freilich bezweifeln, und ich meine: Wer könnte auch nur annähernd abschätzen, welches Schicksal päpstliche Impulse im wenig transparenten Verwaltungs- und Vollzugsapparat der vatikanischen Kurie haben? Oder konkreter gefragt, *kann* denn ein Papst überhaupt, was er möchte? Kann er vor allem – wenn er wie Joseph Ratzinger ein Mann des Wortes und des Buches ist – als ausgewiesener Fachtheologe, als Gelehrter und Intellektueller Anstöße geben, die in der Öffentlichkeit so ankommen, wie sie verstanden sein wollen? Schon im Moment ihrer Verlautbarung verlassen sie die Ge-

[1] Vgl. die Reaktionen auf den Fall „Piusbruderschaft" im Jahr 2009: Til Galrev (Hg.), *Der Papst im Kreuzfeuer. Zurück zu Pius oder das Konzil fortschreiben?*, Berlin 2009.

burtsstätte der akademischen Abwägung; was philosophisch, theologisch, kulturgeschichtlich und in diesem Gefüge spirituell angelegt ist, hinterlässt, wenn ein Papst so redet, bei hartgesottenen Politikern oder Diplomaten unter Umständen wenig. Und was ist vom bunten, weithin anonym bleibenden Forum der neuen globalen Vernetzung zu halten, wo man jedes Papstwort und jede Reaktion darauf zur Schau stellt, nicht selten mit dem erklärten Ziel, den römischen Pontifex zu skandalisieren?[2] Dort prallen sie denn auch aufeinander: die empört Distanzierten, die im Frommen Verhärteten, die Claqueure, die ewigen Rechthaber, die Parteigänger, die Ängstlichen, die Angepassten, die Sprüchemacher – auch innerhalb der Kirche, der großen, verzweigten, altehrwürdigen, zerstrittenen, schuldbeladenen und doch so erstaunlich agilen Familie.

In dieser zerfaserten Situation – sie wird die Zukunft noch weit mehr als bisher prägen – war Joseph Ratzinger als Bischof von Rom Nachfolger Petri. Er war Inhaber eines Amtes, das seinem Bauprinzip nach die Spannung zweier Pole in sich vereinigt und damit wie kein zweites Amt in dieser Welt schon von Dienst wegen in die dissonante Klangwolke der Meinungen hineinsprechen muss. Da ist zunächst der universale Auftrag des Papstes: Anders als seine bischöflichen Mitbrüder trägt der Nachfolger Petri nicht nur für eine einzelne Diözese Verantwortung; ihm steht unmittelbare Leitungsgewalt in allen Ortskirchen zu, obwohl er nicht deren eigentlicher Bischof ist. Zugleich – und daraus folgend – zwingt der universale Auftrag des römischen Bischofs dem Amtsinhaber das für ihn typische Alleinstellungsmerkmal auf: Der Papst gehört zwar als Bischof einem Kollegium an, aber er leitet es auch und kann sich nicht wie andere hinter ihm verstecken. Er muss seinen Namen, seinen Charakter, seine persönlichen Vorzüge und Schwächen in den Ring werfen, muss sich als Individuum der Weltöffentlichkeit buchstäblich aussetzen. Ist ein solches Amt – zumindest unter den Bedingungen seiner Machtfülle – im herkömmlichen Stil eigentlich noch zu bewältigen?

Wie dem auch sei, es gibt den Papst und es gab Papst Benedikt XVI. Die Würde und Höhe des Amtes verleiht seinem Pontifikat historisches Format – weshalb es einmal mehr geraten sein mag, in der Frage nach Reformen oder der Verweigerung von Reformen Zurück-

---

[2] Vgl. dazu Hans Matthias Kepplinger, *Die Mechanismen der Skandalisierung. Die Macht der Medien und die Möglichkeiten der Betroffenen*, München 2005, bes. 45–55.

haltung zu üben; es ist einfach noch zu früh, um zu wissen, was vom Pontifikat Benedikts bleiben wird, wie es den Gang des kirchlichen Lebens beeinflusst hat und welche Gleise mit ihm gelegt wurden.

Trotzdem lässt sich eine Einschätzung geben.[3] Denn Päpste haben ein Profil, eine Vision, ein Programm. Und ihnen ist durch ihr Amt und ihre Erwählung zugemutet, zweierlei zu tun: zu bewahren *und* zu reformieren – oder sollte man besser sagen: bewahrend zu reformieren? Bei Papst Benedikt, der als Kenner der Tradition, aber auch als kritischer Analyst der zeitgeschichtlichen Stunde[4] ein breites literarisches Œuvre vorgelegt hat,[5] wage ich zu behaupten: Reform bedeutete für ihn, den Ursprung freizulegen und – am Ursprung festzuhalten. Dieses Bemühen war bei ihm nicht museal motiviert, sondern von der Überzeugung beseelt, dass es einen festen Wurzelgrund geben müsse, der alles Spätere von innen her mit Elan und Widerstandskraft erfüllt.

Wer also zum jetzigen Zeitpunkt die Frage nach Reform oder Reformstau bei Benedikt XVI. stellt, muss prüfen, welches theologische Ansinnen hinter seinen Äußerungen und Entscheidungen steht und welches geistige Profil ihm während der langen Jahre seines Studierens, Schreibens und Lehrens zugewachsen ist. Oder anders ausgedrückt: Es gilt eine *Intention* kenntlich zu machen; was sie konkret bewirkt oder verhindert hat, mögen andere beurteilen.

Reform aus Verinnerlichung

Wer behauptet, dass es Joseph Ratzingers Bestreben gewesen sei, Glaube und Kirche in ein traditionalistisches Korsett zu zwängen, ist schon durch die theologische Biografie dieses Mannes widerlegt; als Denker im Umkreis des Zweiten Vatikanums hatte der nachmalige Papst maßgeblichen Anteil an der Erneuerung von Theologie und Kirche im 20. Jahrhundert. Hierzu bedarf es keiner weiteren Belege, denn es gibt

---

[3] Zu den Themen und Problemfeldern vgl. Christian Feldmann, *Benedikt XVI. Bilanz des deutschen Papstes*, Freiburg – Basel – Wien 2013, bes. 129–145.

[4] Vgl. Joseph Kardinal Ratzinger, *Werte in Zeiten des Umbruchs. Die Herausforderungen der Zukunft bestehen* (Herder.spektrum; 5592), Freiburg – Basel – Wien 2005, bes. 10–27 u. ö.

[5] Vgl. das auf 16 Bände angelegte Projekt: Joseph Ratzinger/Benedikt XVI., *Gesammelte Schriften* (= JRGS), hg. v. Gerhard Ludwig Müller unter der Mitarbeit von Rudolf Voderholzer, Freiburg – Basel – Wien ab 2008.

zahlreiche Dissertationen zum Thema.[6] Jedoch hatte schon der junge Ratzinger davor gewarnt, in den Anstößen des Konzils einen Freibrief für innovatorische Beliebigkeit zu sehen. Diesen Ausgriff ins Kreativ-Avantgardistische hat es während des Konzils und später durchaus gegeben, während demgegenüber der damalige Berater des Kölner Erzbischofs Frings zwar die kirchliche Erneuerung wollte, doch nach der Maßgabe von Schrift und Vätertheologie. Welcher Richtungsentscheid der katholischen Kirche damals ins Haus stand, beschrieb der spätere Kurienkardinal so: „Die Väter wollten den Glauben aggiornieren – aber ihn gerade auch dadurch in seiner ganzen Wucht anbieten. Stattdessen bildete sich mehr und mehr der Eindruck, Reform bestünde darin, dass wir einfach Ballast abwerfen; dass wir es uns leichtermachen, so dass eigentlich Reform nun nicht in einer Radikalisierung des Glaubens, sondern in irgendeiner Art von Verdünnung des Glaubens zu bestehen schien."[7]

Die allein angemessene Haltung im Blick auf die kirchliche Reform lässt sich nach Ratzinger als eine Suchbewegung charakterisieren, die zu einer „neuen Kraft der Innerlichkeit" führt, welche ihrerseits aus der „reinen Fülle" des Glaubens schöpft.[8] Mit bloß äußerlich angelegten Strukturveränderungen, denen sowohl die biblische als auch die patristische Anbindung fehlt, ist es demnach nicht getan. Erneuerung braucht Dialog, und zwar den Dialog der Christen heute mit den Christen und Christinnen von damals. Neues muss wachsen, muss heranreifen können und wird niemals „von denen kommen, die nur Rezepte machen" oder „andere kritisieren, aber sich selbst als unfehlbaren Maßstab nehmen".[9] Worauf Ratzinger abzielte und woran er ein Leben lang unermüdlich gearbeitet hat, war die Verkündigung des Glaubens unter Berücksichtigung seiner inhaltlichen Stimmigkeit, ge-

---

[6] Als Beispiele seien genannt: Thomas WEILER, *Volk Gottes – Leib Christi. Die Ekklesiologie Joseph Ratzingers und ihr Einfluss auf das Zweite Vatikanische Konzil*, Mainz 1997; Ralph WEIMANN, *Dogma und Fortschritt bei Joseph Ratzinger. Prinzipien der Kontinuität*, Paderborn 2012; Idahosa Stephan AMADASU, *The Theology of Joseph Ratzinger: A Critical-Constructive Study of the Encounter between Christian Faith and Greek Culture*, Leuven 2013. Eigenartig berührt es, dass im *Handbuch der Theologie im 20. Jahrhundert* von Rosino GIBELLINI, dt. Regensburg 1995, der Name Ratzinger nicht einmal in einer Fußnote erwähnt wird.

[7] Joseph Kardinal RATZINGER, *Salz der Erde. Christentum und katholische Kirche an der Jahrtausendwende*. Ein Gespräch mit Peter Seewald, Stuttgart 1996, 80.

[8] Joseph RATZINGER, *Glaube und Zukunft*, München 1970, 120.

[9] Ebd.

stalthaft also und gestaltgebend. Der Glaube sollte durchforscht und vertreten werden, wie er ursprünglich gedacht und gerade so als etwas Unverfügliches empfangen worden war. Seine Reform ist mit diesem Ideal keineswegs ausgeschlossen, aber sie muss sich aus der Tiefe des dogmatisch und spirituell erfassten Glaubensganzen ergeben. Dann freilich sind konkrete Veränderungen durchaus denkbar, ja notwendig, und der junge Ratzinger fand wenige Jahre nach dem Konzilsabschluss diesbezüglich sehr klare Worte. Die Kirche werde sich, meinte er damals zum Beispiel, „sehr viel stärker gegenüber bisher als Freiwilligkeitsgemeinschaft darstellen, die nur durch Entscheidung zugänglich wird. Sie wird als kleine Gemeinschaft sehr viel stärker die Initiative ihrer einzelnen Glieder beanspruchen. Sie wird auch gewiss neue Formen des Amtes kennen und bewährte Christen, die im Beruf stehen, zu Priestern weihen".[10]

Aus der Verinnerlichung der urkirchlich geprägten Glaubensgestalt, die für Ratzinger nicht in den Relativismus von Privatmeinungen führt, sondern der Stärkung und Bewusstwerdung des einen Glaubenssubjekts Kirche dient, folgt also keineswegs die Reformunwilligkeit, wohl aber eine Art reformerischer Ehrfurcht: Die Veränderung braucht Wissen und Respekt. Sie braucht Respekt vor der Tradition und das Wissen um die Denk- und Lebensleistung der Altvorderen, die oft genug in harten Auseinandersetzungen standen. Wer demnach Reformen einfordert, muss die theologiegeschichtlichen Zusammenhänge im Großen wie im Kleinen beachten. Sie zu überspringen wäre fatal, denn sie sind Indiz für das ursprünglich Gemeinte. Alles Neue hat sich gewissermaßen vor ihnen zu rechtfertigen, soll es nicht großsprecherisch und hohl erscheinen.

Als Papst hat Joseph Ratzinger diese Linie weiterverfolgt; auch als Petrusnachfolger präsentierte und erläuterte er Glaubensinhalte, wie er es zuvor als Professor und Bischof getan hatte – und er lebte gedanklich aus alledem. Als es dann um Entscheidungen im Einzelnen ging, stand zu erwarten, dass Benedikt XVI. kleinmaschig vorgehen würde, das heißt auf einen theologiehistorischen Befund bedacht, um Inhalte wissend und sie erläuternd, dennoch entschlossen, das Erkannte sachgemäß, wenn auch behutsam weiterzuschreiben. So kann man über das Reformverhalten Benedikts sagen: Der Papst zeigte sich kleinmaschig in der ephemeren Veränderung, aber motiviert vor dem Hintergrund einer integralen Vision von Theologie und Kirche.

---

[10] Ebd., 123.

Beispiele dafür sind das Motu Proprio zur Wiederzulassung der römischen Liturgie, wie sie 1962 in Geltung war,[11] oder eine Änderung im Wortlaut des nachkonziliaren Codex Iuris Canonici zum Zweck einer präziseren theologischen Umschreibung des Diakonats.[12] Obwohl wie im ersten Fall auch das öffentliche Interesse weit über Kirchenkreise hinaus reichte, ist oft nicht verstanden oder nicht akzeptiert worden, woraus Benedikt schöpfte. Aber das war bezeichnend; wer großmaschige, sensationelle, auch wohlfeile Reformen erwartet hätte, musste enttäuscht sein.

Einigermaßen schwere Vorwürfe in Richtung Reformverweigerung, ja Reformverhinderung hat einige Jahre vor der Papstwahl des Jahres 2005 der Nijmeger Theologe Hermann Häring gegenüber Ratzinger erhoben.[13] Aber Härings Buch krankt daran, dass es nicht genau unterscheidet, was Joseph Ratzinger als Theologe eigenverantwortlich dachte und als vatikanischer Würdenträger in treuhänderischer Funktion tun musste, und es operiert mit Reformvorstellungen, die auf der Basis eines fundamental differierenden Kirchenbildes an den Gescholtenen herangetragen wurden. Angemessen und fairer greift Kritik aber dann, wenn sie dem Denkweg eines anderen einfühlsam folgt, um auf gleicher Augenhöhe zum Duell zu laden. Joseph Ratzinger hat sich dieser Art der Auseinandersetzung nie entzogen und als Papst im ersten Band seiner Jesus-Trilogie ausdrücklich dazu ermuntert.[14] Mit der Anerkennung seiner eminenten Lebensleistung lassen sich dann natürlich kritische Rückfragen an Ratzinger richten. So ist in seinem Werk und in seiner Lehre als Papst unklar geblieben, was die bei ihm auf Schritt und Tritt begegnende Beteuerung meint,

---

[11] Vgl. Motu Proprio *Summorum Pontificum*. Erlassen am 7. Juli 2007 mit Wirkung ab 14. September desselben Jahres; dazu Norbert Lüdecke, *Kanonistische Anmerkungen zum Motu Proprio Summorum Pontificum*, in: Liturgisches Jahrbuch 58 (2008) 3–34.

[12] Vgl. Motu Proprio *Omnium in mentem* 2009 bzgl. CIC (1983) cc. 1008.1009. Dazu Francesco Coccopalmiero, *Ragioni di due interventi*, in: Communicationes 41 (2009) 334–337; Matthias Mühl, *Degradierung des Diakonats? Drei kurze Anmerkungen zu Ordo und Diakonat im Motu Proprio ‚Omnium in mentem'*, in: IKaZ Communio 39 (2010) 205–212.

[13] Vgl. Hermann Häring, *Theologie und Ideologie bei Joseph Ratzinger*, Düsseldorf 2001, bes. 195–198.

[14] Vgl. Joseph Ratzinger/Benedikt XVI., *Jesus von Nazareth*, Freiburg – Basel – Wien 2006, 22: „Es steht jedermann frei, mir zu widersprechen. Ich bitte die Leserinnen und Leser nur um jenen Vorschuss an Sympathie, ohne den es kein Verstehen gibt."

die Kirche habe sich vor allem „Selbstgemachten" zu hüten.[15] Der Disput darüber ist unausweichlich, gerade dann und erst recht dann, wenn man dieser Maxime grundsätzlich zustimmt: Was an Struktur muss bleiben in der Kirche und was muss sich verändern? Wer darf auf die Reform insistieren, sie anstreben, wer nicht? Und wovon speist sich das Erkenntnissubjekt Kirche theologisch? Dürfen es nur die Väter sein? Kommen nur die Konzilien in Frage, nur die amtliche Katechese damals und heute? Warum nicht auch die humanistischen Stränge der Aufklärung, einige luzide Einsichten der sogenannten Genitiv-Theologien im 20. Jahrhundert oder ins Positive gewendete Resultate der neuzeitlichen Religionskritik?

Autorität in der Kirche

Für Joseph Ratzinger ist die Kirche in ihrer mystischen wie irdisch-greifbaren Gestalt mit der Sendung und dem Dienst der „Zwölf" ins Dasein getreten und deshalb für immer apostolisch strukturiert. Sie entspricht in dieser Form dem Willen Jesu, dessen eigene Sendung undenkbar gewesen wäre ohne ein von ihm gesammeltes, von ihm erfülltes messianisches Volk.[16] Von daher trägt das kirchliche Amt, insbesondere das Papsttum, hohe pastorale Verantwortung. Es ist sakramental begründet, sofern das Amt die Unmittelbarkeit des erhöhten Herrn garantiert, ohne sich selbst mittlerisch zwischen die Christusgestalt und das Gottesvolk zu schieben. Diesen tiefen und oft unverstandenen Gedanken der katholischen Glaubenswelt hat Joseph Ratzinger in einer subtilen Arbeit aus dem Jahr 1972 exegetisch erläutert – wo sich im Übrigen sehr schön zeigt, dass Theologie für ihn auf dem sorgfältigen Nachlauschen des biblischen Wortlauts beruht, dem der Gehorsam des Glaubens gebührt.[17] Obwohl das Thema Papst im bekannten Frühwerk Ratzingers, in der „Einführung in das Christen-

[15] Vgl. beispielsweise Joseph Kardinal Ratzinger, *Zur Gemeinschaft gerufen. Kirche heute verstehen*, Freiburg – Basel – Wien 1991, 131: „Je mehr Selbstbeschlossenes und Selbstgemachtes es in der Kirche gibt, desto enger wird sie für uns alle. Das Große, das Befreiende an ihr ist nicht das Selbstgemachte, sondern das, was uns allen geschenkt ist."

[16] Vgl. ebd., 11–42.

[17] Vgl. *Der Priester als Mittler und Diener Christi im Licht der neutestamentlichen Botschaft*, in: Joseph Ratzinger, *Theologische Prinzipienlehre. Bausteine zur Fundamentaltheologie*, München 1982, 281–299.

tum", basierend auf Vorlesungen aus dem Jahr 1967, kaum eine Rolle spielt,[18] ist es bei ihm zum Schaustück geworden für die geradezu anstößige Zumutung einer inkarnatorisch bestimmten Denkweise und ihrer kirchlichen Ausformung. Ratzinger zufolge kulminiert der apostolische Auftrag im Auftrag Jesu an Petrus; Petri Dienst misst freilich dann den Dienst der übrigen Apostel aus, und Petri Nachfolger ist als Amtsträger Bezugsperson für die Nachfolger der Apostel neben ihm.

Wie steht ein Theologe, der vom Papst redet und dann selbst Papst wird zum Petrusamt und zur Frage nach seiner Reformierbarkeit? Über sie hat Joseph Ratzinger zu Beginn der 60er Jahre mit Karl Rahner in einem Band der Quaestiones Disputatae räsoniert.[19] Seine These lautet: Die apostolicae sedes, Bischofssitze also, an denen „einst Apostel wirkten oder die Empfänger apostolischer Briefe waren"[20], geben den übrigen Sitzen durch die ekklesiale communio apostolische Würde, welche darin besteht, das Wort Gottes in Jesus Christus amtlich zu verbürgen. Doch unter den Apostelsitzen ragt die sedes in Rom heraus, und für diese gilt: „Wenn die successio die konkrete Gestalt des Wortes ist, dann gehört dazu von Anfang an auch jene höchste – vielleicht ärgerniserregende – Konkretheit, die in der letzten Bindung an die römische Sukzessionsfolge liegt: Hier ist jede Anonymität aufgehoben, der konkrete Name fordert unausweichlich zur Stellungnahme, er ist die zugespitzteste Form jener äußersten Konkretheit, in die sich Gott begeben hat."[21]

Als Papst Benedikt XVI. zu Beginn seines Pontifikats eine bezeichnende Neuerung durchführen ließ, was die päpstlichen Titel betrifft, rief das, soweit ich sehe, keine überbordenden medialen Reaktionen hervor: Er verzichtete auf die traditionelle Bezeichnung des römischen Bischofs als „Patriarch des Abendlandes".[22] Dieser Schritt lag ganz in der Konsequenz des eben beschriebenen Ansatzes und zeigt einen Theologen, der auch gegenüber erwartbaren Enttäuschungen sich selbst treu geblieben ist. In der zitierten Quaestio hatte Ratzinger for-

---

[18] Vgl. dort III, 2.1.

[19] Vgl. Karl Rahner – Joseph Ratzinger, *Episkopat und Primat* (QD 11), Freiburg – Basel – Wien 1961, bes. 37–59.

[20] Ebd., 52.

[21] Ebd., 54 f.

[22] Der Titelverzicht wurde durch die Nichterwähnung im Annuario Pontificio von 2006 öffentlich gemacht; vgl. dazu DH 5106.

muliert: „Das Patriarchat ist nachkonstantinisch, sein Sinn administrativ, seine Ausübung daher eng mit politischen und geographischen Vorgegebenheiten verknüpft; der römische Anspruch versteht sich demgegenüber aus dem ursprünglich theologischen Motiv der sedes apostolica."[23] Er sei, so Ratzinger, auf einer ganz anderen Ebene angesiedelt, weshalb es nicht angehe, den römischen Sitz „in das Patriarchatsdenken einzugrenzen".[24]

Im selben Artikel skizziert Ratzinger, was das Papsttum dogmatisch bedeutet, woran als maßgebender Grundauffassung festzuhalten sei und was demgemäß an ihm reformabel erscheint. Was also ist ein Papst nach römisch-katholischer Auffassung? „Nun – fest steht also als kirchliche Lehre zunächst einmal, dass dem Papst unmittelbare, ordentliche Jurisdiktionsgewalt im Sinne wahrer bischöflicher Gewalt über die ganze Kirche zukommt. Der Primat des Papstes wird vom Vatikanischen Konzil als ‚apostolicus primatus', der Römische Stuhl als ‚sedes apostolica' bezeichnet. Die Folge aus dem Gesagten für das Gebiet der Lehre ist, dass dem Papst als Amtsperson Unfehlbarkeit zukommt, so dass seine Kathedralentscheidungen ‚ex sese' und nicht erst kraft nachfolgender Bestätigung der Kirche irreformabel sind. Für das Gebiet der communio als den anderen Pfeiler kirchlichen Daseins ergibt sich daraus, dass nur der in der wahren communio des Herrenleibes, d. h. in der wahren Kirche lebt, der mit dem Papst Kommuniongemeinschaft hat."[25]

Man kann sagen: Hier ist katholische Primatstheologie auf das Notwendige, aber zugleich Wesentliche zugeschnitten, was einem ausufernden Papalismus die Grenzen weist. Hier äußert sich ein reformorientierter Systematiker, der das Papsttum klar von einer Theologie des Bischofsamtes her deutet. Der Papst ist der „ökumenische Bischof"[26], der nur aus der von ihm verbürgten, aber auch für sein Amt vorausgesetzten Katholizität eines Episkopats aller rechtmäßigen Bischöfe Papst sein kann. Daraus folgt: „Einen Papst, der den ganzen Episkopat exkommuniziert, gibt es nicht und kann es nicht geben, denn eine Kirche, die *nur* noch römisch wäre, würde eben nicht mehr katholisch sein. Umgekehrt: Einen Episkopat, der den Papst exkommuniziert, gibt es nicht und kann es legitimerweise nicht geben, weil

---

[23] Rahner – Ratzinger, Episkopat und Primat (s. Anm. 19), 55.
[24] Ebd.
[25] Ebd., 39.
[26] Ebd., 58.

eine Katholizität, die auf Rom verzichtet, nicht mehr katholisch wäre."[27]

Der Papst als ökumenischer Bischof! Der historisch und kirchenamtlich vielbemühte, aber auch verfängliche Titel „Stellvertreter Jesu Christi" fällt in diesen Zeilen nicht, obwohl ihn noch das Zweite Vatikanum anführt, bezeichnenderweise aber auch auf die Bischöfe ausdehnt.[28] Und was sind *Bischöfe* angesichts des Papstes oder mit ihm? Der Episkopat besteht jedenfalls „nicht aus päpstlichen Beamten", sondern „aus Bischöfen eigenen göttlichen Rechts, deren konkrete Ökumene seine [des Episkopats: B. St.] innere und wesentliche Ökumene sichtbar beglaubigt und erfüllt".[29]

Ob Joseph Ratzinger als Papst Benedikt XVI. beherzte Schritte in Richtung einer kollegialen Auffassung des Papst-Bischöfe-Verhältnisses tat oder tun wollte, ist nicht leicht zu sagen. Jedenfalls scheinen äußere Zeichen sowohl auf ein Ja wie auf ein Nein zu deuten, die Abschaffung der Tiara etwa im päpstlichen Wappen, wobei andererseits längst eingemottete päpstliche Thronsessel wieder zu Ehren kamen, auf denen die Tiara unübersehbar als Hauptsymbol figuriert. Freilich hat der Nachfolger Benedikts, Papst Franziskus, in seiner ersten Ansprache von der Loggia des Petersdomes aus mit wenigen Sätzen an eine klar kollegial konzipierte Papsttheologie als neugewählter „Bischof von Rom" erinnert.[30] Ich meine, dieser Schritt wäre ohne den Theologen und auch ohne den Papst Joseph Ratzinger nicht möglich gewesen.

Gemeinschaft in der Kirche

Mit Forderungen nach mehr Demokratie in der Kirche hat sich Joseph Ratzinger schon sehr früh auseinandergesetzt und ihr Für und Wider erörtert. Auch in diesem Bereich zeigt sich ein Denker, der Modernisierung bejaht, aber weder modischen Stimmungen noch öffentlichem Druck nachgibt. Das Neue muss aus der Wesensschau kom-

---

[27] Ebd., 57, Hervorhebung im Original.

[28] Vgl. *LG* 22.

[29] Rahner – Ratzinger, Episkopat und Primat (s. Anm. 19), 58.

[30] Direkter Zugriff: http:/www.vatican.va/holy_father/francesco/speeches/2013/march/documents/papa-francesco_2013313_benedizione-urbi-et-orbi_ge.html (aufgerufen am 25.06.2013).

men, und wenn es im Volk Gottes Mitbestimmung und Teilhaberschaft gibt, dann nicht wegen republikanischer oder parlamentarischer Errungenschaften der Neuzeit, sondern aufgrund seiner Berufung von Gott her. Was bedeutet es für die Kirche, Volk Gottes zu sein?

Es geht, so Ratzinger, um etwas Dynamisches, etwas Responsoriales; es geht darum, auf eine Erwählung zu antworten, damit Gemeinschaft aufgrund eines für alle verbindlichen Gottesbezugs ermöglicht wird. In diesem Sinn verdrängt die Kirche aber nicht das Gottesvolk Israel; ebenso wenig konkurriert sie mit der antiken polis-Idee oder den parlamentarischen Demokratien der Gegenwart. Die Kirche „ist nicht einfach ein neues Volk neben einem alten, sondern sie besteht nur gleichsam als der beständige und nun freilich Israel überschreitende Vorgang der Sammlung und Reinigung des Volkes für das Reich. Sie besteht im Aktiv, als Vorgang der Sammlung, und sie heißt deshalb nicht λαός sondern ἐκκλησία, nicht Volk, sondern Versammlung. Und sie ist deshalb eigentlichst sie selbst je als Versammlung: Das Wort ἐκκλησία bezeichnet primär immer noch das Zusammenkommen der Christen zur Anamnese von Tod und Auferstehung des Herrn. Kirche hat daher ihr Verfassungsmodell in der anamnetischen Versammlung, nicht in irgendeinem wie auch immer gearteten Volksbegriff“.[31]

Im Kontext einer von ihm stark favorisierten, ostkirchlich gut verträglichen sogenannten „eucharistischen Ekklesiologie“[32] hat Joseph Ratzinger deutlich gemacht, dass in der Kirche nicht numerische Machtverhältnisse den Ton angeben, sondern dass vom Sakrament und seiner apostolischen Ordnung her gedacht werden muss, worin sich der eine, unteilbare, eucharistisch verschenkte Christus als Herr und Gott aller bezeugt. Deshalb kann es keinen Kongregationalismus ursprünglich für sich stehender Ortsgemeinden geben, auch kein Nationalkirchentum, das sich mit vorherrschenden politischen Konstellationen verbrüdert und sich so aus dem Gefüge der Weltkirche klinkt. Von einer Volkssouveränität zu reden, aus der die Kirche basisdemokratisch „von unten“ herauswüchse, bleibt völlig ausgeschlossen. Deshalb war es immer überzogen, wenn nicht utopisch, vom Theologen

---

[31] Joseph Ratzinger – Hans Maier, *Demokratie in der Kirche. Möglichkeiten, Grenzen, Gefahren*, Limburg 1970, 28 f.

[32] Vgl. Matei Mihai Surd, *Ekklesiologie und Ökumenismus bei Joseph Ratzinger* (THEOlogische Reihe; 89), St. Ottilien 2009, 38–41; Weiler, Volk Gottes – Leib Christi (s. Anm. 6), 274 f.

Joseph Ratzinger oder von einem Papst Benedikt Kirchenreformen zu erwarten, die einen veritablen Ebenensprung vorausgesetzt hätten: von der spirituellen Haltung der Empfänglichkeit und des religiösen Gehorsams zur veräußerlichten Strukturdebatte mit ihrer systemischen Selbstverliebtheit und ihrem Machbarkeitsrausch. An dieser Stelle ist ein Hinweis auf die beiden Enzykliken Benedikts XVI. angebracht. Denn sie lenken die Aufmerksamkeit eines lebendigen Christentums auf den persönlichen Habitus derer, die Volk Gottes *werden* und die zuallererst dafür sorgen müssen, dass es in der Kirche nie am wirklich Fundamentalen mangelt, nicht an Liebe und nicht an Hoffung.

Ein Reformstau also? Nur bei oberflächlichem Hinsehen. Ein Abwiegeln andrängender Probleme mit dem Schwert der Frömmigkeit? Diese Tendenz ist seit Jahrzehnten in kirchlichen Kreisen zu beobachten, doch ist sie wohl kaum Joseph Ratzinger anzulasten, der Theologie nie in Gefühlen aufgehen ließ. Was die Kirchenstruktur anbelangt, so weiß er natürlich als Patristiker und Dogmenhistoriker um die Bedeutung des Synodalen in der Kirche, aber er weiß auch, dass hinter dem Synodalen Klerikalismus stehen kann, der zur Hypertrophie des Amtlichen führt.[33] Bemerkenswert ist in diesem Zusammenhang seine Forderung nach einer „Radiusbegrenzung des geistlichen Amtes“[34], welche nichts an Aktualität verloren hat. Zurückgewiesen ist eine Reformwut, die, näher besehen, den Anspruch aller Getauften – gerade der Nicht-Theologen und Nicht-Amtsträger – auf das unverkürzte Erbe des Katholischen verletzt. Das kirchliche Leben ist nicht im Ganzen und nicht seinem Wesen nach demokratisierbar, aber doch auf der Ebene operationaler Vollzüge, beispielsweise in jenen Bereichen „kirchlicher Regierung, die nicht die eigentliche Leitung der Kirche aus dem Evangelium her betreffen, wie kirchliches Bauwesen, kirchliche Finanzverwaltung u. a. m.“.[35]

Zementiert diese Sicht eine ständisch geordnete Kirche, wonach es trotz der vorgeschlagenen Arbeitsteilung Befehlende und Ausführende gibt? So kann nur denken, wer den innerkirchlichen Klassenkampf schürt und daran Freude hat. In Wirklichkeit geht es um Kooperation, um ein Zusammenwirken mit dem Ziel, das Evangelium in der Welt

---

[33] Vgl. RATZINGER – MAIER, Demokratie in der Kirche (s. Anm. 31), 29–34, bes. 31.

[34] Ebd., 36.

[35] Ebd., 37.

von heute fruchtbar zu machen; das wäre die wahre Demokratisierung. Joseph Ratzinger: „Anwendung des Evangeliums auf die konkrete Situation der Kirche und Gesellschaft ist die eine notwendige Seite der Evangelisierung, so unerlässlich wie die gottesdienstliche Versammlung und durchaus eine Angelegenheit des Evangeliums selbst. Und auch Dinge wie kirchliche Finanzverwaltung, Betreuung des Bauwesens usw. können in der Kirche nicht vom Kern ihrer Aufgabe isoliert werden: Ob auch in Zukunft eigentliche Kirchenbauten oder nur noch ‚Mehrzweckräume' errichtet werden, ist ebenso wie der Grundaufbau eines kirchlichen Haushalts eine Frage von großer Tragweite, um nur zwei Beispiele zu nennen. Wenn Entscheidungen dieser Art in Zukunft in Kooperation der ‚Amtsträger' und der ‚Laien' gefällt werden, reicht eine solche Form von ‚kirchlicher Demokratie' weit über die Randbreite kirchlicher Existenz hinaus."[36]

Um solche Gedanken theologisch fester zu verankern, hat Joseph Ratzinger in vielen seiner Schriften dem Volk-Gottes-Charakter der Kirche Jesu Christi vertiefend nachgespürt. Er hat auf ihre „geschichtliche" Dimension, die „innere Einheit des Gottesvolkes über die Grenzen auch der sakramentalen Stände hinweg", auf die „Vorläufigkeit und Gebrochenheit der immer erneuerungsbedürftigen" Glaubensgemeinschaft, nicht zuletzt auf deren „ökumenische Dimension" verwiesen.[37]

Konnte die angemahnte „Erneuerungsbedürftigkeit" der Kirche unter dem Patronat des Papstes Benedikt die entsprechende Mentalität stärken? Gegenfrage: Was tun die Bischöfe und die Bischofskonferenzen, um Reformfreude zu beleben? Ist es vermessen, die Zurückhaltung Benedikts XVI. in Sachen struktureller Umbauten als ein Signal an den Episkopat zu deuten, auch einmal selbst aktiv zu werden, anstatt sich in allem auf „Rom" zu berufen – oder was man für „Rom" hält?

Mit mehr Engagement auf ortskirchlicher Basis wäre denn auch eine kollegiale Relativierung (nicht Schmälerung) des päpstlichen Amtsträgers und seines Dienstes gegeben, wie sie Benedikt XVI. durch seinen Rücktritt faktisch demonstriert hat. Auch über diesen epochalen Vorgang und seine zukünftigen Auswirkungen muss die Nachwelt urteilen. Für den Moment genügt zweierlei festzuhalten, erstens: Be-

---

[36] Ebd., 37 f.

[37] Joseph Kardinal Ratzinger, *Vom Wiederauffinden der Mitte. Grundorientierungen*, hg. vom Schülerkreis, Freiburg – Basel – Wien 1997, 145 f.

nedikt XVI. hat deutlich gemacht, dass Amt und Person getrennt zu sehen sind – denn er *ist* nicht mehr Papst. Zweitens kam neu zum Vorschein, dass ein Papst Funktionen zu erfüllen hat, deren Durchschlagkraft primär von der Verheißung und der Zusage Gottes an die Kirche und nur sekundär von einer persönlichen Aura abhängt. So konnte gesagt werden: „Im Blick auf Gott und damit im Blick auf die theologische Perspektive ist das päpstliche Amt im Grunde schon immer ‚entzaubert', und wenn erforderlich, zu ‚entzaubern'."[38] Allerdings zeigt sich am momentanen Zustand, da der einstige Inhaber des Stuhles Petri weiter im Vatikan residiert, eine eigentümliche Ungereimtheit. Dem beeindruckenden Verzicht Benedikts auf das Amt und seiner erklärtermaßen gehorsamen Subordination unter seinen Nachfolger stehen nach wie vor hoheitliche Attitüden gegenüber: die Beibehaltung des Papstnamens und des mit einem Zusatz versehenen Papsttitels. Man könnte sich einen klareren Schnitt denken.

Die Ökumene

Als Benedikt XVI. zum letzten Mal als Papst Deutschland besuchte, gab es Kritik an seiner Haltung zur Ökumene – naturgemäß im Blick auf die Lutheraner. Im ehemaligen Augustinerkloster Erfurt hatte der Papst während eines gemeinsamen Gottesdienstes erklärt, die Ökumene sei keine Verhandlungssache, könne also auch nicht als ein päpstliches Gastgeschenk betrachtet werden, das sich zu festlichen Anlässen souverän verteilen ließe.[39]

Ich meine, dass sich die Kritiker dieser Auskunft folgende Rückfrage gefallen lassen müssen: Welche Art von Ökumene wäre es denn, die ein Papst allein kraft seines Amtes gewähren könnte? Und welche Auffassung vom Papstamt steht hinter der Erwartung, der hohe Gast aus Rom könne irgendwelche Gefälligkeiten zeigen? Innovativer als es vielen erscheinen mag, war das indirekte Eingeständnis Benedikts, dass auch ein Papst – und erst recht ein Papst – in ökumenischen

---

[38] Franz-Josef Overbeck, *Hat Benedikt XVI. das Papstamt entzaubert?*, in: Rotary Magazin (3/2013) 50–53, hier 52.

[39] Vgl. *Apostolische Reise Seiner Heiligkeit Papst Benedikt XVI. nach Berlin, Erfurt und Freiburg. 22.–25. September 2011. Predigten, Ansprachen und Grußworte*, in: Deutsche Bischofskonferenz (Hg.), *Verlautbarungen des Apostolischen Stuhls* Nr. 189, 80–84, hier 83.

Belangen auf den Entwicklungsstand der Gesamtkirche angewiesen bleibt: auf historische Konstellationen, auf wissenschaftliche Errungenschaften und Desiderate, nicht zuletzt auf die geistliche Reife der Gläubigen in den eigenen Reihen wie in den verschiedenen Konfessionen. Hier ist auch der Pontifex Romanus ein Suchender, ein Fragender, ein Bittender sogar, der nur jene Schritte gehen kann, die ihm die Situation zu gehen ermöglicht.

Als Papst hat Benedikt XVI. eine Linie verfolgt, die er spätestens als Präfekt der Glaubenskongregation programmatisch formuliert hatte: „Wir können auch als Getrennte eins sein."[40] Was meint dieser Satz? Wider den Trend, Ökumene durch die langsame Angleichung konfessioneller Phänotypen voranzutreiben, sah Kardinal Ratzinger einen anderen Weg: Man müsse benennen und festhalten, was gerade in konfessioneller Prägung der Christenheit gemeinsam gehöre und deshalb geeignet sei, als Basis eines tragfähigen Wir-Gefühls zu dienen. Es ist die je eigene Perspektive, die das Ganze beleuchtet und damit zur kirchlichen *Einheit*, nicht bloß zu einem äußerlich vereinbarten Burgfrieden führt. Im besten Sinn des Wortes war der Ökumeniker Papst Benedikt konservativ, und zwar insofern, als er das bereits Erreichte, in Wirklichkeit nie Verlorene zu bewahren suchte. Zugleich war er progressiv, weil er den Respekt voreinander einforderte und die Anerkennung der Andersheit, die er als stille Verpflichtung sah für eine noch ausstehende, von Gott fortwährend zu erbittende vollere ekklesiale Wirklichkeit. Man müsse „den Stachel des Andersseins" ertragen um „zugleich die Spaltung umzuwandeln in ein gegenseitiges Geben", schrieb der Kardinal.[41] Er wollte einen Stillstand vermeiden, der sich festsetzen könnte, wenn sich die Konfessionen zwar bedingungslos anerkennen, aber anschließend selbstzufrieden werden, weil sie meinen, mit dem anderen bereits fertig zu sein. Ökumene muss ein Stachel im Fleisch bleiben und ein Auftrag, der „Versuch, Gott zu lassen, was allein seine Sache ist", um freilich dann „zu erkunden", was „in allem Ernst unsere Aufgaben sind. Zu diesem Bereich unserer Aufgaben gehören Tun und Leiden, Aktivität und Geduld. Wer eines von beiden streicht, verdirbt das Ganze."[42]

---

[40] Joseph Kardinal Ratzinger, *Zum Fortgang der Ökumene. Ein Brief an die Theologische Quartalschrift, Tübingen*, in: Ders., *Kirche, Ökumene und Politik*, Einsiedeln 1987, 128–134, hier 132.

[41] Ebd., 133.

[42] Ebd.

‚Muss die Kirche sich nicht ändern?'

Zur Frage von Kirchenreform und Reformstau

Johanna Rahner, Kassel

I. Präludium

Muß die Kirche sich nicht ändern? Muß sie sich nicht in ihren Ämtern und Strukturen der Gegenwart anpassen, um die suchenden und zweifelnden Menschen von heute zu erreichen? Die selige Mutter Teresa wurde einmal gefragt, was sich ihrer Meinung nach als erstes in der Kirche ändern müsse. Ihre Antwort war: Sie und ich!

In seiner Aufsehen erregenden Rede im Konzerthaus in Freiburg[1] stellte Benedikt XVI. eine Alternative auf, die für die Beantwortung der Frage nach einer Reform der Kirche Grundlegendes und Prinzipielles festhält:

Der christliche Glaube ist für den Menschen allezeit – und nicht erst in der unsrigen – ein Skandal. Dass der ewige Gott sich um uns Menschen kümmern, uns kennen soll, dass der Unfassbare zu einer bestimmten Zeit an einem bestimmten Ort fassbar geworden sein soll, dass der Unsterbliche am Kreuz gelitten haben und gestorben sein soll, dass uns Sterblichen Auferstehung und Ewiges Leben verheißen ist – das zu glauben ist für die Menschen allemal eine Zumutung. Dieser Skandal, der unaufhebbar ist, wenn man nicht das Christentum selbst aufheben will, ist leider gerade in jüngster Zeit überdeckt worden von den anderen schmerzlichen Skandalen der Verkünder des Glaubens. Gefährlich wird es, wenn diese Skandale an die Stelle des primären skandalon des Kreuzes treten und ihn dadurch unzugänglich machen, also den eigentlichen christlichen Anspruch hinter der Unbotmäßigkeit seiner Boten verdecken.[2]

---

[1] Vgl. die beiden Beiträge von Karl Kardinal LEHMANN und Franz-Xaver KAUFMANN in diesem Band.

[2] In: *Verlautbarungen des Apostolischen Stuhls* Nr. 189. Apostolische Reise Seiner

Was zunächst als Bewertung der theologisch unterschiedlichen Gewichtung und Frucht der inneren Dialektik des Glaubens selbst zu verstehen war, wurde schnell als die latente Neigung interpretiert, Gottes- und Glaubenskrise auf der einen und Kirchenkrise auf der anderen Seite gegeneinander auszuspielen und damit der Frage nach der Notwendigkeit einer Kirchenreform auszuweichen. Denn jene bricht bekanntlich gerade dann auf, wenn „kirchliche Strukturen Menschen daran hindern, sich Gott zuzuwenden, weil sie das Antlitz Gottes verdunkeln, dann ist die Krise der Struktur eine Krise des geglaubten Gottes. [...] Darin, dass die konkrete Sozialgestalt der Kirche es vielen Menschen verunmöglicht, sich auf den Weg zu Gott zu machen, liegt das eigentlich Dramatische der Kirchenkrise."[3] Gerade deshalb muss auch und gerade angesichts der Glaubenskrise nach der Kirche selbst gefragt werden, „wenn die verfasste Gestalt der Kirche den Raum dazu nicht mehr zu bieten vermag, den Glauben in sich verändernden Gesellschaften lebendig werden zu lassen"[4]. Daher können und müssen auch Strukturfragen gestellt werden und zwar gerade um der Theologie der Kirche selbst willen. Eine Kirche, „deren Wesen nicht Freiheit und Gerechtigkeit ist, verdunkelt und verstellt ihr eigenes Zeugnis und ihren eigenen Grund und Ursprung. Sie versündigt sich an ihrer Aufgabe und ihrem Auftrag, den freien Gott freier Menschen zu bezeugen"[5]. Im Folgenden wird zu zeigen sein, warum all diese Konsequenzen, obgleich durchaus im Grundduktus der Ekklesiologie des Papstes enthalten, bei ihm doch in veränderter Weise wahrgenommen werden und daher zu einer differenten Einschätzung von Notwendigkeit und Gestalt der Kirchenreform führen.

Heiligkeit Papst Benedikt XVI. nach Berlin, Erfurt und Freiburg 22.–25. September 2011. Predigten, Ansprachen und Grußworte, Bonn 2011, 145–151, hier 150.

[3] Ilse MÜLLNER, *Das Memorandum* Freiheit *und seine kommunikativen Horizonte*, in: Judith KÖNEMANN u. a. (Hg.), *Das Memorandum. Positionen im Für und Wider*, Freiburg 2011, 134–141, hier 137.

[4] Magnus STRIET, *Was ist ‚katholisch'?*, in: Marianne HEIMBACH-STEINS u. a. (Hg.), *Kirche 2011: ein notwendiger Aufbruch. Argumente zum Memorandum*, Freiburg 2011, 58–70, hier 64 f.

[5] Saskia WENDEL, *Kirche – Zeichen und Werkzeug der Freiheit Gottes und der Menschen*, in: HEIMBACH-STEINS u. a. (Hg.), Kirche 2011 (s. Anm. 4), 91–101, hier 97.

II. Durchführung

1. Eine Veränderung, die an der Zeit ist oder doch nur ein ‚naiver Optimismus'?

Bei Johannes XXIII. kann man vielleicht die schärfste Kritik der Mittelalterromantik finden, jenes Zurückschauens, das die Dinge nur immer ins Schlechtere abgleiten sieht und […] die neuen Möglichkeiten der Freiheit des Glaubens dabei übersieht, die aus der neuzeitlichen Wende erwachsen; das Ganze aber führt bei dem Papst des Konzils zu einer Theologie der Hoffnung, die fast an naiven Optimismus zu grenzen scheint: ‚Tantum aurora est; etiam primi orientis solis radii quam suaviter animos afficiunt nostros' heißt eine der erstaunlichen Formulierungen jener denkwürdigen Rede, die den Geist des Konzils entscheidend geprägt hat.[6]

In den Dokumenten des Zweiten Vatikanischen Konzils legt der ekklesiologisch zugespitzte Sakramentsbegriff die doppelte Bezogenheit von Kirche zu Gott und zur Welt offen und reflektiert die heilsgeschichtliche Funktion von Kirche. In beidem ist Kirche ‚Objekt' und ‚Medium' des Wirkens Gottes in der Welt. Dabei wird aber deutlich: Der Lebens- und Aktionsraum der Kirche ist nicht mehr der abgeschlossene Raum der (römisch-katholischen) Christenheit, sondern die Menschheit als ganze (vgl. *GS* 2). Hier tritt Kirche freilich nicht mehr herrschaftsvoll auf, sondern lässt sich in Dienst nehmen (vgl. *GS* 3). Dies lässt sie selbst nicht unbeeinflusst. Kirche ist mit der ganzen Menschheit gemeinsam auf dem Weg und erfährt mit ihr das gleiche Geschick (*GS* 40). Sie bleibt auch als die nur im Glauben zu begreifende Einheit von irdischer und himmlischer Bürgerschaft der menschlichen Geschichte und damit der Unordnung der Sünde unterworfen (ebd.).

Dieses offene Verhältnis von Kirche und Welt verbietet den Gedanken einer ‚weltlosen' Kirche ebenso wie den einer ‚kirchen-', d. h. ‚heillosen' Welt. Es erlaubt keine dualistische Trennung von Welt und Kir-

---

[6] Joseph Ratzinger, *Der Katholizismus nach dem Konzil*, in: Ders., *Zur Lehre des Zweiten Vatikanischen Konzils. Formulierung – Vermittlung – Deutung*. Zweiter Teilband (JRGS 7/2), hg. v. Gerhard Ludwig Müller, Freiburg i. Br. 2012, 1003–1025, hier 1019 f.

che, sondern nur eine ‚inkarnatorische‘ Beziehung: Nimmt man Weltbeziehung wie Geschichtlichkeit von Kirche wirklich ernst, so ist Kirche gerade in ihrer Weltsendung in all ihren Vollzügen wie in allen Fasern ihres Seins ‚weltliche Kirche‘ und damit ‚casta meretrix‘ – keusche Hure. Kirche hat sich dabei ihre Gebrochenheit ebenso zu vergegenwärtigen wie ihre Berufung und ihre dauernde Abhängigkeit von Jesus Christus in der Erfüllung dieser Berufung. Realsymbol des Heils kann sie aber stets nur mit, nie ohne diese Rückbindung an und die Indienstnahme durch den ganz Anderen sein. Daraus ergibt sich ein verändertes Bestimmungsverhältnis von Kirche und Welt, nämlich ein dialogisches (vgl. *GS* 42 und 43).

Unverkennbar ist in diesem dialogischen Ineinander von Kirche und Welt der Optimismus, im gemeinsamen Handeln die Welt zum Besseren verändern zu können. Benedikt XVI. hat hier von einem geradezu ‚naiven Optimismus‘ in diesem In-Beziehung-Setzen von Kirche und Welt durch das Konzil gesprochen, dem alsbald die notwendige Ernüchterung folgen musste.

Wenn Menschheit und Kirche zusammenwirkten, schien nichts mehr unmöglich zu sein. Eine Haltung der kritischen Reserve gegenüber den prägenden Kräften der Neuzeit sollte abgelöst werden durch ein entschlossenes Eingehen in ihre Bewegung. Die Zustimmung zur Gegenwart, die in der Eröffnungsrede des Konzils bei Johannes XXIII. aufgeklungen war, wurde nun konsequent weitergedacht; die Solidarität mit dem Heute schien die Gewähr für ein neues Morgen [...] In solcher Absage an jeden „Dualismus“ steigerte sich die optimistische Stimmung, die in den Worten „Gaudium et spes“ geradezu kanonisiert schien, in die Zuversicht einer vollkommenen Einheit mit der gegenwärtigen Welt und so in einen Rausch der Anpassung hinein, dem über kurz oder lang die Ernüchterung folgen mußte.[7]

Dieser Analyse steht indes die Beobachtung entgegen, dass der ‚Optimismus‘ der Kirche im Blick auf die Welt in der Kirchenkonstitution einen immanenten, kritischen Maßstab definiert hat. Hier steht die Notwendigkeit einer stets selbstkritischen Hinterfragung ebenso au-

[7] Joseph Ratzinger, *Kirche und Welt. Zur Frage nach der Rezeption des II. Vatikanischen Konzils*, in: Ders., Zur Lehre des Zweiten Vatikanischen Konzils (s. Anm. 6), 1040–1059, hier 1043.

ßer Frage. Denn Kirche ist in allem, was sie ist und tut, auch ‚Kirche der Sünder' und damit stets der Umkehr, der Erneuerung und Reinigung bedürftig (*LG* 8). Die Pastoralkonstitution überträgt diesen Gedanken auf das Verhältnis von Kirche und Welt: Wie die Kirche ist auch die Welt nur dort möglicher Ort und Mittel des Heils Gottes, wo sie sein ‚Werkzeug' ist (vgl. *GS* 10); und die Welt ist – vielleicht auf den ersten Blick noch eindeutiger als die Kirche selbst – dabei auch durch die Sünde geprägt und so zugleich stets der Umkehr und Reinigung bedürftig (vgl. *GS* 9). Das ist alles andere als ein naiver Blick auf die Welt, er nimmt beides wahr: das Positive (die Erlösungs- und Heilsfähigkeit der Welt) wie das Negative (Sünde und Schuld).

Interessant ist nun, wie Benedikt XVI. bereits zu Konzilszeiten den Perspektivwechsel des Konzils näher konturiert. Mit Christian Bauer kann dies als „platonisch-augustinische" Option gekennzeichnet werden.[8] Ausgangspunkt einer Bestandsaufnahme des Verhältnisses von ‚Drinnen' und ‚Draußen', von ‚Kirche und Welt' ist das ‚Eigentliche', das Unterscheidend-Identitätsbildende der Kirche (in Botschaft und Sendung). Angesichts dieser ‚exklusiven' Identitätsbestimmung ist es das ‚Anderssein', ja der ‚Un-' bzw. ‚Nicht-Glaube' der Welt, der die Kirche verstärkt zum Handeln und zur Veränderung herausfordert. Dabei kann Kirche nur in der Distanz zur Welt ihr Eigentliches bewahren. Dies ist also geradezu unbeeinflusst von Geschichte und Welt vorzustellen. Diese Selbstvergewisserung ist notwendig, weil die moderne Welt letztlich als Verfallserscheinung bewertet wird *(pessimistische Grundhaltung)*, der gegenüber die Kirche die Aufgabe hat, das Licht der Wahrheit umso klarer aufscheinen zu lassen. Das Verhältnis zu dieser Welt bleibt ein durch und durch zwiespältiges. Das ‚Gespräch' mit dieser Welt vollzieht sich im Rückruf zur Wahrheit, die an zentraler Stelle den Widerspruch zu einer Kultur der Unwahrheit notwendig macht *(identitätsstiftende Andersartigkeit)*. Prägend ist das *Differenzprinzip:* Wir sind zwar in dieser Welt, aber nicht von dieser Welt. Unter dieser Perspektive erfolgt auch die Einordnung der Frage nach Kritik an der Kirche und der Notwendigkeit von Veränderung.

---

[8] Vgl. Christian Bauer, *Konzilsentwürfe im Widerstreit. Joseph Ratzinger und M.-Dominique Chenu*, in: diakonia 43 (2012) 55–58.

2. Der notwendige Widerspruch: Zwischen wahrer und falscher Reform

Was kann der moderne Mensch am Christlichen noch ertragen? Welche Aspekte des Christlichen können ihm noch zugemutet werden? Ist folglich als Maßstab der Mensch von heute, die Welt von heute anzusehen, oder aber ist der Bezugspunkt angegeben in der Frage: Was ist das eigentlich Christliche? […] Solange die Erneuerung christliche Erneuerung, d. h. Erneuerung des Christlichen sein will, kann nur dies Letztere ihr Ausgangspunkt sein. Im anderen Fall müsste man ehrlich genug sein zu sagen, dass man die Ablösung des Christlichen durch etwas Anderes, Zeitgemäßeres anstrebt.[9]

Die Frage der Bewahrung der Authentizität steht im Mittelpunkt. Daher muss alles, was diese Zeichenfunktion von Kirche verdunkelt oder auch nur den Anschein erweckt, die notwendige Eindeutigkeit zu verunklaren, abgelegt werden. Hier gewinnt der Leitgedanke der *krisis* – im doppelten Sinn von Unterscheidung und Entscheidung – Plausibilität. Darum ist gegen die verwirrende und verführerische Vielfalt der Meinungen am verbindlichen Zeugnis für die Wahrheit als Orientierungsangebot festzuhalten und so der drohenden Konturenlosigkeit des Katholischen, ja einem Indifferentismus zu begegnen (so z. B. der damals Noch-Kardinal Joseph Ratzinger in seiner Predigt während der Messe ‚*Pro eligendo Romano Pontifice*‘ zur Eröffnung des Konklaves 2005[10]).

Die wahre Reform ist jene, die sich um das verdeckte wahrhaft Christliche müht, sich von ihm fordern und formen lässt; die falsche Reform ist jene, die hinter dem Menschen herläuft, anstatt ihn zu führen, und damit das Christentum in einen schlecht gehenden Krämerladen umwandelt, der um Kundschaften schreit.[11]

---

[9] Joseph RATZINGER, *Was heißt Erneuerung der Kirche?*, in: DERS., *Kirche – Zeichen unter den Völkern. Schriften zur Ekklesiologie und Ökumene.* Zweiter Teilband (JRGS 8/2), hg. v. Gerhard Ludwig Müller, Freiburg i. Br. 2010, 1186–1202, hier 1189.

[10] In: *Verlautbarungen des Apostolischen Stuhls* Nr. 168. Der Anfang. Papst Benedikt XVI./Joseph Ratzinger, Predigten und Ansprachen April/Mai 2005, Bonn 2005, 12–16.

[11] RATZINGER, Was heißt Erneuerung der Kirche? (s. Anm. 9), 1191.

Zum Perspektivenwechsel ‚nach draußen' gehört es sicher auch, die ‚dunklen Seiten' der (späten) Moderne wahrzunehmen: Der Welt – so die Diagnose Benedikts – mangelt es an Glaube und Orientierung. Die neu zu gestaltende kirchliche Identität lebt daher vom ‚prophetischen Widerspruch'.[12] Dies geschieht im Sinne einer notwendigen Verdeutlichung des Eigentlichen, damit die Welt zur Wahrheit (zurück-)gebracht werden kann. Hier darf zumindest das spannungsvolle Verhältnis zur Grundintuition der Pastoralkonstitution *Gaudium et spes* festgehalten werden. Dies gilt insbesondere für die Wahrnehmung der Eigenständigkeit der Welt, einer Eigenständigkeit, die bei aller Betonung der inkarnatorischen Beziehung von Kirche und Welt noch einmal die kreuzestheologische Differenz einholt. Freilich geschieht das nicht aus einer abwertenden, sondern aus einer positiven Einstellung heraus. Die Mitte des christlichen Credos ist eine sakramentale Wahrheit und keine sakrale. Sie ist keine weltlose Wahrheit, sondern eine Wahrheit in und für die Welt, die hier zeichenhaft auch erfahrbar werden kann. *Gaudium et spes* verbannt die Rede von Gott nicht in die Tabuzone des Heiligen und Erhabenen, sondern traut auch der säkularen Welt zu ‚Gottes fähig', ja ‚Gott trächtig' zu sein. Damit entfällt das alte Vorurteil, dass die Welt ‚da draußen' ja nur von der Wahrheit abgewichen wäre, eine Gesellschaft des Verfalls und des alles zersetzenden Relativismus.

Die Gegenwart wird nicht anhand ihrer dunklen Seiten identifiziert, sondern mit ihren positiven Signalen benannt. Die Welt ist nicht einfachhin der Ort des Untergangs, sondern sie ist und bleibt der Ort authentischer Gotteserfahrung. Daher liefern Geschichte und Welt nicht einfach das Material, demgegenüber die Kirche nur durch Abgrenzung zu ihrem Eigentlichen kommt, sondern Geschichte und Welt hier und jetzt sind der authentische Ort der anfangshaft bereits anbrechenden Gottesherrschaft: Geschichte und Heil stehen in einer organischen Beziehung, ohne die Ambivalenz von Geschichte dabei aufzulösen. Der Kirche ist daher die Notwendigkeit und Verpflichtung einer pastoralen Solidarisierung mit dieser Welt und ihrer Geschichte ins Stammbuch geschrieben, ohne Nivellierung und einfacher Anpassung. Demgegenüber wird die Welt in den Ausführungen Benedikts entweder nur als Durchführungsmedium der idealistischen Idee wahrgenommen oder als Antipode, die dieser Durchführung und damit der Verwirklichung der Idee entgegensteht. Sie wird nicht als

---

[12] Vgl. ebd.

wirklicher Partner wahrgenommen. Der Eigenwert von Welt und Kultur, eine echte ‚Theologie der Geschichte‘ ist nicht möglich.

Während der dialogische Ansatz sich vielleicht zu Recht dem Vorwurf ausgesetzt sieht, das je Eigene aufs Spiel zu setzen, sich dem Zeitgeist anzubiedern, gar sich selbst zu säkularisieren und damit der Beliebigkeit zu verfallen *(ekklesialer Relativismus)*, steht die Option Benedikts in der Gefahr, sich im Rekurs auf das Eigene, bleibend-Identitätsstiftende, gegen jede Veränderung zu immunisieren, da jede Veränderung und jede Binnendifferenzierung als Anfrage an diese Identität erfahren wird, und so einer exklusiven Reinheitsideologie zu frönen *(ekklesialer Donatismus)*. Denn wer die Welt nur unter der Perspektive von Mission und (Neu-)Evangelisation wahrnimmt, hat tatsächlich die eigentliche Herausforderung, die in der Pastoralkonstitution steckt, noch nicht wirklich an sich herangelassen, hat die ‚Revolution‘ dieses Dokuments[13] noch nicht wirklich angenommen. Die Wahrhaftigkeit des Unternehmens ‚Dialog mit der Welt‘ wird sich daran messen lassen müssen, inwieweit man sich tatsächlich auf das einlässt, was die Welt zu sagen hat. Das bleibt nicht ohne Rückwirkung auf das Selbstverständnis von Kirche.

3. ‚Ablatio‘ statt Reformatio: Warum Strukturfragen für eine Reform der Kirche (nicht) immer nur ‚sekundär‘ sein können

Die Reformatio, die allezeit nötige, besteht nicht darin, dass wir uns ‚unsere‘ Kirche immer neu zurechtmodellieren, sie selbst erfinden, sondern darin, dass wir immer wieder unsere eigenen Hilfskonstruktionen wegräumen zugunsten des reinen Lichts, das von oben kommt und das auch der Anbruch der reinen Freiheit ist. […] Der Bildhauer macht nicht etwas, sagt der große Franziskanertheologe [Bonaventura; J. R.], sondern sein Werk ist ‚ablatio‘ – das Entfernen des Uneigentlichen. Auf diese Weise, durch die ablatio, entsteht die nobilis forma – die edle Gestalt.[14]

[13] Vgl. dazu bes.: Gotthard Fuchs, *Neuer Bedarf an Spiritualität*, in: HerKorr 59, 2005, 447–452.
[14] Joseph Ratzinger, *Eine Gemeinschaft auf dem Weg*, in: Ders., Kirche – Zeichen unter den Völkern (s. Anm. 9), 1216–1230, hier 1220.

Die Kriterien jeder Reform müssen sich aus dem Wesen von Kirche heraus ergeben, das indes, wie es scheint, zeitunabhängig im Sinne einer platonischen Idee von Kirche über jeder geschichtlichen Realisierung schwebt bzw. sich dahinter verbirgt. Der Übergang von Platonismus zu Doketismus und Modalismus ist fließend. Die latente Neigung zur Platonisierung des Kirchenbegriffs wurde schon in der Auseinandersetzung um das Verhältnis von Orts- und Universalkirche zwischen den Kardinälen Ratzinger und Kasper deutlich[15]. Indes ist der Streit um die angemessene Hermeneutik nicht nur ein Streit um die angemessene Philosophie.[16] Letztlich wird hier die Frage deutlich, ob und wie der konkreten Realität von Kirche eine eigene theologische Qualität im Sinne eines unverzichtbaren locus theologicus zukommt und wer oder was ggf. im Streitfall Priorität genießt.

Rechnet die Kirche die situative, historische, sprachliche Differenz, aber auch die Verschiedenheiten von Mentalitäten und Kulturen als Faktoren in ihr eigenes Glauben und Verkündigen ein, wie es z.B. gerade das Missionsdekret ‚*Ad Gentes*' als Notwendigkeit einer legitimen Pluralität als Konsequenz des Missionsgedankens, d.h. aus der innersten Aufgabenstellung von Kirche heraus betont? Liturgie und Ausdruckformen des Glaubens sollen den jeweiligen Kulturen entsprechen, dabei sind die jungen Kirchen vor Ort selbst Akteure der von Inkulturation und Mission, indem sie ihre eigenen kontextuellen Theologien entwickeln (vgl. *AG* 22). Wie verhält sich dieses zur Idee, dass sich alle aktuellen ‚Inkulturationen' stets an einem vorgegebenen Ideal messen müssen, jener ‚providentiellen' Synthese von Glaube und Vernunft, die Ratzinger als kulturelles Erbe des Christentums für unaufgebbar erachtet?[17]

---

[15] Vgl. dazu die Zusammenfassung bei: Medard Kehl, *Der Disput der Kardinäle – Zum Verhältnis von Universalkirche und Ortskirchen*, in: SdZ 221 (2003) 219–232.

[16] „Genau genommen entpuppt sich die Kontroverse […] als eine Frage nicht der kirchlichen Doktrin, sondern der theologischen Meinung und der dabei jeweils in Anschlag gebrachten unterschiedlichen Philosophien: Sie gehen entweder mehr platonisch vom Primat der Idee und des Allgemeinen aus oder sehen mehr aristotelisch das Allgemeine im Konkreten verwirklicht" (Walter Kasper, *Das Verhältnis von Universalkirche und Ortskirche – Freundschaftliche Auseinandersetzung mit der Kritik von Joseph Kardinal Ratzinger*, in: StZ 218 (2000) 795–804, hier 802).

[17] Vgl. u.a. Joseph Ratzinger, *Glaube – Wahrheit – Toleranz*, Freiburg 2005, 160f.

Indes zeigt gerade die Zweideutigkeit der Missionsgeschichte der Kirche die innere Doppeldeutigkeit des ‚Hangs' zur Universalisierung auf: Die weltweite Mission der Kirche war über Jahrhunderte hinweg so verstanden worden, dass sie – so Karl Rahner – „das Tun einer Exportfirma war, die eine europäische Religion, ohne eigentlich diese Ware verändern zu wollen, in alle Welt exportierte wie ihre sonstige sich überlegen haltende Kultur und Zivilisation"[18]. Darum haben auch die Worte Benedikts XVI. 2006 in Brasilien, als er davon sprach, dass die Völker Südamerikas von einer inneren Sehnsucht nach dem Christusereignis geprägt waren, angesichts der gewaltsamen Missionierungsgeschichte gerade dieses Kontinents zu Recht Aufsehen erregt und auch Widerspruch erfahren. Doch steckt wie immer in solchen Worten auch ein Körnchen Wahrheit. Denn dort, wo das Christentum sich wirklich inkulturiert hat und dabei das Vorhandene nicht vernichtet, sondern zur Vollendung bringt (frei nach dem Grundprinzip katholischer Gnadenlehre: ‚Gratia praesupponit naturam, non destruit sed perficit' – die Gnade unterstützt die Natur, sie zerstört sie nicht, sondern sie vollendet sie), kann es auch als jene befreiende Botschaft erfahren werden, auf die alle Menschen in ihrem Innersten schon immer ausgerichtet sind. Eine solche ‚wahre Inkulturalität' im Sinne des Papstes[19] entkommt aber nur dann dem Vorwurf der kulturellen Hegemonie, wenn Öffnung zur Wahrheit keine Einbahnstraße ist, die andere Kulturen zur ‚quantité négligeable' für das Selbstverständnis des Katholischen macht.

Es ist für die beiden großen Komponenten der westlichen Kultur wichtig, sich auf ein Hören, eine wahre Korrelationalität auch mit diesen Kulturen einzulassen. Es ist wichtig, sie in den Versuch einer polyphonen Korrelation hineinzunehmen, in der sie sich selbst der wesentlichen Komplementarität von Vernunft und Glaube öffnen, so dass ein universaler Prozess der Reinigungen wachsen kann, in dem letztlich die von allen Menschen irgendwie gekannten oder geahnten wesentlichen Werte und Normen neue Leuchtkraft gewinnen können, so dass wieder zu wirksamer Kraft in der Menschheit kommen kann, was die Welt zusammenhält.[20]

---

[18] Karl Rahner, *Über eine theologische Grundinterpretation des II. Vatikanischen Konzils*, in: Ders., *Schriften*, Bd. 14, 287–302, hier 288.
[19] Vgl. Ratzinger, Glaube – Wahrheit – Toleranz (s. Anm. 17), 53.
[20] Joseph Ratzinger, *Was die Welt zusammenhält. Vorpolitische moralische*

Wird sich die griechisch-christliche Synthese von Glaube und Vernunft nicht auch ‚substantiell' verändern, verändern müssen, wo sie in eine solche ‚polyphone Korrelationalität' eintritt? Erinnern uns andere Kulturen ‚bloß' an vergessene Wahrheiten? Oder lernen wir etwas Neues, das die griechisch-christliche Synthese von Glaube und Vernunft verändern wird? Sind dies überhaupt Fragen der Theorie? Lässt sich darüber im Vorhinein etwas ausmachen und bemerken? Oder ist dies eine ungewisse, Überraschungen zeitigende Frage der Praxis? Dagegen unterminiert die latente Neigung zu einer „Hypostasierung der [...] Universalkirche [...] das Kirchesein der Ortskirchen und zerstört in gleichem Maße das Geheimnis der Kirche selbst, nämlich das Geheimnis der Einheit von Vielfalt und Einheit, das [...] u.a. darin besteht, daß die Una Sancta in jeder Ortskirche ‚da' ist und nicht erst ‚hinter' dieser Konkretion als dessen universales ‚Wesen' ansichtig würde und nur als abstrakt universale Kirche wirklich Kirche wäre."[21] Das wäre ein ekklesiologischer ‚Modalismus', der letztlich dazu führte, dass Kirche nie konkret ‚da' wäre, sondern immer nur hinter ‚Masken', ‚Modi' verborgen und damit letztlich ungreifbar und unsichtbar, eben letztlich nur eine ‚civitas platonica' wäre.[22]

4. Kontinuität oder Bruch: Wie weit kann/muss eine Reform von Kirche gehen?

Die Heiligkeit der Kirche und so die Aufhebung der Zeit des prophetischen Protestes gründet in der Fleischwerdung, der Inkarnation des göttlichen Wortes, die der konkrete Vollzug des Dennoch der göttlichen Gnade ist. [...] Allein, ihr göttlicher Kern wird von Menschen verwaltet, und diese Menschen sind und bleiben der Kritik unterstellt. [...] Damit ist die Grenze der Kritik an der Kirche deutlich gemacht, im Grunde aber auch schon sichtbar, warum es Kritik doch auch noch geben kann [...] Insofern das Dennoch der göttlichen Gnade von Menschen festgehalten und verwahrt wird, die Sünder sind und bleiben, insofern bleibt die

---

Grundlagen eines freiheitlichen Staates, in: Jürgen Habermas – Joseph Ratzinger, *Dialektik der Säkularisierung. Über Vernunft und Religion.* Mit einem Vorwort herausgegeben von Florian Schuller, Freiburg im Breisgau 2005, 57 f.

[21] Josef Freitag, *Vorrang der Universalkirche?*, in: ÖRu 44 (1995) 74–92, hier 84.

[22] Vgl. Kehl, Der Disput der Kardinäle (s. Anm. 15), 231 f.

heilige Kirche konkret doch Kirche der Sünder und insofern der Kritik fähig und bedürftig.[23]

Der platonisierende Kirchenbegriff hat nicht nur Einfluss auf die Beschreibung des Ausmaßes dessen, was veränderbar ist, und seine Kriteriologie, sondern zeitigt zugleich massive Auswirkungen auf das Verständnis der Notwendigkeit von Reform. Denn er sperrt sich gegen den theologischen Ernst einer strukturellen Sündigkeit der Kirche, also jener Erkenntnis der Möglichkeit einer wahren Sündigkeit der Kirche, die auch ihr innerstes Wesen verdunkeln kann, die dann aber Reform jenseits aller Kontinuität auch zum Bruch mit dem Gewesenen nötigt.

Jede Abwehr der donatistischen Versuchung, die eine ‚Kirche der Reinen' etablieren wollte, muss sich nun ihrerseits gegen eine platonisierende Missdeutung abgrenzen. Sie zeigt sich in der ‚typisch katholischen' Neigung zu einer ontologischen Immunisierung der Kirche, d. h. mit Verweis auf das Bekenntnis zur Heiligkeit der Kirche, sich der Notwendigkeit der Reform und der Umkehr zur verwehren: „Man wußte und sagte, daß viele Glieder der Kirche Sünder und dennoch ihre Glieder sind. Aber man empfand diese beinahe selbstverständlich zugestandene Tatsache nicht als lebendiges Problem der Kirche selbst."[24] Stattdessen verweist man auf die ‚objektive Heiligkeit' der Kirche in ihren Institutionen, ihren Sakramenten, ihrer Lehre.

Die Kritik ist [...] genau gesprochen nicht mehr Kritik an der Kirche selbst, sondern an den Menschen in der Kirche. Die Kirche als Kirche, in dem eigentlichen Kern ihres Kirche-Seins, steht nach dem Gesagten jenseits der Kritik. Die Kritik an den Menschen in der Kirche (und auch an den sekundären Institutionen in der Kirche, an den Institutionen kirchlichen Rechts) hingegen gibt es und soll es geben.[25]

Hier sollte man die Versuchung nicht unterschätzen, die in dieser Differenz liegt. Sie führt zu einem ekklesiologischen Monophysitismus. Eine ‚Hypostasierung' der Kirche ist die Folge: „Die Kirche als vor-

---

[23] Joseph RATZINGER, *Kritik an der Kirche?*, in: DERS., Kirche – Zeichen unter den Völkern (s. Anm. 9), 482–494, hier 487.

[24] Karl RAHNER, *Sündige Kirche nach den Dekreten des Zweiten Vatikanischen Konzils*, in: DERS., *Schriften zur Theologie* Bd. VI, 321–347, hier 327.

[25] RATZINGER, Kritik an der Kirche? (s. Anm. 23), 487.

gegebene Wirklichkeit steht denen, die in ihr leben, mehr gegenüber, als daß sie von ihnen gebildet wird. So wird sie auch durch deren Sünde letztlich nicht tangiert, denn diese ist ja die Sünde der Sünder, nicht die der Kirche."[26] Weil hier ‚Gliedsein' der Kirche zum irrealen, abstrakten Begriff wird, wird die ‚Wirklichkeit' von Kirche ‚jenseits' der eigenen Erfahrungen situiert.

Doch besteht „Kirche [...] nur, indem sie in ihren Gliedern besteht"[27]. Gibt es also Sünder in der Kirche, bedeutet dies: „dieser Sünder gehört zu dieser Kirche; er ist nicht nur in ihren bürgerlichen Amtsregistern eingetragen, sondern er ist ihr Glied, ist ein Stück Sichtbarkeit der Gnade Gottes in der Welt"[28]. Er ist ihr Glied, wenngleich er kein fruchtbares Glied[29] ist, denn „seine wirksame Zugehörigkeit zur Kirche hat aufgehört, das wirksame Zeichen für seine unsichtbare Zugehörigkeit zur Kirche als geistbelebter, heiliger Gemeinschaft zu sein. Der Sünder hat gewissermaßen das Zeichen zur Lüge gemacht [...]; denn er hat diese bleibende Zugehörigkeit zur Kirche des Sinnes und der Wirkung beraubt."[30] Und darum gilt: Gibt es Sünder in der Kirche, sind ihre Sünden auch die der Kirche und deshalb ist die Kirche auch eine sündige Kirche. Gerade die in der römisch-katholischen Ekklesiologie typische und in *LG* 8,1 betonte ‚ganzheitliche Schau' der Kirche kann und darf – selbst im kirchenamtlichen Handeln(!) – nicht von der Menschlichkeit und damit der Sündhaftigkeit ihrer Glieder absehen[31]. Denn wenn Kirche handelt, handelt sie in ihren Gliedern; ihr ganzes Handeln ist ein Handeln von konkreten Menschen und damit ist ihr eigenes Handeln immer potenziell auch ein sündiges Handeln[32].

---

[26] Peter Neuner, *Die Kirche als Gemeinschaft der heiligen Sünder oder der sündigen Heiligen?*, in: US 40 (1985) 93–103, hier 97.

[27] Karl Rahner, *Kirche und Sakramente*, QD Bd. 10, Freiburg 1960, 89.

[28] Karl Rahner, *Kirche der Sünder*, in: Ders., *Schriften zur Theologie* Bd. VI, 301–320, hier 305.

[29] Zur Unterscheidung vgl. ebd., 306 f.

[30] Ebd., 308.

[31] „Es gibt kein Dogma, nach dem der Beistand des Heiligen Geistes, der der Kirche immerdar bleibt, diesen Einfluß einer Sündigkeit der Männer der Kirchenleitung auf ihr rein privates Leben beschränken würde und ihr keinen Einfluß auf jenes Geschehen gestatten dürfte, das eindeutig als Tun der Kirche bezeichnet werden muß, soll nicht der Begriff der Kirche in ein abstraktes Ideal einer unsichtbaren Kirche verflüchtigt werden" (ebd., 310).

[32] Vgl. ebd.

Kirche ist nur heilig, weil und insofern sie die von Gott geliebte Sünderin ist, „die Gott in und trotz täglicher Sünde heiligt und begnadigt, die nie ihr Vertrauen setzen kann auf ihre eigene Kraft und Stärke, sondern einzig auf Gottes Erbarmen, das Gnade ist und nicht Verdienst"[33]. Diese Kirche, die Heilige und Sünderin zugleich ist, ist die konkrete Kirche, an deren Sündigkeit man sich reiben kann, sie beklagen, an ihr leiden kann. In ihr „bleibend reinlich scheiden zu wollen zwischen dem Göttlichen und dem Menschlich-allzumenschlichen" ist ‚Wahn und Schwärmerei'[34]. Damit sind im Letzten Heiligkeit und Sündigkeit aber nie in gleichem Maße ‚Glaubenswahrheit' oder ‚Wesenseigenschaften' von Kirche, weil Sünde nie „offenbarer Ausdruck dessen ist, was die Kirche in ihrer eigenen, lebendigen Wurzel ist, sondern dessen verhüllender Widerspruch [...]. Sünde bleibt Wirklichkeit an ihr, die ihrem Wesen widerspricht; ihre Heiligkeit aber ist Offenbarung ihres Wesensgrundes."[35]

Den Zusagecharakter der Heiligkeit ontologisch-strukturell kurzzuschließen verschleiert die Möglichkeit der realen, auch strukturellen Sündigkeit der Kirche. Wo der Zeichencharakter verdunkelt wird, steht er selbst in Frage. Ein Zeichen, das seine Verweisfunktion eingebüßt hat, verliert den Status des Zeichens und wird zur Täuschung. Sünde gehört zur Kirche. Eine Abschwächung dieser Herausforderung verschleiert die theologische Dramatik des damit verbundenen Sachverhaltes und entschärft die Problematik der Umkehr- und Reinigungs- und damit Reformbedürftigkeit der Kirche.

5. Notwendige Reform oder ‚Anbiederung an den Zeitgeist'? Von zufälligen Mehrheiten, der Kultur des ‚bloßen Meinens' und einem grundlegenden Unbehagen an der Demokratie

Das implizite Ziel aller modernen Freiheitsbewegungen ist es, endlich wie ein Gott zu sein, von nichts und niemandem abhängig. Durch keine fremde Freiheit in der eigenen beschränkt [...] Der Urirrtum solch radikalisierten Freiheitswillens liegt in der Idee einer Göttlichkeit, die rein egoistisch konzipiert ist. Der so gedachte Gott ist nicht ein Gott, sondern ein Götze, ja, das Bild dessen, was die christliche Überlieferung, den

[33] Ebd., 318.
[34] Vgl. ebd., 316.
[35] Ebd., 313.

Teufel – den Gegengott – nennen würde, weil darin eben der radikale Gegensatz zum wirklichen Gott liegt.[36]

Am deutlichsten wird die für die Theologie Benedikts so nachhaltig prägende Wahrnehmung der inneren ‚Dialektik der Moderne' an jener grundlegenden Skepsis gegenüber ihrem „höchsten Gut überhaupt, dem alle anderen Güter nachgeordnet sind"[37], der Freiheit, und der damit verbundenen Klage über den Verlust des Wahrheitsbezugs, die in ein Unbehagen an der (spät-)modernen Vorstellung von Demokratie als ganzer münden.

In der Skala der Werte, auf die es für den Menschen und sein menschenwürdiges Leben ankommt, erscheint Freiheit als der eigentliche Grundwert und als das grundlegende Menschenrecht überhaupt. Dem Begriff Wahrheit begegnen wir demgegenüber eher mit Verdacht: Man erinnert sich daran, für wie viele Meinungen und Systeme schon der Begriff Wahrheit in Anspruch genommen wurde; wie oft so die Behauptung von Wahrheit ein Mittel gewesen ist, um Freiheit niederzuhalten.[38]

„Ratzinger gibt in diesem Zusammenhang dem Unbehagen an der Demokratie als angemessener politischer Form der Freiheit ziemlich breiten Raum und kommt zu der These, gerade angesichts der Grenzen der Demokratie werde der Ruf nach einer totalen Freiheit lauter: „[…] Der anarchische Zug des Freiheitsverlangens verstärkt sich, weil die geordneten Formen gemeinschaftlicher Freiheit nicht befriedigen."[39] Sicher, wenn man die Gesellschaft der späten Moderne nur nach ihren Verfallserscheinungen wahrnimmt, könnte man den Eindruck gewinnen, dass sie nur einem reinen Diesseitskult frönt und – wenn man von Werten spricht – nur an ein Laissez faire denkt. Indes ist eine solche Wahrnehmung nicht nur einseitig, sie führt auch zu einem völlig verzerrten Bild der Wirklichkeit. Denn die Sehnsucht der Menschen nach Gott ist nicht einfach verschwunden. Sondern die Frage nach Gott wird „in der Gegenwartskultur […] mit Nachdruck gestellt, aber: nicht mehr ungebrochen, nicht mehr ohne Irritation

---

36 Ratzinger, Glaube – Wahrheit – Toleranz (s. Anm. 17), 200.

37 Ebd., 187.

38 Ebd.

39 Ulrich Ruh, *Joseph Ratzinger – der Kritiker der Moderne*, in: Frank Meier-Hamidi u. a. (Hg.), *Der Theologe Joseph Ratzinger*, Freiburg 2007, 119–128, hier 123.

durch die Abgründigkeit der Welt".[40] Wer daher die ‚Freiheitsleidenschaft der Moderne' „auf einen Beliebigkeitsrelativismus reduziert, hat von dieser Leidenschaft noch nichts verstanden"[41].

Alles, was Menschen machen, können andere auch wieder aufheben. Alles, was aus menschlichem Gefallen kommt, kann anderen missfallen. Alles, was eine Mehrheit beschließt, kann durch eine andere Mehrheit zurückgenommen werden. Kirche, die auf Mehrheitsbeschlüssen beruht, wird zu einer bloßen Menschenkirche. Sie wird auf die Ebene des Machbaren und des Einleuchtenden, der Meinung zurückgenommen. Meinung ersetzt Glaube.[42]

Mit der polemischen Darstellung des Mehrheitsprinzips vermittelt sich zunächst ein Bild, das gegenüber den eigenen Geltungsansprüchen einer parlamentarischen Demokratie und ihrer theoretisch-philosophischen Fundierung[43] wie eine Karikatur wirkt. Wenngleich Benedikt selbst den polemischen Blick der 1970er Jahre dreißig Jahre später relativiert[44] – freilich zunächst ohne die aus der polemischen Darstellung gewonnene Konsequenz zu revidieren: Kirche kann keine Demokratie sein, weil das Mehrheitsprinzip dem Wahrheitsprinzip entgegensteht und dem Wesen der Kirche widerspricht – verstellt die Weise, in der die Äußerungen fallen, den Blick auf das theologisch Relevante.

Die Ablehnung des Mehrheitsprinzips kann auch als theologische Vernachlässigung des *sensus fidelium* und damit als ein Eingriff in die

---

[40] Striet, Was ist ‚katholisch'? (s. Anm. 4), 62.

[41] Ebd., 68.

[42] Joseph Ratzinger, *Eine Gemeinschaft auf dem Weg*, in: Ders., Kirche – Zeichen unter den Völkern (s. Anm. 9), 1216–1230, hier 1219.

[43] Exemplarisch für das Gemeinte sei nur auf die Diskussion mit Jürgen Habermas verwiesen: Jürgen Habermas – Joseph Ratzinger, *Dialektik der Säkularisierung. Über Vernunft und Religion*, Freiburg 2005.

[44] „Demokratie im ganzen könnten wir demgemäß als ein System sich gegenseitig begrenzender und tragender Freiheiten bezeichnen, in denen es darum geht, zum einen Recht und Würde des einzelnen zu schützen, aber zugleich ein Zusammenwirken aller zu ermöglichen, das dem gemeinsamen Guten (‚Gemeinwohl') in materieller wie auch in moralischer Hinsicht dient" (*Demokratisierung der Kirche – Dreißig Jahre danach*, in: Joseph Ratzinger – Hans Maier, *Demokratie in der Kirche. Möglichkeiten und Grenzen*, Kevelaer 2000, 78–92, hier 81).

theologische Wesensbestimmung von Kirche verstanden werden. Spiegelt sich hier ein elitäres Bewusstsein, das die Wahrheit eher bei den wenigen sucht, und dabei die egalisierende Dimension der Pneumatologie als Strukturprinzip von Kirche ignoriert? Eine solche Einstellung kann man für Benedikt ausschließen. Will man ihn hier also nicht dem Vorwurf der zynischen Arroganz des Intellektuellen gegenüber der minderbemittelten Masse bezichtigen, so dürfte eine theologisch saubere Erarbeitung dieses Prinzips noch als Desiderat bezeichnet werden müssen. Dabei sind, wie sich zeigen wird, die eigentlichen Wesensbestimmungen von Kirche in ihrem Grundsatz weit anschlussfähiger an demokratische Prinzipien als die wohl auch zeitbedingte Weise der polemischen Darstellung den Anschein erweckt.

III. Kontrapunkt

1. Freiheit und Wahrheit als Strukturprinzip von Kirche

Freiheit des Menschen ist geteilte Freiheit, Freiheit im Miteinandersein von Freiheiten, die sich gegenseitig begrenzen und sich so gegenseitig tragen: Freiheit muß sich an dem messen, was ich bin, was wir sind – andernfalls hebt sie sich selber auf. […] Wenn Freiheit des Menschen nur im geordneten Miteinandersein von Freiheiten bestehen kann. Dann heißt dies, daß Ordnung – Recht – nicht Gegenbegriff zur Freiheit ist, sondern ihre Bedingung […] Recht ist nicht das Hindernis der Freiheit, sondern es konstituiert sie. Die Abwesenheit von Recht ist Abwesenheit von Freiheit.[45]

Es ist die entscheidende Herausforderung für Theologie und Kirche, heute die Unterscheidung zwischen dem „wahren Logos des Glaubens“, dem unaufgebbaren Kern des Christlichen und dem, was es historisch hervorgebracht hat und lange Zeit vielleicht system- und glaubensstützend war, heute aber genau das verhindert, was seine eigentliche Aufgabe ist: Glaube zu erzeugen.[46] Das aber ist nun die

---

[45] Ratzinger, Glaube – Wahrheit – Toleranz (s. Anm. 17), 201.
[46] Vgl. Striet, Was ist ‚katholisch‘? (s. Anm. 4), 62 f.

Schnittstelle, an der die Glaubenskrise der späten Moderne in die Kirchenkrise übergeht, denn sie ist eine Glaubwürdigkeitskrise, die in den letzten Jahren immer spürbarer wird und die auch und gerade eine ‚Beteiligungskrise' ist. Denn „Beteiligung braucht [...] nicht nur Bereitschaft, Einsatz und Dauer. Dazu bedarf es Strukturen und Prozeduren. Je umfassender die Beteiligung sein soll, desto demokratischer und durchsichtiger müssen die Verfahren sein, um alle Beteiligten einzubeziehen."[47] Hier ist die eindrückliche Mahnung Hans Maiers nicht zu vergessen: „Kann Rom auf die Dauer unterhalb des Differenzierungsniveaus seiner weltlichen Rechtspartner bleiben?"[48]

Angesichts dieser Notwendigkeit kommt die strukturelle Krise der Katholischen Kirche auf allen Ebenen heute mit Vehemenz zum Tragen. Es erweist sich in der Folge als fatal, dass es die theologische Wiederentdeckung des sensus fidelium im Konzil in der nachkonziliaren Entwicklung nicht geschafft hat, sich in die notwendigen, partizipatorischen Strukturen und Prozeduren rechtlich verbindlich umzusetzen und damit systemgestaltend und -verändernd zu wirken. Dazu wäre indes nicht nur eine innere Umkehr des Geistes, sondern eine grundlegende Veränderung des kirchlichen Rechts im Sinne der Grundprinzipien von Repräsentativität, differenzierter Entscheidungsbefugnis und geteilter Verantwortung dringend vonnöten. Aufs Engste damit verbunden ist die Gestaltung von Kommunikationsstrukturen, die dialogfähig sind. Dialog aber bedeutet: „Mut zu einem Antagonismus in der Kirche, zu einem echten Pluralismus der Charismen, der Aufgaben und Funktionen."[49]

2. Der Geist weht, wo er will

So scheint dem christologischen Verständnis gegenüber, das mit seiner Leibhaftigkeit ein abgrenzendes und ausschließendes Verständnis ist, das pneumatologische Verständnis, das eben nicht vom Leib, sondern vom Geist ausgeht, einen ganz anderen Typ von Ekklesiologie – nämlich

---

[47] Edmund Arens, *Gotteskrise, nein – Kirchenkrise, Ende offen*, in: Heimbach-Steins u. a. (Hg.), Kirche 2011 (s. Anm. 4), 71–80, hier 75.

[48] Hans Maier, *Vom Ghetto der Emanzipation – wieder gelesen*, in: Ratzinger – Maier, Demokratie in der Kirche (s. Anm. 34), 93–99, hier 97.

[49] Karl Rahner, *‚Löscht den Geist nicht aus!'*, in: Ders., *Schriften zur Theologie* Bd. VII, 77–90, hier 88.

eine offene Ekklesiologie – zu gestatten, von der gilt: Der Geist weht, wo er will; wo der Geist ist, da ist Freiheit.[50]

Christinnen und Christen, jung oder alt, führen heute schon zunehmend eine schizophrene Doppelexistenz, die sie als Glaubende schier zerreißt: Grundprinzipien des Zusammenlebens, die im säkularen Bereich als positiv, belebend und bereichernd erfahren werden (Mitbestimmung, Gleichberechtigung, repräsentative Strukturen) dürfen in der Kirche keinen Ort haben. Aber dort, wo die eigene Lebenswelt – geprägt von einer Welt, die zwar Licht- und Schattenseiten kennt, aber eben auch die Selbstverständlichkeiten eines demokratisch-gleichberechtigten Miteinanders – im konkreten Gefüge in der Kirche auf Dauer ein Fremdkörper bleibt, nimmt Kirche in ihrem Wesenskern, d. h. in der Glaubwürdigkeit ihrer Sendung Schaden. Angesichts dieser Krise muss Kirche neu lernen, jenen Raum zu bieten, wo die Strukturen des Miteinander so lebensdienlich und -tauglich erfahren werden, dass sie eben nicht Glauben verhindern, weil Kirche durch ihre eigene Anstößigkeit das Antlitz Gottes eher verdunkelt und so der neuen Bewusstwerdung der Frage nach Gott im Wege steht. Wer die Welt davon überzeugen will, dass Christsein es wert ist, wird nicht darum herum kommen, die Frage nach Kriterien der eigenen Glaubwürdigkeit offen zu stellen. Dabei darf ‚Demokratie' – im Sinne der Etablierung von synodalen Strukturen, die eine lebendige Mitwirkung und angemessene Beteiligung aller ermöglichen – kein Tabu oder gar Schimpfwort sein.

Wer von Demokratisierung der Kirche spricht, darf daher nicht einlinig nur an das Mehrheitsprinzip denken, sondern muß das vielfältige Gebilde Demokratie vor Augen haben und fragen, wo die Analogien und die Anknüpfungspunkte liegen, wo nicht […] Und wie bei der Demokratie die einzelnen Instrumente dem Ziel des Ganzen zugeordnet sind – Balance der Freiheiten, um das Gut des einzelnen und des Ganzen zu schützen bzw. zu fördern; gemeinsam geteilte Freiheit aller und Unparteilichkeit des Rechts –, so muß man zuallererst fragen, wozu die Kirche überhaupt da ist und worin das Gut besteht, das ihr Existenzrecht begründet. Dieses Gut ist – von Gott her gesehen – das Evangelium, vom Menschen her gesehen der Glaube. Daß er unverfälscht als das Licht und

---

[50] Joseph RATZINGER, *Vom Wiederauffinden der Mitte. Grundorientierungen. Texte aus vier Jahrzehnten*, hg. vom Schülerkreis, Freiburg i. Br. ^{2}1998, 148.

die Kraft, wovon wir leben, allen zugänglich sei, muß das oberste Ziel kirchlicher Verfassungs- und Rechtsordnungen sein.[51]

Kirche hat sich immer in kritischem, aber anschlussfähigem Dialog mit der sie umgebenden und durchdringenden ‚Welt‘ bewegt und verändert.[52] Das bedeutet aber, dass Selbstverständnis und strukturelles Gefüge der Kirche auch stets entlang der geschichtlichen Entwicklungen verlaufen. In der Moderne wird diese Beziehung zwar komplexer, kann aber nicht einfach abgebrochen werden. So stellt sich die Frage: Wie verhält sich das Bekenntnis zur eigenen Geschichtlichkeit und damit die Lernfähigkeit der Kirche zu den ‚demokratischen Lektionen‘ der Moderne: allgemeine Teilhabe an der Macht, Machtkontrolle und prinzipielle Begrenzung von Macht[53]?

IV. Nachspiel

Es scheint also eine vollkommen andere Gesamtsicht möglich zu sein, […] eine Ekklesiologie der Begegnung, der Freiheit, in der der Akzent nicht so sehr auf der Institution und ihrer Kontinuität, sondern auf dem Ereignis des sich frei zur Geltung bringenden Geistes liegt; in der weiterhin nicht einseitig und exklusiv das Amt – wieder als Ausdruck der Institution – zur Geltung kommt, sondern die charismatische Struktur der Kirche in den Vordergrund rückt, damit auch gegenüber der Uniformitätstendenz, der juristischen Normierung, die ja Einheitlichkeit anstreben muß, die Vielfalt zur Geltung kommt, die die Frucht der Freiheit ist.[54]

Selbstverständlich schöpft Kirche die Kriterien der Reform immer aus ihrer eigenen, inneren Bestimmung. Freilich muss damit gerechnet werden, dass mitunter gerade das ‚Außen‘ in Gestalt der Fremdprophetie für das Eigene sinnerschließend werden kann. Dies gilt auch und gerade für die Begriffe von Freiheit und Demokratie als Grund-

---

[51] Joseph Ratzinger – Hans Maier, *Demokratie in der Kirche? Möglichkeiten und Grenzen*, Mainz 2000, 81.

[52] Vgl. dazu auch: Knut Wenzel, *Partizipation und Dialog in der Kirche*, in: Heimbach-Steins u. a. (Hg.) Kirche 2011 (s. Anm. 4), 146–155.

[53] Vgl. ebd., bes. 147 f.

[54] Ratzinger, Vom Wiederauffinden der Mitte (s. Anm. 50), 149.

signaturen der Moderne. Nicht nur weil die Glieder der Kirche immer ‚Bürgerinnen zweier Welten' sind, sondern weil das Konzil selbst im Bekenntnis zur Religionsfreiheit, der Neukonstellation des Offenbarungsverständnisses wie der pneumatologischen Revision des Kirchenverständnisses die zentrale Kategorie der Personenwürde neu entdeckt, gehören die Grundprinzipien des modernen demokratischen Staatsgefüges nunmehr zum theologischen Kerngeschäft. Angesichts dieser ‚Tiefendimension' von Ideen wie ‚Dialog', ‚Subsidiarität', und ‚Teilhabegerechtigkeit' ist das strukturelle Defizit, d.h. der ‚Reformstau' in der katholischen Kirche theologisch fatal. Die ersten Herausforderungen an eine Reform der katholischen Kirche, die Frage nach Partizipation und Kommunikation und der Schaffung dazu notwendiger Strukturen, entspringt ihrer innersten theologischen Mitte. Hier einen prinzipiellen Widerspruch zur Moderne zu konstruieren, der das Katholische zur Gegenkultur inszeniert – gar ideologisch überhöht als Widerspruch um des Evangeliums willen – würde das entscheidend Katholische nur mit dem unterscheidend Katholischen und damit das Allumfassende mit dem Partikularen verwechseln.

Die Ökumenische Dimension im Pontifikat von Benedikt XVI.

Kurt Kardinal Koch, Rom

I. Durchgehende Präsenz des ökumenischen Themas

„Mit allen Kräften an der Wiederherstellung der vollen und sichtbaren Einheit aller Jünger Christi zu arbeiten“: Dies ist die „vorrangige Verpflichtung“ des Nachfolgers des Petrus. Diese programmatischen Worte hat Papst Benedikt XVI. bereits in seiner ersten Botschaft nach seiner Wahl auf den Stuhl Petri ausgesprochen und verstärkend hinzugefügt, er sei „bereit, alles in seiner Macht Stehende zu tun, um das grundlegende Anliegen der Ökumene zu fördern“[1]. Im Rückblick auf beinahe acht Jahre des petrinischen Dienstes von Benedikt XVI. darf man dankbar feststellen, dass sich das ökumenische Anliegen gleichsam wie ein roter Faden durch sein Pontifikat gezogen und er es bei verschiedenen Anlässen immer wieder deutlich zum Ausdruck gebracht hat. Er ist in jedem Jahr der Liturgie der Vesper vorgestanden, die jeweils zum Abschluss der Gebetswoche für die Einheit der Christen in der Basilika St. Paul vor den Mauern gefeiert worden ist; und er hat in ihrem zeitlichen Umfeld jeweils die Generalaudienz dem ökumenischen Anliegen gewidmet. Auf seinen Apostolischen Reisen hat es immer wieder ökumenische Begegnungen gegeben, oder der Papst hat bei ökumenischen Gottesdiensten mitgewirkt. Im Apostolischen Palast im Vatikan hat er viele Repräsentanten anderer christlicher Kirchen und kirchlicher Gemeinschaften in Audienz empfangen, zum Weitergehen auf dem ökumenischen Weg ermutigt und in dieser Weise bereits einen ökumenischen Primat ausgeübt. In vielen Homilien und Ansprachen hat Benedikt XVI. im Blick auf die geschichtlichen Kirchenspaltungen an die notwendige „Reinigung des Gedächtnisses“ erinnert und in der „inneren Umkehr“ die unabdingbare Voraussetzung für das Fortschreiten auf dem ökumenischen Weg erblickt. Nicht

[1] Erste Botschaft seiner Heiligkeit Benedikt XVI. in der Missa pro Ecclesia am 20. April 2005.

zu vergessen ist schließlich die schöne und für den Musikliebhaber Benedikt, der die Musik als die universalste Sprache schätzt, authentische Geste, dass er Chöre anderer christlicher Gemeinschaften eingeladen hat, in der Eucharistiefeier in der Basilika St. Peter am Patronatsfest von St. Petrus und Paulus zu singen.

Dieser klare ökumenische Akzent im päpstlichen Wirken kann nicht erstaunen, wenn man sich in Erinnerung ruft, dass sich Benedikt XVI. bereits als Theologe wie als Kardinal um den Fortgang des Ökumenischen Dialogs sehr bemüht und ihn mit vielen theologischen Reflexionen bereichert hat.[2] Eine ökumenische Perspektive hat Joseph Ratzinger bereits bei der Themenwahl seiner Habilitationsarbeit über das Offenbarungs- und Geschichtsverständnis des Heiligen Bonaventura vor Augen gehabt, indem er die Frage nach einem theologisch adäquaten Verständnis von Offenbarung im Kontext der evangelisch-katholischen Kontroverse erörtert hat. Sein ökumenischer Beitrag bestand dabei vor allem darin, dass er den Tatcharakter der Offenbarung stark betont und eine Sicht des Verhältnisses von Schrift und Tradition entwickelt hat, das sich als ökumenefähig erwiesen hat.[3] Als Professor hat er in seinen Lehrveranstaltungen vielfältige ökumenische Themen in einer Art und Weise behandelt[4], von der der katholische Theologe Josef Wohlmuth zu berichten weiß, Joseph Ratzinger sei „an den Fragen der Reformation nicht nur interessiert" gewesen, sondern habe daraus auch in theologischer Hinsicht geschöpft.[5] Besonders erwähnenswert ist auch die seine ökumenische Sensibilität bezeugende Tatsache, dass er in seinen Stellungnahmen zu den von der Vorbereitenden Kommission erstellen Konzils-Schemata, die ihm Kardinal Joseph Frings zur Begutachtung zugestellt

---

[2] Vgl. Tim Lindfeld, *Der Papst aus Deutschland. Zum ökumenischen Profil Joseph Ratzingers*, in: Catholica 62 (2008) 302–314.

[3] Vgl. Marianne Schlosser, *Zu den Bonaventura-Studien Joseph Ratzingers*, in: Joseph Ratzinger, *Offenbarungsverständnis und Geschichtstheologie Bonaventuras* = Gesammelte Schriften. Band 2, Freiburg i. Br. 2009, 29–37.

[4] Vgl. Joseph Ratzinger / Papst Benedikt XVI., *Das Werk. Veröffentlichungen bis zur Papstwahl*. Hg. vom Schülerkreis, Augsburg 2009, bes. 401–406: Übersicht über die Lehrveranstaltungen in Freising, Bonn, Münster, Tübingen und Regensburg. Vgl. ferner Gianni Valente, *Ratzinger Professore. Gli anni dello studio e dell'insegnamento nel ricordo dei colleghi e degli allievi (1948–1977)*, Milano 2008.

[5] Josef Wohlmuth, *Anwalt der Einheit. Der Theologe Joseph Ratzinger und die Ökumene*, in: Der christliche Osten LX (2005) 265–277, hier 265.

hatte, moniert hat, dass die Texte auf die Sicht der nicht-katholischen Christen achten und deshalb „stets die Empfindungen und Gedanken der getrennten Brüder vor Augen haben" sollten.[6]

Aus der Zeit als Erzbischof und Kardinal muss vor allem an die bedeutende Rolle erinnert werden, die er in der Gemeinsamen Ökumenischen Kommission gespielt hat, die nach dem Besuch von Papst Johannes Paul II. in Deutschland im Jahre 1980 ins Leben gerufen und von ihm zusammen mit dem evangelischen Landesbischof Eduard Lohse präsidiert worden ist. Von beiden ist damals der verheißungsvolle und in den folgenden Jahrzehnten auch eingelöste Vorschlag unterbreitet worden, man solle in den ökumenischen Dialogen untersuchen, ob die gegenseitigen Lehrverurteilungen des 16. Jahrhunderts den heutigen Partner noch treffen und damit die Kirchen noch immer voneinander trennen müssen. Ebenso hat der damalige Landesbischof Johannes Hanselmann dankbar daran erinnert, dass Kardinal Ratzinger das große Verdienst zukommt, dass die Gemeinsame Erklärung zur Rechtfertigungslehre nach verschiedenen Schwierigkeiten in Augsburg 1999 doch noch unterzeichnet werden konnte.[7]

II. Theologische Grundentscheidungen im Ökumeneverständnis Benedikts XVI.

Das ökumenische Engagement Joseph Ratzingers ist dabei stets begleitet gewesen von einer intensiven theologischen Auseinandersetzung mit ökumenischen Fragen, von der das große ökumenische Kapitel in dem der Lehre von der Kirche gewidmeten Band seiner „Gesammelten Schriften" ein beredtes Zeugnis ablegt.[8] Es ist hier freilich nicht der Raum, alle ökumenischen Perspektiven im theologischen Werk Joseph Ratzingers auch nur zu erwähnen. Es dürfte aber auch so deut-

---

[6] Joseph Ratzinger, *Stellungnahmen in Latein zu den von Kardinal Cicognani übersandten Konzils-Schemata*, in: Ders., *Zur Lehre des Zweiten Vatikanischen Konzils* = Gesammelte Schriften. Band 7 / 1, Freiburg i. Br. 2012, 133–141, hier 136.

[7] Dieses Verdienst wird detailliert gewürdigt von Peter Neuner, *Joseph Ratzingers Beitrag zur Gemeinsamen Erklärung zur Rechtfertigungslehre*, in: Münchener Theologische Zeitschrift 56 (2005) 435–448.

[8] Joseph Ratzinger, *Kirche – Zeichen unter den Völkern* = Gesammelte Schriften. Band 8 / 2, Freiburg i. Br. 2010, bes. 693–1018: Teil E. Die Wiedergewinnung der sichtbaren Einheit der Kirche.

lich sein, dass die Ökumene für Ratzinger in die Kernmitte der Kirche und der Theologie gehört, wie der evangelische Theologe Thorsten Maaßen in seiner umfangreichen Arbeit über das Ökumeneverständnis Ratzingers mit Recht gewürdigt hat, er habe die Notwendigkeit der Ökumene „so eindringlich herausgearbeitet, dass sie unbedingt ihren Platz in der Mitte der Kirche(n) finden sollte“[9]. Dies soll im Folgenden an den theologischen Grundentscheidungen kurz exemplifiziert werden, von denen das Ökumeneverständnis Joseph Ratzingers getragen ist.

1. Ekklesiologische Verwurzelung der Ökumene

Wie beim Zweiten Vatikanischen Konzil die Erneuerung der Katholischen Kirche und die Wiederherstellung der sichtbaren Einheit der Christen die beiden untrennbaren Hauptanliegen gewesen sind, so ist auch das Ökumeneverständnis Ratzingers erstens nur von seinen ekklesiologischen Grundüberzeugungen her zu verstehen.[10] Auf die Verwurzelung der ökumenischen Thematik in der konziliaren Ekklesiologie hat Joseph Ratzinger bereits während des Konzils hingewiesen. Für diese sind die Wiederentdeckung des Plurals „Kirchen“ und die damit gegebene Verschränkung von Singular „Kirche“ und Plural „Kirchen“ in dem Sinn grundlegend, dass die eine universale Kirche in und aus den vielen Ortskirchen besteht und umgekehrt die vielen Ortskirchen als die eine Universalkirche existieren. In dieser Verschränkung hat Joseph Ratzinger das „ökumenische Problem als Ganzes“ wahrgenommen[11], wobei freilich beim ökumenischen Problem unter dem Plural „Kirchen“ nicht die vielen Ortskirchen, in denen die eine universale Kirche anwesend ist, zu verstehen sind, sondern jene kirchlichen Gemeinschaften, die außerhalb der vollen Einheit der Katholischen Kirche stehen. Mit dieser Analyse des ökumenischen Problems wird bereits sichtbar, in welcher Sinnrichtung Joseph Rat-

---

[9] Thorsten MAASSEN, *Das Ökumeneverständnis Joseph Ratzingers*, Göttingen 2011, 366.

[10] Vgl. Matei Mihai SURD, *Ekklesiologie und Ökumenismus bei Joseph Ratzinger. Einheit im Glauben – Voraussetzung der Einheit der Christenheit*, St. Ottilien 2009.

[11] Joseph RATZINGER, *Das Konzil auf dem Weg. Rückblick auf die zweite Sitzungsperiode des Zweiten Vatikanischen Konzils*, Köln 1964, 51.

zinger die wieder zu gewinnende ökumenische Einheit der Kirche denkt. Das eigentliche Ziel aller ökumenischen Bemühungen nimmt er darin wahr, „den Plural der voneinander getrennten Konfessionskirchen in den Plural von Ortskirchen umzuwandeln, die in ihrer Vielgestalt real eine Kirche sind“[12].

Wenn die ökumenische Einheit als Einheit von Kirchen zu verstehen ist, die zwar Kirchen bleiben und doch eine Kirche werden, dann muss die Katholische Kirche das Paradoxe wagen, „inmitten des angenommenen Plurals sich dennoch auf eine einzigartige Weise den Singular ‚die Kirche‘ zuzuschreiben“[13]. Darin liegt nach Joseph Ratzinger die unaufgebbare Wahrheit der berühmten „subsistit“-Formel, mit der das Zweite Vatikanische Konzil zum Ausdruck bringen wollte, dass die Kirche Jesu Christi in der Katholischen Kirche als konkretes Subjekt in der Geschichte real gegeben ist und nicht als eine hinter den verschiedenen Kirchentümern verborgen bleibende Größe zu verstehen ist, die sich dann in den verschiedenen kirchlichen Gemeinschaften faktisch verwirklichen würde. In der „subsistit“-Formel des Zweiten Vatikanischen Konzils ist damit die Spannung von Einzigkeit und Konkretheit der Kirche Jesu Christi verdichtet, die man mit Wolfgang Thönissen als „ekklesiologischen Grundentscheid“ im Ökumeneverständnis Ratzingers verstehen muss: „Gibt man die Einzigkeit der Kirche auf, landet man im ekklesialen Relativismus, dann gibt es die Kirche nur in der Vielzahl, leugnet man dagegen ihre Konkretheit, landet man im ekklesialen Mystizismus, dann existiert die Kirche nur mehr als platonische Idee.“[14] Von daher wird verstehbar, dass in der „subsistit“-Formel für Joseph Ratzinger wiederum „das ganze ökumenische Problem“ insofern verborgen ist[15], als mit ihr auf der einen

---

[12] Joseph Kardinal RATZINGER, *Luther und die Einheit der Kirchen*, in: DERS., *Kirche, Ökumene und Politik. Neue Versuche zur Ekklesiologie*, Einsiedeln 1987, 97–127, hier 114.

[13] Joseph RATZINGER, *Der Katholizismus nach dem Konzil*, in: DERS., *Das neue Volk Gottes. Entwürfe zur Ekklesiologie*, Düsseldorf 1969, 302–321, hier 320.

[14] Vgl. Wolfgang THÖNISSEN, *Katholizität als Strukturform des Glaubens. Joseph Ratzingers Vorschläge für die Wiedergewinnung der sichtbaren Einheit der Kirche*, in: Christian SCHALLER (Hg.), *Kirche – Sakrament und Gemeinschaft. Zu Ekklesiologie und Ökumene bei Joseph Ratzinger* = Ratzinger-Studien. Band 4, Regensburg 2011, 254–275, hier 263–264.

[15] Joseph Cardinal RATZINGER, *Die Ekklesiologie der Konstitution* Lumen gentium, in: DERS., *Weggemeinschaft des Glaubens. Kirche als Communio*, Augsburg 2002, 107–131, hier 127.

Seite der traditionelle Anspruch erneuert wird, dass die Kirche Jesu Christi unverlierbar in der Katholischen Kirche existiert, und dass auf der anderen Seite Raum für die Anerkennung von Elementen der wahren Kirche auch außerhalb der Grenzen der Katholischen Kirche und damit auch Raum für den Plural „Kirchen“ neben dem Singular „Kirche“ geschaffen ist.

2. Ökumene als Frage der Wahrheit und nicht der Politik

Das entschiedene Festhalten Joseph Ratzingers an der konziliaren „subsistit“-Formel öffnet den Blick auf eine zweite theologische Grundentscheidung in seinem Ökumeneverständnis. Die wieder zu gewinnende Einheit der Kirche berührt für ihn zutiefst die Wahrheit des Glaubens und kann deshalb nicht als politisches Problem verstanden werden, das man auf dem Weg von Kompromissen lösen könnte. Denn ohne den Glauben „würde sich die gesamte ökumenische Bewegung auf eine Art ‚Vertrag‘ beschränken, dem man aus gemeinsamem Interesse zustimmt“[16]. Weil es in der Ökumene um die Einheit im Glauben geht, kann Einheit gerade nicht durch „Abwägung von Vor- und Nachteilen“, sondern allein durch „tieferes Hineindenken und Hineinleben in den Glauben“ wachsen.[17] Wie es keine Ökumene unter Ausblendung der Wahrheitsfrage geben kann, so darf auf der anderen Seite die Konzentration auf die Wahrheitsfrage die Suche nach der Einheit auch nicht behindern oder gar verhindern. In dieser Überzeugung liegt es begründet, dass Joseph Ratzinger nie ökumenischen Maximalforderungen das Wort geredet, sondern sie entschieden von sich gewiesen hat und stattdessen für einen gesunden Glaubensrealismus eingetreten ist, und zwar sowohl im Dialog mit den Ostkirchen als auch im Dialog mit den aus der Reformation hervorgegangenen Kirchen und kirchlichen Gemeinschaften:

Für Benedikt XVI. ist es evident, dass unter den christlichen Kirchen und Gemeinschaften die Orthodoxie der Katholischen Kirche am nächsten steht, insofern beide die „gleiche altkirchliche Struktur“ bewahrt haben, und dass bei der Aufarbeitung der theologischen Dif-

---

[16] Benedikt XVI., Predigt in der Feier der Vesper zum Abschluss der Gebetswoche für die Einheit der Christen am 25. Januar 2013.

[17] Benedikt XVI., Predigt im Ökumenischen Gottesdienst in der Kirche des Augustinerklosters Erfurt am 23. September 2011.

ferenzen vor allem die Primatsfrage im Vordergrund steht.[18] Diesbezüglich hat Joseph Ratzinger die Türe auf die Orthodoxie hin weit geöffnet.[19] Nachdem er bereits in den siebziger Jahren als Ziel formuliert hatte, dass Rom vom Osten „nicht mehr an Primatslehre fordern" muss, „als auch im ersten Jahrtausend formuliert und gelebt wurde"[20], hat er als Papst sogar die Aussage gewagt, die Ostkirchen seien „echte Teilkirchen", wiewohl sie nicht mit dem Papst in Verbindung sind, und in diesem Sinn sei die Einheit mit dem Papst „nicht konstitutiv für die Teilkirche"; auf der anderen Seite jedoch müsse man einen Mangel an Einheit feststellen, der einen „inneren Mangel in der Teilkirche" und damit einen „Mangel in dieser Lebenszelle" bedeute. Und als Synthese hat Papst Benedikt XVI. formuliert: „Sie bleibt eine Zelle, sie darf Kirche heißen, aber in der Zelle fehlt ein Punkt, nämlich die Verknüpfung mit dem Gesamtorganismus."[21] Es kann kein Zweifel darüber bestehen, dass der ökumenische Dialog mit den Ostkirchen unter einem guten Vorzeichen steht, wenn er in der von Papst Benedikt XVI. gewiesenen Richtung weitergeführt werden kann.

Im ökumenischen Dialog mit den aus der Reformation hervorgegangenen Kirchen und kirchlichen Gemeinschaften[22] muss in der Wahrnehmung von Joseph Ratzinger viel grundlegender nach dem Verständnis von Kirche überhaupt gefragt werden, weil sie „auf andere Weise Kirche" sind: „eben nicht, wie sie dies ja selbst erklären, auf die gleiche Art, wie es die Kirchen der großen Tradition des Altertums sind, sondern aus einem neuen Verständnis heraus". Da gemäß der Ekklesiologie des Zweiten Vatikanischen Konzils „Kirche im eigentlichen Sinn" dort existiert, wo „das Bischofsamt in der sakramentalen Nachfolge der Apostel gegeben ist – und damit die Eucharistie als

[18] Benedikt XVI., Begegnung mit den Vertretern der Orthodoxen Kirchen im Hörsaal des Priesterseminars von Freiburg im Breisgau am 24. September 2011.

[19] Vgl. Konstantin Nikolakopoulos (Hg.), *Benedikt XVI. und die Orthodoxe Kirche. Bestandsaufnahmen, Erwartungen, Perspektiven*, St. Ottilien 2008.

[20] Joseph Kardinal Ratzinger, *Die ökumenische Situation – Orthodoxie, Katholizismus und Reformation*, in: Ders., *Theologische Prinzipienlehre. Bausteine zur Fundamentaltheologie*, München 1982, 203–214, hier 209.

[21] Benedikt XVI., *Licht der Welt. Der Papst, die Kirche und die Zeichen der Zeit. Ein Gespräch mit Peter Seewald*, Freiburg i. Br. 2010, 114.

[22] Vgl. Werner Thiede (Hg.), *Der Papst aus Bayern. Protestantische Wahrnehmungen*, Leipzig 2010; William G. Rusch, *The Pontificate of Benedict XVI. Its Premises and Promises*, Cambridge 2009.

Sakrament vorliegt, das der Bischof und der Priester spenden", ist dort, wo dies nicht der Fall ist, „ein anderer Typus aufgebrochen, eine neue Art, Kirche zu verstehen"[23]. Da dies mit der protestantischen Christenheit geschichtswirksam geworden ist, muss die theologische Klärung des Kirchenverständnisses im Vordergrund der weiteren ökumenischen Gespräche mit den aus der Reformation hervorgegangenen kirchlichen Gemeinschaften stehen.

Mit diesen wenigen Hinweisen auf die Art und Weise, in der Papst Benedikt XVI. die ökumenischen Dialoge wahrgenommen und gefördert hat, dürfte deutlicher geworden sein, worin sein Glaubensrealismus in den ökumenischen Bemühungen besteht und dass er die Ökumene heute vor allem von zwei Seiten her in Gefahr sieht, nämlich auf der einen Seite durch einen „Konfessionalismus der Trennung" oder „konfessionellen Chauvinismus", der sich „letztlich nicht an der Wahrheit, sondern an der Gewohnheit orientiert" und sich auf das konfessionell Eigene gerade dort fixiert, wo es gegen die Anderen gerichtet ist, und auf der anderen Seite durch eine „glaubensmäßige Gleichgültigkeit", die in der Wahrheitsfrage ein Hindernis für die Einheit sieht. Beide Gefahren lassen sich nur überwinden mit einem „Christentum des Glaubens und der Treue, das den Glauben als einen gültigen inhaltlichen Entscheid lebt, aber gerade darum auf der Suche nach der Einheit ist"[24].

III. Dimensionen der ökumenischen Einheit im Licht des Glaubens

Diese Perspektive bedeutet vor allem, dass sich christliche Ökumene im Licht des Glaubens verwirklichen und sich deshalb am Hohepriesterlichen Gebet Jesu, der selbst um die Einheit seiner Jünger gebetet hat, orientieren muss. Dies gilt zumal, da Jesus in seinem Gebet im Abendmahlssaal über die damalige Jüngergemeinschaft hinaus geschaut und seinen Blick auch auf die künftigen Jünger gerichtet hat: „Ich bitte nicht nur für diese hier, sondern auch für alle, die durch ihr Wort an mich glauben" (Joh 17, 20). Diesem Hohepriesterlichen Gebet Jesu hat Papst Benedikt XVI. im zweiten Teil seines Buches über Jesus von Nazareth eine besondere Aufmerksamkeit geschenkt, sodass

---

[23] Benedikt XVI., Licht der Welt (s. Anm. 21), 120.

[24] Ratzinger, Die ökumenische Situation (s. Anm. 20), 213–214.

man in seiner Interpretation dieses unausschöpfbaren Textes in Johannes 17 den innersten Kern seiner ökumenischen Überzeugungen finden und an ihr am deutlichsten ablesen kann, worum es bei allen ökumenischen Bemühungen in den Augen von Papst Benedikt XVI. geht und zutiefst gehen muss.[25] Wenn nämlich die Einheit seiner damaligen Jünger und die Einheit der zukünftigen Kirche als „Gemeinschaft derer, die auf das Wort der Apostel hin glauben“[26], das zentrale Gebetsanliegen Jesu gewesen ist, dann kann Ökumene nur Einstimmen der Christen in das Gebet Jesu sein, indem sie sich das Herzensanliegen Jesu zu eigen machen. Wenn christliche Ökumene nicht einfach zwischenmenschlich oder philanthropisch, sondern wirklich christologisch fundiert und motiviert ist, kann sie in den Augen von Papst Benedikt XVI. nur als Teilhabe am Hohepriesterlichen Gebet Jesu glaubwürdig vollzogen werden.

1. Spirituelle Dimension: Gebet um die Einheit

Im Blick auf die Bitte Jesu, „dass alle eins seien“, gilt es an erster Stelle die Tatsache zu bedenken, dass Jesus den Jüngern die Einheit nicht befiehlt und sie auch nicht von ihnen einfordert, sondern für sie betet. Diese schlichte, aber elementare Feststellung hat grundlegende Bedeutung für die ökumenische Verantwortung auch heute. Das Gebet um die Einheit der Christen ist und bleibt das entscheidende Vorzeichen aller ökumenischen Bemühungen. Papst Benedikt XVI. hat immer wieder darauf aufmerksam gemacht, dass das Gebet um die Einheit der Christen den Weg der Ökumenischen Bewegung geöffnet und diese spirituelle Wegweisung an ihrem Beginn gestanden hat: „Das Schiff des Ökumenismus wäre niemals aus dem Hafen ausgelaufen, wenn es nicht von dieser umfassenden Gebetsströmung in Bewegung gesetzt und vom Wehen des Heiligen Geistes angetrieben worden wäre.“[27] Für Benedikt XVI. versteht es sich deshalb von selbst, dass es

---

[25] Joseph Ratzinger / Benedikt XVI., *Jesus von Nazareth. Zweiter Teil: Vom Einzug in Jerusalem bis zur Auferstehung*, Freiburg i. Br. 2011, bes. 111–119. Vgl. dazu Kurt Kardinal Koch, *Christliche Ökumene im Licht des Betens Jesu. „Jesus von Nazareth“ und die ökumenische Sendung*, in: Jan-Heiner Tück (Hg.), *Passion aus Liebe. Das Jesus-Buch des Papstes in der Diskussion*, Mainz 2011, 19–36.

[26] Ebd., 119.

[27] Benedikt XVI., Predigt im Vespergottesdienst zum Abschluss der Gebetswoche für die Einheit der Christen am 25. Januar 2008.

sich bei dieser Gebetsbewegung vor mehr als hundert Jahren nicht um einen Anfang handeln kann, den wir je einmal hinter uns lassen könnten, dass es vielmehr um einen Anfang geht, der gleichsam auch heute mitwandern und alle ökumenischen Bemühungen begleiten muss. Denn es gibt „keinen echten Ökumenismus, der nicht im Gebet verwurzelt wäre“[28].

Auf dem Weg der Wiedergewinnung der Einheit muss deshalb das Gebet, das das „eigentliche Herz des ganzen ökumenischen Weges“ ist[29], im Mittelpunkt stehen. Mit dem Gebet um die Einheit bringen wir Christen unsere Glaubensüberzeugung zum Ausdruck, dass die Einheit nicht allein und schon gar nicht primär durch unsere Bemühungen erwirkt werden kann, dass wir die Einheit nicht selbst machen und nicht selbst über ihre Gestalt und ihren Zeitpunkt befinden, sondern sie uns nur schenken lassen können, wie Papst Benedikt XVI. dies mit den klaren Worten ausgesprochen hat: „Der beharrliche Aufruf zum Gebet für die volle Gemeinschaft unter den Jüngern des Herrn bringt die wahre und tiefste Ausrichtung der gesamten ökumenischen Suche zum Ausdruck, weil die Einheit vor allem Geschenk Gottes ist.“[30] Das Gebet um die Einheit der Christen erinnert insofern daran, dass auch in oecumenicis nicht alles machbar ist, sondern dass wir dem unverfügbaren Wirken des Heiligen Geistes Raum geben und ihm zumindest so viel zutrauen wie den eigenen ökumenischen Bemühungen.

Die Zentralität des Gebetes macht sichtbar, dass die ökumenische Arbeit vor allem eine geistliche Aufgabe und die geistliche Ökumene das Herz des christlichen Ökumenismus oder, wie das Zweite Vatikanische Konzil betont hat, die „Seele der ganzen Ökumenischen Bewegung“ ist.[31] Glaubwürdige Ökumene steht oder fällt folglich mit der Vertiefung ihrer spirituellen Kraft und dem Einstimmen der Christen in das Hohepriesterliche Gebet Jesu, das der „innere Ort unserer Einheit“ ist. Denn „wir werden dann eins sein, wenn wir uns in dieses Gebet hineinziehen lassen“[32].

---

[28] Ebd.

[29] Benedikt XVI., Generalaudienz am 23. Januar 2008.

[30] Benedikt XVI., Generalaudienz am 20. Januar 2010.

[31] *Unitatis redintegratio* 8.

[32] Benedikt XVI., Predigt im Ökumenischen Gottesdienst in der Kirche des Augustinerklosters Erfurt am 23. September 2011.

2. Leibhafte Dimension: Sichtbare Einheit

Primat und Zentralität der spirituellen Dimension der Ökumene wären freilich missverstanden, würde aus ihnen der Schluss gezogen, die Einheit der Christen sei eine rein geistige und damit unsichtbare Größe. Demgegenüber hat Papst Benedikt XVI. immer wieder in Erinnerung gerufen, dass es sich bei der wieder zu gewinnenden Einheit der Kirche nur um eine Einheit handeln kann, die in unserer Welt eine sichtbare Gestalt gewinnen will. Mit dieser Fragestellung hat sich Benedikt XVI. besonders in einer ökumenischen Auseinandersetzung mit Rudolf Bultmann beschäftigt. Für diesen evangelischen Theologen ist die echte Einheit der Jünger vor allem in der Sicht des Johannesevangeliums „unsichtbar", da sie „überhaupt kein weltliches Phänomen" ist. Bei dieser doppelten Aussage stimmt der Papst der zweiten Behauptung voll und ganz zu, während er die erste von Grund auf in Frage stellt. Wenn wir diesen beiden Aspekten ein wenig nachdenken, lässt sich Papst Benedikts Sicht von der ökumenischen Einheit der Christen weiter vertiefen.

Dass die Einheit der Jünger – und damit auch die Einheit der künftigen Kirche –, um die Jesus gebetet hat, „kein weltliches Phänomen" ist und prinzipiell nicht sein kann, versteht sich für Benedikt XVI. von selbst, wie er ausdrücklich festhält: „Die Einheit kommt nicht aus der Welt; aus den eigenen Kräften der Welt ist sie nicht möglich. Die eigenen Kräfte der Welt führen zur Spaltung: Wir sehen es. Soweit die Welt in der Kirche, in der Christenheit wirksam ist, kommt es zu Spaltungen. Die Einheit kann nur vom Vater durch den Sohn kommen."[33] Wie sehr Benedikt damit dem evangelischen Theologen zustimmt, dass die Einheit der Jünger nicht aus der Welt kommen kann, so sehr bestreitet er auf der anderen Seite dessen Folgerung, dass sie deshalb „unsichtbar" sei. Auch wenn die Einheit kein weltliches Phänomen ist, so wirkt der Heilige Geist aber in die Welt hinein. Die Einheit der Jünger muss deshalb von der Art sein, dass die Welt sie erkennen und dadurch zum Glauben kommen kann, wie Benedikt XVI. ausdrücklich hervorhebt: „Das nicht von der Welt Kommende kann und muss durchaus etwas in der Welt und für die Welt Wirksames und auch für sie Wahrnehmbares sein. Die Zielsetzung der Einheitsbitte Jesu ist gerade, dass durch die Einheit der Jünger für die

[33] Ratzinger / Benedikt XVI., Jesus von Nazareth. Zweiter Teil (s. Anm. 25), 113.

Menschen die Wahrheit seiner Sendung sichtbar wird."[34] Benedikt betont sogar, dass durch die nicht von der Welt kommende und menschlich auch nicht erklärbare, aber in der Welt sichtbare Einheit der Jünger hindurch „Jesus selbst legitimiert" werde: „Es wird sichtbar, dass er wirklich der ‚Sohn' ist."[35]

Mit der Insistenz auf der Sichtbarkeit der Einheit der Jünger und damit der Kirche hat Papst Benedikt XVI. im ökumenischen Ringen der Gegenwart eindeutig Position bezogen. Denn in der gegenwärtigen Situation der Ökumene muss als Hauptproblem diagnostiziert werden, dass im Verlaufe der vergangenen Jahrzehnte das Ziel der Ökumenischen Bewegung immer undeutlicher geworden ist und vor allem die ursprüngliche ökumenische Zielvorstellung der sichtbaren Einheit im gemeinsamen Glauben, in den Sakramenten und in den kirchlichen Ämtern von nicht wenigen aus der Reformation hervorgegangenen Kirchen und kirchlichen Gemeinschaften immer mehr zugunsten des Postulates aufgegeben worden ist, dass sich die nach wie vor voneinander getrennten kirchlichen Gemeinschaften als Kirchen und damit als Teile der einen, freilich letztlich unsichtbaren, Kirche anerkennen sollten.[36] Dass eine solche Sicht zur Intention des Hohepriesterlichen Gebetes Jesu um die Einheit – „wie du, Vater, in mir bist und ich in dir bin" (Joh 17,21) – quer steht und mit dem katholischen Glaubensverständnis nicht vereinbart werden kann, hat Papst Benedikt XVI. mit klaren Worten ausgesprochen: Die Suche nach der Wiederherstellung der Einheit unter den gespaltenen Christen darf sich „nicht auf die Anerkennung der jeweiligen Unterschiede und das Erreichen eines friedlichen Zusammenlebens beschränken; wonach wir uns sehnen, das ist die Einheit, für die Christus selbst gebetet hat und die ihrem Wesen gemäß sichtbar wird in der Gemeinschaft des Glaubens, der Sakramente, des Dienstes. Der Weg zu dieser Einheit muss als moralischer Imperativ wahrgenommen werden, als Antwort auf einen konkreten Anruf des Herrn."[37]

---

[34] Ebd., 113–114.

[35] Ebd., 114.

[36] Vgl. Kurt Koch, *Ökumene auf dem Weg. Situationsvergewisserung der ökumenischen Bewegung heute*, in: Catholica 64 (2011) 1–26, bes. 16–21: Strittiges Ziel der Ökumene.

[37] Benedikt XVI., Predigt in der Vesper zum Abschluss der Gebetswoche für die Einheit der Christen am 25. Januar 2011.

3. Trinitarische Dimension: Ökumene im Licht der Liebe Gottes

Die starke Betonung der ökumenischen Einheit der Kirche, und zwar auch und gerade in ihrer geschichtlichen und leibhaften Sichtbarkeit, könnte leicht den Eindruck hervorrufen, es sei im Ökumeneverständnis von Papst Benedikt XVI. für die Vielheit überhaupt kein Platz. Dass es sich aber keineswegs so verhält, ist darin begründet, dass für Papst Benedikt die Einheit der Kirche „der Einheit von Vater, Sohn und Heiligem Geist entspringt und diese gleichzeitig widerspiegelt“[38], die Einheit der Kirche also ihr Urbild in der göttlichen Trinität hat, in der Einheit und Vielheit miteinander vollkommen versöhnt sind. Wie Jesus selbst in einer sehr spezifischen Weise für die Einheit der Jünger zum Vater gebetet hat, dass sie eins sein sollen, „wie wir eins sind, ich in ihnen und du in mir“ (Joh 17,22), und wie er damit das tiefste Fundament der Einheit unter den Jüngern in der trinitarischen Liebeseinheit zwischen dem Vater, dem Sohn und dem Heiligen Geist gesehen hat, so sieht auch Benedikt XVI. im dreifaltigen Gott, der in sich lebendige Gemeinschaft in der ursprünglichen Beziehungseinheit der Liebe ist, das transparente Urbild der Einheit der Kirche und versteht er die Kirche als Ikone der Trinität. Wenn wir in diesem Licht der dreieinen Liebe Gottes den Glaubensweg der Ökumene betrachten, legt sich jene Einsicht nahe, die Papst Benedikt sensibel so formuliert hat, dass das Geheimnis der Gemeinschaft einen vielgestaltigen Gabenreichtum zu einer schönen Einheit zusammenfügt: „Die wahre Liebe löscht legitime Unterschiede nicht aus, sondern bringt sie miteinander in Einklang in einer höheren Einheit, die nicht *von außen* auferlegt wird, sondern die *von innen* heraus dem Ganzen sozusagen Form verleiht.“[39]

Wird die Ökumene im Licht des Liebesgeheimnisses des dreifaltigen Gottes betrachtet, beginnt man auch zu verstehen, dass Benedikt XVI. in den historischen Kirchenspaltungen keineswegs nur menschliche Sünde am Werk sieht, sondern im Sinne des gewiss geheimnisvollen Wortes des Apostels Paulus, dass Spaltungen „sein müssen“ (1 Kor 11,19), in ihnen auch eine Dimension wahrnimmt,

---

[38] Benedikt XVI., Ansprache beim Ökumenischen Treffen in der Pfarrei „St. Joseph“ in New York am 18. April 2008.

[39] Benedikt XVI., Predigt in der Feier der Vesper zum Abschluss der Gebetswoche für die Einheit der Christen am 25. Januar 2006.

„die einem göttlichen Verfügen entspricht“[40]. Im Anschluss an den Vorschlag des reformierten Theologen Oscar Cullmann, Einheit als Einheit durch Vielfalt und Verschiedenheit zu verstehen, hat Papst Benedikt XVI. deshalb dafür plädiert, zunächst „*durch* Verschiedenheit Einheit zu finden“. Dies bedeutet genauerhin, „in den Spaltungen das Fruchtbare anzunehmen, sie zu entgiften und gerade von der Verschiedenheit Positives zu empfangen – natürlich in der Hoffnung, dass am Ende die Spaltung überhaupt aufhört, Spaltung zu sein und nur noch ‚Polarität‘ ohne Widerspruch ist“[41].

Von daher ist es für Benedikt XVI. wichtig, dass Christen und Gemeinschaften „auch als Getrennte eins“ sein können[42], und in diesem Sinn findet er auch in der in der heutigen ökumenischen Diskussion üblich gewordenen Formel von der „Einheit in versöhnter Verschiedenheit“ ein berechtigtes Wahrheitsmoment. Vorausgesetzt ist dabei freilich die präzise Unterscheidung zwischen allem Menschlichen in den geschichtlichen Spaltungen, das ökumenisch erkannt und überwunden werden muss, einerseits und der sensiblen Wahrnehmung der Grenzen von Einheitsforderungen, die dazu verhelfen will, in der Vielfalt von gewachsenen geschichtlichen Formen die Gemeinschaft zu leben, andererseits.

4. Eschatologische Dimension: Gemeinsamer Weg zum Ziel

Die Einheit in versöhnter Verschiedenheit findet ihre entscheidende Bewährungsprobe freilich darin, dass Christen und Gemeinschaften zwar in verschiedenen Gestalten, aber in konsequenter Weise der Nachfolge Christi verpflichtet sind. Dass die „beste Form des Ökumenismus“ darin besteht, „nach dem Evangelium zu leben“[43], dies hat Papst Benedikt XVI. in einer früheren Publikation mit Solowjevs „Kurzen Erzählung vom Antichristen“ verdeutlicht. In dieser wird

---

[40] Joseph Kardinal Ratzinger, *Zum Fortgang der Ökumene*, in: Ders., *Kirche, Ökumene, Politik. Neue Versuche zur Ekklesiologie*, Einsiedeln 1987, 128–134, hier 131.

[41] Ebd.

[42] Ebd., 132.

[43] Benedikt XVI., Ansprache beim Treffen mit Vertretern christlicher Kirchen und kirchlicher Gemeinschaften in Köln am 19. August 2005.

zum Ausdruck gebracht, dass auf der einen Seite im Augenblick der letzten Entscheidung vor Gott sichtbar werden wird, dass in allen drei Gemeinschaften, nämlich bei Petrus, Paulus und Johannes, Parteigänger des Antichristen leben, die mit ihm gemeinsame Sache machen, dass es aber in allen drei Gemeinschaften auch wahre Christen gibt, die dem Herrn bis in die Stunde seines Kommens hinein die Treue halten, und dass sich auf der anderen Seite vor dem Angesicht des wiedergekommenen Christus die Getrennten um Petrus, Paulus und Johannes einander als Brüder erkennen werden. Mit dieser Erzählung will Solowjev gemäß der Interpretation von Benedikt XVI. die Einheit der Jünger in keiner Weise ans Ende der Tage verschieben oder gar ins Eschatologische vertagen. Denn für Benedikt XVI. ist das Eschatologische das „eigentlich Wirkliche", das einmal offenbar machen wird, was immer schon unser Leben prägt: „Was im Licht des wiederkommenden Christus sichtbar wird, enthüllt die Wahrheit unserer Zeit, einer jeden Zeit." Die endgültige Scheidung zwischen den Parteigängern des Antichristen und den treuen Gefährten Jesu Christi wird zwar gewiss erst am Tage der Ernte erfolgen. Da aber das ewige Leben das eigentliche Leben ist, sollten die Christen in den verschiedenen Gemeinschaften einander bereits jetzt „mit dem eschatologischen Blick" begegnen, in dem Petrus, Paulus und Johannes untrennbar zusammengehören. Christliche Ökumene bedeutet von daher für Benedikt nichts anderes, „als schon jetzt im eschatologischen Licht leben, im Licht des wiederkehrenden Christus"[44].

Im Licht des Eschatologischen erscheinen die leidenschaftliche Suche nach der Einheit und das gelassene Bewusstsein, sie nicht selbst schaffen zu können, nicht mehr, wie dies heute oft wahrgenommen wird, als sich ausschließende Gegensätze, sondern als zwei Seiten derselben Wirklichkeit. Denn indem Papst Benedikt XVI. die Ökumene im Licht ihrer Vollendung wahrnimmt, mutet er uns die befreiende Einsicht zu, dass wir die Vorläufigkeit des eigenen Bemühens erkennen und nicht der Versuchung verfallen, selbst machen zu wollen, was nur der wiederkehrende Christus bewirken kann, und dass wir gerade auf diesem Weg einander näher kommen. In diesem eschatologischen Licht betrachtet heißt Ökumene schlicht, aber elementar: Wenn wir gemeinsam unterwegs zum wiederkommenden Christus sind, dann

---

[44] Joseph Cardinal RATZINGER, *Zur Lage der Ökumene*, in: DERS., *Weggemeinschaft des Glaubens. Kirche als Communio*, Augsburg 2002, 220–234, hier 233–234.

sind wir auch unterwegs zur Einheit untereinander und können wir auch als Getrennte bereits jetzt eins sein, nämlich im gemeinsamen Glauben an Christus: „Je mehr wir uns Christus annähern, indem wir uns zu seiner Liebe bekehren, desto mehr kommen wir auch einander näher.“[45]

5. Missionarische Dimension: Ökumenisches Gotteszeugnis

Die Ökumene hat in den Augen von Papst Benedikt XVI. nur dann eine gute Zukunft, wenn die Christen sich im gemeinsamen Glauben verwurzeln, aus ihm leben und ihn bezeugen. Damit ist eine weitere Dimension des ökumenischen Denkens von Papst Benedikt XVI. angesprochen, die ebenfalls im Hohepriesterlichen Gebet Jesu begründet ist, wenn er um die Einheit unter den Jüngern betet, „*damit* die Welt erkennt, dass du mich gesandt hast und die Meinen ebenso geliebt hast wie mich“ (Joh 17,23). Mit diesem Finalsatz kommt die eigentliche Sinnrichtung des Betens Jesu zum Ausdruck, dass die Einheit unter den Jüngern Jesu kein Selbstzweck in sich ist, sondern der Glaubwürdigkeit der Sendung Jesu und seiner Kirche in der Welt dient. Von daher liegt die grundlegende Verantwortung der Christen, die sie nur in ökumenischer Gemeinschaft glaubwürdig wahrnehmen können, auch und gerade heute darin, den lebendigen Gott zu bezeugen und sein menschliches Antlitz in Jesus Christus, in dem sich Gott selbst zu erkennen gegeben hat, sichtbar zu machen.

Ökumene und Mission gehören unlösbar zusammen. Denn die Mission wurzelt zutiefst in der überströmenden Liebe Gottes und kann deshalb nur in Liebe geschehen, indem die Christen sich selbst überschreiten und sich zu anderen Menschen senden lassen und sich dabei selbst hingeben, wie Gott seinen eigenen Sohn den Menschen hingegeben und er sich selbst hingegeben hat: „Mission-Sendung ist in erster Linie Zeugnis für die Liebe Gottes, die in Christus erschienen ist.“ Da die Mission zutiefst „Sammlung der Menschheit in die eine Liebe Gottes, die alles umfängt“ bedeutet, ist sie auch ein „Zeichen für die Einheit“: „Wie die Sünde die Menschen voneinander weg zerstreut, so sammelt der *eine* Glaube sie zu einem *neuen* Menschen.“[46]

---

[45] Benedikt XVI., Generalaudienz am 17. Januar 2007.

[46] Joseph Ratzinger, *Considerationes quoad fundamentum theologicum missio-*

Die unlösbare Zusammengehörigkeit von Ökumene und Mission gilt auch und erst recht für das große Projekt der Neuen Evangelisierung, das Papst Benedikt XVI. sehr am Herzen gelegen hat und hinsichtlich dessen er die klare Überzeugung ausgesprochen hat, dass es unabdingbar eine ökumenische Dimension aufweisen muss[47]: „Die Herausforderung der Neuevangelisierung ruft die universale Kirche auf den Plan und macht es auch erforderlich, dass wir mit aller Kraft fortfahren, nach der vollen Einheit unter den Christen zu suchen."[48] Die neue Evangelisierung in jenen Kirchen, die in traditionell christlichen Territorien leben, aber einen erneuerten missionarischen Elan dringend nötig haben, besteht dabei im Kern darin, Menschen zum Gottesgeheimnis hinzuführen und sie in eine persönliche Gottesbeziehung hinein zu begleiten. Dass im Mittelpunkt aller Neuevangelisierung die Gottesfrage stehen muss, die die Christen heute ökumenisch zu verantworten haben, darin erblickt Papst Benedikt XVI. sogar die heute vordringlichste ökumenische Aufgabe: „Unser erster ökumenischer Dienst in dieser Zeit muss es sein, gemeinsam die Gegenwart des lebendigen Gottes zu bezeugen und damit der Welt die Antwort zu geben, die sie braucht."[49]

IV. Christologisches Fundament eines ökumenischen Pontifikats

Blicken wir auf die skizzierten Dimensionen des Ökumenischen zurück, dann liest sich Papst Benedikts XVI. tiefe Interpretation des Hohepriesterlichen Gebetes Jesu wie eine konzise Zusammenfassung seines ökumenischen Denkens und Wirkens, das gerade darin wahrhaft ökumenisch ist, dass es christozentrisch und in diesem elementaren Sinn evangelisch orientiert ist. Denn in seiner Sicht ist die Einheit der

---

nis Ecclesiae / Überlegungen zur theologischen Grundlage der Sendung (Mission) der Kirche, in: Ders., *Zur Lehre des Zweiten Vatikanischen Konzils* = Gesammelte Schriften. Band 7 / 1, Freiburg i. Br. 2012, 223–236, hier 225 und 234.

[47] Vgl. Kurt Koch, *Die Bedeutung der Ökumene für die Neuevangelisierung*, in: Catholica 67 (2013) 1–18.

[48] Benedikt XVI., Predigt in der Ersten Vesper am Hochfest der Heiligen Apostel Petrus und Paulus am 28. Juni 2010.

[49] Benedikt XVI., Predigt im Ökumenischen Gottesdienst in der Kirche des Augustinerklosters Erfurt am 23. September 2011.

Jünger Jesu und damit der Kirche zutiefst im Glauben an den lebendigen Gott und an seinen Sohn, den er gesandt hat, begründet: „Er ist der eigentliche Grund der Jüngergemeinschaft, die Grundlage für die Einheit der Kirche.“[50]

Solcher Glaube ist dabei freilich mehr als bloß ein Wort oder gar nur eine Idee; er ist vielmehr existenzielles Eintreten in die Gemeinschaft mit Jesus Christus und seinem Vater. Die Frage der Ökumene erweist sich von daher als Ernstfall des Christusglaubens: Wie das Hohepriesterliche Gebet Jesu für die Einheit der Jünger „nicht nur Wort“, sondern „Akt“ ist, in dem er sich für das Leben der Welt „opfert“, und wie im Gebet Jesu das grausame Geschehen des Kreuzes zu „Wort“ kommt, genauerhin zum „Versöhnungsfest zwischen Gott und Welt“ wird, so hat auch heute Ökumene ihren existenziellen Preis und ist ohne „Opfer“ nicht glaubwürdig.[51] Ökumenische Einheit und Opfer gehören vielmehr in dem Sinn zusammen, dass das Opfer der Versöhnung und der Wiederherstellung der zerbrochenen Einheit dient. Zur ökumenischen Suche nach der Einheit gehören deshalb unabdingbar Gebet, Kreuz und Bekehrung, und sie erweist sich als „langsamer und ansteigender Weg, so wie jeder Bußweg“[52], dessen Ende freilich in der Freude über das neue Leben besteht.

In dieser Sinnrichtung hat Papst Benedikt XVI. den ökumenischen Auftrag des Ringens um die sichtbare Einheit der Jünger Jesu und seiner Kirche im Christusglauben verwurzelt und war von einer christologischen Vision der ökumenischen Verantwortung getragen. Indem er in seiner ganzen Verkündigung Christus in den Mittelpunkt gestellt hat, hat er sich als großer Ökumeniker in der heutigen Zeit erwiesen. Er hat damit den schönen Tatbeweis erbracht, dass nicht nur derjenige ökumenisch handelt, der dieses Wort ständig im Munde führt, sondern in erster Linie derjenige, der sich, auch ohne das Wort zu verwenden, in die Tiefe des Christusglaubens begibt und in ihm die gemeinsame Quelle für die Einheit der Kirche findet.

Das Pontifikat Benedikts XVI. war vor allem deshalb ein konsequent ökumenisches, weil es ein ganz christozentrisches und evangelisches Pontifikat gewesen ist, in dessen Zentrum die Botschaft von der Liebe Gottes und die Ermutigung zum Leben der Liebe, auch in

---

[50] Ratzinger – Benedikt XVI., Jesus von Nazareth. Zweiter Teil (s. Anm. 25), 115.

[51] Ebd., 119.

[52] Benedikt XVI., Generalaudienz am 24. Januar 2007.

den ökumenischen Begegnungen, gestanden haben[53]. Da kaum ein zweiter Papst die Heilige Schrift so sehr geliebt und in Verkündigung und Predigt die Menschen so tief in die von der Heiligen Schrift erzählte Liebesgeschichte Gottes mit der Menschheit hineingeführt und vor allem auf diesem Weg die Kirche geleitet und die Ökumene gefördert hat wie Benedikt XVI., darf man genauerhin von einem spezifisch paulinischen Pontifikat reden, insofern das paulinische Leitwort heißt: „Leiten durch Lehren"[54]. Auch darin besteht das ökumenische Erbe von Papst Benedikt XVI., das weiterhin in die Zukunft weist.

[53] Vgl. Kurt Koch, *Die Offenbarung der Liebe Gottes und das Leben der Liebe in der Glaubensgemeinschaft der Kirche*, in: Michaela Christina Hastetter – Helmut Hoping (Hg.), *Ein hörendes Herz. Hinführung zur Theologie und Spiritualität von Joseph Ratzinger / Papst Benedikt XVI* = Ratzinger-Studien. Band 5, Regensburg 2012, 21–51.

[54] Thomas Söding, *Wenn ich schwach bin, bin ich stark (2 Kor 12, 10). Ein exegetischer Kommentar zum Rücktritt von Papst Benedikt XVI.*, in: Internationale katholische Zeitschrift Communio 42 (2013) 181–184, hier 184.

Papst Benedikt XVI. und die Ökumene

Einige Bemerkungen aus orthodoxer Sicht

Grigorios Larentzakis, Graz

Als ich die Einladung bekam, eine gewisse Beurteilung eines Papstes vorzunehmen, dachte ich, dass dies ein Wagnis darstellt. Natürlich ist mir auch bewusst, dass ich nur einige für mich charakteristische Züge seiner Tätigkeit, die insbesondere die Orthodoxe Kirche betreffen bzw. die ökumenisch relevant sind, ansprechen kann. Auch der persönliche Charakter meiner Bemerkungen wird sicherlich nicht fehlen, denn ich habe eine lange persönliche Erfahrung mit Papst Benedikt XVI., als er noch Universitätsprofessor in Regensburg war. Dort, nämlich in Regensburg, fanden regelmäßig die Ökumenischen Symposien für den Dialog, hauptsächlich zwischen der römisch-katholischen und der Orthodoxen Kirche, statt. An diesen Veranstaltungen haben sowohl Professor Ratzinger als auch ich schon in den 70er Jahren häufig teilgenommen.

* * *

Gleich zu Beginn muss festgestellt werden, dass Papst Benedikt XVI. alle seine Ämter, d. h. auch schon lange bevor er Papst geworden ist, mit voller Intensität und verantwortungsbewusst ausgeübt hat. Die Ämter oder die Funktionen, die er bekleidet hat, hat er einerseits sehr stark beeinflusst, andererseits aber haben die Ämter und die Funktionen ihn selbst sehr stark beeinflusst und geprägt. Ich vermute, dass gerade dieses Phänomen auch die Vielfalt seiner Positionen aus der konkreten Verantwortung heraus bestimmt hat. Zuallererst möchte ich seine Feststellungen über das schwierigste ökumenische Problem des Papsttums anführen und zwar ausgehend von einem Grußwort Athenagoras', des Ökumenischen Patriarchen von Konstantinopel.

Als Papst Paul VI. seinen „Bruder" in Konstantinopel, den Ökumenischen Patriarchen Athenagoras, am 25.7.1967 besuchte, sagte der Patriarch in seiner Begrüßung an den Papst: „Und siehe, wir haben in unserer Mitte, gegen jede menschliche Erwartung, den Bischof von Rom, den ersten von uns, der Ehre nach, ‚den Vorsitzenden der Liebe' (Ignatius, an die Römer Vorwort, PG 5,801)."[1] Diese theologisch sehr wichtige Stelle kommentierte Joseph Ratzinger und sagte in seinem vielzitierten Grazer Vortrag am 26. 1. 1976[2] in der Universitätsaula unter der Anwesenheit des damaligen päpstlichen Nuntius in Wien Erzbischof Opilio Rossi: „Rom muss vom Osten nicht mehr an Primatslehre fordern, als auch im ersten Jahrtausend formuliert und gelebt wurde. Wenn Patriarch Athenagoras am 25. 7. 1967 beim Besuch des Papstes im Phanar diesen als Nachfolger Petri, als den ersten an Ehre unter uns, den Vorsitzenden der Liebe, benannte, findet sich im Mund dieses großen Kirchenführers der wesentliche Gehalt der Primatsaussagen des ersten Jahrtausends, und mehr *muss* Rom nicht verlangen."[3] Der spätere Präfekt der Glaubenskongregation und Papst hat damit eine sehr schwerwiegende Feststellung gemacht, die, wenn sie auch als „sehr kühn"[4] oder „als trügerisch"[5] bezeichnet wurde, uns doch einen Hinweis gibt, wie man an das Problem herangehen könnte, indem wir die Geschichte und die Bedeutung des gemeinsamen ersten Jahrtausends der Kirche auch in diesem Punkt sehr ernst nehmen müssen. Denn wie Wilhelm de Vries

---

[1] Pro Oriente (Hg.), *Tomos Agapis. Dokumentation zum Dialog der Liebe zwischen dem Hl. Stuhl und dem Ökumenischen Patriarchat 1958–1976.* Deutsche Übersetzung des Dokumentationsbandes über den Austausch von Besuchen, Dokumenten und Botschaften zwischen dem Vatikan und dem Phanar samt einem Anhang über das 10-Jahres-Jubiläum der Aufhebung der Anathemata, das in Rom und in Phanar am 14. Dezember 1975 begangen wurde, Innsbruck 1978, Nr. 173.

[2] Ich denke gerne zurück an die Zeit, als ich gegenüber Univ.-Prof. Dr. Joseph Ratzinger im Juli 1975 beim Ökumenischen Symposion in Regensburg die Einladung der Grazer Theologischen Fakultät erneuerte, einen Vortrag bei einer Ökumenischen Akademie in Graz anlässlich des 10. Jahrestages nach der „Aufhebung" der Exkommunikationen zwischen Rom und Konstantinopel zu halten. In Regensburg war auch der Athener Univ. Prof. Dr. Evangelos Theodorou, der für die gleiche Veranstaltung als Referent eingeladen war. Beide haben mir zugesagt, nach Graz zu kommen.

[3] Joseph Ratzinger, *Prognosen für die Zukunft des Ökumenismus*, in: Ökumenisches Forum 1 (1977) 36–37.

[4] Hermenegild M. Biedermann, *Der orthodox-katholische Dialog. Sein gegenwärtiger Stand*, in: Ostkirchliche Studien 30 (1981) 9.

[5] Anastasios Kallis, *Petrus der Fels – der Stein des Anstoßes? Das „Petrusamt" in der Sicht der Orthodoxie*, in: Vasilios von Aristi – Josef Blank – Heinrich Fries u. a., *Das Papstamt. Dienst oder Hindernis für die Ökumene?*, Regensburg 1985, 55.

sagte: „Die Struktur (der Kirche) mag in gewissem Umfang wandelbar sein. Aber ich kann mir nicht denken, dass wesentliche Elemente dieser Struktur erst tausend Jahre, nachdem Christus seine Kirche gründete, völlig neu auftauchen. Die ersten Jahrhunderte, das erste Jahrtausend sind für die Lösung unserer Frage von entscheidender Bedeutung."[6]

Als Joseph Ratzinger in Graz seinen oben zitierten Satz ausgesprochen hat, dass „Rom vom Osten nicht mehr an Primatslehre fordern muss, als auch im ersten Jahrtausend formuliert und gelebt wurde", hat er sich nicht das erste Mal zur Grußformel des Ökumenischen Patriarchen Athenagoras geäußert. Eineinhalb Jahre vorher hat er am Ekklesiologischen Kolloquium in Wien im April 1974 teilgenommen und zum Thema „Anathema – Schisma. Die ekklesiologischen Folgerungen der Aufhebung der Anathemata" gesprochen. Bei diesem Referat äußerte er sich auch zum Gruß des Patriarchen Athenagoras an Papst Paul VI. in Konstantinopel und erklärt genau, wie er diese Grußformel des Patriarchen versteht: „Es ist klar, dass der Patriarch damit nicht den ostkirchlichen Boden verlässt und sich nicht zu einem westlichen Jurisdiktionsprimat bekennt. Aber er stellt deutlich heraus, was der Osten über die Reihenfolge der an Rang und Recht gleichen Bischöfe der Kirche zu sagen hat und es wäre nun doch der Mühe wert zu überlegen, ob dieses archaische Bekenntnis, das von ‚Jurisdiktionsprimat' nichts weiß, aber eine Erststellung an Ehre (timé) und Agape bekennt, nicht doch als eine dem Kern der Sache genügende Sicht der Stellung Roms in der Kirche gewertet werden könnte."[7] Wenn also Ratzinger eineinhalb Jahre später in Graz nicht mehr nur hypothetisch spricht („es wäre der Mühe wert zu überlegen"), sondern positiv, als bereits überlegt, sagt: „Wenn Patriarch Athenagoras am 25. 7. 1967 beim Besuch des Papstes im Phanar diesen als Nachfolger Petri, als den ersten an Ehre unter uns, den Vorsitzenden der Liebe, benannte, findet sich im Mund dieses großen Kirchenführers der wesentliche Gehalt der Primatsaussagen des ersten Jahrtausends, und mehr *muss* Rom nicht verlangen"[8], schlägt also Ratzinger vor, dass Rom die Pri-

---

[6] Wilhelm de Vries, *Die Kollegialität auf Synoden des ersten Jahrtausends*, in: Orientierung 33 (1969) 243.

[7] Joseph Ratzinger, *Anathema – Schisma. Die ekklesiologischen Folgerungen der Aufhebung der Anathemata*, in: Pro Oriente (Hg.), *Auf dem Weg zur Einheit des Glaubens*, Innsbruck 1976, 110.

[8] Ratzinger, Prognosen (s. Anm. 3), 36–37.

matsform des I. Vatikanums nicht verlangen muss. Ich finde, dass diese Feststellungen des späteren Papstes Benedikt XVI., die mit den orthodoxen Positionen übereinstimmen,[9] als Fundament unseres ökumenischen Dialogs zu diesem Thema dienen werden können. Mit Freude und Dankbarkeit habe ich diese Äußerungen von Joseph Ratzinger wahrgenommen und immer wieder zitiert als eine „wegweisende Feststellung“[10] und als „theologisch und dogmengeschichtlich voll fundiert und begründet und als einen neuen Beginn der theologisch-ökumenischen Diskussion über das hier besprochene schwierige Problem des Papsttums“.[11] Die Öffnung des Dialogs erleichtert die Feststellung von Joseph Ratzinger in Graz, als er sagte, „dass jemand, der auf dem Boden der Katholischen Kirche steht [...] andererseits unmöglich die Primatsgestalt des 19. und 20. Jahrhunderts für die einzig mögliche und allen Christen notwendige ansehen kann.“[12] Ich finde, dass diese Äußerungen von Prof. Ratzinger sehr klar sind und keiner Erklärung bedürfen. Sie müssen einfach umgesetzt werden. Und das bedeutet, dass die jetzigen Formen des Papsttums, auch nach der Meinung von Joseph Ratzinger, nicht unabänderlich sind. Wo sind die Unklarheiten? Gibt es einen Jurisdiktionsprimat im Sinne des I. Vatikanums im ersten Jahrtausend? Prof. Ratzinger antwortete auch auf diese Frage in Graz ganz klar und zwar aus katholischer Sicht: „dass jemand, der auf dem Boden der Katholischen Kirche steht [...] andererseits unmöglich die Primatsgestalt des 19. und 20. Jahrhunderts für die einzig mögliche und allen Christen notwendige an-

[9] Auch Metropolit *Damaskinos Papandreou* betont: „Dieses archaische Bekenntnis weiß natürlich nichts vom Jurisdiktionsprimat und bedenkt nur einen Erweis von Ehre (timé) und Agape.“ DERS., *Das Papsttum im Dialog zwischen der römisch-katholischen und der orthodoxen Kirche*, in: Una Sancta 34 (1979) 41. DERS., *Bleibendes und Veränderliches im Petrusamt, Überlegungen aus orthodoxer Sicht*, in: Joseph RATZINGER (Hg.), *Dienst an der Einheit. Zum Wesen und Auftrag des Petrusamtes*, Düsseldorf 1978, 159. Vgl. auch Grigorios LARENTZAKIS, *Ἡ Ἐκκλησία Ρώμης καί ὁ ἐπίσκοπος αὐτῆς. Συμβολή εἰς τήν ἔρευναν τῶν σχέσεων Ἀνατολῆς καί Δύσεως βάσει πατερικῶν πηγῶν (Εἰρηναῖος, Βασίλειος, Χρυσόστομος)*, Ἀνάλεκτα Βλατάδων 45, Thessaloniki 1983, 22 f.

[10] Grigorios LARENTZAKIS, *Das Ökumenische Patriarchat von Konstantinopel zu den großen Ereignissen der Römisch-Katholischen Kirche. Von Papst Paul VI. bis zum Papst Johannes-Paul II.*, in: Ostkirchliche Studien 28 (1979) 188.

[11] Vgl. LARENTZAKIS, Ἡ Ἐκκλησία Ρώμης καί ὁ ἐπίσκοπος αὐτῆς (s. Anm. 9), 25.

[12] RATZINGER, Prognosen (s. Anm. 3), 36.

sehen kann“[13]. Stimmt es nicht? Standen die Ökumenischen Konzilien unter der Autorität der Päpste? Haben die Ökumenischen Konzilien wirklich bloß die Meinung der Päpste rezipiert, wie es behauptet wird?[14] Wurden die kirchlichen Strukturen der Pentarchie von den Päpsten bestimmt? Wurden die Patriarchatswürde und die Autorität der Patriarchen des ersten Jahrtausends von den Päpsten verliehen, wie dies im zweiten Jahrtausend für die weisungsgebundenen und dem Bischof von Rom, dem Papst unterstellten Patriarchen der römisch-katholischen Kirche geschieht? Wurden die Bischöfe der Gesamtkirche von den Päpsten zentral ernannt oder regional gewählt, entsprechend der Bestimmungen und der Kanones der Ökumenischen Konzilien, schon seit dem Ersten Ökumenischen Konzil von Nizäa (325)?[15] Trotzdem gab es eine deutliche Rangordnung mit dem Bischof von Rom, dem Papst, als *primus inter pares*, als *Πρωτόθρονος* für die Gesamtkirche. Warum kann man sich nicht bei diesen und ähnlichen Grundpositionen einigen? Warum wird dieses Thema mit detaillierten Einzelheiten und unterschiedlichen Interpretationen von vieldeutigen Begriffen so schwierig gemacht? Warum werden manche Ereignisse des ersten Jahrtausends eklektisch und tendenziös interpretiert, um sie doch als Vorstufen oder Entfaltungsstadien des späteren, an der Schwelle zum zweiten Jahrtausend radikal, nicht graduell, entwickelten Papsttums bis zum I. Vatikanum hinzustellen?[16]

Wilhelm de Vries kommentierte die Äußerung des damaligen Pro-

---

[13] Ebd.

[14] Stefan Otto HORN, *Das Verhältnis von Primat und Episkopat im ersten Jahrtausend – Eine geschichtlich-theologische Synthese*, in: Heinz SCHÜTTE (Hg.), *Im Dienste der einen Kirche. Ökumenische Überlegungen zur Reform des Papstamts*, Paderborn – Frankfurt/M. 2000, 66.

[15] Joseph Ratzinger verweist sogar auf Kanon 4 des Ersten Ökumenischen Konzils, um auf die „Aufnahme in die Sendung der Apostel durch die Einbeziehung in die Gemeinschaft der Zeugen“ (der anderen Bischöfe in der Metropolis) hinzuweisen. In: DERS., *Die kirchliche Lehre vom sacramentum ordinis*, in: IKaZ 10 (1981) 435–445.

[16] So z. B. die Korrespondenz zwischen dem zu Unrecht verurteilten Johannes Chrysotomos und 3 Bischöfen des Westens, unter denen Innozenz I., Bischof von Rom, war. Dieser betonte, dass nur ein Ökumenisches Konzil das Problem lösen könnte, welches er aber nicht einberufen konnte! Vgl. Grigorios LARENTZAKIS, *Johannes Chrysostomos und die Beziehungen zwischen Rom und Konstantinopel. Ein Beitrag über die Rolle des Bischofs von Rom in der Communio Ecclesiarum der Gesamtkirche im ersten Jahrtausend*, in: Orthodoxes Forum 22 (2008) 27–42.

fessor Joseph Ratzinger „Rom muss vom Osten nicht mehr an Primatslehre fordern, als auch im ersten Jahrtausend formuliert und gelebt wurde“ und meinte: „Damit ist der Weg gewiesen, wie wir dem Ziel der Einigung näherkommen können.“[17] Yves Congar zitiert diese Äußerungen von Ratzinger bei der Behandlung dieser Frage[18] und Kardinal Franz König, der Gründer von PRO ORIENTE (1964), bezeichnete diese Äußerungen bei seinem Besuch beim Ökumenischen Patriarchen in Konstantinopel am 31. 3. 1979 als sehr wichtig.[19] Heinz Schütte verweist auf die Feststellungen von Ratzinger und meint, dass die Katholische Kirche die Dogmen des I. Vatikanums von der Orthodoxen Kirche nicht verlangen muss und dass diese mögliche Lösung auch Konsequenzen haben muss für den Dialog zwischen der Römisch-Katholischen und der Evangelischen Kirche.[20] Auch Walter Kasper kennt diese Äußerung des damaligen Professors Joseph Ratzinger und schreibt: „J. Ratzinger hat darauf aufmerksam gemacht, dass die katholische Kirche von der orthodoxen Kirche heute nicht mehr an Anerkennung des Petrusamtes verlangen könnte und verlangen bräuchte, als was diese im ersten Jahrtausend tatsächlich anerkannt hat. Ähnliches würde dann freilich auch von den Kirchen und kirchlichen Gemeinschaften gelten, die aus der Reformation hervorgegangen sind.“[21] Der nächste Satz von Walter Kasper ist aber auch sehr interessant und kann ebenfalls als eine Ausgangsposition gelten: „Eine künftige größere ökumenische Einheit der Kirche braucht also keineswegs am gegenwärtig bestehenden konkreten Modell der Einheit innerhalb der katholischen Kirche abgelesen werden. In eine künftige ökumenische Kircheneinheit sollen alle konfessionellen Tra-

---

[17] Wilhelm de Vries, *„Vicarius Petri“. Der Primat des Bischofs von Rom im ersten Jahrtausend*, in: Stimmen der Zeit 203 (1985) 520. Wilhelm de Vries meint hier feststellen zu müssen, dass Ratzinger diese Äußerung gemacht hat, „als er noch nicht Präfekt der Glaubenskongregation war“. Ebd.

[18] Vgl. Yves Congar, *Fünfzig Jahre der Suche nach Einheit*, in: Ökumenische Rundschau 26 (1977) 280.

[19] Vgl. in: Ἐπίσκεψις, Jg. 10, Nr. 208, 15. 4. 1979, 10.

[20] Heinz Schütte, *Was heißt Einheit in der einen Gemeinschaft* (Verfassung ÖRK III, 1), „Ad veram unitatem Ecclesiae“ (CA XVII). Zwölftes Kirchberger Gespräch der Evangelischen Michaelsbruderschaft 12.–16. März 1980, 50.

[21] Walter Kasper, *Das Petrusamt als Dienst der Einheit. Die Lehre des I. und II. Vatikanischen Konzils und die gegenwärtige Diskussion*, in: Aristi – Blank – Fries u. a., Das Papstamt (s. Anm. 5), 135.

ditionen ihre Reichtümer einbringen."[22] Impliziert der Ausdruck eines „gegenwärtig bestehende[n] konkrete[n] Modell[s] der Einheit innerhalb der katholischen Kirche" auch das gegenwärtig konkret bestehende Modell des Papsttums innerhalb der römisch-katholischen Kirche? Wenn ja, was ich im vorliegenden Zusammenhang annehme, dann haben wir tatsächlich die Möglichkeit eines offenen theologischen, ökumenischen Dialogs. Diese Öffnung des Gesprächs ist ähnlich wie die vorher erwähnte Feststellung von Joseph Ratzinger, dass auch für einen Katholiken die „Papstgestalt des 19. und 20. Jahrhunderts unmöglich für die einzig mögliche und allen Christen notwendige angesehen werden kann".

Die Äußerungen von Joseph Ratzinger kommentiert orthodoxerseits u.a. auch der frühere Metropolit der Schweiz, Damaskinos Papandreou, in einem Brief an Ratzinger. Im Zusammenhang mit der Problematik des Papsttums für die Ökumene stellt Metropolit Damaskinos Papandreou voll Optimismus fest: „So haben wir (d.h. der Metropolit und Kardinal Ratzinger) niemals die Hoffnung aufgegeben, dass auch die Polarisierungen im Blick auf den Jurisdiktionsprimat überwunden werden können, damit die so sehr ersehnte Wiederherstellung der vollkommenen Gemeinschaft bald Wirklichkeit werden kann. Und dazu hast Du als Präfekt der Glaubenskongregation, die die Mission hat, die ‚Hüterin der Orthodoxie' und ‚die Verteidigerin des Glaubens' zu sein, einen großen Beitrag zu leisten."[23] Dann aber macht der Metropolit manche Andeutungen, die seines Erachtens auf einen gewissen Wandel von Professor Ratzinger zu Kardinal Ratzinger und zum Präfekten der Glaubenskongregation hinweisen. So schreibt Metropolit Damaskinos an Kardinal Ratzinger: „Mögest Du von Deinen Überlegungen und Perspektiven geprägt sein, die Du im Jahr 1976 geschrieben hast, indem Du den Hinweis auf Ignatius von Antiochien bewertetest, den Patriarch Athenagoras I. bei der Begrüßung von Papst Paul VI. im Phanar zitierte."[24] Dann erwähnt er die bekannten Äußerungen Ratzingers, um anschließend seine Kommentare anzuführen: „Alle diese Überlegungen und Perspektiven, die ich hier in Erinnerung bringe, haben mein Leben als Bischof und Theologe geprägt. In der Zwischenzeit aber stellte ich

[22] Ebd., 135f.

[23] Metropolit Damaskinos – Kardinal Ratzinger, *Perspektiven*, in: IKaZ 30 (2001) 285.

[24] Ebd.

manches fest, das mich herausfordert, die Frage aufzuwerfen, ob es eine Kontinuität zwischen dem Professor Joseph Ratzinger und dem Präfekten der Glaubenskongregation gibt. Wie verhalten sich diese Aussagen, die ich eben erwähnte, mit folgenden Aussagen von Joseph Kardinal Ratzinger?"[25] Im Anschluss daran werden als Belege für diese Änderung von Kardinal Ratzinger erstens das Schreiben der Kongregation für die Glaubenslehre, gerichtet an die Bischöfe der Katholischen Kirche über einige Aspekte der Kirche als „*communio*" aus dem Jahre 1992, zweitens die *Nota* der Glaubenskongregation über die Schwesterkirchen und drittens die Erklärung *Dominus Jesus* angeführt. Es muss nun auch festgestellt werden, dass diese Differenzierung zwischen dem Professor Ratzinger und dem Kardinal Ratzinger auch zwischen dem Professor Ratzinger und dem Papst Benedikt XVI. fortgesetzt wurde.

Inhaltlich taucht immer wieder die Frage auf: „Wie war es im ersten Jahrtausend?" Über die Bedeutung des ersten Jahrtausends haben wir eine sehr klare Aussage Papst Pauls VI. und des Patriarchen Athenagoras in ihrer gemeinsamen Erklärung anlässlich der zugleich in Rom und Konstantinopel am 7. Dezember 1965 durchgeführten „Aufhebung" der Exkommunikationen des Jahres 1054. Dort heißt es: „Indem sie (d. h. Papst und Patriarch) diese Geste vollziehen, hoffen sie, dass diese Gott gefalle, der schnell bereit ist, uns zu verzeihen, wenn wir einander verzeihen, und dass sie von der ganzen christlichen Welt, vor allem aber von der gesamten Römisch-Katholischen und Orthodoxen Kirche gewürdigt werde als Ausdruck eines ehrlichen beidseitigen Willens zur Versöhnung und als Einladung, im Geist des Vertrauens, der gegenseitigen Achtung und Liebe den Dialog fortzusetzen, der sie mit der Hilfe Gottes dahin bringen wird, zum größeren Heil der Seelen und zum Anbruch des Reiches Gottes von neuem in der vollen Gemeinschaft des Glaubens, der brüderlichen Eintracht und des sakramentalen Lebens zu leben, wie sie im Lauf des ersten Jahrtausends des Lebens der Kirche zwischen ihnen bestand."[26] „Wie eine echte Wiederherstellung der Einheit aussehen soll, wurde bislang nie so klar und deutlich in einem offiziellen Dokument der Kirche gesagt wie in der gemeinsamen Erklärung zwischen Papst

---

[25] Ebd.

[26] Tomos Agapis, Nr. 127.

und Patriarch vom 7. Dezember 1965“, betont W. de Vries,[27] der bei einer anderen Gelegenheit in Wien versicherte: „Wir wollen nicht eine Rückkehr ins Vaterhaus, sondern die Union, die Wiederherstellung der Einheit des ersten Jahrtausends.“[28] Also die Quellen unserer Kirchengeschichte, und zwar unserer gemeinsamen Kirchengeschichte des Ostens und des Westens aus den ersten Jahrhunderten, können uns helfen – nicht nur die Quellen bis zum Hochmittelalter bzw. bis zu Thomas von Aquin, den Kardinal Walter Kasper als „Ausgangspunkt und Grundlage“ seiner Überlegungen zum Bischofsamt generell und im Anschluss daran auch zum Papstamt voraussetzen will.[29] Aber auch Kardinal Walter Kasper selbst betonte in Graz, dass der von Papst Johannes Paul II. gewünschte „ökumenische[r] Dialog nur dann sinnvoll geführt werden kann, wenn er zu einer neuen geschichtlichen Gestaltwerdung des Petrusamtes führt, die vermutlich der Gestalt, welche es im ersten Jahrtausend hatte, nahekommen bzw. sie in einer den gewandelten Zeit- und Kirchenverhältnissen entsprechenden Weise erneuern wird.“[30] Walter Kasper weiß selbst, dass im ersten Jahrtausend die communio-Ekklesiologie war, welche im 11. Jahrhundert im Westen zur „Einheits-Ekklesiologie unter dem Papst“ gewandelt wurde.[31]

* * *

Aus dem bisher Gesagten gewinnt man den Eindruck, dass Joseph Ratzinger sich dem Thema der Beziehungen zwischen der römisch-katholischen Kirche und der Orthodoxie in ganz besonderer Weise widmet. Es ist so, als ob er doch die Beziehungen zwischen diesen Kirchen als positiver beurteilt, als die Beziehungen mit den Kirchen aus der Reformation. Es gibt aber auch einen anderen wichtigen Grund für die Gesamtökumene. Er sucht auch einen Ausgleich für

---

[27] Wilhelm de Vries, *Kirche der Vielgestalt – Entwicklung der Kirche in Ost und West*, Recklinghausen 1968, 87.

[28] In: Pro Oriente (Hg.), Auf dem Weg zur Einheit des Glaubens (s. Anm. 7), 88.

[29] Walter Kasper, *Zur Theologie und Praxis des bischöflichen Amtes*, in: Bernhard Körner – Maria Elisabeth Aigner – Georg Eichberger, *Bischofsbestellung. Mitwirkung der Ortskirche?* Mit einer kommentierten Bibliographie zum Thema Demokratie in der Kirche von P. Inhoffen und M. Hölzl, Graz 2000, 19.

[30] Ebd., 31 f.

[31] Kasper, Das Petrusamt als Dienst der Einheit (s. Anm. 21), 115.

die Gesamtökumene, d.h. weg von einer einseitigen Ökumene im Westen hauptsächlich zwischen der römisch-katholischen und der Evangelischen Kirche.

Prof. Joseph Ratzinger kannte nicht nur die ostkirchliche orthodoxe Theologie, sondern er war auch überzeugt, dass für die allgemeine ökumenische Bewegung die Mitwirkung der Orthodoxen Kirche sinnvoll und erforderlich ist. Die Mitwirkung der Orthodoxen Kirche an der Ökumene wäre eine notwendige Bereicherung der ökumenischen Arbeit. Dass im Westen, vor allem in Deutschland, lange das Hauptgewicht der Beschäftigung für die Einheit der Kirche zwischen Katholiken und Protestanten lag, stellt Joseph Ratzinger in seinem Vorwort zum Buch „Orthodoxe Kirche und Katholizismus", das auf die Verfasserschaft des orthodoxen Theologen und Metropoliten, jetzigen Erzbischofs von Australien, Stylianos Harkianakis, zurückgeht, in überzeugender Weise fest:

Für die katholische Theologie in Deutschland hieß Ökumene sehr lange nur katholisch-protestantisches Gespräch. Die Ostkirche schien auf einem anderen Stern zu wohnen, räumlich und geistig so gut wie unerreichbar. Allenfalls begeisterte man sich gelegentlich an dem fremdartigen Glanz und der alten Würde ostkirchlicher Liturgie, aber solche Begeisterung galt dem Fremden und Fremdbleibenden. Ein stiller Hochmut war gewiss auch am Werk, der allein westliches Denken auf der Höhe heutigen Fragens wähnte und sich berechtigt hielt, ruhig abzuwarten, bis auch der Osten auf diese Höhe vorrücken würde. Inzwischen ist gottlob vieles anders geworden. Das Eintreten der Orthodoxie in den Weltkirchenrat hat die lebendige Gegenwartskraft von Glaube und Überlieferung der Ostkirche in einem Forum deutlich werden lassen, in dem man dafür angesichts der Dominanz des angelsächsischen Geistes wenig Resonanz erwartet hatte. Vieles, was dem katholisch-protestantischen Dialog versagt geblieben war, schien hier auf Anhieb zu gelingen: Dass Schrift und Überlieferung zusammengehören,[32] *der alte Streitpunkt, das*

[32] Tatsächlich wurde dieses große Missverständnis, das der Ausdruck *sola scriptura* verursacht hat und zwar als eine der Hauptdifferenzen zwischen der Evangelischen Welt und der Römisch-Katholischen und der Orthodoxen Kirche, im Offiziellen Theologischen Dialog zwischen der Gesamtorthodoxie und dem Lutherischen Weltbund bereinigt. Im auf Kreta im Jahre 1987 verabschiedeten gemeinsamen Dokument wird dies klargestellt. Vgl. Grigorios LARENTZAKIS, *Die Bedeutung der Heiligen Schrift und der Tradition in der Kirche. Orthodox-Lutherischer Dialog*, in: Ökumenisches Forum 26/27 (2003/2004) 165–184.

fand nun hier einhellige Zustimmung; auch die katholische Sakramentenlehre, das Zueinander von Gnade, Freiheit, Werk und reinem Umsonst der göttlichen Huld, die Verehrung der Gottesmutter – all dies wurde viel freundlicher und verstehender aufgenommen, da es von der Orthodoxie kam, als wenn es im klassischen Gegenüber des jahrhundertelangen Streits von Katholizismus und Reformation vorgetragen wurde. Der ökumenische Dialog hatte durch das Hereintreten des dritten Partners an Weite und Tiefe, aber auch an Hoffnung gewonnen.“[33]

Er hat also maßgeblich dazu beigetragen, dass im Westen der Blickwinkel Richtung Osten geöffnet wurde. Diese eindringliche Feststellung der Notwendigkeit einer Erweiterung des Blickwinkels Richtung Orthodoxie konnte gemacht werden, weil Joseph Ratzinger auch die Theologie des Ostens kennt und besonders schätzt.

Er hat konsequenterweise sehr viel aus dem Glaubensschatz der Ostkirche in seine Theologie eingearbeitet und im Westen vermittelt. Er hat die patristische Theologie des Ostens intensiv studiert[34] und überhaupt die Theologie und das Leben der Orthodoxen Kirche auch durch persönliche Beziehungen kennengelernt, wie er selbst immer wieder betonte: Das bedeutet, dass er auch als Papst nicht all das, was er als Theologe erarbeitet hat, vergessen hat. Seine Zuneigung zur Orthodoxen Kirche, die nicht nur emotionell, sondern auf Wissen fundiert war, hat er immer wieder privat und öffentlich bezeugt. So z. B. in der Ökumenischen Vesper am 12. September 2006 anlässlich seines Besuches in Regensburg. In seiner Predigt im Dom von Regensburg war auffallend, wie er die Orthodoxe Kirche schätzt und „lieben gelernt“ hat und wie er mit theologischem Wissen, aus der Trinitätstheologie des Ostens begründet, sagt: „Liebe Brüder und Schwestern in Christus! Wir sind versammelt, Orthodoxe, Katholiken und evangelische Christen – und jüdische Freunde sind mit uns –, wir sind versammelt, um gemeinsam das Abendlob Gottes zu singen […]

Ganz herzlich möchte ich zunächst die Teilnehmer an dieser Vesper begrüßen, die aus der orthodoxen Kirche kommen. Ich betrachte es immer als ein großes Geschenk der Vorsehung, dass ich als Professor in Bonn in zwei jungen Archimandriten, den späteren Metropoliten

---

[33] Stylianos Harkianakis, *Orthodoxe Kirche und Katholizismus*, München 1975, 7 ff.

[34] Joseph Ratzinger/Benedikt XVI., *Theologische Prinzipienlehre. Bausteine zur Fundamentaltheologie*, Donauwörth ^{2}2005, 146.

Stylianos Harkianakis und Damaskinos Papandreou, die orthodoxe Kirche sozusagen persönlich, in Personen kennen- und so lieben lernen durfte. In Regensburg kamen dank der Initiativen von Bischof Graber neue Begegnungen hinzu: bei den Symposien auf dem Spindlhof und durch die Stipendiaten, die hier studiert haben. Ich freue mich, manche altvertraute Gesichter wiedersehen zu dürfen und alte Freundschaften neu belebt zu finden. In wenigen Tagen wird in Belgrad der theologische Dialog wieder aufgenommen werden über das Grundthema der Koinonia, der Gemeinschaft – in den zwei Dimensionen, die uns der erste Johannes-Brief gleich zu Beginn im ersten Kapitel benennt: Unsere Koinonia ist zunächst Gemeinschaft mit dem Vater und seinem Sohn Jesus Christus im Heiligen Geist; sie ist die vom Herrn durch seine Menschwerdung und die Geistsendung ermöglichte Gemeinschaft mit dem dreifaltigen Gott selbst. Diese Gottesgemeinschaft schafft dann auch die Koinonia untereinander, als Teilhabe am Glauben der Apostel und so als Gemeinschaft im Glauben, die sich in der Eucharistie verleiblicht und über alle Grenzen hin die eine Kirche baut (vgl. 1 Joh 1,3). Ich hoffe und bete, dass diese Gespräche fruchtbar sind und dass die uns verbindende Gemeinschaft mit dem lebendigen Gott, die Gemeinschaft in dem von den Aposteln überlieferten Glauben sich vertieft und zu jener vollen Einheit reift, an der die Welt erkennen kann, dass Jesus Christus wahrhaft der Gesandte Gottes, Gottes Sohn ist, der Heiland der Welt (vgl. Joh 17,21). ‚Damit die Welt glaube', müssen wir eins sein: Der Ernst dieses Auftrags muss unseren Dialog beseelen."

Tatsächlich erlebten wir diese Herzlichkeit auch ganz persönlich, wir, die Orthodoxen, die zu diesem Papstbesuch eingeladen waren, ganz besonders im Dom von Regensburg unmittelbar nach dem Ende der Ökumenischen Vesper: Ich stand mit Prof. Evangelos Theodorou aus Athen Spalier, genauso wie alle anderen, als der Papst in liturgischer Prozession hinausging. Als er an uns vorbei ging und uns sah, hat er die Prozession kurz verlassen und ist direkt zu uns gekommen, blieb stehen, gab uns die Hand und fragte, wie es uns geht und ging wieder zurück Richtung Sakristei … Das waren tatsächlich Momente der Herzlichkeit und der Offenheit, nicht nur formelle Höflichkeitsgesten! Und genau das haben wir auch gespürt.

Ähnlich persönliche Erfahrungen habe ich in Konstantinopel erlebt, als er seinen Amtsbruder, den Ökumenischen Patriarchen Bartholomaios, vom 28.–30. November 2006 besuchte.

Diese Begegnung möchte ich ebenfalls kurz erwähnen und seine

Rede dort ein wenig kommentieren, denn auch diese Begegnung stellt m. E. ein beredtes Zeugnis der bereits erreichten tiefen Gemeinschaft zwischen unseren zwei Schwesterkirchen dar.

Bei diesem Besuch in Konstantinopel bei seinem Amtsbruder waren nicht nur seine Äußerungen wichtig, sondern auch seine ganze Haltung, seine Gesten und seine aktive Teilnahme an der Liturgie. Es war keine volle Communio, keine Konzelebration, aber all das waren sprechende Zeugnisse seiner inneren Haltung und bewussten Zuneigung zur Orthodoxie, als Zuneigung zu einer Schwesterkirche. Ich habe die Freude und die Ehre gehabt, als geladener Gast in persönlicher Vorstellung durch den Ökumenischen Patriarchen Bartholomaios und in der kurzen Begegnung mit dem Papst selbst diese geschwisterliche, fröhliche Atmosphäre zu erleben. Die beiden Kirchenoberhäupter zeigten sich nicht nur in einer protokollarischen Amtshandlung, sondern sie strahlten die Freude der wiedergefundenen Brüderlichkeit aus, der Hauptvertreter von zwei Schwesterkirchen. Das Foto mit der spontanen Bewegung der gehaltenen, in die Höhe gehobenen Hände der zwei Großhierarchen, auf dem Balkon des Patriarchates, das um die Welt ging, manifestiert in eindrucksvoller Weise nicht nur die Gefühle der „Zwei", sondern auch die Widerspiegelung dieser Freude in den Gesichtern aller Anwesenden und Mitfeiernden. Es mag sein, dass diese Kommentare subjektive, private Eindrücke zum Ausdruck bringen, aber in der Ökumene spielen auch die persönlichen Eindrücke, Empfindungen und Gefühle keine geringe Rolle. Sie haben mindestens die gleiche, wenn nicht eine größere Bedeutung für den ökumenischen Erfolg, wie die unterzeichneten Konsensdokumente.

In seiner Rede während der hl. Liturgie zum hl. Andreasfest am 30. November 2006 in der Patriarchalkirche erinnerte der Papst an die frühkirchliche Situation der Berufung der Apostel durch Jesus und dass Andreas seinen Bruder Petrus zu Jesus brachte: *„Diese Göttliche Liturgie, die am Fest des heiligen Apostels Andreas, des Schutzheiligen der Kirche von Konstantinopel, gefeiert wurde, führt uns zur Urkirche zurück, in die Zeit der Apostel. Das Markus- und das Matthäusevangelium berichten, wie Jesus die beiden Brüder Simon, dem Jesus den Beinamen Kephas oder Petrus gab, und Andreas berufen hat: ‚Kommt her, folgt mir nach! Ich werde euch zu Menschenfischern machen' (Mt 4,19; Mk 1,17). Das vierte Evangelium zeigt darüber hinaus Andreas als den Erstberufenen, ‚ho protoklitos', wie ihn die byzantinische Tradition nennt. Es ist Andreas, der seinen Bruder Simon zu Jesus* *führt (vgl. Joh 1,40ff.).*" Diese Einleitung seiner Festrede war nicht zufällig. Sie diente als solides ekklesiologisches Fundament, um die Bedeutung der Kirche von Konstantinopel besonders hervorzuheben. Er ist zu einer apostolischen Kirche, zu einer Schwesterkirche der Kirche von Rom gegangen! Die Erinnerung an die Zeit der Apostel und an die enge Beziehung zwischen Petrus und Andreas, ja sogar, dass Andreas Petrus zu Jesus brachte, war die Stütze, um sofort die Beziehung der Nachfolger dieser Apostel, des Apostels Andreas in der Person des Ökumenischen Patriarchen Bartholomaios und des Nachfolgers des Apostels Petrus in seiner Person, als eine natürliche Konsequenz besonders zu betonen. Die Parallelität war sehr direkt und intensiv. Man hatte den Eindruck, dass in der Darstellung des Papstes zweitausend Jahre dazwischen keine Rolle spielten und dass fast keine Zwischenzeit gewesen wäre, ja dass es inzwischen fast keine Probleme und keine Schismata gegeben hätte! „*Unsere brüderliche Begegnung unterstreicht die besondere Beziehung, welche die Kirchen Roms und Konstantinopels als Schwesterkirchen miteinander verbindet.*" Der Papst spricht in der präsentischen Form. Wie hätte er anders formulieren können, wenn tatsächlich die volle Communio zwischen den beiden Kirchen bereits eine Realität gewesen wäre?! Natürlich weiß der Papst auch, dass dem so nicht ist. Aber er erinnert an die vielen positiven Schritte, die bereits geschehen sind, u.a. die Begegnung Papst Pauls VI. mit dem Ökumenischen Patriarchen Athenagoras in Jerusalem im Jänner 1964 und vor allem ihren „*einzigartigen und unvergesslichen Schritt: Sie tilgten aus dem Gedächtnis der Kirche die tragischen gegenseitigen Exkommunikationen des Jahres 1054*". Es war klar und sie wussten es auch, dass damit nicht die volle Communio zwischen den beiden Kirchen wiederhergestellt werden konnte, denn diese Exkommunikationen haben auch nicht das endgültige Schisma zwischen den beiden Kirchen verursacht, es auch nicht fixiert![35]

Diese Exkommunikationen haben den persönlichen Charakter eines Koalitionsmisserfolgs! Niemand hat die Absicht gehabt, jeweils die andere Hälfte der Kirche zu exkommunizieren.[36] Obendrein war

---

[35] Prof. Suttner spricht sogar von „Mythos". Vgl. Ernst Christoph SUTTNER, *Der Mythos vom „Großen Schisma" im Jahr 1054. Zum Verhältnis zwischen den Kirchen lateinischer und byzantinischer Tradition vor und nach dem angeblichen Wendepunkt*, in: Catholica 58 (2004) 105–114.

[36] Grigorios LARENTZAKIS, Τά ἀναθέματα τοῦ 1054 καί ἡ „ἄρση" αὐτῶν. *Συνέπειες στήν πορεία πρός τήν πλήρη κοινωνία μεταξύ τῆς Ὀρθοδόξου*

der Papst in der Zeit der Exkommunikationen schon monatelang tot! Aber trotzdem: durch den gemeinsamen Akt der „Aufhebung" dieser Exkommunikationen wurde eine ganz neue Situation geschaffen: „*Auf diese Weise bestätigten sie eine entscheidende Veränderung unserer Beziehungen.*" Der Papst formuliert vorsichtig: Nach diesem Akt der beiden Vorgänger, Papst Pauls VI. und des Ökumenischen Patriarchen Athenagoras ist *eine entscheidende Veränderung* passiert. Früher hat Prof. Ratzinger die Konsequenzen dieser „Aufhebung" in Wien im Jahre 1974 konkreter kommentiert: Joseph Ratzinger damals wörtlich: „Das Symbol der Spaltung ist durch das Symbol der Liebe ersetzt [...] Agape und Bruderkuss sind an sich Terminus und Ritus der eucharistischen Einheit. Wo Agape als ekklesiale Realität ist, muss sie zu eucharistischer Agape werden. Darauf hat alles Bemühen abzuzielen."[37] Das Symbol der Spaltung wurde aus dem Gedächtnis und der Mitte der Kirche entfernt und dem Vergessen anheimgestellt. Und Joseph Ratzinger auch dazu: „Dem Rechtsfaktum des Vergessens muss das reale geschichtliche Faktum eines neuen Gedächtnisses folgen. Das ist der unausweichliche, zugleich rechtliche und theologische Anspruch, der in dem Geschehen des 7. Dezember 1965 beschlossen liegt." Natürlich wusste auch Joseph Ratzinger: „Die Kommuniongemeinschaft ist freilich nicht hergestellt."[38] Aber wer sollte die Initiative ergreifen, damit „dem Rechtsfaktum des Vergessens das reale geschichtliche Faktum eines neuen Gedächtnisses folgen [kann]"?

Nach der „Aufhebung" der Exkommunikationen sind sehr viele positive Schritte beiderseits unternommen worden, die auf die volle Communio hinzielten, aber nie zu Ende geführt wurden! Prof. Joseph Ratzinger kennt alle diese Entwicklungen, die positiven und die Rückschläge, und er äußert auch darüber seine Empfindungen: „Wer die Dokumente liest, die im Tomos Agapis als Spiegelung des zwischenkirchlichen Geschehens von zwölf Jahren gesammelt sind, wird sich am Ende schwerlich einer gewissen Melancholie entziehen können: Er erlebt einen zögernden und verhaltenen Beginn, ein dramatisches Ansteigen zu einem Fortissimo der Hoffnungen, der Nähe, so dass der Augenblick der vollen Vereinigung zum Greifen nahe scheint; aber eine bestimmte Schwelle wird nicht überschritten und so wirken die

---

καί τῆς Ρωμαιοκαθολικῆς ἐκκλησίας, in: *Ἐπιστημονική Παρουσία Ἑστίας θεολόγων Χάλκης*, Bd. 7, Athen 2010, 447–484.

[37] Ratzinger, Anathema – Schisma (s. Anm. 7), 110.

[38] Ebd.

letzten Texte wie ein Abklingen, das nicht alle Zuversicht aufgibt, aber doch eine Bescheidung spürbar werden lässt, die weitab ist von den Momenten, in denen die Bewegung auf ihrem Höhepunkt steht. Der Leser fragt sich, was für Folgerungen eigentlich aus der Aufhebung der Bannflüche des Jahres 1054 hervorkommen und ob es überhaupt Folgerungen von einigem Gewicht gibt."[39] Professor Joseph Ratzinger kennt also diese Fragen und er hat sie damals mutig und richtig beantwortet, ohne selbst die Konsequenzen seiner damaligen Antworten verwirklichen zu können. Aber auch Papst Benedikt XVI. hat sicherlich diese Fragen und seine damaligen Antworten nicht vergessen, er kennt sie sicher, wie auch die gegebenen Antworten. Zwischen der Zeit des Prof. Ratzinger und der Zeit des Papstes Benedikt XVI. gab es allerdings einen sehr großen Unterschied: Papst Benedikt XVI. konnte alles unternehmen, um die Verwirklichung des damals immer wieder ausgesprochenen Willens zu fördern und noch mehr. Er konnte die ihm bekannten Bedingungen erfüllen, damit die ausgesprochenen ökumenischen Ziele realisiert werden. Die Welt wartete darauf, die Christen unserer Kirchen hofften ebenfalls. Es wiederholte sich doch wieder eine „Melancholie"!

In seiner Rede, also in Konstantinopel, sprach er von der positiven Änderung der Beziehungen der zwei Schwesterkirchen. Er wiederholte auch seinen Willen alles daran zu setzen, dass die volle kirchliche Gemeinschaft gefördert wird. Das Ziel wiederholte er unmissverständlich: Die „*Wiederherstellung der vollen Gemeinschaft zwischen der Kirche von Rom und der Kirche von Konstantinopel*" und er versicherte, „*daß die katholische Kirche bereit ist, alles in ihrer Macht stehende zu tun, um die Hindernisse zu überwinden und zu diesem Zweck gemeinsam mit unseren orthodoxen Brüdern und Schwestern nach immer wirksameren Mitteln der pastoralen Zusammenarbeit zu suchen.*" Einerseits betonte der Papst, dass die katholische Kirche bereit ist, die Hindernisse zu überwinden! Andererseits macht der Papst mit einem Nebensatz eine Einschränkung: „*alles in ihrer Macht stehende*". Warum dieser Zwischensatz? Bedeutet das: Ich will, ich bin bereit alles zu tun, damit die Hindernisse überwunden werden, jedoch nur *alles in meiner Macht stehende?* Wer relativiert also seinen festen Willen dazu? Die Nicht-Realisierung dieses Versprechens verleitet mich zu dieser Interpretation. Oder übertreibe ich?

Im Anschluss daran betont Papst Benedikt XVI. in seiner Rede in

---

[39] Ebd., 101.

Konstantinopel die Notwendigkeit der Zusammenarbeit zur Stärkung des Bewusstseins der christlichen Wurzeln Europas und zur Überwindung der konkreten Probleme der Säkularisierung. All das kann durch die gemeinsame Förderung der christlichen Einheit geschehen, entsprechend dem letzten Willen des Herrn. Überraschend für mich wird die Zusammenarbeit von heute als Folge des Auftrags Jesu an die zwei Apostel Petrus und Andreas begründet, wobei hier die *„universale Verantwortung“* des Apostels Petrus in alter, fast apologetischer Diktion besonders hervorgehoben wird! War das notwendig? Er weiß doch, dass *„das Thema des universalen Dienstes Petri und seiner Nachfolger unglücklicherweise unsere Meinungsverschiedenheiten hervorgerufen hat, die wir zu überwinden hoffen, auch dank des theologischen Dialogs, der jüngst wieder aufgenommen wurde“*. Wäre es hier nicht sehr hilfreich, seine Position und seine früheren Lösungsvorschläge für den Theologischen Dialog noch einmal in Erinnerung zu rufen? Immerhin, erinnerte er aber auch an den Vorschlag seines Vorgängers, *„in einen brüderlichen Dialog einzutreten, mit dem Ziel, Wege zu finden, wie das Petrusamt – unter Wahrung seiner Natur und seines Wesens – heute ausgeübt werden könnte, um ‚einen von den einen und anderen anerkannten Dienst der Liebe zu verwirklichen‘ (Ut Unum Sint 95). Es ist heute mein Wunsch, an diese Einladung zu erinnern und sie zu erneuern.“*

Interessant ist die Interpretation der Rolle des Apostels Andreas bei der Mission als *„die Begegnung zwischen dem Urchristentum und der griechischen Kultur“*. *„Wir müssen zutiefst dankbar sein für das Erbe, das aus der fruchtbaren Begegnung zwischen der christlichen Botschaft und der griechischen Kultur hervorgegangen ist. Das hatte eine bleibende Wirkung auf die Kirchen des Ostens und des Westens. Die griechischen Kirchenväter haben uns einen wertvollen Schatz hinterlassen, aus dem die Kirche weiterhin alte und neue Reichtümer schöpft (vgl. Mt 13,2).“* Diese Feststellungen des Papstes waren und sind bis heute im Westen nicht selbstverständlich! Diese Bewusstmachung kann zur Lösung von vielen theologischen Fragen von heute nur hilfreich sein. Und wir wissen und wir müssen es betonen: Es geht nicht um die Hervorhebung von nationalistischen Tendenzen im heutigen Sinne, auch nicht um eine vermeintliche Hellenisierung des Christentums.

Am Ende seiner Rede verweist der Papst noch einmal sehr deutlich auf das gemeinsame Ziel unserer ökumenischen Bemühungen, d.h. auf die volle kirchliche und sakramentale Communio unserer Kirchen, die in der gemeinsamen Teilnahme an der hl. Eucharistie zum

Ausdruck kommt: „*Mögen unser Gebet und unsere tägliche Arbeit von der brennenden Sehnsucht beseelt sein, nicht nur bei der Göttlichen Liturgie anwesend zu sein, sondern sie gemeinsam feiern zu können, um an dem einen Tisch des Herrn teilzunehmen und miteinander dasselbe Brot und denselben Kelch zu teilen. Möge unsere heutige Begegnung als Anstoß und Vorfreude auf das Geschenk der vollen Gemeinschaft dienen. Der Geist Gottes begleite uns auf unserem Weg!*“

Der Friedenskuss und das Beten des Vaterunsers während der Feier der hl. Eucharistie manifestierten sehr deutlich nicht nur den festen Willen, sondern auch die bereits erreichte Tiefe der Gemeinschaft, die als Vorläufer und Angeld der vollen Communio charakterisiert werden können.

Hier möchte ich auch einige Bemerkungen zur *Gemeinsamen Erklärung von Papst Benedikt XVI. und Patriarch Bartholomaios* vom 30. November 2006 in Konstantinopel machen. Auch in dieser gemeinsamen Erklärung wird einerseits die bisher erreichte Gemeinschaft deutlich zum Ausdruck gebracht, andererseits das Ziel der vollen Communio noch einmal bekräftigt: „*Wir danken dem Urheber alles Guten, der uns noch einmal gewährt, im Gebet und im Austausch unsere Freude darüber zum Ausdruck zu bringen, daß wir uns als Brüder fühlen, und unser Engagement im Hinblick auf die volle Gemeinschaft zu erneuern.*“ Jeder Zweifel, dass die beiden Kirchen keine uniforme Gemeinschaft anstreben, wird hier zerstreut. Die Einheit in der Vielfalt wird deutlich formuliert, die „,*in der vollkommenen Treue zu dem einen Herrn Jesus Christus und in einem gegenseitigen Respekt der ihnen eigenen Traditionen verwurzelt sein muss‘ (Tomos Agapis, 195)*“. Das Ziel des begonnen Theologischen Dialogs wird noch einmal bekräftigt: „*in dem erklärten Ziel verbunden, die volle Einheit wiederherzustellen*“. Das Ziel ist aber noch nicht erreicht und deshalb müssen noch viele Initiativen ergriffen werden, indem auch die Konsequenzen aus dem Erreichten gezogen werden, was leider bis jetzt nicht geschehen ist. So z. B. nach der „Aufhebung“ der Exkommunikationen des Jahres 1054: „*Was die Beziehungen zwischen der Kirche von Rom und der Kirche von Konstantinopel betrifft, dürfen wir den feierlichen kirchlichen Akt nicht vergessen, durch den die alten gegenseitigen Exkommunikationen, die jahrhundertelang die Beziehungen zwischen unseren Kirchen negativ beeinflusst haben, aus dem Gedächtnis getilgt wurden. Wir haben aus diesem Akt noch nicht alle positiven Konsequenzen gezogen, die daraus hervorgehen können für unseren Weg zur vollen Einheit, zu dem die Gemischte Kommission einen wichtigen Beitrag leisten soll. Wir ru-*

fen unsere Gläubigen auf, durch das Gebet und durch aussagekräftige Zeichen an diesem Prozess aktiv teilzunehmen." Wer soll aber hier die Initiativen für die möglichen und notwendigen Schritte ergreifen? Natürlich muss nicht immer und alles von den obersten Stellen unserer Kirchen kommen und jeder kleinste Schritt immer genehmigt werden! Die Entscheidungen unserer Kirchen sind bekannt, das angegebene Ziel ebenfalls. Deshalb haben unsere Gläubigen bzw. unsere kirchlichen Organisationen und Institutionen, nicht zuletzt auch unsere Theologischen Fakultäten, für den Rezeptionsprozess wichtige Aufgaben zu erfüllen und eine gemeinsame unabdingbare Verpflichtung. Papst Benedikt XVI. hat auch die ökumenische Zusammenarbeit von Studierenden und Lehrenden der Theologischen Fakultäten hervorgehoben. 2006 lobte Benedikt XVI. den Austausch durch Besuche und Stipendien im universitären Bereich, sowie die Zusammenarbeit im Verlagswesen als „wirksames Mittel, um den Dialog zu fördern und die Liebe zu vertiefen [...]"[40]. Im selben Jahr ermutigt er in einer Ansprache an die Mitglieder des Einheitsrates, die ökumenische Bildung der Menschen zu fördern.[41] In einem Brief an Kardinal Kasper im September 2007 schreibt der Papst: „Die ökumenische Zusammenarbeit im Universitätsbereich trägt dazu bei, das Streben nach der ersehnten Gemeinschaft zwischen allen Christen lebendig zu erhalten."[42]

In der Europäischen Union müssen die christlichen Wurzeln und Werte, die relativiert wurden, wieder gestärkt werden, betonen die beiden Großhierarchen. Es ist wichtig, hervorzuheben, dass die zwei Oberhäupter unserer Kirchen auch die konkreten Probleme der Menschen in den Krisenregionen und im Bereich der Bewahrung der

---

[40] Ansprache von Benedikt XVI. an eine Gruppe Studenten und Priester des Theologischen Kollegs der „Apostoliki Diakonia" der orthodoxen Kirche Griechenlands, 27. Februar 2006: http://www.vatican.va/holy_father/benedict_xvi/speeches/2006/february/documents/hf_benxvi_spe_20060227_apostoliki-diakonia_ge.html, [abgerufen am 18.12.2008].

[41] Ansprache von Benedikt XVI. an die Teilnehmer der Vollversammlung des Päpstlichen Rates zur Förderung der Einheit der Christen, 17. November 2006: http://www.vatican.va/holy_father/benedict_xvi/speeches/2006/november/documents/hf_benxvi_spe_20061117_pc-chrstuni_ge.html, [abgerufen am 18.12.2008].

[42] Schreiben von Benedikt XVI. an Kardinal Walter Kasper anlässlich des X. interchristlichen Symposions zwischen Katholiken und Orthodoxen, 12. September 2007: http://www.vatican.va/holy_father/benedict_xvi/letters/2007/documents/hf_ben-xvi_let_20070912_simposiointercristiano_ge.html, [abgerufen am 18.12.2008].

Schöpfung mit großer Sorge erwähnen, womit sie zeigen, dass das Christentum eine existentielle Bedeutung hat und dass unsere Kirchen dafür eine gemeinsame Verantwortung haben. „*Schließlich wenden sich unsere Gedanken euch allen zu, den Gläubigen unserer Kirchen überall auf der Welt – den Bischöfen, Priestern, Diakonen, Ordensleuten, Männern und Frauen im Laienstand, die sich im kirchlichen Dienst engagieren, sowie allen Getauften. Wir grüßen in Christus die anderen Christen und versichern sie unseres Gebetes und unserer Bereitschaft zum Dialog und zur Zusammenarbeit. Wir grüßen euch alle mit den Worten des Völkerapostels: ‚Gnade sei mit euch und Friede von Gott, unserem Vater, und dem Herrn Jesus Christus' (2 Kor 1,2).*" Dieser letzte Absatz zeigt auch deutlich, dass die Förderung der Bemühungen zur Realisierung der vollen Communio nicht nur eine bilaterale Angelegenheit der zwei Kirchen darstellt, sondern alle Getauften und alle Christen überhaupt einbeziehen muss. Versuche, eine einseitige Förderung der bilateralen Beziehungen auf Kosten der Gesamtökumene zu forcieren, gleich von welcher Seite sie unternommen werden, müssen vermieden werden.

Dieser Besuch von Papst Benedikt XVI. in Konstantinopel bei seinem Amtsbruder war nicht nur eine Stärkung des Patriarchates, sondern auch ein Meilenstein in den Beziehungen der zwei Schwesterkirchen.

Es wären natürlich noch viele andere Ereignisse, offizielle Besuche und Begegnungen, wie auch viele Schreiben Papst Benedikts XVI. an den Ökumenischen Patriarchen von Konstantinopel und umgekehrt zu erwähnen und zu kommentieren. All das würde aber den vorgegebenen Rahmen dieser Arbeit sprengen. Jedoch meine ich, dass auch mit dem bisher Gesagten einige Schlussfolgerungen aus der Wirkung des Papstes Benedikt XVI., und zwar auch aus seiner früheren Zeit als Theologieprofessor, herauskristallisiert werden können, die natürlich noch genauer belegt werden müssen. Ebenfalls müssen auch seine anderen Positionen zugunsten des Papsttums erwähnt und kommentiert werden. Dies kann hier nicht geschehen. Eine umfangreichere und detailliertere Arbeit wäre sinnvoll und notwendig, um die Frage nach Kontinuität und Diskontinuität im Denken und Handeln von Prof. Ratzinger, Kardinal Ratzinger und Papst Benedikt XVI. zu beantworten.[43] Trotzdem:

---

[43] Vgl. z.B. Florian Tuder, *Joseph Ratzinger / Benedikt XVI. sein Ökumeneverständnis und die Orthodoxie.* Diplomarbeit zur Erlangung des akademischen

Einige Schlussbemerkungen

1. Prof. Joseph Ratzinger war ein klassischer Theologe, der treu seiner Kirche und seiner Tradition keine Angst hatte, auch die theologischen und kirchlichen Quellen der Gesamtkirche zu studieren. Das bedeutet, dass er auch die ostkirchliche Patristik kennt, ihren Einfluss auf die heutige orthodoxe Theologie richtig einschätzt und zugleich versucht, seine westliche Theologie damit anzureichern.
2. Aufgrund seiner reichhaltigen Kenntnisse ostkirchlich-orthodoxer Theologie stellt er fest, dass im Westen der Blick Richtung ostkirchliche Theologie und Kirche unterentwickelt war. Das heißt, der Westen kennt die Orthodoxe Theologie kaum. Eher das Fremdartige und Exotische zieht zeitweise die Aufmerksamkeit auf sich, jedoch nicht das Inhaltliche und Lebendige.
3. Konsequenterweise stellt er auch fest, dass im Westen Ökumene hauptsächlich katholisch-protestantisch war, belastet mit allen historischen und politischen Ereignissen im Westen. Auch die klassischen katholisch-evangelischen Kontroversen waren festgefahren, sodass durch den Eintritt der Orthodoxie in die Ökumene viele Fragen neu behandelt wurden, denn dadurch kam der Blickwinkel des Dritten hinzu, der die Fixierungen locker machte.
4. Prof. Ratzinger erkannte durch die intensive Beschäftigung mit der ostkirchlichen Theologie, dass viele ökumenisch relevante Fragestellungen im Westen einseitig gestellt und daher auch manchmal verkürzte Antworten gegeben wurden.
5. Im Bereich der Ekklesiologie wurde von ihm auch die Bedeutung der Eucharistie für die Ekklesiologie, wie sie stark in der orthodoxen Theologie vertreten ist, erkannt und er vertrat eine gemäßigte eucharistische Ekklesiologie. D.h. überall dort, wo die Eucharistie gefeiert wird, auch in der kleinsten Ortsgemeinde, realisiert sich die Kirche Jesu Christi.
6. In der Konsequenz daraus sah er die Bedeutung der Kollegialität und der Synodalität in der Gesamtkirche des ersten Jahrtausends

---

Grades eines Magister theologiae. Eingereicht von Florian Tuder bei Univ. Prof. DDr. Grigorios Larentzakis am Institut für Ökumenische Theologie, Ostkirchliche Orthodoxie und Patrologie an der Katholisch-Theologischen Fakultät der Karl-Franzens Universität Graz, Graz 2009.

und er stellte fest, dass eine gemeinsame Berufung auf diese Strukturen des ersten Jahrtausends, vor allem in Zusammenhang mit der Lehre und der Stellung des Bischofs von Rom, ausreicht und „*mehr muss Rom nicht verlangen*".

7. Mit der Papstlehre hängt auch die Frage der „Konzilienlehre" zusammen. Wie viele Ökumenische Konzilien hat demnach die römisch-katholische Kirche im ersten und im zweiten Jahrtausend? Die Differenzierung Papst Pauls VI. zwischen den gemeinsamen Ökumenischen Konzilien des ersten Jahrtausends und *den Allgemeinen Synoden* der römisch-katholischen Kirche des zweiten Jahrtausends[44] und die differenzierten vorsichtigen Formulierungen von Joseph Ratzinger eröffnen eine neue Diskussion über den Rezeptionsprozess.[45]
8. Über die Veränderbarkeit der Papstlehre sagte Ratzinger, „dass jemand, der auf dem Boden der Katholischen Kirche steht [...] andererseits unmöglich die Primatsgestalt des 19. und 20. Jahrhunderts für die einzig mögliche und allen Christen notwendige ansehen kann." Ratzinger kann sich auch die Gründung von neuen Patriarchaten in der jetzigen Römisch-Katholischen Kirche vorstellen.[46] Wie genau, muss man noch klarstellen, um die angedeutete Nähe zu orthodoxen Positionen genauer festzustellen,[47] ebenso wie die Kontinuität dieser Frage auch im heutigen Denken von Papst Benedikt XVI.
9. Auch nur diese knappen und subjektiv formulierten Feststellungen haben große Hoffnungen gemacht, als Kardinal Dr. Joseph Ratzinger, der Präfekt der Glaubenskongregation, zum Bischof von Rom, Patriarch des Westens und Papst gewählt wurde. So habe ich selbst nach seiner Wahl meine Hoffnung gehegt, dass das, was Prof. und Kardinal Joseph Ratzinger theologisch, wissenschaftlich erarbeitet

---

[44] Grigorios LARENTZAKIS, *Konziliarität und Kirchengemeinschaft. Papst Paul VI. und die Konzilien der römisch-katholischen Kirche. Zukunftsüberlegungen*, in: Reinhard MESSNER – Rudolf PRANZL (Hg.), *Haec sacrosancta synodus. Konzils- und kirchengeschichtliche Beiträge*, Regensburg 2006, 285–316.

[45] Joseph RATZINGER, *Kirche, Ökumene und Politik*, Einsiedeln 1987, 81.

[46] Vgl. Joseph RATZINGER, *Das neue Volk Gottes. Entwürfe zur Ekklesiologie*, Düsseldorf [2]1970, 142 ff.

[47] „Die theologische Nähe zur Orthodoxie ist nach gerade zitierten Aussagen offensichtlich", stellt auch Florian Tuder fest (TUDER, Joseph Ratzinger / Benedikt XVI. sein Ökumeneverständnis und die Orthodoxie [s. Anm. 43], 53).

hat, nun als Papst Benedikt XVI. umsetzen wird. Es wäre ein Meilenstein in der Geschichte der Gesamtkirche Christi. Leider konnte er es nicht realisieren. Und das ist schmerzlich und bedauerlich! Warum konnte er nicht? Diese Frage kann hier nicht untersucht werden! War all das, was Prof. Ratzinger seit den 70er Jahren erarbeitet und offen mit Selbstkritik zum Ausdruck gebracht hatte, nur die private Meinung eines jungen Professors ohne objektive „Haltbarkeit", die sich dem Amt gegenüber beugen musste? Weil er sich einem Ganzen zur Verfügung gestellt hat? Er meinte ja selbst, dass sich die Persönlichkeit hinter die Funktion zu stellen hat, „denn wenn es die Bereitschaft nicht gibt, sich einem erkannten Ganzen unterzuordnen und sich selber in Dienst nehmen zu lassen, dann kann es keine gemeinsame Freiheit geben"[48]. Und was kann, was muss geschehen, wenn bei einem Ganzen auch Fehlentwicklungen festgestellt werden, was Professor Ratzinger überzeugend belegen konnte?[49] Kann man also behaupten, dass die fundierten Meinungen der Theologen bloß private Meinungen sind, ohne kirchliche und theologische Relevanz?

10. Unverständlich und ökumenisch nicht erklärbar, ja schädlich bleibt das Streichen des Titels „Patriarch des Westens" für den Bischof von Rom.
11. Nichtsdestotrotz! Das, was Prof. Dr. Joseph Ratzinger und Papst Benedikt XVI. gesagt, geschrieben und getan hat in Richtung Wiederherstellung der kirchlichen Einheit und insbesondere der Realisierung der vollen kirchlichen und sakramentalen Communio zwischen der römisch-katholischen und der orthodoxen Schwesterkirche, ist äußerst wertvoll und kann seine Bedeutung und seine Aktualität nie verlieren, auch wenn man fast einen inneren Kampf feststellen muss.
12. Schließlich bleibt mir die Hoffnung, dass dieses wertvolle unzweifelhafte Erbgut für seine Nachfolger und konkreter für seinen jetzigen Nachfolger Papst Franziskus seine Wirkung nicht verfehlen wird. Der neue Geist und die Dynamik des neuen Papstes Fran-

---

[48] Joseph Ratzinger/Benedikt XVI., *Salz der Erde. Christentum und katholische Kirche im 21. Jahrhundert.* Ein Gespräch mit Peter Seewald, München 2005 (Unveränderter Nachdruck), 85.

[49] Auch Kardinal Walter Kasper hat mehrfach ähnliche Feststellungen gegenüber dem „amtlichen Ganzen" gemacht! Übrigens auch in Graz.

ziskus dem „amtlichen Ganzen“ gegenüber, wie auch die ersten äußerst positiven Zeichen in der Begegnung mit dem Ökumenischen Patriarchen Bartholomaios lassen uns und mich persönlich auf konkrete, maßgebliche und mutige Schritte hoffen.

Gemischte Bilanz

Benedikt XVI. aus jüdischer Perspektive

Walter Homolka, Berlin

„Rabiater Reaktionär" oder „Mitarbeiter der Wahrheit"?

Der Rücktritt von Benedikt XVI. hat viele Fragen über das aktuelle Verhältnis der katholischen Kirche zum Judentum aufgeworfen. Die Rückschau auf das Pontifikat Benedikts fällt aus jüdischer Sicht gemischt aus. Der aschkenasische Oberrabbiner Israels, Yona Metzger, und der Oberrabbiner Roms, Riccardo di Segni, haben die Beziehungen der Judenheit mit dem Vatikan in den vergangenen acht Jahren unisono gepriesen. Ihre Hoffnungen auf eine Fortführung des bisherigen Kurses unter Franziskus überdecken jedoch, dass Rabbiner Di Segni die Approbation der Karfreitagsfürbitte im außerordentlichen Ritus durch den letzten Papst 2008 noch als „tragischen Rückschritt" bezeichnet hatte. Für den links-charismatischen amerikanischen Rabbiner Michael Lerner in San Francisco ist Benedikt XVI. hingegen von Beginn seines Pontifikats an ein „rabiater Reaktionär" und Großinquisitor gewesen, der Anführer derjenigen Kräfte, die die freiheitlichen Aspekte des Zweiten Vatikanums unterdrückt und die kreativsten Anführer der katholischen Kirche ausgeschaltet haben. In seinem Magazin „Tikkun" ließ Lerner im Frühjahr 2013 denn auch zwei katholische Kritiker Ratzingers zu Wort kommen: Matthew Fox und Andrew Harvey.[1]

Hat sich Joseph Ratzinger aber wirklich als Mann ausgezeichnet, der andere Religionen verächtlich behandelt und mit den repressivsten Elementen der katholischen Welt gemeinsame Sache gemacht hat? Die Dresdner Religionsphilosophin Hanna-Barbara Gerl-Falkovitz

---

[1] Michael LERNER, *Cardinal Ratzinger is a Lamentable Choice for Pope*, vgl.: http://www.beliefnet.com/Faiths/Catholic/2005/04/Cardinal-Ratzinger-Is-A-Lamentable-Choice-For-Pope.aspx?p=2; Ratzinger/Pope Benedict's Destructive Legacy: Two Catholic Theologians Speak Out and Call Christians to Action to Save Christianity, in: Tikkun, 12. Februar 2013.

beschreibt ihn als altbaierischen Typus: bescheiden, leise, eher unauffällig. „Seine Stärke ist ganz eindeutig seine Intelligenz, er ist oft intelligenter als seine Kritiker.“[2] Als „Mitarbeiter der Wahrheit“, als *Cooperator Veritatis*, hat sich Joseph Ratzinger stets verstanden, nicht nur als Erzbischof von München-Freising, auch in seiner Funktion als Lehrer und Theologieprofessor.

Jedem Anfang wohnt ein Zauber inne

Wenige Wochen vor dem Tod Johannes Pauls II. im April 2005 trat mir mit Joseph Kardinal Ratzinger ein würdiger und freundlicher Herr in der Glaubenskongregation entgegen, der durchaus gewillt war, die guten Beziehungen zum Judentum zu bewahren und zu pflegen. Aus eigenem Erleben kann ich sagen: im persönlichen Gespräch begegnete Benedikt XVI. einem stets interessiert, aufgeschlossen und wirklich zugewandt. Dabei überaus kenntnisreich, exzellent vorbereitet auf sein Gegenüber und überlegt in seinen Äußerungen. Ratzinger machte es sich nicht leicht in dem, was er sagte, weder sich selbst noch anderen. Das Judentum kann bei Joseph Ratzinger auf die Achtung und Wertschätzung „als Familie Jesu“ zählen. Das war ein Vermächtnis seines Vorgängers, dem Benedikt XVI. unbedingt treu bleiben wollte. Er war sich bewusst, dass er die Kraft dafür nicht aus der persönlichen Biographie würde aufbringen können, wie dies Karol Wojtyla gegeben war. Aber ich meinte zu spüren: er fühlte die Verantwortung, die Kluft zu überbrücken, die durch Jahrhunderte des Vorwurfs entstanden war, die Juden seien für Jesu Tod verantwortlich.[3]

Die Akzente der Botschaft dieses Theologen auf dem Papstthron

---

[2] Hanna-Barbara GERL-FALKOVITZ: „*Er ist keiner, der zwingt*“, in: Die Presse, 21. April 2005.

[3] In der Deutung von Mt 27,25 betont Joseph Ratzinger, dass die Schuld an Jesu Tod bei den Sadduzäern und den Befürwortern des Barrabas liege, letztlich bei Pilatus. Denn die Kapitalgerichtsbarkeit lag bei den Römern. Vgl. Joseph RATZINGER, *Jesus von Nazareth, Bd. 2: Vom Einzug in Jerusalem bis zur Auferstehung*, Freiburg 2011, 211. Dies findet Beifall bei Jacob J. NEUSNER (*Rabbi Jesus im Spannungsfeld von Theologie und Geschichtswissenschaft*, in: Jan-Heiner TÜCK [Hg.], *Passion aus Liebe. Das Jesus-Buch des Papstes in der Diskussion*, Ostfildern 2011, 110–125, hier 113.), ebenso wie bei Geza VERMES („*The pope's account of the Easter story suffers from selective interpretation*“. Review, in: The Guardian, London 12. März 2011).

waren jedoch anders gesetzt. Ratzinger verstand es als seine Aufgabe als Pontifex, die katholische Lehre so zu verkünden, wie sie ihm wichtig ist und wie er sie für wahr hält.

Die Wiederzulassung der Karfreitagsbitte im außerordentlichen Ritus

Die Wiederzulassung des Missale Tridentinum als „außerordentliche Form" des katholischen Messformulars im Juli 2007 hatte schon schwerwiegende Fragen für uns Juden aufgeworfen. Denn die jüdische Befürchtung lässt sich nicht ausräumen, dass mit der alten Messe auch die alte Ekklesiologie und die alten Ansprüche der katholischen Kirche wiederbelebt werden sollen. Folge dieser Wiederzulassung war eine nachhaltige Irritation im Verhältnis von Judentum und katholischer Kirche. Nach der Freigabe des alten Messritus als „außerordentliche Form" im Juli 2007 hatten weltweit Vertreter des Judentums eine Abänderung der alten Form dieses Gebets gefordert. Auch viele christliche Organisationen baten um Klärung: dass der Bund Gottes mit seinem Volk Israel Bestand hat *ohne Jesus*. Das Hin und Her seit Mitte 2007, ob und wie künftig am Karfreitag für die Juden gebetet würde, ließ mehr vermuten als nur einen Fehler in der Kommunikation des Vatikans. Als man im Vatikan vorstellig wurde und eine Klärung verlangte, erhielt man vom damaligen Kardinalstaatssekretär Bertone die Aussage, die Befürchtungen seien unbegründet und man sehe die Sache falsch.

Joseph Ratzingers Neuformulierung – ein Affront

Im Februar 2008 schaffte eine Neufassung von höchster Seite dann grausame Klarheit. Das eigens von Benedikt XVI. formulierte Gebet lautet[4]: „Wir wollen auch beten für die Juden, dass unser Gott und Herr ihre Herzen erleuchte, damit sie Jesus Christus erkennen als Hei-

---

[4] Walter Homolka – Erich Zenger (Hg.), *„… damit sie Jesus Christus erkennen" – Die neue Karfreitagsfürbitte für die Juden*, Freiburg 2008. Die in der Folge verhandelten Textfassungen und Kommuniqués sind auf den Seiten 15–22 dokumentiert.

land aller Menschen [...] Allmächtiger ewiger Gott, der Du willst, dass alle Menschen gerettet werden und zur Erkenntnis der Wahrheit gelangen, gewähre gnädig, dass ganz Israel gerettet werde, wenn die Fülle aller Völker in Deine Kirche eintritt." Führt der Weg zum Heil also auch für Juden letztlich über die Anerkenntnis Jesu als Heiland? In der ordentlichen Form seit den 1970er Jahren heißt es da ganz anders: „Lasset uns beten für die Juden, zu denen Gott im Anfang gesprochen hat. Er gebe ihnen die Gnade, sein Wort immer tiefer zu verstehen und in der Liebe zu wachsen." Durch die Veränderung der außerordentlichen Form des wiederzugelassenen lateinischen Messritus ist die ordentliche Form entwertet worden. Denn die durch Benedikt XVI. in Kraft gesetzte Fassung ist die neueste Form, mit der es sich kritisch auseinanderzusetzen gilt. Sie ist als offizielle *lex orandi* auch *lex credendi!* Hätte er auf die Aussage der ordentlichen Form zurückgreifen wollen, wie einfach wäre es gewesen, ihre lateinische Fassung für die tridentinische Messe vorzuschreiben.

NOSTRA AETATE oder neue Judenmission?

Walter Kardinal Kasper, damals für das Verhältnis zum Judentum zuständig, versuchte jedoch, abzuwiegeln: die Bitte um Bekehrung der Juden sei nur eine „endzeitliche Hoffnung", die katholische Kirche wolle im Diesseits keine Judenmission. Es handele sich lediglich um ein Zitat aus dem Römerbrief. Wenn der Papst nun von der Bekehrung der Juden spreche, müsse man das richtig verstehen: nämlich dass christliche Parusiehoffnung und jüdische Messiaserwartung am Ende zusammenlaufen könnten. In den 1970er Jahren hatte Kardinal Kasper den Standpunkt vertreten, dass keine Notwendigkeit bestehe, Juden zu missionieren, weil sie eine authentische Offenbarung besitzen und aus der Sicht des II. Vatikanischen Konzils im Bund mit Gott bleiben. Bedauerlicherweise war er bei der Neuformulierung der Karfreitagsfürbitte nicht konsultiert worden.

Die jüdische Reaktion war trotz aller Beschwichtigungen blankes Entsetzen, und so sagte ich ebenso wie mehrere andere jüdische Vertreter die Teilnahme am 97. Katholikentag in Osnabrück im Mai 2008 ab. Plötzlich war das Klima des Einvernehmens und gegenseitigen Vertrauens verschwunden. Daran konnte auch das verspätete Kommuniqué des Vatikanischen Staatssekretariats nichts mehr ändern.

Dort hieß es am 4. April 2008: „Der Heilige Stuhl möchte versichern, dass die neue Formulierung des Gebets, die einige Aussagen des Missale von 1962 modifiziert, nichts an dem Respekt der Katholischen Kirche gegenüber den Juden zu ändern beabsichtigt, der sich auf der Grundlage des Zweiten Vatikanischen Konzils entwickelt hat, speziell der Erklärung *Nostra Aetate* [...] Im Kontext anderer Konzilsaussagen – über die Heilige Schrift (*Dei Verbum* 14) und über die Kirche (*Lumen Gentium* 16) – legt *Nostra Aetate* die grundlegenden Prinzipien dar, die bis heute die Bande der Wertschätzung, des Dialogs, der Liebe, Solidarität und Zusammenarbeit aufrechterhalten haben. Gerade im Blick auf das Mysterium der Kirche ruft *Nostra Aetate* das einzigartige Band in Erinnerung, das das Volk des Neuen Testaments mit dem Stamm Abrahams geistig verbindet, weist jede geringschätzige oder diskriminierende Gesinnung gegen Juden zurück und distanziert sich klar von jeder Form des Antisemitismus [...].“

Jüdische Reaktionen auf Joseph Ratzingers Karfreitagsbitte

Ganz anders die jüdische Einschätzung. Die *Rabbinical Assembly of America* reagierte mit der Erklärung, das Gebet des Papstes werfe einen dunklen Schatten auf das jüdisch-katholische Verhältnis. Die damalige Präsidentin des Zentralrats der Juden in Deutschland, Charlotte Knobloch, erklärte öffentlich ihr tiefes Missvergnügen: nie hätte sie geglaubt, ein deutscher Papst könne so etwas formulieren, das Gebet müsse revidiert werden. Die Israelitische Kultusgemeinde in Österreich äußerte zu Pessach 2008 ihre Bestürzung über die vorkonziliare katholische Karfreitagsliturgie und das Wiederaufleben des Aufrufs zur Judenmission. Konsequent setzten die jüdischen Gemeinschaften Italiens, Deutschlands und Österreichs die offiziellen Beziehungen zur katholischen Kirche aus. Unter Benedikt XVI. sei der christlich-jüdische Dialog um fünfzig Jahre zurückgefallen, schrieb Venedigs Rabbiner Elio Enrico Richetti Anfang 2009 in der italienischen Jesuitenzeitschrift *Popoli:* Der Papst halte diesen Dialog für unnütz, wolle lieber, dass die Überlegenheit des christlichen Glaubens bezeugt werde[5]. Richetti kommentierte damit die Entscheidung der italienischen Rabbinerkonferenz, 2009 den „Tag des Judentums“ nicht

[5] *Papa, L'accusa del rabbino di Venezia,* in: La Repubblica vom 13. Januar 2009.

mitzugestalten, der in der katholischen Kirche Italiens jeden 17. Januar begangen wird.

Diese jüdischen Reaktionen waren weder überraschend noch überzogen. Als höhnisch müssen Juden es empfinden, wenn ausgerechnet im Umfeld von Karfreitag und Ostern die katholische Kirche wieder für die Erleuchtung der Juden bittet, damit wir Jesus als Heiland erkennen. Solche theologischen Aussagen werden in einem wirkungsgeschichtlichen Kontext getroffen, der eng verbunden ist mit Diskriminierung, Verfolgung und Tod, letztlich um unseres „Seelenheils" willen. Uns Juden geht es aber um die gleiche Augenhöhe und um die Selbstachtung gegenüber einer Kirche, die jahrhundertelang große Schuld auf sich geladen hat. Die Frage nach der Gültigkeit der Heilszusage Gottes an das jüdische Volk ist plötzlich durch die katholische Kirche in Frage gestellt. So verwundert es nicht, dass sich der Wiener Dogmatiker Jan-Heiner Tück gegen Äußerungen Kardinal Walter Brandmüllers wandte, die die Konzilserklärung *Nostra Aetate* zu relativieren schienen.[6] Der bloße Gedanke an eine Missionierung von Juden sollte eigentlich schon mit *Nostra Aetate* hinfällig geworden sein, ganz im Sinne von Johannes Paul II.: „In vollem Bewusstsein der zwischen ihnen bestehenden Bande wünscht jede Gemeinschaft, in ihrer eigenen Identität anerkannt und respektiert zu werden, außerhalb jeglichen Synkretismus und jeglicher zwielichtigen Appropriation". Im Unterschied zu Johannes Paul II. waren und sind die Juden für Joseph Ratzinger jedoch nicht „unsere älteren Brüder" gewesen, sondern lediglich „Brüder aus dem jüdischen Volk, mit dem wir durch ein großes gemeinsames geistliches Erbe verbunden sind". Das Vatikanische Staatssekretariat sprach 2008 von den Juden sogar nur noch als dem „Stamm Abrahams" und setzte ihm das „Volk des Neuen Testaments" entgegen. Hier wünschten wir uns ein deutliches Signal, dass sich Juden und Christen gleichberechtigt begegnen. Es obliegt der weiteren theologischen Diskussion, im jüdischen Nein zu Jesus Christus den Ausdruck jüdischer Treue zur eigenen Berufung und eine Voraussetzung für das Werden der Kirche zu bedenken.

---

[6] Jan-Heiner Tück, *Ist die katholische Kirche in der Moderne angekommen? Die Verbindlichkeit des Konzils und die Frage der Aussöhnung mit den Traditionalisten*, in: Neue Zürcher Zeitung, 2. Juni 2012.

Judentum: historische Reminiszenz oder lebendige Geschwister?

Die Frage bleibt, was Benedikt XVI. im Februar 2009 mit seiner Rede vor einer Delegation der „Conference of Presidents of Major American Jewish Organizations" gemeint haben mag, als er von den Juden als „Vätern des Glaubens" sprach. Praktische Relevanz für katholischen Glaubensvollzug hat sie jedenfalls keine. Das Judentum bleibt mehr historische Reminiszenz als Herausforderung und Stimulanz: Juden halten da einen Ehrenplatz, so wie man auf die Vorfahren aus grauer Vorzeit mit einem gewissen Respekt schaut. Wir wissen bis jetzt nicht schlüssig, ob Benedikt XVI. und die heutige katholische Kirche glauben, Juden seien schon bei Gott und müssten nicht erst durch Jesus Christus zum Heil gebracht werden.

In der katholischen Kirche nimmt man auch nicht wahr, dass das heutige Judentum vielgestaltig und quicklebendig ist.[7] Die Scham klingt ab, das Unrechtsbewusstsein der katholischen Kirche als Mitläufer des Dritten Reiches schrumpft. Das belastet die Offenheit und das Vertrauen der Beziehungen zwischen Katholizismus und Judentum bereits seit mehreren Jahren. Auch ohne die Wellen um Piusbruderschaft und Karfreitagsfürbitte könnte der Schluss erlaubt sein, dass die jüdische Euphorie und echte Liebe für Johannes Paul II. etwas unsanfte Bekanntschaft mit der Realität der katholischen Kirche gemacht haben, wie sie Joseph Ratzinger während seines Pontifikats wieder trennscharf herausgearbeitet hat.

Joseph Ratzingers Christus: eine Absage an den „historischen" Jesus

Seit 2007 hat Benedikt XVI. mit seiner Jesus-Trilogie den auferstandenen Christus ins Zentrum gerückt. Joseph Ratzinger war der „historische Jesus" zu mager geworden, den die Wissenschaft der letzten zwei Jahrhunderte übriggelassen hat. Das Bild, das Joseph Ratzinger von Jesus als dem „Christus" zeichnet, will gerade über die Lücken hinwegführen, die die historisch-kritische Forschung klaffend geöffnet hatte. „Die divergierenden Ergebnisse der Leben-Jesu-Forschung

---

[7] Gilbert S. Rosenthal – Walter Homolka, *Das Judentum hat viele Gesichter – Die religiösen Strömungen der Gegenwart*, Gütersloh 2000.

schufen eher Idealbilder der jeweiligen Autoren, als dass sie den wirklichen Jesus freigelegt hätten. Die Figur Jesu selbst hat sich nur umso weiter von uns entfernt [...] Die innere Freundschaft mit Jesus, auf die doch alles ankommt, droht ins Leere zu greifen." Joseph Ratzinger geht es theologisch darum, den ganzen Prozess der Schriftwerdung „von Jesus Christus her" zu betrachten. Nur der Glaube mache aus Jesus Christus diesen „Schlüssel des Ganzen" für „Altes" und für Neues Testament. Aus purer historischer Methode könne er nicht hervorkommen. Juden und Christen haben also ein gemeinsames Fundament in der Heiligen Schrift, sind aber getrennt in ihren unterschiedlichen Leseweisen. Die „Gemeinsame Schrift" bedeute noch keine substantielle Nähe von Juden und Christen. Da Joseph Ratzinger ins Zentrum seines ersten Bandes *Jesus von Nazareth. Von der Taufe im Jordan bis zur Verklärung* ein Andachtsbild von Jesus als dem „Christus" gestellt hat, das gerade über die Lücken hinwegführen soll, die die historisch-kritische Forschung klaffend geöffnet hatte, ist sein Werk nur auf wenig ernsthaftes Interesse auf Seiten jüdischer Wissenschaftler gestoßen. Ratzinger wiederum bezieht sich auf den amerikanischen Religionswissenschaftler und Judaisten Jacob Neusner als jüdischen Gesprächspartner. Kardinal Christoph Schönborn hob bei der Buchpräsentation in Rom hervor, dass es Jacob J. Neusner gewesen war, der den Pontifex durch sein Buch „Ein Rabbi spricht mit Jesus" zu seinem neuen Werk angeregt habe.[8] Dieser bemerkt zu dem Faktum, Teil einer literarischen Disputation mit dem Papst geworden zu sein: „Disputation went out of style when religions lost their confidence in the power of reason to establish theological truth [...] The heritage of the Enlightenment with its indifference to the truth-claims of religion fostered religious toleration and reciprocal respect in place of religious confrontation and claims to know God [...] For the past two centuries Judeo-Christian dialogue served as the medium of a politics of social conciliation, not religious inquiry into the convictions of the other."[9] Ratzinger dagegen sei – ebenso wie Neusner selbst – ganz entgegen dem Trend ein „truth-seeker". Allerdings müsse man als christlicher Disputant dann damit fertig werden, dass Neusner Jesus nicht gefolgt wäre: „I explain in a very straightforward

[8] Vgl. *Schönborn: Jesus-Bild der Evangelien ‚historisch zuverlässig'*, http://www.ots.at/presseaussendung/OTS_20070413_OTS0246/schoenborn-jesus-bild-der-evangelien-historisch-zuverlaessig.

[9] Jacob NEUSNER, *My Argument with the Pope*, in: Jerusalem Post, 29. Mai 2007.

and unapologetic way why, if I had been in the Land of Israel in the first century and present at the Sermon on the Mount, I would not have joined the circle of Jesus' disciples. I would have dissented, I hope courteously, I am sure with solid reason and argument and fact. If I heard what he said in the Sermon on the Mount, for good and substantive reasons I would not have become one of his disciples."[10]

Man muss Ratzinger zugutehalten, dass er seiner Glaubenshaltung überhaupt eine jüdische Position gegenüberstellt, doch es hätte dieses Buch ungemein bereichert, wenn es in seiner Beschäftigung mit der jüdischen Position nicht diesen einen singulären Bezug gewählt hätte. Ich nehme es als Indiz, dass dem Theologen auf dem Papstthron die reiche jüdische Leben-Jesu-Forschung kein wirkliches Anliegen gewesen ist, als er sein Jesusbild entfaltete. Joseph Ratzinger geht es darum, den Prozess der Schriftwerdung „von Jesus Christus her"[11] zu betrachten. Aus diesem Blickwinkel könne man erkennen, dass im Ganzen eine Richtung liege und „Altes Testament und Neues Testament zusammengehören". Hätten die Christen sich vom Alten Testament verabschiedet, wie Adolf von Harnack in der Nachfolge Marcions gefordert hat, „unser Neues Testament wäre in sich sinnlos"[12]. „Es ist klar, dass ein Abschied der Christen vom Alten Testament nicht nur, wie vorhin angedeutet, das Christentum selbst aufheben müsste, sondern auch dem positiven Verhältnis zwischen Christen und Juden nicht dienen könnte, weil ihnen eben das gemeinsame Fundament entrissen würde", sagte Joseph Ratzinger in seinem Vorwort zur Stellungnahme der Päpstlichen Bibelkommission von 2001, „Das Jüdische Volk und seine Heilige Schrift in der christlichen Bibel". Gleichzeitig entspricht die christliche Hermeneutik des Alten Testaments, die zweifellos von

---

[10] Ebd.

[11] Joseph Ratzinger, *Jesus von Nazareth, Bd. 1: Von der Taufe im Jordan bis zur Verklärung*, Freiburg 2007, 17.

[12] Vorwort Joseph Ratzingers, in: *Das jüdische Volk und seine Heilige Schrift in der christlichen Bibel – 24. Mai 2001*, hg. von der Deutschen Bischofskonferenz (= Verlautbarungen des Apostolischen Stuhls 152), Bonn 2001, 3–8. Das hier vorzustellende Dokument der Päpstlichen Bibelkommission sagt darüber: „Sans l'Ancien Testament, le Nouveau Testament serait un livre indéchiffrable, une plante privée de ses racines et destinée à se dessécher." [Ohne das Alte Testament wäre das Neue Testament ein Buch, das nicht entschlüsselt werden kann, wie eine Pflanze ohne Wurzeln, die zum Austrocknen verurteilt ist.] (Nr. 84).

derjenigen des Judentums unterschieden ist, für Joseph Ratzinger doch einer Sinnmöglichkeit jener Texte.[13]

Vom Wert der jüdischen Bibelrezeption

Die Päpstliche Bibelkommission selbst hatte sich 2001 in „Das jüdische Volk und seine Heilige Schrift in der christlichen Bibel" zu einer Aussage über jüdische und christliche Leseweise durchgerungen (Punkt 22), die die Pointe etwas anders setzt, nämlich auf der bleibenden Gültigkeit der jüdischen Leseweise: „[...] Christen können und müssen zugeben, dass die jüdische Lesung der Bibel eine mögliche Leseweise darstellt, die sich organisch aus der jüdischen Heiligen Schrift der Zeit des Zweiten Tempels ergibt, in Analogie zur christlichen Leseweise, die sich parallel entwickelte. Jede dieser beiden Leseweisen bleibt der jeweiligen Glaubenssicht treu, deren Frucht und Ausdruck sie ist. So ist die eine nicht auf die andere rückführbar.[14]

Joseph Ratzingers Position im Verhältnis von Altem zu Neuem Testament ist kategorisch die des Glaubens a priori. Er hebt darauf ab, dass nur der Glaube aus Jesus Christus diesen „Schlüssel des Ganzen macht" für „Altes" und Neues Testament, aus purer historischer Methode könne er nicht hervorkommen. In seinem Vorwort von 2007 kommt das bereits zum Tragen: Die Worte der Schrift seien auch von einem „inneren Mehrwert" getragen, einer Mehrdimensionalität menschlicher Rede, die nicht an einem historischen Punkt fixiert ist, sondern in die Zukunft vorausgreift. Ihn interessiert, „wie Gottes Wort sich des Menschenwortes bedienen kann, um einer fortschreitenden Geschichte einen Sinn einzustiften, der über den jeweiligen Augenblick hinausweist, und doch gerade so die Einheit des Ganzen bewirkt". Im Jesus-Buch knüpft er an seine früheren Äußerungen an: „Da spricht der Autor nicht einfach aus sich selbst und für sich selbst. Er redet aus einer gemeinsamen Geschichte heraus, die ihn trägt und

[13] Ebd.: „... correspond cependant à une potentialité de sens effectivement présente dans les textes" (No. 64).

[14] Ebd., Nr. 22. Vgl. dazu das Dokument I.C.2: *Zugänge über die jüdische Interpretations-Tradition*, in: *Die Interpretation der Bibel in der Kirche. Ansprache Seiner Heiligkeit Johannes Paul II. und Dokument der Päpstlichen Bibelkommission*, hg. von der Deutschen Bischofskonferenz (= Verlautbarungen des Apostolischen Stuhls 115), Bonn 1993, I.C.2: „Zugänge über die jüdische Interpretations-Tradition".

in der zugleich die Möglichkeiten ihrer Zukunft, ihres weiteren Weges schon im Stillen gegenwärtig sind."[15]

Juden und Christen haben also ein gemeinsames Fundament in der Heiligen Schrift, sind aber getrennt in ihren unterschiedlichen Leseweisen. Joseph Ratzingers Kritik an der historisch-kritischen Forschung ist deshalb folgerichtig: „Dass aber die Schriftsteller der vorchristlichen Jahrhunderte, die in den alttestamentlichen Büchern zu Worte kommen, auf Christus und auf den Glauben des Neuen Testaments voraus verweisen wollten, erscheint dem modernen historischen Bewusstsein mehr als unwahrscheinlich."[16] Ich bin versucht hier anzumerken: Auch einem Juden erscheint dies unwahrscheinlich. Aus dem Argument der „Gemeinsamen Schrift" folgt so jedenfalls keine substantielle Nähe von Juden und Christen.

Glaube und Vernunft

Problematisch ist für Juden das Postulat Joseph Ratzingers, dieser Glaubensentscheid trage gar „historische Vernunft" in sich.[17] In seiner Enzyklika *Spe Salvi* vom 30. November 2007 formulierte er diese Verschränkung von Glaube und Vernunft als zentralen Gedanken: „Darum braucht die Vernunft den Glauben, um ganz zu sich selbst zu kommen: Vernunft und Glaube brauchen sich gegenseitig, um ihr wahres Wesen und ihre Sendung zu erfüllen."[18] Die jüdische Herangehensweise setzt hier einen deutlichen Kontrapunkt zu der platonischen Herangehensweise Joseph Ratzingers, der eine „relecture" der Hebräischen Bibel unter den Voraussetzungen des christlichen Glaubens als „historische Vernunft" bezeichnet sehen will.

So konstatierte gegen Ende des 19. Jahrhunderts der Rabbinerverband Deutschlands, wie oben bereits aufgeführt: Solange Christen „an der Überlieferung der Inkarnation, der erlösenden Macht Jesu und an

---

[15] Ratzinger, Jesus von Nazareth, Bd. 1 (s. Anm. 10), 18 f.

[16] Vorwort Ratzingers, in: Das jüdische Volk und seine Heilige Schrift (s. Anm. 11), 3–8.

[17] Ratzinger, Jesus von Nazareth, Bd. 1 (s. Anm. 10), 18.

[18] Papst Benedikt XVI., Enzyklika *Spe Salvi* von Papst Benedikt XVI. an die Bischöfe, an die Priester und Diakone, an die gottgeweihten Personen und an alle Christgläubigen über die christliche Hoffnung – 30. November 2007, hg. von der Deutschen Bischofskonferenz (= Verlautbarungen des Apostolischen Stuhls 179), Bonn 2007, 32.

der Verwerfung des Gesetzes als grundlegendem geistigem und ethischem Prinzip festhalten, [...] wird das Christentum nicht frei sein von Elementen, die den Ansprüchen der Vernunft zuwiderlaufen, [...] und es ist unsere Aufgabe, aus dem Reichtum des reinen Monotheismus – und damit aus dem Reichtum reinster Sittlichkeit – etwas beizutragen zur menschlichen Kultur im allgemeinen und zu unserer deutschen Kultur im besonderen."[19]

Aus jüdischer Perspektive ist deshalb Joseph Ratzingers Vernunftbegriff trügerisch, weil er den Glauben voraussetzt.[20] Wenn aber das Christentum irgendeinen bedeutsamen Anspruch auf die Wahrheit erheben will, dann muss es sich seit der Aufklärung denselben Verfahren der Prüfung und Verifikation unterwerfen, wie sie in den profanen Wissenschaften angewandt werden.[21] Rabbiner Abraham Geiger (1810–1874) hat das jüdische Verständnis von Vernunft gut zusammengefasst: Auf einem Bildnis aus seinen Breslauer Jahren als Rabbiner an der dortigen Storchen-Synagoge, das nach 1840 entstanden sein dürfte, finden wir sein Motto: „Durch Erforschung des Einzelnen zur Erkenntnis des Allgemeinen, durch Kenntnis der Vergangenheit zum Verständnis der Gegenwart, durch Wissen zum Glauben."[22] Joseph Ratzingers Jesus-Buch scheint nahelegen zu wollen, man müsse genau umgekehrt vorgehen. Kein Zweifel, Ratzinger hat dem auferstandenen Christus mit seinem Jesus-Buch wieder neuen Glanz für die Kirche und ihren Glauben verliehen. Für den jüdischen Leser ist klar: Ratzinger ist hier ganz persönlich auf der Suche, bereits unter der Voraussetzung des Glaubens, nicht erst auf der Suche nach Glauben. Damit steht er in der Nachfolge derer, die die christliche Leben-Jesu-Forschung überwinden wollten. Der jüdische Blick dagegen geht auf einen von *uns*, der es weit gebracht hat, als Mensch den Menschen Gottes Willen nahezubringen.

---

[19] *Die „Mission" der Deutsch-Evangelischen Kirche*, in: Mitteilungen des Deutsch-Israelitischen Gemeindebundes (DIGB), 1890, 2–4, zit. n. Walter Homolka, *Jüdische Identität in der modernen Welt. Leo Baeck und der deutsche Protestantismus*, Gütersloh 1994, 38 f.

[20] Ratzinger, Jesus von Nazareth, Bd. 1 (s. Anm. 10), 18.

[21] Vgl. Georg Essen, *Historische Vernunft der Auferweckung Jesu*, Mainz 1995, 105.

[22] Jakob J. Petuchowski, *New Perspectives on Abraham Geiger*, Cincinnati 1975; Hartmut Bomhoff, *Abraham Geiger. Durch Wissen zum Glauben*, Berlin 2006, 30.

Die jüdische Theologie – für Joseph Ratzinger irrelevant?

Im Grunde bleibt Joseph Ratzinger die substantielle Auseinandersetzung mit der jüdischen Position schuldig. Eine Parallele findet sich in seiner „Einführung in das Christentum" von 1968. Dort schreibt er beispielsweise von der Verantwortung der Menschen für diese Welt, und dass diese am Ende „nach ihren Werken" gerichtet würden.[23] Eine ausdrückliche Parallele zum Judentum wird gezogen: „Es dürfte nützlich sein, in diesem Zusammenhang an Ausführungen des großen jüdischen Theologen Leo Baeck zu erinnern, denen der Christ nicht zustimmen wird, aber an deren Ernst er auch nicht achtlos vorübergehen kann."[24] Joseph Ratzinger löst die Spannung zwischen christlicher Gnadenlehre und der jüdischen Forderung nach einer aktiven Gestaltung der Welt aber ohne innere Auseinandersetzung mit der Heilsbotschaft des Judentums. Und das, obwohl ihm der universale Anspruch der Ethik des Judentums deutlich ist: „Baeck zeigt dann, wie sich dieser Universalismus des auf der Tat gründenden Heils immer deutlicher in der jüdischen Überlieferung kristallisiert, um schließlich ganz klar hervorzutreten in dem ‚klassischen' Wort: ‚Auch die Frommen, die nicht Israeliten sind, haben an der ewigen Seligkeit teil.'" Joseph Ratzingers Auflösung ist lapidar: „Vielleicht wird man letztlich auch gar nicht über ein Paradox hinauskommen, dessen Logik sich vollends nur der Erfahrung eines Lebens aus dem Glauben erschließen wird." Man hat den Eindruck: Hier spricht jemand, der die jüdische Position durchaus kennt. Aber sie ficht ihn nicht an: „Es ist nicht unsere Aufgabe, im Einzelnen zu bedenken, wie diese Aussage mit dem vollen Gewicht der Lehre von der Gnade zusammen bestehen kann."[25] Wenn aber Gottes Heilsgeschichte mit seinem Volk nicht am Ende ist, wenn das Judentum weiterhin Zeugnis gibt von seinem Bund mit Gott, und wenn es dem Christentum brüderlich verbunden ist, warum ist dann die jüdische Position für Joseph Ratzinger bloß ein Apropos?

---

[23] Joseph Ratzinger, *Einführung in das Christentum. Vorlesungen über das Apostolische Glaubensbekenntnis,* München [6]2005, 305.

[24] Ebd., 306.

[25] Ebd., 307.

Dialog verlangt Zeitgenossenschaft

Ich habe großen Respekt vor dem Glauben Joseph Ratzingers. Manche Juden – vielleicht auch ich – mögen mehr erhofft haben. Ich bin ihm aber dankbar für seine ehrliche Nähe in der Verschiedenheit der Positionen. Ein Brückenbauer zwischen Juden und Christen ist Benedikt XVI. leider nicht geworden. Sein Pontifikat hat gezeigt, dass es nicht reicht, dass Christen sich auf ihre jüdischen Wurzeln aus biblischer Zeit berufen. Das heißt, das Gespräch zwischen heutigen Christen und heutigen Juden sollte dem Papst wichtig sein. Unsere Hoffnung ist, dass die *ecclesia triumphans* des alten Ritus keine geistige Wiederbelebung findet und der neue Papst Formen des Ausdrucks im Gebet fördert, die von Juden nicht als anstößig empfunden werden.

Wir, Juden, wünschen uns einen Papst, für den Gottes Gnadengaben und Verheißungen an das Volk Israel unabänderlich sind, einen Papst, der anerkennt, dass Gottes Treue zu seinem Bund und zur Erwählung Israels ewig währt. Wir wünschen uns einen Papst, der dafür steht, dass die Christen durch den Glauben an Gott in ein eigenes Bundesverhältnis mit Gott getreten sind, nicht jedoch das Judentum abgelöst haben. Dieser Papst möge dem epochalen Umbruch des Zweiten Vatikanischen Konzils Dauer und Wirkung verleihen und so von jeder Judenmission radikal und vorbehaltlos Abstand nehmen.[26]

Zwanzig Jahre nach *Nostra Aetate* (1965) veröffentlichte die Päpstliche Kommission für die Religiösen Beziehungen zum Judentum 1985 ihre „Hinweise für die richtige Darstellung von Juden und Judentum in der Predigt und in der Katechese der katholischen Kirche": „Die religiöse Unterweisung, die Katechese und die Predigt müssen nicht nur zu Objektivität, Gerechtigkeit und Toleranz erziehen, sondern zum Verständnis und zum Dialog. Unsere beiden Traditionen sind miteinander so verwandt, dass sie voneinander Kenntnis nehmen müssen. Man muss gegenseitig Kenntnis auf allen Ebenen fördern." Dies ist auch eine Aufgabe, die sich uns Juden stellt. Dialog verlangt Zeitgenossenschaft. Die Bewegung aufeinander zu müsste sich öffnen zu einer gemeinsamen Verantwortung für die Zukunft unserer gefährdeten Welt.

---

[26] Ob Benedikt XVI. 2011 der Judenmission eine klare Absage erteilt hat (vgl. Ratzinger, Jesus von Nazareth, Bd. 2 [s. Anm. 3], 60 f.), bleibt strittig. Der Papst äußert sich nur indirekt. Er zitiert Bernhard von Clairvaux und dann einen Kommentar dazu. Die Resonanz unter den Interpreten ist daher gespalten.

Pilger der Wahrheit – Pilger der Liebe

Christliche Religionstheologie als religionskritische Aufklärung und sich selbst überschreitende Versöhnung der einzelnen Religionskultur

Roman A. Siebenrock, Innsbruck

Die Religionstheologie Joseph Ratzingers / Benedikt XVI. im Blick auf Werk und Leben des Autors angemessen zu würdigen, verlangt Konzentration und selbstkritischen Blick. Weil sich Joseph Ratzinger bei der Bestellung zum Präfekten der Glaubenskongregation von Johannes Paul II. als Bedingung für die Amtsannahme erbeten hatte, auch weiterhin als theologischer Schriftsteller und Denker präsent sein zu können, und er selbst als Papst in bis dahin nicht geschehener Weise theologische Werke unter einem Doppelnamen publizierte, möchte ich dieser Selbstbestimmung dadurch zu entsprechen versuchen, dass ich dem theologischen Denker gerecht zu werden gedenke, ohne ihn auf den Amtsträger und dessen „Zwänge“ zu reduzieren.[1]

Diese Skizze wird sich auf die Grundlinien konzentrieren müssen. Das Herz seiner Religionstheologie sehe ich in einer doppelten Denkrichtung. Zum einen sieht er in den grundlegenden Dynamiken der Gegenwart das Bekenntnis des christlichen Glaubens zum universalen und unbedingten Heil in Jesus, dem Christus, in Frage gestellt. Auf der anderen Seite lässt sich die Grundüberzeugung im Blick auf alle Menschen vielleicht am klarsten in einer spontanen Antwort erkennen, die

[1] Beide Aspekte sehe ich als einen Schritt auf jene notwendige Entmythologisierung des universalkirchlichen Amtes hin, die es mir wiederum ermöglicht, frei und mit ganzer Aufmerksamkeit auf seine Stimme als authentischem Ausdruck des kirchlichen Glaubens wirklich zu hören. In meinem Beitrag werde ich auf die vieldiskutierte Instruktion der Glaubenskongregation „Dominus Jesus“ (2000) nicht eingehen. Der Präfekt der Glaubenskongregation handelt nicht frei, sondern ist in die Entwicklung einer Gruppe eingebunden. Solange die Entstehung des Dokuments aus den Quellen nicht erschlossen werden kann, bleibt eine unkritische Zuschreibung dieses Textes an den Präfekten kirchenpolitische Intervention. Zum einen, so aus der Sicht meines Beitrags, gibt es gewisse Überschneidungen, besonders in der Bedeutung der Christologie und Ekklesiologie, auf der anderen Seite aber ist das Fehlen einer Theologie Israels und der Bedeutung der Analogie seiner Theologie fremd.

er ohne langes Überlegen dem Interviewer auf die Frage gegeben hatte, wie viele Wege es zu Gott gäbe: „So viele, wie es Menschen gibt. Denn auch innerhalb des gleichen Glaubens ist der Weg eines jeden Menschen ein ganz persönlicher. Wir haben das Wort Christi: Ich bin der Weg. Insofern gibt es letzten Endes einen Weg, und jeder, der zu Gott unterwegs ist, ist damit auf irgendeine Weise auch auf dem Weg Jesu Christi. Aber das heißt nicht, daß bewußtseinsmäßig, willensmäßig alle Wege identisch sind, sondern im Gegenteil, der eine Weg ist eben so groß, daß er in jedem Menschen zu seinem persönlichen Weg wird.“[2]

I. Die Gottrede in der Spannung von biblischem Glauben, Philosophie und Religionsgeschichte. Das religionstheologische Grundgefüge im Zeitalter eines polytheistischen Relativismus

Drei frühe Aufsätze entfalten die Grundstruktur seiner Religionstheologie, die die Wahrheit des von der Kirche bezeugten Evangeliums vom Heil Gottes in Jesus Christus im Blick auf die Vernunft, die Pluralität der Religionen und die immer wieder armselige Gestalt der realen Kirche in ihrer Beziehung zu Israel ausleuchtet.

1. Gott des Glaubens – Gott der Philosophen: die Antrittsvorlesung von Bonn

In seiner Antrittsvorlesung (1959) entwirft er im Kontext des Verhältnisses von Glaube und Vernunft die Grundlinien seines fundamentaltheologischen Denkens, das auch seine religionstheologischen Reflexionen prägen wird. Ausgehend vom Memorial Blaise Pascals entwickelt er in der Spannung der Antipoden Thomas von Aquin und Emil Brunner ein Problemszenario, das er auf die zentrale Herausforderung konzentriert, ob nicht die griechische und mittelalterliche Interpretation des Gottesnamens (Ex 3,14) in den Kategorien der antiken Metaphysik deshalb ein bis heute verheerender Irrweg gewesen sei, weil Philosophie kraft der menschlichen Vernunft nur in allgemeinen Begriffen die Wirklichkeit Gottes zu erfassen vermag,

---

[2] Joseph Kardinal Ratzinger, *Salz der Erde. Christentum und katholische Kirche an der Jahrtausendwende.* Ein Gespräch mit Peter Seewald, Stuttgart 1996, 14.

hingegen der biblische Gott durch seine einzigartige Personalität den Menschen aus eigener Verfügung anspricht und daher in der Geschichte immer als Ereignis der Anrede den Menschen trifft. Deshalb ist für die dialektische Theologie alle Religion Sünde, während für Thomas der Gott der Religionen eins ist mit dem Gott der Philosophen, der kraft menschlicher Vernunft in der Reflexion der eigenen Erfahrung eruiert werden kann.[3]

Sein Lösungsvorschlag greift zurück auf jene Orientierung Augustins, in der er mit der stoischen Einteilung in erzählende, zivile und physische bzw. natürliche Theologie die gängigen Gottreden auf die sie prägenden Orte und leitenden Zwecke hin analysiert hat. Zwei Aspekte werden besonders herausgearbeitet: die Wahrheitsfrage und die Ansprechbarkeit Gottes. Religion sehe von der Wahrheitsfrage ab und ist daher poetisch dem Gefühl und politisch dem Nutzen der Polis anheimgestellt, wobei in beiden Aspekten die polytheistische Problematik wirksam wird, dass Gott vom Menschen nicht angesprochen werden könnte, weil er als der Absolute und Unendliche niemals angemessen sich im Endlichen und Geschichtlichen zu zeigen vermöge. Alle Göttererscheinungen sind Vorletztes, nicht Letztes.[4]

Dieser Trennung von Wahrheitsfrage und Religion, bzw. Glaube aber gilt von nun an die Kritik Ratzingers. Gerade im Bindestrich der augustinischen Synthese von Neuplatonismus und dem biblischen Zeugnis von Christus erkennt Ratzinger die wahre Ausdrucksgestalt des Glaubens, weil darin der stumme Gott der Philosophen spricht. „Er [*der Bindestrich*, R. S.] war berechtigt, sofern und soweit der biblische Gottesglaube Monotheismus sein wollte und sollte. Denn Monotheismus steht und fällt mit der Ineinssetzung des Absoluten als solchen mit dem den Menschen zugewandten Gott."[5]

Begründet wird das Recht dieser Synthese zudem durch den nachexilischen Schöpfungsgedanken und die Notwendigkeit, „missionarisch" die Eigenschaften des Gottes Israels in einer fremden Umwelt zu vermitteln. Daher wird im Christentum die Aneignung der phi-

---

[3] In diesem Gegensatz zeigt sich auch eine konfessionell ausgeprägte Haltung zur patristischen Synthese aus biblischer Überlieferung und antiker, vor allem griechischer Philosophie, deren Verteidigung sein Denken und Handeln ein Leben lang prägen wird.

[4] Siehe: Joseph Ratzinger/Benedikt XVI., *Der Gott des Glaubens und der Gott der Philosophen. Ein Beitrag zum Problem der theologia naturalis*. Herausgegeben und mit einem Nachwort versehen von Heino Sonnemans, Leutesdorf [2]2005, 26.

[5] Ebd., 29.

losophischen Theologie als Komplementärfunktion zur missionarischen Verkündigung des Evangeliums an die Völker geradezu notwendig. Deshalb ist die patristische Synthese nicht nur als providentiell zu bezeichnen, sondern bleibt für den christlichen Glauben konstitutiv.[6]

Doch der Einspruch Brunners gegenüber der thomasischen Synthese ist nicht vergessen. Zu rasch und unkritisch wäre immer auch vorgegangen worden, weil die Bedeutung der Relation und Beziehung in der Tradition nicht konsequent genug ausgearbeitet worden ist. Insofern liegt in der erneuten Aufarbeitung des Gottesbegriffs in der Gegenwart eine anstehende ökumenische Grundlagenaufgabe. Immer haben wir als Pilger in dieser Weltzeit sein Antlitz zu suchen. Immer wieder wird daher in den Reflexionen der Einspruch von Barth und Bonhoeffer gegen eine unkritische Beurteilung von Religion zu vernehmen sein; ganz in Übereinstimmung mit der religionskritischen Philosophie und der Prophetie Israels, an deren Maß – und nicht an der Theologie der Polis oder des Theaters – die frühen Väter ihr Denken ausgerichtet hatten.

2. Der Ort des Christentums in der Religionsgeschichte: Religion wird Aufklärung

Eine kaum zu überschätzende Bedeutung kommt seinem Beitrag zur Festschrift von Karl Rahner (1964) zu, in dem er den biblischen Monotheismus zusammen mit der philosophischen Aufklärung und der Mystik religions- und geistesgeschichtlich als einen der Ausgänge aus dem Mythos bestimmt. Indem er der systematischen Einheit von Monotheismus und Aufklärung eine geschichtliche Wurzel auch in der Religionskritik der Propheten gibt, verstärkt er unlösbar die Einheit von kritischer Philosophie und biblischem Glauben.

Ausgangspunkt seiner Überlegung ist die Grundüberzeugung des Neuen Testamentes, dass in Christus das wirkliche und endgültige Heil geschehen sei.[7] Dadurch aber bezieht sich das Christentum in

[6] Das bedeutet gerade nicht eine kritiklose Übernahme philosophischer Kategorien, sondern eine mühsame Reinigung und Transformation dieses Denkens, wie es beispielhaft am Begriff der Person nachvollzogen werden kann (siehe dazu im Blick auf die Trinitätslehre, die er als negative, ja durchkreuzte Theologie rekonstruiert: Joseph Ratzinger, *Einführung in das Christentum. Vorlesungen über das Apostolische Glaubensbekenntnis*, München [10]1969, 133–134).

[7] Das bedeutet nicht, wie oft oberflächlich gesagt wird, dass das Heil dem Chris-

einem spannungsreichen Ja und Nein zugleich zu den Religionen der Welt. Auf der einen Seite kann Religion zu Gott und Christus führen, auf der anderen Seite muss der Glaube der Selbstbehauptung des Menschen gegen Gott widersprechen. Aber entscheidend ist, dass das Christentum sich eher für den Rebellen, der den Ausbruch des Gewissens aus dem Gewohnten wagt, als für den bewahrenden Religiösen entscheidet. Insofern ist das Christentum keine bewahrende, sondern eine radikal transformierende Kraft.

In seiner religionsgeschichtlichen Skizze sieht er zu Beginn einen undifferenzierten Zustand primitiver Erfahrung, der von mythischen Religionstraditionen abgelöst wird. Aus dieser mythischen Verfasstheit sieht er einen dreifachen, mit absolutem Anspruch versehenen Ausbruch: die Mystik, die monotheistische Revolution und die philosophische Aufklärung.[8] Als Mystik bezeichnet er dabei die Erfahrung des All-Einen, eine Identitätserfahrung also, die die Differenz als ein Vorläufiges und zu Überwindendes einschätzt. Die monotheistische Revolution hingegen liegt im Typus des Propheten vor, der von einem grundsätzlich uneinholbaren, unbedingten Gegenüber angerufen wird. Dieser Gegensatz spitzt sich letztlich als Differenz zwischen einer letzten absoluten Einheit und der unbedingten Erfahrung einer anderen Person zu. Die Aufklärung, erstmals in Griechenland greifbar, wiederum setzt auf die Absolutheit der rationalen Erkenntnis, in der der Religion höchstens noch eine funktional politische Bedeutung zugemessen wird.

Die darin nun erkennbaren beiden großen Religionswege Asiens, das hohe Analogien mit der antiken Welt aufweist, und der mono-

---

tentum zu eigen wäre. Vielmehr spitzt er fast barthianisch die Dialektik mit einem Motiv aus der Patristik zu: „In dem Gegenüber zwischen Christus, dem Einen, und uns, den Vielen, sind *wir* des Heils unwürdig, ob Christen oder Nichtchristen, Gläubige oder Ungläubige, moralisch oder unmoralisch; keiner ‚verdient' das Heil wirklich außer Christus. Aber eben hier geschieht der wunderbare Tausch. Den Menschen allen zusammen gehört die Verwerfung, Christus allein das Heil – im heiligen Tausch geschieht das Gegenteil: er allein nimmt das ganze Unheil auf sich und macht so den Heilsplatz für uns alle frei. Alles Heil, das es für den Menschen geben kann, beruht auf diesem Urtausch zwischen Christus, dem Einen, und uns, den Vielen, und es ist die Demut des Glaubens, dies zuzugeben." (Joseph RATZINGER, *Das neue Volk Gottes,* Düsseldorf ^{2}1970, 335).

[8] Joseph RATZINGER, *Glaube – Wahrheit – Toleranz. Das Christentum und die Weltreligionen,* Freiburg – Basel – Wien 2003, 25.

theistischen Tradition, die er auch später immer wieder einander zuerst entgegensetzen und erst danach verbinden wird, erweisen sich gerade durch die personale Differenz als heterogen. Während die mystische Tradition wie der Mythos letztlich ungeschichtlich bleibt, kann personale Kommunikation nur geschichtlich gedacht werden. Dabei kann nicht geleugnet werden, dass die Träger der biblischen Verheißung keine großen religiösen Menschen gewesen waren. „Vor der Erhabenheit mythischen Denkens erscheinen die Träger der Geschichte des Glaubens beinahe pöbelhaft."[9] So wird unmissverständlich, dass Gott ‚allein' der Handelnde ist und das Heil schafft.

3. Heil außerhalb der Kirche?

Ein dritter Aufsatz im Gefüge des Anfangs ist der auslösenden Frage der neueren Religionstheologie gewidmet: „Extra ecclesiam salus?" In einer sorgfältigen Interpretation des Satzes in der patristischen, mittelalterlichen und der neuzeitlichen Lehrtradition kommt er zu folgendem Schluss: „Der Satz ‚Außer der Kirche kein Heil' konnte und kann fortan nur noch in dialektischer Einheit mit der Verwerfung der Behauptung ‚Außer der Kirche keine Gnade' genannt werden. Das bewusste Aufnehmen dieser Dialektik entspricht fortan allein dem Stand der kirchlichen Lehre."[10] Weil der christliche Glaube als Universalismus der Hoffnung eine Verheißung an alle darstellt, sind auch die positiven Elemente in den Religionen der Welt herauszustellen, wie es das Zweite Vatikanische Konzil in *Nostra aetate* getan hat. Subtiler aber ist ihm die Aussage aus *Gaudium et spes* 22, in der alle Menschen auf das Paschamysterium Christi hin bezogen werden. Doch das genügt Ratzinger nicht, weil dadurch die Frage nach der Kirche umgangen würde. Da nicht von einem isolierten Subjekt her gedacht werden kann, muss mit den subjektiven Bedingungen des Heils auch die objektive Ermöglichung gedacht werden.

Den subjektiven Aspekt formuliert er in der Tradition des johanneischen Werkes und der augustinischen Klärung als Realisierung der

---

[9] Ebd., 34.

[10] Joseph Ratzinger, *Kein Heil außerhalb der Kirche?*, in: Ders., *Kirche – Zeichen unter den Völkern. Schriften zur Ekklesiologie und Ökumene*, 2 Teilbände, Bd. 8., hg. v. Gerhard Ludwig Müller (Gesammelte Schriften 8), Freiburg – Basel – Wien 2010, 1051–1077, hier 1062.

Liebe, die wir aber nie wirklich haben, sondern die wir nur in der stellvertretenden Liebe Christi gewinnen können. Das darin notwendige sich Öffnen auf einen anderen hin aber heißt Glaube, der sich immer wieder aus den subtilen Egoismen selbst überschreitet. Gerade heute genüge bloße Gewissenhaftigkeit angesichts der Abgründe gewissenhafter Handlanger der Totalitarismen nicht. Das Gewissen muss sein Maß an jener Liebe finden, die im Pascha Christi gezeigt worden ist. Die objektive Seite ist im stellvertretenden Dienst Christi zu sehen, der zu diesem Dienst auffordert. Genau hier aber ist von der Kirche zu sprechen: „Der Mensch wird gerettet, indem er daran mitwirkt, Andere zu retten. Gerettet wird man gleichsam immer für die Anderen und insofern durch die Anderen."[11] Daher ist man Christ nur für die anderen. Auch wenn die Kirche im Kosmos quasi immer kleiner wird, ist eine Proexistenz im Zeichen der wenigen immer neu ihr wahres Antlitz. Deshalb kann er andere Religionen als solche nicht zu Heilswegen erklären. Vielmehr liegt im offenen Raum des Für die Möglichkeit von Mission, weil dieser offene Raum durch Gott, der das sich selbst verströmende Gute ist, nicht von den Glaubenden beschränkt werden kann. Die Gastfreundschaft ist hierfür das angemessene Zeichen.

Neben diesen Texten ist schon von Anfang an eine bibeltheologische Grundlegung seiner Theologie festzustellen, die in einem konstitutiven Dialog mit Israel steht und immer wieder tiefe Gemeinsamkeit auslotet, ohne die Differenz durch den Glauben an Gottes Wort im Sohn einzuebnen.

Es zeichnet sich eine bleibende Kontur des religionstheologischen Denkens Ratzingers ab. Im Mittelpunkt steht der Anspruch der christlichen Wahrheit im Pluralismus religiöser Ansprüche vor dem Forum der kritischen Vernunft, die eine bleibend spannungsreiche Beziehung zwischen Glaube, Religion und Aufklärung eröffnet. Insofern aber der biblisch-christliche Glaube den Ausgang aus der mythischen Verfasstheit der Menschheitsgeschichte darstellt, und eine konkrete Religionskritik an der Wiege dieses universal werdenden Monotheismus im Exil und Nachexil Israels steht, bleibt Ratzingers Denken, jetzt modern gesprochen, die Kritik Barths und Bonhoeffers an der Religion, auch der Christlichen, eingeschrieben. Deshalb stellt das Christentum für Ratzinger selbst Aufklärung dar, insofern es nicht nur der Welt der Religionen, sondern auch einer in sich gefangenen Vernunft den Spie-

---

[11] Ebd., 1074.

gel vorhält. Dem Primat der Liebe in der Bestimmung Gottes und unseres Heilsweges entspricht die Dynamik der Selbstüberschreitung, die seinen Personenbegriff kennzeichnet. Nur insofern Menschen, Kulturen und Religionen, franziskanisch gesprochen, an der Form ekstatischer Liebe teilhaben, können sie Wahrheit, Heil und Güte beanspruchen.

II. Glaube – Kultur – Mission. Christliche Identität in einer Zeit des Relativismus

In den späteren Jahren[12], als Kardinal und Präfekt der Glaubenskongregation, sammelte er seine Beiträge zum Thema in zwei Büchern, die zugleich das neue Problemszenario umreißen. Im Titel „Glaube, Wahrheit, Toleranz" stellt er die Wahrheit des christlichen Glaubens in den Kontext des Religionspluralismus und der technisch-naturwissenschaftlichen Weltanschauung, mit ihren paradigmatisch relativistischen Tendenzen, die aber insgeheim den interpretatorischen Anspruch dieses Zugangs zur Wirklichkeit verabsolutieren und universalisieren. Seine doch prekäre Aussage von der „Diktatur des Relativismus" scheint mir von hier her verstehbar zu werden. In seiner Publikation „Die Vielfalt der Religionen und der eine Bund"[13] entfaltet er stärker das Verhältnis von Christentum und Judentum in einer Theologie der einen Bibel als Zeugnis des einen Bundes Gottes mit den Menschen, dessen Grundlage er im neuen Bund mit Abraham sieht.[14]

Nach dem Zusammenbruch des real existierenden Sozialismus 1989 sieht er, hier ganz in der Spur John Henry Newmans, die eigent-

[12] Es sei nur vermerkt, dass sowohl seine „Einführung ins Christentum" als auch seine fundamentaltheologische Sammlung „Theologische Prinzipienlehre" keine konstitutive Bestimmung des Christlichen im Kontext des Religionspluralismus vornimmt. Doch schon ein Aufsatz von 1967 enthält alle systematischen Aspekte der späteren Jahre (Joseph Ratzinger, *Das Problem der Absolutheit des christlichen Heilsweges*, in: Ders./Benedikt XVI., *Kirche – Zeichen unter den Völkern. Schriften zur Ekklesiologie und Ökumene.* 1. Teilband. Hg. v. Gerhard Ludwig Müller [Gesammelte Schriften 8/2], Freiburg im Breisgau 2010, 1035–1050).

[13] Die ursprüngliche Veröffentlichung (2005) wird zitiert nach der Neuausgabe in der Edition „Gesammelte Schriften 8".

[14] Joseph Ratzinger, *Das Erbe Abrahams*, in: Ders., Kirche – Zeichen unter den Völkern (s. Anm. 10), 1137–1139.

liche Herausforderung für den christlichen Glauben in der immer mehr an Plausibilität gewinnenden These, dass auf dem Gebiet der Religion von Wahrheit nicht die Rede sein könne, sondern nur von Gefühl oder bloßer Meinung. „Relativismus als vorherrschende Philosophie und Kontur des Zeitgeistes" wird zum prägenden Hintergrundsthema der späten Jahre.[15]

1. Der Glaube an die Wahrheit der armen Liebe Gottes in Christus als Voraussetzung von Toleranz und Anerkennung

Weil die Pathologie der Religion die schlimmste Erkrankung des menschlichen Geistes ist[16] und wir die Pathologien der Vernunft im 20. Jahrhundert zur Genüge kennen[17], plädiert er für eine wechselseitige Korrektur und ein Verwiesensein von Vernunft und christlichem Glauben. Zum einen müsse die Vernunft den Mut zur Metaphysik behalten, was auch immer die Stärkung des inneren Menschen zur Folge haben wird.[18] Nur eine solche auf Argumenten und Freiheit beruhende Wahrheit könne die Grundlage für Toleranz sein. Diese Wahrheit ist aber nur möglich, wenn wir uns vor der Sucht nach Macht hüten.[19]

Die wechselseitige Anerkennung und Toleranz aber bewährt sich allein in der Anerkennung jener Differenz, die den anderen bestimmt. Daher weist Ratzinger eine Aufweichung der dogmatischen Christologie in einem wörtlichen Sinne radikal zurück.[20] Solche Unterschei-

---

[15] DERS., Glaube – Wahrheit – Toleranz (s. Anm. 8). Hier vor allem die Lagebeschreibung 93–111. Mir erscheint dieser Aufsatz grundlegend für das Verständnis seiner Beiträge danach. Dass dem Väterkenner dieses Thema wohlbekannt vorkommt, unterstreicht er immer wieder in der Auseinandersetzung zwischen Octavius und Minucius Felix (um 200) und den Aussagen des Symmachus im Versuch unter Kaiser Julian das Heidentum zu erneuern (z.B. ebd., 61, Anm. 51).

[16] Ebd., 208.

[17] Siehe das Gespräch mit Habermas: Jürgen HABERMAS – Joseph RATZINGER (Hg.), *Dialektik der Säkularisierung. Über Vernunft und Religion*. Unter Mitarbeit von Florian Schüller, Freiburg – Basel – Wien 2005.

[18] RATZINGER, Glaube – Wahrheit – Toleranz (s. Anm. 8), 128–129. 170–186.

[19] Ebd., 128.

[20] Ebd., 44, 77–78; und das „ist" der Gottessohnschaft Jesu wörtlich hervorhebend: ebd., 86.

dung des Christlichen, in der die Differenz des Monotheismus' Israels zur antiken Welt als personale Differenz und Vereinigung radikal wird, ermöglicht indes in einem zweiten Schritt eine Beziehung, ja sogar Integration.[21]

2. Kultur und Person als Subjekte der Überschreitung

Im Kontext einer technisierten Welt, die sich als europäisch-westliches Erbe wie selbstverständlich global verbreitet, ist die Frage nach der Möglichkeit einer anderen Universalität zu stellen, die mit den Grundfragen des Menschen zusammenhängt. Damit ist die Frage nach der geistigen Mission heute gestellt, die sich nur auf dem Hintergrund einer Kulturauffassung verorten lässt, deren wesentlicher Aspekt, in Analogie zu seinem Personenbegriff, die Offenheit und Selbstüberschreitung in Anerkennung grundlegender Erkenntnisse und Werte ist. Dadurch gewinnen alle Kulturen eine innere Universalität und stehen in einem dynamischen Entwicklungszusammenhang, der sich als Interkulturalität zeigt. Deshalb sind bloße Gewohnheit und konservatives Festhalten des Althergebrachten Krisensymptome. In diesem Kontext steht auch die Kirche als ein eigenes Kultursubjekt, als „Volk Gottes". Sie kann das Empfangene, die Heilshoffnung für alle, nicht für sich behalten, sondern hat es zu teilen, ohne jemanden apriori ausschließen zu dürfen. Deshalb plädiert er für eine neue Integration der technischen und der kulturellen Wirklichkeit, die alle Kulturen und Religionen vor eine neue Herausforderung stellt.

---

[21] Progammatisch: „Und dennoch: Wenn christlicher Glaube den Widerspruch zu seiner äußersten Schärfe führt, so geschieht doch in ihm zugleich die Überschreitung des Widerspruchs und die Öffnung auf Einheit hin, wenngleich in einem völlig anderen Sinn als im Symbol-Universalismus Asiens. Denn Christus bedeutet nicht nur Gegenüber von Gott und Mensch, sondern Vereinigung: Vereinigung von Mensch und Gott, Vereinigung von Mensch und Mensch, so radikal, dass Paulus – asiatische Einheitsmystik hinter sich lassend – sagen kann: ‚Ihr seid ein einziger in Christus Jesus' (Gal 3,28)" (Ratzinger, Das Problem der Absolutheit des christlichen Heilsweges [s. Anm. 12], 1044).

3. Alter und Neuer Bund: Zum Verhältnis von Israel und Christentum im Plural der Religionen

Der mystische Ausgang plädiert, wie schon erwähnt, für eine die Differenz letztlich aufhebende Einheit, durch die besonders in der asiatischen Tradition alle Erscheinung als ein unwirkliches Vorletztes erachtet werden muss.[22] Demgegenüber steht der biblische Glaube, Buber und Levinas sind ihm hierfür Kronzeugen, für die Andersheit, die personale Differenz, die nur als Mystik des Wortes und der Achtsamkeit des Hörens zu verstehen ist, wie es das Glaubensbekenntnis Israels (Dtn 6,4) gültig für alle Kinder Abrahams zum Ausdruck bringt.[23] Daher muss Abraham in seiner Überschreitung einen Kulturbruch vollziehen[24], der immer wieder als Kritik der Religion greifbar wird. Der biblische Glaube ist ein Weg, der nur in der Übernahme sich in seiner Verheißung zu erschließen vermag. Der Mut des glaubenden Israels besteht darin, das Absolute als den rufenden und ansprechbaren Absoluten zu verehren und sich der Dynamik zu stellen, dass ihr Nationalgott der Gott der Menschheit, ja des ganzen Kosmos ist.[25] Daher muss Israel den Polytheismus, dessen Wesen darin besteht, dass Gott nicht als Gott in der Wirklichkeit erscheinen kann und daher alle Götter nie Gott selbst sein können, als Götzendienst dekonstruieren. Was in der Prophetie Israels, besonders im Buch Jesaia zu erkennen ist, hat aber eine tiefe Entsprechung in der aufgeklärten Religionskritik Griechenlands.

Das Christentum greift diese Differenz verschärfend und darin aber auch versöhnend auf. Das Christentum ist der universal gewordene, religiöse Monotheismus des Judentums, das deswegen auch die religionskritische Komponente aufgreifen muss, wenn es seine Wurzel nicht verlieren will.[26] So lautet die geradezu sein ganzes Denken zusammenfassende These: „Der christliche Glaube beruht nicht auf Poesie und Politik, diesen beiden großen Quellen der Religion, er beruht auf Erkenntnis. Er verehrt jenes Sein, das allem Existierenden zugrun-

---

[22] Ratzinger sieht hier eine Analogie zwischen der Entwicklung Asiens und der antiken Tradition des Mittelmeers (siehe: Ratzinger, Das Problem der Absolutheit des christlichen Heilsweges [s. Anm. 12], 1041).

[23] Ebd., 35. 38 f. 73.

[24] Ebd., 58.72.

[25] Programmatisch entfaltet in: ebd.

[26] Ratzinger, Glaube – Wahrheit – Toleranz (s. Anm. 8), 138.

de liegt, den ‚wirklichen Gott'. Im Christentum ist Aufklärung Religion geworden und nicht mehr ihr Gegenspieler. Weil es so ist, weil das Christentum sich als Sieg der Entmythologisierung, als Sieg der Erkenntnis und mit ihr der Wahrheit verstand, deswegen mußte es sich als universal ansehen und zu allen Völkern gebracht werden: nicht als eine spezifische Religion, die andere verdrängt, nicht aus einer Art von religiösem Imperialismus heraus, sondern als Wahrheit, die den Schein überflüssig macht."[27] Diese These ist aber sofort vor möglichen Missverständnissen dadurch zu schützen, als es für Ratzinger keine andere Form der Anerkennung und Vermittlung der Wahrheit geben kann als die Gestalt Jesu Christi in Kreuz, Armut und Kenose; – und gerade darin der Urgestalt der griechischen Aufklärung, Sokrates, ähnlich, der als Begründung seiner Wahrheit auf seine Armut verwiesen hatte.[28]

4. Ist eine theologische Versöhnung von Israel und Christentum möglich?

Dass das Christentum in verschiedener Hinsicht unbedingt mit Israel und seinem Glauben verbunden ist, steht von Anfang an für Ratzinger außer Zweifel. Aber ist eine Versöhnung theologisch möglich, ohne die Christologie und die mit ihr verbundene Soteriologie in ihrer orthodoxen Tradition aufzugeben? Erst in der Schärfe dieser Fragestellung, die den Konflikt im Herzen der Kinder Abrahams angeht, ist das Problem der Stunde erfasst. In einem Aufsatz zur Lehre des Katechismus zum Verhältnis Israel und Jesus stellt er sich in dieser Frage auch der verhängnisvollen und unseligen Geschichte, in der das Unglück der Juden immer auch durch den christlichen Antisemitismus mitbedingt oder verursacht war.

Aus der Geschichte der Magier aus dem Osten (Mt 2,1–12) inter-

[27] Ebd., 137.

[28] „[...] und so ist gerade die Kenose Gottes der Ort, an dem die Religionen sich ohne Herrschaftsansprüche berühren können. Der platonische Sokrates verweist besonders in der Apologie und im Kriton auf den Zusammenhang zwischen Wahrheit und Wehrlosigkeit, zwischen Wahrheit und Armut. [...] Die Armut ist die wahrhaft göttliche Erscheinungsform der Wahrheit: So kann sie Gehorsam ohne Entfremdung fordern." (Joseph Ratzinger, *Der Dialog der Religionen und das jüdisch-christliche Verhältnis*, in: Ders./Benedikt XVI., Kirche – Zeichen unter den Völkern [s. Anm. 12], 1120–1140, hier 1133).

pretiert Ratzinger die Sendung Jesu als Versöhnung und Vereinigung von Juden und Heiden in dynamisch universaler Richtung, die die universalistischen Verheißungen der Schriften Israels erfüllt. Die Geschichte Abrahams soll zur Geschichte aller werden, ohne dass verschleiert werden darf, dass das Heil von den Juden kommt. Unter dem Begriff der „Erfüllung“ werden unter der Perspektive des Reiches Gottes im Katechismus das Verhältnis Jesus und Israel in drei Aspekten dargelegt: Jesus und das Gesetz, Jesus und der Tempel sowie Jesus und der Glaube Israels an den einen Gott und Retter. In diesem Kontext allein ist das Geschick Jesu in Tod und Auferstehung zu erschließen. Jesu Treue zum Gesetz in der Perspektive des Gottesknechtes ist nicht einfach äußerliche Erfüllung oder Widerspruch zu einer pharisäischen Oberflächlichkeit, sondern die Vollendung der Tora durch das Evangelium in der Intention des Tora-Gebers, wie es vor allem in der Einheit von Gottes- und Nächstenliebe zum Ausdruck kommt. Damit aber ist alles, was Jesus tut, in der tiefen Solidarität mit dem Volk der Tora auszulegen, die auch von Christen als ganze, in ihrer Einheit von Liturgie, Ethos und Bekenntnis, zu achten ist.

Der maßgebliche Konflikt zwischen Jesus und seinen zeitgenössischen Autoritäten des Glaubens sieht Ratzinger in der Universalisierung des Gesetzes, das in Israel jedoch partikularisiert worden ist. Nur als theologischer Vorgang lässt sich die Tragik dieses Konflikts verstehen. „Jesus hat vielmehr seine Öffnung des Gesetzes ganz theologisch vollzogen, in dem Bewusstsein und mit dem Anspruch, dabei in innerster Einheit mit Gott, dem Vater, als der Sohn zu handeln, in der Autorität Gottes selbst. Nur Gott selbst konnte das Gesetz so vom Grund her neu auslegen und diese öffnende Verwandlung und Bewahrung als seine eigentlich gemeinte Bedeutung zeigen. Die Gesetzesauslegung Jesu gibt nur Sinn, wenn sie Auslegung aus göttlicher Vollmacht ist, wenn Gott selbst sich auslegt.“[29] Nicht Missverständnis, politische Intrige oder liberaler Rabbi gegen verknöcherte Orthodoxie klären den Konflikt. Vielmehr steht hier Gehorsam gegen Gehorsam, wodurch das Kreuz Konfliktzeichen und Versöhnungsort wird. Am Kreuz wird das gesamte kultische Handeln integriert und auf die Heiden hin geöffnet; – auch zum Segen Israels, das darin auch seiner

---

[29] Joseph Ratzinger, *Israel, die Kirche und die Welt. Ihre Beziehung und ihr Auftrag nach dem „Katechismus der Katholischen Kirche“ von 1992*, in: Ders./Benedikt XVI., Kirche – Zeichen unter den Völkern (s. Anm. 12), 1081–1098, hier 1093.

eigenen Universalität ansichtig werden kann. Im Kreuz wird das Drama von menschlicher Sünde und göttlicher Liebe nur dann ansichtig, wenn es ein Zeichen der Versöhnung bleibt. Damit aber könnten Juden und Christen heute ein Zeichen der Versöhnung geben, die nicht dadurch geschieht, dass die Differenzen banalisiert und überspielt werden, sondern in ihrer Andersheit als unerforschlicher Heilsratschluss Gottes in dieser Geschichte angenommen werden.[30]

Ähnlich argumentiert Ratzinger auch in seinen Ausführungen zum Verhältnis von Altem und Neuen Bund. Dynamische Überbietung und singuläre Versöhnung in der Gabe Jesu selbst bestimmen beide Handlungsakte Gottes, die letztlich nicht als Vasallenvertrag mit Rechtscharakter, sondern als Gnade im Bund der Freundschaft und bräutlichen Liebe zu verstehen sein werden.[31] Sein Insistieren auf die Beziehung als Grundkategorie der Schrift, die den Bund als ontologische Erstbestimmung allein auszulegen vermag, wird für Ratzinger in der Christologie und Trinitätslehre radikal zu Ende geführt. Doch auch hier wird jene versöhnende Denkfigur Ratzingers sichtbar, die die Differenz zwischen Beziehungsgott und Wesensabsolutismus in der Ausarbeitung des Personenbegriffs erkennt.

Als versöhnte Unterschiedenheit haben Judentum und Christentum eine besondere Sendung in der Gegenwart.[32] In den bekannten Entgegensetzungen zwischen personaler und apersonaler Religion, Ansprechbarkeit und Unsagbarkeit, die im Relativismus aller religiösen Rede endet, verbaut Ratzinger zuerst den Weg in den politischen Pragmatismus.[33] Auch wenn ein Jude nie die kirchliche Christologie annehmen könnte, wäre er vielleicht doch im Stande, Jesus als Gottes-

---

[30] Dass in Ratzingers Werk kein Platz für Antisemitismus ist, steht außer Zweifel. Unzureichend erscheint mir aber z. B. die Behandlung Augustins, der gerade hier nicht in seiner Israeltheologie aufgearbeitet wird.

[31] Joseph Ratzinger, *Der Neue Bund. Zur Theologie des Bundes im Neuen Testament*, in: Ders./Benedikt XVI., Kirche – Zeichen unter den Völkern (s. Anm. 12), 1099–1119.

[32] Hier wird der Islam nicht ausgeschlossen. Doch es fällt auf, dass er den Islam nur verweisend in seinen Arbeiten aufnimmt.

[33] Mit Recht merkt er an, dass Religionen als solche keine privilegierten Lösungen für pragmatische Fragen in der alltäglichen politischen Verantwortung hätten, sondern trotz ihres Ethos den freien rationalen Disput und die bleibende Pluralität der Optionen anerkennen müssen. Dennoch gewinne ich den Eindruck, dass er in den Veröffentlichungen nach 1989, in denen er die Befreiungstheologie in diesem Kontext erwähnt, nie wirklich in der Lage war, deren Anliegen auch nur annähernd sichtbar zu machen.

knecht zu sehen? Auf der anderen Seite aber müssen Christen sich noch mehr bewusst werden, dass auch sie noch den Messias erwarten. Deshalb kann im Dialog der Religionen auf Wahrheit nicht verzichtet werden, weil nur der Geist der Verständigung, nicht Skepsis und Pragmatik miteinander verbinden. Weil wir alle auf dem Weg zum himmlischen Jerusalem sind, in dem wir von Angesicht zu Angesicht schauen, sind für diese Pilgerschaft folgende Haltungen nicht unwichtig: Die Ehrfurcht vor dem Glauben der Anderen, die Verengung meines Verstehens von der Wahrheit aufbrechen lassen, kritisch die eigene Religion prüfen, Mission als Dialog verstehen, weil alle Menschen von Gott berührt sind.[34] Dann aber ist im Gespräch der Religionen eine andere Wirklichkeit gegenwärtig: „Der Dialog der Religionen sollte immer mehr zu einem Zuhören auf den Logos werden, der uns die Einheit mitten in unseren Trennungen und Widersprüchen zeigt."[35] Unter diesen Umständen aber können Wahrheit und Differenz einigen, indem sie die verschiedenen Traditionen auf ein eschatologisches Ziel hin ausrichten, das bereits in der Pilgerschaft des Lebens die Menschen zu beflügeln vermag.

III. Die Klärung des Prinzipiellen: Zur Denkform Joseph Ratzingers

Nicht immer erschließen sich Ratzingers Aussagen leicht, weil sie komplexer sind als es im ersten Wahrnehmen erscheint, und wir letztlich dies einem hohen Amtsträger der Katholischen Kirche auch nicht zugestehen. Auf den ersten Blick scheint Ratzinger in seiner Fähigkeit, Ansätze ins Prinzipielle weiterzudenken und von dorther auch mit einer polemischen Sprache zu kritisieren, die Unterscheidung des Christlichen zu polarisieren. Doch im zweiten Hinsehen steht dieses scharfe Unterscheiden im Dienst der nachfolgenden Integration und Versöhnung, auch wenn Gegensätze durchaus bleiben. Seine Integration der Religionskritik von Barth und Bonhoeffer ist hierfür ein Musterbeispiel.

Prägend aber ist eine philosophische Denkweise, die Alvin Plantinga als die augustinische Variante des christlichen Denkens charakteri-

---

[34] Ratzinger, Der Dialog der Religionen und das jüdisch-christliche Verhältnis (s. Anm. 28), 1134–1136.
[35] Ebd., 1136.

sierte.[36] Sie geht von der Wahrheit des Glaubens aus und wendet diese Überzeugungen auf verschiedene Kontexte und Herausforderungen an. In der darin sich zeigenden Lösungsqualität würde sich indirekt die Begründetheit der christlichen Wahrheitsüberzeugung erweisen. Eine solche Erschließung der inneren Rationalität des Glaubens aber ist Ratzinger ganz eigen. Deshalb kann er in seinen Studien auf eine ausführliche Analytik anderer religiöser Traditionen verzichten, was mitunter etwas konstruiert wirkt und sich vor allem als strukturelle Vernachlässigung des Islam zeigt. Diese apriorische Denkform[37] weiß sehr wohl um die reale Geschichte des christlichen Glaubens und seiner Missionsgeschichte, nimmt sie aber nicht konstitutiv in sein Denken auf. Dass er zudem nicht bereit ist, seinen Kirchenvater kritisch zu lesen, verbaut ihm die Sicht auf die verhängnisvollen Konsequenzen des augustinischen Heilspessimismus ebenso wie dessen Kirchenpolitik gewordene Theologie Israels, die eine kulturelle Haltung der Herablassung, ja der Verachtung begründete.

Seine platonische Tradition hingegen bewahrt ihn aber auch vor anderer Verwerfung. So kann er über sich selber sagen: „Ich bin ein Stück weit Platoniker. Ich meine, daß eine Art von Gedächtnis, von Erinnerung an Gott gleichsam in den Menschen eingegraben ist, die allerdings entdeckt werden muß. Er weiß nicht einfach, was er wissen soll, und er ist auch noch nicht einfach da, sondern er ist ein Mensch, ein Wesen auf dem Weg."[38]

Bevor abschließend ein Blick auf das Pontifikat geworfen werden soll, sollen zunächst seine wesentlichen Anliegen zusammengefasst werden. In einer konstitutiv gesamtbiblischen Grundorientierung, durch die religionstheologisch die Unterscheidung zwischen dem einen Gott und den vielen Göttern aufgegeben bleibt, bestimmt er mit den Kirchenvätern das christliche Zeugnis in der Rezeption der religionskritischen Aufklärung der antiken Philosophie und in Aufnahme der religionskritischen Thesen Karl Barths und Dietrich Bonhoeffers, so scheint es mir, in zwei Schritten. In einer immer neu auf-

---

[36] Siehe die Diskussion bei: Winfried Löffler, *Plantingas „Reformierte Erkenntnistheorie" und die neue Debatte um eine „Christliche Philosophie"*, in: Klaus Dethloff – Ludwig Nagl – Friedrich Wolfram (Hg.), *„Die Grenze des Menschen ist göttlich". Beiträge zur Religionsphilosophie*, Berlin 2006, 181–224.

[37] Programmatisch: „Nun müssen wir uns aus dem Bereich des Grundsätzlichen in den der Tatsachen vorwagen." Ratzinger, Glaube – Wahrheit – Toleranz (s. Anm. 8), 55.

[38] Ratzinger, Salz der Erde (s. Anm. 2), 43.

gegebenen Unterscheidung des Christlichen profiliert er unter dem Primat der Wahrheitsfrage das christliche Zeugnis in Liebe und Glaube als Selbstüberschreitung noch des sublimsten frommen Egoismus und damit als Negation des Überkommenen und Abgeschlossenen jeglicher Art; des Religiösen, später des Kulturellen, aber auch des traditionell Christlichen. Im zweiten Schritt sucht er dann nach Verbindung und Konvergenz, die seinem Grundanliegen der Versöhnung entspricht, die immer wieder neu das „Pro Christi“, seine sich verschenkende Stellvertretung denkerisch fruchtbar zu machen sucht. Es lässt sich beobachten, dass im Laufe der Entwicklung, und unter der Herausforderung, die er die „Diktatur des Relativismus“ nennt, die Wahrheitsfrage und die aufgegebene Überschreitung der partikulären Kultur an Bedeutung gewinnt.

Als Epilog.
Einige Bemerkungen zum Pontifikat Benedikt XVI.

Das Pontifikat Benedikt XVI. religionstheologisch zu würdigen, ist nicht möglich. Noch sind alle Quellen, die uns die Kontexte und die konkreten Situationen erhellen können, verschlossen. Zu billig erscheinen mir die gängigen Urteile. Dennoch scheinen sich mir, gerade im Blick auf die päpstliche Amtszeit, einige Grenzen seines Denkens viel schärfer zu zeigen als im geschützten Diskurs der Theologie. Dies aber spricht nicht gegen ihn, sondern zuerst gegen mich, der nie in solcher Vehemenz im Scheinwerfer der Öffentlichkeit zu stehen hat.

An der unlöslichen Bindung des Christentums an den Glauben Israels kann bei ihm kein Zweifel sein. Diese konstitutive Bindung hat er auch dadurch unterstrichen, dass in der Bischofssynode über die Offenbarung (2008) erstmals den versammelten Synodenteilnehmern der Rabbiner Shear Yashuv Cohen (Haifa) die Schrift auslegte. Freundschaft in Anerkennung der Differenz und im gemeinsamen Auftrag Abrahams, Segen für die Völker zu sein (Gen 12,3), prägt seine Theologie und in dieser Hinsicht auch sein freies amtliches Handeln in Auschwitz und Jerusalem.

Seine Grenzen aber werden in jenen politischen Dimensionen sichtbar, die es ihm verunmöglichten, seinen persönlichen Wunsch nach Versöhnung innerhalb der Kirche mit der Priesterbruderschaft St. Pius X. auf seine politischen und das heißt immer auch, nicht gewollten indirekten Folgen hin überprüfen zu lassen. Die Auflösung des Päpstlichen Rates für den Interreligiösen Dialog (Februar 2006) erwies sich auch im Blick auf die Regensburger Rede als Missgriff. Dabei unterstelle ich Papst Benedikt XVI. keine bösen Absichten, auch wenn er selbst hier den selbstkritischen Blick auf die eigene Gewaltgeschichte ausspart. Es ist aber einem zurückgezogenen, eher mönchischen Denker nicht möglich, die eigenen Aussagen in jeder Hinsicht mit den Ohren der anderen zu hören. Vor seiner Reise nach Istanbul im gleichen Jahr war der Rat wieder da. Mir scheint, dass Benedikt XVI. gerade auch mit seinem partikulären Scheitern mehr Realismus in die interreligiöse Debatte gebracht hat. Dieser Dialog ist nur dann robust und zuverlässig, wenn er nicht nur das eine oder andere Versagen seiner Protagonisten trägt, sondern in der Anerkennung der Differenz das eigentliche Maß seiner Kultur erblickt.

Herausragend aber erscheint mir sein Pilgerzeichen in Assisi 2011 zu sein. Dieses entspricht ganz seinem Denken. Zum einen schien er jeden Synkretismus in möglichem gemeinsamen Gebet verhindern zu wollen, zum anderen ist der interreligiöse Dialog keine Verschwörung der Glaubenden gegen die Atheisten oder Agnostiker. Vielmehr müssen sich Religionen und Atheisten der Kritik der wirklich Suchenden stellen. Den Atheisten nehmen diese ihre Sicherheit. Den Glaubenden aber mahnen sie: „Sie rufen aber auch die Menschen in den Religionen an, Gott nicht als ihr Besitztum anzusehen, das ihnen gehört, so daß sie sich damit zur Gewalt über andere legitimiert fühlen. Sie suchen nach der Wahrheit, nach dem wirklichen Gott, dessen Bild in den Religionen, wie sie nicht selten gelebt werden, vielfach überdeckt ist. Daß sie Gott nicht finden können, liegt auch an den Gläubigen mit ihrem verkleinerten oder auch verfälschten Gottesbild. So ist ihr Ringen und Fragen auch ein Anruf an die Glaubenden, ihren Glauben zu reinigen, damit Gott, der wirkliche Gott zugänglich werde."[39]

---

[39] Benedikt XVI., *Ansprache. Tag der Reflexion, des Dialogs und des Gebets für Frieden und Gerechtigkeit auf der Welt „Pilger der Wahrheit, Pilger des Friedens."*, in: Roman A. Siebenrock – Jan-Heiner Tück (Hg.), *Selig, die Frieden stiften. Assisi – Zeichen gegen Gewalt*, Freiburg – Basel – Wien, 248–252, hier 252.

Vom Unglauben über die Vernunft zum Glauben?

Der „Vorhof der Völker" als Denk-Raum Benedikts XVI.

Hanna-Barbara Gerl-Falkovitz, Dresden

Vor-Worte

„Der glorreiche Sieg, welchen die aufklärende Vernunft über das, was sie nach dem geringen Maße ihres religiösen Begreifens als Glauben sich entgegengesetzt betrachtete, davongetragen hat, ist beim Lichte besehen kein anderer, als daß weder das Positive, mit dem sie sich zu kämpfen machte, Religion, noch daß sie, die gesiegt hat, Vernunft blieb, und die Geburt, welche auf diesen Leichnamen triumphierend als das gemeinschaftliche, beide vereinigende Kind des Friedens schwebt, ebensowenig von Vernunft als echtem Glauben an sich hat."

G. W. F. Hegel[1]

„‚Übrigens, noch eine andere Seite meines Berufes überzeugte mich davon, daß Sie kein Priester sind.' ‚Was?' fragte der Dieb mit offenem Mund. ‚Sie haben die Vernunft angegriffen', sagte Father Brown. ‚Das ist schlechte Theologie.'"

G. K. Chesterton[2]

I. Postmoderne als Verlustanzeige: Abwesenheit Gottes, Zerfall der Vernunft

„Es kann sein, daß uns nichts anderes mehr zur Verfügung steht als die Abwesenheit Gottes."[3] George Steiner fügte dieser trüben Diagnose einige Jahre später hinzu: „Ein solcher Agnostizismus, gebrochen

---

[1] Georg Wilhelm Friedrich HEGEL, *Glauben und Wissen oder Reflexionsphilosophie der Subjektivität*, in: Werke, Bd. 2, 288.

[2] Gilbert K. CHESTERTON, *Father Browns Einfalt*, dt. v. H. W. Haeffs, Zürich 1991, 30.

[3] George STEINER, *Der Garten des Archimedes*, München 1997, 65.

durch Impulse gequälten Gebets, gedankenloser Schreie zu Gott in Augenblicken des Schreckens und des Leidens, ist im post-darwinschen, post-nietzscheschen und post-freudschen Abendland allgegenwärtig. Ob bewußt oder nicht, der Agnostizismus ist die etablierte Kirche der Moderne."[4]

Diese Post-Befunde führen an das Thema des Sinnverlustes in seiner jetzigen Variante unmittelbar heran. Seit den 70er Jahren wird in Europa die Abwesenheit, *l'absence*, thematisiert, die Abwesenheit von Sinn nämlich, der das Heterogene, in vielerlei zielloses Wissen Zerfallende zu einem Ganzen verbinden könnte. Postmoderne ist – nach dem berühmten Aufsatz „La Condition Postmoderne" (1979) von Jean-François Lyotard (1924–1998) – bestimmt als das Zulassen von Mehrzahl: Mehrere, viele, alle Lebenswelten, Kulturen, Andersheiten, Differenzen wirken zugleich: wertungsfrei und hierarchiefrei; ihnen fehlt und sollte fehlen die Glättung durch Verallgemeinerung, aber auch die Über- und Unterordnung durch Wertungen. Die „Leitkultur" steht vielmehr unter dem Verdacht zu nivellieren, das Fremde einzuheimsen, wenn nicht zu vergewaltigen, wie es der Denktradition zwischen Platon und Heidegger vorgeworfen wird[5], weil sie nur aus dem Einen, Gemeinsamen denke. Eurozentrisch ist uni-zentrisch: immer derselbe Sündenfall des Geistes, abgewandelt von den Griechen über den Monotheismus Israels und das Christentum bis zur deutschen Identitätsphilosophie vom Schlage Hegels, ja bis zum Islam als der transeuropäischen Variante.

Odo Marquard hat schon in den 80er Jahren den Monotheismus der drei verschwisterten Religionen Judentum, Christentum und Islam als eine unterschwellige oder offene Gewaltbereitschaft auszumachen geglaubt, der nur mit einem neuen Polytheismus oder eben mit „Geschichten" gegenzusteuern wäre. „In diesem Sinne ist selbst der Einfall suspekt: es lebe der Vielfall."[6] Solche Angriffe verstärken sich mittlerweile kulturell: Von Walser über Handke *(Der Bildverlust)* bis zu Assmann und Houellebecq *(Plattform)* wird das jüdisch-christliche Erbe, bei dem französischen Schriftsteller Houellebecq absichtlich po-

---

[4] George Steiner, *Errata. Bilanz eines Lebens*, München 2002, 215 f.

[5] So bei Emmanuel Levinas, *Die Zeit und der Andere*, übers. v. Ludwig Wenzler, Hamburg 1989.

[6] Odo Marquard, *Lob des Polytheismus. Über Monomythie und Polymythie*, in: Ders., *Abschied vom Prinzipiellen. Philosophische Studien*, Stuttgart 1981, 91–116; hier: 110.

litisch inkorrekt der Islam, verantwortlich gemacht für die Sinnkrise: nicht wegen einzelner Geschichtsdaten (wie etwa dem 11. September 2001), sondern grundsätzlich: wegen des Monotheismus.

Postmodernes Denken erklärt den Aufstand gegen die „großen homogenisierenden Erzählungen": gegen die Ilias, die Odyssee, die Bibel, die Aeneis, die Göttliche Komödie, Faust … All dies ließe sich lesen – so der Verdacht – als Monopolismus einer Idee der Götter, der Menschen, der Dinge; diesem Monopol dienten die Entwürfe einer Seinslehre ebenso wie die Frage nach einem „Wesen" der Dinge, aber – verblüffend – auch die aufklärerische, alles betreffende, alles erklärende Vernunft. Gerade das Zeitlos-Gültige, die angebliche Globalität, das Begrifflich-Allgemeine, das Denken aus dem scheinbar einen Ursprung grenze ein „Anderes" immer aus. Aber auch die aufklärerische Vorstellung des mündigen, selbstverantwortlichen Subjekts sei Selbstdurchsetzung: Das Ich schließe herrisch von der eigenen Position auf ein Du. Denken habe vielmehr einen Verzicht zu erklären: den Verzicht auf den geschlossenen Diskurs innerhalb eines anonymzwingenden Gedankensystems, das zum tödlichen Ausschluss der Andersdenkenden führe. Dagegen stehen neue „Grundbilder": Mehrfachkodierungen, Vielfalt von Rationalitätstypen, Übergänge „transversaler" Vernunft.[7]

Jeder Singular wird als solcher verdächtig. Entsprechend fehlt nicht nur *das* Eine, Verbindliche, „Vernünftige" im postmodernen Lebensstil; es fehlt damit auch *der* Eine: Gott. Er zieht sich nur als „Spur", so Derrida, als Negativabdruck eines Fußes im Wüstensand durch die Geschichte (des 20. Jahrhunderts). Gott und Vernunft sind gleichermaßen abwesend, und so fällt auch die Wahrheit unter dem Fallbeil der „großen Erzählungen". „Die einzige Wahrheit heißt: lernen, sich von der krankhaften Leidenschaft für die Wahrheit zu befreien."[8]

Was für Konsequenzen hat solcherart „Abwesenheit"? Lässt sich beispielsweise nicht, um es mit dem großen Schauspieler Ginsberg boshaft zu formulieren, auch „mit der Sartreschen Kaffeehaus-Verzweiflung gut und ungestört leben"[9]? Es ist in der Tat der Versuch einer agnostischen Zeitgenossenschaft, sich in den Ruinen bisheriger

---

[7] Wolfgang Welsch, *Unsere postmoderne Moderne*, Weinheim ³1991, 325 und 327. „Transversal" ist ein im Widerspruch zu „transzendent" gebildeter Begriff „gegenläufiger" Vernunft.

[8] Umberto Eco, *Der Name der Rose*, München 1982, 624.

[9] Ernst Ginsberg, *Abschied. Erinnerungen*, Zürich 1965, 189.

„Gottesvernunft“ (Thomas Mann) einzurichten. Auch wenn zugleich zynisch beobachtet wird: Es „schmerzt jedesmal, wenn man die inbrünstige Phrase von der Identität hört, den Anklang an Gott bzw. den Missklang der Selbstvergottung, die das kleine, das freie und armselige Subjekt sich herausnimmt“[10].

II. Im Vorhof der Völker: Der Rückgriff auf die griechische Logoslehre

Im Horizont dieses Absturzes, wo alles möglich, aber nichts wirklich ist[11], setzt Joseph Ratzingers Versuch an, den denkenden Zeitgenossen zu einer Relecture des Evangeliums zu führen. Er bestätigt der säkularen Vernunft ihr Recht, will sie dabei aber auf ihr „Eingeschriebensein in eine größere Vernünftigkeit“ aufmerksam machen – weiß doch gerade die Philosophie bis ins 20. Jahrhundert von einer *transzendierenden* Vernunft.

Das programmatisch aufgegriffene Wort des Alten Testaments vom „Vorhof der Völker“, der den nichtjüdischen Pilgern guten Willens einen noch zugänglichen Bereich vor dem eigentlichen Heiligtum des Jerusalemer Tempels erschloss, verweist deutlich auf Ratzingers Überzeugung von einem in seiner Tiefe transzendenzoffenen Denken. So „gibt es keine große Philosophie, die nicht von der religiösen Überlieferung her Erhellungen und Wegweisungen empfangen hätte, ob wir an die Philosophien Griechenlands und Indiens denken oder an die Philosophie, die im Inneren des Christentums sich entfaltet hat, oder auch an neuzeitliche Philosophien, die von der Autonomie der Vernunft überzeugt waren und diese Autonomie der Vernunft als letzten Maßstab des Denkens einschätzten“[12].

Der Vorhof der Völker könnte daher – mit einer treffenden Füllung des Begriffs – auch „Vorhof der Vernunft“ heißen. Im Licht des „Vorhofs“ stand auch das letzte Treffen in Assisi 2011, von dem sich unter anderem die agnostische Psychoanalytikerin und Philosophin

---

[10] Botho Strauss, *Paare Passanten*, München 1981, 177 f.

[11] Das spielerische Verbleiben im Möglichen *(anything goes)* hat Kierkegaard *(Entweder – Oder)* bereits als ästhetische, don-juaneske Lebensform gekennzeichnet, die sich im Unwirklichen vergeudet.

[12] Joseph Ratzinger, *Glaube – Wahrheit – Toleranz: Das Christentum und die Weltreligionen*, Freiburg 2003, 168.

Julia Kristeva berührt zeigte. Getragen ist die Zuversicht Ratzingers auf einen gemeinsamen Denk-Raum von dem schönen Wort des Klemens von Alexandrien: „Alle Lampen Griechenlands brennen für die Sonne, die Christus heißt."

Ein solches Vertrauen auf die gemeinsame Vernunft vor der Schwelle zum Heiligen mag erstaunen; es enthält jedoch letztlich unausgesprochen den Kern christlicher Lehre vom Logos. Seit Wittgenstein gilt es als Ausweis intellektueller Redlichkeit, über das zu schweigen, wovon man nicht sprechen kann – und das heißt auch, was man nicht denken kann. Einen ganz anderen Anspruch hatte jedoch die spätantike christliche Philosophie aufrechterhalten, der sich Ratzinger anschließt: auch das zu denken, was sich kaum denken lässt – nämlich das Göttliche. Denn der Logos zerstört zwar die menschlichen *logoi*, so wissen die Väter, aber, menschgeworden, befruchtet er sie auch, ja spornt sie an und setzt sie frei. So sind schon die vier Evangelien und die Briefe der Apostel Versuche, den Unfasslichen doch zu fassen. Dieser *parrhesia* war überraschend dienlich, dass ein Instrumentarium für diese Fassung bereitstand: die großen Denkanstrengungen der griechischen Philosophen. Schon aus dem Grund widerspricht Ratzinger grundsätzlich dem „Enthellenisierungsprogramm" einer Exegese, die sich mit dem Namen Adolf von Harnack verbindet. Dem jüdisch-christlichen Anspruch nach ist Gott auch, sogar gerade in der Vernunft zu berühren – und hatte nicht die heidnische Vernunft Griechenlands schon höchste Leistungen, vor allem in Platon (und was man für seine Schriften hielt), hervorgebracht? Ließen sich diese Erkenntnisse nicht fruchtbar mit dem „neuen Weg", dem ersten Namen für das Christentum, verbinden? Viele Väter betonten diese vorzügliche philosophische Verwandtschaft; sie bemühten sich keineswegs, die Götter der Mythen „umzutaufen" (Zeus wurde nicht zu Jahwe), sondern sie nutzten die weit abstraktere griechische Philosophie zur beweiskräftigen Verankerung des Christentums. Justin der Märtyrer († um 165) schrieb im *Dialog an den Juden Tryphon* – dem ersten *philosophischen* Diskurs der neuen Lehre – das kühne Wort: „Alle, die gemäß dem Logos leben, sind Christen, auch wenn sie für gottlos gehalten werden, wie bei den Griechen Sokrates und Heraklit." Es war auch Justin, der die wichtige These vom *logos spermatikos*, dem samenhaft überall vorhandenen Wort Gottes, begründete.[13]

---

[13] Ebd., 138: „Er hatte alle Philosophien studiert und schließlich im Christentum die vera philosophia erkannt. Mit seiner Christwerdung hatte er seiner ei-

Selbst Tertullian, der in seinem *Apologeticum* (279) die bekannt bösen Sätze schrieb: „Was haben gemeinsam der Philosoph und der Christ, der Schüler Griechenlands und der des Himmels, der Beförderer seines Ruhms und der seines Heiles, der mit Worten und der mit Taten Wirkende, der Erbauer und der Zerstörer, der Freund und der Feind des Irrtums, der Verfälscher der Wahrheit und ihr Erneuerer, ihr Dieb und ihr Wächter?" – selbst Tertullian also sprach von der *anima naturaliter christiana*, und sein großer Gegenspieler Augustinus, der genialste Verbinder von Antike und Christentum, prägte das noch kühnere Wort: „Wie viele, die nicht zu uns gehören, sind doch innen, und wie viele, die zu uns gehören, noch außen!"

Ratzinger gibt allerdings auch zu bedenken: „Der philosophische Monotheismus (= 4./3. Jh. v. Chr.) reichte nicht aus, um Menschen zu einer lebendigen Gottesbeziehung zu führen."[14] Dass gedankliche Arbeit auch bei „zwingenden" logischen Folgerungen keineswegs schon zum Glauben nötige, zeigt sich auch bei der Theologie: „Die Bedeutung theologischer Reflexion, genauen und sorgsamen theologischen Denkens dürfen wir nicht gering schätzen – es bleibt absolut notwendig. Aber darob die Erschütterung durch die Begegnung des Herzens mit der Schönheit als wahre Weise des Erkennens zu verachten oder abzuweisen, verarmt uns und verödet Glaube wie Theologie."[15] Dass christliche Erschütterung weit über alles philosophische Denken hinausgeht und vor allem – im Unterschied zur griechischen Antike – den Schmerz, die Hässlichkeit, das Zerstörte einbezieht, macht den Kern der Offenbarung uneinholbar. Anders: Sie nötigt zu tieferem Denken als das immer schon Denkbare. „Wer an Gott glaubt, an den Gott, der sich gerade in der entstellten Gestalt des Gekreuzigten als Liebe ‚bis zum Letzten' (Joh 13,1) geoffenbart hat, der weiß, daß die Schönheit Wahrheit und daß die Wahrheit Schönheit ist, aber am leidenden Christus lernt er auch, daß die Schönheit der Wahrheit Verwundung, Schmerz, ja das dunkle Geheimnis des Todes einschließt und nur in der Annahme des Schmerzes, nicht an ihm vorbei gefunden werden kann."[16]

---

genen Überzeugung nach die Philosophie nicht abgelegt, sondern war erst ganz Philosoph geworden."

[14] Joseph Ratzinger, *Jesus von Nazareth*, Bd. I, Freiburg 2007, 217.

[15] Joseph Ratzinger, *Der Sinn für die Dinge. Die Betrachtung des Schönen*. Vortrag in Rimini 2002.

[16] Ebd.

III. Blutkreislauf von Theologie und Philosophie

In der Überzeugung vom Schwellencharakter der Vernunft regte Ratzinger auch als Papst immer erneut an, Theologie (wieder) durch Philosophie zu stützen und sie argumentativ in heutige Auseinandersetzungen zurückzubringen, ohne deswegen die Theologie nur als Stichwortgeberin für eine mit dem Transzendenten kokettierende Philosophie zu benutzen. Vielmehr müsse „es im theologischen Bereich ein Gleichgewicht zwischen dem geben [...], was wir als strukturelle Grundsätze bezeichnen, die uns von der Offenbarung gegeben wurden und daher immer von vorrangiger Bedeutung bleiben, und den Erklärungen, die von der Philosophie, also von der Vernunft beeinflußt werden und eine wichtige, aber rein zweckdienliche Funktion haben."[17]

Ratzinger selbst war seit langem in dieser gegenseitigen Anregung tätig; zu erinnern ist an die Streitgespräche:

- mit Paolo Flores d'Arcais 2000[18],
- mit Marcello Pera, dem damaligen Präsidenten des italienischen Senats und Philosophen, in Form eines Briefwechsels 2004[19],
- und mit Jürgen Habermas 2004[20].

Wie zu erwarten, führten die Gespräche zwar in keinem Fall unmittelbar zu Übereinstimmung, aber teilweise doch zu gleichlautenden Beobachtungen, Befürchtungen, ja, bis zur Schwelle von konjunktivischen Ausblicken.

1. Vernunft, Glaube und Leben.
Gespräch mit Paolo Flores d'Arcais

„Im Christentum ist Aufklärung Religion geworden und nicht mehr ihr Gegenspieler. Weil es so ist, weil das Christentum sich als Sieg der

---

[17] Joseph Ratzinger, Ansprache am 4. 11. 2009, in: Die Tagespost, 7. 11. 09.

[18] *Dio esiste? Ateismo e verità*, in: MicroMega 2 (2000) mit Essays von Norberto Bobbio, Leszek Kolakowski, Gianni Vattimo u. a.; dt.: Paolo Flores d'Arcais, *Joseph Ratzinger, Gibt es Gott? Wahrheit, Glaube, Atheismus*, Berlin 2006.

[19] Zusammen mit je einem Grundsatzreferat veröffentlicht in: Marcello Pera – Joseph Ratzinger, *Ohne Wurzeln. Der Relativismus und die Krise der europäischen Kultur*, Augsburg 2005.

[20] Jürgen Habermas – Joseph Ratzinger, *Dialektik der Säkularisierung. Über Vernunft und Religion*, Freiburg 2005.

Entmythologisierung, als Sieg der Erkenntnis und mit ihr der Wahrheit verstand, deswegen musste es sich als universal ansehen und zu allen Völkern gebracht werden: nicht als eine spezifische Religion die andere verdrängt, nicht aus einer Art von religiösem Imperialismus heraus, sondern als Wahrheit, die den Schein überflüssig macht. Und eben deshalb muss es in der weiträumigen Toleranz der Polytheismen als unverträglich, ja als religionsfeindlich, als ‚Atheismus' erscheinen: Es hielt sich nicht an die Relativität und Austauschbarkeit der Bilder; es störte damit vor allem den politischen Nutzen der Religionen und gefährdete so die Grundlagen des Staates, indem es nicht Religion unter Religionen, sondern Sieg der Einsicht über die Welt der Religionen sein wollte."[21] „Die Kraft des Christentums, die es zur Weltreligion werden ließ, bestand in seiner Synthese von Vernunft, Glaube und Leben; genau diese Synthese ist in dem Wort von der *religio vera* zusammenfassend ausgedrückt. Warum überzeugt diese Synthese heute nicht mehr?"[22]

„Aufklärung" meint hier nicht das 17./18. Jahrhundert, sondern wiederum die Ablösung der Mythen durch die antike griechische Philosophie. Auch in der Regensburger Rede 2006 verweist Ratzinger auf das „innere Zugehen aufeinander, das sich zwischen biblischem Glauben und griechischem philosophischem Fragen vollzogen hat"[23]. Aufgrund dieser Nähe seien die „drei Wellen des Enthellenisierungsprogramms"[24] fragwürdig: die Spaltung von *sola scriptura* versus die philosophische Systematisierung des Glaubens im 16. Jahrhundert, Harnacks „Rückkehr" zum „historischen Jesus" im 19./20. Jahrhundert und die enthellenisierte Inkulturation des Christentums heute in andere Kulturen. Entscheidend ist, „ob Vernunft ein zufälliges Nebenprodukt des Unvernünftigen und im Ozean des Unvernünftigen letztlich auch bedeutungslos ist oder ob es wahr bleibt, was die Grundüberzeugung des christlichen Glaubens und seiner Philosophie bildet. *In principio erat Verbum* – am Anfang aller Dinge steht die schöpferische Kraft der Vernunft."[25]

---

[21] Joseph Ratzinger, *Der angezweifelte Wahrheitsanspruch. Die Krise des Christentums am Beginn des dritten Jahrtausends*, in: d'Arcais, Joseph Ratzinger (s. Anm. 18), 9.

[22] Ebd., 13.

[23] Benedikt XVI., *Glaube und Vernunft. Die Regensburger Vorlesung*, Freiburg 2006, 22.

[24] Ebd., 23.

[25] Joseph Kardinal Ratzinger, zit. nach Jan-Heiner Tück, *Worte und Taten,*

2. Pathologien der „autonomen Vernunft und glaubenslosen Religion“[26]. *Gespräch mit Marcello Pera*

Den Widerspruch Ratzingers gegen die „Ent-Logisierung“ der Kultur und ihre Relativierung übernimmt auch Pera. Für den, so Ratzinger, „nur als pathologisch zu bezeichnenden Selbsthass des Abendlandes, das sich zwar lobenswerterweise fremden Werten verstehend zu öffnen versucht, aber sich selbst nicht mehr mag“[27], macht Pera als Ursache *relativistisches* Denken aus: „Während die Muslime die Gegenseitigkeit unserer Prinzipien und Werte nicht zugestehen, gestatten wir die relativistische Dekonstruktion genau derselben Prinzipien und Werte.“[28] Mehr noch: „Der Relativismus hat unsere christlichen Abwehrkräfte geschwächt und unseren Hang zur Aufgabe vorbereitet. Denn er macht uns glauben, es gebe nichts, wofür es sich zu kämpfen und etwas zu riskieren lohnt.“[29] – so der atheistische Philosoph.

Ratzinger sekundiert: „Wir hatten gesehen, dass es *Pathologien in der Religion* gibt, die höchst gefährlich sind und die es nötig machen, das göttliche Licht der Vernunft sozusagen als ein Kontrollorgan anzusehen, von dem her sich Religion immer wieder neu reinigen und ordnen lassen muss [...]. Aber in unseren Überlegungen hat sich auch gezeigt, dass es [...] auch *Pathologien der Vernunft* gibt, eine Hybris der Vernunft, die nicht minder gefährlich, sondern von ihrer potentiellen Effizienz her noch bedrohlicher ist: Atombombe, Mensch als Produkt. Deswegen muss umgekehrt auch die Vernunft an ihre Grenzen gemahnt werden und Hörbereitschaft gegenüber den großen religiösen Überlieferungen der Menschheit lernen. Ich würde demgemäß von einer notwendigen Korrelationalität von Vernunft und Glaube, Vernunft und Religion sprechen, die zu gegenseitiger Reinigung und Heilung berufen sind und die sich gegenseitig brauchen und das gegenseitig anerkennen müssen.“[30]

Glaube und Vernunft. Über das ungewöhnliche Ende, über theologische Leitlinien und die Schattenseiten eines Pontifikats, in: NZZ vom 13.2.2013, 23.

[26] Karl-Heinz Menke, *Der Leitgedanke Joseph Ratzingers. Die Verschränkung von vertikaler und horizontaler Inkarnation*, Paderborn 2008, 18.

[27] Pera – Ratzinger, Ohne Wurzeln (Anm. 19), 87.

[28] Pera, *Der Relativismus*, in: ebd., 42; vgl. auch ebd., 18–20, 46–49.

[29] Ebd., 48 f.

[30] Jürgen Habermas – Joseph Ratzinger, *Dialektik der Säkularisierung*, Freiburg 2005, 57 (Zitat Ratzinger).

3. Universale Gerechtigkeit und Jüngstes Gericht. Gespräch mit Jürgen Habermas

Philosophie kompensiert nach Ratzingers Auffassung nicht „restlos" die Vorgaben der Religion, sondern setzt sie vielmehr voraus. Gleichermaßen wurde auch in einigen Wortmeldungen von Habermas – schon vor dem gemeinsamen Gespräch 2004 – deutlich, dass die Suche nach einer Anthropologie „jenseits des Nihilismus" und „jenseits der virtuellen Konstruktion" begonnen hat.

Im Blick auf den 11. September war bei Habermas im Oktober 2001 die Rede von der Notwendigkeit einer universalen Gerechtigkeit – für die im Vergangensein verschwundenen Opfer. Gerechtigkeit, ein Zentralthema der Philosophie seit Platon, bleibe nämlich leer, wenn sie nur auf die Zukünftigen, also auf einen schmalen und noch irrealen Ausschnitt der Menschheit, bezogen würde. „Auferstehung" *wäre* die Sinnantwort auf irdisch nicht gutzumachende Leiden: „Erst recht beunruhigt uns die Irreversibilität vergangenen Leidens – jenes Unrecht an den unschuldig Mißhandelten, Entwürdigten und Ermordeten, das über jedes Maß menschlicher Wiedergutmachung hinausgeht. Die verlorene *Hoffnung auf Resurrektion* hinterläßt eine spürbare Leere", so – erstaunlicherweise – Habermas' Rede zum Friedenspreis des Deutschen Buchhandels 2001.[31] Mit anderen Worten: Im Sinnlosen bedarf es einer transzendierenden Antwort auf das menschlich nicht zu Lösende und nicht Denkbare. „Auferstehung" ist damit mehr als ein „Anliegen" in theologischer Metasprache. Sie hat – auch wenn sie bei Habermas nur im Konjunktiv steht – eine „Systemstelle" im menschlichen Verlangen nach Gerechtigkeit. Gerade weil sich Gerechtigkeit auf alle und nicht auf wenige erstrecken soll, geht sie über den schmalen empirischen Ausschnitt an Geschichte hinaus, den Menschen aktiv gestalten könnten; der größere „Rest" (der Toten und jetzt Lebenden) bleibt ohne Auferstehung einem solchen gerechten Ausgleich für immer entzogen. Auch in diesem Sinn ist eine Geschichte „mit Finale" einem zyklischen Weltverlauf ohne Finale gedanklich und religiös vorzuziehen.[32]

---

[31] Jürgen Habermas, *Glauben und Wissen. Friedenspreis des deutschen Buchhandels 2001*, Frankfurt 2001.

[32] Vgl. Hanna-Barbara Gerl-Falkovitz, *Ante Christum natum – post Christum natum. Anmerkungen zum christlichen Zeitbegriff*, in: Dies., *Eros – Glück – Tod und andere Versuche im christlichen Denken*, Gräfelfing 2001, 62 f.

Denselben Gedanken hatte Ratzinger aber schon vorweggenommen – gleichviel ob Habermas unmittelbar daraus schöpfte, erstaunt doch der Gleichklang des Denkansatzes. „Vor allem aber ist keine Antwort auf die Fragen nach Gerechtigkeit und Freiheit zureichend, die das Todesproblem auslässt. Wenn nur eine nicht absehbare Zukunft einmal Gerechtigkeit bringen wird, dann sind alle Toten der Geschichte zuvor Betrogene. [...] Deswegen hat ein so konsequenter marxistischer Denker wie Th. Adorno gesagt, wenn es Gerechtigkeit geben solle, müsse es auch Gerechtigkeit für die Toten sein. [...] Nur wenn es die Auferstehung der Toten gibt, ist es sinnvoll, für die Gerechtigkeit auch zu sterben. Denn nur dann ist Gerechtigkeit mehr als Macht, nur dann ist sie Wirklichkeit, sonst bleibt sie bloße Idee. Darum ist auch die Gewissheit eines Weltgerichts von höchster praktischer Bedeutung. [...] Das Gericht enthebt uns [...] nicht der Bemühung, Gerechtigkeit in der Geschichte zu schaffen; es gibt dieser Bemühung erst einen Sinn und entzieht ihre Verpflichtung jeder Beliebigkeit."[33]

2004 führten Habermas und Ratzinger jenes spektakuläre Gespräch[34], worin Religion im Verhältnis zur Vernunft gleichsam neu kartographiert wurde. Während Habermas in den 90er Jahren starken Nachdruck auf das „nachmetaphysische Denken" legte[35], gelangte er in dem Gespräch, aber auch in anschließenden Veröffentlichungen zu einer Kritik an dessen scheinbarer Unbefragbarkeit.[36] Zwar beharrte er auf einer „detranszendentalisierten Vernunft", doch nur im Sinne eines unersetzlichen, notwendig eng fokussierten Instruments von Wissenschaft. Keineswegs aber darf nach ihm Methode zur Mentalität werden, darf der beschränkende Blick zur beschränkten Weltsicht gerinnen; über eine religiöse Weltdeutung ist naturwissenschaftlich nichts entschieden. In dieser Trennung von (natur)wissenschaftlicher Methode im Teilbereich und religiöser Hermeneutik des Gesamten

---

[33] Joseph Kardinal RATZINGER, *Freiheit und Befreiung. Die anthropologische Vision der Instruktion „Libertatis conscientia" (1986)*, in: DERS., *Kirche, Ökumene und Politik. Neue Versuche zur Ekklesiologie*, Einsiedeln 1987, 227–243, hier: 242. Das erwähnte Zitat bei: Theodor W. ADORNO, *Negative Dialektik*, Frankfurt/M. 1966, 205.

[34] Jürgen HABERMAS – Joseph RATZINGER, *Dialektik der Säkularisierung*, Freiburg 2005.

[35] Jürgen HABERMAS, *Nachmetaphysisches Denken*, Frankfurt/M. 1992; DERS., *Politik, Kunst, Religion*, Stuttgart 1992.

[36] Jürgen HABERMAS, *Zwischen Naturalismus und Religion*, Frankfurt 2005.

öffnete sich – entgegen alten Borniertheiten – das Fenster zu einem neuen Austausch.

IV. Aufklärung aus Glauben

Die Kritik einer falschen Selbstmächtigkeit hatte „Athen" ebenfalls in seinen großen Vertretern ausgesprochen: Dass Vernunft, *nous*, nicht im eigenmächtigen Agieren, sondern im Vernehmen, im Sich-Nehmen-Lassen von dem, was sich zeigt, zu sich selbst komme: ja, erst in der Blendung durch das Licht außerhalb der Höhle. Solche Blendungen hatten die Philosophie zur Begleiterin aller Arten von Wahrheitssuche gemacht.

„Jerusalem" gibt dem, was sich zeigt und blind macht, einen Namen. Eigentlich ist er doppelt: einmal der unaussprechliche, nicht-idolisierbare, nicht gegenständliche Name, *schem*, und dann der Menschensohn, *ben adam*, gegenständlich, vernehmbar, einer wie alle und somit banal. So bleibt die Spannung zwischen Begreifen und doch nicht Begreifen ein konstitutiver Anreiz für die philosophische Auslegung Jerusalems.

In dieser Umkehrung einer Vernunft-Autonomie zum Pathos des Ergriffenseins baut Ratzinger eine Brücke von Athen nach Jerusalem: *Vernunft ist die Brücke*, die über sich hinausgreift oder besser: über sich hinausgerissen wird – denn eben als Vernunft ist ihr eingeschrieben das Staunen, *thaumazein*, vor dem Angeschauten. Vielleicht sogar, im literarischen Hochton, ein „herzsprengendes Entzücken"[37], denn sie begegnet nicht einem Es, etwa dem Sein, dem Nichts, dem Phänomen, der Struktur, dem transzendentalen Ich, sondern einem Du.

Ratzinger stellt die Frage nach einem Selbstüberstieg, in dem das Denken von einem wirklichen und wirkungsvollen Gegenüber herausgefordert wird. Es stößt eben nicht nur auf ein eigenes, sondern auf ein anderes, ebenso vertrautes wie fernes „Innen", *interior intimis meis* (Augustinus). Sofern diese Bewegung nicht vollzogen wird, bleibt das Denken selbstbezüglich und selbstthematisch. Sofern aber die gemeinsame Anstrengung des Denkens jenes Gegenüber sucht, genauerhin seine „Spur" (Derrida) zulässt, rührt sie an die Grenze des Denk-Möglichen.

---

[37] Thomas Mann, *Joseph und seine Brüder (1933ff.)*, Frankfurt 1964, 1083.

Trägt aber die neue Evangelisierung über diese Grenze hinaus? Mit Absicht wandte sich Ratzinger auch an Stimmen nicht aus der Mitte, sondern eher vom Rande des kirchlichen Glaubens oder sogar von außerhalb. Er nahm sie als Zurufe – Zurufe an das Christentum, seine Schätze nicht zu vergraben. Im Gegenteil: damit zu wuchern. Christentum wird als Unruhe in der diesseitigen, immer gleichförmiger, immer antwortloser werdenden Kultur vorgestellt. Die Vertröstung auf das Diesseits wirkt nicht mehr; seine Schalheit ist zu offenkundig. Die allenthalben wuchernde Religiosität und die neuerdings dagegen auftretende, sich „naturwissenschaftlich" gebende Religionskritik greifen ineinander wie Räder eines leerlaufenden Zahnrads.

Bahnbrechend und anschlussfähig am Denken Ratzingers ist: dass er sich mit der heute notwendigen Aufklärung verbündet. Denn Aufklärung kann heute nicht mehr bedeuten „Befreiung der Vernunft aus ihren Täuschungen, sondern Befreiung von der Täuschung, welche die Vernunft selbst ist. Und Vernunft als solche wäre dann Täuschung, wenn sie nur vorgeben könnte, aus sich auf ein Ganzes von Einsicht orientiert zu sein und dann auch durch sich aus dem Inbegriff von Täuschung befreit sein zu können."[38] Anders: Vernunft ist werkzeuglich, bedarf eines vorgängigen „Ganzen", auf das sie sich richtet, mehr noch: von dem und an dem sie selbst ausgerichtet wird. Der biblische Gott wird nicht zum Gegenstand der Vernunft, er wird zum befruchtenden Wider-Stand der Vernunft.

„Das geschichtliche Instrument des Glaubens kann die Vernunft als solche wieder freimachen, so daß sie nun – von ihm auf den Weg gebracht – wieder selber sehen kann. [...] Die Vernunft wird ohne den Glauben nicht heil, aber der Glaube wird ohne die Vernunft nicht menschlich."[39]

---

[38] Dieter Henrich, *Bewußtes Leben. Untersuchungen zum Verhältnis von Subjektivität und Metaphysik*, Stuttgart 1999, 98.

[39] Ratzinger, Glaube – Wahrheit – Toleranz (s. Anm. 12), 110.

Hörender Glaube

Papst Benedikt und das Anliegen der Glaubenserneuerung

Clemens Sedmak, London

Wenn ich an mein eigenes armseliges Glaubensleben denke, dann erfolgt eine Erneuerung – immer wieder, *fides semper renovanda* – auf verschiedene Weisen, wie sich auch Gott auf viele Weisen zeigt und mitteilt: Durch die Begegnung mit „VIP" (very inspiring people), die selbstverständlich und kraftvoll aus dem Glauben leben, die Kraft des Gebets als Teil der Erneuerung des Antlitzes der Erde sehen; durch ein biblisches Wort, das etwas Ungeheuerliches ausdrückt, das ich neu entdecke, etwa die Tiefe des Lukaswortes „Esst, was man euch vorsetzt"; im Eintauchen in eine Lebensform, die unter einer „regula" steht, die den Glauben in neuem Licht erscheinen lässt, etwa im Zuge eines Aufenthalts in einem Kloster oder einem anderen geistlichen Haus; durch eine Erfahrung, die die Nähe Gottes neu schenkt, zum Beispiel jüngst bei dem Auferstehungsgottesdienst für eine fünfzigjährige Mutter von drei Kindern, deren sechzehnjähriger Sohn berührende Worte über seine Mutter gefunden hat; durch ein Wort, einen Satz, eine Geschichte, einen Gedanken, etwa in der Predigt.

Ohne diese Erneuerungserfahrungen kann Glaube schal und Glaubensleben leer werden. Der Glaube ist Fundament, Mitte und Ziel des menschlichen Lebens: In der Predigt im Petersdom zur Eucharistiefeier für die Neuevangelisierung am 16. Oktober 2011 hat Papst Benedikt daran erinnert, dass wir von der Gewissheit ausgehen, ohne Christus, Wort und Brot des Lebens, nichts vollbringen zu können (vgl. Joh 15,5). Der Evangelist schreibt nicht „wenig vollbringen", er schreibt auch nicht „manches nicht so gut vollbringen"; er sagt deutlich: „nichts vollbringen". Dieses „Nichts" bezieht sich, so dürfen wir extrapolieren, auf weltliche wie kirchliche Praxis, auf individuelles wie gemeinschaftliches Tun. Der Glaube ist das Fundament – an dieses Fundament hat Papst Benedikt im Zuge seines Pontifikats immer wieder kraftvoll erinnert. Er hat die von Papst Johannes Paul II. verfolgten Anstrengungen zur Neuevangelisierung neu belebt, auf der Suche nach einem „neuen Impuls", wie es in besagter Predigt heißt, „die

Menschen aus der Wüste, in der sie sich oft befinden", zu führen. In dieser Predigt hat der Papst auch angekündigt, ein Jahr des Glaubens auszurufen, zum 50. Jahrestag der Eröffnung des Zweiten Vatikanischen Konzils.

I. „Der Glaube kommt vom Hören"

In seinem Apostolischen Schreiben *Porta fidei*, mit dem Papst Benedikt XVI. das „Jahr des Glaubens" ausgerufen hat, weist er auf den Zusammenhang zwischen „Glauben" und „Hören" hin. Papst Benedikt XVI. beruft sich auf das Gespräch am Jakobsbrunnen: „Auch der Mensch von heute kann wieder das Bedürfnis verspüren, wie die Samariterin zum Brunnen zu gehen, um Jesus zu hören, der dazu einlädt, an ihn zu glauben und aus der Quelle zu schöpfen, aus der lebendiges Wasser hervorsprudelt (vgl. Joh 4,14)" (*Porta fidei* 4). Das Gespräch am Jakobsbrunnen zeigt eine Frau, die Jesus aufmerksam zuhört. Sie kommt zum Glauben. Tatsächlich: Der Glaube gründet in der Botschaft (Röm 10,17), „der Glaube kommt vom Hören". Diesen Hinweis hat Papst Benedikt in seiner Generalaudienz vom 10. Dezember 2008, die dem Heiligen Paulus gewidmet war, vertieft: „Der Glaube ist kein Produkt unseres Denkens, unserer Reflexion, er ist etwas Neues, das wir nicht erfinden, sondern nur als Geschenk, als eine von Gott hervorgebrachte Neuheit empfangen können. Und der Glaube kommt nicht vom Lesen, sondern vom Hören. Er ist nicht nur etwas Innerliches, sondern eine Beziehung zu Jemandem. Er setzt eine Begegnung mit der Verkündigung voraus, er setzt die Existenz des anderen voraus, der verkündet und Gemeinschaft schafft."

Der Glaube entsteht in einer Begegnung; er entsteht in einer lebendigen Begegnung, die unsere Aufmerksamkeit fesselt und lenkt.[1] Glaube ist Begegnung mit Jesus Christus. Das Christentum beruht auf dem Vertrauen auf eine Person, auf den menschgewordenen Gott. Hier sind „Botschaft" und „Bote" nicht zu trennen, hier wird „Weisung" durch „Person" ersetzt, in einer Weise, wie sie etwa Benedikt XVI. in seinem Buch über Jesus von Nazareth im Dialog mit Jacob Neusner beschrieben hat.[2] Diese Begegnung erschließt sich im

---

[1] Vgl. *Deus Caritas Est* 1.

[2] Vgl. dazu Achim Buckenmaier u.a., *Der Jude Jesus von Nazareth: Zum Gespräch zwischen Jacob Neusner und Papst Benedikt XVI.*, Paderborn 2009.

Hören. Glaube ist „hörend". Die Erneuerung des Glaubens, die Papst Benedikt XVI. zu einer zentralen Frage seines Pontifikats gemacht hat, bedeutet deswegen vor allem auch: Erneuerung des rechten Hörens. Wie können wir dieses „Hören" verstehen? Der Mensch ist „Hörer des Wortes". Im Kriegsjahr 1941 ist das gleichnamige Buch von Karl Rahner veröffentlicht worden. Thema dieses Buches ist die Frage, auf welche Voraussetzungen der Mensch als möglicher Hörer einer möglicherweise sich frei ereignenden Offenbarung Gottes in der Geschichte angewiesen ist. Was ist die Bedingung der Möglichkeit für das Hören des Wortes Gottes? Karl Rahner beschreibt den Menschen als Wesen, das darauf angelegt ist, Gott zu hören. Der Mensch kann über eine *potentia oboedientialis* für die Offenbarung beschrieben werden. Wir sind dazu geschaffen, zu hören. Der Schöpfungsbericht im Buch Genesis verdeutlicht dieses Moment, indem der Mensch von Anfang an die Stimme Gottes hört (vgl. Gen 2,16). Die Evangelien erinnern uns daran, dass glaubendes Vertrauen auch und gerade mit der Vertrautheit der Stimme zu tun hat. Die Schafe hören auf die Stimme des guten Hirten (Joh 10,3; 10,16; 10,27), denn „sie kennen seine Stimme" (Joh 10,4). Durch die Vertrautheit entsteht Vertrauen. Glaube ist hörendes Vertrauen auf Vertrautes. Als eine Form des Vertrauens schöpft der Glaube aus einer „Gewissheit", aus einer *plerophoría*, die „die Fülle, die Treue, die Vollendung [...] der Verkündigung Christi" zum Ausdruck bringt.[3] Hier findet sich jene Verlässlichkeit, die das vertrauenswürdige Fundament des Glaubens ausmacht. Hier findet sich eine Gewissheit, die das eigene Lebensfundament fest verankert und eine Fülle schafft, die *ex abundantia cordis* ausgedrückt werden will. Wenn man von dieser Gewissheit erfüllt ist, erweist sich die Glaubensverkündigung als Pflicht. In seiner Ansprache bei der Begegnung mit den Verantwortlichen der kirchlichen Organismen für die Neuevangelisierung (15. Oktober 2011) hält der Papst fest, dass die Verkündigung des Evangeliums „kein Privileg, sondern eine verpflichtende Aufgabe" sei, „die aus dem Glauben erwächst".

Dieses Vertrauen, diese Vertrautheit, diese Kultur des Hörens sind bedroht. Der Glaube ist „in Gefahr zu verlöschen wie eine Flamme"[4].

---

[3] Predigt von Papst Benedikt zur Eucharistiefeier für die Neuevangelisierung am 16. 10. 2011.

[4] Ansprache von Papst Benedikt an die Teilnehmer der Vollversammlung der Kongregation für die Glaubenslehre am 27. 1. 2012. Auch in der noch von Papst Benedikt XVI. mitverfassten Enzyklika *Lumen Fidei* heißt es im Abschnitt 4:

In seiner Ansprache bei der Audienz für die italienische charismatische Erneuerung „Rinnovamento nello Spirito Santo" am 26. Mai 2012 beschreibt Papst Benedikt diese Verunsicherung: „In der heutigen Gesellschaft erleben wir eine in gewisser Hinsicht prekäre Situation, gekennzeichnet von der Unsicherheit und der Bruchstückhaftigkeit der Entscheidungen. Oft fehlen feste Bezugspunkte, an denen man sein Leben ausrichten kann. Deshalb wird es immer wichtiger, den Bau des eigenen Lebens und das Gefüge der sozialen Beziehungen auf dem festen Felsen des Wortes Gottes zu errichten, indem man sich vom Lehramt der Kirche leiten läßt." In diesem Zusammenhang erinnert der Papst an die Notwendigkeit eines reifen Glaubens, eines verantwortlichen und erwachsenen Glaubens, der ein festes Fundament hat – im Hören auf Gott, im Hören auf die Kirche. Bei diesem Anlass hat der Papst davor gewarnt, dass die Versuchungen von „Mittelmäßigkeit" und „Gewohnheit" nicht bestimmend werden dürften. Die Bedrohung der angesprochenen Vertrautheit, des erwähnten Vertrauens und der Kultur des Hörens hat mit dem Klima zu tun, einem Klima, das sich durch leidenschaftliche Kirchen- oder Glaubensfeindlichkeit, wie sie im „neuen Atheismus" verfolgt wird, zeigt.[5] Hier wer-

---

„Darum ist es dringend, die Art von Licht wiederzugewinnen, die dem Glauben eigen ist, denn wenn seine Flamme erlischt, verlieren am Ende auch alle anderen Leuchten ihre Kraft."

[5] Die Stimmen eines „neuen Atheismus" gewinnen seit 2004 an Boden. Richard Dawkins mit seinem Buch *Der Gotteswahn (The God delusion)*, Christopher Hitchins mit seinem Opus *Der Herr ist kein Hirte (God is not great)*, Sam Harris mit *Das Ende des Glaubens (The End of Faith)* oder Daniel Dennetts Werk *Den Bann brechen (Breaking the Spell)* stehen für eine Strömung, die unter „new atheism" Bekanntheit erworben hat. Auch der Franzose Michael Onfray *(Wir brauchen keinen Gott)* oder der Italiener Piergiorgio Odifreddi können dazu gezählt werden. Interessant an diesem Phänomen ist erstens, dass sich dieser neue Atheismus gegen Gott, Religion und Kirche richtet und damit nicht nur auf einer erkenntnistheoretischen, sondern auch auf einer politischen und gesellschaftlichen Ebene tätig ist; zweitens ist zu bemerken, dass hier die Idee einer Strömung, einer ideologischen Gemeinschaft, einer Aktionsallianz insinuiert wird, die über einzelne Stimmen hinausgeht und als Interessensgruppe entsprechenden Druck ausüben möchte; drittens ist auffallend, dass das Etikett „neuer Atheismus" medienwirksame Innovativität nahe legt, die sich aus dem Diskurs mit Evolutionsbiologie oder Neurowissenschaft argumentieren ließe. Zwei Dinge hat dieser „neue Atheismus" jedenfalls bewirkt – ein großes öffentliches Interesse an den Debatten und den Proponenten dieser Debatten und eine Verschiebung der Beweislasten: Mehr und mehr sind es die religiösen Menschen, die zu beweisen haben, dass Religion nicht schlechthin destruktiv, die Gottesidee nicht

den gesellschaftspolitisch relevante Aussagen gemacht. Sam Harris hat 2006 mit seinem Buch „Letter to a Christian Nation“ eine klare Ansage an US-amerikanische Politikinhalte gemacht. Der neue Atheismus mit seinen Quasi-Bischöfen und seiner semi-kirchlichen Struktur tritt als Herausforderung für etablierte Religionsgemeinschaften auf. Aus politischer Sicht geht es um die Frage der Beweislast – muss der religiöse Mensch im öffentlichen Raum die Plausibilität seiner Position erkenntlich machen oder fällt diese Primärpflicht der Atheistin und dem Atheisten zu? Diese Fragen deuten an, dass die Welt des Religiösen an Selbstverständlichkeit verloren hat, dass Vertrauenswürdigkeit eingebüßt wurde und dass das „vertikale Hören“ auf Gott teilweise von „horizontalen Polemiken“ unter weltanschaulichen Gruppen verdrängt wurde.

In diese Bedrohung hinein setzt Papst Benedikt das Zeichen eines Einsatzes um die Erneuerung des Glaubens, um die Erneuerung einer Kultur des Hörens. In seiner Botschaft zum 24. Weltjugendtag vom 5. April 2009 bringt es der Papst auf den Punkt: „Die Hauptaufgabe, die uns alle angeht, ist daher eine Neuevangelisierung, die der neuen Generation hilft, das wahre Antlitz Gottes zu entdecken, das die Liebe ist.“ Es geht darum, durch das eigene Hören, durch die eigene Formung von Gott her, die Liebe Gottes sichtbar zu machen.

II. Exkurs: Eine Kultur des Hörens nach dem Zweiten Vatikanischen Konzil

Papst Benedikt XVI. hat das Anliegen der Glaubenserneuerung eingebettet in die Tradition des Zweiten Vatikanums. In seinem apostolischen Schreiben in Form eines Motu Proprio *Ubicumque et semper*, mit dem im September 2010 der Päpstliche Rat zur Förderung der Neuevangelisierung errichtet wurde, hält der Papst fest, dass schon das Zweite Vatikanische Konzil „unter die zentralen Themenstellungen die Frage der Beziehung zwischen der Kirche und dieser heutigen Welt aufgenommen“ hat. In seiner Ansprache an die Teilnehmer der Vollversammlung der Kongregation für die Glaubenslehre in der Sala Clementina am 27. Januar 2012 erinnert Benedikt an die „Logik des

---

so ohne weiteres absurd und die Angehörigen von religiösen Gruppierungen nicht eo ipso dumm und bösartig seien.

Zweiten Vatikanischen Konzils", das „die aufrichtige Suche nach der vollen Einheit aller Christen" als einen „vom Wort Gottes, von der göttlichen Wahrheit [...] beseelten dynamischen Prozess" sieht. Wiederum steht das Hören auf etwas, das nicht aus uns kommt, im Vordergrund. Wir sind Hörer des Wortes und durch das Hören werden wir geformt, von innen her gewandelt. Die Regula Benedicti, die Papst Benedikt in seiner Namensgebung wohl mitunterstützt hat, stellt bekanntlich die Aufforderung zum rechten Hören ganz an den Anfang im Prolog. Hinweise auf eine Kultur des Hörens finden wir auch im Zweiten Vatikanischen Konzil, in dessen Tradition Papst Benedikt XVI. steht. Ich möchte in aller Kürze dem für den Glauben zentralen Motiv des Hörens in den Dokumenten des Konzils nachgehen.

Das Zweite Vatikanische Konzil hat sich in seinen sechzehn Dokumenten immer wieder mit der Kultur des Hörens auseinandergesetzt. Das Konzil beschreibt Christinnen und Christen als Menschen, die hören und zuhören. Das christliche Leben wird „genährt durch den Glauben an Christus, gefördert durch die Gnade der Taufe und das Hören des Wortes Gottes" (*Unitatis Redintegratio* 23). Die Fastenzeit ist eine besondere Zeit, in der die Gläubigen mit noch größerem Eifer das Wort Gottes hören sollen (*Sacrosanctum Concilium* 109). Das Ordensleben ist ein Leben, in dem Christus „das eine Notwendige" ist – „auf sein Wort hörend" sollen die Ordensleute um die Sache Jesu besorgt sein (*Perfectae Caritatis* 5). Die Priester werden als Hörende beschrieben, Seelsorge als hörende Sorge. So heißt es in *Optatam Totius*, dass bei den Priesteramtskandidaten jene Eigenschaften ausgebildet werden sollen, „die am meisten dem Dialog mit den Menschen dienen: wie die Fähigkeit, anderen zuzuhören und im Geist der Liebe sich seelisch den verschiedenen menschlichen Situationen zu öffnen" (19). Priester sollen also die Gabe des Hörens haben. Die Priester sollen die Beichten der Gläubigen hören (*Christus Dominus* 30,2), weswegen es auch erforderlich ist, die je lokalen Sprachen zu sprechen. Sie sollen ihre Herde kennenlernen. Der Priester lebt „mitten in der Welt", geleitet von der Stimme Christi. „Ihr Dienst verlangt in ganz besonderer Weise, daß sie sich dieser Welt nicht gleichförmig machen; er erfordert aber zugleich, daß sie in dieser Welt mitten unter den Menschen leben, daß sie wie gute Hirten ihre Herde kennen und auch die heimzuholen suchen, die außerhalb stehen, damit sie Christi Stimme hören und eine Herde und ein Hirt sei" (*Presbyterorum Ordinis* 3). Die Priester sollen aus dem Wort Gottes heraus leben: Sie sollen täglich das Wort Gottes hören (*Presbyterorum Ordinis* 13). Sie sollen sich „ihrem Auftrag entsprechend dem Dienst des Wortes widmen, in beständiger heiliger Lesung und gründlichem Studium sich mit der Schrift befassen, damit keiner von ihnen werde zu ‚einem hohlen und äußerlichen Prediger des Wortes Gottes, ohne dessen innerer Hörer zu sein'" (*Dei Verbum* 25). Der Priester lebt aus einem inneren Erfassen des Wortes, aus einem „tiefen Hören". Er wird im Leben des Geistes gefestigt, sofern er auf Christi Geist hört (*Presbyterorum Ordinis* 12).

In dieses „tiefe Hören" werden auch alle eingewiesen, die sich auf ihr Gewissen berufen. „Gaudium et Spes" beschreibt das Gewissen des Menschen als „die verborgenste Mitte und das Heiligtum im Menschen, wo er allein ist mit Gott, dessen Stimme in diesem seinem Innersten zu hören ist" (16). Es ist auch, so meine ich, Teil eines tiefen Hörens, „auf die verschiedenen Sprachen der Zeit zu hören". Auch dies ist ein Gedanke aus *Gaudium et Spes*, der mit priesterlicher Verantwortung zu tun hat: „Es ist jedoch Aufgabe des ganzen Gottesvolkes, vor allem auch der Seelsorger und Theologen, unter dem Beistand des Heiligen Geistes auf die verschiedenen Sprachen unserer Zeit zu hören, sie zu unterscheiden, zu deuten und im Licht des Gotteswortes zu beurteilen, damit die geoffenbarte Wahrheit immer tiefer erfaßt, besser verstanden und passender verkündet werden kann" (44). Dieses Hören auf die Zeit ist dem Priester auch im Sinne eines Hörens auf die Laien aufgegeben: „Die Priester sollen die Würde der Laien und die bestimmte Funktion, die den Laien für die Sendung der Kirche zukommt, wahrhaft anerkennen und fördern. Sie mögen auch mit Bedacht die gebührende Freiheit, die allen im bürgerlichen Bereich zusteht, achten. Sie sollen gern auf die Laien hören" (*Presbyterorum Ordinis* 9). Hier verstehen wir noch tiefer, warum das Hören entscheidend für den Priester in der Welt ist.

Eine Kultur des Hörens wird auch den Bischöfen in besonderer Weise aufgetragen. Die Bischöfe werden von den Dokumenten des Konzils zu einer Kultur des Hörens aufgefordert; sie sollen bereitwillig die Priester anhören und damit Vertrauen aufbauen (*Christus Dominus* 16); ein Bischof soll sich nicht weigern, die Menschen zu hören, die er wie wirkliche Söhne umsorgt (*Lumen Gentium* 27). Die Bischöfe sind auch eingeladen, die Oberhirten der getrennten Kirchen zu hören (*Orientalium Ecclesiarum* 29). Menschen mit Führungsverantwortung in der Kirche, etwa Ordensobere, „sollen in dem, was die Belange des ganzen Instituts betrifft, ihre Untergebenen in geeigneter Weise befragen und hören" (*Perfectae Caritatis* 4). Sie müssen wissen, dass sie „für die ihnen anvertrauten Seelen Rechenschaft ablegen müssen (vgl. Hebr 13,17)“ und sollen daher „in der Erfüllung ihres Amtes auf den Willen Gottes horchen“ (*Perfectae Caritatis* 14). Dadurch werden Führungsverantwortliche zu Hörern des göttlichen und des menschlichen Wortes.

Die Kirche wird aufgebaut durch die, die das Wort des Herrn im Glauben hören und dadurch den Samen sprießen lassen (vgl. *Lumen Gentium* 5); „Die Apostel [...] verkündigten allenthalben die frohe Botschaft (vgl. Mk 16,20), die von den Hörenden kraft des Heiligen Geistes angenommen wurde“ (*Lumen Gentium* 19). Hören ist auch Gnade; Hören ist auch Gabe des Heiligen Geistes. Hören ist auch geistgewirkt. Aus diesem Grund müssen wir, wenn wir Hörer des Wortes sein wollen, immer auch um die Kraft und Gnade des Geistes bitten. Wenn wir das Wort hören, kann die Liebe wachsen. So heißt es in *Lumen Gentium*: „Damit aber die Liebe wie ein guter Same in der Seele wachse und Frucht bringe, muß jeder Gläubige das Wort Gottes bereitwillig hören und seinen Willen mit Hilfe seiner Gnade in der Tat erfüllen“ (42). Das Volk Gottes wird eingeladen, auf die Not zu hören, die Stimme der Scharen zu hören, die da rufen „Hilf mir“ (*Ad Gentes* 36). Wieder zeigt sich Hören als Tür zu Gott und als Tor zur Welt. Maria, die Mutter des Herrn, kann hier Vorbild sein – sie hat gehört und bewahrt (vgl. *Lumen Gentium* 58).

Zusammenfassend: Die Konzilstexte laden zu einer Kultur des Hörens ein, insbesondere Priester und Bischöfe. Es handelt sich um ein „doppeltes Hören“ – ein Hören auf Gottes Wort und ein Hören auf die Sprachen der Zeit. Aus dem tiefen Hören auf das Wort Gottes kann jene Liebe erwachsen, die zu tätiger Umgestaltung der Welt führt, wenn die Stimmen der Not gehört werden. Seelsorge ist wesentlich ein Hören. So hält Papst Benedikt XVI. auch mit Blick auf die Anstrengungen der Evangelisierung fest, „daß die erste Aufgabe immer jene bleiben wird, sich gegenüber dem gnadenhaften Wirken des Geistes des Auferstandenen gelehrig zu verhalten, der alle begleitet, die das Evangelium weitertragen, und das Herz derer öffnet, die zuhören“[6]. Das Hören ist der Schlüssel zum Glaubensleben und zum Leben aus dem Glauben.

[6] Apostolisches Schreiben *Ubicumque et semper* vom 21. September 2010.

III. Erneuerung des Glaubens heißt: Umkehren

In der eingangs erwähnten Predigt vom 16. Oktober 2011 hat Papst Benedikt XVI. das Jahr des Glaubens mit dem Anliegen einer „immer vollständigeren Umkehr zu Gott" in Verbindung gebracht. Erneuerung des Glaubens heißt: Umkehren. Evangelisierung setzt vor allem, wie Benedikt in *Ubicumque et semper* festhält, „eine ständige Erneuerung im Inneren" voraus. Diese Notwendigkeit zeigt sich deutlich und eindrücklich in einem besonderen Dokument, das mit einer Signatur des Pontifikats von Papst Benedikt XVI. in Verbindung stand: Der Hirtenbrief des Heiligen Vaters vom 19. März 2010 an die Katholiken von Irland, das schwer von Missbrauchsverbrechen in Mitleidenschaft gezogen wurde. Der angesprochene Vertrauensverlust hat, auch dies wurde während des Pontifikats von Benedikt XVI. deutlich, nicht einseitig mit „der Welt" und gesellschaftlichen Entwicklungen zu tun, sondern durchaus mit innerkirchlichen Missständen und Verbrechen.

Der Hirtenbrief gibt wichtige Einsichten in das, was man „die Innenseite der Kirche" nennen könnte. Wir könnten uns fragen: Wie unterscheidet sich das Krisenmanagement einer säkularen Institution vom Krisenmanagement einer religiösen Einrichtung, die aus dem Glauben schöpft? Aus dieser Fragestellung sollen drei Dinge klar werden: Erstens: die Kirche unterscheidet sich von anderen Einrichtungen durch den Glauben; zweitens: die Kirchenkrise Irlands hat auch mit der Glaubenskrise zu tun; drittens: Erneuerung des Glaubens heißt: Umkehr zu Gott.

In einigen Punkten stimmt der Text des Papstes mit Aspekten überein, die man von jeder etwaig betroffenen Institution erwarten würde. Er berichtet von Beratungen und Analysen (1), zählt Faktoren auf, die ein Gesamtbild erklären könnten – vor allem: unzulängliche Auswahl von Weihekandidaten, Privilegierung des Klerus, unangebrachte Sorge um den Ruf der Kirche (4) – er erinnert an die Geschichte Irlands und den Beitrag Irlands zur Identität Europas (3), wohl im Versuch, Quellen von Identität nach erlittener Verwundung zu erschließen. Der Papst drückt im Namen der Kirche Scham und Reue aus (6); er spricht Fragen der Führungsethik an (11) und nennt konkrete Initiativen wie das offene Bekenntnis (2) oder eine apostolische Visitation (14). Im Abschnitt 4 stellt er den Zusammenhang zwischen Missbrauchsverbrechen und Säkularisierung dar. Nun wird deutlicher, wo sich die Kirche von nichtreligiösen Einrichtungen unterscheidet: Die Verbrechen sind „Sünde", Sünde gegen Kinder und vor Gott (2); die

Täter werden sich „vor dem allmächtigen Gott" verantworten müssen (7), wobei der Papst auch hier die durch ehrliche Reue zu öffnende Tür zur Barmherzigkeit Gottes nicht zuschlägt. Notwendig zur Heilung sind Gebet und großes Vertrauen in die heilende Kraft der Gnade Gottes (2), aber auch eine Reinigung durch die Buße und der Beistand der Heiligen; es ist berührend, dass der Papst ein Gebet für die Kirche in Irland an den Schluss des Dokuments stellt und selbst immer wieder von seinem eigenen Gebet spricht. Die Erneuerung des Glaubens erweist sich hier als Umkehr; Benedikt ermahnt die Priester und Ordensleute in Irland, im Vertrauen auf die Verheißung des Evangeliums auf Vergebung und innere Erneuerung zu leben (10); explizit fordert er sie auf, „immer mehr zu Männern und Frauen des Gebets zu werden" (ebd.). Die Bischöfe werden aufgefordert, „täglich nach persönlicher Umkehr" zu streben (11). Es ist kein Ausdruck hilflosen Zynismus', sondern Ausdruck der Einsicht in die bedeutendsten Gaben der Kirche, dass Papst Benedikt die Katholikinnen und Katholiken Irlands zum eucharistischen Gebet aufruft (14) und auch an das „Mysterium des Priestertums" erinnert.

Die Begriffe „Sünde", „Buße", „Gebet", „Mysterium" deuten auf die unsichtbare Dimension hin, die der Glaube eröffnet. Glaube erschließt, so könnte man sagen, eine gleichnishafte Sicht der Welt; der Glaube erschließt eine Perspektive, die Sichtbares mit Unsichtbarem verbinden lässt; dadurch werden Dinge zu Symbolen, dadurch werden Gegenstände zu sakramentalen Momenten, zu sichtbaren Zeichen für die unsichtbare Gegenwart Gottes. Jesus etwa hat, so könnte man sich überlegen, nicht nur in Gleichnissen gepredigt, sondern auch gleichnishaft wahrgenommen. Das wird etwa in der Begegnung mit dem reichen Mann deutlich. Wo andere einen verwöhnten jungen Mann sehen, erblickt Jesus eine Seele, die Großes tun könnte (Mt 19,16–26). Diese „sakramentale Sicht" von Welt lässt religiöse Menschen „anders" und in einem Sinne „tiefer" sehen als Menschen, die keine Tiefengrammatik der Welt anerkennen, eine Tiefengrammatik, die von der Überzeugung getragen ist, dass die sichtbare Welt auf eine je größere unsichtbare Ordnung verweist. Um ein Beispiel zu nennen: Die Tirolerin Carmella Flöck, die 1942 als Mitglied einer katholischen Widerstandsgruppe festgenommen und dann ins Frauenkonzentrationslager Ravensbrück eingeliefert wird, hält in ihren Erinnerungen abschließend zu den Gründen ihres Überlebens neben ihrer guten körperlichen Konstitution auch ihre innere Verfassung fest: „Meine gute seelische Verfassung erhielt ich vor allem durch meine Erziehung und erhielt sie mir weiterhin in Gefangenschaft durch mein Gottvertrauen und das gute Gewissen, dass ich meinen Überzeugungen treu geblieben bin und kein Unrecht begangen habe." Nachsatz: „Doch letzten Endes verdanke ich alles meinem Herrgott!"[7] Dieser Rückbezug auf Gott ist Ausdruck einer gleichnishaften Sicht von Welt. Der religiöse Mensch lebt in einer Welt, die eine zusätzliche Dimension aufweist. Eine „Erneuerung des Glaubens" ist stets auch eine Erneuerung der Tiefe dieser gleichnishaften Sicht – eine Erneuerung der selbstverständlichen Einsicht, getragen und Teil einer großen Schöpfung zu sein.

Erneuerung des Glaubens bedeutet auch: Umkehr. Hier gilt das geistliche Gesetz: Je tiefer das Fortschreiten auf dem inneren Weg, desto tiefer die Einsicht in die eigene Sündhaftigkeit. Papst Benedikt hat u. a. mit dem Hirtenbrief an die Katholiken Irlands Konturen einer „umkehrenden Institution" beschrieben. Nicht äußere Reformen allein können diese Umkehr leisten, auch wenn sie – im Sinne einer „Regula"[8] – notwendig sind. Aber die Umkehr von innen her kann weder mit äußeren, noch mit allein menschlichen Mitteln geleistet werden. Erneuerung des Glaubens ist auch ein Aufruf zu einer umkehrenden, hörenden Kirche, die sich nicht als *ecclesia triumphans* im Sinne weltlichen Machtgehabes verstehen kann. So gesehen ist der Aufruf von Papst Franziskus zu einer „Kirche der Armen" auch ein Ausdruck für das Anliegen einer Erneuerung des Glaubens.

IV. Einfachheit und Kraft des Glaubens

Die Erneuerung des Glaubens ist keine mühevolle Anstrengung für Expertinnen und Experten; vielleicht hat man mitunter den Eindruck. Aber Glaube, so wie ihn Papst Benedikt XVI. vermittelt hat, ist „ein-

---

[7] Carmella FLÖCK, … *und träumte, ich wäre frei. Eine Tirolerin im Frauenkonzentrationslager Ravensbrück*, Innsbruck 2012, 164.

[8] Eine *regula* verfolgt den Aufbau einer regelgeleiteten Lebensform, die ein Einswerden von *regula* und *vita* ermöglicht; Giorgio Agamben hat diese Verknüpfung von Regel und Leben als zentrales Moment des Ordenslebens herausgearbeitet (Giorgio AGAMBEN, *Höchste Armut. Ordensregeln und Lebensform*. Homo Sacer IV.1. Frankfurt/M. 2012). Man kann den Grundgedanken der „Regula"-Tradition so verstehen, dass es um eine derart enge Verknüpfung von Regel und Leben geht, dass sich die Regel im Leben ablesen lässt und die Lebensform die Regel zum Leben bringt. Regel und Leben sollen verschmelzen.

fach", „geordnet" und „schön". Die Einfachheit des Glaubens zeigt sich in einem Motiv, das auch den Theologen Ratzinger begleitet hat – der Schutz der einfachen Gläubigen. Im Angelus vom 6. Juli 2008 betont er, dass der Glaube „einfach" sei, „Glauben heißt Jesus Christus vertrauen". Im Grunde ist das vertrauensvolle Hören auf Jesus Christus weniger eine Sache des Komplizierten, das nicht getan wird, als vielmehr eine Sache des Einfachen, das getan wird. Der Glaube ist einfach. Die gelehrten Diskussionen können diese Einfachheit mitunter verschütten. In seiner Predigt bei der Messfeier in Regensburg vom 12. September 2006, an dem Tag also, an dem der Papst auch öffentlich über die Vernünftigkeit des Glaubens und die Gläubigkeit der Vernunft nachgedacht hat, erinnert der Papst an die Einfachheit des Glaubens: Angesichts der vielen Publikationen für und gegen den Glauben kann man den Mut verlieren. „Vor lauter Bäumen sieht man am Ende den Wald nicht mehr [...] Und doch ist sie [die Offenbarung] in ihrem Kern ganz einfach. Der Herr selber hat ja zum Vater darüber gesagt: ‚Den Einfachen hast du es offenbaren wollen – denen, die mit dem Herzen sehen können' (vgl. Mt 11,25)." Dieses Matthäuswort ist gerade auch den Theologinnen und Theologen, so möchte man meinen, aufgetragen. Es verwundert nicht, dass Papst Benedikt XVI. diese Einfachheit des Glaubens und diese Einfachheit der knienden Theologie immer wieder auch in der frühchristlichen Literatur gesucht und gefunden hat. Der Glaube ist einfach. Er braucht keine großen Worte, führt aber zu großen Taten. Die Erneuerung des Glaubens kann an dieser Einfachheit ansetzen – Erneuerung ist dann keine Frage von ausgeklügelten Strategien oder komplizierten Programmen, auch nicht von komplexen rechtlichen und organisatorischen Angelegenheiten; die Erneuerung des Glaubens zeigt sich in der Einfachheit, die „ad fontes" gehen lässt, durch das Dickicht der auch in der institutionell verfassten Kirche blühenden Bürokratie. Ich wäre fast versucht zu sagen, dass man der Glaubenserneuerung im Geiste der Einfachheit durch ein „papierfreies Jubeljahr" einen großen Dienst erweisen könnte – Jesus hat schließlich auch nichts Schriftliches hinterlassen, nur einmal in den Sand geschrieben.

Die Einfachheit des Glaubens ist auch der Schlüssel zu einer Hauptquelle der Glaubenserneuerung – dem pfingstlichen Geist. Pfingsten steht für Begeisterung, Verständigung und Verstehen, Entflammtsein und Erfülltsein. Das hat auch mit der Kraft zu tun, die wir aus dem Glauben schöpfen, einer Kraft, die aus dem Inneren kommt. Das hat aber auch mit der Schönheit des Glaubens zu tun. Diese

Schönheit liegt, wenn man so will, in der kraftvollen Schönheit, wie sie nur Gott schenken kann. In einem seiner letzten Texte vor seinem Rücktritt am 28. Februar 2013, zum Abschluss der Fastenexerzitien, sagte Papst Benedikt XVI.: „Mir ist die Tatsache in den Sinn gekommen, dass die mittelalterlichen Theologen das Wort ‚Logos' nicht nur mit ‚verbum' übersetzt haben, sondern auch mit ‚ars': ‚verbum' und ‚ars' sind gegenseitig austauschbar. Nur in beiden zusammen tritt für die Theologen des Mittelalters die ganze Bedeutung des Wortes ‚logos' hervor. Der ‚Logos' ist nicht nur mathematische Vernunft: der ‚Logos' hat ein Herz, der ‚Logos' ist auch Liebe [...] Wahrheit und Schönheit gehören zusammen: die Schönheit ist das Siegel der Wahrheit." Damit wird die Dimension der begeisternden Schönheit des Glaubens angesprochen, eine Schönheit, die mit Schöpfungsordnung ebenso zu tun hat wie mit Auferstehungsstaunen und dem Pfingstfeuer. Ja, und diese Schönheit ist auch mit dem Leiden verbunden; ein schwieriger Gedanke. Noch einmal aus dieser Ansprache vom 23. Februar 2013: „Der menschgewordene Sohn, der fleischgewordene ‚Logos', ist mit einer Dornenkrone gekrönt; und dennoch beginnen wir gerade so, in dieser leidenden Gestalt des Gottessohnes die tiefste Schönheit unseres Schöpfers und Erlösers zu sehen; dennoch können wir in der Stille der ‚finsteren Nacht' sein Wort hören. Glauben ist nichts anderes als in der Nacht der Welt die Hand Gottes berühren und so – in der Stille – das Wort hören, die Liebe sehen."

Die Schönheit des Glaubens zeigt sich auch in der Tiefe des Leidens. Papst Benedikt XVI. hat in den Monaten und Wochen vor seiner Erklärung vom 11. Februar 2013 sichtbar gelitten. Sein Pontifikat hatte vor allem mit der Frage kirchlicher Glaubwürdigkeit zu kämpfen. Hier kann man sich nur bedingt mit dem Hinweis trösten, dass die Glaubwürdigkeit des Glaubens bestehen bleibt, weil Gott sich selbst treu ist, auch wenn die institutionell verfasste Kirche (Beispiel Irland, aber nur als pars pro toto genannt) dramatisch an Glaubwürdigkeit eingebüßt hat. Die Rückschläge kirchlicher Glaubwürdigkeit waren auch Schläge gegen das Pontifikat von Papst Benedikt XVI. Es kann kein Zweifel darüber bestehen, dass dies nicht wenig Leiden mit sich gebracht hat. Diese Situation machte eine Erneuerung des Glaubens notwendig, gleichzeitig aber auch besonders schwierig. Die Glaubenserneuerung, zu der Papst Benedikt aufgerufen hat, stellt sich nicht nur gegen Lethargie, sondern auch gegen das Leiden an der Kirche. Dieses Leiden, das auch ein Leiden im Ringen um Reinheit ist, ist ein Ort, der die Schönheit des Glaubens auf neue Weise zeigen kann; eines Glaubens, der im Leiden nicht an Gott irre wird. Man mag sich an Simone Weil erinnert fühlen und an ihre tiefe Einsicht, dass der Modus des Leidens Erkenntnisquellen erschließt, die sonst verborgen bleiben. Schönheit und Leiden machen Aussagen über die Struktur der Welt. Sie führen uns zu einer bestimmten Weise, die Welt zu sehen, wie Simone Weil in ihren Überlegungen über das Studium der Mathematik und der Liebe zu Gott beschrieben hat – insofern die Mathematik Demut und Ausdauer, Geduld und Unterwerfung fordert, damit Tugenden einübt, die für die Liebe zu Gott tragend sind.[9] Hier wird ein Habitus geformt, der Schönheit auch über den Weg des Leidens erschließt.

Die Schönheit zeigt sich in vielen Formen – so wie sich die Erneuerung des Glaubens in vielen Formen zeigt. Die Erneuerung des Glaubens kann gerade auch von dieser Vielfalt zehren, die eine „Vielsprachigkeit" ganz im Sinne Pfingstens zeigt: „Die Unterschiedlichkeit der Situationen erfordert eine aufmerksame Unterscheidung; von einer ‚neuen Evangelisierung' zu sprechen, bedeutet nämlich nicht, eine einzige gleichlautende Formel für alle Umstände ausarbeiten zu müssen." So lesen wir in *Ubicumque et semper.* Hier bricht Papst Benedikt eine Lanze für „lokale Theologien". Wir könnten es auch so sagen: Glaubenserneuerung zeigt sich darin, auf der Grundlage gelebter „magnanimitas" viele Sprachen des Glaubens und der Hoffnung und der Liebe zu verstehen, die im Geiste Pfingstens aus einer Quelle kommen und zu einer Quelle zurückfließen. Vielfalt in der Einheit ist auch ein Hinweis auf die Gemeinschaftsdimension des Glaubens. Auch in der Gemeinschaft zeigt sich die Schönheit des Glaubens – in seiner schon erwähnten Predigt vom 16. Oktober 2011 erinnert Papst Benedikt an diese communio: „Die Boten der Neuevangelisierung sind dazu berufen, als erste diesen Weg zu gehen, der Christus ist, um den anderen die Schönheit des Evangeliums, das Leben schenkt, bekannt zu machen. Und diesen Weg geht man nie allein, sondern in Begleitung: eine Erfahrung der Gemeinschaft und der Brüderlichkeit, die all jenen angeboten wird, denen wir begegnen, um sie an unserer Erfahrung Christi und seiner Kirche teilhaben zu lassen." Mit dem Wort „Wer glaubt, ist nie allein" ist Papst Benedikt XVI. im April 2005 vor die Welt getreten. Dieses Wort findet sich auch an zwei Stellen (39, 59) in der Enzyklika *Lumen Fidei* wieder, die gleichsam die Brücke zwi-

---

[9] Simone Weil, *Réflexions sur le bon usage des études scolaires en vue de l'amour de Dieu*, in: Dies., *Attente de Dieu*, Paris 1966, 67–75.

schen Papst Benedikt XVI. und Papst Franziskus andeutet. Die Erneuerung des Glaubens ist als Erneuerung des Hörens und als Umkehr auch eine Erneuerung der Gemeinschaft – der Gemeinschaft untereinander und der Gemeinschaft mit Gott. Ohne Christus können wir nichts tun (Joh 15,5).

Gottesdienst in lebendiger Tradition

Das liturgische Erbe Benedikts XVI.

Helmut Hoping, Freiburg i. Br.

Nach dem Tod von Johannes Paul II. wählte das Kardinalskollegium am 19. April 2005 aus seinem Kreis einen der bedeutendsten Theologen zum Nachfolger Petri. Bei den Exsequien für den Papst aus Polen am 8. April 2005 hatte Joseph Kardinal Ratzinger, ein Intellektueller mit großem Gespür für die ästhetische Dimension des Glaubens, beeindruckt. Neben der Konzentration des Glaubens auf Jesus Christus und dem Verhältnis von Glaube und Vernunft, war die Liturgie ein zentrales Anliegen seines Pontifikats. Joseph Ratzinger war dafür bekannt, den Glauben in großer gedanklicher Klarheit und sprachlicher Einfachheit darlegen zu können. Die Jesus-Trilogie Benedikts XVI., die er unter seinem bürgerlichen Namen veröffentlichte, bestätigte diese seltene Fähigkeit. Auf höchstem Niveau wurde hier Theologie im Dienst der Verkündigung geboten. Mit den Enzykliken *Deus caritas est* (2006), über die christliche Liebe[1], und *Spe salvi* (2007), über die christliche Hoffnung[2], wurden Maßstäbe modernen lehramtlichen Sprechens gesetzt. Die Enzyklika über die dritte theologische Tugend, den Glauben, konnte Benedikt wegen seines Amtsverzichtes nicht mehr veröffentlichen.

Das Zweite Vatikanische Konzil nennt die Liturgie Quelle *(fons)* und Höhepunkt *(culmen)* des kirchlichen Lebens.[3] Im Vorwort zum Eröffnungsband seiner „Gesammelten Schriften" zitiert Benedikt XVI. aus der Benediktsregel: „Dem Gottesdienst ist nichts vorzuziehen"[4] –

---

[1] Vgl. Benedikt XVI., Enzyklika *Deus caritas est* über die christliche Liebe vom 25. Dezember 2005 (Verlautbarungen des Apostolischen Stuhls 171), Bonn 2006.

[2] Vgl. Benedikt XVI., Enzyklika *Spe salvi* über die christliche Hoffnung vom 30. November 2007 (Verlautbarungen des Apostolischen Stuhls 179), Bonn 2007.

[3] Vgl. *SC* 11.

[4] Vgl. *Regula Benedicti* 43, 3.

was nicht nur für das Mönchtum, sondern für die ganze Kirche gelte.[5] Benedikt XVI. war davon überzeugt: „Die Zukunft der Kirche entscheidet sich in der Liturgie.“ Nicht nur durch seine großen Katechesen, Reden und Enzykliken hat Benedikt XVI. gewirkt, sondern auch durch seine *ars celebrandi*. Papst Franziskus, dessen Liturgiestil wie ein Kontrapunkt zu dem seines Vorgängers wirkt, überzeugt dagegen durch ein schlichtes Auftreten, eine einfache Ansprache der Gläubigen und unkonventionelle Gesten. In der Lehrverkündigung zeichnet sich dagegen eine große Kontinuität ab. Ein Bruch ist hier nicht zu erwarten. Bei allen notwendigen Entwicklungen und Neuorientierungen, die für eine Kirche, die geschichtlich existiert, notwendig sind, zeichnet sich die kirchliche Lehre doch durch ein hohes Maß an Kontinuität aus. Auch das letzte Konzil wollte keinen Bruch mit der lebendigen Überlieferung der Kirche.

I. Die Frage der Konzilshermeneutik

Gleich im ersten Jahr seines Pontifikats nahm Benedikt XVI. pointiert zur Frage der Konzilshermeneutik Stellung. Dabei leitete ihn das katholische Prinzip der lebendigen Tradition, mit dem er sich von früh an intensiv beschäftigt hat.[6] In der Weihnachtsansprache an das Kardinalskollegium und die Mitarbeiter der römischen Kurie am 22. Dezember 2005 äußerte er sich auch zum Zweiten Vatikanischen Konzil, das am 8. Dezember 1965 feierlich beendet wurde. Benedikt XVI. wandte sich darin gegen eine „Hermeneutik der Diskontinuität und des Bruchs“ zwischen vorkonziliarer und nachkonziliarer Kiche, die in den Medien und bei einer ganzen Anzahl von modernen Theologen vertreten wird. Dem Konzil angemessen sei allein eine „Hermeneutik der Reform“ in Kontinuität und Treue zur größeren Tradition der Kirche. Das *aggiornamento* der Kirche, dem das Konzil dienen sollte, erfolgte weder durch Traditionsabbruch noch durch einfache Anpas-

---

[5] Benedikt XVI., *Zum Eröffnungsband meiner Schriften*, in: Joseph Ratzinger, *Theologie der Liturgie. Die sakramentale Begründung christlicher Existenz* (Gesammelte Schriften 11), Freiburg – Basel – Wien 2008.

[6] Vgl. Joseph Ratzinger, *Ein Versuch zur Frage des Traditionsbegriffs (1965)*, in: Karl Rahner – Joseph Ratzinger, *Offenbarung und Überlieferung* (Quaestiones Disputatae 25), Freiburg 1965, 25–69; Ders., *Wort Gottes. Schrift – Tradition – Amt*, hg. von Peter Hünermann, Freiburg – Basel – Wien 2005.

sung an die Welt, sondern durch *ressourcement*, indem man an ältere, zum Teil vergessene Traditionen anknüpfte und diese zugleich ins Heute fortschrieb.[7]

Dies galt auch für die Liturgiekonstitution *Sacrosanctum Concilium*, die Joseph Ratzinger schon vor seiner Wahl zum Papst immer gegen ihre Kritiker verteidigt hatte. Erinnert sei hier an seinen Festvortrag zum vierzigjährigen Jubiläum der Liturgiekonstitution *Sacrosanctum Concilium* in Trier.[8] Die konkrete Durchführung der Liturgiereform nach dem Konzil sah Ratzinger in manchen Punkten allerdings durchaus kritisch. Das Konzil wollte die Liturgie nicht neu erfinden, sowenig wie man die Absicht hatte, der Kirche eine neue Verfassung zu geben.[9] „Die Konzilsväter konnten und wollten nicht eine neue, eine andere Kirche schaffen. Dafür hatten sie weder Vollmacht noch Auftrag. Väter des Konzils mit Stimme und Entscheidungsrecht waren sie nur als Bischöfe, das heißt auf dem Grund des Sakraments und in der Kirche des Sakraments. Sie konnten und wollten deshalb nicht einen anderen Glauben oder eine neue Kirche schaffen, sondern nur beides tiefer verstehen und so wahrhaft ‚erneuern'."[10] Die Traditionsbindung des Konzils ist auch mit Händen zu greifen. So sollten etwa in der Liturgie „keine Neuerungen eingeführt werden, es

---

[7] Vgl. Kurt Cardinal Koch, *Das Zweite Vatikanische Konzil zwischen Innovation und Tradition. Die Hermeneutik der Reform zwischen der Hermeneutik bruchhafter Diskontinuität und der Hermeneutik ungeschichtlicher Kontinuität*, in: *Das Zweite Vatikanische Konzil. Die Hermeneutik der Reform*, hg. im Auftrag vom Schülerkreis von Papst Benedikt XVI. von St. Horn und S. Wiedenhofer, Augsburg 2012, 21–50.

[8] Vgl. Joseph Ratzinger, *40 Jahre Konstitution über die heilige Liturgie. Rückblick und Vorblick*, in: Ders., Theologie der Liturgie (s. Anm. 5), 695–711.

[9] Peter Hünermann hat vom Textcorpus des Zweiten Vatikanischen Konzils als „konstitutionellem" Text gesprochen. Dies erscheint zunächst durchaus angemessen, gerade im Blick auf die vom Konzil verabschiedeten vier großen Konstitutionen (Liturgie, Kirche, Offenbarung, Kirche und moderne Welt). Diese sind in der Konzilsgeschichte sicherlich ohne Parallele. Die Differenz eines allgemeinen Konzils zu einer verfassungsgebenden Versammlung dürfte aber doch wohl größer sein, als dies bei Peter Hünermann deutlich wird. Die Kirche kann über den Kern ihrer Verfassung ja nicht frei verfügen, da dieser göttlichen Rechts ist. Vgl. Ders., *Der Text: Werden – Gestalt – Bedeutung. Eine hermeneutische Reflexion*, in: Ders. – Bernd-Jochen Hilberath (Hg.), *Herders Theologischer Kommentar zum Zweiten Vatikanischen Konzil*, Bd. 5, 5–101.

[10] Benedikt XVI., Vorwort (s. Anm. 5), 9.

sei denn, ein wirklicher und sicher zu erhoffender Nutzen der Kirche verlange es“[11].

Das Konzil zielte auf eine neue Standortbestimmung der Kirche und Vertiefung ihres Selbstverständnisses gegenüber einer einseitig juridischen und papstzentrierten Ekklesiologie.[12] Vor allem sollte das Konzil die Abschottung gegenüber der modernen Welt überwinden, in die sich die katholische Kirche im langen 19. Jahrhundert hineinmanövriert hatte. Aber was war mit *aggiornamento* gemeint: die Kirche auf den Stand der Zeit bringen, der modernen Welt öffnen oder sie den neuen Verhältnissen anpassen? Was ist entscheidend, der verbindliche Text der Dokumente oder der Geist des Konzils, das nur den „Anfang eines Anfangs“ (Karl Rahner) darstellte? Relativiert der pastorale Charakter des Konzils die Verbindlichkeit seiner Lehre? Dies ist heute ebenso umstritten wie die Hermeneutik der einzelnen Konzilsdokumente. Es wundert nicht, dass auch die Historiographie des Konzils bis heute kontrovers diskutiert wird, gehen darin doch notgedrungen historische Rekonstruktionen ein. War das Konzil, um nur zwei Positionen zu nennen, eine „historische Wende“ auf dem Weg zu einer grundlegenden Transformation der katholischen Kirche?[13] Oder war das Konzil ein revolutionäres Ereignis, in Gang gesetzt von einer Allianz europäischer Bischöfe?[14] Beide Male handelt es sich um eine Hermeneutik des Bruchs. Schon 1988 wandte sich Joseph Ratzinger gegen die von Traditionalisten verbreitete Vorstellung einer „Konzilskirche“, die ihre eigene Vergangenheit abgelegt habe.[15] Im Vorwort zu

---

[11] *SC* 23. Vgl. Kurt Cardinal Koch, *Die Konstitution über die Heilige Liturgie und die nachkonziliare Liturgiereform. Innovation und Kontinuität im Licht der Hermeneutik der Reform*, in: Das Zweite Vatikanische Konzil (s. Anm. 7), 69–98.

[12] Vgl. Paul VI., *Ansprache bei der Eröffnung der zweiten Sitzungsperiode des Zweiten Vatikanischen Konzils (29. September 1963)*, in: Herders Theologischer Kommentar zum Zweiten Vatikanischen Konzil, Bd. 5, 500–523, hier 505–507.

[13] Vgl. Guiseppe Alberigo, *Ein epochaler Übergang?*, in: Klaus Wittstadt (Hg.), *Geschichte des Zweiten Vatikanischen Konzils*, Bd. V, Ostfildern – Leuven 2008, 655–741, hier 705; Massimo Faggioli, *Vatican II: The Battle of Meaning*, New York/Mahwah, N.J. 2012; Ders., *True Reform. Liturgy and Ecclesiology in* Sacrosanctum Concilium, Collegeville 2012.

[14] Vgl. Roberto de Mattei, *Il Concilio Vaticano II: Una storia mai scritta*, Turin 2010. Dt.: *Das Zweite Vatikanische Konzil. Eine bislang ungeschriebene Geschichte* (Edition Kirchliche Umschau), Opfikon 2011.

[15] Vgl. Joseph Ratzinger, *Eine „Konzilskirche“ gibt es nicht. Ansprache von Kardinal Joseph Ratzinger vor den Bischöfen in Chilie vom 13. Juli 1988*, in: Die Tagespost 9. Juli 2013, Nr. 82, 7.

den Bänden zum Zweiten Vatikanischen Konzil in seinen „Gesammelten Schriften" nennt Benedikt XVI. eine Hermeneutik des Bruchs – gleich welcher Couleur – „absurd, gegen den Geist und den Willen der Konzilsväter".[16]

Die Kritik an einer Hermeneutik des Bruchs ertönte nicht erst im Pontifikat Benedikts XVI. Schon Paul VI. (1963–1978) wandte sich mit deutlichen Worten gegen eine solche Hermeneutik. In einer Ansprache vor dem Kardinalskollegium vom 23. Juni 1972 sagte er: „Ausgehend von diesen gegensätzlichen Spannungen entsteht ein Zustand des Unbehagens, den wir weder verbergen können noch dürfen: Vor allem eine falsche und missverständliche Interpretation des Konzils als eines Bruchs *(rottura)* mit der Tradition und der Lehre, was zu einer Ablehnung der vorkonziliaren Kirche führte und zur Annahme, eine neue Kirche zu konzipieren, die Kirche gleichsam von innen ‚neu erfinden' zu können, sowohl hinsichtlich der Verfassung, des Dogmas, des Brauchtums und des Rechts."[17]

Joseph Ratzinger nahm als Konzilsperitus am Zweiten Vatikanischen Konzil teil und besaß eine intime Kenntnis der Konzilsdokumente. Es war daher absurd anzunehmen, das Konzil hätte für Benedikt XVI. zur Disposition gestanden, als er einen allerletzten Versuch zur Integration der schismatischen Piusbruderschaft unternahm. Besonders schmerzte ihn die „sprungbereite Feindseligkeit"[18], die ihm entgegenschlug, als sich herausstellte, dass einer der Bischöfe der Piusbruderschaft den Holocaust leugnete, was zumindest denen, die ihn in der Sache berieten, hätten wissen müssen. Benedikt XVI. war nicht bereit, über die Zustimmung zu einem Ökumenischen Konzil mit

---

[16] Benedikt XVI., *Vorwort*, in: Joseph Ratzinger, *Zur Lehre des Zweiten Vatikanischen Konzils. Formulierung – Vermittlung – Deutung* (Gesammelte Schriften 7/1–2), Freiburg – Basel – Wien 2012, 9.

[17] Vgl. Paul VI., *Allocutio, Die 23 mensis iunii a. 1972*, in: AAS 64 (1972) 496–505, hier 498: „Da queste opposte tensioni deriva uno stato di disagio, che non possiamo e non dobbiamo nasconderci: anzitutto una falsa e abusiva interpretazione del Concilio, che vorrebbe una rottura con la tradizione, anche dottrinale, giungendo al ripudio della Chiesa pre-conciliare, e alla licenza di concepire una Chiesa ‚nuova', quasi ‚reinventata' dall'interno, nella costituzione, nel dogma, nel custome, nel diritto."

[18] Benedikt XVI., *Brief seiner Heiligkeit Papst Benedikt XVI. an die Bischöfe der katholischen Kirche in Sachen Aufhebung der Exkommunikation der vier von Erzbischof Lefebvre geweihten Bischöfe vom 10. März 2009* (http://www.vatican.va/holy_father/benedict_xvi/letters/2009/documents/hf_ben-xvi_let_20090310_remissione-scomunica_ge.html).

der Piusbruderschaft zu verhandeln, denn „man kann die Lehrautorität der Kirche nicht im Jahre 1962 einfrieren“[19]. Benedikt XVI. wusste aber sehr wohl, dass die Hermeneutik des Zweiten Vatikanischen Konzils umstritten ist. Aufgrund zahlreicher Kompromissformeln enthalten die Konzilsdokumente auch ein erhebliches Konfliktpotential. Dies erklärt ihre selektive Rezeption, ob nun in die eine oder andere Richtung. Die Kontroverse um die Konzilshermeneutik schlug sich auch und vor allem in der bis heute anhaltenden Debatte um die Liturgiereform nieder.

II. Die Schönheit der Liturgie und ihr sakraler Charakter

Mit einer Hermeneutik der Reform in Kontinuität zur größeren Tradition der Kirche sind auch die Grundsätze zur Erneuerung der Liturgie zu lesen.[20] Die Konzilsväter wollten keinen Bruch mit der römischen Liturgietradition.[21] Entschieden wandte sich Benedikt XVI. deshalb gegen eine Hermeneutik des Bruchs *in liturgicis*, wie er vielfach propagiert und vor allem praktiziert wurde. Mit seinem Stil der päpstlichen Liturgien wollte er zeigen, dass – bei aller notwendig gewordenen Erneuerung – die Liturgiereform doch in Kontinuität zur gewachsenen Tradition stehen sollte, wie das vom Konzil formulierte Prinzip der organischen Liturgieentwicklung deutlich macht. Das Ziel der Liturgiereform umschreibt das Zweite Vatikanische Konzil mit den Worten: „damit die gesunde Überlieferung gewahrt bleibe und dennoch einem berechtigtem Fortschritt die Tür aufgetan werde“[22]. Es sollen keine Neuerungen eingeführt werden, es sei Sorge dafür zu tragen, „dass die neuen Formen aus den schon bestehenden gewissermaßen organisch herauswachsen“[23]. Wer Joseph Ratzingers Buch „Der

---

[19] Ebd.

[20] Vgl. *SC* 3–4.21–23.

[21] Vgl. Benedikt XVI., *Nachsynodales Apostolisches Schreiben „Sacramentum caritatis“ über die Eucharistie, Quelle und Höhepunkt von Leben und Sendung der Kirche vom 22. Februar 2007* (Verlautbarungen des Apostolischen Stuhls 177), Bonn 2007, Nr. 3.

[22] *SC* 23.

[23] *SC* 23. – Zur organischen Liturgieentwicklung vgl. Alcuin Reid OSB, *The Organic Development of the Liturgy. The Principles of Liturgical Reform and Their Relation to the Twentieth Century Liturgical Movement Prior to the Second Vatican Council.* With a Foreword by Joseph Cardinal Ratzinger, San Francisco 2005;

Geist der Liturgie“ (2000)[24] gelesen hatte, konnte erahnen, welche Akzente er nach seiner Wahl zum Papst im Bereich der Liturgie setzen würde. Da Benedikt XVI. die Liturgiekonstitution *Sacrosanctum Concilium* nicht als Ruptur, sondern im Zusammenhang mit der Tradition der Kirche sah, legte er großen Wert auf klassische Formen, etwa im Bereich der Paramente. Diese waren für ihn nicht Selbstzweck, sondern sollten der „heiligen Handlung“ *(actio sacra)*[25] dienen, die wir in der Liturgie feiern. Kritiker bezeichneten den liturgischen Stil Benedikts XVI. als „Retro-Look“ und sprachen von einer fragwürdigen Ästhetisierung der Liturgie. Doch Benedikt ging es darum, die Einheit von irdischer und himmlischer Liturgie sinnlich stärker erfahrbar zu machen. Dabei war Benedikt XVI. ein Gegner jedes Personenkultes. Sein Interesse galt einer schönen Liturgie und einer *ars celebrandi*, die ihrem Wesen entspricht. Der Glanz der päpstlichen Liturgie diente der Verherrlichung Gottes, nicht der Selbstinszenierung des römischen Bischofs, der sich in wertvolle Gewänder hüllte, um ganz hinter Christus, den eigentlichen Träger der Liturgie, zurückzutreten.

Schon in seiner Antrittsenzyklika über die Liebe hatte Benedikt XVI. die Frage der Liturgie berührt. Am ausführlichsten hat er sich in dem Nachsynodalen Apostolischen Schreiben *Sacramentum caritatis* vom 22. Februar 2007 zur Liturgie geäußert. In dem Schreiben, das in Deutschland weitgehend ohne Wirkung blieb, geht es vor allem um die Schönheit der Liturgie. Benedikt XVI. spricht vom *splendor veritatis* der christlichen Offenbarung, der in der Liturgie der Kirche manifest wird.[26] Was das Zweite Vatikanische Konzil von der Liturgie sagt, gilt in besonderer Weise für die Feier der Eucharistie:

Ders., *Sacrosanctum Concilium and the Organic Development of the Liturgy*, in: Ders., *The Genius of the Roman Rite. Historical, Theological, and Pastoral Perspectives on Catholic Liturgy*, ed. by Uwe Michael Lang, Chicago 2010, 198–215; Ders., *Eine Präzisierung von „The Organic Development of the Liturgy“*. Das grundlegende Prinzip zur Beurteilung der Reform, in: Das grundlegende Prinzip zur Beurteilung der Reform, in: Stephan Wahle – Helmut Hoping – Winfried Haunerland (Hg.), *Römische Messe und Liturgie in der Moderne*, Freiburg – Basel – Wien 2013, 73–102.

[24] Vgl. Joseph Ratzinger, *Der Geist der Liturgie*, in: Ders., Theologie der Liturgie (s. Anm. 5), 29 –194.

[25] Vgl. *SC* 7.

[26] Vgl. Benedikt XVI., *Sacramentum caritatis* 3.

„Quelle und Höhepunkt des ganzen christlichen Lebens“[27] zu sein. Die Feier der Eucharistie ist das Lebenszentrum der Kirche.[28] In der Tat ist die Kirche nirgendwo so sehr bei ihrem Herrn und so bei sich selbst wie in der Feier der Eucharistie. Sie ist das dichteste sakramentale Gedächtnis *(memoriale)* des Leidens, des Sterbens und der Auferstehung Christi und wird deshalb zu Recht Inbegriff und Summe unseres Glaubens genannt.[29]

Die Schönheit der Liturgie ist der höchste Ausdruck der Herrlichkeit Gottes. Für Benedikt XVI. besteht ein innerer Zusammenhang zwischen der Schönheit der Liebe Gottes, wie sie sich uns im Paschamysterium Christi gezeigt hat, und der Schönheit der Liturgie, die nicht bloß etwas Dekoratives ist, sondern ein konstitutives Element der heiligen Handlung, die wir in der Liturgie feiern.[30] Die Schönheit der Liturgie kann sich auch in schlichten Formen ausdrücken. Doch gibt es im liturgischen Jahr immer wieder Feiern und Tage, wo sich der ganze Glanz der Liturgie entfalten können soll. Benedikt XVI. war davon überzeugt, dass wir einen neuen Sinn für den sakralen Charakter der kirchlichen Liturgie und eine bessere *ars celebrandi* benötigen, um „das Gespür für das Heilige zu fördern“[31]. Gemeinsame Haltungen und Gesten, ansprechende liturgische Gewänder für die geistlichen Amtsträger und für alle anderen, die im Altarraum einen Dienst ausüben, Farben, Lichter, Weihrauch und künstlerische Darstellungen im Kirchenraum geben dem Mysterium, das wir in der Liturgie feiern, Ausdruck.

Beim liturgischen Gesang erinnert Benedikt XVI. daran, dass es für die Feier der heiligen Liturgie zwar eine Vielfalt musikalischer Richtungen und Stile gibt[32], der gregorianische Choral aber den genuinen Gesang der römischen Liturgie darstellt[33] und dieser deshalb beson-

---

[27] *LG* 11.

[28] Vgl. Johannes Paul II., Enzyklika *Eucharistia de ecclesia* über die Eucharistie in ihrer Beziehung zur Kirche vom 17. April 2003 (Verlautbarungen des Apostolischen Stuhls 159), Bonn 2003.

[29] Vgl. KKK 1327. – Zum Sakrament der Eucharistie vgl. Helmut Hoping, *Mein Leib für euch gegeben. Geschichte und Theologie der Eucharistie*, Freiburg – Basel – Wien 2001.

[30] Vgl. Benedikt XVI., *Sacramentum caritatis* 35.

[31] Benedikt XVI., *Sacramentum caritatis* 40.

[32] Vgl. *SC* 112; 114.

[33] Vgl. *SC* 116.

ders gepflegt werden müsse.[34] Die Konzilsväter wünschten auch, dass die lateinische Liturgiesprache nicht aufgegeben wird: „Der Gebrauch der lateinischen Sprache soll, unter Wahrung von Sonderrecht, in den lateinischen Riten erhalten bleiben."[35] Nach dem Zweiten Vatikanischen Konzil war der Gebrauch der lateinischen Liturgiesprache freilich stark zurückgegangen, sodass heute die meisten Gläubigen, aber auch viele Priester nicht mehr in der Lage sind, die lateinischen Gebete des Messordinariums zu sprechen oder zu singen. Die Väter des Zweiten Vatikanischen Konzils hatten aber festgelegt, dass – unbeschadet des Rechts zur Einführung der Volkssprache in der Liturgie – Vorsorge getroffen werden müsse, dass „die Gläubigen die ihnen zukommenden Teile des Meß-Ordinariums auch lateinisch miteinander sprechen oder singen können"[36]. Benedikt XVI. hat diese Bestimmung in seinem Schreiben *Sacramentum caritatis* ausdrücklich bekräftigt.[37]

III. Das Bemühen um die Einheit des römischen Ritus

Eine große Sorge Benedikts XVI. waren die liturgischen Eigenmächtigkeiten, zu denen es nach dem Konzil vielfach gekommen ist und die immer noch den gottesdienstlichen Alltag vieler Gemeinden bestimmten. Daher forderte er in *Sacramentum Caritatis* alle Priester zur demütigen Treue gegenüber dem Ritus der liturgischen Handlung auf.[38] Er erinnerte an die Bestimmung des Zweiten Vatikanischen Konzils, wonach niemand, und sei er auch Priester, „in der Liturgie etwas hinzufügen, wegnehmen oder ändern"[39] dürfe. Nach dem „Direktorium für den Hirtendienst der Bischöfe"[40] haben diese dafür Sorge zu tragen, dass die Liturgie der Kirche „mit der gebotenen Würde und Ordnung" von den geistlichen Amtsträgern und den Laien gefei-

---

[34] Vgl. *SC* 116; Benedikt XVI., *Sacramentum caritatis* 42.

[35] *SC* 36 § 1.

[36] *SC* 54.

[37] Benedikt XVI., *Sacramentum caritatis* 62.

[38] Vgl. Benedikt XVI., *Sacramentum caritatis* 38.

[39] *SC* 22 § 3.

[40] Vgl. Kongregation für die Bischöfe, *Direktorium für den Hirtendienst der Bischöfe vom 22. Februar 2004* (Verlautbarungen des Apostolischen Stuhls 173), Bonn 2006.

ert wird und „die Normen, die von der zuständigen Autorität erlassen wurden, *genau befolgt werden*"[41].

Wenige Monate nach dem Apostolischen Schreiben *Sacramentum Caritatis* veröffentlichte Benedikt XVI. das umstrittene Motu proprio *Summorum Pontificum*[42], mit dem er die klassische Form des römischen Ritus wieder allgemein zuließ, nicht nur den als „tridentinisch" bezeichneten Messritus, sondern auch die anderen liturgischen Bücher, die vor dem Zweiten Vatikanischen Konzil in Kraft waren. Niemals hatte Benedikt XVI. die Absicht, die katholische Kirche *in liturgicis* hinter das Zweite Vatikanische Konzil zurückzuführen. Nicht Nostalgie oder Restauration leiteten Benedikt XVI., sondern die Einsicht, die vom Zweiten Vatikanischen Konzil angestoßene Erneuerung dürfe nicht in Opposition zu einer anderthalbtausendjährigen Liturgietradition stehen.[43] Das Motu proprio *Summorum Pontificum* war keine Konzession an die schismatische Priesterbruderschaft Pius X. Vielmehr leitete Benedikt XVI. dabei die Überzeugung, dass das, was jahrhundertelang gefeiert wurde, nicht einfach von heute auf morgen ungültig oder verboten werden kann.[44]

Schon unter Paul VI. hatte es etwa für die „Latin Mass Society" für England und Wales die Erlaubnis gegeben, die „tridentinische" Messe zu feiern. Mit dem Indult *Quattuor abhinc annos* (1984) wurde unter Johannes Paul II. allen Bischöfen die Vollmacht erteilt, den Gebrauch des von Johannes XXIII. herausgegebenen Messbuchs (1962) zu erlauben.[45] Vier Jahre später, nach dem Schisma der Piusbruderschaft, ermutigte Johannes Paul II. in seinem Apostolischen Schreiben „Ecclesia Dei" (1988) noch einmal alle Bischöfe, die ihnen gegebene Vollmacht großzügig anzuwenden.[46] Am Ende seines Pontifikats feier-

---

[41] Ebd., Nr. 145.

[42] Vgl. Benedikt XVI., Apostolisches Schreiben *„Summorum pontificium" motu proprio vom 7. Juli 2007* (Verlautbarungen des Apostolischen Stuhls 178), Bonn 2007.

[43] Zur Diskussion vgl. Römische Messe und Liturgie in der Moderne, hg. von St. Wahle, H. Hoping, W. Haunerland, Freiburg – Basel – Wien 2013.

[44] Vgl. Nicola Bux, *La riforma di Benedetto XVI. La liturgia tra innovatione e tradizione. Prefazione di Vittorio Messori*, Casal Monferrato 2008; Koch, Die Konstitution über die Heilige Liturgie (s. Anm. 11), 69–98.

[45] Vgl. Kongregation für den Gottesdienst und die Sakramentenordnung, *Brief „Quattuor abhinc annos" an die Präsidenten der Bischofskonferenzen vom 3. Oktober 1984*, in: AAS 76 (1984) 1088.

[46] Vgl. Johannes Paul II., Apostolisches Schreiben „Ecclesia Dei" motu proprio, in: AAS 80 (1988) 1495–1498.

ten unterschiedliche Priestergemeinschaften und Laienvereinigungen in aller Welt wieder die alte Form der römischen Messe.

Mit seinem Motu proprio ging Benedikt XVI. noch einen Schritt über Johannes Paul II. hinaus. Allen gültig geweihten Priestern, die an der Ausübung ihres Amtes nicht gehindert sind, wurde nun unter bestimmten Bedingungen erlaubt, die heilige Messe nach dem Messbuch von 1962 zu feiern. Eine Zustimmung des Ortsbischofs war dafür nicht erforderlich. Benedikt XVI. ging es mit dem Motu proprio vor allem um das gottesdienstliche Leben in den Gemeinden. Die traditionelle Liturgie sollte dort, wo Gläubige dies wünschen, ein regulärer Bestandteil des kirchlichen Lebens werden. Niemals hatte Benedikt XVI. dabei die Absicht, das Messbuch Pauls VI. in Frage zu stellen, nach dem gewöhnlich die Messe gefeiert wird. Diese Form ist die normale Form *(forma ordinaria)* der römischen Messe. Die Feier der Messe nach dem von Johannes XXIII. herausgegebenen Messbuch wird dagegen als außerordentliche Form *(forma extraordinaria)* oder als *usus antiquior* bezeichnet.[47] „Der Gebrauch des alten Missale setzt ein gewisses Maß an liturgischer Bildung und auch einen Zugang zur lateinischen Sprache voraus; das eine wie das andere ist nicht gerade häufig anzutreffen. Schon von diesen konkreten Voraussetzungen her ist es klar, dass das neue Messbuch nicht nur von der rechtlichen Normierung, sondern auch von der tatsächlichen Situation der gläubigen Gemeinden her ganz von selbst die *Forma ordinaria* des Römischen Ritus bleibt."[48] In beiden drückt sich dieselbe *lex orandi* der Kirche aus, wenn auch auf unterschiedliche Weise, sodass keine Spaltung in der *lex credendi* zu befürchten sei.

Da es Unklarheiten in der Interpretation und Anwendung des Motu proprio *Summorum pontificum* gab, veröffentlichte die „Kongregation für den Gottesdienst und die Sakramentenordnung" im Auftrag Benedikts XVI. die Instruktion *Universae Ecclesiae* (2011). Da der *usus antiquior* eine legitime und authentische Form des römischen Ritus darstellt, bekräftigt die Instruktion, dass allen Gläubigen, die darum

---

[47] Vgl. Benedikt XVI., Apostolisches Schreiben „Summorum pontificium" Nr. 1 (s. Anm. 42). – Diese Unterscheidung wurde erstmals, soweit zu sehen, auf einer Liturgietagung mit Kardinal Ratzinger in Fontgombault diskutiert. Vgl. Looking Again at the Question of the Liturgy with Cardinal Ratzinger. Proceedings of the July 2001 Fontgombault Liturgical Conference, ed. by Alcuin Reid OSB, Farnborough 2003.

[48] Benedikt XVI., Brief zum Apostolischen Schreiben „Summorum Pontificum" (s. Anm. 42), 24.

bitten, die römische Liturgie in der außerordentlichen Form „wirklich zu gewährleisten und zu ermöglichen“[49] ist und daher das Motu proprio immer zugunsten der Gläubigen auszulegen ist. Die alte Messe soll dort, wo dies gewünscht wird, auch gefeiert werden können, nicht nur in Priestergemeinschaften und Laienvereinigungen, sondern auch in der Gemeinde vor Ort. Auch die Feier der „Triduum Sacrum“ kann daher in einer Pfarrkirche oder einer Kapelle zusätzlich zur ordentlichen Form auch im *usus antiquior* gefeiert werden.[50] Die Bischöfe haben für eine korrekte Anwendung des Motu Proprio im Sinne der Ausführungsbestimmungen von *Universae Ecclesiae* zu sorgen. Sie müssen sicherstellen, dass die Achtung des *usus antiquior* des römischen Ritus in ihren Diözesen gewährleistet ist.[51] Gläubige und Priester, welche die Messe in der außerordentlichen Form feiern, dürfen nicht benachteiligt oder ausgegrenzt werden.

An der Sprachregelegung von *Summorum pontificum* – *forma extraordinaria/usus antiquior* und *forma ordinaria* des römischen Ritus – wird deutlich, dass es Benedikt XVI. darum ging, an der Einheit des römischen Ritus festzuhalten und nicht im Sinne eines Bruchs vorkonziliare und nachkonziliare Liturgie auseinanderzureißen, zumal sich das Zweite Vatikanische Konzil explizit für eine „organische Liturgieentwicklung“ ausgesprochen hat. Entgegen eines häufigen Missverständnisses wollte Benedikt XVI. keine „(liturgie)theologische Kehrtwende“[52] oder eine allgemeine Rückkehr zur alten Messe. Seine Entscheidung zielte vielmehr auf eine liturgische Versöhnung[53] sowie eine „Rückkehr zur Anbetung“ in der Feier der Liturgie. Zwar hat diese auch einen katechetischen Charakter, vor allem aber ist sie ein sakrales Geschehen, nämlich die Heiligung des Menschen (*SC* 7) und die Anbetung und Verehrung Gottes, *cultus divinae majestatis* (*SC* 33).

---

[49] Vgl. Kongregation für den Gottesdienst und die Sakramentenordnung, *Instruktion „Universae Ecclesiae“* Nr. 8a.
[50] Vgl. ebd., Nr. 33.
[51] Vgl. ebd., Nr. 14.
[52] So die Meinung von Benedikt Kranemann, *Die Theologie des Pascha-Mysteriums im Widerspruch. Bemerkungen zur traditionalistischen Kritik katholischer Liturgietheologie*, in: Peter Hünermann (Hg.), *Exkommunikation oder Kommunikation? Der Weg der Kirche nach dem II. Vatikanum und die Pius-Brüder* (Quaestiones Disputatae 236), Freiburg – Basel – Wien 2009, 123–151, hier 151.
[53] Vgl. Christophe Geffroy, *Benoît et „la paix liturgique“*, Paris 2008.

IV. Die Tradition der Liturgie und die „Reform der Reform"

Das sichtbarste Zeichen der Liturgiereform ist neben dem Gebrauch der Volkssprache, die die lateinische Liturgiesprache fast vollständig verdrängt hat, die veränderte Gebetsrichtung. Zwar wurde es noch während des Zweiten Vatikanischen Konzils durch die Instruktion *Inter Oecumenici* vom 26. September 1964 erlaubt, „die Messe zum Volk hin zu feiern"[54], doch wurde die *celebratio versus populum* niemals vorgeschrieben. Am 30. Juni 1965 erklärte vielmehr der Rat zur Durchführung der Liturgiereform: „Wir möchten jedenfalls betonen, dass es nicht unbedingt notwendig ist für eine fruchtbare pastorale Tätigkeit, die ganze Messe *versus populum* zu feiern. Der ganze Wortgottesdienst, in dem sich in breiterer Form die aktive Teilnahme des Volkes mittels des Dialoges und des Gesanges verwirklicht, wird bereits zur Gemeinde hin gefeiert und ist heute durch den Gebrauch der Volkssprache viel verständlicher geworden."[55] Dennoch setzte sich die *celebratio versus populum*, bis auf wenige Ausnahmen, auch für den zweiten Teil der Messfeier, die eucharistische Liturgie, allgemein durch, da sie als die pastoral vorteilhaftere betrachtet wurde.

Das Bewusstsein, bei der Feier der Eucharistie zum Volk hin zu zelebrieren *(celebrare versus populum)*, war aber – unabhängig vom Kirchenbau und der Ausrichtung der Kirche – bis zum Zweiten Vatikanischen Konzil unbekannt.[56] Entscheidend war vielmehr, dass die gottesdienstliche Versammlung zusammen mit dem Zelebranten gemeinsam auf Gott *(ad Dominum)* hin ausgerichtet betete, in der Erwartung der Wiederkunft Christi. Zudem ist der Altar an erster Stelle der Ort für die Darbringung der Eucharistie und nicht in bloß horizontaler Perspektive der Tisch des Mahles. Der Altar ist die „Schwelle zum Himmel", er symbolisiert den geöffneten Himmel, der uns durch die Präsenz des Herrn geschenkt wird. Die *celebratio versus populum* erweckt dagegen stark den Eindruck des geschlossenen Kreises. So ist das nach dem Zweiten Vatikanischen Konzil vorherrschende Eucharistiemodell, das bis in die Kirchenarchitektur hinein wirksam wurde, auch die um den Tisch des Mahles versammelte Gemeinde geworden.

---

[54] DEL 1, Nr. 293.

[55] DEL 1, Nr. 414.

[56] Vgl. Uwe Michael LANG, *Conversi ad Dominum. Zu Geschichte und Theologie der christlichen Gebetsrichtung*. Mit einem Geleitwort von Joseph Ratzinger, Freiburg 2005.

Da die traditionelle Gebetsrichtung nicht von heute auf morgen wiedergewonnen werden kann, hat Joseph Ratzinger in „Der Geist der Liturgie" den Vorschlag gemacht, auf den Altar ein Kreuz (Passions- oder Triumphkreuz) zu stellen, das als der „innere Osten des Glaubens"[57] die gemeinsame Ausrichtung von Priester und Volk auf den erhöhten Herrn markiert, der uns zum Vater führt. Der Gekreuzigte „soll der gemeinsame Blickpunkt für den Priester und die betende Gemeinde sein".[58] Das Arrangement mit weithin sichtbarem Kruzifix und sechs Leuchtern auf dem Zelebrationsalter, das dem traditionellen Arrangement des Hochaltars entspricht und die päpstlichen Liturgien Benedikts XVI. bestimmte, wurde zwar von Papst Franziskus anfänglich aufgegriffen. Es hat sich bislang aber nicht durchsetzen können. Man hat gefragt, ob es sich dabei nicht auch um eine halbherzige Lösung handelt? Doch eine Korrektur der *celebratio versus populum* dürfte zum gegenwärtigen Zeitpunkt viel Unruhe unter den Gläubigen hervorrufen.

Der Traditionsbegriff der Kirche ist kein statischer, sondern der Begriff einer lebendigen Tradition. Von diesem Traditionsbegriff geht auch Benedikt XVI. aus. Auch die liturgische Tradition ist keine Tradition, die sich niemals verändert. Wie die Lehrtradition, gehört auch die Liturgie zur lebendigen Überlieferung der Kirche. Der *usus antiquior* des römischen Ritus kann daher nicht auf den Zustand vor dem letzten Konzil eingefroren werden.[59] Auch beim *usus antiquior* des römischen Ritus wird es also zu Veränderungen kommen müssen. Benedikt XVI. hat dies auch in seinem Brief zum Motu proprio *Summorum pontificum* deutlich gemacht. Dabei kann es nicht nur um „neue Heilige und einige der neuen Präfationen gehen"[60]. Es geht um mehr als eine mehr oder weniger friedliche Koexistenz zwischen beiden Formen des römischen Ritus, sie werden und sollen sich „gegenseitig befruchten"[61], im Dienst der Verherrlichung Gottes. Man könnte zum Beispiel überlegen, ob man nicht die *Verba Testamenti* in den beiden

---

[57] Ratzinger, Der Geist der Liturgie (s. Anm. 23), 84 (73).
[58] Ebd., 84 (73).
[59] Vgl. Joseph Ratzinger, *Bilanz und Perspektiven*, in: Ders., Theologie der Liturgie (s. Anm. 5), 657–682, hier 679: „Meines Erachtens muss in jedem Fall vermieden werden, dass diese Liturgie in einem Kühlschrank für eine bestimmte Art von Menschen tiefgefroren wird."
[60] Benedikt XVI., Brief zum Apostolischen Schreiben „Summorum Pontificum" (s. Anm. 42), 24.
[61] Ebd., 24.

Formen des Messritus angleichen sollte, vor allem das Brotwort im *usus antiquior:* statt *hoc est enim corpus meum,* wie im Messbuch von 1962, *hoc est enim corpus meum quod pro vobis tradetur,* wie im Missale Pauls VI. Im Brotwort beider Formen des römischen Messritus würde so nicht nur der Gedanke der Realpräsenz, sondern auch der Gabencharakter der Eucharistie zum Ausdruck kommen.

Die „Reform der Reform" im engeren Sinne bezieht sich auf das Messbuch Pauls VI.[62] Hier muss wieder stärker als bisher jene Sakralität aufscheinen, die die Menschen zum *usus antiquior* des römischen Ritus hinzieht. „Die sicherste Gewähr dafür, dass das Missale Pauls VI. die Gemeinden eint und von ihnen geliebt wird, besteht im ehrfürchtigen Vollzug seiner Vorgaben, der seinen spirituellen Reichtum und seine theologische Tiefe sichtbar werden lässt."[63] Bei der *editio typica tertia* des römischen Messbuchs ist es zu einigen Änderungen gekommen: u. a. das Knien der Diakone von der Wandlungsepiklese bis zum „Mysterium fidei", neue Entlassrufe, und schließlich die Nennung des hl. Josefs in den 1969 promulgierten Hochgebeten. Die Diskussion um die Gebetsrichtung, die Eröffnungsriten und den Friedensgruß zeigt, dass es bei diesen Änderungen auf Dauer nicht bleiben kann.

Liturgische Reformen erfordern immer ein behutsames Vorgehen, das gilt besonders für eine „Reform der Reform". Denn man kann nicht ständig an der Liturgie Veränderungen vornehmen. Sicherlich ist die vom Zweiten Vatikanischen Konzil angestoßene liturgische Erneuerung ein Prozess, der nicht in einer Generation durchgeführt werden kann. Die Konzilsväter hatten allerdings keine permantente Liturgiereform vor Augen. Sie sprachen weder von eine *liturgia semper reformanda* noch von einer *ecclesia semper reformanda,* wohl aber von einer *ecclesia semper purificanda*[64], weil es in der *una sancta catholica* immer auch viel Sünde gibt. Die Liturgiereform erschöpft sich nicht in der Überarbeitung der liturgischen Bücher, sondern zielt auf eine Erneuerung der liturgischen Praxis im Sinne der Liturgiekonstitution des Konzils. Diese Erneuerung, die ohne Zweifel auf Dauer manche Korrekturen an der nachkonziliaren Reform erforderlich macht, ist nur durch eine bessere liturgische Bildung und mystagogische Erschließung der liturgischen Feiern der Kirche zu erreichen.

---

[62] Vgl. Ratzinger, Bilanz und Perspektiven (s. Anm. 58), 673.
[63] Benedikt XVI., Brief zum Apostolischen Schreiben „Summorum Pontificum" (s. Anm. 42), 25.
[64] Vgl. *LG* 8.

Die Liturgie im Denken und Handeln Papst Benedikts XVI.

Albert Gerhards, Bonn

Unter den Päpsten seit Beginn des 20. Jahrhunderts zeichnen sich einige durch besondere Verdienste um die Liturgie der Kirche aus. Eröffnet wird die Reihe von Pius X., der 1903 in einer Instruktion über die Kirchenmusik erstmals das Wort von der „tätigen Teilnahme" der Gläubigen an der Liturgie offiziell verwendete.[1] Mit seinem Dekret über den frühzeitigen und regelmäßigen Kommunionempfang legte er das Fundament für eine neue Kommunionfrömmigkeit. Ferner führte er eine Brevierreform durch. Als zweiter Papst ist Pius XII. zu nennen, der in seiner Liturgieenzyklika *Mediator Dei* 1947 wesentliche Anliegen der Liturgischen Bewegung aufgriff und so das Fundament für eine grundlegende Reform der Liturgie legte.[2] Diese begann er selbst in den fünfziger Jahren mit der Erneuerung der Osternacht und der Karwochenliturgie. Papst Johannes XXIII. gab durch die Einberufung des Konzils auch den Anstoß für eine umfassende Reform der Liturgie, deren Durchführung freilich seinem Nachfolger Paul VI. vorbehalten blieb.[3] Manche Details, zum Beispiel Elemente des Messordos, entstammen dessen Handschrift. Zweifellos gehört Papst Benedikt XVI. in die Reihe der Päpste, die sich nicht nur marginal um liturgische Fragen gekümmert haben. Das Interesse für den Gottesdienst der Kirche durchzieht sein ganzes Leben als Christ, Theologe und kirchlicher Würdenträger.[4]

---

[1] Vgl. Bertrand Ponsard, *Réforme et liturgie sous Pie X (1903–1914)*, in: Martin Klöckener – Benedikt Kranemann (Hg.), *Liturgiereformen. Historische Studien zu einem bleibenden Grundzug des christlichen Gottesdienstes*, Bd. 2 (LQF 88) Münster 2002, 592–605.

[2] Vgl. Theodor Maas-Ewerd, *Papst Pius XII. und die Reform der Liturgie im 20. Jahrhundert*, in: ebd., 606–628.

[3] Vgl. Jörg Ernesti, *Der vergessene Papst*, Freiburg – Basel – Wien 2012, 131–138.

[4] Vgl. Helmut Hoping, *Kult und Reflexion. Joseph Ratzinger als Liturgietheologe*,

Joseph Ratzingers Zugang zur Liturgie

Der erste Band der Ratzingerstudien von 2009 trägt den Titel „Der logosgemäße Gottesdienst. Theologie der Liturgie bei Joseph Ratzinger".[5] Dass die Liturgie bei Joseph Ratzinger in der Reihe der Studienbände zuallererst behandelt wird, ist kein Zufall. Das Buch kommentiert den 2008 erschienenen Band „Theologie der Liturgie" der gesammelten Schriften Ratzingers. In der Reihenfolge der Bände steht dieser zwar erst an elfter Stelle, logisch bildet er jedoch den Anfang. Der Papst begründet dies in seinem Vorwort: „Die Liturgie der Kirche war für mich seit meiner Kindheit zentrale Wirklichkeit meines Lebens und ist in der theologischen Schule von Lehrern wie Schmaus, Söhngen, Pascher, Guardini auch Zentrum meines theologischen Mühens geworden. Als Fach habe ich Fundamentaltheologie gewählt, weil ich zu allererst der Frage auf den Grund gehen wollte: Warum glauben wir? Aber in dieser Frage war die andere Frage nach der rechten Antwort auf Gott und so die Frage nach dem Gottesdienst von Anfang miteingeschlossen."[6]

Diese Grundoption muss beachtet werden, wenn man die Handhabung des Themas Liturgie beim späteren Kurienkardinal und Papst recht beurteilen will. In seiner Kindheit wurde er geprägt vom bayerisch-barocken Katholizismus. Die Ideen der Liturgischen Bewegung waren ihm von Haus aus fremd, und er stand ihnen skeptisch gegenüber. Allerdings konnte der Liturgiewissenschaftler Josef Pascher, Direktor des Herzoglichen Georgianums in München, Ratzinger einen neuen lebendigeren Zugang zur Feier der Eucharistie und zur liturgischen Gestaltung des Lebens eröffnen, wie der Studienkollege Ratzingers, Rupert Berger, berichtet.[7] Zu den von Pascher vermittelten litur-

---

in: Rudolf VODERHOLZER (Hg.), *Der Logos-gemäße Gottesdienst. Theologie der Liturgie bei Joseph Ratzinger* (Ratzinger-Studien 1), Regensburg 2009, 12–25.

[5] Vgl. VODERHOLZER, Der Logos-gemäße Gottesdienst (s. Anm. 4). Die folgenden Ausführungen fußen größtenteils auf: Albert GERHARDS, *Benedikt XVI. und die Liturgie*, in: Gottesdienst 47 (2013) 57–60.

[6] Joseph RATZINGER, *Theologie der Liturgie. Die sakramentale Begründung christlicher Existenz* (Gesammelte Schriften 11), Freiburg i. Br. u. a. 2008, 6 (abgekürzt zitiert: JRGS 11).

[7] Vgl. Rupert BERGER, *Erlebte Liturgie in Joseph Ratzingers Studienzeit. Erinnerungen aus gemeinsamen Tagen*, in: VODERHOLZER, Der Logos-gemäße Gottesdienst (s. Anm. 4), 78–90. Zu Pascher vgl. Rupert BERGER, *Joseph Pascher (1893–1979)*, in: Benedikt KRANEMANN – Klaus RASCHZOK (Hg.), *Gottesdienst*

gischen Essentials gehörte auch die Kanonstille, für die Ratzinger sich zeitlebens eingesetzt hat. Zur Begründung brachte Ratzinger vor, dass es verfehlt sei zu meinen, dass „der vollständige, ununterbrochene laute Vortrag des Hochgebets die Bedingung für die Beteiligung aller an diesem zentralen Akt der Eucharistiefeier sei“[8]. Die liturgische Schulung im Georgianum hat bei Joseph Ratzinger offenbar eine neue Phase seines Verhältnisses zur Liturgie eingeleitet. War die erste Phase selbstverständlich als die einzig authentische, unveränderliche Form der Eucharistiefeier angesehen worden, so änderte sich dies im Laufe der Münchener Studien, in denen er nicht zuletzt auch durch Romano Guardini auf die Liturgische Bewegung aufmerksam wurde sowie auf die ostkirchliche Theologie, vermittelt vor allem durch Gottlieb Söhngen, seinen Doktorvater. Dieser führte Ratzinger auch in die Mysterientheologie Odo Casels ein.[9] Damit war, wenn auch nur für eine kurze Zeit, die Liturgiereform für Ratzinger eine positive Option.

Frühe Aussagen zur Liturgiereform

Der Fundamentaltheologe Hansjürgen Verweyen veröffentlichte 2012 in Band 5 der Ratzinger-Studien einen Beitrag zum Thema „Liturgie in den frühen Schriften Joseph Ratzingers“.[10] Darin hob er hervor, dass das Zentrum des Liturgieverständnisses Ratzingers in der Eucharistie liegt, eine Beobachtung, die sich bis in seine Spätschriften hinein bestätigt. Verweyen macht auf einen kaum beachteten Artikel Ratzingers aus dem Jahr 1960 aufmerksam: „Grundgedanken der eucharistischen Er-

---

als Feld theologischer Wissenschaft im 20. Jahrhundert. Deutschsprachige Liturgiewissenschaft in Einzelporträts. Band I-II (LQF 98), Münster 2011, II, 901–908.

[8] Joseph Ratzinger, *Der Geist der Liturgie* (2000), in: JRGS 11 (s. Anm. 6), 181; vgl. dazu Uwe Michael Lang, *Papst Benedikt XVI. und die Reform der Liturgie*, in: Stephan Wahle – Helmut Hoping – Winfried Haunerland (Hg.), *Römische Messe und Liturgie in der Moderne*, Freiburg – Basel – Wien 2013, 178–198, hier 184.

[9] Vgl. Helmut Hoping, *Die Mysterientheologie Odo Casels und die Liturgiereform*, in: Jan-Heiner Tück (Hg.), *Erinnerung an die Zukunft. Das Zweite Vatikanische Konzil*, Freiburg – Basel – Wien 2012, 143–164.

[10] Vgl. Hansjürgen Verweyen, *Liturgie in den frühen Schriften Joseph Ratzingers*, in: Michaela Christine Hastetter – Helmut Hoping (Hg.), *Ein hörendes Herz. Hinführung zur Theologie und Spiritualität von Joseph Ratzinger / Papst Benedikt XVI.* (Ratzinger-Studien 5), Regensburg 2012, 74–89.

neuerung des 20. Jahrhunderts."[11] Er eröffnet den 2012 erschienenen ersten Teilband seiner gesammelten Schriften zur Lehre des Zweiten Vatikanischen Konzils. In diesem Beitrag beschreibt er die Veränderung des Erscheinungsbildes katholischer Kirchen vom Historismus zur Moderne. „Die neugotischen Kirchen wollten gleichsam so etwas wie ein Thronsaal Gottes auf Erden sein, ihr Höhepunkt war ein mächtiger Hochaltar, mit einem prunkvollen Tabernakel als der Stätte der Gegenwart Gottes [...] Heute ist der Altar von der Wand weggerückt, er kommt wieder den Gläubigen entgegen, die sich häufig in einem Halbrund um ihn gruppieren, ihn zur Mitte haben [...] es tritt wieder hervor, was der Altar eigentlich ist: ein Tisch, auf dem die Gemeinde der Gläubigen das letzte Abendmahl Christi, das Gedächtnis des Kreuzesopfers feiert, der Tisch also den Gott uns gedeckt hat in dieser Welt, um uns zu seinen Tischgenossen zu machen [...] Der Hauptton liegt auf dem Ereignis, das Gott an uns und mit uns vollzieht, nicht so sehr auf dem Zustand der Gegenwart Gottes als solcher."[12]

Ratzinger beschreibt die damalige Auffassung der Eucharistie als „Anbetungssakrament". Dagegen setzt er: „Eucharistie ist ihrem Wesen nach dazu da, um empfangen zu werden, sie ist eine Aufforderung an uns, uns selber vom Geiste Christi durchtränken und erfüllen zu lassen und so die Tabernakel Gottes aufzustellen, da wo sie wahrhaft vonnöten sind: inmitten der Welt, in der wir leben, inmitten der Menschen, die um uns sind [...] Messe ist nach dem Gesagten die gemeinsame Mahlfeier zwischen Gott und Mensch, zwischen Christus und den Christen, in der so das Gedächtnis des Opfers, der opfernden Selbsthingabe Christi für die Menschen gegenwärtig wird."[13] Auffallend ist hier die Betonung auf dem Empfang der Eucharistie, also dem Mahlcharakter, der mit dem Opfercharakter dann nicht in Konkurrenz treten kann, wenn man den eucharistischen Teil der Messe als

---

[11] Wieder abgedruckt in: Joseph Ratzinger, *Gesammelte Schriften zur Lehre des Zweiten Vatikanischen Konzils. Formulierung – Vermittlung – Deutung*, Bd. 1–2 (JRGS 7/1–2), Freiburg – Basel – Wien 2012, hier JRGS 7/1, 41–51. Es handelte sich um einen 1959 im katholischen Bildungswerk Leverkusen gehaltenen Vortrag. Vgl. dazu auch: Albert Gerhards, *Im Dienst der Orthodoxie. Anmerkungen zu Joseph Ratzingers „Theologie der Liturgie"*, in: IKaZ 38 (2009) 90–103; wieder abgedruckt in: Albert Gerhards, *Erneuerung kirchlichen Lebens aus dem Gottesdienst. Beiträge zur Reform der Liturgie* (Praktische Theologie heute 120), Stuttgart 2012, 301–310, hier 309.

[12] JRGS 7/1, 41 f.

[13] JRGS 7/1, 43.

Einheit von Eucharistiegebet und Kommunion versteht: Das Opfer Christi wird in der Mahlfeier vergegenwärtigt.

An zweiter Stelle der Schriftensammlung Ratzingers zum Konzil steht ein Aufsatz „Der eucharistische Weltkongress im Spiegel der Kritik“, ursprünglich im Dokumentationsband des Eucharistischen Weltkongresses München 1960 publiziert. Darin nennt er den Münchener Kongress einen „Markstein der liturgischen und theologischen Entwicklung“, wegweisend für die ganze Kirche. „Er hat ein neues Modell eines eucharistischen Kongresses geschaffen, das von dem bisherigen nicht unerheblich abweicht, in Zukunft aber nicht mehr wird übergangen werden können. Er hat insofern zweifellos ein gut Stück Konzilsvorbereitung geleistet, jene gereinigte neue Selbstdarstellung der Kirche mit anbahnen geholfen, die nach dem Willen des Papstes als Frucht des Konzils reifen soll.“[14] Ähnlich akzentuierte Ratzinger 1963 kurz vor der Verabschiedung der Liturgiekonstitution den Wechsel von der individualistischen Messfrömmigkeit zum Gemeinschaftsvollzug: „Die Sicht der Eucharistie vom Ereignis der Opfer- und Tischgemeinschaft her rückt damit von selber auch den Gemeinschaftscharakter der Messfeier in den Blickpunkt. Das individualistische Eucharistieverständnis des Spätmittelalters hatte zur Zersplitterung in die Vielheit der Seitenaltarmessen geführt [...] Unserer Generation ist wieder deutlich geworden, dass es eine Degradierung des Christusopfers und seiner sakramentalen Vergegenwärtigung in der heiligen Messe ist, wenn man sie zu einer Art Privatandacht des Priesters macht und es dabei unter dem Gesichtspunkt seines geistlichen Nutzwertes ein wenig gar zu egozentrisch betrachtet. Wenn daher das Liturgieschema betont, dass die Messfeier in Gemeinschaft vorzuziehen sei, so wird damit zunächst eine praktische Reform in die Wege geleitet, die für die konkrete Gestalt der katholischen Frömmigkeit von großer Bedeutung werden kann; in solchem praktischen Wandel aber verbirgt sich etwas sehr Wesentliches: Es wird durch die Verkrustungen der Jahrhunderte hindurch der ursprüngliche Wille des Herrn wieder reiner und ungebrochener zur Geltung gebracht.“[15] Hier gibt Ratzinger der praktischen Umsetzung der Liturgiereform einen theologischen Stellenwert, insofern die Wiederherstellung der Gestalt der Eucharistie als Tischgemeinschaft dem Ursprungsgedan-

---

[14] JRGS 7/1, 60 f.; vgl. dazu Gerhards, Im Dienst der Orthodoxie (s. Anm. 11), 309.

[15] JRGS 7/1, 333.

ken näher kommt als die „Degradierung“ des Messopfers zu einer Art Privatandacht des Priesters.

Zunehmende Skepsis

Waren die zitierten Aussagen unmittelbar vor und während des Konzils noch von der allgemeinen Aufbruchsstimmung geprägt, so änderte sich das unmittelbar nach Beendigung des Konzils. Ab Mitte der Sechzigerjahre überschlugen sich die Ereignisse. Die Kirche geriet in den Strudel des fundamentalen gesellschaftlichen Wandels, der gemeinhin mit dem Jahr 1968 verbunden wird. Die Liturgie, sichtbarster Teil der Reform des Konzils, wurde zum Gradmesser für die Reformwilligkeit und -fähigkeit der Kirche insgesamt. Joseph Ratzinger stellte auf dem Bamberger Katholikentag 1966 wohl als einer der ersten kritische Fragen an die oft unbedachte Weise, in der die Reform durchgeführt wurde.[16] Äußerlich zeigte sich die defizitäre Umsetzung etwa in der schlagartigen Veränderung der Altarräume. Wer nicht mit dem Gesicht zum Volk zelebrierte, galt als „vorkonziliar“. Ratzingers Kritik betraf insbesondere die radikale Umgestaltung der Kirchenräume, wo oft der Priestersitz an die Stelle des Tabernakels trat, ferner die Vereinfachung der Liturgie auf Kosten der Feierlichkeit oder die liturgische Sprache, mit der man seiner Meinung nach zu pragmatisch umgegangen ist. Hier argumentierte er geschichtlich: „Wenn wir die Entscheidung Roms, das von der griechischen zur lateinischen Liturgie überging, uneingeschränkt für richtig halten, so werden wir doch auch nicht übersehen können, dass diese Entscheidung der Anfang der Trennung zwischen Ost und West gewesen ist, die weitgehend ein sprachliches und liturgisches Problem war. Die Sprache hat ein viel größeres Gewicht, als wir gewöhnlich bedenken. Das will heißen, dass in der Stunde, in der die Kirche sich abermals zu einer neuen Etappe ihres Weges durch die Geschichte aufmacht, die Übersetzung der Liturgie Gebot ist, aber nicht zum Bildersturm ausarten darf. Es gibt ein Gesetz der Kontinuität, das nicht ungestraft übertreten wird.“[17]

---

[16] Vgl. dazu die Einschätzung des Hauptprotagonisten der Liturgiereform: Annibale Bugnini, *Die Liturgiereform 1948–1975. Zeugnis und Testament.* Deutsche Ausgabe hg. von Johannes Wagner unter Mitarbeit von François Raas, Freiburg – Basel – Wien 1988, 279–325: Kreuze der Reform.

[17] JRGS 7/2, 1015.

In der Folge meldete sich Ratzinger zunächst noch als Professor und dann als Erzbischof von München und als Kurienkardinal in Fragen der liturgischen Erneuerung immer wieder zu Wort. 1981 fasste er eine Reihe seiner Beiträge zu dem Buch „Das Fest des Glaubens" zusammen.[18] Darin formulierte er grundsätzliche Vorbehalte in Bezug auf die Liturgiereform und ihre Protagonisten. Ratzinger war keineswegs der einzige, der von einem Befürworter zum Skeptiker der Reform wurde. Ähnlich entwickelten sich Forscherpersönlichkeiten wie der Bonner Kirchenhistoriker Theodor Klauser[19] oder der Regensburger Privatgelehrte Klaus Gamber.[20] In einer 1989 erschienenen Gedenkschrift für Gamber spielte Kardinal Ratzinger die Liturgiereform gegen die Intentionen der Liturgischen Bewegung aus. Sie habe sich in ihrer konkreten Ausführung von diesem Ursprung immer mehr entfernt. „Das Ergebnis ist nicht Wiederbelebung, sondern Verwüstung."[21] Ratzinger plädierte bereits zu diesem frühen Zeitpunkt für eine neue liturgische Bewegung, als deren Vater er den Außenseiter Gamber ansah. Damit war die gesamte liturgiewissenschaftliche Zunft vorgeführt: „An die Stelle der gewordenen Liturgie hat man die gemachte Liturgie gesetzt. Man ist aus dem lebendigen Prozess des Wachsens und Werdens heraus umgestiegen in das Machen. Man wollte nicht mehr das organische Werden und Reifen des durch die Jahrhunderte hin Lebendigen fortführen, sondern setzt an dessen Stelle – nach dem Muster technischer Produktion – das Machen, das platte Produkt des Augenblicks."[22] Hier kommt bereits implizit die Leitfigur des „organischen Wachstums" der Liturgie gegenüber der technischen Produktion zum Vorschein.[23]

---

[18] Vgl. Joseph Cardinal RATZINGER, *Das Fest des Glaubens. Versuche zur Theologie des Gottesdienstes*, Einsiedeln 1981.

[19] Vgl. Ernst DASSMANN, *Theodor Klauser (1894–1984)*, in: KRANEMANN – RASCHZOK (Hg.), Gottesdienst als Feld theologischer Wissenschaft (s. Anm. 7), I, 567–578.

[20] Vgl. Angelus A. HÄUSSLING, *Klaus Gamber (1919–1989)*, in: KRANEMANN – RASCHZOK (Hg.), Gottesdienst als Feld theologischer Wissenschaft (s. Anm. 7), I, 365–375.

[21] JRGS 11, 635; vgl. LANG, Papst Benedikt XVI. (s. Anm. 8), 184.

[22] Ebd.

[23] Vgl. dazu Andreas ODENTHAL, *„Organische Liturgieentwicklung"? Überlegungen zur sogenannten bonifatianisch-karolingischen Liturgiereform im Hinblick auf die heutige Diskussion um die römische Messe*, in: WAHLE – HOPING – HAUNERLAND (Hg.), Römische Messe und Liturgie in der Moderne (s. Anm. 8), 40–72.

Hansjürgen Verweyen sieht bereits um die Mitte der Sechzigerjahre deutliche Anzeichen der Wende Ratzingers weg vom Verständnis der Eucharistie als Mahl zur Eucharistia (Hochgebet) und zur Anbetung.[24] Es bahnt sich, so Verweyen, nun die dritte Phase in der Eucharistieauffassung Ratzingers an, die wiederum wie die erste von der Hochschätzung der so genannten Tridentinischen Liturgie geprägt ist. In seiner autobiografischen Skizze „Aus meinem Leben" (1997) bezeichnete Ratzinger das Messbuch Papst Paul VI. von 1970 als eine Neukonstruktion aus den Trümmern des Bisherigen, einen „Neubau gegen die gewachsene Geschichte"[25]. Dennoch will er die Liturgiereform nicht als Bruch verstehen, wohl aber einige Ereignisse der Zeit zwischen der letzten offiziellen Ausgabe des Tridentinischen Missales und dem neuen Missale von 1970. Als Bruch sieht er das Verbot des jahrhundertealten Missales an, dessen Folgen für ihn nur tragisch sein konnten. Zwei Jahre vor Antritt seines Pontifikats erläuterte Joseph Ratzinger, was er unter der Reform der Reform versteht: „Der römische Ritus der Zukunft sollte ein einziger Ritus sein, auf Latein oder in der Landessprache gefeiert, aber vollständig in der Tradition des überlieferten Ritus stehend."[26]

Implizit ist damit wohl ausgesagt, dass die gegenwärtige „ordentliche Form" der römischen Liturgie nicht vollständig in der Tradition verankert, also zu ersetzen sei. Aus den verschiedenen Äußerungen Ratzingers spricht die Sorge um die Kontinuität und die Einheit der Tradition. Wie noch zu zeigen ist, hängt dies wesentlich mit seinem Kirchenverständnis zusammen, das bereits unter dem Pontifikat Johannes Pauls II. auf die liturgische Gesetzgebung und Erneuerungsarbeit einwirkte. Die teilweise von großen Kontroversen begleiteten Reformschritte Papst Benedikt XVI. sind ohne die von ihm beeinflussten Entscheidungen und Veränderungen unter dem Pontifikat Johannes Paul II. nicht zu denken.

---

[24] Vgl. Verweyen, Liturgie in den frühen Schriften Joseph Ratzingers (s. Anm. 10), 83.

[25] Joseph Ratzinger, *Aus meinem Leben*, Stuttgart 1997, 173.

[26] Brief an den Bonner Philologen Heinz-Lothar Barth, in: Heinz-Lothar Barth, *Ist die traditionelle lateinische Messe antisemitisch? Antwort auf ein Papier des Zentralkomitees der deutschen Katholiken*, Altötting ²2007, 17 f.; dazu Albert Gerhards, *Versuch eines Resümees*, in: Ders., *Ein Ritus – zwei Formen. Die Richtlinie Papst Benedikts XVI. zur Liturgie* (Theologie kontrovers), Freiburg i. Br. 2008, 164.

Stationen der Liturgieentwicklung im Pontifikat Benedikt XVI.

Vielen sind bis heute die Bilder des Requiems Papst Johannes Paul II. in Erinnerung, ein Gottesdienst, der im besten Sinne den vom Konzil geforderten „Glanz edler Einfachheit" (*SC* 34) verkörperte. Das Erscheinungsbild glich bis in kleinste Details den Exsequien Paul VI. siebenundzwanzig Jahre zuvor.[27] Kardinal Ratzinger als Hauptzelebrant verkörperte den vorgegebenen Stil scheinbar ungebrochen. Nach seiner Wahl zum Papst veränderte sich der Stil der päpstlichen Liturgien jedoch markant. Die Mensa des Hochaltars von Sankt Peter, unter Paul - VI. als Tisch der versammelten Gemeinde leergeräumt, wurde wieder mit Altarkreuz und Leuchtern zugestellt. An die Stelle moderner Messgewänder traten traditionelle. Längst vergessene päpstliche Insignien und Kleidungsstücke wurden hervorgeholt. Die Ferula, der Kreuzstab Papst Paul VI., den Papst Johannes Paul II. sein ganzes langes Pontifikat hindurch getragen hatte, wurde durch die Ferula Papst Pius' IX. sowie durch eine Neuschöpfung im historistischen Stil ersetzt. Dies wurde zu Recht als ein deutliches Zeichen verstanden, dass Papst Benedikt die inhaltlichen Akzente anders setzen wollte als seine Vorgänger. In der Bewertung gehen die Meinungen freilich auseinander.[28]

Ihm war von Anfang an daran gelegen, die seiner Meinung nach durch die Liturgiereform verursachten Wunden zu heilen. Das versuchte er auf verschiedenen Wegen. Zum einen ging es Papst Benedikt darum, die fortschreitende Diversifizierung der erneuerten Liturgie einzudämmen. Diesem Anliegen dienten schon unter seinem Vorgänger die Instruktionen *Liturgiam authenticam* über die Übersetzung der liturgischen Bücher von 2001[29] sowie *Redemptionis sacramentum* über einige Dinge bezüglich der heiligsten Eucharistie, die einzuhalten und zu vermeiden sind, von 2004.[30] Eine logische Konsequenz der neuen Richtlinien für die Übersetzungen liturgischer Bücher war u.a. die Maßgabe, die Übersetzung des „pro multis" im Kelchwort des Einsetzungsberichts dem Quellentext anzupassen, also statt des gewohnten „für alle" in Zukunft „für viele" vorzuschreiben. Zwar tat man damit

---

[27] Vgl. Albert Gerhards, *Kunst der Gegenwart in der Kirche*, in: Colonia Romanica. Jahrbuch des Fördervereins Romanische Kirchen Köln e.V. 2012, Förderverein Romanische Kirchen Köln e.V. (Hg.), 93–100, bes. 93.

[28] Vgl. Lang, Papst Benedikt XVI. (s. Anm. 8), 195–198.

[29] Vgl. Gerhards, Erneuerung kirchlichen Lebens (s. Anm. 11), 120–126.

[30] Vgl. ebd., 108–119.

der philologischen Exaktheit genüge, musste aber einräumen, dass die Übersetzung „für alle" sachlich zutreffender sei.[31] Ob die auf Drängen des Papstes herbeigeführte Änderung der Formulierung im deutschen Sprachgebiet dem Ziel der größeren Einheit dient, wird sich zeigen.

Weit größere Einwände löste freilich die Wiederzulassung der älteren Form der römischen Liturgie im Jahre 2007 aus. Wer die Äußerungen Kardinal Ratzingers zur Liturgie aufmerksam verfolgt hatte, konnte über seine spätere Entscheidung, das sogenannte Tridentinische Messbuch wieder einzuführen, nicht verwundert sein.[32] Die Restitution der älteren Form wurde von vielen als ein taktisches kirchenpolitisches Manöver angesehen. Sie verkannten dabei allerdings die zentrale Bedeutung, die Benedikt der Liturgie zumisst. Sie ist für ihn Zeichen und Garant der Einheit und der Kontinuität. Die Einheit konnte freilich nicht durch die gleichzeitige Zulassung zweier Riten innerhalb des römischen Ritus glaubhaft dargestellt werden. Deshalb spricht das Motu proprio *Summorum pontificum* nun von zwei Ausprägungen desselben Ritus.[33] Da für Papst Benedikt Liturgieentwicklung nur als organisches Wachstum ohne Bruch gedacht werden kann, stellte er fest, dass beide Ausprägungen gleichermaßen den einen Glauben der Kirche repräsentieren. Damit nahm er einerseits traditionalistischen Gruppierungen den Wind aus den Segeln, andererseits konnte er der seiner Meinung nach defizitären gegenwärtigen Praxis die ältere Form als Korrektiv gegenüberstellen. Die Folgen dieser Entscheidung sind bis heute nicht absehbar. Der Frankfurter Theologe Michael Schneider stellte die Frage: „Soll etwa die neue Messe, wenn sie als die gewöhnliche Form ausgegeben wird, somit endgültig als die normale katholische Liturgie sanktioniert werden?"[34] Da Papst Benedikt auch die

---

[31] Vgl. Magnus Striet (Hg.), *Gestorben für wen? Zur Diskussion um das „pro multis"*, Freiburg i.Br. 2007; Gerhards, Erneuerung kirchlichen Lebens (s. Anm. 11), 127–131.

[32] So sprach der Kardinal bei einem Kolloquium mit einigen deutschsprachigen Liturgiewissenschaftlern am 26. März 2001 von einem „Triritualismus" der römisch-katholischen Kirche. Gemeint waren neben dem byzantinischen Ritus, der in der katholischen Kirche stets praktiziert wurde, die neuere und die ältere Form des römischen Ritus. Eine offizielle Zusammenfassung wurde verbreitet über: KNA Basisdienst vom 29.3.2001.

[33] Vgl. Gerhards, Ein Ritus – zwei Formen (s. Anm. 26); Martin Klöckener, *Wie Liturgie verstehen? Anfragen an das Motu proprio „Summorum Pontificum" Papst Benedikts XVI.*, in: ALw 50 (2008) 268–305.

[34] Michael Schneider, *Zur Erneuerung der Liturgie nach dem II. Vatikanum.*

ältere Form für entwicklungsfähig hält – eine neue Editio Typica des Missale von 1962 steht in Aussicht – so könnte man mutmaßen, dass seiner Meinung nach eine schrittweise Annäherung beider Formen erfolgen wird, die irgendwann einmal zu einer einzigen verschmelzen werden. Erst dann wäre der durch die Wiedereinführung des älteren Usus herbeigeführte logische Bruch behoben. Denn wenn nichts, was jemals gültig eingeführt ist, wieder abgeschafft werden kann, dann steht am Ende die vom Papst so sehr bekämpfte subjektivistische Beliebigkeit. Die Wirtschaftsredaktion der Frankfurter Allgemeinen Zeitung konnte dem freilich eine positive Seite abgewinnen: „Die katholische Kirche entdeckt den Wettbewerb. Das religiöse Angebot wird sich dadurch verbessern."[35] Papst Benedikts Bestreben ging aber nicht in Richtung marktwirtschaftlich orientierter Pluralität, sondern war um Ausbalancierung bemüht. In seiner Vorlesung anlässlich des vierzigjährigen Jubiläums der Liturgiekonstitution am 4. Dezember 2003 in Trier sprach der damalige Kardinal über Spannungen, die dem Wesen der Liturgie entsprächen und um deren Ausgleich die Konstitution bemüht gewesen sei: „Spannungen zwischen dem Verlangen, die Liturgie der alten Kirche wieder in ihrer Ursprünglichkeit zu erneuern und dem Bedürfnis, die Liturgie in der Gegenwart anzusiedeln; Spannungen zwischen dem konservativen und dem schöpferischen Element; Spannungen zwischen dem Anbetungscharakter der Liturgie und ihren katechetischen und pastoralen Aufgaben."[36] Die Bemühungen des späteren Papstes um die Liturgie waren darauf gerichtet, die seiner Meinung nach durch die spätere Reform verloren gegangene Balance wieder herzustellen. Dies geschah freilich aufgrund von Vorentscheidungen, die andere Interpretationen und Wege methodisch ausschlossen. Dies führt zu den theologischen Hintergründen.

Ihre Beurteilung in der Theologie Joseph Ratzingers auf dem Hintergrund seiner Reden in der Abtei Fontgombault, in: VODERHOLZER, Der Logos-gemäße Gottesdienst (s. Anm. 4), 166.

[35] FAZ vom 8. Juli 2007; vgl. Albert GERHARDS, *„Die Sorge der Päpste". Das Motu Proprio Benedikts XVI. zur Wiederzulassung der alten Liturgie*, in: HerKorr 61 (2007) 398–403; wieder abgedruckt in: GERHARDS, Erneuerung kirchlichen Lebens (s. Anm. 11), 136–140.

[36] JRGS 11, 696; vgl. dazu: Ratzinger-Studien Bd. 1 sowie Albert GERHARDS, *Liturgie – die ästhetische Gestalt der Kirche zwischen Sein und Werden. Anmerkungen zu neueren Entwürfen einer Theologie der Liturgie*, in: George AUGUSTIN – Kurt Kardinal KOCH (Hg.), *Liturgie als Mitte des christlichen Lebens* (Theologie im Dialog 7), Freiburg 2012, 210–234.

Joseph Ratzinger als Liturgietheologe

In seinem 2000 erschienenen Buch „Der Geist der Liturgie“[37] hat Joseph Ratzinger eine „Sicht des Ganzen“ vorgelegt, wie er selbst schreibt. Das Wesen der Liturgie ist für ihn kosmische Anbetung. In Bezug auf den Exodus Israels (Ex 7,16) resümiert er: „Letztlich ist das Leben des Menschen selbst, der recht lebende Mensch die wahre Anbetung Gottes, aber das Leben wird zu wirklichem Leben nur, wenn es seine Form aus dem Blick auf Gott hin empfängt. Der Kult ist dazu da, den Blick zu vermitteln und so Leben zu geben, das Ehre wird für Gott.“[38] Für die kirchliche Liturgie, gemeint ist dabei stets die Eucharistie, ist die Kategorie des Opfers zentral. Anstelle der Opfer im Tempel steht für die Kirche das Eucharistische Hochgebet. Den eigentlichen Kern der Eucharistiefeier bilde daher nicht das Mahl, sondern das „Hineingerissenwerden in die Gleichzeitigkeit mit dem Paschamysterium Christi, in seinen Überschritt aus dem Zelt der Vergänglichkeit vor das Angesicht Gottes hin“[39]. Christlicher Gottesdienst ist für Ratzinger im paulinischen Sinne vernunftgemäßer Gottesdienst (vgl. Röm 12,19). Er wird verkörpert im Ritus als „Gestalt gewordener Ausdruck der Ekklesia und der geschichtsüberschreitenden Gemeinschaftlichkeit des liturgischen Betens und Handelns“[40]. Damit gibt es eigentlich keine Gestaltung, sondern nur verschiedene Formgebungen. Tätige Teilnahme ist primär hörende Teilnahme an der zentralen Aktion, dem vom Priester vollzogenen Hochgebet. Auch die Künste, sakrale Kunst und Kirchenmusik, haben sich diesem Primat unterzuordnen. Leiblichkeit kommt erst in der leibhaftigen Existenz des Alltags als Fortsetzung des Kultaktes zur Geltung. Dabei geht es um den Dienst der Verwandlung der Welt.

Wie aber wird der Gläubige in die Aktion Christi aufgenommen? Es geht Ratzinger darum, den Unterschied zwischen dem Handeln Christi und unserem Tun aufzuheben. Hier verweist er auf die Annahmebitte, die nicht um die Annahme des Opfers Christi bittet, son-

---

[37] Unverändert wieder abgedruckt in JRGS 11, 29–194; vgl. dazu Albert Gerhards, *Der Geist der Liturgie. Zu Kardinal Ratzingers neuer Einführung in den christlichen Gottesdienst*, in: HerKorr 54 (2000) 263–268, wieder abgedruckt in: Gerhards, Erneuerung kirchlichen Lebens (s. Anm. 11), 294–300.

[38] JRGS 11, 36.

[39] JRGS 11, 65.

[40] JRGS 11, 144.

dern, dass unser Opfer angenommen werde, dass wir Leib Christi werden. Hier hätte Joseph Ratzinger auf die Kommunionepiklese verweisen können, die darum bittet, dass die Gläubigen in der Kraft des Hl. Geistes durch den Empfang der gewandelten Gaben zum Leib Christi werden. Verwirklicht wird dies aber durch ein Tun der Gläubigen, durch den bewussten Empfang der eucharistischen Gaben.[41]

In dem Bestreben, die einseitige Gewichtsverlagerung der Messe vom Opfer auf das Mahl infolge der Liturgiereform auszugleichen, gerät das Ziel der eucharistischen Handlung, die Kommunion, aus dem Blick. Hier ist die von Hans Bernhard Meyer eingeführte Unterscheidung zwischen Formalgestalt (Hochgebet) und Materialgestalt (Kommunion) hilfreich, die Ratzinger zwar kennt, aber die Kategorie „Mahlgestalt" ablehnt.[42] Das Eucharistische Hochgebet zieht im Lauf der Geschichte beide „Gestalten" auf sich, die den Eucharistiegebeten in Ost und West ursprünglich innewohnende Dynamik vom preisenden Gedenken zur realen Communio im eucharistischen Mahl wird dabei spiritualisiert.[43] Dagegen ist festzuhalten: Die von Kardinal Ratzinger angesprochenen Spannungen können nicht aufgelöst werden, sondern sind als Polaritäten aufrechtzuerhalten.[44] Ratzinger versteht die Liturgie primär als Epiphanie Gottes, in Anlehnung an ostkirchliches Denken. Christlicher Kult ist die Bewegung in die göttliche Dimension hinein, Teilhabe an der himmlischen Liturgie, der ewigen Anbetung im Angesicht Gottes. Weil er von der eschatologischen Vollendung her denkt, ist der Gedanke der Einheit und der Kontinuität für ihn zentral. Die Vorordnung der Universalkirche vor der Ortskir-

---

[41] Vgl. dazu Albert Gerhards, *Liturgiewissenschaft und Liturgiereform. Ergebnisse und Anfragen in Bezug auf die Wort- und Raumgestalt der Eucharistie*, in: Martin Klöckener – Benedikt Kranemann – Angelus A. Häussling (Hg.), *Liturgie verstehen. Ansatz, Ziele und Aufgaben der Liturgiewissenschaft* [ist zugleich ALw 50 (2008)], Fribourg 2008, 251–267; wieder abgedruckt in: Gerhards, Erneuerung kirchlichen Lebens (s. Anm. 11), 142–155; Ders., *Glaubensentwicklung und liturgische Feier – Anfragen und ökumenische Perspektiven*, in: IKaZ 103 (2013) 31–52.

[42] Vgl. Joseph Ratzinger, *Gestalt und Gehalt der eucharistischen Feier* (1977), in: JRGS 11, 359–382.

[43] Vgl. zum Befund der Eucharistischen Hochgebete die Angaben unter Anm. 41.

[44] Vgl. die Gegensatzlehre Romano Guardinis; dazu: Albert Gerhards, *Denken in Gegensätzen – Anmerkungen zur Guardini-Rezeption bei Heinz Robert Schlette*, in: Cornelius Hell – Paul Petzel – Knut Wenzel (Hg.), *Glaube und Skepsis. Beiträge zur Religionsphilosophie Heinz Robert Schlettes*, Ostfildern 2011, 234–248.

che in seiner Ekklesiologie führt aufgrund des Paradigmas der Anbetung dazu, dass zwischen Individuum und eschatologischer Gemeinschaft der Heiligen die kirchliche Gemeinschaft als theologische Größe im Sinn von 1 Kor 11,26 nicht in Erscheinung tritt. Die konkret feiernde Gemeinde kommt nicht eigentlich in den Blick.[45] Hier aber hatte die liturgische Bewegung und Erneuerung angesetzt. Die „anthropologische Wende“ der Theologie des 20. Jahrhunderts wollte ja nicht Gott durch den Menschen ersetzen, sondern die radikale Konsequenz aus dem zentralen christlichen Dogma der Menschwerdung des Sohnes Gottes ziehen: Nicht der Mensch, sondern Gott selbst setzt den Menschen ins Zentrum.[46] Daher kennt die Liturgiekonstitution des Zweiten Vatikanischen Konzils die beiden Pole Mysterium paschale auf der göttlichen und Participatio actuosa auf der menschlichen Seite.[47] Dass Letztere oft missverstanden wurde, wohl auch aufgrund der unglücklichen deutschen Übersetzung mit „tätige Teilnahme“, besagt nicht, dass das Prinzip der Liturgiekonstitution und der liturgischen Erneuerung falsch wäre. Es muss vielmehr erst noch umgesetzt werden. Dies scheint aber auf der Linie der ursprünglichen Sicht des Konzils aussichtsreicher zu sein als auf der sekundären, die jede Freiheit als Gefahr ansieht und dementsprechend die bereits gewährten Spielräume eingrenzt oder gar beseitigt.[48]

Gewinn und Verlust

Der Theologe auf dem Papstthron hat gewiss auch für die Theologie der Liturgie Großes geleistet. Er hat wichtige Dimensionen in Erinnerung gerufen, die im Zuge der liturgischen Erneuerung nach dem Zweiten Vatikanischen Konzil mehr oder weniger in Vergessenheit geraten waren. In der praktischen Durchführung seiner Intentionen hat

---

[45] Vgl. GERHARDS, Liturgie – die ästhetische Gestalt der Kirche zwischen Sein und Werden (s. Anm. 36).

[46] Vgl. Albert GERHARDS – Andreas ODENTHAL, *Auf dem Weg zu einer Liturgiewissenschaft im Dialog. Thesen zur wissenschaftstheoretischen Standortbestimmung*, in: LJ 50 (2000) 41–53.

[47] Vgl. dazu: Albert GERHARDS, *Gipfelpunkt und Quelle. Intention der Liturgiekonstitution* Sacrosanctum Concilium, in: Jan-Heiner TÜCK (Hg.), *Erinnerung an die Zukunft. Das Zweite Vatikanische Konzil*, Freiburg i. Br. 2012, 107–126, bes. 110–116.

[48] Vgl. dazu LANG, Papst Benedikt XVI. (s. Anm. 8), 185.

er freilich Baustellen hinterlassen, die seinen Nachfolgern noch zu schaffen machen werden. So wird es eine kaum lösbare Aufgabe sein, die behauptete Einheit zweier unterschiedlicher Ausprägungen innerhalb des einen Ritus so herzustellen, dass das Pendel nicht zur einen oder zur anderen Seite hin ausschlägt. Der Preis, der gezahlt wurde, erweist sich schon jetzt als viel zu hoch. Im Zuge der anstehenden Kurienreform ist zu erhoffen, dass Kompetenzen auch da wahrgenommen werden, wo sie tatsächlich vorhanden sind. Die Konzentration des Approbationsrechts weg von den Bischofskonferenzen auf die römische Kurie hat in Bezug auf die muttersprachlichen Liturgiebücher bekanntlich zu großen Irritationen geführt. Die faktische Rücknahme des deutschsprachigen Begräbnisritus und das Herauszögern der Veröffentlichung des deutschsprachigen Messbuchs sind Symptome für eine letztlich verfehlte Liturgiepolitik. In einer differenzierten Welt ist Einheit nicht durch Einheitlichkeit zu erreichen, sondern durch vernetzte Vielfalt. Die Liturgiekonstitution und die Reform der Liturgie haben dazu wesentliche Weichenstellungen gesetzt, deren Fahrtrichtung wieder aufgenommen werden sollte. Dabei bleiben die Mahnungen und Warnungen des emeritierten Papstes bedenkenswert. Allerdings sollte man nicht einem allgemeinen Kulturpessimismus verfallen, sondern, um die berühmte Frage Romano Guardinis von 1964 wieder aufzugreifen, lieber überlegen, „in welcher Weise die heiligen Geheimnisse zu feiern seien, damit dieser heutige Mensch mit seiner Wahrheit in ihnen stehen könne“[49]. Manches deutet darauf hin, dass Papst Franziskus, der seit Beginn seines Pontifikats eindeutig andere Zeichen setzt als sein Vorgänger, die „anthropologische Wende“ vollzogen hat. Das muss nicht zum Schaden der theologischen Dimension der Liturgie sein.

---

[49] Vgl. Albert Gerhards, *Romano Guardini als Prophet des Liturgischen. Eine Rückbesinnung in postmoderner Zeit*, in: Hermann Josef Schuster (Hg.), *Guardini weiterdenken* (Schriftenreihe des Forum Guardini 1), Berlin 1993, 140–153; wieder abgedruckt in: Gerhards, Erneuerung kirchlichen Lebens (s. Anm. 11), 41–48.

Viele *für* alle

Zur *pro multis* Entscheidung des Papstes

Jan-Heiner Tück, Wien

Die Feier der Eucharistie ist für Katholiken die Quelle der Einheit und Gemeinschaft. Aber ausgerechnet im inneren Raum des Heiligen schwelt seit längerem Streit. Man ist sich uneinig, wie man im Hochgebet das Kelchwort übersetzen soll. In der deutschen Übersetzung des Messbuchs, die 1975 eingeführt wurde, heißt es: „Dies ist mein Blut, das für euch und *für alle* vergossen wird". In der lateinischen Vorlage, der *editio typica* des reformierten Missale von 1970, steht allerdings *pro multis*, nicht *pro omnibus*. In einem Schreiben vom 17. Oktober 2006 an die Bischofskonferenzen hat daher der Präfekt der Gottesdienstkongregation, Kardinal Francis Arinze, darum gebeten, den lateinischen Text im Sinne der Instruktion *Liturgiam authenticam* (2001) „genauer und präziser" zu übersetzen.[1] Die Deutsche Bischofskonferenz ist dieser Bitte bislang nicht nachgekommen, offensichtlich weil bezüglich der Übersetzung der Worte *pro multis* in den Kanongebeten der heiligen Messe nach wie vor keine Einigkeit erzielt werden konnte. Um einer „Spaltung im innersten Raum unseres Betens"[2] zuvorzukommen, hat Benedikt XVI. dem Vorsitzenden der Deutschen Bischofskonferenz, Robert Zollitsch, versprochen, sich schriftlich zu dieser Frage zu äußern. In einem Schreiben vom 14. April 2012, das zugleich an alle Bischöfe des deutschen Sprachraums versandt wurde, hat er dieses Versprechen eingelöst und die wörtliche Neuübersetzung ‚für viele' angeordnet. Es handelt sich um eine autoritative Entscheidung, die allerdings nicht wie ein autoritäres Machtwort verfügt wird.[3]

---

[1] Vgl. die Dokumentation des Schreibens von Kardinal Arinze, in: Magnus Striet (Hg.), *Gestorben für wen? Zur Diskussion um das „pro multis"*, Freiburg 2006, 11–13.

[2] http://www.vatican.va/holy_father/benedict_xvi/letters/2012/documents/hf_ben-xvi_let_20120414_zollitsch_ge.html (Zugriff am 5.7.2013). Die folgenden, im Haupttext nicht ausgewiesenen Zitate stammen aus dieser Quelle.

[3] Dies betont zu Recht auch: Matthias Remenyi, *Viele, die für alle stehen. Zum pro multis Entscheid des Papstes*, in: ThPQ 161 (2013) 175–183.

Vielmehr führt der Papst für seine Entscheidung eine Reihe von Argumenten an, die es mit jenem „Vorschuss an Sympathie" aufzunehmen gilt, „ohne den es kein Verstehen gibt"[4]. Eine Hermeneutik des Verdachts, welche die päpstliche Entscheidung als bloße Offerte an traditionalistische Kreise abtut, ohne die differenzierte theologische Argumentation des Schreibens zu würdigen, ist daher unangemessen[5], zumal sie außer Acht lässt, dass gerade aus traditionalistischen Kreisen Stimmen laut geworden sind, welche die Entscheidung des Papstes als rein strategische Maßnahme abgelehnt haben. Benedikt XVI. habe durch seinen Brief „traditionalistische Kritiker zur Anerkennung der nachkonziliaren Kirche" bewegen wollen, ohne dass er „deren entscheidende Irrtümer korrigiert"[6] hätte. Die heilspartikularistische Deutung des *pro multis*, die traditionalistische Theologen zumeist vertreten, wird von Benedikt XVI. überdies nicht übernommen, sondern klar zurückgewiesen. Außerdem setzt sich der Papst in seinem Schreiben nicht mit der traditionalistischen Position auseinander, welche die Gültigkeit der Konsekrationsformel durch die offene Übersetzung ‚für alle' gefährdet sieht. Zur Frage, ob durch diese Übersetzung „etwas Falsches in die heiligste Stelle unseres Gottesdienstes hereingetragen" wurde, hat er sich bereits an anderer Stelle unzweideutig geäußert.[7] Kirchenpolitische Mutmaßungen, die in der Entscheidung des Papstes für die wörtliche Übertragung des *pro multis* einen weiteren Schritt in den Aussöhnungsbemühungen zwischen dem Heiligen Stuhl und der Piusbruderschaft sehen, könnten sich zwar auf die Wiederzulassung der tridentinischen Messe als außerordentlicher Form des römischen Ritus durch das Motu proprio *Summorum pon-*

---

[4] Joseph Ratzinger / Benedikt XVI., *Jesus von Nazareth*, Bd. 1: Von der Taufe im Jordan bis zur Verklärung, Freiburg 2007, 22.

[5] Christian Geyer hat daher gegenüber einer rein kirchenpolitischen Lesart, wie sie vom Münsteraner Philosophen Klaus Müller vertreten wird, notiert: „Nicht untypisch für deutsche Rom-Empfindlichkeiten: kaum hat man einmal eine theologisch wirklich erhebliche Frage am Wickel, die ins Zentrum der christlichen Erlösungsidee vorstößt, lässt man sie schon wieder im kirchenpolitischen Pulverdampf untergehen." Ders., *Für viele, nicht für alle: Mit der neuen Messformel setzt der Papst keine Reaktion ins Werk, sondern verschafft dem Wortlaut der Bibel Geltung*, in: F.A.Z. vom 27. April 2012 (Nr. 99), S. 29.

[6] So – mit einschlägigen Belegen – Thomas Marschler, *Für viele. Eine Studie zu Übersetzung und Interpretation des liturgischen Kelchwortes*, Bonn 2013, 199.

[7] Joseph Ratzinger, *Gott ist uns nah. Eucharistie – Mitte des Lebens*, Augsburg ²2002, 33–36, hier 33.

tificum (2007) und die Aufhebung der Exkommunikation der vier traditionalistischen Bischöfe (2009) stützen.[8] Die Argumentation des Schreibens gibt solchen Mutmaßungen allerdings keinen Anhalt.

I. Die Argumente

Da ist zunächst das *philologische Argument:* ‚für viele' ist die genauere Übersetzung. Im Missale Romanum steht eben nicht *pro omnibus* (für alle), sondern *pro multis* (für viele). Wie aber konnte es nach dem Konzil überhaupt zu der Übersetzung ‚für alle' kommen, wo doch auch das Schott-Messbuch zuvor die wörtliche Übersetzung ‚für viele'

[8] Vgl. Benedikt XVI., *Apostolisches Schreiben Motu proprio Summorum pontificum*, in: Albert Gerhards (Hg.), *Ein Ritus – zwei Formen. Die Richtlinie Papst Benedikts XVI. zur Liturgie*, Freiburg 2008, 12–28. Die Aussage des Dokuments, dass das Missale von 1962 „niemals abgeschafft" (ebd., 15) worden sei, steht allerdings in einer gewissen Spannung zur Apostolischen Konstitution *Missale Romanum* Pauls VI. vom 3. April 1969, in der sich eine an Deutlichkeit kaum zu überbietende Derogationsformel findet: „Unsere Anordnungen und Vorschriften sollen jetzt und in Zukunft gültig und rechtskräftig sein, *unter Aufhebung jedweder entgegenstehender Konstitutionen und Verordnungen unserer Vorgänger* sowie *aller übrigen Anweisungen*, welcher Art sie auch seien und auch wenn sie besonderer Erwähnung und Derogation bedürften" (AAS 61, 1969, 217–222, hier 222). Auch gegenüber Erzbischof Lefebvre hat sich Paul VI. mit entsprechender Deutlichkeit geäußert: „Aus Deiner falschen Geisteshaltung kommt, daß Du die *mißbräuchliche Feier* der nach dem hl. Papst Pius V. benannten hl. Messe beibehältst. Das Werk der Erneuerung der Liturgie, das in unserer Zeit geleistet wurde, wurde durch das Konzil ausgelöst, begründet und ausgerichtet [...]. Wir haben diese Erneuerung mit unserer Autorität als gültig anerkannt und verordnet, dass sie *von allen Katholiken* mitvollzogen wird. Wenn wir entschieden haben, dass in dieser Sache *kein Aufschub* angebracht und *keine Ausnahme* zu gewähren ist, so wegen des Heils der Seelen und der Einheit der ganzen kirchlichen Gemeinschaft [...]. Was Deinen Fall betrifft, ist das Festhalten am alten Ritus in Wirklichkeit der Ausdruck einer verfälschten Ekklesiologie, Mittel zur Bekämpfung des Konzils und seiner Reformen" (zitiert nach Yves Congar, *Der Fall Lefebvre*, Freiburg 1976, 126f.). An den Karfreitagsfürbitten im alten und im neuen Missale ließe sich die unterschiedliche Ausrichtung der Ekklesiologien exemplarisch illustrieren. – Bereits in seiner Autobiographie hat Joseph Ratzinger seine Bestürzung „über das Verbot des alten Missale" geäußert, etwas Derartiges habe es „in der ganzen Liturgiegeschichte nie gegeben" (Ders., *Aus meinem Leben. Erinnerungen*, Stuttgart 1998, 172). Mit dem Motu proprio *Summorum Pontificum* hat Benedikt XVI. die Entscheidung seines Vorgängers revidiert.

hatte? Der Papst erläutert, es habe seinerzeit einen Konsens in der Exegese gegeben, dass das griechische Wort ‚*hyper pollōn*' in den Einsetzungsberichten bei Markus und Matthäus – von Jes 53,11 f. her – ein Semitismus sei, der eine Gesamtheit, also ‚alle' meine. Diese Auffassung, die auf den Göttinger Neutestamentler Joachim Jeremias zurückgeht[9], habe sich in den 1960er Jahren schnell durchgesetzt und dazu geführt, dass man bei der Übertragung des neuen *Ordo Missae* in die unterschiedlichen Landessprachen das *pro multis* mit ‚für alle' übersetzt habe. Der exegetische Konsens sei allerdings inzwischen „zerbröckelt; er besteht nicht mehr". Die Mehrheit der Gelehrten gehe heute davon aus, dass ‚viele' in Jes 53 und auch an anderen Stellen zwar eine Gesamtheit bezeichne, aber nicht einfach mit ‚alle' gleichgesetzt werden könne. Es sei die Gesamtheit Israels gemeint.[10] Der

---

[9] Joachim Jeremias, *Die Abendmahlsworte Jesu*, Göttingen ^{4}1967, 170: „Während ‚viele' im Griechischen (wie im Deutschen) im Gegensatz zu ‚alle' steht, also ausschließenden Sinn hat (viele, aber nicht alle), kann hebr. *rabbim* einschließenden Sinn haben (die Gesamtheit, die viele einzelne umfasst). Dieser inkludierende Sprachgebrauch hängt damit zusammen, dass das Hebräische und das Aramäische kein Wort für ‚alle' besitzen." Jeremias schließt daraus, dass Mk 14,24 „im inkludierenden Sinn zu interpretieren" sei. „*Pollon* ist also ein Semitismus" (174).

[10] Vgl. Joseph Ratzinger / Benedikt XVI., *Jesus von Nazareth*, Bd. 2: Vom Einzug in Jerusalem bis zur Auferstehung, Freiburg 2011, 155, wo Rudolf Pesch (*Das Abendmahl und Jesu Todesverständnis*, Freiburg 1978, 99 f.) und Ulrich Wilckens (*Theologie des Neuen Testamentes*, Tübingen 2002, Bd. I/2, 84) als Zeugen für diese Neueinschätzung angeführt werden. Vgl. neuerdings auch – unter Rückgriff auf Arbeiten von Bernd Janowski und Hans-Jürgen Hermisson – Michael Theobald, *„Pro multis" – Ist Jesus nicht „für alle" gestorben? Anmerkungen zu einem römischen Entscheid*, in: Striet (Hg.), Gestorben für wen? (s. Anm. 1), 29–54, hier 40 f. – Jes 52,13–53,12 unterscheidet übrigens sehr wohl zwischen ‚viele' (52,14.15; 53,11b.12) und ‚alle' (53,6), was die Einheitsübersetzung korrekt wiedergibt. Genau genommen sind die gemeint, die im mittleren Teil (53,1–11) in der 1. Person Plural sprechen. Diese sind aufgrund eines göttlichen Orakels (52,13–15) zu einer umstürzenden Erkenntnis gekommen. Diese alle – „wir alle" (Jes 53,6) sind aufgrund einer existenziell vollzogenen Einsicht oder Umkehr – „Wir hatten uns alle verirrt wie Schafe" – von ihrer Schuld befreit worden. Das hält die abschließende Gottesrede noch einmal fest (53,11b–12). Es sind viele, genau genommen: diejenigen, die zu dieser Einsicht gekommen sind („Wir alle"), und zwar im Kontext Israels. Es ist vom Gottesvolk die Rede, das nicht einfach „mechanisch" auf alle Völker ausgedehnt werden kann. Das widerspräche dem Duktus des Textes, der die Völker nicht unmittelbar im Blick hat. Daraus folgt allerdings: Alle, die sich diesem Bekenntnis anschließen, sind von

Papst verweist vor diesem Hintergrund darauf, dass moderne Bibelübersetzungen wie die deutsche Einheitsübersetzung wortgetreu formulieren: „Das ist mein Blut, das Blut des Bundes, das *für viele* vergossen wird" (Mk 14,24; vgl. Mt 26,28).[11] Für den Papst folgt daraus: „Die Wiedergabe von ‚pro multis' mit ‚für alle' war keine reine Übersetzung, sondern eine Interpretation, die sehr wohl begründet war und bleibt, aber doch schon Auslegung und mehr als Übersetzung ist."

An dieser Aussage ist zweierlei bemerkenswert: Erstens wird traditionalistischen Stimmen eine klare Absage erteilt, die zwischen der „Messe aller Zeiten" – gemeint ist das Missale Pius V. (1570) – und der „Neuen Messe" – gemeint ist das Missale Paul VI. (1970) – unterscheiden und letztere auch wegen der interpretativen Übertragung des *pro multis* mit ‚für alle' als möglicherweise ungültig einstufen.[12] Zweitens bleibt die pontifikale Option für eine wörtliche Übertragung nicht in einem leeren Verbalismus stecken, sondern fordert ergänzend eine theologische Auslegung.[13] Die Fremdheit der biblischen Sprach- und Denkwelt, die in der wörtlichen Übersetzung gerade nicht abge-

---

ihrer Schuld befreit – also auch die Völker, die sich der Einsicht des Gottesvolkes („Wir") öffnen. Die Botschaft kommt demnach durch die vielen zu allen, die bereit sind, sich zu öffnen und zu bekehren. Diesen Hinweis verdanke ich dem Gespräch mit Ludger Schwienhorst-Schönberger.

[11] Die revidierte Luther-Bibel, die Neue Zürcher Bibel (die auf Zwingli zurückgeht) verfahren nicht anders.

[12] Vgl. Matthias Gaudron, *Katholischer Katechismus zur kirchlichen Krise*, Jaidhof 1997, 97: „Es ist offensichtlich, dass der Grund für diese falsche Übersetzung [für alle] die moderne Annahme der Allerlösung ist, also der Glaube, dass kein Mensch verloren geht. Somit haben wir in den Wandlungsworten tatsächlich einen Irrtum! Dieser muss nun zwar die Wandlung nicht unbedingt ungültig machen, wenigstens dann nicht, wenn der Priester das ‚für alle' in einem rechtgläubigen Sinn versteht, nämlich als Angebot des Heils für alle. Trotzdem bleibt das ‚für alle' falsch, und wenn der Priester es tatsächlich im Sinn der Allerlösung versteht, dann wäre die zweite Wandlung wahrscheinlich ungültig."

[13] Über das Postulat der philologischen Exaktheit hinaus geht die keineswegs leicht zu beantwortende Frage, wie die poetische Qualität der lateinischen Liturgiesprache in den jeweiligen Landessprachen erreicht werden kann: „Treue in der Übersetzung des einzelnen Wortes kann fast nie den Sinn voll wiedergeben, den es im Original hat. Denn dieser erschöpft sich nach seiner dichterischen Bedeutung fürs Original nicht in dem Gemeinten, sondern gewinnt diese gerade dadurch, wie das Gemeinte an die Art des Meinens in dem bestimmten Worte gebunden ist." Walter Benjamin, *Die Aufgabe des Übersetzers*, in: Ders., *Illuminationen*, Frankfurt/M. [2]1980, 50–62.

schliffen wird, gibt der kirchlichen Auslegungsgemeinschaft zu denken und muss interpretativ für das heutige Verstehen aufgeschlossen werden. Das Votum für philologische Exaktheit schließt kreative Fortschreibungen und modische Aktualisierungen aus, wie sie im Modell der dynamisch-äquivalenten Übersetzung der 1970er Jahre hin und wieder vorkamen, und folgt dem Modell der Konkordanz, das Differenzierungen in der Ausgangssprache (gr. *polloi – pantes;* lat. *multi – omnes*) durch semantische Äquivalente auch in der Zielsprache *(viele – alle)* wiedergibt.[14] Dadurch wird der biblische Text in seiner Anstößigkeit nicht eingeebnet und auf das Maß unserer Lesegewohnheiten verkleinert. Die Fremdheit des Textes stark zu machen, schließt die Bereitschaft ein, die eigenen Denk- und Verstehensmuster kritisch befragen zu lassen. Biblizismus wird man dem bibeltheologisch geschulten und hermeneutisch versierten Papst daher nicht nachsagen können. Missverständlich ist allenfalls, dass Benedikt XVI. nicht nur von der Treue zum biblischen Zeugnis, sondern auch vom „Respekt vor dem Wort Jesu" spricht, als könne man aus den Abendmahlsberichten der Evangelien die authentische Stimme Jesu – seine *ipsissima vox* – vernehmen. Aber dass es die Abendmahlsworte Jesu nur in vier voneinander abweichenden Textzeugen gibt, ja dass die „Wandlungsworte" im römischen Missale selbst ein Mischzitat darstellen, welches das ‚für euch' der lukanisch-paulinischen Tradition und das ‚für viele' bei Markus und Matthäus zusammenzieht, ist Joseph Ratzinger sehr wohl bekannt. Er selbst hat dazu vermerkt: „Wir gehen davon aus, dass es die Überlieferung der Worte Jesu nicht ohne die Rezeption durch die werdende Kirche gibt, die sich streng zur Treue im Wesentlichen verpflichtet wusste, aber sich auch bewusst war, dass die Schwingungsbreite der Worte Jesu mit ihren subtilen Anklängen der Schrift in Nuancen Gestaltungen zuließ."[15]

Das zweite Argument des Papstes ist die *Einheitlichkeit* der Gebetssprache in der eucharistischen Liturgie. Ausdrücklich spricht er von der „Gefahr einer Spaltung im inneren Raum unseres Betens". Nicht nur unter den Bischöfen des deutschen Sprachraums scheint Uneinigkeit darüber zu herrschen, wie das *pro multis* zu übersetzen sei, auch gibt es in den unterschiedlichen Sprachräumen der katholischen Welt-

[14] Vgl. Ludger Schwienhorst-Schönberger, *Dem Ursprungssinn verpflichtet. Zur Revision der „Zürcher Bibel"*, in: Herder Korrespondenz 61 (2007) 566–571, bes. 570.

[15] Ratzinger / Benedikt XVI., Jesus von Nazareth, Bd. 2 (s. Anm. 10), 147 f.

kirche divergierende Übersetzungen. Im Polnischen und Norwegischen heißt es ,für viele', im Französischen findet sich die sperrige Wendung ,pour la multitude', die Italiener haben ,per tutti', die Spanier ,per todos los hombres' und der angelsächsische Sprachraum (USA, Kanada, Australien, Großbritannien) sind bereits 2011 auf Weisung des Heiligen Stuhls von ,for all' auf ,for many' umgestiegen, ohne dass dieser Wechsel größere Schwierigkeiten verursacht hätte. Um die Sprachverwirrung in der Herzmitte des Heiligen zu beheben, ist eine einheitliche Sprachregelung in der kulturell zunehmend polyzentrischen Weltkirche durchaus wünschenswert.

Das *pastorale* Argument, das der Brief nur streift, wendet sich gegen das Missverständnis des Heilsautomatismus. Dass Christus für alle gestorben ist, heiße nicht schon automatisch, dass auch alle das Heil finden. Die Möglichkeit der freien Verweigerung bleibt, wie gerade eine Theologie der Freiheit anerkennen wird, die entschieden darauf abhebt, dass der erlösungsbedürftige Mensch selbst bejahen muss, sich durch Christus, den Erlöser, erlösen zu lassen. Das schuldige Subjekt könnte sich auch auf sich selbst versteifen: „Lieber schuldig bleiben als mit einer Münze zahlen, die nicht unser Bild trägt – so will es unsere Souveränität"[16], notierte schon Friedrich Nietzsche. Allerdings wird eine heilsuniversalistische Theologie auf der Linie des Zweiten Vatikanischen Konzils (vgl. *LG* 14–16; *GS* 22) darauf hinweisen, dass Gott auch dem sich verweigern wollenden Sünder noch einmal werbend gegenüber tritt. Es wäre ein Rückfall in den Heilspartikularismus, würde man mit Gewissheit davon ausgehen, dass einige definitiv verloren gehen. Mit einem neuen „Infernalismus"[17], der im Jansenismus vertreten wurde, aber auch in traditionalistischen Strömungen der Gegenwart Anhänger findet, wäre der Kirche ebenso wenig gedient wie mit einer Allerlösungstheorie, welche die Freiheit des Menschen überspielt, wenn sie das Heil für alle mit Gewissheit behauptet. Indirekt dürfte Benedikt XVI. durch den Hinweis auf die subjektive Aneignung des Heils auch die persönliche Disposition der Gläubigen und damit die eucharistische Unterscheidungskultur im Blick haben. Der Empfang der Kommunion ist mehr und anderes als

---

[16] Friedrich Nietzsche, *Werke in drei Bänden*, hg. von Karl Schlechta, Darmstadt 1997, Bd. II, 157.

[17] Vgl. Hans Urs von Balthasar, *Kleiner Diskurs über die Hölle*, Freiburg ³2000, der in seiner Streitschrift die Pflicht des Christen, für alle zu hoffen, gegenüber Vertretern eines neuen „Infernalismus" verteidigt.

das gewöhnliche Essen und Trinken, woran bereits Paulus erinnert hat (vgl. 1 Kor 11, 26–29).

Erstaunlich ist, dass der Papst das *ökumenische* Argument in seinem Schreiben unerwähnt lässt. Nicht nur die orientalischen und byzantinischen Kirchen haben in ihren liturgischen Formularen durchgängig Äquivalente des lateinischen *pro multis*, kennen also die interpretative Wendung ‚für alle' nicht. Auch die Anglikaner, Lutheraner und Reformierten übersetzen, wenn sie sich nicht auf die Wendung ‚für euch' im Anschluss an Lk 22,19–20 beschränken, wörtlich. Die interpretative Übersetzung des *pro multis* mit ‚für alle', zu der sich die Liturgiereformer nach dem Konzil berechtigt fühlten, ist also in den letzten Jahrzehnten ein Sonderweg innerhalb der katholischen Kirche gewesen.[18] „Aus ökumenischen Gründen kann man deshalb die Entscheidung Roms, zu einer wörtlichen Übersetzung des *pro multis* zurückzukehren, nur begrüßen."[19] Man darf überdies daran erinnern, dass sich im Anhang der Konvergenzerklärung über Taufe, Eucharistie und Amt, die 1982 von der Kommission für Glaube und Kirchenverfassung des Ökumenischen Rates der Kirchen in Lima verabschiedet wurde, ein Formular für eine eucharistische Liturgie findet, worin das Kelchwort geradezu selbstverständlich mit ‚für viele' übersetzt wird. Es ist nicht bekannt geworden, dass die ökumenisch viel gelobte Lima-Liturgie wegen dieser Übersetzung je beanstandet worden wäre.[20]

Die Argumente des Papstes haben nicht ungeteilte Zustimmung gefunden. Dabei haben manche Kritiker das päpstliche Schreiben eher selektiv rezipiert.[21] So problematisieren etwa Andreas Odenthal und

[18] Vgl. Marschler, Für viele (s. Anm. 6), 5: „Das ‚für alle' in den volkssprachlichen Fassungen der jüngsten römischen Liturgie [bleibt] tatsächlich ohne Parallele in der liturgischen Tradition und steht auch in der der Ökumene isoliert da."

[19] Helmut Hoping, *„Für die vielen". Der Sinn des Kelchwortes der römischen Messe*, in: Striet (Hg.), Gestorben für wen? (s. Anm. 1), 65–79, hier 74.

[20] *Lima-Papier: Zusammenwachsen in Taufe, Eucharistie und Amt*, 39.

[21] Vgl. Stefan Klöckner, *Im zentralistischen Schwitzkasten. Das Problem „tridentinische Messe"*, in: Herder Korrespondenz spezial: Wie heute Gott feiern? Liturgie im 21. Jahrhundert, Freiburg 2013, 29–33. In seiner partiell sicher berechtigten Kritik am römischen Zentralismus in Sachen Liturgie übergeht Klöckner dort, wo er auf das päpstliche Schreiben zur Neuübersetzung des *pro multis* eingeht, großzügig, dass Benedikt XVI. seinen Brief nicht auf eigenen Antrieb, sondern auf Bitten des Vorsitzenden der deutschen Bischofskonferenz verfasst hat, weil sich die deutschen Bischöfe in der *pro multis* Frage offensichtlich nicht ha-

Wolfgang Reuter in ihrem Beitrag „Vergiftung des Heiligtums? Überlegungen anlässlich der Neuübersetzung der Kelchworte" zwar kurz das philologische Argument, die Sorge um eine einheitliche Sprachregelung in der Mitte der eucharistischen Liturgie nehmen sie allerdings ebenso wenig zur Kenntnis wie den ökumenischen Aspekt der päpstlichen Entscheidung.[22] Dafür wird die pastoral-kirchenpolitische Herausforderung der Neuübersetzung scharf betont, wobei durch die Metapher der Vergiftung ein affektiv aufgeheiztes Diskursklima erzeugt wird, das mancher Leser selbst als vergiftet empfinden wird. Dekontaminiert man die polemische Unterstellung einer Vergiftung des Heiligtums, um den sachlichen Gehalt des Beitrags in den Blick zu nehmen, so treten die berechtigte Sorge um die pastorale Umsetzbarkeit sowie mögliche Schwierigkeiten hervor, die mit dem päpstlichen Votum für die Neuübersetzung des Kelchwortes in der Tat verbunden sein können.

II. „Eine ungeheure Herausforderung"

Folgende Rückfragen drängen sich auf: Hat die katholische Kirche im deutschen Sprachraum gegenwärtig nicht andere und wichtigere Probleme?[23] Wie kommt die Korrektur ‚für viele' bei den Gläubigen an, nachdem es in den Hochgebeten fast 40 Jahre lang ‚für alle' hieß? Kommt es hier nicht, wie Alex Stock meint, zu „memoriellen Störungen im religiösen Langzeitgedächtnis des Gottesvolkes"[24]? Und sind

---

ben einigen können. Der Zentralismusvorwurf, den auch andere Kritiker erhoben haben, geht demnach an der Sache vorbei. Eine Auseinandersetzung mit den Argumenten des Papstbriefes sucht man bei Klöckner vergeblich.

[22] Andreas Odenthal – Wolfgang Reuter, *Vergiftung des Heiligtums? Überlegungen anlässlich der Neuübersetzung der Kelchworte*, in: Herder Korrespondenz 67 (4/2013) 183–187.

[23] Vgl. nur die Debatte um das Memorandum oder die österreichische Pfarrerinitiative: Judith Könemann – Thomas Schüller (Hg.), *Das Memorandum. Die Positionen im Für und Wider*, Freiburg 2011; Jan-Heiner Tück (Hg.), *Risse im Fundament? Die Pfarrerinitiative und die Debatte um die Kirchenreform*, Freiburg ²2012.

[24] Alex Stock, *Für wieviele? Der Papst und das neue Messbuch*, in: Stimmen der Zeit (2013) 807–815, hier 808. Wenn Stock in seinem Beitrag nicht ohne Insinuation von „Altersgedanken des Pontifex maximus" spricht und so argumentative Schwächen der päpstlichen Überlegungen andeuten will, fällt der verdiente

Konflikte im Zentrum der feiernden Gemeinde nicht vorprogrammiert, wenn das ‚für viele' geradezu zum Schibboleth für Papstreue avanciert, mithin diejenigen Priester, die die Neuübersetzung übernehmen, von eher liberalen Gläubigen als „papsttreu und angepasst"[25] eingestuft werden, während umgekehrt diejenigen, die bei der bisherigen Version des Kelchwortes ‚für alle' bleiben, bei eher konservativen Gläubigen als „renitent" gelten, da sie das *sentire cum ecclesia* vermissen lassen? Schließlich steht der theologisch schwerwiegende Verdacht im Raum, dass die Neuübersetzung ‚für viele' eine problematische Ausgrenzungslogik befördert und die heilsuniversalistische Theologie des Konzils bedenklich zurückschraubt.

Benedikt XVI. selbst ist nicht blind für diese Schwierigkeiten. Offen räumt er ein, dass die Änderung für die normalen Gottesdienstbesucher wie ein „Bruch mitten im Zentrum des Heiligen" wirken könnte. „Sie werden fragen: Ist nun Christus nicht für alle gestorben? Hat die Kirche ihre Lehre verändert? Kann und darf sie das? Ist hier eine Reaktion am Werk, die das Erbe des Konzils zerstören will? Wir wissen alle durch die Erfahrung der letzten 50 Jahre, wie tief die Veränderung liturgischer Formen und Texte die Menschen in die Seele trifft; wie sehr muss da eine Veränderung des Textes an einem so zentralen Punkt die Menschen beunruhigen." Um diese Missverständnisse abzuwehren, fordert der Papst – wie schon das Schreiben von Kardinal Arinze – erläuternde *Katechesen*, die in den einzelnen Sprachräumen der Einführung der Neuübersetzung vorausgehen sollen. Auch wenn es schwierig sein dürfte, über das Instrument von Katechesen alle Mitglieder der oft pluralen und fluktuierenden Gemeinden hierzulande zu erreichen[26], könnten solche Katechesen doch eine Chance sein, über die Erläuterung des Kelchwortes hinaus den Zusammenhang zwischen letztem Abendmahl, Passion und Feier der

---

Verfasser der *Poetischen Dogmatik* hinter das Niveau seiner sonstigen theologischen Produktion zurück.

[25] So die Befürchtung von Odenthal – Reuter, Vergiftung des Heiligtums? (s. Anm. 22), 184.

[26] Vgl. Odenthal – Reuter, Vergiftung des Heiligtums? (s. Anm. 22), 186. Ähnlich die Bedenken von Stock, Für wieviele? (s. Anm. 24), 814: „Katechese braucht schließlich einen angemessenen Raum nachhaltiger Erklärung, den zu gewährleisten in normalen Gemeindegottesdiensten von heute mit ihrer fluktuierenden Präsenz nicht ganz einfach sein dürfte."

Eucharistie neu zu verdeutlichen[27] und die rettende und versöhnende Kraft des Todes Jesu hermeneutisch zu erschließen, die seit alters her im Zentrum des christlichen Glaubens steht.[28] Hier müsste zunächst unmissverständlich klargestellt werden, dass die universale Heilsbedeutsamkeit des Todes Jesu nicht zur Disposition steht.

Dass Christus für alle gestorben ist, gehört zu den Gewissheiten der kirchlichen Lehrtradition und ist biblisch gut begründet. Schon im 5. Jahrhundert wurde die These des Priesters Lucidus zurückgewiesen, dass Christus nur für die Erwählten gestorben sei (vgl. DH 332), auf der Synode von Quiercy von 853 wurde sodann gegen Gottschalks Lehre von der doppelten Prädestination und dessen Leugnung des universalen Heilswillens formuliert: „So wie es keinen Menschen gibt, gegeben hat oder geben wird, dessen Natur nicht in unserem Herrn Jesus Christus angenommen war, so gibt es keinen Menschen, hat es keinen gegeben und wird es keinen geben, für den er nicht gelitten hat" (DH 624). Gegenüber der immer wieder aufflackernden Versuchung des Heilspessimismus in der Theologie Calvins, aber auch im Jansenismus wurde die universale Heilsbedeutsamkeit des Todes Jesu vom kirchlichen Lehramt wiederholt affirmiert (DH 2005 f.; 2304). Eine rigoristische Lesart des Axioms *Extra ecclesiam nulla salus* wird 1949 in einem Lehrschreiben an den Erzbischof von Boston ausdrücklich abgelehnt (DH 3866–3877). Auch in der Schrift finden sich einschlägige Stellen zum universalen Heilswillen Gottes, auf die Benedikt XVI. in seinem Brief ausdrücklich verweist (vgl. Röm 8,32; 2 Kor 5,14; 1 Tim 2,6; vgl. auch Joh 1,29; 3,16 f.; 6,51; 1 Joh 2,2; 4,14). Christus ist für alle gestorben, das steht unverrückbar fest.

Die Frage ist, wie das Heil durch den Menschen angeeignet wird und ob diese Frage im Kelchwort der eucharistischen Liturgie zum Ausdruck gebracht wird. In der Auslegung des Kelchwortes finden sich unterschiedliche Stränge, wie Thomas Marschler jüngst in einer souveränen Präsentation des theologiehistorischen Materials deutlich gemacht hat.[29] In der Alten Kirche dominiert die partikularistische

---

[27] Vgl. Martin Stuflesser, *Eucharistie. Liturgische Feier und theologische Erschließung*, Regensburg 2013.

[28] Vgl. Magnus Striet – Jan-Heiner Tück (Hg.), *Erlösung auf Golgota. Der Opfertod Jesu im Streit der Interpretationen*, Freiburg 2012.

[29] Vgl. Marschler, Für viele (s. Anm. 6), 83–163. An dieser Studie wird sich die künftige Diskussion orientieren müssen, wenn sie über das Zeugnis von Schrift

Deutung, welche die „Vielen" in den synoptischen *hypér*-Formeln (Mt 20,28; Mk 14,24) mit den Gläubigen gleichsetzt. Der Glaube wird hier als Bedingung der Heilsaneignung angesehen (z. B. Origenes, Hieronymus). Gleichwohl gibt es auch Textzeugen für die universalistische Deutung des Kelchwortes. Sie finden sich im griechischen Osten und identifizieren – auf der Linie von Röm 5,18 f. – die Rede von den Vielen im Kelchwort mit allen (z. B. Apollinaris von Laodicea, Johannes Chrysostomus, Theophylakt). In die lateinische Theologie des Westens ist diese universalistische Deutung bis ins Mittelalter hinein nicht vorgedrungen. Dafür wurde in der scholastischen Theologie des 12. Jahrhunderts eine Vermittlungsformel entwickelt, die zwischen der objektiven Heilsgenügsamkeit des Kreuzestodes Christi für alle und der faktischen Heilswirksamkeit für viele unterscheidet. Schon früher hatte Johannes Damascenus die Unterscheidung zwischen vorgängigem und nachfolgendem Willen geprägt, die zu Beginn des 13. Jahrhunderts durch die lateinische Übersetzung von *De fide orthodoxa* rezipiert wird und folgende systematische Fassung findet: „Im ‚vorgängigen Willen' [*voluntas antecedens – J.-H. T.*] intendiert Gott das Heil aller Menschen, sofern er sie als zum Heil fähige Geschöpfe begründet. Wenn aber in der Kreatur diese Möglichkeit nicht genutzt, sondern durch Missverdienst ins Gegenteil verkehrt wird, muss Gottes Stellungnahme zu dieser veränderten Situation anders betrachtet werden (‚nachfolgender Wille' *[voluntas consequens – J.-H. T.]*)."[30] Diese Unterscheidung in der göttlichen Heilsabsicht wird in der scholastischen Theologie auf die Ebene der Umsetzung transferiert, wenn zwischen suffizienter und effizienter Erlösung unterschieden wird. Die heilsuniversalistischen Aussagen der Schrift werden so auf das Leiden Christi am Kreuz, die heilspartikularistischen aber auf den Modus der Aneignung bezogen: Nur bei den Gläubigen wird das Heil auch wirksam. Marschler bietet einen ganzen Chor von theologischen Stimmen, welche diese Unterscheidung aufnehmen und tradieren – darunter Alexander von Hales, Albertus Magnus, Thomas von Aquin, Bonaventura, Gabriel Biel und Cajetan etc.[31] Im 16. Jahrhundert greift der Römische Katechismus, das wohl wichtigste Dokument des ordentli-

---

und Liturgie hinaus die vielschichtige Tradition von Theologie und Kirche als *locus theologicus* ernst nehmen will.

[30] Ebd., 106.

[31] Ebd., 108–111 (mit reichen Stellenangaben). Dort auch die Diskussion von Bedeutung und Grenze dieser synthetischen Vermittlungsformel (111–113).

chen Lehramts in dieser Frage, diese scholastische Distinktion auf und lehrt, dass der Heilstod Jesu zwar für alle ausreichend sei *(sufficiens pro omnibus)*, aber nur für viele wirksam werde *(efficax pro multis)*. Jesus habe beim letzten Abendmahl nur von den „Früchten seines Leidens" *(de fructibus passionis)* gesprochen, die eben nicht allen, sondern allein den Erwählten *(electis solum)* zukommen.[32]

Diese Aussage des Katechismus impliziert allerdings, dass nicht alle gerettet werden, sondern definitiv einige verloren gehen.[33] So nimmt es nicht wunder, dass sich in der Neuzeit die universalistische Deutung des Kelchwortes in der katholischen Theologie – in Abgrenzung zu extremen Varianten der reformierten Prädestinationslehre einerseits und in anti-jansenistischer Stoßrichtung andererseits – zunehmend durchsetzt. Ist es nicht gegen den Willen Gottes, wenn auch nur ein Mensch verloren geht? Muss das *pro multis* nicht im Licht von Röm 5 als *pro omnibus* verstanden werden? Verbietet nicht der eschatologische Vorbehalt, eine solche Einschränkung der Heilshoffnung vorzunehmen? Der unter der Federführung von Joseph Kardinal Ratzinger verfasste *Katechismus der Katholischen Kirche* von 1993 hat eine Einschränkung der Heilshoffnung zurückgewiesen und in der Auslegung des zweiten Glaubensartikels über Jesus Christus vermerkt: „Jesus erklärt, er gebe sein Leben hin ‚als Lösegeld für viele' (Mt 20,28). Der Ausdruck ‚für viele' ist *nicht einengend*, sondern stellt die ganze Menschheit der einzigen Person des Erlösers gegenüber, der sich hingibt, um sie zu retten (vgl. Röm 5,18–19). Im Anschluss an die Apostel (vgl. 2 Kor 5,15; 1 Joh 2,2) lehrt die Kirche, dass Christus ausnahmslos für alle Menschen gestorben ist" (KKK, Nr. 605).[34]

Das päpstliche Schreiben zur Neuübersetzung des *pro multis* stellt auf dieser Linie die universale Heilsbedeutsamkeit des Todes Jesu klar heraus und erläutert dann das Kelchwort im Römischen Kanon, das die Lesarten ‚für euch' und ‚für viele' verbunden hat. Das ‚für euch' geht auf die Abendmahlsüberlieferung bei Lukas und Paulus zurück. Auf den ersten Blick schränkt es den Kreis noch weiter ein auf die, die

---

[32] Vgl. *Catechismus Romanus*, p. II, c. 4, n. 24.

[33] Von der weiteren Implikation, welche die scholastischen Traktate über das Wissen Christi anzeigen, dass nämlich Jesus im Abendmahlssaal die genaue Zahl der Erwählten vor Augen gehabt habe, sei hier abgesehen.

[34] Vgl. dazu: Michael Greiner, *Für alle hoffen?*, in: Magnus Striet – Jan-Heiner Tück (Hg.), *Die Kunst Gottes verstehen. Hans Urs von Balthasars theologische Provokationen*, Freiburg 2005, 228–260.

beim Abendmahl versammelt sind. Aber die Jünger wissen, dass „die Sendung Jesu über sie und ihren Kreis hinausreicht". Es geht demnach nicht um Abschließung oder Ausgrenzung, sondern um eine Konkretisierung. Die beim Gottesdienst Versammelten sind persönlich angesprochen und gemeint. Das ‚für viele', das auf die Abendmahlsüberlieferung bei Markus und Matthäus zurückgeht, macht demgegenüber deutlich, „dass Jesus sich als den Gottesknecht von Jes 53 zu erkennen gab, sich als die Gestalt auswies, auf die das Prophetenwort wartete". Hier folgt der Papst der israeltheologischen Deutung, dass Jesus sein Leidensgeschick vom Vierten Gottesknechtslied her gedeutet und auf ganz Israel bezogen hat. Erst mit dem Übergang des Evangeliums zu den Heiden ist „der universalistische Horizont von Jesu Sterben und seiner Sühne sichtbar geworden, die Juden und Heiden gleichermaßen umschließt"[35].

III. Viele für alle – Kirche als Sauerteig für die Welt

Die eigentliche und bislang kaum angemessen gewürdigte Pointe des päpstlichen Schreibens findet sich am Schluss. Hier unterläuft der Papst die Alternativlogik mancher seiner Kritiker, die meinen ‚viele' gegen ‚alle' ausspielen zu sollen.[36] Zunächst hält er fest: „‚Alle' bewegt sich auf der ontologischen Ebene – das Sein und Wirken Jesu umfasst die ganze Menschheit, Vergangenheit und Gegenwart und Zukunft. Aber faktisch, geschichtlich in der konkreten Gemeinschaft derer, die Eucharistie feiern, kommt er nur zu ‚vielen'." Diese Unterscheidung zwischen ontologischer Universalität und heilsgeschichtlicher Konkretion ist nicht gleichzusetzen mit der scholastischen Distinktion zwischen Heilssuffizienz für alle und Heilseffizienz für viele. Sie ist

[35] Ratzinger / Benedikt XVI., Jesus von Nazareth, Bd. 2 (s. Anm. 10), 155. Wenig später bemerkt der Papst, der jede psychologische Ausleuchtung des Bewusstseins Jesu für „anmaßend" und „einfältig" zugleich hält, dass „Jesus in sich selbst die Sendung des Gottesknechtes und die des Menschensohnes erfüllt wusste – wobei mit der Verbindung zwischen beiden Motiven zugleich eine Entschränkung der Sendung des Gottesknechtes verbunden ist, eine Universalisierung, die in eine neue Weite und Tiefe weist".

[36] So heißt es bei Alex Stock, Für wieviele? (s. Anm. 24), 811: „Wenn aber ‚viele' ausdrücklich gegen ein bestehendes ‚alle' abgesetzt wird, wird die Limitierung unterstrichen: ‚nicht alle, *nur* viele'." Dieser Einwand scheint mir die Argumentation des Papstes nicht zu treffen.

vielmehr offen für die biblische Logik der Stellvertretung, die ihre Basis in der Christologie hat: Christus ist der Eine, der in seinem Sterben an die Stelle der Vielen geht, um sie zu retten (vgl. Röm 5,18f.). Die Gemeinschaft der Gläubigen aber, die Christus durch Glaube und Taufe gleichgestaltet sind und daher die Glieder seines Leibes bilden, sind nicht für sich selbst, sondern für alle, zunächst die Notleidenden und Armen, da. Benedikt XVI. hat dieses Verhältnis zwischen vielen und allen in einer dreifachen Zuordnung näher entfaltet:

Da sind zunächst die Getauften, die am Tisch des Herrn versammelt sind und die konkret angesprochen werden. Für sie gibt es, wie der Papst sagt, *„Freude und Dankbarkeit"* darüber, in die Nachfolge Christi und damit in die Gemeinschaft der Kirche berufen worden zu sein. Das ist nun nicht einfach fromme Rhetorik, die die verbreitete Resignation und Freudlosigkeit in der Kirche hierzulande überspielen will, sondern eine heilsame Erinnerung daran, dass die eucharistische *memoria passionis* wesentlich mit Dank zu tun hat und eine Freude freisetzen kann, die das Leid der anderen nicht verrät. Die Forderung nach Erinnerungssolidarität mit den Opfern der Geschichte, die von Johann Baptist Metz immer wieder erhoben worden ist, scheint jede Freude unter den Verdacht der Leidunempfindlichkeit zu stellen und im Keim zu ersticken.[37] Kritiker der neuen politischen Theologie haben daher von einer Tendenz zur „Doxologieverweigerung"[38] gesprochen. Aber die eucharistische Freude ist nicht durch eine Amnesie des Leidens erkauft, sie folgt nicht Nietzsches Wort „Selig sind die Vergesslichen"[39], sondern unterscheidet sich von den vielen flüchtigen Freuden dadurch, dass sie durch den Schmerz hindurchgegangen ist und diesen mitlaufend präsent hält.[40] „Ein Fest bleibt […] oberflächlich, bloße Zerstreuung und Betäubung, so lange es an diese letzte

---

[37] Vgl. dazu auch die signifikante Notiz von Theodor W. Adorno, *Ästhetische Theorie*, Frankfurt/M. 1970, 66: „Das Unrecht, das alle heitere Kunst, vollends die der Unterhaltung begeht, ist wohl eines an den Toten, am akkumulierten und sprachlosen Schmerz."

[38] Herbert Vorgrimler, *Solidarische dogmatische Wünsche an die Politische Theologie*, in: Edward Schillebeeckx (Hg.), *Mystik und Politik* (FS Johann Baptist Metz), Mainz 1988, 185–196, hier 196.

[39] Nietzsche, Werke in drei Bänden (s. Anm. 16), II, 682.

[40] Daran hat Peter Handke jüngst eindrücklich erinnert. Vgl. dazu Jan-Heiner Tück, *Wirklichkeitsverdichtung. Zu Peter Handkes „Der Große Fall"*, in: Stimmen der Zeit 10 (2011) 701–709.

Frage [die Frage des Todes] nicht rührt. Der Tod ist die Frage aller Fragen und wo er ausgeklammert bleibt, ist letztlich keine Antwort gegeben. Nur wo er beantwortet wird, kann der Mensch wahrhaft feiern und frei werden. Das christliche Fest, die Eucharistie reicht bis in diese Tiefe des Todes hinunter. Es ist nicht bloß fromme Unterhaltung und Zerstreuung, irgendeine religiöse Verschönerung und Verbrämung der Welt; es reicht bis in den tiefsten Grund hinab, der da genannt ist Tod, und stößt den Weg auf in das Leben, das den Tod überwindet."[41] Die Festgemeinschaft, die sich dankbar um die verborgene Gegenwart des auferweckten Gekreuzigten versammelt, darf sich daher nicht in sich abschließen, sie ist kein exklusiver Club des Heils, sondern mit einer universalen *missio* beauftragt, die das Eintreten für die Anderen, besonders die Schwachen und Entrechteten, einschließt.

Es gibt – und das ist der zweite Aspekt, den das päpstliche Schreiben auf Linie der biblischen Stellvertretungsaussagen geltend macht – eine *Verantwortung der vielen für alle.*[42] Wie Israel den heilsgeschichtlichen Auftrag hat, Segen für die Völker zu sein, so hat die Kirche die Mission, Salz der Erde und Sauerteig für die Welt zu sein. Joseph Ratzinger hat diese missionarische Dynamik der Kirche schon früh als „qualitative Katholizität" gekennzeichnet und erläuternd hinzugefügt: „Gerade sie lässt die Selbstbescheidung auf einen einmal erfassten Kreis nicht zu, sondern fordert immerfort die missionarische Dynamik des Sauerteigs, der den ganzen Teig durchdringt, des Lichtes, das auf dem Leuchter *für alle* leuchtet. Deswegen muss Kirche, die katholisch sein will, von dieser inneren Katholizität her immer auf die äußere Katholizität hin drängen, Kirche aller Völker und Kulturen zu sein."[43] Es geht also nicht um die Beanspruchung einer heilsarroganten Sonderrolle, als ob die Grenzen der Kirche die Grenzen des Heils bedeuteten.[44] Es geht auch nicht um Weltflucht oder Rückzug in die Bastion, wie man das interpretationsbedürftige Wort von der Entweltlichung in der Freiburger Rede des Papstes teilweise gedeutet

---

[41] RATZINGER, Gott ist uns nah (s. Anm. 7), 43.

[42] Vgl. dazu auch REMENYI, Viele, die für alle stehen (s. Anm. 3).

[43] Joseph RATZINGER, *Kirche – Zeichen unter den Völkern. Schriften zur Ekklesiologie und Ökumene* (Gesammelte Schriften 8/1), Freiburg 2010, 194 f.

[44] Vgl. dazu meinen Beitrag: *Extra ecclesiam nulla salus. Das Modell der gestuften Kirchenzugehörigkeit und seine dialogischen Potentiale*, in: Jan-Heiner TÜCK (Hg.), *Erinnerung an die Zukunft. Das Zweite Vatikanische Konzil*, Freiburg – Basel – Wien ²2013, 262–290.

hat.[45] Vielmehr hat die Kirche im Sinne des II. Vatikanischen Konzils einen universalen Auftrag: „Deshalb ist dieses messianische Volk, auch wenn es tatsächlich nicht alle Menschen umfasst und nicht nur einmal als kleine Herde erscheint, dennoch für das ganze Menschengeschlecht die stärkste Keimzelle der Einheit, der Hoffnung und des Heils" (*Lumen gentium* 9).

Dieser universale Auftrag ist angesichts der galoppierenden Erosion der Volkskirche hierzulande – und das ist der dritte Aspekt, den der Papst vermerkt – durchaus eine Herausforderung. Schon lange sind die praktizierenden Katholiken nicht mehr viele, sondern wenige, ja sie werden – anders als in manch anderen Regionen der Weltkirche[46] – immer weniger. Benedikt XVI. beschönigt die Lage nicht, hält aber gegenüber resignativen Emotionslagen die eucharistische Communio-Ekklesiologie als Therapeutikum bereit: „Aber nein, wir sind viele" – denn jede noch so kleine Gemeinde tritt bei der Feier der Eucharistie in die Gemeinschaft mit allen, rund um den Globus verstreuten Ortskirchen ein (vgl. *LG* 26): *„Wir sind viele und stehen für alle."*

Anstoß

Unabhängig von der Debatte um die korrekte Übersetzung des Kelchwortes wird hier die eigentliche Herausforderung der Kirche sichtbar, wie nämlich die Botschaft von der rettenden und versöhnenden Kraft des Lebens und Sterbens Jesu in die Pluralität der spätmodernen Lebenswelten zu übersetzen sei. Nach einem Bonmot der Sprachtheorie ist jeder *traduttore* ein *traditore*, der im Akt des Übersetzens immer auch Verrat an der Vorlage begeht. Auch die Auslegungs- und Nachfolgegemeinschaft der Kirche wird hinter dem Original Jesu Christi immer zurückbleiben und in der Glaubenspraxis zwar vielfältige, aber allenfalls abgeschwächte Versionen bieten können. Dabei wäre es durchaus nötig, in der bunten Palette heutiger Sinnangebote das unterscheidend Christliche neu zur Geltung zu bringen und ansprechen-

---

[45] Vgl. zur Klärung: Thomas Söding, *In der Welt, nicht von der Welt. Das Kirchenbild der Freiburger Rede Papst Benedikt XVI. im Licht des Neuen Testaments*, in: Jürgen Erbacher (Hg.), *Entweltlichung der Kirche?. Die Freiburger Rede des Papstes*, Freiburg 2012, 61–75.

[46] Vgl. John L. Allen, *Das neue Gesicht der Kirche. Die Zukunft des Katholizismus*, Gütersloh 2011.

de und authentische Übersetzungen des Evangeliums vorzulegen. Wenn ‚viele' das wieder vermehrt und intensiver versuchen würden, hätten am Ende ‚alle' etwas davon.[47]

[47] Bei dem vorliegenden Beitrag handelt es sich um eine überarbeitete Version meines Essays: *Für viele – für alle. Marginalien zur pro multis Entscheidung des Papstes*, in: Internationale Katholische Zeitschrift Communio 41 (2012) 348–356.

Die Schönheit, der Geist und die Sinne

Zur Theologie der Kunst und Kirchenmusik Joseph Ratzingers

Michael Gassmann, Stuttgart

In seiner Ansprache an die Künstler am 21. November 2009[1] in der Sixtinischen Kapelle sprach Benedikt XVI. von der „Schönheit" der Kunst und der Natur – ein Begriff, der auch schon Paul VI. und Johannes Paul II. bei ähnlichen Gelegenheiten wichtig war; aber keiner von Benedikts Vorgängern rückte ihn derart ins Zentrum seiner Überlegungen. Benedikt unterscheidet in dieser Rede zwischen authentischer Schönheit einerseits und illusorischer, täuschender Schönheit andererseits. Die illusorische Schönheit kennzeichne, dass sie blende und betäube und den Menschen „in sich selbst" einschließe. Die wahre, authentische Schönheit aber bewirke eine „heilsame Erschütterung", öffne das Herz für die Sehnsucht, für das „tiefe Verlangen zu erkennen, zu lieben, auf den anderen zuzugehen, die Hände nach dem Anderen, dem, was uns übersteigt, auszustrecken." In der Beschreibung ihrer Wirkungen geht er gar noch einen Schritt weiter: „Sie [die Schönheit] lässt ihn [den Menschen] sogar leiden, durchbohrt ihn wie ein Pfeil." Und er folgert: „Wenn wir es zulassen, dass die Schönheit uns zuinnerst berührt, dass sie uns verwundet, dass sie unsere Augen öffnet, dann entdecken wir die Freude des Sehens neu und verstehen die tiefe Bedeutung unserer Existenz, das Geheimnis, dessen Teil wir sind."

Gotteserfahrung durch Kunsterlebnis

Erschütterung, Leiden, Sehnsucht, Verlangen, Berührung, Verwundung: Es sind Begriffe der Liebe, die hier im Zusammenhang mit der Kunst angewendet werden. Es ist im Grunde das Hohelied-Vokabular,

[1] Im Folgenden stets zitiert nach: http://www.vatican.va/holy_father/benedict_xvi/speeches/2009/november/documents/hf_ben-xvi_spe_20091121_artisti_ge.html

das in Äußerungen Benedikts über die Künste zur Anwendung kommt: *Vulnerasti cor meum* ... Die Liebe zu Gott und die Liebe zur Schönheit, die durch die Kunst hervorgebracht wird, gehen bei Benedikt Hand in Hand: „Die Kunst kann in jeder Form eine religiöse Qualität annehmen, wo sie den großen Fragen unserer Existenz begegnet, den fundamentalen Themen, die dem Leben Sinn geben. Dadurch wird sie zu einem Weg tiefer innerer Reflexion und Spiritualität. [...] So kann man durchaus von einer ‚*via pulchritudinis*' sprechen, einem Weg der Schönheit, der gleichzeitig ein künstlerischer, ästhetischer Weg ist und ein Weg des Glaubens, eine theologische Suche."

Gotteserfahrung durch Kunsterlebnis also – eine solche konstatiert Benedikt ganz besonders für die Kirchenmusik, der er den ganz überwiegenden Teil seiner Reflexionen zur Kunst gewidmet hat, und die deshalb auch den Schwerpunkt der folgenden Erörterungen bilden soll. Eine Passage aus dem Aufsatz „Das Welt- und Menschenbild der Liturgie und sein Ausdruck in der Kirchenmusik" enthält hochkonzentriert das Wesentliche aus Joseph Ratzingers Theologie der Kirchenmusik[2]:

„Die Musik, die dem Gottesdienst des Menschgewordenen und am Kreuz Erhöhten entspricht, lebt aus einer anderen, größer und weiter gespannten Synthese von Geist, Intuition und sinnenhaftem Klang. Man kann sagen, dass die abendländische Musik vom Gregorianischen Choral über die Musik der Kathedralen und die große Polyphonie, über die Musik der Renaissance und des Barock bis hin zu Bruckner und darüber hinaus aus dem inneren Reichtum dieser Synthese kommt und sie in einer Fülle von Möglichkeiten entfaltet hat. Es gibt dieses Große nur hier, weil es allein aus dem anthropologischen Grund wachsen konnte, der Geistiges und Profanes in einer letzten

---

[2] Unter dem Titel *Theologie der Kirchenmusik* sind in Band 11 der Gesammelten Schriften Joseph Ratzingers verschiedene Vorträge und Aufsätze (darunter auch dieser) versammelt, die Papst Benedikt in den Jahren 1974 bis 1994 über die Musica sacra verfasst und gehalten hat. Wenn auch der Zeitraum, in dem die einzelnen Teile der „Theologie der Kirchenmusik" entstanden sind, durchaus beträchtlich ist, so bleiben die leitenden Thesen der einzelnen Texte im Kern doch dieselben, so dass in der Tat von einer in sich geschlossenen „Theologie der Kirchenmusik" gesprochen werden kann. Der Abschnitt „Musik und Liturgie" aus seinem im Jahr 2000 erschienenen Buch *Der Geist der Liturgie*, das ebenfalls in den Band 11 der Gesammelten Schriften aufgenommen wurde, bestätigt diesen Befund.

menschlichen Einheit verband. Sie löst sich auf in dem Maß, in dem diese Anthropologie entschwindet. Die Größe dieser Musik ist für mich die unmittelbarste und evidenteste Verifikation des christlichen Menschenbildes und des christlichen Erlösungsglaubens, die uns die Geschichte anbietet. Wer wirklich von ihr getroffen wird, weiß irgendwie vom Innersten her, dass der Glaube wahr ist, auch wenn er noch viele Schritte braucht, um diese Einsicht mit Verstand und Willen nachzuvollziehen."[3]

Auch hier findet sich das Vokabular der Liebe: das im „Innersten" „getroffen" sein. An anderer Stelle rühmt er die „verwandelnde Macht", die großer Liturgie und großer Kunst gemeinsam sei (und die man ja auch der Liebe zuspricht).[4] Der Traditionsstrang vom Gregorianischen Choral bis hin zu Bruckner „und darüber hinaus", den er in der obigen Passage definiert, bezeichnet „seine" Musik. Es ist die Musik eines deutschen Katholiken (Werke etwa des französischen Repertoires kommen bei Ratzinger nicht vor), und es ist offenkundig, dass er sie nicht nur theologisch grundzulegen, sondern zu verteidigen sucht. Seine Texte zur Kirchenmusik sind Rechtfertigungsschriften zugunsten eines von mehreren Seiten (gerade auch innerkirchlich) angefeindeten und gefährdeten Repertoires.

Freilich erhellt aus jener Passage auch, dass das Getroffensein, das Verwundet- und Verwandeltwerden nur durch das Korrektiv des Verstandes legitimiert wird, die intuitive Einsicht durch die verstandesmäßige ergänzt werden muss. Wesentliche Aspekte der Theologie der Kirchenmusik Joseph Ratzingers sind eben – neben der persönlich gefärbten Liebe zur Schönheit „großer" Musik – die „Synthese von Geist, Intuition und sinnenhaftem Klang", die Grundierung der Musica sacra durch ein Menschenbild, in dem „Geistiges und Profanes" zu einer Einheit verbunden sind, sowie die Einschätzung, dass die Verflüchtigung dieses Menschenbildes in der Gegenwart Hauptursache für das Ausbleiben großer kirchenmusikalischer Neuschöpfungen ist.

---

[3] Joseph Ratzinger, *Gesammelte Schriften. Bd. 11: Theologie der Liturgie*, hg. von Gerhard Ludwig Müller. 3., vom Autor erneut durchgesehene Auflage, Freiburg 2010, 543.

[4] Ebd., 518.

Das Geistige und das Sinnliche

Die Begriffe des „Geistigen“ und des „Sinnlichen“ sind zentral für Ratzingers Theologie der Kirchenmusik. Eine Kirche, die auf der Fleischwerdung des Logos gründet, kann nicht bloß „geistig“ sein, in ihr sind Sinne und Geist untrennbar miteinander verschmolzen. Insofern ist Kirchenmusik dann „wahr“, wenn sie dieser Einheit entspricht und in ihr selbst Sinne und Geist zu einer sich wechselseitig durchdringenden Einheit verschmelzen: „Das Musikwerden des Glaubens ist ein Teil des Vorgangs der Fleischwerdung des Wortes [...] Es ist nicht nur Fleischwerdung des Wortes, sondern zugleich Geistwerdung des Fleisches. Holz und Blech werden Ton, Unbewusstes und Ungelöstes wird geordneter und sinnerfüllter Klang. Es spielt sich Verleiblichung ab, die Vergeistigung ist, und Vergeistigung, die Verleiblichung ist.“[5]

Mit dieser Feststellung argumentiert Ratzinger nicht nur gegen all jene in der Kirchengeschichte, die die Musik aus der Kirche verbannen wollten. Er grenzt die Musica sacra damit auch gegen andere Arten von Musik ab[6]: gegen die „Agitationsmusik“, deren Ziel es sei, zu kollektiven Zwecksetzungen zu animieren; gegen eine rein sinnliche Musik, die aufs Erotische ziele; gegen die bloße Unterhaltungsmusik, die nur die Last der Stille aufbrechen wolle; gegen eine rationalistische Musik, in der Töne bloß rationalen Konstruktionen dienten. Ratzinger zählt zur letztgenannten auch „in Kommissionen konstruierte moderne Gesänge“ und „dürre Katechismuslieder“.[7] Zugleich richtet sich die Kritik an „rationalistischer“ Musik auch gegen die musikalische Avantgarde, wie aus einer Passage in „Der Geist der Liturgie“ erhellt: „Die so genannte E-Musik (‚Klassik‘) hat sich inzwischen – von Ausnahmen abgesehen – weithin in ein elitäres Ghetto hineinmanövriert, in das nur Spezialisten eintreten mögen und auch sie vielleicht manchmal mit gemischten Gefühlen.“[8] Gefahren eines innerweltlichen Kultes sieht Ratzinger bei der Popmusik, die sich an die Masse richte und letztlich einen Kult des Banalen pflege, sowie bei der Rockmusik, deren Festivals sich zu einem Gegenkult zum christlichen Kult entwickelt hätte, einem Gegenkult, „der den Menschen im Erleb-

---

[5] Ebd., 540.
[6] Vgl. ebd., 542 f.
[7] Ebd., 543.
[8] Ebd., 131.

nis der Masse und der Erschütterung durch Rhythmus, Lärm und Lichteffekte sozusagen von sich selbst befreit".[9]

Wider das bloß Brauchbare

Eine weitere wichtige Abgrenzung nimmt Ratzinger einer bloß nützlichen Gebrauchsmusik gegenüber vor, weil dieser Begriff wiederum eine Trennung der Sinne vom Geist impliziert, indem die Sinnlichkeit der Musik hier als etwas bloß Nützliches begriffen wird, das dem höheren Ziel der Vergeistigung dient. Eine solche Trennung findet Ratzinger schon bei Augustinus vor, aus dessen *Confessiones* er folgenden Satz zitiert: „Es soll durch die Freude der Ohren der noch schwache Geist den Aufstieg finden zur Welt der Frömmigkeit."[10] „Damit", so folgert Ratzinger, „ist die Kirchenmusik auf der Ebene des pädagogisch Nützlichen angesiedelt und praktisch unter den Maßstab des ‚Brauchbaren' gestellt."[11] – nicht ohne anzufügen, dass „Thomas wie auch Augustin sachlich dann doch ungleich mehr zu sagen wissen"[12]. Wenige Seiten später führt er dies genauer aus: „Das tönende Lob führt uns und andere zur Ehrfurcht, sagt Thomas des Weiteren. Und: es weckt den inwendigen Menschen auf – genau das hatte Augustinus in Mailand erfahren, wo ihm das Erlebnis der singenden Kirche zu einer den ganzen Menschen durchdringenden Erschütterung wurde, die ihn, den Akademiker, der Christentum als Philosophie schätzen, aber Kirche als etwas reichlich Vulgäres nur mit einem gewissen Unbehagen sehen konnte, auf den Weg zur Kirche brachte. Von da wird nun das andere, das Pädagogische, das ‚Hineinreißen der anderen ins Gotteslob' auch sinnvoll und verständlich. Wenn man überdies weiß, was Pädagogie den Alten hieß: Führung zum Eigentlichen, ja, den Prozess von Erlösung und Befreiung, dann wird man auch diese Gedanken nicht als bedeutungslos beiseite schieben."[13]

Nimmt man dies alles zusammen, dann ergibt sich eine klare Definition dessen, was „wahre Kirchenmusik" zu sein habe: eine Musik, die im Innersten zu erschüttern vermag, die aber nicht zur betäuben-

[9] Ebd., 131
[10] Ebd., 513.
[11] Ebd., 513 f.
[12] Ebd., 514.
[13] Ebd., 518 f.

den Ekstase führt[14]; eine Musik, die sich nicht auf banale Zweckerfüllung reduzieren lässt, wie es die „Kommissionsgesänge" tun, welche die unermüdlich tätig teilnehmende Gemeinde beschäftigt halten sollen; eine Musik, die sich nicht bloß mit sich selbst befasst, wie es die Avantgarde des zwanzigsten Jahrhunderts mit ihren quasi-mathematischen Konstruktionen getan hat, sondern ihr höheres Ziel im Auge behält; eine Musik, die nicht die Masse unterhält, sondern die mit den Engeln singt: „Rechte Liturgie erkennt man daran, dass sie uns vom allgemeinen Agieren befreit und uns wieder die Tiefe und die Höhe zurückgibt, die Stille und den Gesang. Rechte Liturgie erkennt man daran, dass sie kosmisch ist, nicht gruppenmäßig."[15]

Ratzingers Eurozentrik

In Joseph Ratzingers Theologie der Kirchenmusik sind Kunst und Kult, Schönheit und Liebe eng verschwistert. Energisch wendet er sich zum Beispiel gegen eine Behauptung in dem von Karl Rahner und Herbert Vorgrimler 1967 herausgegebenen Kleinen Konzilskompendium, echte Kunst sei mit dem Wesen der Liturgie und dem obersten Grundsatz der Liturgiereform „kaum in Übereinstimmung zu bringen"[16]. Bei Ratzinger ist es gerade umgekehrt: Nur echte Kunst mit ihrer vom Künstler intuitiv bewirkten Verschmelzung von Geist und Sinnen kann wahre Kirchenmusik sein. Besonders deutlich wird dies in einer Passage aus „Der Geist der Liturgie":

„Das Zeitalter des Barock hatte (auf je verschiedene Weise im katholischen und im protestantischen Raum) noch einmal eine erstaunliche Einheit von weltlichem Musizieren und Musik im Gottesdienst gefunden, die ganze Leuchtkraft der Musik, die sich auf diesem Höhepunkt der Kulturgeschichte ergeben hatte, in den Dienst der Verherrlichung Gottes zu stellen vermocht. Ob wir Bach oder Mozart in der Kirche hören – beide Male spüren wir auf wunderbare Weise, was gloria dei – Herrlichkeit Gottes – heißt: Das Mysterium der unendlichen Schönheit ist da und lässt uns Gottes Gegenwart lebendiger und wahrer erfahren, als es durch viele Predigten geschehen könnte."[17]

---

[14] Vgl. auch ebd., 520.
[15] Ebd., 547.
[16] Ebd., 501.
[17] Ebd., 130.

Wohl niemand anderer als ein von der reichen heimatlichen, süddeutsch-barocken Kultur geprägter Deutscher hätte solche Sätze schreiben können. Nirgendwo sonst in Ratzingers Schriften zur Kirchenmusik wird aber auch das Problematische seines Ansatzes deutlicher als hier. Zwei Aspekte fallen besonders ins Gewicht:

Zum einen gründet Ratzingers Theologie der Kirchenmusik ausschließlich auf den künstlerischen Hervorbringungen der mitteleuropäischen, insbesondere deutschen Kirchenmusikgeschichte. Dieses Problem ist Ratzinger bewusst, da er schreibt: „Sicher kann man diese große Kirchenmusik Europas nicht einfach als Musik der Kirche überhaupt dekretieren.“[18] Auch in „Der Geist der Liturgie“ thematisiert er es: „Da ist zunächst die kulturelle Universalisierung, die von der Kirche zu leisten ist, wenn sie die Grenzen des europäischen Geistes definitiv übersteigen will, also die Frage, wie Inkulturation im Bereich der musica sacra aussehen muss, damit einerseits die Identität des Christlichen bestehen bleibt und andererseits seine Universalität zur Entfaltung kommt.“[19]

Die Liturgiekonstitution des Zweiten Vatikanischen Konzils, *Sacrosanctum Concilium*, versuchte im Kapitel VI über die Kirchenmusik einen Spagat: Einerseits definierte sie den Gregorianischen Choral als den der Kirche eigenen Gesang[20] und forderte, dass der Schatz der überlieferten Kirchenmusik „mit größter Sorge bewahrt und gepflegt werden“[21] und die Pfeifenorgel in hohen Ehren gehalten werden solle.[22] Andererseits plädierte sie für eine Wertschätzung der überlieferten Musik der Völker und ihrer Förderung auch im Gottesdienst: „Da die Völker mancher Länder, besonders in der Mission, eine eigene Musiküberlieferung besitzen, die in ihrem religiösen und sozialen Leben große Bedeutung hat, soll dieser Musik gebührende Wertschätzung entgegengebracht und angemessener Raum gewährt werden, und zwar sowohl bei der Formung des religiösen Sinnes dieser Völker als auch bei der Anpassung der Liturgie an ihre Eigenart, im Sinne von Art. 39 und 40. Deshalb soll bei der musikalischen Ausbildung der Missionare sorgfältig darauf geachtet werden, dass sie im Rahmen

---

[18] Ebd., 526.
[19] Ebd., 131.
[20] *SC* 116.
[21] *SC* 114.
[22] *SC* 120.

des Möglichen imstande sind, die überlieferte Musik der betreffenden Völker sowohl in den Schulen als auch im Gottesdienst zu fördern."[23]

An dieser Stelle geht Joseph Ratzinger – der, wie wir gesehen haben, ansonsten die Liturgiekonstitution gegen manche ihrer Exegeten (z. B. Rahner und Vorgrimler) verteidigt – offenbar nicht mit. Wieder argumentiert Ratzinger mit den Begriffen „Geist" und „Sinne". Die „Aufnahme der Musik in die Liturgie" müsse „Aufnahme in den Geist sein, eine Verwandlung, die Tod und Auferstehung zugleich bedeutet. Deswegen musste die Kirche gegen die vorfindliche Musik der Völker kritisch sein; sie konnte nicht unverwandelt ins Heiligtum eingelassen werden: Kultmusik heidnischer Religionen hat einen anderen Stellenwert in der menschlichen Existenz als die Musik der Verherrlichung Gottes durch die Schöpfung. Sie zielt in vielen Fällen darauf ab, durch Rhythmus und Melos selbst die Ekstase der Sinne herbeizuführen, nimmt aber damit gerade nicht die Sinne in den Geist auf, sondern versucht, den Geist in die Sinne zu verschlingen und durch solche Ekstase zu erlösen."[24] Man könnte aber auch – angesichts der Nähe der Begriffe „wahre Kunst" und „echte Kirchenmusik" bei Ratzinger – davon sprechen, dass nur solche Musik „ins Heiligtum eingelassen werden" kann, die dem abendländischen Begriff von hoher musikalischer Kunst entspricht. Was bedeutet das für die Feier der Liturgie etwa in Teilen Afrikas? Spitzt man Joseph Ratzingers Theologie der Kirchenmusik mit ihrer Parallelsetzung von vergeistigt-sinnlicher Musik und fleischgewordenem Logos zu, müsste das rechte Verstehen westlicher Kunstmusik durch jeden einzelnen Gläubigen geradezu Voraussetzung für eine angemessene Feier der Liturgie sein.

Gleichklang von Kirche und Welt oder Entweltlichung?

Ein anderer, durchaus nicht unproblematischer Aspekt der Ausführungen Ratzingers besteht im Verhältnis von Welt und Kirche und damit von weltlicher und geistlicher Musik. Besonders aufschlussreich ist in diesem Zusammenhang jene oben zitierte Passage aus „Der Geist der Liturgie": „Das Zeitalter des Barock hatte […] noch einmal eine erstaunliche Einheit von weltlichem Musizieren und Musik im Gottesdienst gefunden, die ganze Leuchtkraft der Musik, die sich auf diesem

[23] *SC* 119.

[24] Ratzinger, Theologie der Liturgie (s. Anm. 3), 520.

Höhepunkt der Kulturgeschichte ergeben hatte, in den Dienst der Verherrlichung Gottes zu stellen vermocht." In der Tat verdanken sich die Messen Mozarts und Haydns, die Kantaten und Passionen Bachs, eigentlich sogar die ganze bedeutende Kirchenmusik dieser Zeit der engen Verflechtung geistlicher und weltlicher Autorität. Es waren der Rat der Stadt Leipzig, der Fürst Esterhazy und der Fürsterzbischof von Salzburg, die diese Kirchenmusik beauftragten und die Musiker der Stadt und des Hofes auch zu liturgischen Diensten verpflichteten. Nur vor dem Hintergrund der Verbindung von geistlicher und weltlicher Autorität konnte eine Musik entstehen, die außerhalb und innerhalb der Kirche im Wesentlichen die gleiche war. Mit der Säkularisation im Gefolge der französischen Revolution ging diese Einheit weitgehend verloren. Joseph Ratzingers Begeisterung für diese Epoche und ihre Musik steht durchaus quer zu jener Forderung nach Entweltlichung, die Papst Benedikt XVI. am 25. September 2011 im Freiburger Konzerthaus erhob:

„In der geschichtlichen Ausformung der Kirche zeigt sich jedoch auch eine gegenläufige Tendenz, dass nämlich die Kirche sich in dieser Welt einrichtet, selbstgenügsam wird und sich den Maßstäben der Welt angleicht. Sie gibt Organisation und Institutionalisierung größeres Gewicht als ihrer Berufung zur Offenheit. Um ihrem eigentlichen Auftrag zu genügen, muss die Kirche immer wieder die Anstrengung unternehmen, sich von der Weltlichkeit der Welt zu lösen. Sie folgt damit den Worten Jesu nach: ‚Sie sind nicht von der Welt, wie auch ich nicht von der Welt bin' (Johannes 17,16). Die Geschichte kommt der Kirche in gewisser Weise durch die verschiedenen Epochen der Säkularisierung zur Hilfe, die zu ihrer Läuterung und inneren Reform wesentlich beigetragen haben. Die Säkularisierungen – sei es die Enteignung von Kirchengütern, sei es die Streichung von Privilegien oder Ähnliches – bedeuteten nämlich jedes Mal eine tiefgreifende Entweltlichung der Kirche, die sich ja dabei gleichsam ihres weltlichen Reichtums entblößte und wieder ganz ihre weltliche Armut annahm."[25]

Zwar ist offenkundig, dass die Kritik des Papstes hier vor allem auf eine bürokratisch organisierte Gremienkirche zielt, eine Kirche, die – so könnte man seine Kritik in seinen eigenen Formulierungen fort-

---

[25] Rede im Freiburger Konzerthaus vom 25.9.2011. Dokumentiert in: Jürgen Erbacher (Hg.), *Entweltlichung der Kirche? Die Freiburger Rede des Papstes*, Freiburg 2012, 11–17.

spinnen – auch für „manche dürren Katechismuslieder, manche in Kommissionen konstruierten modernen Gesänge“[26] verantwortlich zeichnet und in der der Geist nur mehr als laues Lüftchen weht. Dennoch ist die Spannung zwischen beiden Textpassagen unübersehbar: Jene abendländische musica sacra, in der der Geist und die Sinne eine großartige, das christliche Menschenbild widerspiegelnde Einheit bilden, wäre ohne die Verquickung der Kirche mit der Welt kaum denkbar gewesen. Radikal gedacht, entzieht Papst Benedikts Freiburger Rede seiner Theologie der Kirchenmusik den Boden.[27]

Auflösen lässt sich diese Spannung nur, indem man die Künste – und insbesondere die Musik – selbst als ein Mittel zur Entweltlichung begreift, das freilich mit den Mitteln der Welt ermöglicht wird und in ihr seine Wirkung entfaltet. Da erweist sich Joseph Ratzinger ganz als ein Kind des süddeutschen Barock. Sein Lobpreis der Künste gerade jener Epoche erinnert, in Verbindung mit seinem Plädoyer für eine Entweltlichung der Kirche, an die Pointe des Bauprogramms des Stiftes Melk, das in seiner schlossähnlichen, triumphalistischen Anlage als steingewordene Weltzugewandtheit wahrgenommen werden könnte. Aber inmitten all dieser Pracht findet sich, kurz bevor man die Kirche betritt, die Inschrift an der Wand: ABSIT GLORIARI NISI IN CRUCE. All jenen, die einer schmuck- und kunstlosen, armen Kirche anhängen, ruft diese Inschrift zu: Die durch die Kunst der Baumeister, Stukkateure, Maler, Vergolder und Musiker erfahrbar gemachte Schönheit dieses Ortes verherrlicht allein das Kreuz, ist kein Selbstzweck, sondern Verweis. Die in Benedikts Ansprache an die Künstler beschriebene *via pulchritudinis,* jener „Weg der Schönheit, der gleichzeitig ein

---

[26] Vgl. Ratzinger, Theologie der Liturgie (s. Anm. 3), 543.

[27] Gerade die Säkularisierungsschübe haben die Kirchenmusik in eine Lage gebracht, in der kaum noch „große Musik“ für die Liturgie entsteht. Kirchenkomponisten des ausgehenden neunzehnten und zwanzigsten Jahrhunderts haben durch Rückgriffe auf den Gregorianischen Choral und den „Palestrina-Stil“ versucht, eine der Kirche eigene, gewissermaßen entweltlichte Musik zu schaffen; die Ergebnisse sprechen in der Regel weder die Sinne noch den Geist besonders an. Die Kirchenmusiker der Stadt- und Domkirchen pflegen heute das Repertoire von Palestrina bis Bruckner. Die wenigen bedeutenden Neuschöpfungen geistlicher Musik (etwa von Penderecki oder Rihm) sind nicht für die Liturgie entstanden. Joseph Ratzingers Formulierung im eingangs zitierten Text: „[…] bis hin zu Bruckner und darüber hinaus […]“ ist vielsagend. Namen relevanter Komponisten nennt er nicht. Um das „darüber hinaus“ aber, das hier die Aufzählung so merkwürdig vage beschließt, müsste es in Zukunft gehen.

künstlerischer, ästhetischer Weg ist und ein Weg des Glaubens, eine theologische Suche", ist in Benedikts Vorstellung – und ganz im Sinne jener barocken Inschrift – ein Weg aus der Welt hinaus.[28]

[28] Der Text stellt die überarbeitete Fassung eines Aufsatzes dar, der in der Internationalen Katholischen Zeitschrift Communio 41 (2012) 341–347 erschienen ist.

Via Pulchritudinis

Papst Benedikt XVI. und die schönen Künste

Holger Zaborowski, Vallendar

I. Die Kirche und die schönen Künste: Die Bedeutung eines erneuten Gesprächs

Die Begegnung zwischen der katholischen Kirche und den schönen Künsten geht auf die Anfänge des Christentums zurück. Über viele Jahrhunderte hat die Kirche der Kunst einen besonderen Ort eingeräumt. Künstler wurden seitens der Kirche gefördert. Die Liturgie wurde durch Werke der schönen Kunst – sei es aus dem Bereich der Sprachkunst, der bildenden Kunst oder der Musik – bereichert. Christlicher Glaube und Kunst standen in einer symbiotischen Beziehung zueinander. Allerdings kam es vor allem seit der frühen Neuzeit zu einer Entfremdung zwischen Kirche und Christentum auf der einen und den schönen Künsten auf der anderen Seite. Während die Kunst ihre Autonomie entdeckte und zunehmend Themen und Aufgaben jenseits des kirchlichen Bereiches für sich erschloss, erstarrte die Kunst im kirchlichen Bereich oft zu einer selten kongenialen Wiederholung bereits etablierter Kunstformen und verpasste dabei den Anschluss an künstlerische Formen und Bewegungen, die sich außerhalb der Kirche entwickelt hatten. Die katholische Kirche hat daher bis in die zweite Hälfte des 20. Jahrhunderts hinein oft wenig Verständnis für die zeitgenössische Kunst gezeigt. Weil diese ihrem traditionellen Ideal nicht genügte, wurde sie oft mit Ablehnung, Kritik oder Gleichgültigkeit bedacht. Dass die Kirche von den modernen Künsten hätte lernen können, wurde meist nicht für möglich gehalten. In ähnlicher Weise zeichnen sich die schönen Künste bis in die Gegenwart oft durch Indifferenz gegenüber der christlichen Botschaft aus. Nur selten – wichtige Ausnahmen bestätigen diese Regel – wurde in der Moderne das Gespräch zwischen Kirche und den schönen Künsten in einer über den Austausch von Höflichkeiten hinausgehenden Ernsthaftigkeit geführt.[1]

Seit dem II. Vatikanischen Konzil haben nicht nur Theologen, sondern insbesondere auch die Päpste diese Situation erkannt und als Problem wahrgenommen. Sie haben daher zu verschiedenen Anlässen das Gespräch mit der Kunst der Gegenwart gesucht. Das Pontifikat von Papst Benedikt XVI. stellt keine Ausnahme in diesem Bemühen um eine erneute Begegnung von Glaube und Kunst dar. Benedikt XVI. hat diese Beziehung sogar als „genauso wichtig" wie die von ihm in zahlreichen Texten thematisierte Beziehung zwischen Glaube und Vernunft bezeichnet, „weil die Wahrheit, das Ziel der Vernunft, sich in der Schönheit ausdrückt und in der Schönheit sie selbst wird, sich als Wahrheit erweist. Also muß dort, wo die Wahrheit ist, die Schönheit entstehen, wo der Mensch sich in richtiger, guter Weise verwirklicht, drückt er sich in Schönheit aus."[2] Sein Zugang zu den schönen Künsten ist demnach in einer Theologie der Schönheit verwurzelt.

Im Folgenden seien Grundmerkmale dieser Theologie zunächst skizzenhaft geschildert, um dann in einem zweiten Schritt seine Theologie der schönen Künste und wichtige Motive seines Verständnisses der Aufgabe von Künstlern zu erörtern. Eine Anfrage an seinen Versuch, erneut die Einheit des Wahren, Schönen und Guten für die Kirche als auch für die schönen Künste zu erschließen, schließt diese Überlegungen ab.

II. Zur Theologie der Schönheit: Die Einheit von Schönheit, Wahrheit und Gutheit

Das Nachdenken von Benedikt XVI. über die Schönheit, die schönen Künste und die Einheit der Transzendentalien des Wahren, Guten und Schönen steht maßgeblich in der Schuld der theologischen Ästhetik Hans Urs von Balthasars. In seiner Begegnung mit den Künstlern in der Sixtinischen Kappelle im November 2009 zitiert er ausdrücklich

---

[1] Vgl. hierzu auch die prägnanten Ausführungen von Hans Maier, *Die Kirchen und die Künste. Guardini-Lectures*, Regensburg 2008.

[2] Pressekonferenz mit Papst Benedikt XVI. auf dem Flug nach Spanien am 06. November 2010 (http://www.vatican.va/holy_father/benedict_xvi/speeches/2010/november/documents/hf_ben-xvi_spe_20101106_intervista-spagna_ge.html).

einen programmatischen Satz aus der Hinführung zu von Balthasars *Herrlichkeit. Eine theologische Ästhetik:* „Schönheit heißt das Wort, das unser erstes sein soll. Schönheit ist das letzte, woran der denkende Verstand sich wagen kann, weil es nur als unfassbarer Glanz das Doppelgestirn des Wahren und Guten und sein unauflösbares Zueinander umspielt.“[3] Da der Mensch sich nach dem Schönen sehnt und ihm gegenüber von Natur aus offen ist, soll das Wort „Schönheit“ das erste Wort sein. Das Schöne kann aber nicht auf die Empfindung eines Subjektes reduziert werden, sondern muss in seiner Beziehung zum Wahren und Guten erörtert werden. Daher muss, wer das Schöne zu verstehen sucht, auch das Wahre und Gute bedenken, um auf dieser Grundlage erneut über das Schöne und die Einheit des Schönen mit dem Wahren und Guten nachdenken zu können. Somit kann der Denker sich erst am Ende seiner Denkbemühungen mit dem Schönen beschäftigen. Hiermit sind die Herausforderungen angedeutet, vor denen die Theologie der Schönheit steht. Wer diese Herausforderungen annimmt, kann von der Schönheit her – in ihrer Einheit mit dem Wahren und Guten – das Gesamte des christlichen Glaubens – in seiner Schönheit – erschließen.

Benedikt XVI. hat in seiner Botschaft zum II. Weltkongress der kirchlichen Bewegungen und neuen Gemeinschaften anhand der Schönheit als Leitfaden in das Christentum eingeführt.[4] Dieser Kongress stand unter dem Thema „Die Schönheit, Christ zu sein, und die Freude, es anderen mitzuteilen“. Dieses Thema ging, wie Benedikt XVI. ausdrücklich in seiner Botschaft betont, auf eine Aussage zurück, die er in der Predigt zu seinem Amtsantritt getroffen hatte: „Es gibt nichts Schöneres, als vom Evangelium, von Christus gefunden zu werden. Es gibt nichts Schöneres, als ihn zu kennen und anderen die Freundschaft mit ihm zu schenken. […] Nein. Wer Christus einläßt, dem geht nichts, nichts – gar nichts verloren von dem, was das Leben frei, schön und groß macht. Nein, erst in dieser Freundschaft

---

[3] Hans Urs von Balthasar, *Herrlichkeit. Eine theologische Ästhetik.* Bd. 1: Schau der Gestalt, Einsiedeln ²1961, 16. Vgl. zu von Balthasars theologischer Ästhetik auch Joseph Cardinal Ratzinger, *Verwundet vom Pfeil des Schönen. Das Kreuz und die neue „Ästhetik des Glaubens“*, in: Ders., *Unterwegs zu Jesus Christus*, Augsburg ³2005, 31–40, 35 f.

[4] Botschaft von Benedikt XVI. an die Teilnehmer des II. Weltkongresses der kirchlichen Bewegungen und neuen Gemeinschaften am 22. Mai 2006 (http://www.vatican.va/holy_father/benedict_xvi/messages/pont-messages/2006/documents/hf_ben-xvi_mes_20060522_ecclesial-movements_ge.html).

öffnen sich die Türen des Lebens. Erst in dieser Freundschaft gehen überhaupt die großen Möglichkeiten des Menschseins auf. Erst in dieser Freundschaft erfahren wir, was schön und was befreiend ist."[5] Ausgangspunkt seiner Überlegungen zur Schönheit ist also kein Kunstwerk oder gar ein abstrakter Begriff des Schönen, sondern der Glaubens- und Existenzvollzug des Christen. Dieser wird als schön bezeichnet.

Ihre Wurzel findet diese Schönheit des Christseins in der Schönheit Christi, die auf der einen Seite die wahren Aspekte des überlieferten nicht-christlichen (also z.B. philosophischen) Begriffs des Schönen bestätigt und bewahrt und diesen Begriff auf der anderen Seite übersteigt und hinter sich zurück lässt, da die Schönheit Christi eine Absage an allen nur äußeren schönen Schein ist. Auf ihn sieht Benedikt XVI. nämlich sowohl Ps 45 („Du bist der Schönste von allen Menschen.") als auch Jes 53,2 („Er hatte keine schöne und edle Gestalt [...].") bezogen.[6] Erst in Christus zeigt sich daher, was Schönheit wirklich ist. Die „Schönheit der Wahrheit" und die „Schönheit der Liebe", d.h. des Guten und des Gutseins-für-Andere, treffen in Christus so aufeinander, dass Benedikt mit Bonaventura davon sprechen kann, dass Christus die „Schönheit aller Schönheit" ist. In der Schönheit Christi zeige sich aber auch die „Schönheit der barmherzigen Liebe Gottes und zugleich die Schönheit des nach dem Abbild Gottes geschaffenen Menschen", d.h. die christologische Betrachtung der Schönheit verlangt gemäß der zwei Naturen Christi nach einer im engeren Sinne theologischen und einer anthropologischen Vertiefung. Denn nicht nur Gott, sondern auch der Mensch ist schön.

Benedikt XVI. vertieft seinen Gedanken über die Schönheit des Glaubens noch. Denn er findet auf dem „Antlitz der Heiligen" eine Schönheit, die der Glaube „hervorgebracht" habe. Es war, so der Papst in seiner Botschaft, diese Schönheit, die viele Menschen dazu bewegt habe, den Heiligen zu folgen. Schönheit lässt also einen Betrachter nicht erstarren; sie zieht jene, die in ihrem Bereich stehen, an und

---

[5] Predigt von Benedikt XVI. anlässlich der Hl. Messe zu seiner Amtseinführung am 24. April 2005 (http://www.vatican.va/holy_father/benedict_xvi/homilies/2005/documents/hf_ben-xvi_hom_20050424_inizio-pontificato_ge.html).

[6] Vgl. zur Paradoxie dieser beiden biblischen Stellen und zur „dramatischen" Infragestellung der „große[n] griechische[n] Philosophie des Schönen" angesichts der Schönheit Christi auch Ratzinger, Verwundet vom Pfeil des Schönen (s. Anm. 3), 31f.

bewegt sie zum wahren, guten und heiligmäßigen Handeln. Aus den bisherigen Überlegungen ergibt sich, dass auch die Kirche – als Braut Christi – schön ist, dass eine Theologie der Schönheit also auch eine ekklesiologische Dimension hat. Diese Dimension findet für Benedikt ihr Zentrum in der gottesdienstlichen Feier der Kirche, „deren Liturgie der höchste Ausdruck der Schönheit der Herrlichkeit Gottes ist und gewissermaßen ein Offenbarwerden des Himmels auf der Erde bedeutet". Neben dieser liturgischen Dimension der Schönheit, in der die Feier der Kirche die Schönheit Gottes widerspiegelt, verweist der Papst noch auf eine mariologische Dimension. Denn auch in Maria treffen, so Benedikt, „menschliche Schönheit und die Schönheit Gottes" zusammen.

Mit wenigen Worten hat Benedikt XVI. skizziert, wie die Schönheit nicht nur die gesamte Theologie thematisch, sondern den christlichen Glauben faktisch-existenziell durchdringt und in der Einheit mit dem Wahren und Guten sein inneres Zentrum darstellt. Vor dem Hintergrund der Vollendung der Schönheit in Christus ist es ihm auch möglich, eine kurze Kriteriologie der Schönheit zu entwickeln, die es erlaubt, das wirklich Schöne vom nur scheinbar Schönen zu unterscheiden: „Es gibt keine Schönheit", so Benedikt XVI., „die etwas wert ist, wenn es keine Wahrheit zu erkennen und zu befolgen gibt, wenn die Liebe zu einem vorübergehenden Gefühl abgewertet wird, wenn das Glück zu einer nicht greifbaren Illusion wird, wenn die Freiheit zur Triebhaftigkeit entartet." Daher werde dort, wo Gottes- und Nächstenliebe eins werden, das Leben schön. Die Theologie der Schönheit (oder theologische Ästhetik, wenn man der Diktion von Balthasars folgt) ist somit nicht eine theologische Spezialdisziplin, sondern nichts anderes als – christliche Theologie. Wo Theologie christlich ist, muss sie daher Theologie der Schönheit sein.

III. Zur Theologie der schönen Künste: Verstand und Herz, Sichtbares und Unsichtbares, Kunst und Gebet

Im Mittelpunkt von Benedikts Überlegungen zur Schönheit steht, so hat sich gezeigt, der Gedanke, dass die „Beziehung zwischen Wahrheit und Schönheit unauflöslich" sei.[7] Benedikt illustriert diesen Zusammenhang aus historischer Perspektive, indem er auf das Verhältnis der

[7] Pressekonferenz mit Papst Benedikt XVI. auf dem Flug nach Spanien.

Kirche zu den Künsten eingeht: Die Kirche sei nämlich „jahrhundertelang die Mutter der Künste gewesen: der große Schatz der westlichen Kunst – sowohl die Musik wie auch Architektur und Malerei – ist innerhalb der Kirche aus dem Glauben heraus entstanden".[8] Seiner Ansicht nach habe die moderne Kunst aber ihre Tiefe verloren. Sie stehe nicht mehr in jenem vielfältigen Bezugsfeld, das er in seinen Anmerkungen zur Theologie der Schönheit erschlossen hat. Benedikt XVI. spricht in diesem Zusammenhang von einer „gewisse[n] ‚Meinungsverschiedenheit'" zwischen Kunst und Glauben, „das aber schadet sowohl der Kunst als auch dem Glauben: Die Kunst, die die Wurzel der Transzendenz verlöre, würde nicht mehr auf Gott zugehen, sie wäre verkürzt, sie würde die lebendige Wurzel verlieren. Und ein Glaube, der nur in der Vergangenheit Kunst hervorgebracht hätte, wäre kein Glaube in der Gegenwart mehr; heute muß er erneut als Wahrheit werden, die immer präsent ist".[9] Angesichts dieser Situation verweist Benedikt auf die Notwendigkeit einer erneuten Begegnung von christlichem Glauben und den schönen Künsten. Diese steht – im Rahmen der *via pulchritudinis*, des „‚Weges der Schönheit' –, […] den der heutige Mensch in seiner tiefsten Bedeutung wiederentdecken sollte"[10] – auch im Kontext seines Bemühens um die Neuevangelisierung. Was aber geschieht oder zeigt sich in den Werken der schönen Künste? Worin liegt ihre besondere Bedeutung?

Mit folgenden Worten beschreibt der Papst die Bedeutung der Künste für den Menschen: „Die Kunst ist fähig, das Bedürfnis des Menschen, über das Sichtbare hinauszugehen, zum Ausdruck zu bringen und sichtbar zu machen; sie offenbart das Verlangen und die Suche nach dem Unendlichen. Ja, sie ist gleichsam eine offene Tür zum Unendlichen, zu einer Schönheit und einer Wahrheit, die über das Alltägliche hinausgehen. Und ein Kunstwerk kann die Augen des Verstandes und des Herzens öffnen und uns nach oben hin ausrichten."[11] In der Kunst überschreitet also der Mensch nicht nur sich selbst, sondern die sinnliche wahrnehmbare endliche Welt. Zugleich bewegen die

---

[8] Ebd.

[9] Ebd. Vgl. zur Kritik der Entfremdung von Glaube und Kunst seit der Renaissance und zur Krise der sakralen Kunst auch Joseph Kardinal RATZINGER, *Der Geist der Liturgie. Eine Einführung*, Freiburg – Basel – Wien 2000, 111 ff.

[10] Generalaudienz zum Thema „Kunst und Gebet" am 31. August 2011 (http://www.vatican.va/holy_father/benedict_xvi/audiences/2011/documents/hf_ben-xvi_aud_20110831_ge.html).

[11] Ebd.

Kunstwerke den Menschen auf dieses Unsichtbare hin. Sie sprechen nicht nur den Verstand, sondern insbesondere das Herz des Menschen an, so dass der Mensch sich nicht im Bereich des Materiellen beheimatet, sondern nach der tiefsten Wahrheit seiner Existenz sucht.

Der Papst schildert in diesem Zusammenhang den Besuch eines Konzertes mit geistlichen Werken von Bach. Er habe nach diesem Konzert „nicht durch Überlegung, sondern im tiefsten Herzen" gespürt, „dass das, was ich gehört hatte, mir Wahrheit vermittelt hatte, die Wahrheit des allerhöchsten Komponisten, und es drängte mich, Gott zu danken".[12] Die Begegnung mit Werken der schönen Kunst kann also – dies gilt nicht nur für religiöse Kunst – zu einer Begegnung mit Gott werden, den man in Anlehnung an die Worte des Papstes den „allerhöchsten Künstler" nennen könnte. Aus diesem Grund vollendet sich die Begegnung mit Kunstwerken im Gebet, und zwar so, dass ein Kunstwerk wie zum Beispiel die Sixtinische Kapelle, „die im Gebet betrachtet wird, [...] noch schöner, noch authentischer" ist; „sie offenbart sich in ihrem ganzen Reichtum".[13] Die Betrachtung eines Kunstwerkes und das Gebet gehen also so ineinander über, dass das eine das andere ergänzen und bereichern kann. Wenn daher die Kunst im Bereich der Liturgie eine wichtige Rolle einnimmt, so handelt es sich dabei nicht um einen rein äußerlichen Dekor. Es gibt für Benedikt XVI. letztlich eine Einheit von Gebet und wahrer Kunst, die vor dem Hintergrund der Theologie der Schönheit zu verstehen ist. Denn das Verlangen nach dem Wahren und das Verlangen nach dem Schönen sind letztlich ein und dasselbe Verlangen – zusammen mit dem Verlangen nach dem Guten. Dieses eine Verlangen, so Benedikt XVI. 2009 in Prag, „das der Schöpfer allen Menschen ins Herz gelegt hat, soll die Menschen auf der Suche nach Gerechtigkeit, Freiheit und Friede zusammenführen".[14] Die schönen Künste haben daher

---

[12] Ebd.

[13] Ansprache von Papst Benedikt XVI. anlässlich der Vesper zum 500. Jahrestag der Vollendung des Deckenfreskos der Sixtinischen Kapelle am 31. Oktober 2012 (http://www.vatican.va/holy_father/benedict_xvi/speeches/2012/october/documents/hf_ben-xvi_spe_20121031_cappella-sistina_ge.html).

[14] Ansprache von Papst Benedikt XVI. bei der Begegnung mit den politischen Autoritäten und dem diplomatischen Korps in Prag am 26. September 2009 (http://www.vatican.va/holy_father/benedict_xvi/speeches/2009/september/documents/hf_ben-xvi_spe_20090926_autorita-civili_ge.html); vgl. auch die Ausführungen des Papstes zur Schönheit der Stadt Prag und ihre Deutung in dieser Ansprache.

nicht nur eine liturgische, sondern auch eine ethische und politische Dimension.

IV. Zur Aufgabe der Künstler: Zeugen der Schönheit des Glaubens

Die Öffentliche Sitzung der Päpstlichen Akademien im November 2012 stand unter dem Thema „Pulchritudinis fidei testis. Der Künstler, wie die Kirche, als Zeuge der Schönheit des Glaubens". Benedikt XVI. hat sich an die Teilnehmer dieser Sitzung mit einer Botschaft gerichtet, in der er auch auf die „Wertschätzung des außerordentlichen historisch-künstlerischen Erbes der Kirche, das ein beredtes Zeugnis für die Fruchtbarkeit der Begegnung zwischen christlichem Glauben und menschlichem Ingenium" sei,[15] einging. Ausdrücklich nennt er in dieser Botschaft auch die Bemühungen der Kirche seit dem II. Vatikanischen Konzil, das Gespräch zwischen Glauben und Kunst – und das bedeutet: das Gespräch der Kirche mit Künstlern – wiederzubeleben. In diesem Zusammenhang geht er auch auf seine eigene Begegnung mit Künstlern in der Sixtinischen Kappelle im November 2009 ein und verweist dabei auf seinen „eindringlichen Appell [...], in dem ich neu den Wunsch der Kirche zum Ausdruck gebracht habe, die Freude der gemeinsamen Reflexion und eines einträchtigen Handelns wiederzufinden, mit dem Ziel, das Thema der Schönheit wieder in den Mittelpunkt der Aufmerksamkeit sowohl der kirchlichen Gemeinschaften als auch der Zivilgesellschaft und der Welt der Kultur zu rücken".[16]

In der Ansprache zu dieser Begegnung spricht Benedikt einleitend von der „Freundschaft der Kirche mit der Welt der Kunst, [...] eine Freundschaft, die durch die Zeiten hindurch immer enger geworden ist".[17] An die Künstler, und zwar an alle Künstler, richtet er die „Einladung zu Freundschaft, Dialog und Zusammenarbeit". Auch in diesem Zusammenhang erinnert er an das Bemühen seiner Vorgänger, das Gespräch zwischen Kirche und Kunst wiederzubeleben. Das

---

[15] Botschaft von Papst Benedikt XVI. an die Teilnehmer der 17. Öffentlichen Sitzung der Päpstlichen Akademien (http://www.vatican.va/holy_father/benedict_xvi/messages/pont-messages/2012/documents/hf_ben-xvi_mes_20121121_pontifical-academies_ge.html).

[16] Ebd.

[17] Ansprache von Papst Benedikt XVI. bei der Begegnung mit den Künstlern am 21. November 2009 (http://www.vatican.va/holy_father/benedict_xvi/speeches/2009/november/documents/hf_ben-xvi_spe_20091121_artisti_ge.html).

schließt seiner Ansicht nach die Forderung ein, auch nach den „Gründe[n] für die gestörte Beziehung“ zu suchen und „persönlich die Verantwortung“ zu übernehmen. Von besonderer Bedeutung ist für Benedikt XVI. auch das von Papst Paul VI. betonte „tiefe Band zwischen Schönheit und Hoffnung“. Da die Gegenwart nämlich insbesondere durch Hoffnungslosigkeit gekennzeichnet sei, komme den Künstlern die wichtige Aufgabe zu, die Menschen näher an die Wirklichkeit heranzuführen und ihnen dadurch Hoffnung zu vermitteln: „Liebe Freunde, als Künstler wisst ihr nur allzu gut, daß die Erfahrung der Schönheit, einer Schönheit, die authentisch ist, nicht nur vergänglich und künstlich ist, nicht nur etwas Zusätzliches oder Zweitrangiges für unsere Suche nach Sinn und Glück. Die Erfahrung der Schönheit entfernt uns nicht von der Wirklichkeit, im Gegenteil, sie führt zu einer direkten Begegnung mit den täglichen Wirklichkeiten unseres Lebens. Sie befreit die Wirklichkeit von der Dunkelheit, verklärt sie und macht sie strahlend schön.“[18] In diesem Zusammenhang verweist Benedikt XVI. auch auf das Wort Dostojewskis, dass der Mensch ohne Wissenschaft und Brot, nicht aber ohne Schönheit leben könne, „weil man dann nichts mehr für die Welt tun könnte“. Wenn es nichts Schönes mehr gibt, wird das Leben sinnlos. Dann gibt es auch nichts Wahres oder nichts Gutes mehr. Daher bedarf die Welt auch der Künstler. Denn diese seien „Hüter der Schönheit“ und „Boten und Zeugen der Hoffnung für die Menschheit“.[19] Gerade aus diesem Grund sollten die Künstler sich nach Ansicht des Papstes nicht fürchten, auch ihrerseits das Gespräch mit der Kirche und dem Glauben zu suchen und sich „der ersten und letzten Quelle der Schönheit“ zu nähern.[20]

Welche besondere Aufgabe sich den Künstlern im religiösen Bereich stellt, hat der Papst mit Bezug auf Antoni Gaudí, den Architekten der „Sagrada Família“ in Barcelona, erläutert. 2012 hat er diese Kathedrale – er nennt sie „eine wunderbare Synthese aus Technik, Kunst und Glauben“[21] – eingeweiht und sich auf dem Flug nach Spa-

[18] Ebd.

[19] Ebd.

[20] Ebd.

[21] Predigt von Papst Benedikt XVI. bei der Weihe der Kirche „Sagrada Familia“ und des Altars am 07. November 2010 (http://www.vatican.va/holy_father/benedict_xvi/homilies/2010/documents/hf_ben-xvi_hom_20101107_barcelona_ge.html).

nien auch über die Vision Gaudís geäußert. An seiner künstlerischen Vision scheinen dem Papst drei Synthesen besonders wichtig. Erstens verweist er auf Gaudís „Synthese zwischen Kontinuität und Neuheit, Tradition und Kreativität".[22] Gaudí habe also zwischen Vergangenheit auf der einen und Gegenwart (und Zukunft) auf der anderen Seite, zwischen den Vorgaben der Gemeinschaft und seiner eigenen künstlerischen Freiheit vermittelt und eine neue Einheit geschaffen. Zweitens betont der Papst eine andere Synthese, die Gaudí vollbracht habe, nämlich die Synthese von Natur, Heiliger Schrift und Liturgie. Seiner Ansicht nach sei diese Synthese „heute von besonderer Bedeutung"; sie sei „eine sehr wichtige Botschaft gerade für die Gegenwart".[23] Ihre Bedeutung liege darin, dass Gaudí damit eine Einheit erfasst habe, die von zentraler Bedeutung für das Christentum sei. Denn in der Liturgie werde die Heilige Schrift Gegenwart und spreche zugleich die Schöpfung. Auch der liturgische Raum bedarf daher des Bezugs auf die Heilige Schrift und auf die Natur als Schöpfung. Das dritte von Benedikt XVI. besonders hervorgehobene Element der Vision Gaudís ist, dass seine der Heiligen Familie geweihte Kathedrale in einer Frömmigkeit verwurzelt sei, die charakteristisch für das 19. Jahrhundert sei (und die er als nach wie vor bedeutend bezeichnet). Das zeigt, dass Gaudí in seiner Kunst nicht allein die Tradition mit dem Neuen vermittelt oder Liturgie, Heilige Schrift und Schöpfung miteinander in Beziehung gesetzt habe, sondern dass seine Kunst auch eine Einheit von künstlerischer Vision mit der Praxis des gelebten Glaubens erreicht habe.

Was Benedikt XVI. über Gaudí und seine künstlerische Vision sagt, kann als eine fast idealtypische Charakterisierung des Künstlers, der im Raum der Kirche wirkt, gelesen werden. Wo Glaube und Kunst nicht einfach äußerlich aufeinander stoßen, sondern sich begegnen und zu einer Einheit finden sollen, kann dies nur auf der Grundlage dieser dreifachen Synthese geschehen. Dann ist der Künstler nicht nur ein „Zeuge der Schönheit", sondern sogar „Zeuge der Schönheit des Glaubens".

---

[22] Pressekonferenz mit Papst Benedikt XVI. auf dem Flug nach Spanien.

[23] Ebd.

V. Das Pontifikat Benedikt XVI. und die Einheit des Wahren, Guten und Schönen

Die Bemühungen von Papst Benedikt XVI. um das rechte Verständnis von Glaube, Vernunft und ihrem Verhältnis zueinander nahmen in seinem Pontifikat eine so prominente Stellung ein, dass man sie für sein wichtigstes Anliegen und sein inneres Zentrum halten könnte. Allerdings sollte man bei der Bestimmung von Zentren nicht allein den äußeren Anschein zum Maßstab machen. Denn wenn es eine Einheit des Wahren, Guten und Schönen gibt und wenn diese Einheit sich in ihrem vollen Sinne gerade im christlichen Glauben erschließt, ist jedes sich auf Wahrheit beziehende Nachdenken über die Vernunft und über ihr Verhältnis zum Glauben darauf angewiesen, in zweifacher Hinsicht ergänzt zu werden, nämlich durch ein Nachdenken über das Gute und durch ein Nachdenken über das Schöne. Somit steht neben der Theologie des Guten (und der Liebe) auch die Theologie der Schönheit und der schönen Künste, so skizzenhaft sie manchmal erscheinen mag, im theologischen Zentrum des Pontifikats von Benedikt XVI. Seiner Selbstdeutung ist also auch aus einer eher systematisch orientierten Sicht zuzustimmen. Dass er sich immer wieder darum bemüht hat, die lange auch von der Theologie stiefmütterlich behandelte Schönheit in die Mitte der Theologie zurückzuführen und das genuin christliche Verständnis des Schönen zu verdeutlichen, stellt einen wichtigen Beitrag seinerseits für die Theologie, aber auch für das weitere Gespräch der Kirche mit den schönen Künsten dar.

Abschließend sei noch auf zwei innere Grenzen seines Bemühens, über das Schöne theologisch nachzudenken und das Gespräch zwischen Kirche und Kunst zu intensivieren, hingewiesen. Zum einen erscheint es notwendig, auf der Grundlage seiner Überlegungen zur Schönheit die Kunst der Gegenwart in einer größeren Breite zu berücksichtigen, also nicht nur mehr Künstler und künstlerische Bewegungen, sondern auch verschiedene neue Kunstformen – wie etwa den Bereich der medialen Künste – in das Gespräch mit einzubeziehen, und zwar in einer solchen Weise, dass diese Erweiterung des Blicks nicht allein dazu dient, ein bereits feststehendes Verständnis der Kunst zu bestätigen oder nur zu illustrieren. Denn es könnte der Fall sein, dass das Gespräch mit der Kunst der Gegenwart auch zu einem Appell seitens der Kunst an die Kirche führt, dass also auch das kirchliche Verständnis von Kunst und Schönheit durch diese Begegnung herausgefordert wird.

Dieses Vorgehen würde voraussetzen, dass zum anderen die Geschichtlichkeit und die Autonomie der Kunst stärker berücksichtigt und anerkannt werden müssten. Dies könnte aber auch bedeuten, dass dadurch eine Perspektivität im Kunstverständnis von Benedikt XVI. vermieden würde, die weniger auf die Systematik seines theologischen Ansatzes, als auf oft unbewusste Vorurteile zurückzuführen ist. Seine Deutung der Kunst könnte nämlich – entgegen seiner Intention, die Einheit des Wahren, Guten und Schönen und ihre theologische Verankerung in Erinnerung zu rufen – dazu führen, in der Kunst etwas zu sehen, was nur etwas Anderes – also etwa einen anders sogar besser fassbaren (Glaubens-)Inhalt – zum Ausdruck bringt. Benedikt XVI. spricht nämlich nicht selten davon, dass die Kunst etwas – etwa „das Bedürfnis des Menschen, über das Sichtbare hinauszugehen" oder den „Glauben"[24] – zum Ausdruck bringe. Dann könnte es in der Tat so wirken, als sei das Kunstwerk eine bloße Bestätigung oder Illustration z. B. der kirchlichen Lehre oder einer bestimmten Theologie und nicht selbst als etwas Schönes immer auch eine eigenständige Offenbarung des Wahren und des Guten.

Diese ihrer Tendenz nach intellektualistische Deutung der Kunst hängt vermutlich mit dem sehr stark durch ein platonisches Wirklichkeitsverständnis geprägten Zugang Benedikt XVI. zur Schönheit und damit auch zu den schönen Künsten zusammen. Allzu schnell transzendiert er nämlich das endliche Kunstwerk auf ein in ihm Ausdruck findendes Unendliches und Unsichtbares hin, wo es geboten sein mag, auch aus theologischer Sicht länger beim Kunstwerk zu verweilen. Es stellt sich nämlich die Frage, ob gerade aus schöpfungs- und inkarnationstheologischen Gründen das Kunstwerk nicht mehr oder anderes ist als das endliche Abbild oder der sinnliche Ausdruck eines unendlichen und unsichtbaren Sinns. Vielleicht stehen gerade auch die Theologie und die Kirche immer in einem geschichtlichen Horizont, der durch Kunstwerke eröffnet wird, so dass auch umgekehrt die Theologie oder Kirche in ihren lehramtlichen Äußerungen etwas zum „Ausdruck" bringt, was in der Kunst geschieht, was sich also im Schönen eröffnet. Allein ein solches geschichtliches Denken, so scheint es, kann nicht nur die Einheit des Wahren, Schönen und Guten thematisieren, ohne das eine einem anderen unterzuordnen, sondern auch diese Einheit in der Theologie des Heilshandelns Gottes verankern.

[24] Generalaudienz zum Thema „Kunst und Gebet" am 31. August 2011 (s. Anm. 10).

III. Stimmen – ein Panorama

Wie ein Blitz aus heiterem Himmel

Der Amtsverzicht Benedikts XVI. – eine zukunftsträchtige Geste

Kardinal Walter Kasper, Rom

Wie ein Blitz aus heiterem Himmel

„Wie ein Blitz aus heiterem Himmel", so hat der Dekan des Kardinalskollegiums Angelo Sodano die Ankündigung des Amtsverzichts von Papst Benedikt XVI. am 11. Februar 2013 am Ende eines normalen Konsistoriums der in Rom anwesenden Kardinäle zur Vorbereitung von Heiligsprechungen bezeichnet. Damit war die Wahrnehmung der anwesenden Kardinäle wie der weit über die katholische Kirche hinausreichenden Öffentlichkeit exakt beschrieben: Ungläubiges Erstaunen, Sprachlosigkeit und Fassungslosigkeit, bei manchen gar Schock und epochales Erschrecken. Niemand hatte damit gerechnet, wenigstens nicht zu diesem Zeitpunkt. Es war Überraschung pur.

Zwar war ein solcher Amtsverzicht im alten wie im neuen Kirchenrecht als Möglichkeit vorgesehen. Kanon 332 §2 legt fest: „Falls der Papst auf sein Amt verzichten sollte, ist zur Gültigkeit verlangt, dass der Verzicht frei geschieht und hinreichend kundgemacht, nicht jedoch dass er von irgendwem angenommen wird." (vgl. CIC 1917, can. 221). In Kanon 335 ist in einer im Einzelnen nicht spezifizierten Weise auch von der völligen Behinderung des römischen Bischofsstuhls die Rede. Allgemeine Regeln zum Amtsverzicht finden sich in den Kanones 184 f.; 187–189.

Wie man weiß, haben sowohl Papst Pius XII., Papst Paul VI. sowie Papst Johannes Paul II. einen Amtsverzicht für den Fall der Behinderung im Amt vorgesehen. Papst Benedikt hat mehrfach Signale gegeben, dass er einen Rücktritt nicht ausschließt, ja unter bestimmten Umständen für geboten hält. Im April 2009 hat er nach dem Erdbeben in L'Aquila die beschädigte Basilika *Santa Maria di Collemaggio* besucht und am Grab des 1294 zurückgetretenen Papstes Coelestin V. gebetet. Dabei hat er sein Pallium als Votivgabe auf dem Glassarkophag des Heiligen zurückgelassen. Diese Geste kann man erst nachträglich voll verstehen. Am deutlichsten hat er sich in einem Interview mit Peter Seewald geäußert: „Wenn ein Papst zur klaren Erkenntnis kommt, dass er physisch, psychisch und geistig den Auftrag seines Amtes nicht mehr bewältigen kann, dann hat er ein Recht und unter Umständen auch eine Pflicht, zurückzutreten.“[1]

Am 11. bzw. am 28. Februar 2013 ist aus der Möglichkeit Wirklichkeit geworden. Das war eine neue Qualität und ist in dieser Form ein Novum. Es war wie ein Blitz aus heiterem Himmel.

Ein Papst und eine Kirche, die nicht ins Schema passen

Wie ein Blitz aus heiterem Himmel war die Ankündigung des Rücktritts auch noch aus einem anderen Grund. Bei vielen, die im gegenwärtigen Umbruch der Kirche auf Papst Benedikt gesetzt hatten, für die er zur Identifikationsfigur, zum Garanten der Tradition und zugleich zum Repräsentanten eines Katholizismus auf hohem intellektuellen Niveau geworden war, löste der Rücktritt Irritationen aus, sie waren wie verstört und tief traurig; für sie brach fast eine Welt zusammen. Da sich der Stil seines Nachfolgers vom ersten Augenblick an deutlich unterschied, stellten sich für sie Fragen der Kontinuität und Identität des Katholischen. Offensichtlich hatten sie Papst Benedikt ebenso wie dessen Kritiker unterschätzt. So wenig er je in das Schema des Panzerkardinals, des Inquisitors, des verbohrten Ideologen und Antimodernen passte, so wenig passte er in das von ihnen zurechtgezimmerte verkürzte Wunschbild des Katholischen. Zweifelsohne war und ist Papst Benedikt ein bedeutender Theologe, aber er war nicht einfach ein Theologenpapst, dem man zwar Reden von hohem Niveau, tiefgründige ansprechende Predigten und Katechesen, aber im Unterschied zu seinem Vorgänger keine großen Gesten zutraute. Jetzt hatte er wie kein Papst vor ihm eine Geste gesetzt, die ihm einen Platz in den Geschichtsbüchern sichert. Er passte und passt in kein Schema; er repräsentiert eine katholische Kirche, die alle auf ihn angewandten verkürzenden Schemata sprengt.

Nach dem ersten Erstaunen sprach die übergroße Zahl der katholischen Christen anerkennend von einem mutigen Schritt. Mutig war er vor allem deshalb, weil der Papst diesen Schritt ohne förmliche Konsultation in seinem persönlichen Gewissen nach Gebet und reif-

---

[1] Benedikt XVI., *Licht der Welt. Der Papst, die Kirche und die Zeichen der Zeit.* Ein Gespräch mit Peter Seewald, Freiburg 2010, 47.

licher Überlegung gefasst hatte. Dass er sich dabei der Tragweite seiner Entscheidung bewusst war und wusste, dass ein solcher Schritt Konsequenzen haben kann, die auch er nicht überschauen und nicht steuern kann, darf man bei Papst Benedikt als selbstverständlich voraussetzen.

Der Schritt war mutig; er war ebenso großmütig. Er bedeutete den freiwilligen Verzicht auf Macht im Sinn von souveränen Gestaltungsmöglichkeiten, Verzicht auf öffentliches Auftreten, bei dem er von vielen herzlich empfangen und bejubelt wurde, und Rückzug in ein verborgenes, quasi mönchisches Leben. Ein solcher freiwilliger Verzicht zeigt menschliche Größe, wie sie sonst kaum zu finden ist.

Zum Mut und zur Großmut kommt die Demut, das Eingeständnis der menschlichen Schwäche. Jeder, der dem Papst in den Wochen vor der Ankündigung des Rücktritts begegnet ist, konnte den physischen Verfall bei gleichzeitiger großer, ja außerordentlicher Luzidität seines Geistes feststellen. Er war sich klar bewusst, was er tat und warum er es tat. Er sagte klar, er sehe sich den übermenschlichen Anforderungen seines Amtes nicht mehr gewachsen. Es war Verantwortung für sein Amt und für die Kirche, die ihn veranlasste, auf eben dieses Amt zu verzichten.

Man sollte es darum kleineren Geistern, als es Papst Benedikt ist, überlassen, nun nach allen möglichen wirklichen oder vermeintlichen Hintergründen zu suchen und daraus einen Vatikan-Krimi zu konstruieren. Dass es Probleme in der Kurie gab und gibt, ist unbestreitbar; Benedikt selbst hat noch vor seiner Papstwahl am Karfreitag 2005 offen von *sporcizia*, von Schmutz, den es in der Kirche und in der Kurie gibt, gesprochen. Zweifellos hat der Vertrauensbruch der *Vatileaks* – wie könnte es anders sein – Benedikt menschlich zugesetzt; öffentlich hat er davon nie gesprochen und sogar – entgegen allem in der Politik Üblichen – Mitarbeitern, die er zur Rechenschaft hätte ziehen können, sein Vertrauen ausgesprochen. Wie schon bei anderen Schwierigkeiten, etwa bei der Williamson-Affäre, hat er Versäumnisse anderer auf sich selbst genommen. Doch allein auf solche Probleme abzuheben, ist kleinkariert, so als ob die dem Papst anvertraute Sorge um alle Kirchen (2 Kor 11,28) nicht ausreichte, die eigene Schwäche zu erfahren und dies zumal in einer Welt, die sich in rasanter, sich ständig beschleunigender dramatischer Bewegung befindet.

So erhellte die Ankündigung des Rücktritts wie ein Blitz plötzlich die Situation. Die zum Konklave versammelten Kardinäle begriffen nach einer ungewöhnlich offenen Diskussion schnell die neue Situation und reagierten mit einer unerwartet raschen Papstwahl, die wiederum eine Überraschung war.

Unvorhersehbar und nicht programmierbar

Was man im Volksmund einen Blitz aus heiterem Himmel nennt, bezeichnet man in einer etwas emphatischeren Redeweise gerne als eine prophetische Geste. Doch was heißt das: prophetisch? Landläufig versteht man unter Propheten Menschen, die in die Zukunft schauen und Künftiges antizipieren können. Das können Unheils- wie Heilspropheten sein. Die letzteren kommen in der Bibel schlecht weg, die ersteren, die meinen, alles werde immer nur schlimmer, hat Johannes XXIII. in seiner Rede zur Konzilseröffnung am 11. Oktober 1962 zurückgewiesen. Jetzt meinen manche, der Schritt Papst Benedikts sei prophetisch, weil er hellsichtig vorausschauend eine neue Phase der Papst- und Kirchengeschichte eingeleitet habe.

Das kann, wie gleich noch zu sagen sein wird, richtig, das kann aber auch falsch verstanden werden. Falsch wäre es, würde man meinen, ein künftiger Papst oder künftige Päpste würden nur noch auf Zeit gewählt. Das wäre mit dem Amt des Papstes wie es die katholische Kirche versteht schwerlich vereinbar. Im Übrigen könnte sich jeder auf Zeit gewählte Papst, wenn er einmal Papst ist, über solche Absichten des Wahlkollegiums hinwegsetzen. Der Wahl als Übergangspapst hat Johannes XXIII. – sofern das bei seiner Wahl beabsichtigt gewesen sein sollte – einen kräftigen Strich durch die Rechnung gemacht. Mit seiner unerwarteten Konzilsankündigung am 25. Januar 1959, die als ein prophetischer Akt und als ein charismatischer Impuls genannt zu werden verdient, hat er ganz anders, als es vielleicht geplant war, den Übergang in eine neue Epoche der Kirchengeschichte herbeigeführt. Bei dieser Ankündigung sollen die in St. Paul vor den Mauern anwesenden Kardinäle nicht weniger sprachlos dagestanden sein, als es bei Papst Benedikts Ankündigung am 11. Februar 2013 der Fall war.

Das sollte denen zur Warnung sein, die daran denken, den sehr allgemein gehaltenen Kanon des Kirchenrechts über einen möglichen Amtsverzicht des Papstes durch Ausführungsbestimmungen zu konkretisieren. Prophetische Akte lassen sich weder programmieren noch institutionalisieren. Der Amtsverzicht als Ausnahmefall würde dadurch sozusagen zu einer Art Dauereinrichtung gemacht. Das wäre kontraproduktiv. Denn dadurch könnte ein Erwartungsdruck aufgebaut und gegebenenfalls ein innerkirchlicher oder medialer Druck ausgeübt werden, wie man das aus der Politik zur Genüge kennt. In diesem Sinn sollte der Amtsverzicht Papst Benedikts keinesfalls zukunftsweisend sein. Er wird zwar als einmal realisierte Möglichkeit jedes weitere Pontifikat begleiten; aber es genügt, dass nun ein Präzedenzfall gegeben ist, an dem man sich gegebenenfalls orientieren kann. Was das konkrete Wie angeht, ist der Hl. Geist immer wieder neu für Überraschungen gut.

Keine wirklichen geschichtlichen Parallelen

Nimmt man den blitzartig einschlagenden Überraschungscharakter ernst, dann verwundert es nicht, dass die gleich nach Papst Benedikts Ankündigung einsetzende Suche nach geschichtlichen Parallelen und Vorbildern mehr als mager ausfallen musste.

Aus der Zeit der Kirche des ersten Jahrtausends kann man auf Papst Pontianus (230–235) verweisen. Er wurde in der Zeit der Verfolgung nach Sardinien deportiert, hat auf sein Amt verzichtet und ist dort ebenso wie der dorthin deportierte Gegenpapst Hippolyt den Entbehrungen erlegen. In ganz anderem Zusammenhang wird in der wirren Zeit der Völkerwanderung und der spätantiken Auseinandersetzungen mit Konstantinopel von Papstrücktritten oder Papstabsetzungen gesprochen (Silverius, 537; Martin I., 654/5). Dasselbe gilt vom *Saeculum obscurum* (Leo VIII., 965). Das bekannteste Beispiel sind die Synoden von Sutri und Rom von 1046, auf denen gleich drei Päpste zurücktraten bzw. abgesetzt wurden. Ihr Rücktritt oder ihre Absetzung ist zwar nicht bis ins Letzte geklärt, aber das offiziöse Päpstliche Jahrbuch *(Annuario Pontificio)* gibt in seiner Liste der römischen Päpste über diese Vorgänge in knapper Weise historisch exakte Auskunft.

Interessant ist vor allem das Konzil von Konstanz (1414–1418). Am Ende des 1378 ausgebrochenen Großen Abendländischen Schismas gab es zuletzt drei um das Papstamt streitende Päpste. Jeder exkommunizierte die Obödienz des anderen; so kam es zu der absurden Situation, dass in der einen oder anderen Weise die ganze Christenheit exkommuniziert war. In dieser unerträglichen und ausweglosen Situation konnte nur eine konziliare Lösung weiterhelfen. Der Papst der römischen Obödienz Gregor XII. trat, um den Weg für die Einheit frei zu machen, 1415 freiwillig zurück. Die beiden anderen Papst-Prätendenten, Johannes XXIII. und Benedikt XIII., wurden durch das Konzil zum Rücktritt genötigt bzw. abgesetzt. Das Konzil hat dazu in dem Dekret *Haec sancta* vom 6. April 1415 die Superiorität des Konzils über den Papst festgestellt. Diese Notlösung diente nicht dazu, das Papsttum zu schwächen, es war vielmehr die einzige verbleibende Möglichkeit, das Papsttum durch die Wahl Martins V. erst wieder funktionsfähig zu machen. Als Modell kann diese Lösung bestenfalls für ähnliche schwere Notsituationen gelten, von denen man nur hoffen kann, dass sie nie eintreten.

Alle genannten Fälle geschahen in so außerordentlichen historischen Situationen, dass sie als Parallele oder gar als Präzedenzfall zum Amtsverzicht von Papst Benedikt ausscheiden. Als einzig verbleibender Hinweis für einen freiwilligen Papstrücktritt stieß man auf den von Papst Coelestin V. (Pietro Morrone). Er wurde nach über zweijähriger Sedisvakanz, in der sich die verfeindeten römischen Familien der Colonna und Orsini nicht einigen konnten, am 5. Juli 1294 in Perugia als einfacher Eremit *per inspirationem* zum Papst gewählt. Von vielen wurde er als der erwartete *Papa angelicus* begrüßt, er war aber seinem Amt nicht gewachsen. Nach seiner Krönung in L'Aquila geriet er in Neapel, wo er im *Castel Nuovo* in einer einfachen hölzernen Mönchszelle lebte, in Abhängigkeit von König Karl II. aus dem Geschlecht der Anjou. Nach schweren Gewissenszweifeln dankte er schon nach fünf Monaten am 13. Dezember 1294 ab. Nach misslungener Flucht wurde er von seinem Nachfolger Bonifaz VIII. in den Abruzzen im *Castello Fumone* bis zu seinem Tod 1296 in Haft gehalten. Zieht man die Umstände seiner Wahl wie seines auch damals nicht unumstrittenen Rücktritts in Betracht, eignet sich auch dieser Fall nur höchst bedingt als Vorbild oder Parallele zu dem unter völlig verschiedenen Umständen, wohl erstmaligen ganz frei erfolgten Rücktritt von Benedikt XVI.

Die Beispiele zeigen, dass die Papstgeschichte weit turbulenter und keineswegs so geradlinig verlaufen ist, wie manche sich das vorstellen. Wie es im Leben des Apostels Petrus Höhen und Tiefen gab, so auch in der Geschichte des Papsttums. So wie zur Kirche große Heilige, aber auch Sünder gehören, so auch zu den Päpsten. Das Papsttum ist Teil des pilgernden Gottesvolkes, das zwischen den Verfolgungen der Welt und den Tröstungen Gottes auf den staubigen und oft mühseligen Straßen der Geschichte unterwegs ist (*LG* 8). Es begegnet immer wieder unvorhersehbaren außerordentlichen Situationen, die sich nicht in eine allgemeine Theorie einordnen oder als Präzedenzfälle ausweisen lassen. Allgemein kann man nur sagen. dass der Amtsverzicht eines Papstes immer als grundsätzlich möglich angesehen wurde.

Prophetische und charismatische Dimension des Petrusamtes

Die geschichtlichen Beispiele zeigen, dass das Papsttum nicht nur eine imposante Institution und schon gar nicht eine starre Institution ist, dass ihm vielmehr auch die Dimension des Charismatischen und des richtig verstandenen Prophetischen eignet. Das wird schon allein dadurch deutlich, dass man auf die Art und Weise schaut, wie ein Papst ins Amt kommt. Der jeweils neue Papst wird ja weder von seinem Vorgänger ernannt noch von dem ihn wählenden Kardinalskollegium beauftragt; er hat seine Vollmacht unmittelbar von Jesus Christus. Das Erste Vatikanische Konzil (1869–70), das Jurisdiktionsprimat und Unfehlbarkeit des Papstes definierte, spricht ausdrücklich von einem besonderen Charisma (DS 3071; vgl. *LG* 25), das dem Papst je nach den variablen geschichtlichen Situationen beisteht (DS 3069). Papst Johannes Paul II. konnte deshalb darum bitten, ihm zu helfen eine neue Form der Ausübung des Petrusdienstes zu finden, welche der neuen Situation entspricht und möglichst von den andern Kirchen angenommen werden kann (Enzyklika *Ut unum sint*, 1995, 95 f.). Benedikt XVI. hat diese Bitte mehrfach wörtlich wiederholt.

Jüngst hat der Präfekt der Glaubenskongregation, Erzbischof Gerhard Ludwig Müller, in einem Interview gesagt, der jeweilige Papst sei nur chronologisch Nachfolger seines Vorgängers, in Wirklichkeit aber Nachfolger des Petrus. Das klang für viele überraschend, ist aber grundlegend für den Dialog mit den orthodoxen Kirchen, welche das Konzept einer quasi linearen Petrus-Nachfolge nicht kennen, für die es vielmehr im Dialog nur darum gehen kann, ob und gegebenenfalls wie Petrus und die ihm gegebene Verheißung im jeweiligen Bischof der Kirche von Rom, die den Vorsitz in der Liebe hat (Ignatius von Antiochien), „vertikal" geschichtlich wirksam gegenwärtig ist.

Diese charismatische und im rechten Sinn verstandene prophetische Dimension des Petrusamtes und aller Ämter der Kirche ist viel zu wenig bewusst.[2] Institution und Charisma sind keine Gegensätze; sie gehören zusammen. Jede Papstwahl ist darum nicht nur im heutigen

---

[2] Vgl. Walter KASPER, *Katholische Kirche*, Freiburg 2011, 320–322; 324 f.; 371 f.; 268–74.

Sinn ein mediales Ereignis, sie ist noch viel mehr ein Ereignis in einem geistlichen Sinn. Genau so habe ich das letzte Konklave erfahren, und andere Kardinäle haben mir bestätigt, dass es ihnen ebenso ergangen ist.

Das Paradox von Schwäche und Stärke

Thomas Söding hat in einem exegetischen Kommentar zum Rücktritt von Papst Benedikt XVI. auf das Wort des Apostels Paulus verwiesen: „Wenn ich schwach bin, bin ich stark" (2 Kor 12,10).[3] Er hat zwei Thesen aufgestellt: „Das Amt hängt an der Person." und „Das Amt ist größer als die Person." Dass das Amt an der Person hängt und darum eine handlungsfähige Person zur Voraussetzung hat, gehört zur sakramentalen Grundstruktur des katholischen Kirchenverständnisses.[4] Die zweite These bringt zum Ausdruck, dass jedes Amt von Jesus Christus als dem primären Spender der Priester- und der Bischofsweihe verliehen wird und *in persona Christi* ausgeübt wird. Jesus Christus ist es, der predigt, der tauft und der konsekriert.[5] So hängt das Amt zwar an der Person, gehört aber nicht der jeweiligen Person.

Der Amtsverzicht von Benedikt XVI. hat also nichts mit einer Funktionalisierung oder Säkularisierung des Amtes des Papstes zu tun, wie manche befürchtet haben. Solche Befürchtungen wurden schon bei der Amtszeitbegrenzung der Bischöfe laut. Damals wurde auf das unlösbare Quasi-Eheband zwischen dem Bischof und seiner Ortskirche verwiesen. Das hat weder damals und bis heute nicht daran gehindert, durch die Transferierung von Bischöfen von einem auf den anderen, meist „höheren" Sitz viele „Ehebrüche" zu begehen. Dieser Karrierismus hat viel mehr zur Funktionalisierung und Bürokratisierung des Bischofsamtes beigetragen als der Amtsverzicht des Papstes. Dieser hat ganz im Gegenteil gezeigt, dass das Amt nicht eine bzw. beim Papst nicht die höchste Stufe einer Karriereleiter ist und das sakramentale Amtsverständnis eben keine Sakralisierung der Person bedeutet. So gibt der Amtsverzicht den Blick auf das Wesentliche, ge-

---

[3] IKaZ Communio 42 (2013) 181–184.

[4] Karl-Heinz Menke, *Sakramentalität. Wesen und Wunde des Katholizismus*, Regensburg [2]2013.

[5] Vgl. Augustinus, *In Ioan.* 6,7.

nauer: auf Jesus Christus als dem Herrn und als dem Haupt der Kirche frei. So wie Jesus Christus seine Kraft in der Schwachheit erweist, gerade so wächst dem Amt im Gestus des Verzichts moralische und geistliche Autorität zu.

Prophetischer Charakter des Übergangs von Papst Benedikt zu Papst Franziskus

Nimmt man alle Gesichtspunkte zusammen, wird der recht verstandene prophetische Charakter des Amtsverzichts von Papst Benedikt deutlich. Der Prophet ist keiner, der die Zukunft vorhersagt, er ist vielmehr einer, der die Gegenwart ansagt. Im Licht der eschatologischen Erwartung deutet er die „Zeichen der Zeit", wie er umgekehrt die nie veraltete, stets aktuelle Neuheit der christlichen Botschaft im Licht der „Zeichen der Zeit" blitzartig neu zum Leuchten bringt. In diesem Sinn war nicht nur der Amtsverzicht von Papst Benedikt, sondern auch die Wahl seines Nachfolgers ein prophetisches Ereignis. Beide bringen die Katholizität im Sinn der Universalität und Globalität der Kirche neu zu Bewusstsein.

Natürlich war die Kirche ihrem theologischen Anspruch nach schon immer universal und global. Aber sie trug – sieht man von ihrer orientalischen Ursprungsgeschichte ab – vor allem im zweiten Jahrtausend ein europäisches Gesicht. Papst Benedikt war schon durch die Wahl seines Namens Benedikt, des Patrons Europas, und durch seine ganze intellektuelle Kultur ein europäischer Papst. Mit seinem Nachfolger, der vom anderen Ende der Welt kommt, wurde schlagartig offenbar, dass sich das Schwergewicht der Kirche im 20. Jahrhundert auf den Kopf gestellt hat. Lebten zu Beginn des 20. Jahrhunderts nur 25 % der Katholiken außerhalb Europas, so waren es am Ende des Jahrhunderts gerade noch 25 %, die in Europa lebten. So machte die Wahl von Papst Franziskus in überraschender Weise eine neue Etappe der Globalisierung der Kirche und des Papsttums offenbar.[6]

Papst Franziskus ist der siebte Papst, den ich in meinem Leben bewusst kennen gelernt habe. Jeder war im Blick auf seinen Vorgänger eine Überraschung; keiner hat seinen Vorgänger einfach kopiert. Pius XII. und Johannes XXIII. repräsentieren zwei Epochen der einen

[6] Vgl. Christian STOLL, *Abschied von Europa*, in: IKaZ Communio 42 (2013) 317–323.

und selben katholischen Kirche; Paul VI. war mentalitätsmäßig vielleicht der modernste aller Päpste, der leider im Schatten seines Vorgängers und seines Nachfolgers allzu vergessen ist; Johannes Paul I. wurde uns nur gezeigt, aber nicht wirklich geschenkt; Johannes Paul II., seit mehr als vier Jahrhunderten der erste nichtitalienische Papst, war eine epochale Gestalt von epochaler Größe, die Benedikt XVI. nie kopiert, sondern auf seine Weise der leisen und stillen Töne weitergeführt und theologisch vertieft hat. Alle diese Päpste waren bedeutende heiligmäßige Päpste, alle waren katholisch, alle aber waren auch sehr verschieden.

So genügt es nicht, nur die lehrmäßige Kontinuität von Benedikt XVI. zu Franziskus, die evident und überdeutlich ist, aufzuzeigen. Das Frische und Neue an Papst Franziskus ist ebenso unübersehbar. Es wäre indes falsch, die Neuheit seines Stils und des Verzichts auf traditionelle Insignien im Rahmen des innerkirchlichen westlichen Modernitätsdiskurses in die Kategorien von liberal und konservativ einzuordnen. Wer diese Kategorien an Papst Franziskus heranträgt, wird sehr bald in der einen oder in der anderen Richtung enttäuscht werden. Dieser Papst aus der neuen Welt ist daran, die Agenda der europäisch-westlichen Kirche zu verändern. Er sieht, dass angesichts der übergroßen Mehrheit der Armen in der Welt das Modell der westlichen Zivilisation kaum Zukunftschancen und der kirchliche Modernitätsdiskurs sich letztlich erschöpft hat.

Von einem Abschied von Europa sollte man trotzdem nicht sprechen. Aus Europa, aus seinen christlichen Wurzeln wie aus dessen neuzeitlichen Säkularisaten ist die heutige globale Weltzivilisation hervorgegangen. Von den europäischen Wurzeln abgeschnitten wird sie verwelken oder gar verwildern. Die grundlegenden Glaubensbekenntnisse des Christentums sind auf europäischem Boden und aus der Begegnung mit dem europäischen Geist entstanden. Sie gehören bleibend zur Identität des Christlichen und Katholischen. So sind zwar der Eurozentrismus und der kuriale Zentralismus passé. Europa aber wird als Referenzpunkt bleibend von Bedeutung sein. Darum darf Europa nicht in einer pluralistischen Weltunordnung untergehen; es muss sich, nicht nur um seinetwillen, sondern um der Weltzivilisation und um des Friedens in der Welt willen, auf sich und auf seine Katholizität neu besinnen. Mit anderen Worten: Die Kirche muss das Erbe Papst Benedikts in schöpferischer Weise weiterführen.

Wie, das ist eine Zukunftsaufgabe, welche nicht innerhalb der Spanne nur eines Pontifikats abschließend zu beantworten sein wird.

Die Grundlinie der Antwort scheint mir aber mit dem Namen Franziskus, der nicht nur ein Name, sondern ein Programm ist, angedeutet. Es geht um Zukunft durch eine radikale, d. h. eine an die Wurzel gehende prophetische Erneuerung aus dem Ursprung und aus dem Grund, der ein für alle Mal in Jesus Christus gelegt ist.

Gott ist wichtig, ich bin es nicht

Benedikt XVI. wird nicht als Kirchenfürst in Erinnerung bleiben, sondern als Erneuerer des Glaubens

Jan Roß, Hamburg

Gesten kann er nicht, dachte man immer. Gesten waren die Domäne seines Vorgängers, des Tatmenschen und Weltstars Johannes Paul II. Von Benedikt XVI. hieß es dagegen, stets etwas entschuldigend, wie um einen Mangel zu beschönigen, er sei ein Papst des Wortes – mehr zum Anhören oder zum Lesen gemacht als zum Hinsehen, Teilnehmen und Mitfühlen. Und nun, zum Schluss, ist dem schüchternen Gottesgelehrten Joseph Ratzinger mit seiner Rücktrittsentscheidung eine ungeheuerliche Geste gelungen, die so gewiss in den Geschichtsbüchern stehen wird wie die Reisen, Moschee- und Synagogenbesuche oder das öffentliche Sterben seines Vorgängers.

Gewollt, im Sinne einer kalkulierten Inszenierung, war der Effekt gewiss nicht. Gesicht und Blick Benedikts XVI., während der Sprecher des Kardinalskollegiums in geläufiger höfischer Wohlerzogenheit dem scheidenden Machthaber seinen Respekt bezeugte, wirkten nicht nur müde, sondern traurig; sie erinnerten, in aller Würde der Selbstbeherrschung und der wie immer perfekt gewahrten Form, an ein verlassenes Kind. Es wäre ein Wunder, wenn ihn die Isolation im Apostolischen Palast und der Verrat in seiner nächsten Umgebung, durch die Dokumentendiebstähle seines Kammerdieners, nicht tief verstört hätten. Wahrscheinlich hat er wirklich einfach nicht mehr weitergekonnt.

Schwäche ist ein Lebensthema des vermeintlich eisernen Dogmatikers Joseph Ratzinger. Schon 1977, als der Regensburger Theologieprofessor zum Erzbischof von München berufen wurde, machte er sich Sorgen um seine empfindliche Gesundheit – als Fünfzigjähriger. 2005, in seiner Predigt beim Amtsantritt als Papst, sprach er über die Pflichten des Hirten, der seine Herde beschützen soll; der Zweifel, ob er der Aufgabe gewachsen sein würde, war ihm anzumerken. „Betet für mich", wandte sich der frisch gewählte Benedikt XVI. an die Gläubigen auf dem Petersplatz, „betet für mich, dass ich nicht fliehe aus Angst vor den Wölfen."

Eisern ist dieser Dogmatiker gerade nicht. Für Ratzinger ist der Kampf etwas, das er sich mühsam abringen muss, aus Sorge, dass das Verkehrte sonst überhandnimmt. Menschlich am stärksten war er als Papst, wenn er diese persönliche Fragilität, auch Fehlbarkeit, hinter der strengen Treue zur katholischen Sache sichtbar machte: Gott ist wichtig, ich bin es nicht. So im März 2009, als er nach dem kirchenpolitischen Desaster des Versöhnungsversuchs mit den reaktionären Piusbrüdern eine noch von keinem Papst gewagte Selbsterklärung und Selbstkritik publizierte. Oder jetzt, in seiner Rücktrittsankündigung, mit dem Satz: „Ich bitte euch um Verzeihung für alle meine Fehler." Einen solchen Satz wird man bei Politiker-Abgängen selten hören.

Was bleibt von Benedikt XVI.? Es bleibt Joseph Ratzinger. Nicht die Jahre als Papst waren sein eigentliches und eigenständiges Lebenswerk, sie gehören zusammen mit der Zeit davor, als Theologe, Kardinal und Mitgestalter der Ära Johannes Pauls II. Ganz an der Spitze, als Oberhaupt der Kirche, war Ratzinger glücklos. Im Missbrauchsskandal gehörte er nicht zu den Leugnern und Verharmlosern, er hat sich mehrfach mit Opfern priesterlicher sexueller Gewalt getroffen, unter ihm hat die Kirche zum ersten Mal leidlich Ernst gemacht mit Aufklärung und Prävention – doch die wirklich befreienden Worte eines schonungslosen Schuldbekenntnisses hat er nicht gefunden. Von einer sauberen und wirksamen Kirchenregierung ist der Vatikan weiter entfernt denn je; zuletzt hat er stattdessen ein bizarres Schauspiel von Chaos, Intriganz und Lakaienkriminalität geboten. Als Vorstandsvorsitzender eines multinationalen Konzerns in einer schweren Krise, und das ist die katholische Weltkirche heute, war Joseph Ratzinger schlicht die falsche Wahl.

Aber man muss die Perspektive ausweiten, um ihm gerecht zu werden, man muss seine Jahre seit 1981 als Präfekt der Glaubenskongregation mit hinzunehmen – dann erst sieht man das volle Bild, das ganze Ratzinger-Projekt. Es ist eine Art Rettungsunternehmen, der Bau einer geistigen und spirituellen Arche – der Versuch, die großen Schätze des Christentums aus einer langen Geschichte zu sammeln, zu bewahren und in die Zukunft mitzunehmen. Formuliert in einer schönen, unverbrauchten Sprache, dialog- und konfliktfähig mit dem Denken der Moderne. Das ist mitnichten bloß Bildung, Gelehrsamkeit, Theologie, sondern für das Glaubensleben genauso zentral und notwendig wie Seelsorge, Gottesdienst oder Caritas. Joseph Ratzinger ist, bei aller Unvergleichbarkeit der Dimensionen, ein Kirchenlehrer, so wie sein großes Vorbild, der heilige Augustinus, ein Kirchenlehrer und Kirchenvater war.

Der Katechismus der katholischen Kirche, der 1992 erschien, war Ratzingers Idee – eine Gesamtdarstellung des Glaubens, die der Inhaltsleere eines bloß stimmungsmäßigen oder sozial gut gemeinten Christentums entgegenwirken sollte und als Buch ein Welterfolg geworden ist. Ratzinger hat seine Kirche wieder geistig satisfaktionsfähig gemacht, nicht nur im berühmt gewordenen Dialog mit Jürgen Habermas, sondern auch in Streitgesprächen mit atheistischen italienischen Intellektuellen, deren Antiklerikalismus einen ganzen Zacken schärfer war als die Religionsskepsis des im Alter milde gewordenen deutschen Philosophen.

Und Ratzinger hat das Zweite Vatikanische Konzil, die Reformversammlung der katholischen Bischöfe von 1962 bis 1965, bis heute das Vorbild aller Kirchenmodernisierer, nicht etwa verleugnet, sondern in den jahrhundertelangen Zusammenhang der Glaubensgeschichte eingefügt. Es stimmt, so sieht er es, dass die Kirche damals eine Erneuerung brauchte; sie braucht immer Erneuerung. Aber es stimmt nicht, dass mit der Reform alles erst richtig anfing, dass es eine gute Moderne gibt und eine schlechte Tradition, dass die Kirche sich dauernd fragen muss, ob „man heute noch" glauben kann, was sie glaubt. Das „Man" und das „Heute" sind für sich weder falsch noch richtig, weder gut noch böse; sie sind nur einfach für eine Einrichtung, die auf Erden zweitausend Jahre alt und deren Bestimmung die Ewigkeit ist, nicht so furchtbar wichtig, jedenfalls nicht das letzte, ausschlaggebende Argument.

Das alles hat Joseph Ratzinger schon als Kardinalpräfekt seines Vorgängers gedacht und betrieben, als Papst hat er es nur fortgesetzt, mit größerer Machtvollkommenheit, aber schwindenden Kräften. Die Zeit von 1978, der Wahl von Johannes Paul II., bis 2013, dem Rücktritt Benedikts XVI., wird im historischen Rückblick als eine einzige Periode erscheinen, als eine Art Doppel-Pontifikat, mit Karol Wojtyła als dem stärkeren, kühneren, originelleren Partner, als großem Bruder gewissermaßen, neben dem Ratzinger als etwas primushafter, bücherwurmiger Jüngerer steht. Zusammen haben sie einen eindrucksvollen katholischen Neukonservativismus geschaffen, mit weltpolitischer Autorität und mystischer Tiefe bei Johannes Paul II., mit geistlicher Feinheit bei Benedikt XVI. Aber zusammen haben sie auch den Bruch zwischen der Kirche und der westlichen Mehrheitsgesellschaft, zwischen der Kirchenführung und dem westlichen Kirchenvolk nicht heilen können; er ist in ihrer Zeit vielmehr immer größer geworden.

Dass Joseph Ratzinger selbst sich des Problems bewusst ist, hat er mit einer Bemerkung in seiner Rücktrittsankündigung verraten. „Die Welt", heißt es da, „die sich so schnell verändert, wird heute durch Fragen, die für das Leben des Glaubens von großer Bedeutung sind, hin und her geworfen." Der Satz ist Ratzingers eigentliche Begründung dafür, dass ein Papst heute auf der Höhe seiner körperlichen und geistigen Kraft sein muss – dass er selbst daher nicht mehr der Richtige ist und jetzt ein anderer übernehmen soll. Es klingt wie eine überraschend weltkluge, realpolitische Einschätzung aus dem Munde eines Mannes, der sonst als kompromissloser Zeitgeistverächter gilt. Und wie ein Fingerzeig für die Nachfolgesuche, dass nun ein Kirchenoberhaupt gefunden werden muss, das sich trotz Rechtgläubigkeit und Traditionstreue besser in der Gegenwart zurechtfindet und auf sie einstellen kann.

„Sie haben es gut, Sie müssen nicht gehorchen", hat Ratzinger einmal, als er noch Kardinal und trotz aller Vertrautheit mit seinem Chef nicht immer einig war, zu einem protestantischen Besucher gesagt.

Als er Papst wurde, brauchte er nicht mehr zu gehorchen, aber die Last war noch gewachsen. Heute muss er nicht mehr befehlen. Jetzt ist Joseph Ratzinger frei.[1]

---

[1] Leicht modifizierte Version des Artikels aus „Die Zeit" vom 14. 2. 2013.

Unnützer Knecht oder letzter Platoniker?

Zum Rückzug Papst Benedikts XVI. in die Einsamkeit

Elmar Salmann, Rom

Ob nicht die ergreifend schnörkellose Mitteilung des Rückzugs von seinem Amt, dem er einfach nicht mehr gewachsen sei, ein ganz anderes Licht auf dieses Pontifikat wirft? Nimmt der Papst mit diesem Gestus nicht jenen ersten Satz auf, den er nach seiner Wahl ins weite Rund des Petersplatzes sprach: ich bin nur ein demütiger Arbeiter im Weinberg des Herrn – welcher nun, in aller Freiheit und Klarheit von Geist und Gemüt, um seine Entlastung und Entlassung einkommt? Was zunächst als falsche Bescheidenheit, als Koketterie angesehen werden konnte, erwies nun seine Wahrheit. Wäre das nicht das Leitmotiv, das diese acht Jahre durchzöge und mit dessen Klang sie zu uns reden möchten? Ein untypischer Papst, scheu, intellektuell, ein geistlicher Schriftsteller, der dem Leben Jesu nachspürt und ihm eine Kontur zu geben versucht, die noch heute ansprechend und anspruchsvoll wäre; dessen Enzykliken zu Liebe und Hoffnung einen beschreibenden Ton vorsichtiger und mutiger Annäherung anschlagen; der den allgegenwärtigen und virtuosen Stil des Vorgängers nicht nachahmte und sich eher zurückzunehmen suchte, demütig und oft wohl auch vom Apparat der Kirche und der Wirklichkeit der modernen Lebenswelt und deren Zusammenstoß gedemütigt; der sich tapfer dem Widerspruch zwischen der Morallehre der Kirche und ihrer Missachtung in den eigenen Reihen stellte, ja deren Opfern ins Auge blickte; der den Disput mit Intellektuellen nicht scheute, auf der Basis einer gemeinsamen Vernunft, wie er sie einleuchtend zu machen suchte; der kein scholastischer Theologe war, sondern an Augustinus und Bonaventura geschult, am ehesten in seinen Predigten erkennbar, in welchen er die Symbole des Glaubens, der Liturgie in ihrer armen Schönheit aufleuchten ließ.

Da sind ein benediktinisch-franziskanisches Erbe, der humane Geist Umbriens, die kontemplative Ader, das Eingezogen-Scheue, auf das Wesentliche und Ausgesetzte des christlichen Mysteriums sich konzentrierende, das seiner Präsenz und seinen Schriften ihren unverwechselbaren Ton gab. Einer, der sich als Arbeiter der letzten Stunde gerufen wusste, seines eigenen Lebens wie eines europäischen Christentums, dessen Verfall, so sah er es wohl, er hilflos und mutig ins Auge sah und dem er den Kern des Glaubens und eine der Welt nicht verfallende Moral entgegenzustellen suchte. Ein Arbeiter, der nun, da er alles getan hat, was ihm möglich und aufgetragen war, sagen kann, darf und muss: ich bin ein unnützer Knecht gewesen, ich habe nur meine Pflicht getan. Ein Bayer mit fast preußischer Ader, ein Diener des Evangeliums. Der nun in die Welt einkehrt, die die ihm gemäße ist: die Betrachtung, das Studium, das Gebet.

Seltsam freilich, und hier berühren wir die andere Seite seines Pontifikats wie seiner Demission, dass der vermutlich letzte Platoniker auf dem Papstthron, ein mächtiger Repräsentant der Wahrheit, Einheit, Vernunft, des einen Logos, ein unerschrockener und unerbittlicher Kämpfer gegen allen Relativismus, aller modernen Philosophie und postmodernem Lebensgefühl abhold, einen alles relativierenden, fast abschiedlich-postmodernen Schritt tut, ohne alles Pathos, in schlichter Wahrhaftigkeit. Ob das mit Entweltlichung gemeint war, die Fähigkeit, alles Endliche von Gott her und auf Ihn hin beziehen zu können und dabei die Kontingenz hintanzustellen, zu überfliegen? Vielleicht erklären sich so auch seine Politik- und Weltfremdheit, die vielen Missgeschicke und -griffe seines Pontifikats, die Einsamkeit, die ihn umwehte. Es ist dem Platonismus, wie wir im ‚Staat' und den ‚Gesetzen' lesen können, etwas Totalitäres, Hochfahrendes, Ideologisches eigen, das der Gegenprobe der Wirklichkeit kaum standhält. War doch schon Platon in der Realpolitik auf Sizilien mehrmals gescheitert und musste sich dann ins Schweigen zurückziehen.

An dieser Stelle könnten in der Gestalt Benedikts das Apostolische, das Pathos augustinischer Theologie, der Gestus des Mönchtums und der Geist Platons, der vom Johannesevangelium her neu gelesen wird, einander treffen; in der Vornehmheit der Sprache, der scheuen Einfachheit der Gebärden, dem Geist des Abschiedlichen. Es wäre zu wünschen, dass dadurch das Papsttum selbst sich von dem übermäßigen Druck befreite, der seit 1870 auf ihm lastete, dass es relativer, theologisch weniger überfrachtet, menschlich lebbarer erscheinen könnte, kollegialer, einlässlicher, als freiere Instanz der Vermittlung der unendlich vielen Traditionen, die die Geschichte und die Gegenwart der Kirche so reich machen. Ein solches Papsttum erschiene weniger als Protagonist (und Opfer) der Kurienverwaltung, vielmehr als Vergegenwärtigung des Geistes und der Gestalt Jesu inmitten unserer

Lebenswirklichkeit. Dann hätte dieser Übergangspapst, als der er oft bezeichnet wurde, mit seinem Anfang und mit seinem letzten Schritt, den man nicht Rücktritt, sondern eher Rückzug in die ihm gemäßere Welt nennen sollte, der Zukunft der Kirche einen unverhofften und doch seinem Denken und Schreiben tief entsprechenden Dienst erwiesen.

Joseph Ratzinger – Benedikt XVI.

Ein Leben in der Kontinuität von Denken und Glauben

Hansjürgen Verweyen

Vorbemerkungen

Als Benedikt XVI. im Februar 2013 seinen Amtsverzicht bekanntgab, hatte dies, wie zu erwarten war, die verschiedensten Reaktionen zur Folge. Es war wohl nur eine kleine Minderheit, die, dem Vorbild Dantes nacheifernd, den Papst wegen dieses Rücktritts geradezu neben Coelestin V. in der Hölle plaziert sehen wollte.[1] Sehr viele haben aus diesem Schritt Hoffnung auf einen Petrusdienst geschöpft, der sich in Zukunft stärker an der Wirklichkeit des Menschen als an alten Schablonen orientiert. Fast alle waren aber zunächst einmal schlichtweg erstaunt.

Geradezu verwirrt dürften viele von denen gewesen sein, die dem Papst ein von jung auf leitendes Bestreben nach immer höheren Stufen in der kirchlichen Hierarchie unterstellt hatten. Den Glanz des höchsten Amtes bis zum letzten Atemzug auszukosten, wäre dann nur konsequent gewesen und hätte ihn wie viele seiner Vorgänger bei geduldigem Ertragen der damit verbundenen Leiden der Heiligsprechung nahegebracht. Spätestens seit der 2009 erfolgten Veröffentlichung des ersten Teils von Ratzingers 1955 der Münchener Theologischen Fakultät vorgelegten Habilitationsschrift[2] lässt sich diese Unterstellung als abwegig erweisen. Hier bemerkt der Habilitand beiläufig unter Bezugnahme auf Augustinus und Bonaventura: „In beiden Fällen verläuft die Entwicklung nicht, wie gewöhnlich, von innen nach außen, vom Gedanken zur Form, sondern (unter dem Zwang

---

[1] So lesen wohl noch immer die meisten Interpreten Dante ALIGHIERIS *(La Divina) Commedia*, Inferno III, 58–60.

[2] Joseph RATZINGER, *Offenbarung und Heilsgeschichte nach der Lehre des heiligen Bonaventura*. Vorwort, Einführung, I. Abschnitt: Der Scholastiker Bonaventura, Anhänge, in: JRGS 2, 53–417. 647–659.

äußerer Umstände) umgekehrt: von der Form zum Gedanken."[3] Dieser Satz legt die Vermutung nahe, dass Ratzinger für die weitere Entwicklung seines theologischen Denkens recht klare Konzepte hatte – Pläne eines Wissenschaftlers, in denen die Betrauung mit „amtskirchlichen" Pflichten jedenfalls nicht vorgesehen war. Als ich den Papst auf diese Stelle hinwies, schrieb er mir am 23. Oktober 2010: „Ich hatte wirklich auf ein Leben in Forschung und Lehre gehofft und mir nicht vorstellen können, dass mir ein anderer Weg beschieden sein würde, der eigentlich zu meinen Fähigkeiten und Neigungen nicht passt." Schon dieser mit Sicherheit ehrliche Satz Benedikts XVI. könnte einen vor falschen Perspektiven auf seine Amtsführung bewahren.

Aber lässt sich gerade auf dem Hintergrund der Tatsache, dass auch bei Joseph Ratzinger die Entwicklung nicht [...] „von innen nach außen, vom Gedanken zur Form, sondern (unter dem Zwang äußerer Umstände) umgekehrt: von der Form zum Gedanken" verlaufen ist, überhaupt von einer Kontinuität des Denkens in seinem Leben sprechen? Augustinus konnte 16 bzw. 20 Jahre seiner Tätigkeit als Forscher und Lehrer nachgehen, bevor er 391 zum Priester und 395 zum Bischof geweiht wurde. Bonaventura war immerhin 9 Jahre nach dem Abschluss seines Bakkalaureats als Lehrer in Paris tätig, bevor er 1257 zum Generalminister des Ordens erhoben wurde. Ratzinger blieben nach dem Abschluss seiner Habilitation (1957) nur 5 Jahre vergönnt, bis seine Zeit als theologischer Forscher und Lehrer durch die vom Leitungsamt der Kirche auf ihn zukommenden Aufgaben stark eingeschränkt wurde. Schon seit 1961 inoffiziell als Berater des Kölner Erzbischofs, Kardinal Frings, tätig, wurde er 1962 zum offiziellen Konzilstheologen ernannt. Wenn Ratzinger zwar erst 1977 zum Erzbischof geweiht und 1981 zum Präfekten der Glaubenskongregation ernannt wurde, so hatte seine Theologie doch schon spätestens seit der zweiten Phase des Konzils eine neue Prägung erfahren: Er wusste sich nun mitverantwortlich für die Wege Roms, die sich schon bald nach dem Tode Papst Johannes XXIII. abzeichneten.

Auch Äußerungen Benedikts XVI. scheinen nahezulegen, dass mein Versuch, eine Kontinuität in seinem Denken und Leben nachzuweisen, kaum gelingen kann. In einem Brief vom 24. Februar 2007

---

[3] JRGS 2, 78. Vgl. dazu Hansjürgen Verweyen, *Ein unbekannter Ratzinger. Die Habilitationsschrift von 1955 als Schlüssel zu seiner Theologie*, Regensburg 2010, 11–13.

schrieb er, nach der Übersendung meines ersten Buchs über ihn[4], von seinen „ein wenig disparaten und fragmentarischen Versuche[n]“ und von den „Kurven wie […] Auf- und Abstiegen“ seines Weges. Die in die Augen springenden Diskontinuitäten dieses Weges lassen sich nicht leugnen. Gibt es aber nicht doch entscheidende Grundlinien, die sich in seinem Denken und Glauben durchgehalten haben, rote Fäden, die man nicht übersehen darf, wenn man sich ein einigermaßen adäquates Bild von diesem – von vielen Zeitgenossen gehassten, aber von weitaus mehr Menschen nicht nur geschätzten, sondern geliebten – Manne bilden will? Ich möchte in diesem kurzen Beitrag zwei dieser Linien in knappen Strichen nachzeichnen und dabei zeigen, wie sehr diese Fäden innerlich durch seine reflektierte Glaubenseinsicht miteinander verwoben sind.

Papst und Exeget

Neben seinem unerwarteten Amtsverzicht gibt es zumindest noch ein auffallendes Faktum, wodurch sich Benedikt XVI. von allen – und diesmal von wirklich allen – Vorgängern im Petrusdienst unterscheidet: die Tatsache, dass er während seines Pontifikats ein dreibändiges Werk über Jesus von Nazareth nicht nur veröffentlicht[5], sondern weitgehend auch geschrieben hat – in der knapp bemessenen Zeit, die ihm die Ausübung seines schwierigen Amtes als oberster Hirt der Kirche dafür beließ. Man hat ihm den Vorwurf gemacht, seine Pflichten als Papst nicht genügend in ihren komplexen Details erkannt zu haben, weil er nicht darauf verzichten konnte, auch weiterhin als akademischer Lehrer tätig zu sein. Dieser Vorwurf kann sich darauf stützen, dass Benedikt sein großes Werk über Jesus nicht als Ausdruck seiner Autorität als oberster Lehrer der Kirche, sondern als einen für Kritik offenen Beitrag zur zeitgenössischen wissenschaftlichen Diskussion vorgelegt hat.[6]

---

[4] Hansjürgen Verweyen, *Joseph Ratzinger – Benedikt XVI. Die Entwicklung seines Denkens*, Darmstadt 2007.

[5] Joseph Ratzinger / Benedikt XVI., *Jesus von Nazareth. Erster Teil: Von der Taufe im Jordan bis zur Verklärung*, Freiburg – Basel – Wien, 2006; *Zweiter Teil: Vom Einzug in Jerusalem bis zur Auferstehung*, ebd. 2010; *Prolog – Die Kindheitsgeschichten*, ebd. 2012.

[6] „Gewiss brauche ich nicht eigens zu sagen, dass dieses Buch in keiner Weise ein lehramtlicher Akt ist, sondern einzig Ausdruck meines persönlichen Suchens

Damit verbindet sich aber noch ein weiteres Problem. Nicht wenige atmeten auf: Hier sagt endlich einmal ein Papst, dass auch er seine Ansicht über zentrale theologische Fragen in allgemein menschlicher Weise gebildet hat: dem Gesetz von „trial and error" unterworfen. Damit konnte sich unversehens die Hoffnung auf eine baldige Revision der römisch-katholischen Lehre über den Papstprimat verbinden. Dieser Hoffnung wollte der Papst zwar sicher keine Nahrung geben. Naheliegend war aber immerhin, dass die eine oder andere in diesem Werk vorgetragene Interpretation von Schriftstellen sich als wissenschaftlich inakzeptabel erwies. Welche Unruhe hätte sich dann ergeben, wenn Benedikt XVI. in der Zukunft aufgrund seines Lehramtes verpflichtet gewesen wäre, gegen Äußerungen zum christologischen Dogma vorzugehen, sich dabei aber auf eine als unhaltbar erwiesene Auslegung der Heiligen Schrift stützte? Führt die bloße Tatsache, dass sich ein akademischer Lehrer der Theologie nach seiner Wahl zum obersten Hirten der Kirche weiterhin am offenen wissenschaftlichen Disput beteiligt, nicht leicht zu der Frage, wie es in der Kirche zu im Gehorsam verpflichtenden Aussagen über die Wahrheit kommt? Mir scheint, dass Benedikt XVI. nicht nur mit der Niederlegung seines Amtes, sondern auch mit seinem bedeutenden Werk über Jesus von Nazareth Steine ins Rollen gebracht hat, denen seine Nachfolger nur mit Mühe ausweichen können.

Doch nicht um diesen Aspekt geht es mir hier, sondern um Fragen, die seit über einem Jahrhundert ohne befriedigende Antwort geblieben sind und heute weitaus mehr, als die Öffentlichkeit wahrnimmt, hinter der Ratlosigkeit stehen, die nicht nur die katholische Kirche plagt. Ohne einen näheren Blick auf diese Fragen ist auch Benedikts letzter großer Beitrag zur Exegese der Heiligen Schrift nicht angemessen einzuordnen, geschweige denn zu verstehen. Ich wüsste keinen anderen großen systematischen Theologen zu nennen, den die Frage nach dem Stellenwert der historisch-kritischen Methode für die Auslegung der Bibel so geplagt hätte wie Joseph Ratzinger, und zwar bis in seinen Pontifikat hinein. Im Werk Karl Rahners spielen exegetische Fragen eine recht untergeordnete Rolle. Die Theologie Hans Urs von Balthasars ist durch und durch von einem Ringen um das Verstehen der Heiligen Schrift geprägt, aber kaum von der Frage nach dem Wert

---

‚nach dem Angesicht des Herrn' (vgl. Ps 27,8). Es steht daher jedermann frei, mir zu widersprechen" (Ratzinger / Benedikt XVI., Jesus von Nazareth. Erster Teil [s. Anm. 5], 22).

historisch-kritischer Forschung für ein vertieftes Bibelstudium. Karl Barth hat seinen Spott darüber ausgelassen, dass man sich seit den 50er Jahren des vorigen Jahrhunderts erneut, „mit Schwertern und Stangen bewehrt", auf die Suche nach dem „historischen Jesus" begab[7], aber er hat nicht mehr den enormen Einfluss wahrnehmen können, der von dort auf die systematische Theologie in der evangelischen wie katholischen Kirche ausging.

Joseph Ratzinger hat sich schon sehr früh in einer Intensität mit den Problemen historisch-kritischer Exegese beschäftigt wie wohl nur wenige Theologiestudenten seiner Zeit. Die wichtigste Anregung dazu empfing er von Friedrich Wilhelm Maier, dem Professor für neutestamentliche Exegese in der Zeit seines Theologiestudiums. Diesem durch kirchliche Maßnahmen gegen seine als „modernistisch" eingeschätzte wissenschaftliche Tätigkeit hart geprüften und bitter gewordenen Gelehrten widmet Ratzinger mehrere Seiten in seinen „Erinnerungen"[8]. In einer Ansprache zum hundertjährigen Bestehen der Päpstlichen Bibelkommission vom 10. Mai 2003 geht der Kardinal noch einmal ausführlich auf den Leidensweg Maiers ein und bekennt: „Das Thema meines Referats [„Die Beziehung zwischen Lehramt der Kirche und Exegese"] [...] gehört sozusagen auch zu den Problemen meiner Autobiographie: [...]"[9]

In seiner Dissertation sind es oft nur bescheidene Fußnoten, aus denen die sorgfältige exegetische Arbeit zu erschließen ist, die bereits der Student erbracht hat. So bemerkt Ratzinger etwa in den Ausführungen zum Leib-Christi-Begriff in der Zeit vor Augustinus beiläufig: „Die einschlägigen Arbeiten von *Wikenhauser*, *Käsemann* und *Schlier* sind schon genannt. Das Problem, inwieweit hier Zusammenhänge mit dem Mythos vom Urmenschen bestehen, kann hier mit Fug beiseite bleiben."[10] Noch vor seiner Habilitation erschien aber ein Aufsatz zur Ekklesiologie, der die vorausgegangene gründliche exegetisch-kritische Arbeit deutlich erkennen lässt.[11] Die Grundthese seiner Disser-

---

[7] Vgl. Karl BARTH, *How my mind has changed*, in: EvTh 20 (1960) 97–106.

[8] Joseph RATZINGER, *Aus meinem Leben. Erinnerungen (1927–1977)*, München 1998, 55–58.

[9] Joseph RATZINGER, *Kirchliches Lehramt und Exegese. Reflexionen aus Anlass des 100jährigen Bestehens der Päpstlichen Bibelkommission*, in: IKaZ Communio 32 (2003) 522–529, hier 522.

[10] Joseph RATZINGER, *Volk und Haus Gottes in Augustins Lehre von der Kirche*, in: JRGS 1, 275 Anm. 31.

[11] Joseph RATZINGER, *Die Kirche als Geheimnis des Glaubens*, in: Lebendiges

tation aufnehmend – „Das neue Gottesvolk ist Volk vom Leib Christi her" –, kommt Ratzinger auf den vieldiskutierten Begriff „Leib Christi" bei Paulus zu sprechen: „Wir beschränken uns dabei auf die Hauptbriefe (hier vor allem Röm u. 1 Kor, aber auch Gal) und lassen das Sonderproblem, das die sog. Gefangenschaftsbriefe (Eph u. Kol) stellen, beiseite [...]."[12] Wenn Ratzinger dabei den Vorrang des „Stammvatermotivs" in diesen „Hauptbriefen" betont, erweist er sich mit dem Problem der unumstrittenen und umstrittenen Paulusbriefe bestens vertraut.

Weitaus schwieriger ist allerdings, die Kontinuität in Ratzingers Denken hinsichtlich der Frage nach der Wirklichkeit *Jesu Christi* schlüssig nachzuvollziehen. Auch diese Frage hat er stets, bis in sein großes Werk „Jesus von Nazareth" hinein, in Auseinandersetzung mit der historisch-kritischen Methode verfolgt. Von besonderem Interesse im Hinblick auf die Kontinuität sind die folgenden Ausführungen in seiner ursprünglichen Fassung der Habilitationsschrift: „Es gibt eine Reihe von Fällen, in denen die Evangelisten so genannte freischwebende Logien des Herrn zu tradieren hatten, die zwar unzweifelhaft aus seinem eigenen Munde stammten, deren ursprünglicher Zusammenhang jedoch verlorengegangen war. Da gibt nun der Evangelist dem Logion an irgendeiner Stelle einen neuen Zusammenhang, der das Wort in eine neue Beleuchtung rückt und in ihm daher auch einen neuen Sinn sichtbar werden lässt. Was nun hier noch innerhalb des biblischen Wortes, innerhalb der Schrift selbst geschieht, lässt sich verlängert denken in die Kirche hinein. Die Kirche kann eine neue Beleuchtung eines Textes in neuen Zusammenhängen vollziehen, ohne damit dem Wort Gottes untreu zu werden, denn ähnlich wie der Evangelist (wenn auch anders) gehört sie selbst mit in den Vorgang der Wortmitteilung, der Offenbarungsvergegenwärtigung hinein. Das Wort Gottes ist gegeben in der überliefernden Tat der Kirche."[13]

Dieser Text zeigt, *erstens*, dass Ratzinger schon damals – wie dann bis in die Zeit seines Pontifikats hinein – die Frage nach „authentischen Worten" Jesu („Logien") beschäftigt hat. *Zweitens* ist ihm be-

---

Zeugnis 4 (1956) 19–34. Der Stellenwert dieses frühen Beitrags im Hinblick auf Ratzingers spätere Kritik an der einseitigen Betonung des Volk-Gottes-Begriffs auf und nach dem Konzil, aber auch auf die Wandlungen in seinem Verständnis der Eucharistiefeier ist kaum zu überschätzen.

[12] Ebd., 24f.

[13] Ratzinger, Offenbarung und Heilsgeschichte (s. Anm. 2), 67.

wusst, dass sich aus solchen Worten kein auch noch so unvollständiger Torso des wirklichen Jesus der Geschichte rekonstruieren lässt. Dafür müsste man Zugang zu ihrem ursprünglichen Sinnzusammenhang haben, ohne den sie nicht sachgerecht zu deuten sind. Einen neuen Sinn erhalten sie, *drittens*, in dem Kontext, in den sie der Evangelist einfügt. Schon hier würde der Historiker einhaken: Was gibt dieser „neue Sinn" aber für das Wissen um den wirklichen Jesus der Geschichte her? Diese kritische Frage verschärft sich, *viertens*, wenn die ursprünglichen Logien über ihre Interpretation in den kanonischen Evangelien hinaus im Prozess der kirchlichen Tradition weitere Deutungen erfahren. Mit welchem Recht kann man sagen, dass die Kirche damit nicht „dem Wort Gottes untreu" wird, so sehr sie auch selbst „in den Vorgang der Wortmitteilung" mit hineingehört? Zu allen hier genannten Einzelproblemen hat Ratzinger im Laufe der dann folgenden Jahrzehnte Stellung genommen.

Anlass, sich eingehend mit dem vierten Aspekt auseinanderzusetzen, gab die auf dem Zweiten Vatikanum heiß umstrittene „Dogmatische Konstitution über die göttliche Offenbarung *Dei Verbum*", besonders die Formulierung in Artikel 8.2: „[Die] apostolische Überlieferung schreitet unter dem Beistand des Heiligen Geistes in der Kirche voran [proficit[14]]; es wächst nämlich das Verständnis der überlieferten Dinge und Worte [...]." In seinem Kommentar dazu[15] betont Ratzinger mehrmals, dass auch auf diesem Konzil leider versäumt wurde, die kritische Funktion, die der Heiligen Schrift gegenüber der – manches Mal auch entstellten – Tradition zukommt, zu thematisieren. Er verteidigt dann aber energisch, dass die kirchliche Tradition, die ja selbst die in den heiligen Schriften festgehaltene apostolische Tradition durch Kanonisierung als für alle Folgezeit maßgebend anerkannt hat, dieser Schrift fortan nicht wie einem umzäunten Objekt gegenübersteht. Die Kirche ist vielmehr der Ort, an dem die apostolische Überlieferung durch die Einsicht und das Studium der Gläubigen und die Verkündigung der Nachfolger der Apostel auch weiterhin lebendig bleibt, tiefer bedacht und in Worte umgesetzt wird, die sie in neuen Situationen verständlich machen.

---

[14] Ich folge hier der Übersetzung in Ratzingers Kommentar dazu.

[15] Joseph Ratzinger, *Einleitung zur „Dogmatischen Konstitution über die göttliche Offenbarung" und Kommentar zu Proömium, Kap. 1 und 2*, in: LThK², Erg.Bd. II, Freiburg 1967, 498–503; 504–528; hier 520–522.

Schon auf dem Konzil hatte es vor allem unter den für wissenschaftlichen Fortschritt aufgeschlossenen deutschsprachigen und niederländischen Theologen heftige Debatten um die Rolle historisch-kritischer Exegese für die rationale Verantwortung des Glaubens gegeben. In seiner „Einführung in das Christentum" bemerkt Ratzinger: „Die moderne Theologie beginnt zunächst damit, dass sie sich von Christus abwendet und zu Jesus als dem historisch Greifbaren flieht, um dann, am Höhepunkt dieser Bewegung, bei Bultmann, umzuschlagen in die entgegengesetzte Flucht von Jesus zurück zu Christus – eine Flucht, die jedoch im gegenwärtigen Augenblick bereits wieder sich zu wandeln beginnt in die neuerliche Flucht von Christus zu Jesus."[16] In einer kritischen Rezension wirft Walter Kasper Ratzinger vor, er habe damit die historische Rückfrage nach Jesus, die nach dem Zweiten Weltkrieg unter veränderten Vorzeichen erneut aufgebrochen war, „karikierend beiseite [geschoben]" und unterstreicht selbst: „Jesus Christus ist [...] der einmalige und bleibende Grund, der uns das, was Menschsein von Gott her ist und sein soll im Glauben erst erschließt und ermöglicht. Die historische Rückfrage nach dem irdischen (historischen) Jesus wird damit zu einem immanenten Element der Theologie [...]." „[Die christliche Wahrheit lässt sich] nur noch annäherungsweise mit Hilfe geschichtlicher, immer wieder überholbarer Modelle (Analogien) begreifen"[17].

Wie sehr die Ansicht Kaspers von vielen Theologen geteilt wurde, lässt sich schon daraus erschließen, dass ihm die deutsche Bischofskonferenz die Hauptlast an der Erarbeitung eines neuen Katechismus übertrug.[18] In den Ausführungen über das Abendmahlsgeschehen wird hier im Anschluss an einige besonders hervorgehobene Worte und Gesten Jesu in den Berichten der Synoptiker gesagt: „Das alles gibt einen *Anhalt* für die *Überzeugung*, dass Jesus seinen Tod als Heilstod verstanden hat [...]."[19]

Ratzinger ist völlig im Recht, wenn er immer wieder (wie schon Rudolf Bultmann) betont, einer unbedingten Glaubenszustimmung

---

[16] Joseph Ratzinger, *Einführung in das Christentum. Vorlesungen über das Apostolische Glaubensbekenntnis*, München 1968, 158.

[17] Walter Kasper, *Das Wesen des Christlichen*, in: ThRv 65 (1969), 182–188, hier 186.

[18] Katholischer Erwachsenenkatechismus. Bd. I: Das Glaubensbekenntnis der Kirche. Hg. von der Deutschen Bischofskonferenz, Bonn 1985.

[19] Ebd., 186 (meine Hervorhebung).

sei nicht damit gedient, dass man sie durch stets nur wahrscheinlich bleibende Anhaltspunkte absichern zu können meint. Aber er gibt (wiederum wie Bultmann) keine Antwort auf die Frage, wie sich die kirchliche Verkündigung über den sich in der Geschichte Jesu offenbarenden Gott vor der historischen Wissenschaft verantworten kann. Der Disput zwischen Kasper und Ratzinger wurde noch mit mäßig harten Bandagen ausgetragen. Erheblich verschärfte sich der Ton, als Hans Küng eine wesentlich auf die Ergebnisse der historisch-kritischen Exegese gestützte Christologie veröffentlichte.[20] Ratzingers Urteil, knapp zusammengefasst: „Der historische Jesus – eine ‚Rekonstruktion' also […] – wird zum eigentlichen Maßstab des Christseins […]; zu ihm aber hält der Historiker (oder wer sich dafür ansieht) den Schlüssel in Händen."[21]

In den darauffolgenden Jahrzehnten hat Ratzinger den Beitrag der historisch-kritischen Exegese zur theologischen Auslegung der Heiligen Schrift zunehmend geringer gewertet. Leider ließ er dabei wichtige lehramtliche Vorgaben unberücksichtigt bzw. gab sie durch Auslassungen verstellt wieder.[22] Immer wieder verweist Ratzinger auf *Dei Verbum*, Kap. III, Art. 12 als Norm, nach der sich die Exegese zu richten habe. Der erste Absatz dieses Textes lautet: „Da Gott in der Heiligen Schrift durch Menschen nach Menschenart gesprochen hat […], muss der Schrifterklärer, um zu erfassen, was Gott uns mitteilen wollte, sorgfältig erforschen, was die heiligen Schriftsteller wirklich zu sagen beabsichtigten und was Gott mit ihren Worten kundtun wollte." Im zweiten Absatz werden als Hilfe für die Ermittlung der „Aussageabsicht der Hagiographen" Instrumente genannt, die durch die historisch-kritische Exegese erarbeitet wurden. Im dritten Absatz ergeht dann die Mahnung, „mit nicht geringerer Sorgfalt auf den Inhalt und

---

[20] Hans Küng, *Christ sein*, München 1974.

[21] Joseph Ratzinger, *Wer verantwortet die Aussagen der Theologie? Zur Methodenfrage*, in: *Diskussion über Hans Küngs „Christ sein"*. Hans Urs von Balthasar, Alfons Deissler, Alois Grillmeier, Walter Kasper, Jacob Kremer, Karl Lehmann, Karl Rahner, Joseph Ratzinger, Helmut Riedlinger, Theodor Schneider, Bernhard Stoeckle, Mainz 1976, 7–19, hier 11.

[22] Ich kann hier nur auf wenige Aspekte der Gesamtentwicklung Ratzingers in dieser Hinsicht eingehen. Ausführlich dazu: Hansjürgen Verweyen, *Joseph Ratzinger – Benedikt XVI. Die Entwicklung seines Denkens*, Darmstadt 2007, 84–98; Ders., *Ein unbekannter Ratzinger. Die Habilitationsschrift von 1955 als Schlüssel zu seiner Theologie*, Regensburg 2010, 91–133.

die Einheit der ganzen Schrift [zu achten], unter Berücksichtigung der lebendigen Überlieferung der Gesamtkirche und der Analogie des Glaubens […]".

In einem 1988 gehaltenen Vortrag bemerkt Ratzinger, die Konstitution über die göttliche Offenbarung habe „zum einen das Recht, ja die Notwendigkeit der historischen Methode betont, die sie auf drei wesentliche Elemente zurückführt: auf das Beachten der literarischen Gattungen, auf die Erforschung des historischen […] Umfelds und auf die Untersuchung dessen, was man ‚Sitz im Leben' zu nennen pflegt. Gleichzeitig hat aber das Konzilsdokument auch am theologischen Charakter der Exegese festgehalten […]"[23]. Die Aufgabe, sorgfältig die Aussageabsicht der heiligen Schriftsteller mit den genannten Hilfsmitteln zu erforschen, ist hier übergangen. In einem Beitrag von 1996 wird diese Aufgabe sogar persifliert: „Man will herausbringen, was der damalige Autor damals gesagt hat […]."[24] Häufig beruft sich Ratzinger in dieser Zeit auf die „Kanonische Exegese" als einer weiterführenden Methode, derzufolge die einzelnen kanonischen Schriften vom „Ganzen" her zu lesen seien. Hier liegt die Versuchung nahe, die von der Kirche selbst als kanonisch bezeugten Schriften des Neuen Testaments nicht genug von der jeweiligen Aussageintention der Autoren her zu lesen. An die Stelle der „Maulwurfsperspektive" der exegetischen Archäologen, die den wahren Jesus der Geschichte über das Vordringen in immer tiefere Traditionsschichten entdecken wollten, träte dann ein Adlerblick, der von oben herab insbesondere über die Pluralität der vier Evangelisten gleichsam hinweggleitet.

Man ist erleichtert, dass in dem Werk „Jesus von Nazareth" nichts auf einen solchen „Adlerblick" hindeutet. Eher lässt sich von hierher sagen, dass die methodologischen Einseitigkeiten, die bei Ratzinger insbesondere in seiner Zeit als Präfekt der Glaubenskongregation festzustellen waren, aus der Erfahrung resultierten, wie sehr die exegeti-

---

[23] Joseph RATZINGER, *Schriftauslegung im Widerstreit. Zur Frage nach Grundlagen und Weg der Exegese heute*, in: DERS. (Hg.), *Schriftauslegung im Widerstreit* (QD 117), Freiburg 1989, 15–44, hier 19.

[24] Joseph RATZINGER, *Zur Lage von Glaube und Theologie heute*, in: IKaZ Communio 25 (1996) 359–372, hier 368. – Leider hat sich die Position Ratzingers auch in offiziellen Lehraussagen niedergeschlagen. Während im „Katechismus der Katholischen Kirche" von 1993 bei der Frage nach der adäquaten Auslegung der Hl. Schrift noch der ganze Artikel 12 von *Dei Verbum* paraphrasiert ist (Nr. 109–119), werden im „Kompendium" von 2005 Absatz 1–2 dieses Artikels einfach übergangen (Nr. 19).

sche Forschung und in ihrem Schlepptau viele Systematiker immer noch an der Erforschung der möglichst frühen Schichten hingen und dem lebendigen und von der frühen Kirche als authentisch ausgewiesenen Zeugnis der Evangelisten kaum eine Relevanz für die Erkenntnis des wahren Jesus der Geschichte beimaßen.

Schon in der ersten Enzyklika Benedikts XVI., *Deus Caritas est*, begegnete man demselben Schriftsteller, der mit seiner „Einführung in das Christentum" Menschen begeisterte, die an die Bibel nicht zunächst das Seziermesser anlegten, sondern sich von ihr in der Tiefe ihrer Existenz ansprechen ließen. Das Werk „Jesus von Nazareth" zeugt davon, wie intensiv sich Ratzinger mit exegetischen Einzelfragen beschäftigt hatte, bevor er sich dem widmete, was er als eine ihn auch – und vielleicht gerade – als Papst bindende Pflicht ansah. Die weit verbreiteten, sich ständig widersprechenden Aussagen über den „wahren Jesus der Geschichte", verstärkt durch sich wissenschaftlich präsentierende Artikel in Magazinen wie „Der Spiegel", ließen allzu viele vor einer gründlichen Lektüre insbesondere der Evangelien zurückschrecken, die ja doch nur Fiktionen über Jesus, nicht aber ihn selbst zu Wort kommen ließen. Ein Hauptanliegen des Buchs „Jesus von Nazareth" ist, dieser Entmutigung zu begegnen. Wissenschaftlich fundiert und zugleich gut verständlich, soll es zu einem Lesen der Heiligen Schrift einladen, das mehr ist als ein gelegentlicher Versuch, sich an ehrwürdigen religiösen Texten wie der Bibel, dem Koran oder an zu einem „Reader" zusammengestellten Fragmenten uralter östlicher Weisheit spirituell zu erbauen.

Benedikt hat gezeigt, dass er von seinen frühesten Versuchen, dem Wort Gottes in der Schrift im schonungslosen Einsatz seiner Kräfte nachzugehen, nicht abgewichen ist. Im Gegensatz zu früher fehlte es ihm jedoch an der nötigen Zeit, die hier anstehenden Fragen bis ins Detail zu verfolgen. Hier darf Kritik nicht verschwiegen werden. Begibt man sich aber auf die Suche nach vergleichbaren Darstellungen über Jesus von Nazareth, die ihn auch heute noch als Lebenden erkennen lassen, dann hat man einen beschwerlichen Weg vor sich.

Zwischen „Gralsverehrung" und „Gemeindepicknick"

Als ich diese beiden Stichworte zur Karikierung bestimmter Weisen der Eucharistiefeier vor und nach dem Konzil mit meinem „Team" besprach, gab es gegen den ersten Terminus keinerlei Bedenken. Auf scharfen Widerspruch stieß aber der zweite Ausdruck bei einer Assistentin, die, nach dem Konzil „religiös sozialisiert“, in ihrer Ortsgemeinde eine lebendige Feier der Eucharistie im Sinne der Liturgiereform von 1970 mitvollzog. Wie viele andere hatte auch sie die Verlautbarungen Benedikts XVI. zugunsten einer neuen Wertschätzung der sog. „Tridentinischen Messe“ befremdet. Die Art und Weise, wie der Papst dabei vorging, wird man als äußerst unglücklich bezeichnen müssen. Die eigentlichen Motive, die ihn dabei leiteten, sind wohl fast nur noch für Menschen erkennbar, die wie er die „alte Messe“ jahrzehntelang mit wachem Herzen gefeiert haben, nicht hingegen für Fundamentalisten, denen der Mut fehlt, sich Neuem in der Kirche auszusetzen.

Vieles von dem, was in jenem alten Ritus in den Vordergrund getreten war, kam in der Tat einer „Gralsverehrung“ nahe. Dazu gehörte die Ansicht, dass sich der höchste Vollzug des hier gegenwärtigen Geheimnisses bei der „Aussetzung“ des „Allerheiligsten“ in der Monstranz ereignete. Spätestens sein Studium der Schriften Augustins, hier insbesondere der gegen den römischen Kult gerichteten Bücher von „De civitate Dei“, hatte Ratzinger auf eine andere Spur gebracht. Wenn man nicht nur nach einem, sondern *dem* roten Faden im Werk und Leben Ratzingers fragt, dann muss sich der Blick zweifellos auf seine Aneignung des paulinischen Begriffs vom „Leib Christi“ richten. Vielleicht kann man dem Kern seines Verständnisses von Eucharistie über ein Zitat aus dem Abschnitt „Der neue Kult“ in seiner Dissertation näherkommen:

„Jede Tat echter christlicher Liebe, jedes Werk des Erbarmens ist in einem wahren und eigentlichen Sinn Opfer, Setzung des einen einzigen sacrificium christianorum […]. Es gibt nicht auf der einen Seite ein uneigentliches moralisches oder persönliches Opfer und daneben ein eigentliches kultisches, sondern das erste ist die res des letztern, in dem dieses erst seine eigentliche Wirklichkeit hat. Wir stehen hier vor dem, was man die Messopfertheorie Augustins nennen könnte.“[25] „Der Götterkult des Erdenstaates ist nicht nur überflüssig, sondern verkehrt und schädlich. Allein die civitas, die dem einen Gott opfert, ist im Recht. Ihr Opfer besteht in dem Einssein in Christus. Das Opfer, das sie darbringt, ist sie selbst. Opferpriester und Opfergabe fallen hier zusammen. Das Feuer, das die Opfergabe in den Besitz der Gott-

---

[25] Ratzinger, Volk und Haus Gottes (s. Anm. 10), 291 f.

heit überführt, ist die von oben kommende caritas […], der Altar, auf dem sich dies ereignet, unser Herz."[26]

Es ist bemerkenswert, dass Ratzinger diese Gedanken zu einer Zeit entwickelte, wo eine Abkehr von der Tridentinischen Messe wohl noch völlig außerhalb seines Horizonts lag. Die *civitas* (d. h. nach seiner damals vorgetragenen These: die ganze Kirche als der eine Leib in Christus), nicht der Zelebrant am Altar ist der Opferpriester wie auch die Opfergabe. Nicht primär die Hostie in den Händen des Zelebranten ist diese Opfergabe und die im Alltag bewährte Liebe nur deren Auswirkung, sondern die in die Praxis der Glaubenden umgesetzte Hingabe Christi ist die eigentliche Wirklichkeit des im Messopfer vollzogenen Kultes.

Ließ sich diese Sicht aber im Blick auf die Realität der Tridentinischen Messe gewinnen, wo alles auf den Zelebranten anzukommen schien? Stellvertretend für das hinter seinem Rücken verbleibende „gläubige Volk" vollzog er das Opfer, an dessen Höhepunkt er die Worte: „hoc est enim corpus meum" vor sich hin murmelte. Dennoch gaben zumindest die Gesten des Priesters für diejenigen, die gemäß dem zweiten Gebot der Kirche eine heilige Messe nicht nur *mit Andacht hör[t]en*, sondern ihr Herz als den Altar ansahen, auf dem sich dieses Geheimnis vollzog, genug für das Ratzinger noch während der Studienzeit leitende Eucharistieverständnis her. Die Anweisungen für den Zelebranten lauteten: „Nachdem er die konsekrierte Hostie selbst durch einen Kniefall verehrt hat, hebt er sie so hoch empor, dass auch das Volk hinter seinem Rücken sie erblicken und anbeten kann." Ratzinger dürfte im Priester gleichsam eine lebendige Monstranz erblickt haben, die nicht durch ihre eigene prunkvolle Gestaltung auffallen, sondern nur den fleischgewordenen Gott zur inneren Erfahrung bringen soll. Vom Zelebrierenden selbst waren außer seiner Gewandung nur die erhobenen Hände und der ganz auf die Opfergabe gerichtete Kopf sichtbar. Seine ganze leibliche Erscheinung wurde in den Akt der Anbetung gleichsam aufgehoben. Alle am Messopfer Teilnehmenden sollten sich in diese Darbringung mit ihrer ganzen Existenz hineinnehmen lassen – so las Ratzinger auch später noch die auf die Wandlung folgenden Annahmebitten, sowenig ihr Text selbst auch dafür hergeben mag.[27]

---

[26] Ebd., 292.

[27] Vgl. dazu Hansjürgen Verweyen, *Fragen aus der Kirche an die Kirche* (Freiburger Texte 59), Freiburg 2011, 102–106.

Aber blieb die Gemeinde dabei nicht doch eher eine anonyme Menge, die sich kaum als das „Wir" verstehen konnte, das der von Augustinus her denkende Doktorand meinte? Unter dem Einfluss des Liturgiewissenschaftlers Joseph Pascher kam Ratzinger bald zu einem neuen Verständnis der Eucharistiefeier, das sich insbesondere in einem kaum bekannten Text aus der Zeit seiner Bonner Lehrtätigkeit niederschlug[28] und noch bis etwa 1964 vorherrschend blieb:

[Früher trat der Altartisch zurück,] „man konnte fast den Eindruck bekommen, er sei in der Hauptsache nur die Unterlage, worauf der Tabernakel steht; der Hochaltar stand dabei [...] weit fort von den Gläubigen – so wie ein König angemessenen Abstand von seinen Besuchern hält. Heute ist der Altar von der Wand weggerückt, er kommt wieder den Gläubigen entgegen, die sich häufig in einem Halbrund um ihn gruppieren, ihn zur Mitte haben. [Es] tritt wieder hervor, was der Altar eigentlich ist: ein Tisch, auf dem die Gemeinde der Gläubigen das Letzte Abendmahl Christi, das Gedächtnis des Kreuzesopfer[s] feiert. [...] Das Ergebnis der damaligen Auffassung war gewesen, dass man die Eucharistie vor allem als Anbetungssakrament verstand [...]. Die Monstranz wurde immer reicher entwickelt [...], der Tabernakel wurde immer mächtiger und verdeckte den Altartisch fast ganz."[29]

„[...] Eucharistie ist ihrem Wesen nach dazu da, um empfangen zu werden [...]. Deswegen ist der Tisch dem Tabernakel übergeordnet, weil Christus an *uns* appelliert, sein Tabernakel zu sein in dieser Welt. [...] Der primäre Sinn der Kommunion ist nicht eine Begegnung des einzelnen mit seinem Gott – dafür gäbe es auch andere Wege, sondern ihr Sinn ist gerade die Verschmelzung der einzelnen untereinander durch Christus [...]. *Messe ist* nach dem Gesagten *die gemeinsame Mahlfeier zwischen Gott und Mensch*, zwischen Christus und den Christen, in der so das Gedächtnis des Opfers, der opfernden Selbsthingabe Christi für die Menschen gegenwärtig wird."[30]

Lässt sich mit dieser Sicht vereinbaren, was Joseph Ratzinger 40 Jahre später zur Deutung der Eucharistie als Mahlfeier sagt?

Dadurch, dass „das Mahl [...] zur normativen Idee für die liturgische Feier der Christen wurde", ist „eine Klerikalisierung eingetreten,

---

[28] Joseph Ratzinger, *Grundgedanken der eucharistischen Erneuerung des 20. Jahrhunderts*, in: Klerusblatt 40 (1960) 208–211.
[29] Ebd., 208.
[30] Ebd., 209.

wie sie vorher nie existiert hatte. Nun wird der Priester – der Vorsteher, wie man ihn jetzt lieber nennt – zum eigentlichen Bezugspunkt des Ganzen. […] Ihn muss man sehen, an seiner Aktion teilnehmen, ihm antworten; seine Kreativität trägt das Ganze. […] Die Wendung des Priesters zum Volk formt nun die Gemeinde zu einem in sich geschlossenen Kreis. Sie ist – von der Gestalt her – nicht mehr nach vorne und oben aufgebrochen, sondern schließt sich in sich selber."[31]

Hier ist in der Tat eine nicht zu übersehende Diskontinuität festzustellen. Doch diese kritische Darstellung des Herrenmahls scheint auf Negativerfahrungen mit der nachkonziliaren Feier der Eucharistiefeier zu basieren, die man nicht verallgemeinern sollte. Wichtiger erscheint mir, ein kleines Detail zu beachten, das es nicht erlaubt, von einer totalen Wende im Eucharistieverständnis Ratzingers und dann Benedikts XVI. zu sprechen. In einem 2002 auf dem Eucharistischen Kongress des Bistums Benevent gehaltenen Vortrag[32] fragt Kardinal Ratzinger: „Was ist eigentlich geschehen in der Nacht, in der Christus verraten wurde? Hören wir dazu den Römischen Kanon: ‚Am Abend vor seinem Leiden nahm Jesus das Brot […] und sprach: Nehmet und esset alle davon. Das ist mein Leib, der für euch hingegeben wird. […]' Nun ist es wichtig, genau darauf zu achten, was der Herr wirklich gesagt hat. Er sagt nicht einfach: Dies ist mein Leib; sondern: dies ist mein Leib, der für euch hingegeben wird. Er kann Gabe werden, weil er hingegeben wird. Durch den Akt der Hingebung wird er mitteilungsfähig, sozusagen selbst in eine Gabe verwandelt."[33]

Zweifellos kommt in diesem Passus die tiefste Grundlage der Theologie Ratzingers bzw. Benedikts XVI. zu Wort. Durch Jesu Sterben für unsere Sünden wird aus der „Brotsubstanz", auf die er im Abendmahlssaal hinweist, eine „Substanz", die reine Relation ist.[34] Im Hin-

---

[31] Joseph Ratzinger, *Der Geist der Liturgie. Eine Einführung*, Freiburg – Basel – Wien 2000, in: JRGS 11, 81 f.

[32] Joseph Ratzinger, *Eucaristia, comunione e solidareità*. Deutsch unter dem Titel *Eucharistie – Communio – Solidarität: Christus gegenwärtig und wirksam im Sakrament*, in: Ders., *Unterwegs zu Jesus Christus*, Augsburg 2003, 109–130; in: JRGS 11, 425–442.

[33] Ratzinger, Eucharistie – Communio – Solidarität (s. Anm. 32), 439 f.

[34] Vgl. dazu: Joseph Ratzinger, *Vom Wiederauffinden der Mitte. Grundorientierungen. Texte aus vier Jahrzehnten*, hg. vom Schülerkreis, Freiburg 1997, 148–157, hier (148), 151: „Das Abendmahlswort ‚Dies ist mein Leib, der für euch gegebene', will also sagen: in diesem Brot gebe ich […] mich selber euch hin, durch es bin ich in eurer Mitte und für euch da, wobei dieses ‚für euch' [,?] das

blick auf die gegenwärtige Diskussion um die angemessene Gestalt der Eucharistiefeier ergibt sich jedoch ein beträchtliches Problem. Das bei Matthäus und Markus berichtete Wort Jesu bei der Abendmahlsfeier „Das ist mein Leib" gehörte von den Anfängen an zum Grundbestand des Römischen Hochgebets. Die von Lukas übernommene Version „Das ist mein Leib, der für euch hingegeben wird" findet sich erst in dem von Paul VI. angeordneten Messbuch von 1970. Damit spricht sich Joseph Ratzinger als Präfekt der Glaubenskongregation im Jahre 2002 für eine Änderung der bis nach dem Konzil gültigen Form des Hochgebets aus, die das ganze Konzept des alten Messopferritus geradezu sprengt. Dieser war ja seinem Grundzug nach weder als ein *Mahl* zu verstehen, in dem der Tod des Herrn bis zu seinem Kommen verkündet wird[35], noch als *Eucharistie*, sondern als Darbringung, *oblatio*.

Lassen sich die Worte „Das ist mein Leib, der für euch hingegeben wird" in die frühere Feier des Messopfers integrieren? Hier waren es die Gläubigen bzw. der sie vertretende Priester, von denen die Handlung ausging. Sie brachten zur Sühne für ihre Sünden Opfergaben dar mit der Bitte, dass diese durch die Worte des Priesters in den Leib und das Blut Christi verwandelt und so zu einem Gott wohlgefälligen Opfer werden. Durch den bloßen Zusatz „[...] der für euch hingegeben wird" entsteht gleichsam eine Wende um 180°. Gott selbst hat die Initiative ergriffen, bevor sich die Sünder auf den Weg machen. Er bietet sich den Menschen in der heilbringenden Hingabe seines Sohns dar und zeigt ihnen die Wunden, die ihre Sünden seiner unendlichen Liebe zugefügt haben. Jetzt wird nicht mehr das in eine neue Substanz, den Leib Christi, verwandelte Brot als Versöhnungsopfer Gott dargereicht und den Gläubigen zur Anbetung gezeigt. Gott selbst hält sich vielmehr den Menschen, nachdem sie durch das Hören seiner Frohen Botschaft im „Wortgottesdienst" dafür bereitet sind, in einer „Substanz" entgegen, die nichts als reines Geben ist. Muss der zur Eucharistiefeier bestimmte Presbyter, um dieses Geschehen den Glaubenden vernehmbar zu machen, sich ihnen nicht zuwenden, ihnen in seinen Händen diese Gabe entgegenhalten und dazu die Abendmahlsworte

---

Eigentliche des Ichs Jesu, sozusagen die eigentliche Substanz, den Kern der Wirklichkeit Jesu, der hier gegenwärtig gesetzt wird, seine ganze Existenz näher präzisiert und bestimmt: Das Ich Jesu ist gerade in seiner eigentlichsten Realität der Akt der Hingabe, des Dienstes, des Offenstehens für alle. Akt und Substanz durchdringen sich gegenseitig."

[35] Vgl. 1 Kor 11,26.

Jesu in einer allen verständlichen Sprache verkünden? Dies erscheint mir heute als die wichtigste Frage, wenn es darum geht, Menschen an das Zentrum des Glaubens heranzuführen. Und diese Frage dürfte auch im Sinne Benedikts XVI. sein, weil sein Verständnis des „Leibes Christi", ja, des von Christus her denkenden und glaubenden Menschen, schon immer von dem „Sein-für" bestimmt war, das in der Liturgie feierlich bestätigt wird.

Die Freude Christi nahebringen

Einführende Worte zum Brief von Kardinal Ratzinger vom 27.9.1991

Christoph Kardinal Schönborn, Wien

Kardinal Ratzinger wollte an meiner Bischofsweihe am 29. September 1991 teilnehmen. Es kam nicht dazu. Ein leichter Schlaganfall nötigte ihn zu einem Spitalsaufenthalt. Er konnte sich recht schnell erholen, aber die Sorge war groß, umso mehr als seine ihm so verbundene und mit ihm lebende Schwester Maria wenige Wochen später, am 2. November, ebenfalls einen Schlaganfall erlitt, einen freilich radikaleren, dem sie noch am selben Tag erlag.

Kardinal Ratzinger hatte nach seinem Ictus die Hoffnung, Papst Johannes Paul II. werde ihn gehen lassen, da doch die gesundheitlichen Voraussetzungen für sein Amt nicht mehr gegeben seien. Es kam anders: der Papst ließ ihn nicht frei, und er genas vollständig und hatte seither meines Wissens nie wieder ernste gesundheitliche Probleme. Im Schülerkreis besprachen wir damals die Frage, ob vielleicht seine Schwester Maria den Herrn gebeten hatte, ihn der Kirche aktiv zu erhalten, und dafür ihr Lebensopfer anzunehmen. Gott allein weiß es. Geheimnisvoll bleibt es allemal, dass sie starb und er bis heute in einer einzigartigen Fruchtbarkeit der Kirche dienen kann.

Statt also zu meiner Bischofsweihe zu kommen, schrieb Kardinal Ratzinger den hier veröffentlichten Brief, der gewiss sehr persönlich ist, aber doch in den weiten Horizonten, die er eröffnet, mehr ist als nur ein Gratulationsschreiben. Ich habe diesen Brief seit damals oft und oft gelesen. Er ist für mich nicht nur ein kostbares persönliches Zeugnis. Er ist vor allem ein Meisterstück geistiger und geistlicher Durchdringung der Zeit- und Kirchensituation. Er zeigt die unvergleichliche Gabe von Papst Benedikt, in knappen, einfachen Worten das Wesentliche zur Sprache zu bringen und die großen Zusammenhänge mit dem Licht des Glaubens und mit seiner klaren Vernunft zu erhellen.

Da ist der Kairos des Zusammenbruchs des Kommunismus, des Einsturzes der „ideologischen Kartenhäuser“. Wie schnell drohen wir zu vergessen, welche Macht diese „wie uneinnehmbare Festungen“ wirkenden Ideologien mit ihren Drohungen und ihrem atheistischen

Programm entfaltet hatten. In kürzester Zeit sind sie in sich zusammengefallen wie Kartenhäuser.

Da ist der Kairos meiner Heimat Österreich, die „wieder zurückkehrt in ihre große europäische Geschichte“. Aus einem Grenzland am Rand des riesigen Sowjetimperiums wurde wieder ein Herzland Europas. Hat Österreich diesen Kairos ergriffen? Gewiss im wirtschaftlichen Bereich, wo Österreich einen nie gekannten Wohlstand erlangt hat. Aber ist der andere Kairos ergriffen worden, den Kardinal Ratzinger anspricht: dass Österreich „neu auf das Wort des Evangeliums wartet“? Haben wir diesen Kairos von 1991 erfasst? Stattdessen haben uns Kirchendebatten ohne Ende gelähmt und den Schwung einer neuen Kundgabe des Evangeliums gebremst.

Aber nicht nur kirchlicherseits muss diese Frage gestellt werden, sondern auch im Blick auf die politische Entwicklung in Europa. Wenige Monate nach diesem Brief brach der erste der vier mörderischen Balkankriege aus. Kardinal Ratzinger hat die Gefahr gesehen, wenn er „die alten und neuen Widerstände nationalen und kulturellen Eigenwillens“ anspricht, deren erneutes Aufbrechen „sich dem pfingstlichen Geheimnis der Versöhnung“ entgegenstellte.

Zum Kairos, in den mich die Aufnahme ins Bischofskollegium stellte, gehörte auch die Erarbeitung und Vollendung des „Katechismus der Katholischen Kirche“. Im Sommer 1987 hatte Kardinal Ratzinger, als der vom Papst mit diesem großen Projekt Betraute, mich zum Sekretär des Redaktionskomitees ernannt. Es war der Beginn einer fünfjährigen intensiven Arbeit, die ich unter seiner Leitung gemeinsam mit dem Redaktionsteam erbringen durfte. Es waren auch die Jahre der intensivsten Zusammenarbeit mit ihm, dem Architekten des Katechismus, an dessen Erstellung ich quasi als Baumeister fungieren durfte.

Damals, im September 1991, war schon deutlich, „dass der Katechismus [...] langsam seine Endgestalt annimmt“. Damals lag der erst spät hinzugekommene Entwurf für den vierten Teil des Katechismus vor, der Teil über das Gebet. Verfasst wurde dessen erste Version von Père Jean Corbon, dem unvergesslichen Meister aus Beirut. Das maschingeschriebene Original des ersten Entwurfs wird kostbar im Archiv des Katechismus aufbewahrt. Am Wechsel von mechanischer und elektrischer Schreibmaschine kann man die häufigen Stromausfälle in Beirut nachvollziehen. Pater Corbon schrieb seinen Entwurf zum vierten Teil des Katechismus mitten unter den Bomben des Libanonkrieges. Wie sehr der Katechismus wirklich zu einem Kairos der Kirche wurde und es blieb, zeigt seine weltweite Rezeption als sicheres Glaubensbuch der Katholischen Kirche. Papst Benedikt hat immer wieder über diesen Kairos für die Kirche geschrieben, zuletzt in dem wunderbaren Vorwort, das er dem „Youcat" gewidmet hat, in dem er den jungen Lesern ein wenig die eigenen Erfahrungen mit dem Katechismus-Projekt schildert.

Nachdem Kardinal Ratzinger den großen Rahmen abgesteckt hat, in den mich die Ernennung zum Bischof hineinstellt, schließt er einen Abschnitt an, den ich besonders oft meditiere. Mit wenigen Worten skizziert er meinen Auftrag im Kairos der Kirchen- und Weltsituation. Es berührt mich immer neu, wie klar Kardinal Ratzinger den Kern des Auftrags benennt: „‚Evangelisierung' ist sein Inhalt", ausgehend „von diesem Instrument der Weitergabe her", das heißt durch den Katechismus. Wie sehr das Thema Evangelisierung inzwischen in aller Munde ist, braucht nicht erwähnt zu werden. Wie treffend ist aber Kardinal Ratzingers Einschränkung: Evangelisierung Ja, „aber nicht in einer der vagen Auffassungen, die umgehen", sondern eben mit der Klarheit und Systematik des Instrumentes Katechismus.

Der Auftrag hat auch seinen Ort: „‚Europa' ist sein Raum, von Wien, der alten Mitte aus, die Jahrhunderte hindurch Ost und West, Nord und Süd verbunden hat und dazu von neuem gerufen ist." Der Auftrag ist klar. Konnte ihm entsprochen werden? Hat die so verstandene und verortete Evangelisierung ihren Platz gefunden? Wurde der Kairos ergriffen, der Auftrag angenommen und verwirklicht?

Dass es dabei „viele Schwierigkeiten, viel Mühsames und Notvolles" geben werde, hat Kardinal Ratzinger damals vorausgesehen. Seine eigene Erfahrung hat ihn dies gelehrt, aber auch sein Meister Augustinus, der von dem „etwas mehr Leiden" spricht, auf das der Christ gefasst sein muss. Wie oft hat mich dieses Wort vom „Mehr" getröstet! Nach zweiundzwanzig Jahren des Bischofsdienstes kann ich nur voll den Worten meines verehrten Lehrers zustimmen: „gerade in diesem ‚Mehr' spüren wir die Nähe des Hirten und gehen auf die wirkliche Freude zu".

Die Worte dieses Briefes scheinen mir so viel über Papst Benedikt persönlich zu sagen, dass ich es wage, sie der Öffentlichkeit zu übergeben. Gerade der zuletzt zitierte Satz lässt die tiefe Quelle erahnen, aus der Papst Benedikt seinen inneren Frieden, seine Zuversicht und vor allem seine Freude schöpft, die so vielen Menschen in der ganzen Welt etwas von der Freude des Christseins, der Freude Christi nahegebracht hat.

Vatikanstadt, 27. September 1991

Seiner Exzellenz
Dem Hochwürdigsten Herrn
P. Prof. Dr. Christoph von Schönborn, OP
Weihbischof in Wien
Wollzeile 2
A-1010 Wien

Lieber Pater Christoph!

So gern hätte ich Ihnen mit die Hände aufgelegt, um Sie in den Kreis der Cooperatores Veritatis, in den Raum des gemeinsamen Dienstes der apostolischen Nachfolge mit aufzunehmen, in dem Sie nun mit neuer Sendung auf dem großen Erntefeld Gottes tätig sein sollen. Der Kairos, den die Vorsehung gewählt hat, ist aussagekräftig genug. Ihre Weihe geschieht in dem Augenblick, in dem die ideologischen Kartenhäuser zusammengefallen sind, die bisher wie uneinnehmbare Festungen als Grenzen des Geistes gegen Gott und seinen Gesalbten stehen sollten. Sie geschieht in der Stunde, in der auch Ihre Heimat wieder zurückkehrt in ihre große europäische Geschichte und neu auf das Wort des Evangeliums wartet. Zugleich brechen da die alten und neuen Widerstände nationalen und kulturellen Eigenwillens auf, die sich dem pfingstlichen Geheimnis der Versöhnung entgegenstellen, das doch nichts Eigenes, Reines, Großes und Freies zerstört, sondern ihm erst den Zusammenhang gibt, in dem es sich als fruchtbarer, ja, nötiger Teil eines Ganzen enthüllt. Zum Kairos gehört es auch, dass der Katechismus, den die Vorsehung Ihnen anvertrauen wollte, langsam seine Endgestalt annimmt. Ich habe in diesen Tagen den vierten Teil mit wahrer Erbauung gelesen; mir scheint, er sei nochmals so etwas wie eine Summe des Ganzen, die das zuvor Gesagte aus der Theorie heraushebt in eine Anweisung zum rechten Leben. Mit diesem Text können wir getrost auf die Kommissionssitzung zugehen und dann den Prozess der Veröffentlichung und der Rezeption einleiten, der noch lange das begleitende Dabeisein von „Vätern" verlangen wird.

So hat Ihr Auftrag fürs erste schon ein sehr konkretes Gesicht: „Evangelisierung" ist sein Inhalt, aber nicht in einer der vagen Auffassungen, die umgehen, sondern von diesem Instrument der Weitergabe her. „Europa" ist sein Raum, von Wien, der alten Mitte aus, die Jahrhunderte hindurch Ost und West, Nord und Süd verbunden hat und dazu von neuem gerufen ist. Da wird es viele Schwierigkeiten, viel Mühsames und Notvolles geben, aber ich habe das Wort Augustins immer als Verheißung und Trost angesehen, das heute im Brevier steht: „Um dein Herz zu stärken, ist Er zu leiden gekommen [...] Was für eine Sorte von Hirten ist denn das, die das Glück dieser Welt versprechen? Nein, weil einer Christ ist, wird er etwas mehr zu leiden haben in dieser Welt.“ Gerade in diesem „Mehr“ spüren wir die Nähe des Hirten und gehen auf die wirkliche Freude zu.

Nun bin ich vom Ausgangspunkt ziemlich weit abgekommen. In Gedanken bin ich an Ihrem Weihetag ganz nahe bei Ihnen. In Gedanken lege ich Ihnen die Hände auf und gehe mit Ihnen die ersten Schritte Ihres neuen Weges. Der heilige Erzengel Michael, der Engel des Gottesvolkes, wird Sie schützen und Ihnen beistehen. In seiner Nähe können Sie ohne Furcht und voller Freude sein.

Mit meinen herzlichsten Segenswünschen bin ich stets

Ihr

Joseph Cardinal Ratzinger

„Eine wohlüberlegte Entscheidung"

Benedikt XVI. auf dem Weg zum Amtsverzicht. Mit einer Dokumentation

Max Seckler, Tübingen

Am 11. Februar 2013 ließ Benedikt XVI. sich am Ende des Konsistoriums, das die Heiligsprechung der Märtyrer von Otranto zum Gegenstand hatte, das Mikrophon reichen, um zu erklären, dass er mit Wirkung vom 28. Februar 20 Uhr dem Amt des Bischofs von Rom, des Nachfolgers des heiligen Petrus, entsage, sodass der Bischofssitz von Rom, der Stuhl Petri, von diesem Zeitpunkt an vakant sein werde. Diese Erklärung schlug nach den Worten von Kardinaldekan Angelo Sodano bei den Kardinälen ein „wie der Blitz aus heiterem Himmel". Und nicht nur bei ihnen, sondern weltweit. Da das am Rosenmontag geschah, dachten viele, es würde sich um einen Faschingsscherz der Medien handeln. Aber die Nachricht war echt.

In dem Rätselraten, das nun begann, wurde gemutmaßt, es handle sich um einen Akt spontaner Resignation oder akuter Bedrängnis. Doch der Papst hat in seiner Erklärung ausdrücklich hervorgehoben, er habe sein Gewissen aber- und abermals (iterum atque iterum) geprüft und sei zu der sicheren Erkenntnis gelangt, dass er diesen Schritt tun müsse. Und in der Generalaudienz am 13. Februar 2013 gab er zu wissen, er habe diesen Entschluss „a lungo" bedacht.

Dafür, dass der Erkenntnisprozess sich auf einen längeren Zeitraum erstreckte und der Entschluss zum Amtsverzicht langsam herangereift war, gibt es sichere Anhaltspunkte. Der Bruder des Papstes bekundete, die Entscheidung sei „schon vor einigen Monaten" gefallen, der Chefredakteur des Osservatore Romano gab bekannt, der Papst habe sie „schon vor vielen Monaten" getroffen, und gab dafür dessen Rückkehr von der Mexikoreise im März 2012 an.

Wenn allein schon die Rücktrittsentscheidung zum Zeitpunkt ihrer öffentlichen Bekanntgabe mindestens ein Jahr alt war, dann müssen die Überlegungen, die zu ihr geführt haben, weiter zurückreichen („a lungo"). Es gab tatsächlich in den Jahren zuvor Äußerungen, die diese Annahme bestätigen. Im Nachhinein wird das Teppichmuster, in das sie hineingewoben sind, deutlicher erkennbar. Am bekanntesten wurde ein Satz, der in dem von Peter Seewald besorgten Interviewband *Licht der Welt* vom Sommer 2010 angeführt ist: „Wenn ein Papst zur klaren Erkenntnis kommt, dass er physisch, psychisch oder geistig den Auftrag seines Amtes nicht mehr bewältigen kann, dann hat er ein Recht und unter Umständen auch eine Pflicht, zurückzutreten." Diese Aussage war so theoretisch gehalten, dass der Leser annehmen konnte, der Papst habe sich dabei nur auf die Bestimmung von CIC can. 332 §2 bezogen. Dass er damals nicht nur abstrakt an eine solche Möglichkeit dachte, ist inzwischen sicher. Andere kryptische Stellen in dem Interviewband dürften, wie man jetzt sieht, im Zusammenhang damit stehen. Und vielleicht könnten Recherchen in seinem Gesamtwerk und zumal in der unübersehbaren Fülle seiner Reden und Meditationen während seines Pontifikats noch manches ans Licht bringen, was bisher nicht beachtet wurde.

Zu einer anderen Kategorie gehören die Zeichenhandlungen, die Benedikt XVI. zu einer Zeit öffentlich vorgenommen hat, in der kaum jemand daran dachte, dass er sein Amt bald aufgeben werde, geschweige denn, dass er sich dazu schon im Jahr 2009 entschlossen haben könnte. Sie besagen, dass es bereits damals nicht mehr nur um Rücktrittsgedanken im Vorfeld einer möglichen Entscheidung ging, sondern um die Entscheidung selbst, die somit weit über das im Osservatore Romano genannte Datum zurückreichen würde. Es handelt sich um seine beiden Besuche am Reliquienschrein Cölestins V. Als Benedikt der vom Erdbeben weitgehend zerstörten Stadt L'Aquila einen Pastoralbesuch abstattete, legte er am 29. April 2009 am gläsernen Sarkophag Cölestins in der Kirche S. Maria di Collemaggio das Pallium, das er nach seiner Papstwahl auf die Schultern genommen hatte – es symbolisiert die kirchliche Autorität des Bischofs von Rom – nieder. Die Kirche war eingestürzt, aber der Sarkophag Cölestins war in den Trümmern der Kirche unversehrt geblieben. Die Zeichenhandlung Benedikts erweckte weltweit Aufsehen, aber ihr Sinn und ihre Tragweite waren damals noch nicht wirklich zu ermessen. Es spricht alles dafür, dass es nicht nur ein Akt der Pietät war, sondern dass Benedikt auf diese Weise seine eigene Lebensgeschichte als Papst mit derjenigen seines Vorgängers verknüpfte, der zum Ende seines Pontifikats sein Amt niedergelegt hatte.

Der zweite Besuch fand am 4. Juli 2010 zur Feier des 800. Geburtstags Cölestins in der Kathedrale von Sulmona statt, wohin dessen Sarkophag aus den Ruinen von L'Aquila transferiert und neben dem

Hauptaltar aufgestellt worden war. Benedikt rühmte dieses Mal in seiner Predigt Cölestin als Vorbild für die Kirche.

Die Besuche Benedikts am Reliquienschrein Cölestins sind zunächst für die Terminierung seines Rücktrittsbeschlusses aufschlussreich, verweisen darüber hinaus aber, wie sich gleich zeigen wird, auf den besonderen Stellenwert, den Benedikt seinem heiligen Vorgänger in mehrfacher Hinsicht – und zumal für seine Rücktrittsentscheidung – beigemessen hat. Sie bedeuten zumindest, dass seine Rücktrittserwägungen schon vier bzw. drei Jahre vor dem Paukenschlag vom Februar 2013 ein heißes Stadium erreicht hatten. Wahrscheinlich war beim ersten dieser Besuche die Entscheidung schon gefallen, auch wenn Benedikt damals das genaue Datum vielleicht noch nicht festgesetzt hatte.

Ein Blick auf die Vita Cölestins (1209/10–1296) erhärtet die Annahme, dass Benedikt in seinem heiligen Vorgänger nicht nur ein verehrungswürdiges Vorbild für die Kirche erblickte, sondern auch für sich selbst und seinen eigenen Pontifikat, und zwar bis ins Einzelne hinein. Der Eremit Peter vom Morrone (Pietro del Morrone) – diesen Namen hatte Pietro Angelari (so sein ursprünglicher Familienname) sich selbst gegeben, als er sich 1239, sechs Jahre nach seiner Priesterweihe, auf den Monte Morrone bei Sulmona im Majellagebirge zurückgezogen hatte – war am 5. Juli 1294 als fast 85 Jahre alter Greis zum Papst gewählt worden und hatte unter turbulenten Umständen am 13. Dezember desselben Jahres sein Amt niedergelegt. Er wird gewöhnlich als weltfremder und zu höheren Geschäften unfähiger Einsiedlertyp dargestellt, aber wenn man die in der Forschung führende Biographie zu ihm studiert[1], wird man eines anderen belehrt. Das ihm nachgesagte hohe Maß an Tumbheit ist ein Märchen. Er war, als er per inspirationem zum Papst gewählt wurde, ein berühmter Mann, nicht nur beim einfachen Volk, das ihm in seinen Einsiedeleien in Scharen zulief, und nicht nur bei den Spiritualen, die ihn zum Endzeitpropheten (und später zum Engelpapst) emporhoben, sondern auch bei den mächtigen Herren in Rom, Neapel, Lyon etc., ein Mann nicht nur von spiritueller und politischer Ausstrahlung, sondern von überragendem

---

[1] Peter HERDE, *Cölestin V. (1294) (Peter vom Morrone). Der Engelpapst. Mit einem Urkundenanhang und Edition zweier Viten* (Päpste und Papsttum 16), Stuttgart 1981. Es ist anzunehmen, dass Benedikt XVI. dieses fulminante Standardwerk genau gelesen hatte. Vielleicht können Ratzingerexperten diese Lektüre eines Tages sogar konkret nachweisen.

Organisationstalent in der Gründung seiner Eremitenkolonien und als Stratege in der Verwaltung und Konsolidierung eines weitverzweigten Netzes von Klöstern, die er dem Benediktinerorden eingliederte und für deren Generalabt er übrigens eine Amtszeitbegrenzung auf drei Jahre eingeführt hatte. Mit der Leitung der ganzen Kirche und zumal des schwierig zu durchschauenden Verwaltungs- und Regierungsapparates war der vom übermäßigen Fasten ausgemergelte Greis freilich überfordert, die politischen Verwicklungen der Zeit gingen über sein Vorstellungsvermögen hinaus.

Was bei seinem Rücktritt auffällt, ist die Umsicht, mit der er seinen Schritt vorbereitete und vollzog. Er setzte mit seinem Amtsverzicht nicht etwa nur faktisch einen Präzedenzfall für seine Nachfolger in die Welt, sondern installierte sorgsam und unter Beiziehung bester Expertisen die kanonistischen und prozeduralen Regularien, denen er sich selbst dann peinlich genau unterstellte, mit denen er aber zugleich seinen Schritt zu einem Modell für künftige Fälle auch rechtlich ausgestaltete.

Es lohnt sich, im Hinblick auf Benedikt XVI., der sich für seine Person und seinen eigenen Rücktritt ganz offensichtlich an diesem Vorbild orientierte, diese Vorgänge noch etwas genauer zu beleuchten. Man hat behauptet, Benedikt habe mit seinem Rücktritt kanonistisches Neuland betreten. Doch dem ist nicht so, auch wenn seine Abdankung und vor allem das in ihr so deutlich signalisierte Verständnis des Petrusdienstes als eines Dienstes auf Zeit, und eines Amtes, das nicht auf Wohl und Wehe bis zum Tod des damit Betrauten an der Person haftet, sich in Zukunft in einer anderen Größenordnung noch als umstürzend erweisen kann.

Was aber Cölestin angeht, so war der Rücktritt eines Papstes in der kanonistischen Wissenschaft seiner Zeit durchaus theoretisch schon vorbereitet. Seit der Mitte des 12. Jahrhunderts war die Rücktrittsmöglichkeit von Päpsten – man hielt dafür den Terminus abdicare (abdanken) für angemessener als renuntiare (widersagen, zurücktreten) – ein Thema akademischer Erörterungen. Vor allem Huguccio, der bedeutendste der Dekretisten, hatte die Rücktrittsmöglichkeit in seiner *Summa in Decretum Gratiani* (1188/90) bejaht. Für die Rechtmäßigkeit einer Abdankung war nur eine einseitige, freie Willenserklärung des Papstes erforderlich; ein Papst bedürfe dafür keiner Erlaubnis, da er die *plenitudo potestatis* besitze, und über die Qualität der Abdankungsgründe könne letztlich allein Gott und das Gewissen des Papstes befinden. Gemäß diesen normativen Vorgegebenheiten erließ Cölestin V. am 13. Dezember 1294 eine Konstitution zur Zulässigkeit und zu den Normen für die Abdankung eines Papstes. In ihr sind als mögliche Abdankungsgründe unter anderem Demut und die Unfähigkeit, das Amt der Kirchenleitung weiterhin recht versehen zu können, angeführt. Er machte diese Gründe für sich geltend und erklärte am selben Tag, am Fest der heiligen Lucia, der Lokalheiligen von Neapel, in seiner Residenz in Castelnuovo in Neapel und trotz Abratens der Kardinäle definitiv seinen Rücktritt, 5 Monate und 9 Tage nach seiner Wahl. Er legte die päpstlichen Insignien – Ring, Tiara und die päpstlichen Gewänder bis zur Albe – ab. Seinem Wunsch, die Pontifikalinsignien bei der Messfeier tragen zu dürfen, widersprachen die Kardinäle. Die Absicht war klar: Zum Rücktritt eines Papstes gehört nicht nur die Unwiderruflichkeit dieses Schrittes, sondern auch der Verzicht auf jede Art von Amtsinsignien. Auch der Wunsch, den Rest seines Lebens in der Abgeschiedenheit des Gebirges eigenständig als Eremit verbringen zu dürfen, wurde Cölestin von seinem Nachfolger Bonifaz VIII., der eine Entwicklung zum Schisma befürchtete und deshalb den Expapst in Rom unter seiner Obhut haben wollte, bekanntlich nicht so gewährt, wie er es gewünscht hatte, wurde er doch von seinem Nachfolger auf Castel Fumone bei Anagni festgesetzt, in einer kargen Zelle und streng bewacht in einer Art Isolierhaft, die man zutreffend als ehrenhaften Hausarrest bezeichnet hat. Hier starb er am 19. Mai 1296 eines natürlichen Todes. Doch für die Idee als solche, sich als Expapst total in ein Leben des Gebetes zurückzuziehen, hat Cölestin für Benedikt wiederum als Vorbild gedient. Wichtiger für Benedikt und seine Einstellung zur zeitlichen Begrenzbarkeit des päpstlichen Dienstes war natürlich das Beispiel Cölestins im ganzen. Und wenn sein Verhalten am Reliquienschrein Cölestins (2009 Niederlegung seines Palliums, 2010 Aussagen zu Cölestin als Vorbild) dahingehend zu deuten ist, dass darin nicht nur der Rücktrittsgedanke eine wichtige Rolle gespielt haben muss, sondern dass Benedikt bereits 2009 seine Entscheidung zum Rücktritt getroffen hatte, dann müssen diesem Entschluss in den Jahren zuvor entsprechende Überlegungen vorausgegangen sein, nämlich dass es auch für ihn eine freiwillige Amtszeitbegrenzung geben könne und welche Normen dafür gelten würden. Wenn er das als Papst tat, dann müssen sie zwischen 2005 und 2009 stattgefunden haben.

Diese Überlegungen fielen also in die erste Hälfte seines Pontifikats, und sie betrafen konkret sein eigenes Amt, aber sie sind nicht isoliert zu betrachten. In den vorausgehenden Jahrzehnten hatte die

Idee einer Amtszeitbegrenzung für die höheren kirchlichen Leitungsämter rasant um sich gegriffen. Für die residierenden Bischöfe und für die Kardinäle in leitenden Funktionen waren dafür die gesetzlichen Regelungen getroffen worden, und die vom Hl. Stuhl erwünschten und tatsächlich gebilligten Rücktritte von Bischöfen hatten gerade während des Pontifikats Benedikts XVI. signifikant zugenommen. Es ist schlechterdings unvorstellbar, dass das prinzipiell dazu gehörende Amtsverständnis kein fester Posten im theologischen Denken eines Ratzinger war.

Zum Werdegang seines Amtsverständnisses im allgemeinen und so auch zu der entfernteren Vorgeschichte seines Verhaltens als Papst muss man wohl ein Vorkommnis und ein Papier zählen, auf das ich hier als zeitgeschichtlicher Zeuge und als ein an dem Geschehen persönlich Beteiligter mit Insiderwissen die Aufmerksamkeit lenken darf. Der Vorgang reicht in die Tübinger Zeit Ratzingers (1966–1969) zurück. Joseph Ratzinger hat diese Dinge gewiss nie vergessen, nicht allein wegen seines notorisch guten Erinnerungsvermögens, sondern weil es dabei Schwierigkeiten und Verwicklungen gab, die sich in sein Gedächtnis eingebrannt haben müssen. Für seine Biographie und speziell für die Vorgeschichte seines Rücktritts ist deshalb davon auszugehen, dass jenes Vorkommnis zum bleibenden Reflexionshintergrund beim Heranreifen seiner Entscheidung gehörte.

Was war geschehen? Die Herausgeber der Theologischen Quartalschrift brachten im Rahmen der normalen Erscheinungsweise ihrer Zeitschrift jährlich zwei Hefte heraus, die jeweils auf eine ganz bestimmte Thematik abgestellt waren („Themenhefte"). Das zweite Heft des Jahrgangs 1969 hatte das Bischofsamt und seine zeitliche Begrenzung zum Gegenstand. Ein Heft zu dieser Thematik war damals an sich schon „seit längerem vorgesehen"[2], aber sie hatte durch den Aufsehen erregenden Rücktritt des Bischofs von Graz-Seckau eine besondere Aktualität und Brisanz erhalten. Der erste Beitrag in diesem Heft

---

[2] Siehe ThQ 149 (1969) 166. Diese Zeitangabe findet sich in einem Brief der damaligen Schriftleiter (Josef Rief und Max Seckler) an Bischof Dr. Josef Schoiswohl vom 14. Februar 1969. Der Adressat dieses Briefes hatte am 31. Dezember 1968 seinen Rücktritt vom Bischofsamt erklärt (mit Wirkung vom 1. Januar 1969). Der Rücktritt erregte großes Aufsehen, weil so etwas damals bei einem residierenden Bischof noch ganz ungewöhnlich war. Die Schriftleiter wollten dem Bischof die Gelegenheit geben, sich in der ThQ zu diesem Schritt zu äußern und ihn für die Öffentlichkeit zu erläutern. Die Antwort von Bischof Schoiswohl (1901–1991) ist in dem genannten Themenheft veröffentlicht (ebd. 167–170).

hatte den Titel: *Befristete Amtszeit residierender Bischöfe? Ein Vorschlag*. Vorgeschlagen wurde eine Amtszeitbegrenzung auf acht Jahre, eingebettet war der Vorschlag in Ausführungen zu seiner Erläuterung und Begründung. Der zwölfseitige Artikel war in den Kopfzeilen mit * * * versehen, aber in der Anmerkung zu Beginn des Artikels sind die Namen derer, die den Vorschlag „unterbreiten“, einzeln angeführt. Es sind die Namen aller Herausgeber der Theologischen Quartalschrift, die zu diesem Zeitpunkt als Lehrstuhlinhaber aktiv im Dienst waren, darunter zum Erstaunen vieler Leser und Nichtleser auch Joseph Ratzinger[3], der von 1966–1969 eine der beiden Dogmatikprofessuren in der Fakultät innehatte.[4]

Wie ist es zu seiner Unterschrift gekommen? Zur Beantwortung dieser Frage ist zunächst ein Blick auf die Genese dieses Artikels zu werfen. Dies auch, um den falschen Mutmaßungen und den Unterstellungen entgegenzutreten, die alsbald verbreitet wurden[5], und um

[3] Siehe ebd. 105. – Da man später die Unterschrift Ratzingers zu relativieren suchte, ist festzuhalten, dass in der Anmerkung nicht etwa nur summarisch das Herausgeberkollektiv der ThQ genannt ist, sondern jeder Unterzeichner mit seinem Namen. Wichtig ist auch, dass die namentlich Genannten den Vorschlag nicht nur *unterstützen* (was weniger wäre), sondern *unterbreiten*. Fraglich könnte allenfalls sein, ob sie nur den „Vorschlag“ im engeren Sinn (d. h. die Amtszeitbegrenzung auf acht Jahre) „unterbreiten“ oder den Text des Artikels im ganzen, d. h. mitsamt den in ihm vorgelegten Begründungszusammenhängen. Dass Letzteres gemeint war, ergibt sich aus dem Kontext.

[4] In dem Themenheft erörterten sodann Johannes Neumann das Problem der Amtszeitbefristung aus kanonistischer Sicht (117–132) und Peter Stockmeier für sein Fach im Blick auf die Verhältnisse in der alten Kirche (133–146); Hans Küng, der Fachkollege Ratzingers, skizzierte seine Vorstellungen zur Mitbestimmung der Laien in der Kirchenleitung und bei kirchlichen Wahlen (147–165), desgleichen Günter Biemer als Pastoraltheologe die Bischofswahl als neues Desiderat kirchlicher Praxis (171–184), und Karl August Fink, der Inhaber des Lehrstuhls für Mittlere und neuere Kirchengeschichte, wartete mit Neuigkeiten zum Thema Papstabsetzungen im Mittelalter auf (185–188). Der oben erwähnte Briefwechsel zwischen der Schriftleitung und Bischof Schoiswohl ist an vierter Stelle abgedruckt (166–170).

[5] So besonders bei Martin Trimpe – Peter Kuhn, *Zur Amtszeitbegrenzung für Bischöfe. Kritik eines Vorschlags*, in: Hochland 61 (1969) 544–558; 62 (1970) 159–172. Die Verfasser sind zum einen bemüht, die Verfehltheit dieses Vorschlags aufzuweisen, den dazu gehörenden Erläuterungs- und Begründungstext kritikasterhaft zu zerpflücken und in die Verfasserfrage, die für sie im Dunkeln liegt, Gift zu mischen; zum anderen zielen sie darauf, die Unterschrift Ratzingers zu relativieren, wenn nicht gar als erschlichen hinzustellen.

Joseph Ratzinger nichts von dem wegzunehmen, was ihm tatsächlich zuzuteilen ist.

Die Dinge verhielten sich so: Nachdem die Idee zu dem Themenheft aufgekommen war (an den Vater des Gedankens entsinne ich mich nicht, die Sache lag in der Luft), wurde sie ususgemäß in aller Form in eine Herausgebersitzung eingebracht. Sie wurde dort zum Beschluss erhoben. In jener Sitzung erfolgte auch die Festlegung der in dem Heft zu behandelnden Themen mitsamt der dafür sich anbietenden Autoren (Neumann, Stockmeier, Küng, Biemer, Fink, dazu Schoiswohl und der Artikel mit dem „Vorschlag"). Joseph Möller,

---

Einem Artikel von Giovanni VALENTE mit dem Titel *1966–1969. Die schwierigen Jahre*, der sehr viel später, im Mai 2006, in der Zeitschrift 30Giorni erschien, ist zu entnehmen, wie es zu dem Elaborat im Hochland kam: „Trimpe erinnert sich: ‚Der Professor vertrat seine Überzeugungen sonst mit Nachdruck. In diesem Fall hatte er vielleicht den Artikel nicht gut gelesen oder um des lieben Friedens willen dem auf ihn ausgeübten Druck nachgegeben. Er wollte weitere Diskussionen mit den Kollegen vermeiden.' Und vielleicht erschien ihm das, worum man ihn bat – das einfache Unterschreiben eines kollektiven Textes – nicht so wichtig. Nach der Veröffentlichung des Artikels scheint sich Ratzinger – im Gegensatz zu den besorgten Studenten und Mitarbeitern – keine großen Sorgen um seinen Ruf zu machen. Er schlägt selbst unterschwellig humoristisch einen Weg vor, um ihre Sorgen zu besänftigen. Trimpe berichtet: ‚Als er sah, daß ein paar von uns entsetzt waren, lächelte er und sagte: Wenn ihr verärgert seid, dann schreibt ihr doch etwas! Schreibt einen Artikel gegen diesen Vorschlag, und ich selbst werde euch helfen, ihn zu veröffentlichen.' So kam es, daß Peter Kuhn als Assistent und Martin Trimpe als wissenschaftliche Hilfskraft am Lehrstuhl einen langen Artikel verfaßten, der in zwei Folgen in der Zeitschrift *Hochland* erschien, um auf Anraten ihres Professors die Thesen über den Episkopat auf Zeit zu widerlegen, die dieser selbst unterschrieben hatte. Kuhn scherzt: ‚Wir haben den Artikel erst dann veröffentlichen lassen, als wir mit unserem Professor bereits in Regensburg waren. In Tübingen hätten sie uns zu Ketzern erklärt und für eine moderne Form der Hinrichtung auf akademischem Weg gesorgt.'" – Die Darstellung, die Trimpe von dem Vorgang gibt, ist missverständlich, wenn es heißt, Kuhn und er hätten den Artikel verfasst, „um auf *Anraten* ihres Professors die Thesen über den Episkopat auf Zeit zu widerlegen". Man kann (soll?) diese Äußerung so lesen, als ob Ratzinger seine Unterschrift bereut und er deshalb seinen Mitarbeitern angeraten hätte, seine Unterschrift zu relativieren und den ThQ-Artikel inhaltlich zu zerpflücken und zu widerlegen. In Wahrheit stand Ratzinger zu seiner Unterschrift. Er wollte lediglich den Eifer seiner erbosten und fürsorglichen Mitarbeiter nicht bremsen, und er bot ihnen an, für eine Publikationsmöglichkeit zu sorgen. Er war sich dabei wohl auch bewusst, dass der *Text* des ThQ-Artikels der Kritik Angriffsflächen bot. Im Übrigen wusste damals in Tübingen alle Welt, dass Ratzinger für Vorschläge seines Assistenten stets ein sehr offenes Ohr hatte.

der Philosoph der Fakultät, der normalerweise kein Faible für aufgeblasene Neuerungen hatte und wegen seiner besonnenen Diktion in Ansehen stand, übernahm es, den Text des hier zur Debatte stehenden Artikels in eigener schriftstellerischer Kompetenz zu entwerfen, mit der Vorgabe, den Vorschlag zur Amtszeitbegrenzung residierender Bischöfe in angemessene Erläuterungs- und Begründungszusammenhänge einzubetten und so ein Ganzes mit Fleisch und Knochen daraus zu machen. Möller unterbreitete den beiden Schriftleitern eines Abends zum Auftakt eines geselligen Beisammenseins in seinem Hause (im Klartext: es war eine im Turnus bei den drei Beteiligten stattfindende Skatrunde) anhand einiger Zettel die Disposition für sein Vorhaben, das dann besprochen und weiterentwickelt wurde. Auf dieser Grundlage formulierte Möller seinen Text allein. Sein Manuskript wurde als Beschlussvorlage in die nächste Sitzung der Herausgeber eingebracht und dort einstimmig gebilligt. Da in dieser Sitzung – wie üblich – nicht alle Herausgeber anwesend waren, wurde der Text anschließend im Umlaufverfahren den übrigen Kollegen zur Stellungnahme zugeleitet. Im Endergebnis sind alle Herausgeber / Ordinarien dem Vorschlag unterschriftlich beigetreten – bis auf Joseph Ratzinger, was für den auf die Einmütigkeit der Tübinger abgestellten Vorschlag auf einen besonders gravierenden Mangel hinauslief. Der Berichterstatter erbot sich, den widerständigen Kollegen in seinem Haus aufzusuchen, um ihn nach Möglichkeit für die Unterschrift zu gewinnen. Es war ein sehr langes und freundschaftliches Gespräch bei Kaffee und Kuchen, den Ratzingers Schwester Maria diskret servierte, nicht ohne schließlich ganz verbergen zu können, dass sie selbst eigentlich die Unterschrift für sinnvoll hielte. Im Endeffekt konnte der Berichterstatter den Kollegen die Zustimmung Ratzingers vermelden. Wie es dann weiterging, wurde oben bereits geschildert.

Nachfolgend wird der in der Theologischen Quartalschrift veröffentlichte Text im Wortlaut dokumentiert. Der Artikel gehört, was den Sprachstil und die Argumentationsweise angeht, sicher einer anderen Zeit an, aber er war damals ein beherzter und kultivierter Vorstoß, und er ist ein Dokument sowohl für das Aufkommen der Idee einer befristeten Amtszeit für kirchliche Leitungsämter, als auch für die Vita Joseph Ratzingers und für die Genese seines theologischen Denkens in einem Punkt, der für seinen Rücktritt von Belang ist. Im Hinblick auf die inzwischen eingetretenen Entwicklungen wird man heute den Artikel mit neuen Augen lesen. Bei Bischöfen und Kardinälen ist von einer generellen Amtszeitbegrenzung auf acht Jahre nicht mehr die Rede, stattdessen wurden mehr oder weniger fixe Altersgrenzen eingeführt, was nicht unbedingt besser ist. Die Frage, ob der Vorschlag der Tübinger sich auch auf Päpste erstrecken könnte, wurde in dem Artikel nur angetippt; sie zu vertiefen wäre damals einem Sakrileg gleichgekommen. Man muss bei der Würdigung des Artikels auch beachten, dass eine normative Amtszeitbefristung etwas anderes ist als ein faktischer Rücktritt, sei es von Bischöfen, sei es von Päpsten. Für den Rücktritt Benedikts XVI. ist der Artikel von 1969 mindestens ein Beweis dafür, dass Joseph Ratzinger sich schon so früh damit auseinandergesetzt haben muss, dass ein hohes kirchliches Leitungsamt nicht zwangsläufig bis zum Tod des Amtsinhabers an dessen Person haftet. Das Unbehagen, das er gegenüber manchen Schwächen in der Argumentationsweise des Artikels wohl empfand, und mehr noch die Abneigung, in einer aufgewühlten Zeit sich durch seine Unterschrift gleichsam mit allen Tübingern zu solidarisieren, konnte nur bewirken, dass die Sachfrage als solche sich umso tiefer in sein theologisches Denken eingebrannt haben musste.

Hinzu kommt noch eine temporale Merkwürdigkeit, durch die der Tübinger Artikel eine verblüffende Affinität zur tatsächlichen Amtszeit Benedikts XVI. aufweist. Er war sieben Jahre, zehn Monate und neun Tage im Amt; die acht Amtsjahre, die der Artikel für die residierenden Bischöfe vorschlug, hat er somit tatsächlich annähernd erreicht und jedenfalls nicht überschritten. Es wäre gewiss abwegig, der Zeitvorgabe im Tübinger Vorschlag eine kausale Bedeutung beizumessen, aber das Faktum der acht Jahre gehört in sich selbst zu den rätselhaften Fügungen der göttlichen Vorsehung.

* * *

Theologische Quartalschrift 149 (1969) 105–116:

Befristete Amtszeit residierender Bischöfe? Ein Vorschlag[1]

I.

1. Amt und Autorität sind heute keine Begriffe mehr, deren Sinn unbestritten ist. Man kann sich freilich fragen, ob ein solcher Sinn je eindeutig feststand. Zweifellos gab es Zeiten, da ein bestimmtes Amts- und Autoritätsverständnis mehr oder weniger unangefochten in Geltung war. Aber schon ein Blick in die Antike läßt uns die Vielfältigkeit der Interpretationsmöglichkeiten erkennen. Und eine ethnologische und religionsgeschichtliche Betrachtungsweise würde diese Vielfältigkeit zugleich als Vielschichtigkeit aufweisen. Amts- und Autoritätsbegriff entstammen jeweils einer bestimmten gesellschaftlichen Struktur und weisen auf diese zurück.

Das Umdenken, das in der Neuzeit einsetzte und das sich heute in verschärfter Form auswirkt, stellt also nicht einfach einen Bruch mit einer eindeutigen Tradition dar. Die Selbstbesinnung und das Bemühen um Weltgestaltung, die den Menschen der Neuzeit prägten, mußten sich notwendig auch im staatsbürgerlichen Bewußtsein auswirken. In den letzten zweihundert Jahren hat sich der Staatsbürger nicht damit begnügt, an seine Pflichten zu denken, er wurde sich auch immer mehr seiner Rechte bewußt. So ist nicht nur die Forderung nach Gerechtigkeit und Mitverantwortung, sondern auch die nach dem Dienstcharakter des Amtes in einem Maß lebendig geworden, wie dies in früheren Zeiten nicht der Fall war. Interessant ist hierbei, daß sich im staatlichen Bereich ein allgemeines Umdenken erst im 19., zum Teil sogar erst im 20. Jahrhundert vollzieht. Wir können diese Entwicklung historisch verfolgen. Sie verläuft im europäischen Raum von der Französischen Revolution über die Ablösung absolutistischer Formen bis zur Neugliederung nach dem Ersten Weltkrieg, während die Oktoberrevolution in Rußland die typisch russische Form des Marxismus entwickelt. Eine neue Situation entsteht nach dem Zweiten Weltkrieg: Forderungen nach Selbständigkeit, Mitbestimmung und Eigenverantwortung werden überall erhoben und in einem zum Teil erschreckenden, zum anderen staunenswerten Maß realisiert.

2. Selbst manchem, dem staatspolitisches Denken durchaus nicht fremd war, ist erst in den beiden letzten Jahrzehnten die Dynamik der seit Jahrhunderten

---

[1] *Dieser Vorschlag wird von den folgenden Herausgebern der ThQ unterbreitet: Alfons Auer, Günter Biemer, Karl August Fink, Herbert Haag, Hans Küng, Joseph Möller, Johannes Neumann, Joseph Ratzinger, Josef Rief, Karl Hermann Schelkle, Max Seckler, Peter Stockmeier.*

vorbereiteten Entwicklung in ihrer Bedeutung und Macht bewußt geworden. Aus dieser Sicht erscheint es nicht verwunderlich, sondern eher natürlich, daß eine umfassende kritische Reflexion im kirchlichen Raum eigentlich erst nach dem Zweiten Weltkrieg beginnt. Kritische Stimmen wurden bisher mehr oder minder zum Schweigen gebracht. Man versuchte – und darin waren sich die verschiedensten Kreise einig –, das Denken der Neuzeit als falschen Subjektivismus abzutun und demgegenüber die Kirche als Hort der Autorität hinzustellen. Nun ist seit Jahrhunderten das kirchliche Denken durch Autoritätsvorstellungen bestimmt, die sich nicht nur auf positive Rechtsfragen, sondern zum Teil bis in Gewissensentscheidungen hinein erstreckten. Gehorsam, zumindest äußerer Gehorsam, wurde hier verlangt und in der vielfältigsten und manchmal fragwürdigsten Weise begründet. Der Mensch, der gegen dieses Denken angeht, ist der Mensch, der durch Jahrhunderte der Selbstreflexion geschritten ist. Dieser Mensch blickt heute kritisch auf Autoritäten. Diese Kritik kann leicht zur Hyperkritik werden, wenn sie die eigenen Grenzen und damit auch die Grenzen der Kritik nicht mehr sieht. In jedem Fall entsteht durch die heutige Form der Kritik eine Krise, die nicht durch äußerliche autoritäre Maßnahmen behoben werden kann.

3. Richtig verstanden schließt Autorität Kritik nicht aus, sondern stellt sich der Kritik. Kritik ist eine Weise echten Miteinandersprechens zum Zweck besserer Verwirklichungen. Damit ist über das Maß der Kritik noch nichts gesagt. Es gibt eine Weise der Kritik, die grundsätzlich alles kritisiert, was von einem Amtsträger verfügt wird. Eine solche Kritik hebt sich selbst auf, führt zur Anarchie beziehungsweise zu einer Diktatur. Diese Weise der Kritik kann gerade nicht als konstruktiver Beitrag angesehen werden. Denn hier wird statt eines kritisch-dialogischen Beitrags eine extreme Auffassung absolutgesetzt. Die echte Weise der Kritik verlangt, daß Anordnungen durchdacht werden und daß es möglich sein müßte, in den entscheidenden Fragen zu einem Dialog mit dem zu kommen, der von solchen Anordnungen betroffen ist. Der von solchen Anordnungen Betroffene beansprucht heute, in entscheidender Weise mitgehört zu werden und damit im Blick auf künftige Anordnungen mitzubestimmen; ein gesellschaftliches Gefüge, das vom alten Herrn-Knecht-Modell bestimmt ist, gilt als überholt.

4. Das Amt erscheint dem heutigen Menschen als eine Funktion der Gesellschaft; die damit verbundene Autorität wird nur noch insofern anerkannt, als sie bereit ist, sich durch Leistung zu rechtfertigen. Wer heute irgendwelche Anordnungen trifft, hat stets damit zu rechnen, daß diese Anordnungen kritisiert werden. Er muß seine Anordnungen überzeugend begründen können. Für den Politiker und den Staatsmann ist das zur Selbstverständlichkeit geworden. An die Stelle gewohnheitsmäßiger Entscheidungen muß in vielen Fällen der jeweils neu überlegte Entschluß treten. Scheinbar selbstverständliche Routineangelegenheiten können plötzlich problematisch werden. Der reine Befehl bedarf der Begründung. Ein Befehl wirkt nur noch im Rahmen eines durchdachten Gesamtplans sinnvoll. Lebendige Richtlinien erreichen mehr als ein starres Diktat.

Um dies zu verwirklichen, werden an den Amtsträger erhöhte Anforderungen gestellt, denen er im allgemeinen nur für eine gewisse Zeit gewachsen ist. Der Wechsel im Amt zur Förderung des Amtes entspricht dem heutigen fundamentalen gesellschaftlichen Selbstverständnis und stellt einen wesentlichen Punkt moderner Verfassungen dar. Wenn man davon im Bereich der Verwaltung bei der bekannten Macht der Bürokratie nur mit Einschränkung sprechen kann, so ist doch ein Wechsel in Spitzenpositionen schon weithin selbstverständlich geworden. Denn selbst jahrelange Leistungen können späteres Versagen nicht rechtfertigen. Versäumte Kritik, Resignation und falsche Rücksichten hatten nicht selten furchtbare Folgen.

5. Die Krise des Autoritätsbewußtseins zeigt sich nicht nur in der Kritik an autoritären Maßnahmen. Diese Krise betrifft auch die Handlungs- und Haltungsweise derjenigen, die ein Amt innehaben. „Amtsträger“ sind – infolge der überall auftauchenden berechtigten und unberechtigten Kritik – in vielem so unsicher geworden, daß sie ihre eigene Autorität durch diese Unsicherheit nur noch mehr in Frage stellen und damit die Kritik – und zwar die unberechtigte wie die berechtigte – noch mehr herausfordern. Gerade auf diese Weise zeigt sich die Überforderung, der viele Amtsträger heute ausgesetzt sind. Die bewundernswerte Mitte zwischen Festigkeit und Flexibilität, zwischen Entscheidungsfreudigkeit und notwendigem Kompromiß ist kaum mehr zu realisieren. Und doch ist die Realisierung einer solchen Einstellung stets neu zu fordern.

6. Es bleibt nicht aus, daß gesellschaftspolitische Diskussionen um Amt und Autorität sich auch im kirchlichen Bereich *auswirken, ist doch der Christ stets Mensch dieser Welt und Zeit. Die Struktur des Christentums beziehungsweise die Struktur der Kirche erscheint vielen noch mittelalterlich geprägt. Auch in der Neuzeit hielt man nach wie vor an überholten Formen fest. Nun gibt es ja in der Tat staatspolitische Erwägungen, die man als überholt bezeichnen muß, mögen sie früher einmal berechtigt gewesen sein oder nicht. Das Prinzip „Cuius regio eius religio“, noch in der Neuzeit staatspolitisch bejaht, ist uns fremd. Der Begriff einer Staatsreligion ist fragwürdig geworden. Wer dem anderen Glauben gegenüber nicht selbstverständlich Toleranz übt, hält an einem mittelalterlichen Ordnungsbegriff fest und steht in der heutigen Gesellschaft als ein Fremdkörper da. (Man beachte: Es gibt Christen, die die Erklärung über die Religionsfreiheit des Vaticanum II als gewaltige Leistung ansehen!) Dabei braucht man durchaus nicht, wie es oft geschieht, die Entwicklung von der Spätantike zum Mittelalter hin negativ zu bewerten. Wir stehen nur vor der Situation, daß das Gefüge der Kirche und die Rechtsauffassung der Kirche gegenüber dem heutigen Bild der Gesellschaft sich als eine fremde, vergangene Welt darstellen. Man kann sich hierbei nicht auf das Evangelium, auch nicht auf die Struktur der ersten christlichen Gemeinden, sondern nur auf eine später entstandene Tradition berufen. Diese Tradition aber ist historisch geworden und heute in vielem nicht mehr angemessen. Nicht also darum geht es, die Utopie einer urkirchlichen Gemeinde zu verwirklichen. Wohl aber ist es unsere Aufgabe, im Blick auf das Evangelium neue Forderungen und Möglichkeiten kritisch zu prüfen. Dabei müssen wir über ein Minimum von Zugeständnissen hinauskommen. Wahre Gestaltung geschieht von einem entworfenen Bild und von einem Gesamtplan her, der zukunftweisend ist.*

II.

1. Amt und Autorität sind notwendig. Die Bedeutung von Amt und Autorität ist zu bejahen. Aber zugleich ist eine Besinnung auf solche Formen erforderlich, an denen Autoritätsträger doch noch festhalten, wobei sie dadurch Amt und Autorität gefährden können. Man wird sich darum auch die Frage stellen können, ob das Bischofsamt *in Zukunft immer ein Amt auf Lebenszeit sein soll. Entsprechende Hinweise sollen nur in zweiter Linie kritisch, in erster Linie jedoch konstruktiv verstanden werden: Es werden neue zeitgemäße Formen um des rechtverstandenen Amtes und der rechtverstandenen Autorität willen gefordert. Starres Festhalten an überlieferten Formen erscheint dagegen amts- und autoritätsfeindlich und begünstigt nur eine Kritik, die in der Forderung nach einer unmittelbaren und absoluten „Demokratie" jede Autorität zunächst einmal in Frage stellt.*

2. Während es heute in einer Demokratie westlicher Prägung selbstverständlich ist, daß Kabinett und Regierungschef nur eine gewisse Zeit im Amt bleiben, und zwar so lange, als sie das Vertrauen des Wählers genießen, werden in der Kirche Bischöfe durch den Papst ernannt, und zwar auf Lebenszeit, zumindest auf eine lange, nicht befristete Zeit. Ein alter oder kranker Bischof kann resignieren, aber er braucht es nicht zu tun. (Man kann neuerdings manchmal den Eindruck gewinnen, daß mehr die Ablehnung denn die Annahme eines entsprechenden Gesuchs von seiten des Papstes als sehr wichtig angesehen wird.) Er kann einen Koadjutor erhalten, eine menschlich verständliche, jedoch für die Diözese und damit auch für die Gesamtkirche nicht immer zufriedenstellende Einrichtung. Die Frage der Wahl eines Bischofs wurde in jüngster Zeit – gerade im Zusammenhang mit Bischofsernennungen – heftig, wenn auch bisher ohne sichtbaren Erfolg, diskutiert. Dagegen hat man es anscheinend weithin noch immer als selbstverständlich hingenommen, daß ein ernannter oder auch gewählter Bischof zeitlebens im Amt bleibt. Und doch: birgt nicht gerade die Bestimmung, ein solches Amt auf Lebenszeit zu übertragen, ungeheure Gefahren für die lebendige Gestaltung der Seelsorge einer Diözese in sich? Durch eine solche Regelung kann die Seelsorge einer gesamten Diözese auf Jahrzehnte hinaus in einer sehr einseitigen Weise bestimmt oder doch wenigstens stark beeinflußt werden. Und nicht nur dies: liegt hier nicht auch die Quelle einer Gefährdung für den Träger des Amtes selbst? Der Träger des Amtes ist nicht nur durch ein Machtbewußtsein gefährdet, das durch die Lebenslänglichkeit seiner Tätigkeit bedingt ist. Er gefährdet dieses Amt und damit auch das Ansehen der Autorität selbst durch die –

menschlich durchaus verständliche – Einseitigkeit, mit der er es ausübt. Man mag geltend machen, daß sich eine solche Regelung durch Jahrhunderte bewährt habe. Man mag weiter geltend machen, daß jede Regelung, die man hier treffe, selbst wiederum einseitig sei. Ob sie sich in Jahrhunderten immer *bewährt hat oder ob die Geschichte nicht gerade die Problematik einer solchen Institution aufzeigt, diese Frage sei einmal zurückgestellt. Zugegeben, daß eine solche Auffassung in der Spätantike, im Mittelalter und auch in der Neuzeit einfachhin selbstverständlich war, für uns ist diese Regelung heute nicht mehr überzeugend. Nicht aus Kritiksucht, sondern aus sachgerechten Gründen ist sie uns fragwürdig. Daß eine andere Regelung – und zwar jede andere Regelung – immer bestimmte Nachteile mit sich bringt und selbst einseitig ist, das soll nicht bestritten werden. Doch darum soll es gehen: die größere Gefährdung und die größere Einseitigkeit zu sehen und diese nach Möglichkeit zu vermeiden.*

Wir nehmen darum keine Stellung zu dem Brauch vergangener Zeiten. Wir sagen nicht, daß die Kirche mit Konstantin in eine Gesellschaftsordnung hineingedrängt wurde, die man nur verurteilen kann. Wir sehen durchaus in dieser geschichtlichen Entwicklung einen entsprechenden Sinn. Gerade der geschichtlich Denkende sollte nicht die Maßstäbe seiner Zeit an andere Zeiten anlegen. Aber er darf auch fordern, daß im kirchlich-soziologischen Raum nicht Bestimmungen, die relativ sind, einen ständig verpflichtenden Charakter erhalten.

3. Man wird nicht bestreiten können: Die bisherige Regelung, daß Bischöfe auf unbegrenzte Zeit beziehungsweise auf Lebenszeit ernannt werden, birgt erhebliche Gefahren in sich.

Aber müssen wir nicht diese Gefahren in Kauf nehmen, weil, wie geltend gemacht werden mag, das Bischofsamt kraft des Evangeliums und auch im Blick auf die ersten christlichen Gemeinden nur als ein ständiges Amt, und das hieße als ein Amt auf Lebenszeit, verstanden werden dürfe? Oder ist es so, daß sich hier mit Selbstverständlichkeit bestimmte gesellschaftliche Strukturen durchsetzten, die aber als solche weder mit dem Evangelium noch mit der Struktur der Kirche notwendig verbunden sind?

Grundsätzlich dürfte diese Frage kein Problem mehr in sich bergen. Wenn Paulus sich an die Sklaven wendet und sie auffordert, ihrem Herrn zu dienen, so ist damit über die Institution der Sklaverei grundsätzlich gar nichts ausgesagt. Daß in einer sich unter schwierigsten Bedingungen entwickelnden christlichen Gemeinde die zeitliche Begrenzung des Vorsteheramtes nicht diskutiert wurde, versteht sich. Für die Apostel selbst stellt sich die genannte Frage überhaupt nicht (hier wäre unter anderem auf die Naherwartung zu verweisen). Daß sie später im Blick auf die Spätantike und die mittelalterliche Gesellschaftsordnung entschieden wurde, das hat durchaus beachtenswerte Gründe.

Diese Gründe bestehen aber heute nicht mehr. Was Spitzenpositionen betrifft, so spricht gemäß dem heutigen staatspolitischen Denken vieles für eine befristete Amtszeit. Doch kann man solche Erwägungen beziehungsweise solche Modelle auf die Kirche übertragen? Und selbst wenn es möglich ist, soll man es tun? Wird damit die Kirche nicht wieder bestimmten gesellschaftspolitischen Vorstellungen ausgeliefert, die man vielleicht schon bald revidieren muß? Doch wenn die Kirche Gemeinschaft ist, so sind auch die Gemeinschaftsbildungen, die sich in ihr vollziehen, unter soziologischen Aspekten zu betrachten. Daß die Soziologie für bestimmte Aspekte kirchlichen Lebens zuständig ist, für andere dagegen nicht, dürfte kaum jemand bestreiten. In jeder Gemeinschaft zeigen sich Schwierigkeiten des Zusammenlebens, die durch eine Ordnung gemeistert werden müssen. Eine solche Ordnung geht – explizit oder implizit – von bestimmten Modellen aus und versucht, sie ganz oder teilweise zu realisieren.

Das bedeutet nicht, daß jeder neu aufkommende soziologische Aspekt auch in der Kirche seinen Niederschlag finden müsse. Alte Traditionen spiegeln ein bestimmtes gesellschaftliches oder verfassungsrechtliches Denken wider. Sind sie darum gegenüber neuen Vorschlägen unbedingt zu bevorzugen? Doch wird man berücksichtigen müssen, daß das Strukturproblem der Kirche nicht nur ein soziologisches ist, und darum die verschiedensten Bedenken prüfen, die sich jeweils einer Neuregelung entgegenstellen.

III.

Der Vorschlag lautet: Die Amtszeit residierender Bischöfe soll in Zukunft acht Jahre dauern. Eine Wiederwahl beziehungsweise eine Verlängerung der Amtszeit ist nur ausnahmsweise, und zwar aus objektiven, äußeren, in der kirchenpolitischen Situation liegenden Gründen, möglich.

Gegen diesen Vorschlag wird man eine Reihe von Bedenken erheben, die im einzelnen ernsthaft zu erwägen sind.

1. Von seiten der Exegese *dürften weder gegen noch für den Vorschlag Argumente geltend gemacht werden können. Als die Apostel die Botschaft Jesu in den verschiedensten Gegenden verkündeten und Gemeinden gründeten, wurden Vorsteher aufgestellt. Die aufgestellten Amtsträger waren als Einzelpersönlichkeiten wie als Kollegien tätig. Es bildete sich dann – nach Ort und Zeit verschieden – der sogenannte monarchische Episkopat aus. Daß die Übernahme des Vorsteheramtes auf dem Weg über das örtliche Kollegium unbedingt auf Lebenszeit erfolgen muß, dürfte sich nicht beweisen lassen.*

2. Der Sendungsauftrag des Bischofs schließt ein jurisdiktionelles und ein konsekratorisches Element ein. Beide wurden tausend Jahre lang in ungetrennter Einheit gesehen, dann jedoch seit der Frühscholastik in ihrer Unterschiedenheit beachtet. Daß es eine reale Trennung der bischöflichen Weihegewalt von der Hirtengewalt geben kann, zeigen die Weih- und Titularbischöfe. Ob diese Trennung positiv oder negativ zu bewerten ist, darüber dürften die Auffassungen verschieden sein. Die Einrichtung des Bischofvikars zielt wieder darauf ab, die Weihegewalt mit einer gewissen Hirtengewalt zu verbinden.

Dogmatische *Bedenken könnte man hinsichtlich des genannten Vorschlags in zweifacher Hinsicht erheben. Einmal könnte man geltend machen, ob durch eine Begrenzung der Amtszeit nicht auch der Charakter der Weihegewalt gefährdet erscheint, so daß das Bischofsamt zu einer soziologischen Funktion degradiert würde. Zum anderen könnte man darauf hinweisen, daß gerade eine gewisse Abwertung des Bischofsamtes, die seit der erwähnten Trennung der Gewalten notwendig einsetzte, durch eine solche Regelung noch vertieft würde. Und scheint nicht die neueste Entwicklung darauf hinzugehen, diese Abwertung wenigstens einigermaßen wieder rückgängig machen zu wollen? Könnte sich nicht eine Neuregelung im Blick auf eine mögliche Union mit der Ostkirche sehr negativ auswirken?*

Keines der genannten Argumente ist zwingend. Die sicher nicht leicht zu nehmende Frage nach dem Charakter der Bischofsweihe wird durch die genannte Regelung nicht berührt. Man wird darüber in Zukunft im Zusammenhang mit dem Problem des Charakters der Priesterweihe noch weiter diskutieren müssen. Die zeitliche Begrenzung der Hirtengewalt wird mit dem hier gemachten Vorschlag nicht willkürlich gefordert, sondern, wie wohl ersichtlich werden dürfte, aus reiflich überlegten Gründen, und zwar im Interesse der Gesamtkirche. Und auf diese Gesamtkirche ist die Hirtengewalt ausgerichtet. Da an eine Änderung der Struktur des Bischofsamtes nicht gedacht ist, ergäben sich auch keine neuen grundsätzlichen Differenzen gegenüber der ostkirchlichen Auffassung.

3. Selbstverständlich müßten im Rahmen des Kirchenrechts *die Auswirkungen eines solchen Vorschlags bedacht werden. Die grundsätzliche Schwierigkeit von seiten des Kirchenrechts könnte man wohl so formulieren: Wenn es überhaupt einen monarchischen Episkopat gibt, wird dann dieser nicht in seiner Struktur aufgehoben? Denn es gibt wohl Konsuln für ein Jahr, Staatspräsidenten, die für mehrere Jahre gewählt sind. Gibt es aber Könige und Fürsten, die in ihrem Amt einige Jahre tätig sind, um dann ihre Titel zu behalten, ohne Regierungsgeschäfte ausüben zu dürfen? Wird also durch den Vorschlag nicht der monarchische Episkopat grundsätzlich in Frage gestellt?*

Natürlich kann man auf diese Frage erwidern, der Episkopat sei im strengen Sinne nicht „monarchisch", das heißt Hierarchie lasse sich weder im Sinne einer Monarchie erklären noch in eine Demokratie verwandeln. Damit ist aber das Problem nicht gelöst. Denn weiterfragend müßte man insistieren: Ist für die Struktur eines „monarchischen" Episkopates, wie er sich schon in der alten Kirche herausgebildet hat, nicht die lebenslängliche Amtsdauer wesentlich, so daß mit einem Verzicht darauf auch eben diese Struktur geopfert wäre?

Der Einwand bewegt sich im Kreis. Denn daß in der Zeit der Entstehung des Episkopats die Amtstätigkeit nicht befristet war, wird von niemand bestritten. Daraus ist jedoch nicht zu beweisen, daß der Episkopat in seiner Amtstätigkeit nicht befristet sein könne. Ein solcher Beweis dürfte deswegen unmöglich sein, weil das Modell des „Monarchen" nicht schlechthin auf den Bischof übertragen werden kann. An der hierarchischen Struktur der Kirche ändert sich durch eine befristete Amtstätigkeit nichts. Im Gegenteil: Gerade durch das Abrücken von dem Modell einer Monarchie zeigt sich erneut die Lebensfähigkeit der Kirche, deren Struktur durch solche Maßnahmen nicht schlechthin demokratisiert, wohl aber dem heutigen gesellschaftspolitischen Verständnis nähergerückt würde, ohne jedoch auf dieses reduziert zu werden.

4. Die neue Lösung wäre sicher auch pastoralen *Bedenken ausgesetzt. Denn, so könnte man zu bedenken geben, tauchen nicht hier neue Schwierigkeiten auf, die noch größer sind als die bisherigen? Auf zwei Punkte wird man vor allem hinweisen: Einmal wird durch eine Änderung im Bischofsamt eine solche Unstetigkeit in die Leitung der Diözese hineingetragen, daß diese sich auf die Dauer negativer auswirken könnte als eine relative – wenn auch einseitige – Stetigkeit. Ein neuer Bischof wird erst nach einer gewissen Zeit über die Diözese die Übersicht haben, die er braucht. Und er wird im letzten Jahr seiner Amtstätigkeit in vielen Entscheidungen zurückhaltend sein, weil niemand die Richtung beziehungsweise die Einstellung des Nachfolgers kennt. Zum anderen: Wird nicht der Kontakt unter den Bischöfen eines Landes und damit die Arbeit der Bischofskonferenz noch mehr erschwert, wenn diese Konferenz in ihrer Zusammensetzung einem steten Wandel unterworfen ist?*

Es wäre falsch, diese Einwände nicht ernst zu nehmen. Doch muß man die Gegenfrage stellen, ob das, was hier als Unstetigkeit bezeichnet wird, nicht – aufs Ganze gesehen – eine größere Ausgewogenheit und Ausgeglichenheit bewirken kann. Es mag durchaus sein, daß in dem einen oder anderen Fall die genannten Mängel sich bemerkbar machen. Sind sie aber denn nicht eher in Kauf zu nehmen als die notwendigen Einseitigkeiten der bisherigen Regelung, die oft – auch bei gutem Willen – von den Beteiligten gar nicht geändert werden können und auf Jahrzehnte hinaus durchgestanden werden müssen? Und ist ein solch langes „Durchstehen" heute noch zu verantworten, wo wir in den gesellschaftlichen Strukturen nun einmal einem rascheren Wechsel unterworfen sind, als dies in früheren Zeiten der Fall war?

5. Scheitert aber die hier vorgeschlagene Lösung nicht einfach an menschlichen Rücksichten? Kann man es tatsächlich einem Residenzialbischof zumuten, nach acht Jahren auf dieses Amt zu verzichten? Ist eine solche Zumutung möglich, wenn er sich gut in dieses Amt eingearbeitet und eingelebt hat? Ist nicht zu befürchten, daß gerade solche Persönlichkeiten, die in besonderer Weise für ein Bischofsamt geeignet wären, darauf von vornherein verzichten, weil sie gar nicht absehen können, in welcher Weise sie nach acht Jahren in der Diözese tätig sein sollen? Man wird heute all denen, die ein solches Amt noch übernehmen, zugute halten können, daß sie es nur mit großen Bedenken tun. Wird ihre Bereitschaft nicht gerade durch die Vorschlagsänderung fast unmöglich gemacht?

Auch diese Schwierigkeit sei zugegeben. Ein Ja zum Bischofsamt ohne Bedenken dürfte in jedem Fall unerwünscht sein. Vielleicht wird man in Zukunft das bisher meist nur ironisch zitierte Wort „Qui episcopatum desiderat, bonum opus desiderat" wieder ernst nehmen müssen, wenn einmal eine solche Aufgabe menschlich noch weniger attraktiv wird, als es heute schon der Fall ist.

Andererseits verkenne man nicht: Wer von der Bedeutung des Bischofsamtes als Amt überzeugt ist, wird auch in Zukunft eben diesem Amt zuliebe sein Ja sprechen. Und gerade solche Persönlichkeiten, die vor einer lebenslänglichen Verantwortung aus verständlichen Gründen zurückschrecken, werden dieses Ja leichter sprechen können, wenn sie wissen, daß die Amtszeit begrenzt ist, und zwar noch mehr begrenzt, als es das menschliche Leben ohnehin schon ist.

6. Und die weitere Verwendbarkeit? Man wird dem neuen Bischof nicht zumuten können, den bisherigen Bischof zum Generalvikar zu ernennen. Und man wird ebensowenig dem früheren Bischof zumuten können, sich ohne eine bestimmte Aufgabe zur Ruhe zu setzen.

Aber gibt es hier wirklich keine Lösung, wenn man noch von einer gewissen idealen Grundhaltung überzeugt ist? Sollte sich hier eine verantwortungsvolle religiöse Tätigkeit wirklich nicht finden lassen? Die Frage dürfte im einzelnen von dem neuernannten Bischof im Einvernehmen mit seinem Vorgänger zu entscheiden sein. Eine Tätigkeit als Weihbischof ist hierbei weder auszuschließen noch als Regelfall anzusetzen.

IV.

Es ist klar, daß bei einer Erwägung wie der vorgetragenen noch weitere Gesichtspunkte zu berücksichtigen sind.

1. Die genannten Darlegungen beziehen sich auf den Episkopat. Folgerungen für die Wahl des Papstes liegen außerhalb dieser Darlegungen und werden darum auch in diesem Zusammenhang nicht erörtert. Daß der Papst selbst aus wohlerwogenen Gründen zurücktreten kann, ist im übrigen unbestritten.

2. Folgerungen für die Kardinäle und die Nuntien ergeben sich aus den genannten Erwägungen direkt nicht. Die Ernennung zum Kardinal ist weder grundsätzlich noch historisch an das Bischofsamt gebunden. Hier würden, wenn der obengenannte Vorschlag erwogen wird, manche neuen Überlegungen anzustellen sein, die jedoch keine besonderen Schwierigkeiten in sich schließen. Für die Nuntien läßt sich aus dem Gesagten nichts folgern. Denn erstens sind Nuntien keine residierenden Bischöfe, zweitens kann man prinzipiell fragen, ob ein Nuntius überhaupt Bischof sein soll.

3. Durch eine Neuordnung in dem genannten Sinn würden die Weihbischöfe beziehungsweise die Bischofsvikare nicht betroffen.

4. Was die in der Verwaltung tätigen engsten Mitarbeiter des Bischofs betrifft, so wäre auch hier an eine zeitliche Begrenzung oder einen turnusmäßigen Wechsel zu denken, was jedoch in das Ermessen des Bischofs gestellt sein sollte. Einerseits ist dem neuen Bischof nicht zuzumuten, auf Jahre hinaus sich auf einen Mitarbeiterstab einzustellen, der in entscheidenden Fragen eine andere Auffassung vertritt als er selbst. Andererseits erscheint es weder notwendig noch begrü-

ßenswert, daß nach der Ernennung eines neuen Bischofs sämtliche bisherigen Mitarbeiter in der Verwaltung abgelöst werden.

5. Wichtiger als die Frage einer Begrenzung des Bischofsamtes auf Zeit sei, so wird man sagen, die Frage der Wahl beziehungsweise der Ernennung des Bischofs. Vielleicht ist dem auch so. Es dürfte unseres Erachtens müßig sein, darüber zu streiten, welche Frage wichtiger ist. Über einen neuen Wahlmodus, ein erweitertes Wahlgremium und die Weise der Bestätigung durch den Papst ist in den vergangenen Jahren manches gesagt und geschrieben worden. Der Gesamtkomplex bedarf dringend einer Neubesinnung, die nicht unter Berufung auf konkordatäre Bestimmungen beiseite gestellt werden sollte. Die Wahl eines Bischofs durch ein größeres Wahlgremium erscheint gerade bei der Bedeutung des Bischofsamtes und der Notwendigkeit eines lebendigen Kontaktes mit der Diözese unbedingt wünschenswert und stellt für den Vorschlag einer zeitlichen Amtsbegrenzung ein integrierendes Moment dar. Hierbei bleibt durchaus der Fall möglich, daß von seiten des Papstes einer erfolgten Wahl die Zustimmung verweigert wird. Solche möglichen Einzelfälle dürften und könnten jedoch nie ein Grund sein, an der bisherigen Regelung, die ein lebendiges Vertrauensverhältnis nicht garantiert, festzuhalten.

Es ist jedoch nicht der Sinn der vorliegenden Zeilen, hier diese komplexe Frage durchzudiskutieren. Es kann und muß darum gehen, die Wahl des relativ Geeignetsten zu ermöglichen und den Zufälligkeiten der bisherigen Regelung entgegenzuwirken. Ein Studium an der Gregoriana in Rom sollte zwar eine mögliche Wahl nicht ausschließen, keinesfalls jedoch die erwünschte Voraussetzung für die Ernennung zum Bischof darstellen.

V.

Es wäre falsch, in dem neuen Vorschlag eine Patentlösung sehen zu wollen. Man kann sich natürlich unter anderem fragen, warum die Zeit von acht *Jahren angesetzt ist. Warum nicht fünf, sieben oder zehn Jahre? Doch wenn man die mit dem Bischofsamt verbundene Verantwortung und Belastung ernst nimmt, erscheint der Zeitraum von zehn Jahren schon als eine relativ lange Zeit. Dagegen dürfte ein Zeitraum von fünf Jahren zu kurz sein, es sei denn, man lasse eine einmalige Wiederwahl zu und schließe jede weitere Wiederwahl aus. Der vorgetragene Vorschlag hält hier eine gewisse Mitte ein und glaubt so, dem Anliegen, um das es geht, gerecht zu werden*[2].

Es könnte sein, daß die Hauptbedenken gar nicht so sehr grundsätzlicher Art sind. Vielleicht beziehen sie sich mehr auf die Schwierigkeiten, die sich wegen der

[2] *Es sei freilich ausdrücklich betont: Das Anliegen des Vorschlags ist in erster Linie eine Begrenzung der Amtszeit überhaupt; erst in zweiter Linie wäre die Frage des genauen Zeitraums zu diskutieren.*

später zumutbaren Tätigkeit eines früher residierenden Bischofs ergeben könnten. Hier könnte nachgewiesen werden, daß der Vorschlag durchaus nicht so utopisch ist, wie er vielleicht manchem erscheinen mag. Wenn der bisherige Residenzialbischof bereit ist, verantwortungsvolle Aufgaben zu übernehmen, so wäre auf diese Weise eine nicht unerhebliche Entlastung des Residenzialbischofs zu erreichen. Sollte der Vorschlag jedoch grundsätzlich erwägenswert sein, dann wäre diese Frage als eine zweitrangige anzusehen. Es wird keine Lösungsmöglichkeit geben, die – auch bei bestem Willen – alle Spannungen beseitigt und allen Erwartungen gerecht wird. Immer kann es nur um ein mögliches Optimum gehen.

Der Vorschlag geht zunächst von den Verhältnissen in Westeuropa aus. Er setzt voraus, daß – gerade wegen der Bedeutung des Bischofsamtes – kleine, oft nur an Dekanate oder gar Pfarreien erinnernde Bistümer, wie sie beispielsweise noch in Italien bestehen, zusammenzulegen wären. Verweist man auf die angeblich völlig andere Situation in Afrika und Indien, so wären zunächst die Experten zu hören. Eine gute differenzierte Lösung kann hierbei durchaus besser sein als eine einheitliche um jeden Preis. Im übrigen wird die Zukunft zeigen, ob der Vorschlag in der gegenwärtigen Form außer den Gegnern, die zunächst alle Positiva des Bestehenden hervorheben werden, nicht auch Freunde gewinnen kann.

Dem Bischof kommt die Heilssorge für die ihm Anvertrauten in besonderer Weise zu. Er hat eine Autorität, die sich auf Schrift und Tradition berufen kann; diese Autorität ist mit der Struktur der Kirche verbunden. Sein Amt aber erfährt seine existentiell-religiöse Bestätigung durch eine Bejahung der Funktionen, die mit diesem Amt gegeben sind. Jedes Amt steht in einer geschichtlichen Gemeinschaft und damit in einer geschichtlichen Situation. Zum Situationsbewußtsein und zum Amtsverständnis der heutigen Zeit scheint uns die Einsicht und Bejahung einer befristeten Amtszeit zu gehören. Die existentiell-religiöse Bewährung schließt heute die Bereitschaft ein – im Interesse der Gläubigen und des Amtes –, auf dieses Amt nach einer bestimmten Zeit zu verzichten. Gerade dadurch, daß der Träger nach Jahren der verantworteten Tätigkeit wieder zu einer anderen Form des Dienstes zurückfindet, würde das Amt in seinem Dienstcharakter wie auch in seiner Macht über Menschen wieder neu und anders glaubwürdig. Wenn Christentum noch Dienen bedeuten soll, so wäre der hier gemachte Vorschlag wohl zumindest ernsthaft zu diskutieren.

Der große Verzicht

Arnold Stadler, Meßkirch

Rast über Meßkirch, den 12. Juli 2013

Lieber Herr Professor Tück,

als der Hubschrauber abhob und in Richtung Castel Gandolfo davonflog, dachte ich, entschuldigen Sie, auch etwas an James Bond, und glücklicher machte mich dieser Anblick nicht. (Wie hätte es einem, dem nicht alles egal ist, gefallen können. Den anderen konnte es egal sein.) Doch der Schmerz, den dieser Hubschrauber auslöste, vertrieb das Fernsehbild, das sich mir einfach nur aufdrängte.

Nun aber denke ich an jenen Astronauten, der als erster den Mond betrat. Es war ein kleiner Schritt, die Hubschraubertreppe hinauf und dann erst recht in Castel Gandolfo, von der letzten Balkontür weg – ein kleiner Schritt für einen Menschen, aber ein großer für einen Papst und für die Geschichte des Papsttums. Es war auch der sichtbare Beweis für einen unerhörten Mut, eine wohlüberlegte Konsequenz eines Menschen, der eher als Geistesmensch, als Zögerer in einer schnelllebigen und turbulenten Zeit bekannt war.

Mit diesem Schritt und dieser Tat hat er Neuland betreten. Es war am letzten Tag der alten Papstgeschichte. Denn so etwas hatte es – trotz Coelestin V., der ja Rom nie betreten hatte – bisher nicht gegeben.

Zu einem zentralen Dankgottesdienst in St. Hedwig am Abend wird auch Bundeskanzlerin Merkel erwartet. – DLF, 9 Uhr 30. Als wäre es Politik.

Die Bilder, die ich da gesehen habe, schmerzten mich, gerade weil es Fernsehbilder waren, mit denen sich Benedikt XVI. aus der großen Geschichte verabschiedete. So flog ein Papst über die „Ewige Stadt" hinweg, die einst seine gewesen war. Doch nach und nach dachte ich der Bitte, die Papst Benedikt – Joseph Ratzinger dem ersten Teil seines Buches „Jesus von Nazareth" vorausschickte, auch hier, in Sachen dieser unerhörten Begebenheit, zu folgen: „Ich bitte die Leserinnen und

Leser nur um jenen Vorschuss an Sympathie, ohne den es kein Verstehen gibt".

Die Sympathie, das Mitleiden: dies gewiss. Verständnis auch. Aber verstanden hatte ich diese atemberaubende Geschichte an jenem Abend noch nicht (vielleicht immer noch nicht ganz). Ich flüchtete zu meinem Liebling Johann Sebastian Bach: „Wer nur den lieben Gott lässt walten" hörte ich und rauchte eine Romeo und Julietta dazu.

Es war kein Karneval. Es war nur am Rosenmontag.

Der Papst, seit langen Jahren in Rom, machte sich zwar keine Illusionen über das, was in diesen Tagen passierte. Aber das, was er im Vatikan erlebte, war dann doch zu viel. Er zog sich auf seinen Glauben, auf das Fundament, zurück.

Bald darauf schrieben Sie mir:

Lieber Herr Stadler, heute komme ich mit einer Einladung für Communio auf Sie zu. In der nächsten Nummer werden aus Anlass des überraschenden Papstrücktritts einige Stimmen versammelt. Sehr gerne hätte ich von Ihnen ein Wort der Würdigung: Was ist aus Ihrer Sicht der entscheidende Impuls, den Benedikt XVI. gegeben hat. Liturgie – Schönheit des Glaubens – Jesus-Buch … Ich wäre Ihnen […] sehr dankbar, wenn Sie mir dazu ein oder zwei Seiten schreiben könnten. Nicht ohne Hoffnung grüßt Sie herzlich

Ihr Jan-Heiner Tück

Ich antwortete:

Lieber Professor Tück, aus Mainz, wo ich zur Sitzung der Akademie der Wiss. weile, einen herzlichen Gruß. Werde Ihnen gerne etwas schicken, die Ankündigung von Papst Benedikt betrübt mich. […] Freilich kann ich mich in die Enttäuschung Benedikts hineinempfinden.

Herzlichen Gruß

Ihr Arnold Stadler

Ich hatte dann, seit der Bekanntgabe Benedikts XVI., dass er auf sein Amt verzichten wolle, bis zum Tag, da sein liebreicher Nachfolger auf der Loggia von St. Peter erschien, Tagebuch geführt, jeden Tag etwas aufgeschrieben, an manchen Tagen so ausführlich, dass es auch aus diesem Grund, und nicht nur wegen seiner privaten Note, die jedes Tagebuch auszeichnet, für die Veröffentlichung zu viel wäre. Zu viel und zu wenig.

Es kommt ja, ist der Text einmal geschrieben und hinausgeschickt, beim Lesen immer mehr auf den Leser an, der ist mir meist zu schnell oder ich bin ihm zu langsam und zu viel. Wie auch immer: Ein Buch ist eine Partitur, die des Lesers bedarf, damit seine Sätze zur Gegenwart werden.

Hier geht es zunächst um den Schmerz, ausgelöst durch die Fernsehbilder aus Rom. Die einen berührte das weniger, die anderen mehr. Mich mehr.

Kirchenrechtler mögen überhaupt keinen Schmerz empfinden, so wenig wie Kritiker und Bulletinisten und die Welt der Vaticanisti, die alles ausschlachten und kommentieren und davon bequem leben, ohne jemals gelebt zu haben in der Welt, in der sich der Papst fand, als er sich zu diesem Schritt (eben kein Rückschritt, sondern ein Verzicht, der ein Schritt nach vorne ist) entschied. Dachte ich schreibend vor mich hin.

Monate vergingen. Dann dachte ich, mich wieder bei Ihnen zu melden, im Glauben, mein Beitrag habe sich durch mein Schweigen erübrigt. Ich schrieb:

Rast, den 22. April 2013

Lieber Herr Professor Tück,

es ist vielleicht zu lange her, um noch einmal auf Ihre Anfrage in Verbindung mit dem Rücktritt von Papst Benedikt XVI. zurückzukommen. Sie hatten mich ja nach ein paar Sätzen gefragt. Das war nach der spektakulären Rücktrittsankündigung für den 28. 2. 2013 gewesen. Ich habe (hatte) mich dann stillschweigend aufgemacht, eine Art Tagebuch zu schreiben, jeden Tag bis zum 28. Februar 2013 20 Uhr MEZ (und darüber hinaus) auf meine Weise zu dokumentieren. Mit dem Hubschrauber flog der Papst über seine Stadt hinweg, zeigte sich noch einmal am Abendfenster von Castel Gandolfo und war verschwunden. Einfach so. Dann begann die Zeit der sonderbaren – und bisher wohl einmaligen – Sedisvakanz. Und nun haben wir einen neuen Papst, der ohne rote Schuhe und Mozetta auf seiner Loggia erschien, erst einmal da stand und dann sich das Gebet um den Segen erbat, und sich mit „Gute Nacht“ verabschiedete.

[…] Papst Franziskus erfreut mich nach wie vor, er ist für mich eine wunderbare Erscheinung; sein Vorgänger war das ja auch, eben auf seine Art. (Die Gebete zu Maria, die Benedikt den Kardinälen ans Herz legte, haben geholfen.)

Meine Notizen zum angekündigten Papstrücktritt orientierten sich bald an Reinhold Schneider: Sein Theaterdrama „Der große Verzicht", veröffentlicht 1950, ausgezeichnet mit dem 1. Preis der Bregenzer Festspiele 1957 und uraufgeführt durch das Ensemble des Burgtheaters bei den Festspielen in Bregenz am 18. Juli 1958, vier Monate nach dem Tod Schneiders Ostern 1958 in Freiburg, war bald mein roter Faden. Da geht es ja um den Rücktritt Coelestins, „che fece il gran rifiuto", wie Dante in seiner Göttlichen Komödie verurteilend festhält [...] – als wäre er (Dante) Gott. [...]

Joseph Ratzinger hat sich zwar – soweit ich weiß – nicht explizit mit diesem Werk Schneiders befasst, aber für mich transparent doch daraufhin, in seinem Aufsatz „Das Gewissen in der Zeit",[1] und zwar anhand von „Las Casas vor Karl V.". Der Aufsatz Ratzingers wurde 1972 geschrieben, von einem lesenden Theologen, also vor Ratzingers Ernennung zum Erzbischof von München und Freising. Ich kann jetzt diesen Beitrag nicht referieren, nur soviel: Am Ende von „3) Las Casas und das Problem des Gewissens" in seinem Beitrag zu Reinhold Schneiders „Las Casas"-Roman, der des Dichters Grundthema, das Verhältnis von Macht und Gewissen [...] besonders eindringlich [...] gestaltet habe, kommt Ratzinger auf den Amtsverzicht Karls V. zu sprechen:

„In der Gestalt von Kaiser Karl V. begegnet ein Drittes: das Gewissen dessen, dem Macht übertragen ist und der versuchen muss, Macht verantwortlich auszuüben. Die Szene, in der der Mönch an einem kalten Abend dem müden Kaiser begegnet, der nur die Nachfolge Christi auf dem Tisch liegen hat, ist von höchster Eindruckskraft. Ihre entscheidenden Stichworte lauten: Gewissen und Kreuz. Schneider zeichnet – prophetisch an seine eigene Zeit gewandt – einen Herrscher, der nicht siegen, sondern versöhnen will. Einen Herrscher, der bereit ist, Größe abzuwerfen [...] und der die wahre Größe in der Verantwortung für den Menschen erkennt. Er zeichnet den Mächtigen, der Macht als Last und als Leiden trägt und daher Macht zu ihrem Sinn führen kann."

In „4) Schlussbemerkung" geht es nun so weiter:

„Nur Macht, die aus dem Leiden kommt, kann Macht zum Heil sein; Macht erweist ihre Größe im Machtverzicht. Ich möchte schließen mit einer merkwürdigen Parallele zu diesen Gedanken, die ich in

[1] In: Carsten Peter Thiede (Hg.), *Über Reinhold Schneider* (suhrkamp taschenbuch 504), Frankfurt/M. 1980, 99–113.

André Malraux' Aufzeichnung seiner letzten Gespräche mit Charles de Gaulle gefunden habe."

Den Rest, lieber Professor Tück, finden Sie auf Seite 111 des von mir genannten „suhrkamp taschenbuch".

Ich hoffe, es geht Ihnen gut und bin mit einem herzlichen Gruß
Ihr Arnold Stadler

Da Professor Tück, wie ich weiß, ein aufmerksamer Mensch ist, kam umgehend eine Antwort. Er schrieb, dass er nach wie vor auf meinen Text wartete, und wenn ich die Reinhold-Schneider-Ratzinger-Spur verfolgen wollte, so wäre ihm das sehr recht.

Und nun mache ich mich noch einmal auf folgende Weise auf. (Für eine bearbeitende Sichtung meines Reinhold-Schneider-Konvoluts reichte es allerdings nicht mehr.)

*

Unser – genauer: mein – Verstand reicht immerhin so weit, um zu erkennen, dass wir mit dem bloßen Verstand die Welt nicht verstehen können. Im Zentrum des Glaubens (auch der Gläubigen der Katholischen Kirche, auch des päpstlichen Glaubens, also des Glaubens des Papstes) steht nicht der Papst, sondern Jesus, der Christus.

Einen der schönsten, weil einleuchtendsten Sätze Benedikts habe ich im TV gehört: „Wenn die Wahrheit eine mathematische Formel wäre, würde sie sich von selbst aufdrängen. Die Wahrheit aber ist die Liebe, zu der wir Ja sagen", hörte ich ihn Weihnachten 2010 vor dem Urbi-et-Orbi-Segen sagen.

Der geborene Theologe wird, dieser Liebe folgend, niemals einen Roman schreiben, sondern wissen wollen, wie es mit Gott ist – und wenn er auch ein begnadeter Schriftsteller wäre wie John Henry Newman, Hans Urs von Balthasar oder Joseph Ratzinger, dem auch ein großer Roman hätte gelungen sein können. Dagegen die bloßen Schriftsteller, von jenen, die ich meine (liebe): Die wollen zu Zeiten beides. Und haben es doch meist nur mit der Kontingenz zu tun. Und das, was Benedikt als „Relativismus" kritisierte, war, wie der katholische Philosoph Joas meinte, auch die Kontingenz. Und doch, auch die Schriftsteller, die ich meine, haben in ihr Wams das Verlangen nach dem ganz Anderen eingenäht, wie ein Memorial, wie Pascal, mit dem freistehenden Wort Feuer in der Mitte – und vernehmen sich als Berufene. Sie schreiben, weil es sein muss. Als gehörten auch sie zu den Berufenen und hätten ein „Sprich auch du“ vernommen.

Doch der Mensch ist verschieden: Das gilt auch für Schriftsteller und Päpste. Das weiß ich von den Berufungsgeschichten. Auch damals waren die Menschen und Propheten, die ja, mit wenigen Ausnahmen, auch große Schriftsteller, ja Dichter waren, schon verschieden. Jeremia will nicht: „Ich kann ja nicht reden.“ Ein anderer sagt gar nichts und will nach Tarschisch fliehen. Jesaja, konfrontiert mit der Frage: „Wen soll ich senden?“, weiß sogleich: „Sende mich“. Und Johannes ist einfach immer dabei, muss gar nichts machen. Der Lieblingsjünger. Andere folgen einfach. Matthäus will zuerst nicht so recht. Aber dann! Auch er war ein großer Schriftsteller, Apostel und Evangelist, was scheren mich die Negationen der fundamentalistischen Bibelkritik.

Auch einer von Benedikts Vorgängern wollte partout nicht: Coelestin V. versuchte zu fliehen und brachte alle möglichen Einwände vor – nach kurzer Zeit trat er zurück. Später wurde er heiliggesprochen. Aber die Parallele mit dem Rücktritt hat auch ihre Grenzen. Denn es war das 13. Jahrhundert, Coelestin hat Rom nie betreten, und so fort. Benedikt indes lebt heute, in einer anderen Welt, und dazu nicht als Eremit, sondern als Teilhaber, der seine Gedanken millionenfach unter die Leute brachte, und wenn ich mich nicht täusche, auch am Twitterprogramm teilnahm. Und doch war und ist es ein Leben, das im Stillen, beim Beten und Schreiben und Hören am meisten bei sich selbst war und ist.

Was Benedikt mit Coelestin vielleicht verbindet war die Schüchternheit, ein anderes als ein rein geistliches und geistiges Leben führen zu wollen. Er war frei von jeglichem Repräsentationsgelüst.

Wie Reinhold Schneider, war und ist Benedikt eher ein Martyrer als ein Repräsentant. Einer, der im Stillen – und was wäre stiller als das Lesen und Schreiben? – die allergrößte Wirkung entfaltete. Große Auftritte hat er gewissenhaft absolviert, den Jubel über sich ergehen lassen. Aber das war kein Bedürfnis. Das Bad in der Menge, das für viele, auch Päpste, ein Lebenselixier oder ein Wunschtraum war, war für ihn wohl eher eine Qual. Er ist eben kein Machtmensch. Er ist nicht der einzige Schüchterne auf der Welt. Manchmal habe ich mit ihm gelitten, wenn er hinaus musste ins Scheinwerferlicht. Er war nicht nur Stellvertreter Jesu, sondern auch der schüchternen Menschen, gleichwohl – und vielleicht gerade deswegen – mit mehr Aufmerksamkeit begabt als mancher Bühnenheld, die es ja auch auf dem Papstthron gab.

Benedikt bezog seine Autorität auch nicht aus dem geschickten Agieren. Und dass er am Ende aufgab, ist noch einmal ein Akt von Souveränität und Ausdruck von Bescheidenheit und Größe. Er lebte sein Amt ganz aus der Autorität der Schrift und dem Petrusauftrag an die Kirche. Es gab andere Päpste, die unbedingt Papst werden wollten und jeder Bundeskanzler wollte ja Bundeskanzler werden, da ein solcher Amtsbewerber naturgemäß zum Volk der Machtmenschen gehört. Papst Benedikt hat, nach dem katholischen Glauben vom Heiligen Geist dazu bestellt, seine Machtaufgabe wenn auch notgedrungen, so doch gemeistert. Solange, bis er dieses Amt auszuüben wegen schwindender Kräfte mit seinem Gewissen nicht mehr vereinbaren konnte. Weiterzuschreiben ist ihm jedoch nicht versagt, und so haben wir die Freude, in *Lumen fidei* die Kontinuität des Papsttums zu sehen. Der Text ist weithin von Benedikt, und Franziskus hat dankbar seinen schönen Namen daruntergeschrieben. Ein Mensch, der vom Lesen und Schreiben lebt, konnte fast schon „naturgemäß" nur beglückt sein von so einem Papst, der sein Leben lang las und schrieb und weiter schreibt. (So wie er auch, aber aus anderen Gründen, von seinem Nachfolger beglückt ist.)

Für mich persönlich, der ich lese und schreibe, war es wunderbar, einen Papst zu wissen, der wohl auch in der Lage gewesen wäre, jene Bücher zu schreiben, die ich las und bewunderte. Und schön, auch für mich, die Vorstellung, dass wir über einen Schatz an gemeinsamer Lektüre verfügen, angefangen mit dem Buch der Bücher, der Heiligen Schrift. Er ist einer, der die Literatur liebt, immer wieder über Bücher geschrieben hat und diesen und jenen großen Schriftsteller erwähnt. Das kann man nicht von jedem Theologen sagen. Freilich hat er am meisten über die Bücher der Bibel geschrieben, oftmals einem einzigen Wort bis auf den Grund nachgespürt.

Ich las bei Benedikt, wie schön es sein kann, im Licht der Vernunft die Texte zu lesen und ihnen zu glauben. Ich las und lese aus seinem Leben als Papst und Schriftsteller, wie schön es ist, zu glauben, und dass der Glaube schöner ist als der Unglaube, und das Ja schöner als das Nein.

Benedikt XVI. hat als „musikalisches" Vorzeichen all seiner Bücher ein „Credo, ja, ich glaube" stehen. Gerade in seinem Versuch, auch das Credo intellektuell so weit wie möglich transparent zu machen, wie es so meisterlich Joseph Ratzinger in seiner „Einführung in das Christentum" glückte, vom Konzept der Einheit von Vernunft und Glaube her.[2] Benedikt hat mir, einem Schriftsteller, mit seinen einleuchtenden Sätzen zeigen können, dass der Glaube etwas Schönes ist. Warum all diese schönen Sätze wegerklären? Dazu ist der Mensch nicht auf der Welt. Und schon gar nicht der glaubenwollende Mensch, der auch einen Kopf und einen Verstand hat, dazu einen Sinn für das Schöne.

Es gibt aber immer noch ganze Bücher, auch von Theologen, die manchmal auch Heilige sind, die so geschrieben haben, dass es gar nicht anders sein kann, als dass ihnen der Heilige Geist persönlich die Feder geführt hat, wie Julien Green meint; so jene Schriftsteller, welche die Evangelien verfasst haben. Oder – über die Jahrtausende verteilt – die großen Spanier, Juan de la Cruz: *in einer dunklen nacht voll liebesflammen.*

Als Papst wird er vielleicht auch die Einsamkeit erfahren haben. Doch wenn, war es eine Einsamkeit wie die der heiligen Teresa von Avila, die sagen und schreiben konnte: „Gott, du und ich, wir zwei, sind immer in der Mehrheit." So etwas konnte auch nur einer Theologin, die eine Heilige und eine große Schriftstellerin war, einfallen.

Auch bei Papst Benedikt ist es ein Schreiben vom göttlichen Geheimnis, ein intelligentes Staunen, Ja sagen, danken und schreiben, vom Menschen für den Menschen. Das ist es, was ich bei Papst Benedikt vernahm. Es wird ihm doch niemand vorwerfen, dass er kein Medienprofi war; nur ein dummer Mensch oder ein Unmensch wird mit einem solchen Vorwurf kommen. Ich schon gar nicht, der dieselben Bücher las und liebte, also zuerst das Buch der Bücher. Und dann all die anderen. Und jedes ganz für sich. Denn auch das Lesen ist eine Sache für sich, Seite für Seite ist da der einzelne Mensch mit einem einzelnen Buch niemals allein.

Ein einziges Mal habe ich Joseph Ratzinger auch von Auge zu Auge gesehen. Das war bei der Weihe meiner Kurskollegen in Freising 1980. Das war im Herzzentrum der Kirche. Bei seiner vornehmsten Aufgabe, die Berufenen mit den Sakramenten zu versehen.

In Rom begann etwas, was mit dem Rücktritt, diesem unerhörten

[2] Mir scheint, nebenbei gesagt, dass auch Benedikt XVI. an diesem einen Buch Joseph Ratzingers weiterschreibt und weitergeschrieben hat. Mir war die Art und Weise wie hier, in „Jesus von Nazareth" Theologie betrieben wird, wie er die Heilige Schrift als Einheit sieht, wie er sie durchleuchtet, vergegenwärtigt, wie er immer wieder beim Verstehenwollen des Neuen auf das Alte zurückgreift, auf die Heilige Schrift, auf die Thora, die Propheten und die Psalmen, welche die Heilige Schrift Jesu war und ist, von der „Einführung ins Christentum" her vertraut.

Schritt nach vorne, eben nicht aufhörte. Es mögen zutiefst menschliche Empfindungen und Regungen und eine nur Gott selbst bekannte Enttäuschung und auch Erschöpfung dabeigewesen sein, die ihn zu diesem Schritt bewogen. Aber nun erscheint dieser Schritt ganz frei. Es ist noch einmal ein Ja-Sagen zum Papstamt, eine Stärkung. Dieser Schritt war einer in die Zukunft. So lese ich das. Dass das Amt eben *keinen Schaden gelitten* hat und leidet, vernehme ich an der Reaktion der Welt auf seinen Nachfolger Papst Franziskus; und dass dieser sich in der lebendigen Nachfolge sieht, zeigt ja auch die Art und Weise, wie sie zusammen auf demselben Grund und Grundstück leben und schreiben. Der schriftliche Beweis liegt nun auch vor: *Lumen fidei*. Papst Franziskus hat seinen Namen unter diese Enzyklika gesetzt, welche die Handschrift seines Vorgängers trägt.

Ich bewundere den Papst für seinen Mut und sein Beispiel von historischer Dimension. Am Ende ist es eine Erklärung von einem Papst, der auch noch im Verzicht die intellektuellen Implikationen des Glaubens betont. Dieser Verzicht ist zwar eine Vernunftentscheidung. Aber: eine aufgrund des Gewissens. In der Bekanntgabe der Verzichtserklärung vom 11. Februar 2013 las ich gleich die Hauptwörter: Entscheidung, Wichtigkeit, Leben, Kirche, Gewissen, Gott, Gewissheit. Und dann auch: Leiden und Gebet. Von Rücktritt kein Wort, sondern davon: „Im Bewusstsein des Ernstes dieses Aktes erkläre ich daher mit voller Freiheit, auf das Amt des Bischofs von Rom, des Nachfolgers Petri […] zu verzichten.“ Die entscheidende Wortfolge scheint mir in diesem Zusammenhang: „Nachdem ich wiederholt mein Gewissen vor Gott geprüft habe, bin ich zur Gewissheit gelangt (dass meine Kräfte infolge des vorgerückten Alters nicht mehr geeignet sind, um in angemessener Weise den Petrusdienst auszuüben.)“

Papst Benedikt hat aus seiner Situation eine vernünftige Konsequenz gezogen. Mit Hilfe der Vernunft hat er reagiert. Was für ein Unmensch hätte einer sein müssen, um für den Schritt Benedikts kein Verständnis zu haben. Das wurde mir noch einmal am 28. Februar bewusst, als ich jede halbe Stunde in den DLF-Nachrichten das Unerhörte, das ich doch längst wusste, vernahm: *Heute abend um 20 Uhr ist der Papstthron vakant*. Die erste Reaktion (meine Nichte Laura schickte mir aus München eine SMS) war ein staunender Unglaube, bald glaubte ich es jedoch und war enttäuscht. Ich dachte auch gleich an andere, die wohl schmerzlich berührt wären. Bald setzte ein Nachdenken ein. Nun sehe ich diesen Schritt als den vielleicht größten seines Lebens.

Was würde Reinhold Schneider sagen?, dachte ich. Er wäre wohl zutiefst bewegt, als Gläubiger, anders als die Welt wie sie etwa – beispielhaft bei einem anderen Schriftsteller namens Thomas Mann – reagierte. Er, der von sich selbst sagte und schrieb: *ich bin nicht zum Martyrer geboren, sondern zum Repräsentanten,* war wie Schneider beim selben Papst Pius XII. in Audienz gewesen *(15 Minuten im Stehen).* Und dabei fielen Thomas Mann Napoleon und Goethe ein, das waren seine Bezugsgrößen. Bei Reinhold Schneider wären es wohl Coelestin, Petrus und vor allen Jesus Christus gewesen.

Reinhold Schneider gehört wahrscheinlich zu den Lieblingsschriftstellern Joseph Ratzingers, der dreißig Jahre seiner Zeit mit Schneider teilte. Es waren die jungen Jahre des Seminaristen, die dunkle Zeit des sogenannten Dritten Reichs, das beide aufgrund des Glaubens entschieden ablehnten. Bei beiden ist das Gewissen das Zentralorgan des Menschen. Gewissen und Macht: was sich als Entscheidung des Gewissens gegen die Macht äußern kann. Ein historisches Beispiel: *Der große Verzicht.* Drama. Der Rücktritt eines Papstes auf der Folie der Gegenwart: die Macht- und Gewissensfrage auf der ersten Höhe des sogenannten Kalten Krieges, fünf Jahre nach dem Zweiten Weltkrieg. Das Gewissen des Einzelnen ist die größere Instanz und der Macht überlegen, so wie der Mensch, das Schilfrohr, das weiß, dass es sterben muss, dem Weltall, das ihn jederzeit zermalmen kann, überlegen ist (so sah es Pascal).

Ein Leben lang, und zwar auch aus Erfahrung, hat sich Papst Benedikt mit der Frage von Gewissen und Macht beschäftigt, so für mich beispielhaft auch in seiner verehrenden und dabei fruchtbaren Auseinandersetzung mit Reinhold Schneider unter dem Titel „Das Gewissen in der Zeit“ (1972). Das war fünf Jahre, bevor er, zum Erzbischof von München und Freising berufen, in den höchsten Kreis der kirchlichen Macht aufstieg. In diesem Text geht es, wie auch in der Rücktrittserklärung, um das Gewissen.

Auch Reinhold Schneiders *Las-Casas*-Buch ist ein historischer Stoff, der, so wie „Der große Verzicht“, auf die Gegenwart hin transparent gemacht wird angesichts der scheinbaren Nazi-Übermacht, eine Defensio Publica des menschlichen Gewissens. So wird – auf dieser Folie – die Entscheidung Benedikts zu einem geistlichen Akt, der in der Reduktion auf das *Kerngeschäft* auch des Papstes, das Gebet (siehe Ende der Erklärung!) und die geistige Dimension dieses Amtes herausstellt und rehabilitiert. Ob das die schnellen, vorschnellen Kommentatoren und Kritiker überhaupt wahrnahmen? Und wenn sie es wahrnehmen, ob sie es dann in ihr Einschätzungs- und Kritikerpotential einbringen wollen?

Das Gewissen gegen die Macht: Diese Konstellation wird von Reinhold Schneider immer wieder vergegenwärtigt; und Joseph Ratzinger berief sich darauf. Auch aus seiner am 11. Februar bekanntgegebenen Entscheidung kann ich das, diese lebenslängliche Beschäftigung, wie sie einmal auch anhand von *Las Casas* von Reinhold Schneider wie von Joseph Ratzinger vergegenwärtigt wurde, nun mit- und herauslesen. (Reinhold Schneider hat das Thema dann noch einmal in seinem *Innozenz und Franziskus* bearbeitet.)

Dieser Rücktritt ist keine eindimensionale, bloß juristisch relevante Aktion. Der Schmerz setzte ihm zu. Aber entscheidend war wohl die Einsicht, das Amt vor allem auf seinen Entscheidungsebenen nicht mehr so ausüben zu können, wie er es für notwendig hielt. Er war immer auch ein gewissenhafter, pflichtbewusster bayerisch-katholischer Zeitgenosse. Wenn überhaupt, so ist es *einzig* ein Affront jenen in und außerhalb der Kirche gegenüber, die machtpolitisch und juristisch denken, welche die spirituelle Dimension der Kirche und ihrer Aufgabe in der Welt nicht genug würdigen oder gar verkennen. Die Entscheidung des Papstes ist ein Appell an die Besinnungsmöglichkeit und -fähigkeit des Menschen. Und Auseinandersetzung mit der Macht, die gegenüber dem Gewissen zurücktreten muss.

Auf Coelestin V. folgte einst Bonifaz VIII. – als Nachfolger eines Mannes, der seiner Arbeit barfuß und mit bloßen Händen nachging –, der mit seiner Bulle *Unam Sanctam* einen schriftlichen Ausdruck für den Macht- und Größenwahnsinn, für das Etwas-Seinwollen in der Welt formulierte, die Frage nach der (weltlichen) Macht konträr zu seinem zurückgetretenen Vorgänger entscheiden wollte und sich mit den Mächtigsten der Zeit anlegte, mit dem Anspruch, der Allermächtigste sein zu wollen: und dies mit Berufung auf die Schlüsselgewalt des Papstes, auf jene Stelle im Evangelium.

Er starb in Rom. Doch wenig später – im Jahr 1309 – siedelte sein Nachnachfolger Clemens V. nach Avignon über, das heißt: er wurde von einem noch Mächtigeren nach Avignon entführt; eine solche Entwicklung muss die Kirche nicht mehr fürchten. Die Verstrickung in die weltliche Macht, die zu einer zeitweisen Unterwerfung unter dieselbe führte, war mit der Rückkehr des auf dem Konzil von Konstanz im Jahr 1417 gewählten und als Papst nach Rom zurückgekehrten Martin V. noch keineswegs beendet: und mit jenen hundert Jahre später beginnenden Ereignissen, genannt Reformation, schon gar nicht.

Der große Verzicht – ein Papstrücktritt, ein Drama von Reinhold Schneider: Was für ein Tabu-Thema 1950! Benedikt hat ihn realisiert. Benedikt XVI. war als Papst auch am Grab Coelestins V., und damals gab es schon Spekulationen dieses Zeichen betreffend.

Dass er am Ende aufgab, ist noch einmal ein Akt von Souveranität und Ausdruck von Bescheidenheit und Größe. Wer sagt denn, dass er gescheitert sei, nur weil er sich in der schnellen fordernden Öffentlichkeit nicht jenes Gehör für sein geistiges Anliegen verschaffen konnte? Und nicht Herr über die Machenschaften wurde? Muss man als Papst ein Machtmensch sein? Dann wären andere, die Renaissancepäpste etwa, denen wir die Reformation verdanken, bessere Päpste gewesen.

Auch darin wirkt Benedikts Schritt so revolutionär, insofern das Papstamt, das seit Pius IX. den jeweiligen Amtsträger in schwindelnde Höhen beförderte, nun wieder auf einer brüderlichen Augenhöhe erscheinen kann. Gerade der Verzicht bewirkte eine Stärkung der geistlichen Dimension. Andere, die mehr in politischen Kategorien den Rücktritt als „Fall" beurteilen, mögen eine Schwächung und Infragestellung des Primats sehen. Ich, auf den es überhaupt nicht ankommt, verstehe indes den Heiligen Vater sehr gut, und kann mich auch in seinen Schmerz hineinempfinden. Auch wenn er selbst die grausamen Details verschweigen muss, so lässt er doch durchblicken, dass der Abgrund an Verrat selbst einem Papst zuviel ist. Da müsste einer schon Gott sein, um das alles auszuhalten.

Gewissen und Macht: Er und kein anderer war es ja auch, der seine jungen Jahre in einer unerhört schrecklichen modernen Diktatur (die sich das Dritte Reich nannte) verbringen musste; so hatte er auch eine ganz besondere Möglichkeit, sein Gewissen zu schulen. Und mit 16 landete er mit den anderen Seminaristen als Luftwaffenhelfer.

Am 22. Februar 1943 wurden Sophie und Hans Scholl, und auch Christoph Probst, Geisteskinder von Theodor Haecker und Carl Muth, in München von einem eingeflogenen Scharfrichter zum Tode verurteilt und noch am selben Tag hingerichtet. Sie beriefen sich auf das Gewissen. In ähnlicher Bedrängnis – wie Reinhold Schneider und die Geschwister Scholl – lebte der junge Joseph Ratzinger und die Seinen, da hat er seinen ersten fundamentalen Anschauungs-Unterricht, die Macht betreffend, erhalten. Und ganz in der Nähe. Am Tag der Hinrichtung der unsterblichen Helden war der zukünftige Papst 16 Jahre alt und nur Gott weiß, was an jenem 22. Februar 1943 – es war an einem Montag – sonst noch an Dingen gewesen sein mag. Das Gewissen bleibt jedoch als strahlender Beweis seiner Überlegenheit.

„Das Gewissen in der Zeit". So heißt der Beitrag Joseph Ratzingers, Reinhold Schneiders *Las Casas* betreffend. Das Gewissen ist zwar heute so sehr aus dem öffentlichen Verkehr gezogen, dass es fast schon ein Fremdwort geworden ist. So kann es nicht verwundern, dass auch im Zusammenhang mit dem Amtsverzicht diese für den Papst so zentrale Kategorie des Handelns gar nicht in den Blick gekommen ist und alles so gesehen wird, als ginge es hier um den Rücktritt eines Präsidenten. Joseph Ratzinger schreibt am Beginn seiner Schlussbemerkung zu „Das Gewissen in der Zeit":

„Nur Macht, die aus dem Leiden kommt, kann Macht zum Heil sein. Macht erweist ihre Größe im Machtverzicht." Macht erreicht Größe da, wo sie sich vom Gewissen berühren lässt. Das ist das Vermächtnis Reinhold Schneiders an diese Zeit; das ist die Chance und die Aufgabe des christlichen Glaubens inmitten des Widerstreits der Mächte, in dem wir heute stehen."

In den letzten Tagen seines Papsttums las ich das als Prophetie und Erfüllung. Reinhold Schneider hätte diesen Rücktritt Papst Benedikts aus seiner eigenen Schmerzenserfahrung verstanden; denn er war ein Mensch, dessen Osterfreude im Leben nicht ganz so groß sein konnte wie sein Karfreitagsschmerz. Dante hätte den *Gran Rifiuto* nun wohl auch gebilligt, aber vielleicht eher aufgrund seines kalkulierenden Scharfsinns.

Den Rücktritt des Papstes sehe ich als Apotheose des Gewissens. Im Herz, im Zentrum steht das Gewissen – wie Joseph Ratzinger es beschrieben hat in seinem Text zu Reinhold Schneider. So gesehen wird aus meiner anfänglichen Enttäuschung eine bleibende Bewunderung.

* * *

Benedikts Amtsverzicht fiel mitten in das Jahr des Glaubens. Folgende Stichworte hörte ich am 27.2.2013 morgens in der letzten Generalaudienz im TV: *Ich war nie allein. Freude.* Weitere Wörter waren:

Beste Entscheidung – immer für Wohl der Kirche – schwerwiegend – neu – in tiefster Gelassenheit – war immer nur für den Herrn da – Mein Leben hatte nichts Privates mehr – Ich steige nicht vom Kreuz herab, sondern ich bleibe dem Herrn auf neue Weise nahe – im Dienst des Gebets in der Nähe von St. Peter – Freude. Der Herr ist immer bei uns.

Das habe ich auch noch in den Schlusssätzen von Benedikts zweitem Jesus-Buch so gelesen, die mich auch an das Schlusswort von Matthäus 28 erinnern: *Ich bin bei euch alle Tage bis zum Ende der Welt.* Diese Botschaft bekamen nicht nur die Kardinäle, sondern auch ich, sie ist in der Abschiedsrede Benedikts bei der letzten Generalaudienz an die Gläubigen aufgehoben, die von der Freude spricht. Im Buch „Jesus von Nazareth“ habe ich es noch einmal gesagt bekommen, ich, heute: *Im Glauben wissen wir, dass Jesus seine Hände segnend über uns ausgebreitet hält. Dies ist der bleibende Grund christlicher Freude.*

Der Theologenpapst

Eine kritische Würdigung Benedikts XVI. – Bibliographie

Britta Mühl, Wien

Ratzinger-Studien (RaSt)

Voderholzer, Rudolf (Hg.): Der Logos-gemäße Gottesdienst. Theologie der Liturgie bei Joseph Ratzinger (RaSt; 1), Regensburg 2009.

Schlosser, Marianne/Heibl, Franz-Xaver (Hg.): Gegenwart der Offenbarung. Zu den Bonaventura-Forschungen Joseph Ratzingers (RaSt; 2), Regensburg 2011.

Koch, Kurt: Das Geheimnis des Senfkorns. Grundzüge des theologischen Denkens von Papst Benedikt XVI. (RaSt; 3), Regensburg 2010.

Schaller, Christian (Hg.): Kirche – Sakrament und Gemeinschaft. Zur Ekklesiologie und Ökumene bei Joseph Ratzinger (RaSt; 4), Regensburg 2011.

Hastetter, Michaela C./Hoping, Helmut (Hg.): Ein hörendes Herz. Hinführung zur Theologie und Spiritualität von Joseph Ratzinger/Papst Benedikt XVI. (RaSt; 5), Regensburg 2012.

Heim, Maximilian/Pech, Justinus C. (Hg.): Zur Mitte der Theologie im Werk von Joseph Ratzinger/Benedikt XVI. (RaSt; 6), Regensburg 2013.

Zu den Enzykliken

Cassidy, Eoin G. (Hg.): Who ist my neighbour? „Deus caritas est“: an encyclical for our times?, Dublin 2009.

Collet, Giancarlo (Hg.): Liebe ist möglich, und wir können sie tun. Kontexte und Kommentare zur Enzyklika „Deus caritas est“ von Papst Benedikt XVI. (Diakonik; 7), Berlin [u.a.] 2008.

Cordes, Paul J. (Hg.): Helfer fallen nicht vom Himmel. Caritas und Spiritualität, Freiburg i.Br. [u.a.] 2008.

Emunds, Bernhard: Missionierende Sozialverkündigung? Kritische

Bemerkungen zur Kernbotschaft von Caritas in Veritate (Frankfurter Arbeitspapiere zur gesellschaftsethischen und sozialwissenschaftlichen Forschung; 59), Frankfurt/M. 2011.

Jünemann, Elisabeth (Hg.): Organisierte Nächstenliebe. Was das soziale Handeln der Kirche ausmacht (Diskussionsforum Sozialethik; 1), Magdeburg 2009.

Klasvogt, Peter/Pompey, Heinrich (Hg.): Liebe bewegt … und verändert die Welt. Programmansage für eine Kirche, die liebt; eine Antwort auf die Enzyklika Papst Benedikts XVI. „Deus caritas est", Paderborn 2008.

Patzek, Martin (Hg.): Gott ist Caritas. Impulse zur Enzyklika über die christliche Liebe, Kevelaer 2007.

Pech, Justinus C. (Hg.): Freiheit & Verantwortung. Wegweisungen in Zeiten der Wirtschaftskrise. Inklusive der Sozialenzyklika „Caritas in veritate – Liebe in Wahrheit" von Benedikt XVI., Leipzig 2009.

Pompey, Heinrich: Zur Neuprofilierung der caritativen Diakonie der Kirche. Die Caritas-Enzyklika „Deus caritas est"; Kommentar und Auswertung, Würzburg 2007.

Reinhold, Cornelia: Enzyklika deus caritas est von Papst Benedikt XVI. Kritische Ausgabe von „Eros" und „Agape", Zürich 2007.

Schneider, Michael: „Die Liebe ist möglich, und wir können sie tun …". Erste Überlegungen zur neuen Enzyklika „Deus caritas est" von Papst Benedikt XVI. (Edition Cardo; 133), Köln 2006.

Ders.: Die Enzyklika „Spe salvi" Papst Benedikt XVI. Ihre Einordnung in das Werk Joseph Ratzingers als Beitrag einer Theologischen Anthropologie (Edition Cardo; 153), Köln 2008.

Sedmak, Clemens [u.a.] (Hg.): Eine Kultur der Hoffnung bauen. Papst Benedikt und die Idee guter Zukunft, Regensburg 2013.

Spieker, Manfred: Neue Herausforderungen der katholischen Soziallehre. „Caritas in Veritate" verteidigt die Kultur des Lebens (Kirche und Gesellschaft; 375), Köln 2010.

West, Christopher: Die Liebe, die erfüllt [The love that satisfies. Reflections on eros & agape, West Chester 2007]. Gedanken zu Eros & Agape; Papst Benedikt XVI. und die menschliche Liebe, Köln-Deutz 2009.

Zulehner, Paul M.: Liebe und Gerechtigkeit. Zur Antrittsenzyklika von Papst Benedikt XVI., Wien 2006.

Zu den Reden

Ackermann, Stephan: Nicht von dieser Welt, aber in dieser Welt. Ein Programm nur für die Kirche? Reflexionen im Anschluss an die Rede von Papst Benedikt XVI. am 25. September 2011 im Konzerthaus in Freiburg; Ansprache beim St.-Martins-Jahresempfang des Katholischen Büros Mainz 2011, Erkelenz 2011.

Dohmen, Christoph (Hg.): Die „Regensburger Vorlesung" Papst Benedikts XVI. im Dialog der Wissenschaften, Regensburg 2007.

Erbacher, Jürgen (Hg.): Entweltlichung der Kirche? Die Freiburger Rede des Papstes (Theologie kontrovers), Freiburg i. Br. [u. a.] 2012.

Essen, Georg (Hg.): Verfassung ohne Grund? Die Rede des Papstes im Bundestag (Theologie kontrovers), Freiburg i. Br. [u. a.] 2012.

Luthe, Heinz O./Walbiner, Carsten-Michael (Hg.): Anstoß und Aufbruch. Zur Rezeption der Regensburger Rede Papst Benedikts XVI. bei Christen und Muslimen (Aufbrüche; 1). Mit einem Beitrag von Wessam A. Farag, Bochum 2008.

Zafar, Haider A.: Glaube und Vernunft aus islamischer Perspektive. Antwort auf die Regensburger Vorlesung von Papst Benedikt XVI., Frankfurt/M. 2007.

Zu den „Jesus-Büchern"

Behrendt, Ethel L.: Gottes Ehre Gerechtigkeit. Das veruntreute biblische Wort; eine kritische Auseinandersetzung mit dem Buch von Joseph Ratzinger – Papst Benedikt XVI. – „Jesus von Nazareth", München 2008.

Broer, Ingo: Das Jesus-Buch von Joseph Ratzinger, Benedikt XVI. (MThZ 59/1), St. Ottilien 2008.

Bubolz, Georg: Das Buch des Papstes: Jesus von Nazareth. Informationen, Hintergründe, Denkanstöße, Düsseldorf 2007.

Buckenmaier, Achim [u. a.] (Hg.): Der Jude Jesus von Nazareth. Zum Gespräch zwischen Jacob Neusner und Papst Benedikt XVI., Paderborn 2009.

Döbertin, Winfried: Das Judentum und der Jude Jesus aus Nazareth. Gemeinsamkeiten und Differenzen in der Wirkungsgeschichte. Ein Dialog mit Papst Benedikt XVI., Nordhausen 2008.

Häring, Hermann: „Jesus von Nazareth" in der wissenschaftlichen Diskussion (Wissenschaftliche Paperbacks; 30), Wien [u. a.] 2008.

Ders. (Hg.): Der Jesus des Papstes. Passion, Tod und Auferstehung im Disput (Wissenschaftliche Paperbacks; 31), Berlin [u. a.] 2011.

Hoping, Helmut/Schulz, Michael (Hg.): Jesus und der Papst. Systematische Reflexionen zum Jesus-Buch des Papstes (Theologie kontrovers), Freiburg i. Br. [u. a.] 2007.

Kuhn, Peter (Hg.): Gespräch über Jesus. Benedikt XVI. im Dialog mit Martin Hengel, Peter Stuhlmacher und seinen Schülern in Castelgandolfo 2008. Im Auftrag der Joseph Ratzinger Papst Benedikt XVI.-Stiftung, Tübingen 2010.

Lehmann, Karl Kardinal (Hg.): „Jesus von Nazareth" kontrovers. Rückfragen an Joseph Ratzinger (Theologie aktuell; 1), Berlin 2007.

Lüdemann, Gerd: Das Jesusbild des Papstes. Über Joseph Ratzingers kühnen Umgang mit den Quellen, Springe 2007.

Ruh, Ulrich (Hg.): Das Jesusbuch des Papstes – Die Debatte, Freiburg i. Br. [u. a.] 2008.

Schneider, Michael: Jesus von Nazareth. Zum neuen Buch von Papst Benedikt XVI. (Edition Cardo; Bd. 146), Köln 2007.

Söding, Thomas (Hg.): Das Jesus-Buch des Papstes. Die Antwort der Neutestamentler (Theologie kontrovers), Freiburg i. Br. [u. a.] 2007.

Ders. (Hg.): Ein Weg zu Jesus. Schlüssel zu einem tieferen Verständnis des Papstbuches, Freiburg i. Br. [u. a.] 2007.

Ders. (Hg.): Tod und Auferstehung Jesu. Theologische Antworten auf das Buch des Papstes (Theologie kontrovers), Freiburg i. Br. [u. a.] 2011.

Ders. (Hg.): Zu Bethlehem geboren? Das Jesus-Buch Benedikts XVI. und die Wissenschaft (Theologie kontrovers), Freiburg i. Br. [u. a.] 2013.

Tück, Jan-Heiner (Hg.): Annäherungen an „Jesus von Nazareth". Das Buch des Papstes in der Diskussion, Ostfildern 2007.

Ders. (Hg.): Passion aus Liebe. Das Jesus-Buch des Papstes in der Diskussion, Ostfildern 2011.

Zu den Dimensionen des Pontifikats

Erzdiözese Freiburg im Breisgau: Zentrale Themen im Denken

von Joseph Ratzinger/Benedikt XVI. („Wo Gott ist, da ist Zukunft"), Freiburg i. Br. 2011.

Corkery, James: Joseph Ratzinger's theological ideas. Wise cautions and legitimate hopes, New York [u. a.] 2009.

Curic, Anton [u. a.] (Hg.): Benedikt XVI. Demut und Bescheidenheit, Lingen 2013.

Euler, Walter A.: Papst Benedikt XVI., Kaiser Manuel II. und Kardinal Nikolaus von Kues. Das Verhältnis von Glaube und Vernunft und die christliche Sicht des Islams (Kleine Schriften der Cusanus-Gesellschaft; 17), Trier 2007.

Gerhards, Albert (Hg.): Ein Ritus – zwei Formen. Die Richtlinie Papst Benedikts XVI. zur Liturgie, Freiburg i. Br. [u. a.] 2008.

Günthör, Anselm: Papst Benedikt XVI. zu den Problemen unserer Zeit, Kisslegg 2006.

Habermas, Jürgen/Benedikt XVI. [Papst]: Dialektik der Säkularisierung. Über Vernunft und Religion, hg. von Florian Schuller, Freiburg i. Br. [u. a.] [8]2011.

Hofmann, Peter (Hg.): Joseph Ratzinger. Ein theologisches Profil, Paderborn [u. a.] 2008.

Homolka, Walter/Zenger, Erich: „... damit sie Jesus Christus erkennen". Die neue Karfreitagsfürbitte für die Juden (Theologie kontrovers), Freiburg i. Br. [u. a.] 2008.

Hoping, Helmut/Tück, Jan-Heiner (Hg.): Die anstößige Wahrheit des Glaubens. Das theologische Profil Joseph Ratzingers, Freiburg i. Br. 2005.

Horn, Stephan O. (Hg.): Schöpfung und Evolution. Eine Tagung mit Papst Benedikt XVI. in Castel Gandolfo, Augsburg 2007.

Internationale Katholische Zeitschrift Communio 35 (2006) 6: Themenheft Joseph Ratzinger – Benedikt XVI.

Kirchgessner, Bernhard: „Ein Fest, in dem das Große auf uns zutritt". Mosaiksteine einer Theologie der Liturgie Joseph Ratzingers – Papst Benedikt XVI., Passau 2008.

Kissler, Alexander: Papst im Widerspruch. Benedikt XVI. und seine Kirche 2005–2013, München 2013.

Köhler, Steffen: Joseph Ratzinger. Papst Benedikt XVI. Die neue Tradition, Dettelbach 2006.

Krebs, Wolfgang: Papst Benedikt XVI. und der Holocaustleugner. Gedanken zum Problem der kirchlichen und bürgerlichen Exkommunikation, Berlin 2009.

Kreiml, Josef (Hg.): Christliche Antworten auf die Fragen der Gegenwart. Grundlinien der Theologie bei Papst Benedikt XVI. (Schriften der Philosophisch-Theologischen Hochschule St. Pölten; 1), Regensburg 2010.

DERS. (Hg.): Neue Ansage des Glaubens. Papst Benedikt XVI. und das Projekt der Neuevangelisierung (Schriften der Philosophisch-Theologischen Hochschule St. Pölten; 3), Regensburg 2012.

LAM CONG, Joseph Quy: Theologische Verwandtschaft. Augustinus von Hippo und Joseph Ratzinger/Papst Benedikt XVI., Würzburg 2009.

MAI, Klaus-Rüdiger: Benedikt XVI. Joseph Ratzinger: sein Leben – sein Glaube – seine Ziele, Köln 2013.

MEIER-HAMIDI, Frank/SCHUMACHER, Ferdinand (Hg.): Der Theologe Joseph Ratzinger (QD; 222), Freiburg i. Br. [u. a.] 2007.

MÜLLER, Gerhard L. (Hg.): Der Glaube ist einfach. Aspekte der Theologie Papst Benedikts XVI., Regensburg 2007.

DERS.: Den Horizont der Vernunft erweitern. Zur Theologie von Benedikt XVI., Freiburg i. Br. [u. a.] 2013.

NIKOLAKOPULAS, Kōnstantinos (Hg.): Papst Benedikt XVI. und die Orthodoxe Kirche. Bestandsaufnahmen, Erwartungen, Perspektiven, St. Ottilien 2008.

PFEIFFER, Achim: Religion und Politik in den Schriften Papst Benedikt XVI. Die politischen Implikationen von Joseph Ratzinger, Marburg 2007.

RAEDEL, Christoph (Hg.): Mitarbeiter der Wahrheit: Christuszeugnis und Relativismuskritik bei Benedikt XVI. Evangelische Perspektiven, Stuttgart 2013.

ROOS, Lothar: „Was allen Menschen wesensgemäß ist“. Das moralische Naturgesetz bei Papst Benedikt XVI. (Kirche und Gesellschaft; 330), Köln 2006.

ROWLAND, Tracey: Ratzinger's faith. The theology of Pope Benedict XVI, Oxford [u. a.] 2008.

SEDMAK, Clemens/HORN, Stephan O. (Hg.): Papst Benedikt XVI. und die europäische Identität, Regensburg 2011.

SCHNEIDER, Michael: Zur theologischen Grundlegung des christlichen Gottesdienstes nach Joseph Ratzinger – Papst Benedikt XVI. (Edition Cardo; 159), Köln 2009.

SIEBENROCK, Roman A./TÜCK, Jan-Heiner (Hg.): Selig, die Frieden stiften. Assisi – Zeichen gegen Gewalt, Freiburg, Wien [u. a.] 2012.

SURD, Matei Mihai: Ekklesiologie und Ökumenismus bei Joseph Ratzinger. Einheit im Glauben – Voraussetzung der Einheit der Christenheit (Theologische Reihe; 89), St. Ottilien 2009.

Verweyen, Hansjürgen: Joseph Ratzinger – Benedikt XVI. Die Entwicklung seines Denkens, Darmstadt 2007.

Ders.: Ein unbekannter Ratzinger. Die Habilitationsschrift von 1955 als Schlüssel zu seiner Theologie, Regensburg 2010.

Weimann, Ralph: Dogma und Fortschritt bei Joseph Ratzinger. Prinzipien der Kontinuität, Paderborn [u. a.] 2012.

Amtsverzicht und Übergang

Cordes, Paul J./Lütz, Manfred: Benedikts Vermächtnis und Franziskus' Auftrag. Entweltlichung. Eine Streitschrift, Freiburg i. Br. [u. a.] 2013.

Feldmann, Christian (Hg.): Benedikt XVI. Bilanz des deutschen Papstes, Freiburg i. Br. [u. a.] 2013.

Hesemann, Michael: Papst Franziskus. Das Vermächtnis Benedikts XVI. und die Zukunft der Kirche, München 2013.

Langendörfer, Hans (Hg.): Danke Benedikt. Sein Leben – Sein Pontifikat – Sein Rücktritt, Freiburg i. Br. [u. a.] 2013.

Biographisches

Allen, John L.: Cardinal Ratzinger/Joseph Ratzinger, Düsseldorf ²2005.

Ernst, Anna: Benedikt XVI. Joseph Ratzinger – der deutsche Papst, Köln 2005.

Feldbauer, Gerhard: Der Heilige Vater. Benedikt XVI. Ein Papst und seine Tradition (Neue kleine Bibliothek; 141), Köln 2010.

Feldmann, Christian: Papst Benedikt XVI. Eine kritische Biographie, Reinbek bei Hamburg 2006.

Fischer, Heinz-Joachim: Vom Theologen zum Papst – Joseph Ratzinger – Benedikt XVI., Berlin, Münster 2010.

Gänswein, Georg (Hg.): Benedikt XVI. – Urbi et Orbi. Mit dem Papst unterwegs in Rom und der Welt (zum Jubiläum 5 Jahre Papst), Freiburg i. Br. [u. a.] 2010.

Oschwald, Hanspeter: Der deutsche Papst. Wohin führt Benedikt XVI. die Kirche?, München [u. a.] 2005.

Läpple, Alfred: Benedikt XVI. und seine Wurzeln. Was sein Leben und seinen Glauben prägte, Augsburg 2006.

Mandlik, Michael: Benedikt XVI. In Rom und unterwegs – der Papst aus der Nähe. Das persönliche Lebensbild des Papstes vom Sonderkorrespondenten der ARD in Rom, Freiburg i. Br. [u. a.] 2008.

Meuser, Bernhard: Benedikt XVI. – unser Papst. Ein Portrait, München 2005.

Posselt, Martin/Gałązka, Grzegorz: Benedikt XVI. – Der Papst. Der Mensch, das Amt, der Auftrag, Augsburg 2006.

Ruppert, Helmut S.: Benedikt XVI. Der Papst aus Deutschland, Würzburg [2]2005.

Schlichter, Christian R./Lehmann, Karl Kardinal (Hg.): Papst Benedikt XVI. „Demütiger Arbeiter im Weinberg des Herrn“, Paderborn 2005.

Schneider, Michael: Papst Benedikt XVI. Zur Einordnung des theologischen Werkes Joseph Ratzingers am Beginn des neuen Pontifikates (Edition Cardo; 103), Köln 2005.

Seewald, Peter (Hg.): Der deutsche Papst. Von Joseph Ratzinger zu Benedikt XVI., Augsburg 2005.

Autorenverzeichnis

Rémi Brague, Professor für Philosophie des Mittelalters an der Theologischen Fakultät der Universität Paris und Professor für Philosophie der Religionen Europas (Guardini-Lehrstuhl) an der Katholisch-Theologischen Fakultät der Universität München.

Michael Fiedrowicz, Professor für Kirchengeschichte des Altertums, Patrologie und Christliche Archäologie an der Theologischen Fakultät Trier.

Michael Gassmann, Dramaturg der Internationalen Bachakademie in Stuttgart, Chefdramaturg der musikwissenschaftlichen Abteilung der Bachakademie Stuttgart, Herausgeber der Schriftenreihe der Internationalen Bachakademie Stuttgart und Mitglied der Jury für den Preis der deutschen Schallplattenkritik.

Albert Gerhards, Professor für Liturgiewissenschaft an der Katholisch-Theologischen Fakultät der Universität Bonn.

Hanna Barbara Gerl-Falkovitz, em. Professorin für Religionsphilosophie und Vergleichende Religionswissenschaft an der Katholisch-Theologischen Fakultät der Technischen Universität Dresden, Leiterin des Europäischen Instituts für Philosophie und Theologie (EUPHRat) an der Philosophisch-Theologischen Hochschule Benedikt XVI. Heiligenkreuz.

Johannes Hoff, Professor für Systematische Theologische am Heythrop College der Universität London.

Walter Homolka, deutscher Rabbiner, Rektor des Abraham Geiger Kollegs und Geschäftsführer des Zacharias Frankel Kollegs der Universität Potsdam, Chairman der Leo Baeck Foundation und Vorsitzender des Ernst Ludwig Ehrlich Studienwerks, Mitinitiator der Potsdamer „School of Jewish Theology“ und Honorarprofessor für jüdische Studien der Universität Potsdam.

Helmut Hoping, Professor für Dogmatik und Liturgiewissenschaft an der Katholisch-Theologischen Fakultät der Universität Freiburg i. Br.

Eberhard Jüngel, em. Professor für Systematische Theologie und Religionsphilosophie sowie Direktor für Hermeneutik an der Evangelisch-Theologischen Fakultät der Universität Tübingen.

Walter Kardinal Kasper, von 1999 bis 2010 Präsident des Rates zur Förderung der Einheit der Christen.

Franz-Xaver Kaufmann, em. Professor für Sozialpolitik und Soziologie der Fakultät für Soziologie der Universität Bielefeld, seit 1998 Mitglied der nordrhein-westfälischen Akademie der Wissenschaften und Künste.

Wolfram Kinzig, Professor für Kirchengeschichte an der Katholisch-Theologischen Fakultät der Universität Bonn.

Kurt Kardinal Koch, seit 2010 Präsident des Rates zur Förderung der Einheit der Christen.

Grigorios Larentzakis, em. Professor für Ökumenische Theologie, Ostkirchliche Orthodoxie und Patrologie der Katholisch-Theologischen Fakultät der Universität Graz, Leiter a. D. der „Sektion für Orthodoxe Theologie" der Universität Graz.

Karl Kardinal Lehmann, Bischof von Mainz, von 1987–2008 Vorsitzender der Deutschen Bischofskonferenz.

Britta Mühl, Studienassistentin am Institut für Dogmatik und Dogmengeschichte der Katholisch-Theologischen Fakultät der Universität Wien.

Ursula Nothelle-Wildfeuer, Professorin für Christliche Gesellschaftslehre an der Katholisch-Theologischen Fakultät der Universität Freiburg i. Br.

Johanna Rahner, Professorin für Systematische Theologie an der Katholisch-Theologischen Fakultät der Universität Kassel.

Matthias Remenyi, Juniorprofessor für Systematische Theologie an der Freien Universität Berlin.

Martin Rhonheimer, Professor für Ethik und politische Philosophie an der Philosophischen Fakultät der Universität Santa Croce, Rom.

Jan Roß, Redakteur der „Zeit" und freier Schriftsteller.

Elmar Salmann, em. Professor für Philosophie und Systematische Theologie an den Päpstlichen Universitäten Sant'Anselmo und Gregoriana, Rom.

Christoph Schönberger, Professor für Öffentliches Recht, Europarecht, Vergleichende Staatslehre und Verfassungsgeschichte an der Juristischen Fakultät der Universität Konstanz.

Christoph Kardinal Schönborn, Erzbischof von Wien, Vorsitzender der Österreichischen Bischofskonferenz.

Ludger Schwienhorst-Schönberger, Professor für Alttestamentliche Bibelwissenschaft an der Katholisch-Theologischen Fakultät der Universität Wien.

Max Seckler, em. Professor für Fundamentaltheologie der Katholisch-Theologischen Fakultät der Universität Tübingen.

Clemens Sedmak, Professor für Ethik und Sozialethik am Department of Theology and Religious Studies des King's College der Universität London.

Roman Siebenrock, Professor für Fundamentaltheologie an der Katholisch-Theologischen Fakultät der Universität Innsbruck.

Thomas Söding, Professor für neutestamentliche Exegese an der Katholisch-Theologischen Fakultät der Universität Bochum.

Arnold Stadler, freier Schriftsteller (Georg-Büchner-Preisträger 1999), Essayist und Übersetzer.

Bertram Stubenrauch, Professor für Dogmatik und Ökumenische Theologie an der Katholisch-Theologischen Fakultät der Universität München.

Peter Stuhlmacher, em. Professor für Neues Testament an der Evangelisch-Theologischen Fakultät der Universität Tübingen.

Jan-Heiner Tück, Professor für Dogmatik und Dogmengeschichte an der Katholisch-Theologischen Fakultät der Universität Wien.

Hansjürgen Verweyen, em. Professor für Fundamentaltheologie an der Katholisch-Theologischen Fakultät der Universität Freiburg i. Br.

Holger Zaborowski, Professor für Geschichte der Philosophie und philosophische Ethik der Philosophisch-Theologischen Hochschule Vallendar.